हिन्दी साहित्य का आधा इतिहास

डॉ. सुमन राजे

भारतीय ज्ञानपीठ

पहला संस्करण : 2003
चौथा संस्करण : 2011
पाँचवाँ संस्करण : 2015
छठा संस्करण : 2017
आठवाँ संस्करण : 2022

भारतीय ज्ञानपीठ
लोकोदय ग्रन्थमाला : ग्रन्थांक 701

समनुदेशिती
वाणी प्रकाशन ग्रुप
4695, 21-ए, दरियागंज, नयी दिल्ली-110 002
फोन : 011-23273167, 23275710
ईमेल : sales@vaniprakashan.in

ISBN : 978-81-263-0791-3

हिन्दी साहित्य का आधा इतिहास
(इतिहास)
डॉ. सुमन राजे

HINDI SAHITYA KA AADHA ITIHAS
(History of Literature)
by Dr. Suman Raje

मुद्रक : आर. टेक ऑफ़सेट प्रिंटर्स, दिल्ली-110 032

आवरण चित्र : अशोक भौमिक

Eighth Edition : 2022

Price : INR. 495

णाणं पयासयं

वीर नि.सं. 2470

भारतीय ज्ञानपीठ

ई. सन् 1944

हिन्दी साहित्य का
आधा इतिहास

समर्पण

निवेदित है यह कृति
विश्वारा, अपाला, ममता, श्रद्धा, वाक् आदि ऋषिकाओं को, चॉपा, अम्बपाली, उव्विरी आदि थेरियों को;
विज्जका, शीलाभट्टारिका, शशिप्रभा, रेवा, रोहा आदि संस्कृत-प्राकृत की कवयित्रियों को;
मीरा, आण्डाल, अक्कमहादेवी, लल्लद्येद, महदम्बा, मोल्लि आदि विद्रोहिणी साधिकाओं को;
महादेवी वर्मा, सुभद्राकुमारी चौहान, बुन्देलबाला, उषा देवीमित्रा आदि चेतना के 'मुहरावल दस्ते' को;
अनादिकाल से गा-गाकर रोती-हँसती उन स्त्रियों को जो साहित्य में भीतरी नदी की तरह बहती आयी हैं,
चन्द्रावली, मधुरावली, लाची, भगवती आदि उन लोकनायिकाओं को जो कण्ठ से कण्ठ में जीवित रही हैं;
रामनरेश त्रिपाठी, देवेन्द्र सत्यार्थी, डॉ. सत्येन्द्र जैसे पारखी, रसज्ञ, संग्राहकों को;
राजशेखर, राहुल सांकृत्यायन, ज्योतिप्रसाद निर्मल, चतुरसेन शास्त्री जैसे संवेदनशील विद्वानों को जिन्होंने सम्भावनाओं को पहचाना;
नानी, दादी और माँ को जो घुट्टी की जगह गीत पिलाती रहीं;
और
उन नामवर आलोचकों को जो इस पूरी परम्परा से तटस्थ, उदासीन, विमुख और पूर्वाग्रही रहे, इस कथन के साथ कि, 'हम अपना ख़ून तुम्हें माफ़ करते हैं पर, वे नहीं करेंगी जो आगे आएँगी।'

प्रस्थान

इतिहास के परिप्रेक्ष्य में जब हम स्वयं को देखते हैं, तो हमारा 'स्वयं' अत्यन्त 'लघु' हो जाता है। विराट् इतिहास में हमारा अस्तित्व ठीक-ठीक एक बिन्दु के बराबर भी तो नहीं। अपने को 'बड़ा' करके देखने का एक सीधा और सरल तरीका यह 'ईज़ाद' किया गया कि हम इतिहास को ही छोड़ दें। हिन्दी साहित्येतिहास के क्षेत्र में छाया हुआ सन्नाटा शायद इसीलिए है।

हिन्दी साहित्येतिहास-लेखन के प्रारम्भिक प्रयास विदेशियों द्वारा किये गये थे। उनका उद्देश्य भारतीय साहित्य और संस्कृति को अपनी तरह से खँगालना था। भारतीय भाषाओं—खासतौर पर हिन्दी—के ज्ञाता एवं आख्याता होते हुए भी ग्रियर्सन जैसे विद्वान का उपनिवेशवादी दृष्टिकोण नहीं छिपता। उसे छिपाने की कोशिश भी की गयी हो, ऐसा भी नहीं है, अन्यथा वे काल-विभाजन के लिए कम्पनी के अन्दर हिन्दुस्तान (1800-1857), विक्टोरिया की छत्र-छाया में हिन्दुस्तान (1857-1887) जैसे नामों का प्रयोग न करते। 'मिश्रबन्धु-विनोद' को भले उसके लेखकों ने 'इतिहास' न माना हो परन्तु उसके प्रकाशन में एक व्यापक और सामूहिक तैयारी की गयी थी, जिसके पीछे राष्ट्रीय नवजागरण की एक प्रच्छन्न भावना काम कर रही थी। वे लिखते हैं, ''हमारे विचार में प्रायः सभी मुख्य एवं अमुख्य कवियों के नाम तथा उनके ग्रन्थों के कथन से एक तो इतिहास में पूर्णता आती है, दूसरे हिन्दी भण्डार का गौरव प्रकट होता है।'' जाहिर है यहाँ साहित्येतिहास वही काम कर रहा था जो उस समय का अधिकांश रचनात्मक साहित्य कर रहा था। बीसवीं शताब्दी का दूसरा और तीसरा दशक इस दृष्टि से बहुत उत्साहपूर्ण था जिसमें साहित्येतिहास अपने को खोज रहा था। इस समय तरह-तरह के इतिहास लिखे गये और महिला-लेखन के पृथक् से संकलन भी प्रस्तुत किये गये। इन्हें ठीक-ठीक इतिहास चाहे न कहा जा सके, लेकिन ये एक सार्थक शुरुआत तो हैं ही।

आजादी के बाद मोहभंग का कुछ ऐसा दौर आया जिसका शिकार साहित्य तो हुआ ही, साहित्येतिहास भी हुआ। ये तो चर्चाएँ हुईं कि साहित्येतिहास क्या होना चाहिए, क्या नहीं होना चाहिए। चर्चा-परिचर्चा ज्यों-ज्यों बढ़ती गयी, इतिहास-लेखन का हौसला कम होता गया और सवाल यह भी उछाला गया कि

क्या ऐसा साहित्येतिहास हो सकता है जो साहित्य भी हो और इतिहास भी ? इसीलिए 'विशेषीकरण' की प्रवृत्ति का विकास हुआ और 'बहुलेखकवाद' अस्तित्व में आया जिसके चलते साहित्येतिहास निरन्तर विखण्डित होता चला गया। हम भूल गये कि सिद्धान्त से इतिहास नहीं निकलता, इतिहास से सिद्धान्त निकलते हैं। लेकिन मुझे लगता है कि दूसरी बात जो अधिक चिन्ताजनक है वह यह कि साहित्य का दायरा निरन्तर छोटा होता चला गया। कुछ रचनाकार 'धर्म' के नाम पर काट दिये गये, कुछ 'सम्प्रदाय' के नाम पर, कुछ 'प्रामाणिकता' के नाम पर और कुछ 'कलात्मक' कसौटी पर पूरा न उतरने के कारण। इसका सबसे अधिक खमियाजा महिला लेखन को भुगतना पड़ा। जो कार्य आजादी के पहले इस दिशा में किया भी गया था उसे सिरे से ही अनदेखा कर दिया गया।

महिला-लेखन को पृथक् से देखने की बात जब भी चली, उसके बरक्स कई तर्क खड़े कर दिये गये। 'अनुभूति तो एक होती है, अतः साहित्य भी एक होता है', यह और ऐसे ही कितने तर्क। लेकिन, सॉहित्येतिहास तो बहुत पहले से बाँटकर देखा,'सोचा और लिखा जाता रहा है। युगों, धाराओं और विधाओं के इतिहास तो सर्वमान्य हैं, साहित्येतिहास तो सम्प्रदायों के आधार पर लिखे गये, (जैसे, निर्गुण काव्यधारा, पीताम्बरदत्त बड़थ्वाल, जम्भोजी और विश्नोई सम्प्रदाय, हीरालाल माहेश्वरी, वल्लभसम्प्रदाय–डॉ. दीनदयालु गुप्त, राधावल्लभ-सम्प्रदाय सिद्धान्त और साहित्य, डॉ. विजयेन्द्र स्नातक, श्री हितहरिवंश गोस्वामी सम्प्रदाय और साहित्य-ललित शरण गोस्वामी, चैतन्यमत और ब्रजसाहित्य–प्रभुदयाल मीतल आदि-आदि), विभिन्न भू-खण्डों और उनकी बोलियों के आधार पर लिखे गये (जैसे कि, बुन्देलखण्ड के कवियों का विवरण–गौरीशंकर द्विवेदी, राजस्थानी साहित्य की रूपरेखा–मोतीलाल मेनारिया, राजस्थानी भाषा और साहित्य, हीरालाल माहेश्वरी, पंजाब प्रान्तीय हिन्दी साहित्य का इतिहास–चन्द्रकान्त बाली, हिन्दी साहित्य और बिहार–शिवपूजन सहाय, कानपुर का हिन्दी साहित्य–नरेशचन्द्र चतुर्वेदी आदि-आदि), विशिष्ट राजदरबारों के आधार पर लिखे गये, (जैसे कि, अकबरी दरबार के हिन्दी कवि–डॉ. सरयूप्रसाद अग्रवाल, भगवन्त राम खींची और उनके मण्डल के कवि–डॉ. महेन्द्र प्रताप सिंह, भोंसला राजदरबार के हिन्दी कवि–डॉ. कृष्ण दिवाकर आदि) यहाँ तक कि जातिगत आधार पर लिखे गये (जैसे कि, सुकवि सरोज–सनाढ्य ब्राह्मणों का इतिहास, गौरीशंकर द्विवेदी, ब्रह्मभट्ट कवि सरोज–ब्रह्मभट्ट कवियों की विवेचना आदि) परन्तु महिला-लेखन के आधार पर इतिहास का विभावन कहीं नहीं है। अतः हमारी शताब्दी का साहित्येतिहास आधा-इतिहास ही है।

आधा-इतिहास लेखन इसलिए और जरूरी हो जाता है कि उपलब्ध सामग्री ऐसी-ऐसी दिशाओं की ओर संकेत करती है जहाँ साहित्येतिहासकार का ध्यान

अभी तक गया ही नहीं था। अन्ततः बात तो दृष्टि की ही है न। दृष्टि के बदल जाने से ही साहित्येतिहास का यत्न से बनाया गया पूरा ढाँचा चरमराने लगता है। और हम बजाय दृष्टि को विकसित करने के अतिरिक्त सन्दर्भों, सूत्रों, वृत्तान्तों को काटने-छाँटने लगते हैं या इधर-उधर खोंसने लगते हैं। अब, वक्त आ गया है कि हम अपनी परम्पराएँ शुद्ध कर लें। साहित्येतिहास से यह आशा करना कि वह नयी सामाजिक और साहित्यिक आवश्यकताओं के अनुरूप पुनर्गठित किया जाए, उसके साथ एक प्रकार का बलात्कार ही है। साहित्येतिहास लेखन की प्रक्रिया इतिहास बनाते हुए उसे खोजने की है।

पिछले कई दशकों से हिन्दी साहित्येतिहास से मेरी मुठभेड़ होती रही है, जिसके फलस्वरूप 'साहित्येतिहास : स्वरूप और संरचना' एवं 'साहित्येतिहास : आदिकाल' प्रकाशित हुईं। उसे आगे बढ़ाने की बजाय एक नयी किन्तु आदिम दृष्टि से हिन्दी साहित्य को देखने की इच्छा पनपने लगी। शायद इसका कारण यह रहा हो कि हिन्दी साहित्येतिहास को परखने का साहस पहली बार किसी स्त्री ने किया था। यह बात न तो दम्भ से कह रही हूँ, न विनम्रता से कहना चाहती हूँ, इसे एक तथ्य की तरह देखा जाना चाहिए। इसीलिए उस 'समग्र' इतिहास को पूरा करने की बजाय 'आधा इतिहास' को खोजने का आकर्षण—जिद की सीमा तक—प्रबल हो उठा। लगभग एक दशक इस बनने-बनाने की प्रक्रिया में लग गया।

जब इस बीहड़ में पैर रखा तो सोचा था कि प्रत्येक काल की कवयित्रियों पर लिखना पर्याप्त होगा। बस। लेकिन जैसा कि होता है, इतिहास को यदि छू लिया जाए तो वह कन्धों पर सवार हो जाता है, फिर जिधर वह ले जाता है, हम जाते हैं। अन्धकार की यात्राओं का आकर्षण कभी-कभी प्रकाश से अधिक प्रबल हो जाता है। धीरे-धीरे एक पूरी संरचना उभरकर सामने आने लगी। यह संरचना केवल हिन्दी साहित्य की नहीं है, समग्र भारतीय इतिहास की है, जिसका सम्बन्ध नवजागरणों से है। अचानक यह तथ्य कौंधा कि जब-जब इतिहास में नवजागरण घटित हुए हैं, महिला-रचनाकारों का एक पूरा समूह उभरकर सतह पर आया है। नवजागरण सांस्कृतिक मन्थन ही तो होते हैं, और इस मन्थन में वे पैर जमाकर खड़ी हैं, कहीं-कहीं धारा के विपरीत भी, पूरी शक्ति और शब्द-संरचना के साथ। तब साहित्येतिहासकारों द्वारा गढ़े गये कई सिद्धान्त बेमानी हो जाते हैं, कई-कई मिथक टूटते हैं और नये बनते हैं। उनसे आपकी भेंट पुस्तक में यथास्थान होगी। लेकिन, कुछ चीजें ऐसी हैं, जिसने मेरे इतिहासकार को चिन्ताजनक आश्चर्य में डाल दिया है। जैसे कि यह तथ्य, कि काल और देश के एक ही बिन्दु पर मात्र भाषा बदलने से रचना की मूल-चेतना बदल जाती

है। यदि मध्ययुग का उदाहरण लें तो हिन्दी-प्रदेश में महिलाएँ अरबी-फारसी, संस्कृत, अपभ्रंश और हिन्दी की विभिन्न बोलियों में रचना कर रही थीं। काल में समानान्तर होते हुए भी चेतना के स्तर पर वे पृथक्-पृथक् रचनाएँ हैं। ऐसी स्थिति में यदि भाषागत आधार मानकर इतिहास लिखें तो सबकी मूलप्रवृत्तियाँ पृथक्-पृथक् हो जाएँगी। फिर जिसे शुक्ल जी 'शिक्षित जनता की चित्तवृत्ति' कहते हैं, उसे किसके साथ जोड़ा जाएगा। अभी तक हम साहित्येतिहास में—खासतौर पर हिन्दी साहित्येतिहास में यही कहते-सुनते चले आये हैं कि राजनीतिक- सामाजिक परिस्थितियों के अनुसार साहित्य बदलता है, और कार्यकारण की इस शृंखला की खोज ही साहित्येतिहास है, तो यह प्रभाव एक काल की सभी भाषाओं पर क्यों नहीं है, और पुरुष-साहित्य तथा स्त्री-साहित्य पर समरूप में प्रतिबिम्बित क्यों नहीं होता ? क्या हम एक नये सिरे से एक बहस के लिए अपने को तैयार कर पाएँगे ? दूसरी बात यह कि जो कुछ भी महिला-लेखन आज हम उपलब्ध कर सके हैं वह या तो धर्माश्रय के माध्यम से है या राज्याश्रय के माध्यम से। तीसरा और सबसे सशक्त स्रोत है लोकाश्रय। ये तीन आश्रयमात्र नहीं हैं, तीन वर्गों के प्रतीक हैं, इसलिए यदि स्त्री- साहित्य का इतिहास लिखना है तो बिना लोकसाहित्य का आश्रय लिये, लिखा जा ही नहीं सकता, ऐसा मेरा मानना है। इसलिए पहली बार केवल लिखे अक्षर को प्रमाणित मानने की परम्परा तोड़कर, लोकसाहित्य की सहायता से इतिहास रचने की कोशिश, या कहिए दुस्साहस यहाँ किया गया है। केवल रचना ही नहीं, महिला-लेखन का एक पूरा 'सौन्दर्यशास्त्र' है, जिसे हम लोक-साहित्य से ही प्राप्त कर सकते हैं। पहली बार, ऐसी कोशिश भी यहाँ की गयी है। भाषा अलग-अलग होते हुए भी, काल और भूगोल अलग होते हुए भी, कुछ ऐसा है जो सम्पूर्ण महिला-लेखन को जोड़ता है और यह संवेदन-सूत्र उनका स्त्री होना ही है। इस सूत्र के सहारे ही उन तक पहुँचा जा सकता है। यही कोशिश सहयात्री कविताओं के माध्यम से की गयी है। यहाँ कई नये प्रस्थान खुलते हैं, क्योंकि इतिहास सिर्फ समानताओं से नहीं बनते, असमानताएँ कभी-कभी अधिक महत्त्वपूर्ण हो जाती हैं क्योंकि सिर्फ वे ही हमें नये मुहानों तक पहुँचा सकती हैं।

हिन्दी साहित्येतिहास के साथ कुछ दुर्घटनाएँ इसलिए हुईं कि हमने यह बात बिल्कुल भुला दी कि समाज और साहित्य की अन्तःक्रियाओं में अन्य चीजें भी प्रभावी होती हैं। इसीलिए एक ही काल में विभिन्न काव्य-धाराओं का सह-अस्तित्व हो सकता है—और है। एक ही धारा के अन्तर्गत भी अनेक रचना-चरित्र बनते हैं। भारतीय संस्कृति की सबसे बड़ी विशेषता उसका बहुलवाद—विविधता में एकता—मानी जाती है और हम उस पर गर्व करते हैं। विभिन्न प्रजातियाँ, विभिन्न भौगोलिक परिदृश्य, विभिन्न मूल की भाषाएँ, विभिन्न

मानवीय-चेतना-सम्पन्न धर्म और विविध कला-परम्पराएँ अपनी पहचान रखते हुए भी समग्र भारतीय संस्कृति की रचना में शामिल हैं। फिर हिन्दी साहित्येतिहास में ही एकल भाव का आग्रह क्यों ? साहित्येतिहास में भी एक युग को एक ही धारा के नाम पर पुकारने का दुराग्रह उचित नहीं। ऐसा न करके ही हम विभिन्न धाराओं की संगति बैठा सकते हैं और उनके साथ न्याय कर सकते हैं। तभी हम वीर के साथ शृंगार और भक्ति के साथ रीति का सह-सम्बन्ध खोज सकेंगे। क्या किसी जीवन्त समाज और रचनात्मक भाषा का लेखन ऐसा हो सकता है कि एक समय में सब एक ही तरह से सोच रहे हों, एक ही तरह से महसूस कर रहे हों, और एक ही तरह से लिख रहे हों। फिर यह आग्रह क्यों कि तथाकथित 'वीरगाथा काल' में केवल वीरकाव्य ही प्रासंगिक है और वही मुख्यधारा है और खुसरो तथा विद्यापति जैसे कवि बट्टेखाते के हैं। साहित्य से अधिक समावेशी कुछ भी नहीं होता इसलिए साहित्येतिहास को भी समावेशी होना चाहिए।

ज्यों-ज्यों आधे-इतिहास का लेखन गति पकड़ता गया, यह धारणा पुख्ता होती चली गयी कि पुरुष इतिहासकारों ने महिला रचनाकारों के साथ बहुत अन्याय किया है। यह अन्याय उदासीनता के चलते हुआ हो, ऐसी बात नहीं, यह अन्याय विमुख रहकर किया गया है। लेकिन यह कहना भी गलत होगा कि अन्याय सिर्फ पुरुषों ने ही किया। महिला-लेखकों ने भी उधर नजर नहीं डाली। हमें यह बात स्वीकार कर लेनी चाहिए। 'आधा' इतिहास 'स्त्री विमर्श' की पुस्तक नहीं है। यह साहित्येतिहास ही है परन्तु आधा। यह सही है कि पारम्परिक ऐतिहासिक सामग्री के आर-पार जाने का दुस्साहस मैंने किया है। वैसे तो स्त्रियों के साथ अन्याय होता आया है, और कब तक होता रहेगा, कहा नहीं जा सकता। उन सबसे लड़ना मेरे लिए सम्भव नहीं, इसलिए मैंने फैसला किया कि अन्याय के विरुद्ध यह लड़ाई मैं साहित्येतिहास के भीतर लड़ूँगी, यह मानते हुए कि हर लड़ाई हमें आत्म-साक्षात्कार की ओर भी ले जाती है, ले जाएगी।

हिन्दी साहित्येतिहास ने जब अपना आकार ग्रहण करना शुरू किया था तभी से उसके लेखन की रूढ़ियाँ भी बनने लगी थीं। शुक्ल जी उसे कुछ-कुछ व्यंग्य भाव से 'कवि-वृत्त-संग्रह' कहते हैं, परन्तु उससे बच वे भी नहीं सके। 'कवि-वृत्त-संग्रह' अर्थात् रचनाकार का संक्षिप्त परिचय जिसमें उसकी 'जाति' भी शामिल है, सम्प्रदाय और रचनाएँ। अन्त में चुनिन्दा उदाहरण। इतिहास-लेखन के प्रारम्भिक युग में शायद इसकी जरूरत रही भी हो लेकिन इससे इतिहास का अधिकांश कलेवर उदाहरणों से घिर जाता है। आधा-इतिहास इस रास्ते पर नहीं चलता। एक तो इसलिए कि जिन महिला रचनाकारों के नामोल्लेख तक

साहित्येतिहासों में न मिलते हों, उनका जीवन-परिचय और ग्रन्थ कहाँ मिलेंगे ? हम उनका काल-निर्धारण भी शतकों और दशकों में कर सके हैं। दूसरी बात यह कि इतिहास-लेखन की तरह पाठन का भी एक रस होता है और मात्र विवरणों से वह विखण्डित होता है। किश्तों में रचनाएँ और टिप्पणियाँ देने से रचनाकार का व्यक्तित्व भी खण्डित होता है और इतिहास का चरित्र भी।

लगभग एक दशक तक कई स्तरों पर आधे-इतिहास की रचना-प्रक्रिया चलती रही है, अब मैं स्वयं इसका अंग बन गयी हूँ। ऐसा लगता है जैसे आधा-इतिहास के पात्र मुझसे संवाद कर रहे हैं। आज इस पुस्तक को विराम देते हुए लगता है, जैसे मैं इसके बाहर फेंक दी जा रही हूँ। मन बहुत रीता हो आया है। मैं जानती हूँ कि इतनी संलग्नता ठीक नहीं, पर वह जो मेरे कन्धों पर बैठा है—इतिहास—वह नहीं जानता। यह लम्बी और खण्ड-खण्ड यात्रा सम्भव ही न होती यदि महान् सूफी सन्त, साहित्य-कला-मर्मज्ञ पूजनीय 'हुजूर साहिब' की निगेहबानी, निर्देश एवं रहम न होता।

अपने साहित्येतिहास के दूसरे खण्ड 'आदिकाल' को समाप्त करते हुए मैंने कवीन्द्र रवीन्द्र की हिन्दी में अनूदित इन पंक्तियों को याद किया था 'रह गयी अधूरी पूजा जो जीवन में वह व्यर्थ नहीं यह जान गया मैं मन में'। आज इस 'आधा-इतिहास' को पूरा करते समय ऐसा लग रहा है, जैसे मैंने 'पूरा इतिहास' भी पूरा कर लिया है।

—सुमन राजे

22 अगस्त, 2002
111/98—22, अशोकनगर, कानपुर

अनुक्रम

साहित्य का आधा इतिहास

1

पहचान का संकट और संकट की पहचान

इतिहास को छूना जोखिम का काम है, परन्तु एक बार जब हम उसे छू लेते हैं, तो वह कन्धों पर सवार हो जाता है और भविष्य की ओर यात्राएँ करता है। साहित्येतिहास के सन्दर्भ में यह खतरा और भी बढ़ जाता है, क्योंकि वह एक ऐसी सन्तरणशील वस्तु का इतिहास है जो वर्तमान में जीवित रहती है और कुछ सीमित अर्थों में ही सही, भविष्य में विकसित होती रहती है। अतः साहित्येतिहास भी एक सतत विकासमान जीवन्त प्रक्रिया है। आधुनिक भारतीय नवजागरण में, अन्य कलाओं के साथ-साथ साहित्येतिहास-लेखन के प्रयास भी हुए जिनमें शोध और आलोचना के साथ दृष्टि की भी अहम भूमिका रही है। पिछले दो दशकों में इतिहास की यह 'दृष्टि' विचलित हुई है। इसीलिए साहित्येतिहास विशेष रूप से हिन्दी साहित्येतिहास, के निरन्तर पुनर्मूल्यांकन और पुनर्लेखन की प्रक्रिया भी बाधित हुई।

इक्कीसवीं सदी तक आते-आते महिला-लेखन की बात करना न चौंकाने का कारण है न उपेक्षा का। मूलरूप में रचना, रचना होती है, उसे स्त्री या पुरुष रचना के रूप में बाँटकर नहीं देखा जा सकता—नहीं देखा जाना चाहिए—इस तर्क से किसी को क्या गुरेज हो सकता है, परन्तु यह कामचलाऊ तर्क शिथिलता का कारण जरूर हो सकता है, जिसके चलते आज तक महिला-लेखन का सही आकलन नहीं हो सका। मूल्यांकन के लिए तो यही कहना होगा कि काल अनन्त है और पृथ्वी निर्बाध।

साहित्येतिहास की पीठिका युगविभाजन, नामकरण एवं पूर्वापर सम्बन्ध-निर्धारण पर अवधारित है। हिन्दी साहित्येतिहास का सन्दर्भ लें तो, हमने इसका विभाजन एवं नामकरण जातियों के आधार पर किया, जैसे चारणकाल, ईश्वर के स्वरूप के आधार पर किया जैसे निर्गुण-सगुण काव्यधारा, उनके विभिन्न नामों के आधार पर किया जैसे रामकाव्य, कृष्णकाव्य, विभिन्न सम्प्रदायों के आधार पर किया जैसे वल्लभ-सम्प्रदाय, सखी-सम्प्रदाय, सूफी-सम्प्रदाय आदि, व्यक्तियों के नाम पर किया जैसे भारतेन्दु युग, द्विवेदी युग, शुक्ल युग, और अब नामवर युग। अप्रत्यक्ष, सूक्ष्म और काल्पनिक वादों

के नाम पर किया जैसे छायावादी, रहस्यवादी, प्रगतिवादी और प्रयोगवादी। बात यहाँ तक पहुँची कि एक, चार या सात कवि-आलोचक मिलकर अपना सम्प्रदाय भी चला सकते हैं जैसे 'नकेन के प्रपद्य' या 'तार-सप्तक' के कवि। काल को प्रत्यय मानकर किया गया जैसे 'नयी कविता', 'नयी कहानी', 'समकालीन कविता' और बकौल डॉ. जगदीश गुप्त 'किसिम-किसिम' की कविता। इस तरह अनन्त नाम-रूपात्मक है हिन्दी साहित्येतिहास, परन्तु नहीं किया तो महिला-लेखन को भी साहित्य के अध्ययन की इकाई मानकर। यदि यह सवाल उठाया जाता है तो हर कोने से, हर तरह का विरोध उठ खड़ा होता है।

महिला-लेखन की एक अविच्छिन्न परम्परा है

महिला-लेखन की एक अविच्छिन्न धारा रही है, आवश्यकता उसे खोज निकालने की है और उसे एक आकार देने की। ऋग्वेद में रोमशा[1], लोपामुद्रा[2], श्रद्धा कामायनी[3], यमीवैवस्वती[4], पौलोमी शची[5], विश्ववारा[6], अपाला[7], घोषा[8], सूर्या[9], शाश्वती[10], ममता[11] एवं उशिज[12] आदि ऋषिकाओं के नाम मन्त्र-द्रष्टा के रूप में प्राप्त होते हैं। नारी शक्ति की दृष्टि से शक्ति-सूक्त आत्म-विश्वास की पराकाष्ठा है, 'जो अन्न खाता है, वह मेरी ही शक्ति से खाता है, जो देखता है वह मेरी ही शक्ति से, जो साँस लेता है, कही हुई बात सुनता है वह मेरी ही सहायता से, जो मुझे इस रूप में नहीं जानते, वे न जानने के कारण ही हीनदशा को प्राप्त होते हैं।'[13]

वैदिककाल के पश्चात् रचना के सूत्र 'थेरीगाथाओं' में उपलब्ध होते हैं। बौद्ध-धर्मग्रन्थ सुत्तपिटक के अन्तर्गत पाँच निकाय हैं, खुद्दक निकाय इसी में समाविष्ट है। इसके नवें भाग में थेरी गाथाओं का संकलन है। सामान्यतः इनका रचनाकाल ईसापूर्व पाँचवीं शताब्दी माना जाता है। महिला-लेखन का ऐसा संग्रह दुर्लभ है। इसमें लगभग 100 भिक्षुणियों की गाथाएँ संकलित हैं। सभी रचनाएँ पालिभाषा में हैं। प्राकृत भाषाओं में महिला-लेखन के संकेत स्फुट रूप में ही मिलते हैं। यह तो सम्भव प्रतीत नहीं होता कि जिस प्राकृत भाषा को स्त्रियों की भाषा कहा जाता हो और जिनका संस्कृत बोलना निषिद्ध हो—उसमें स्त्रियों ने लिखा न हो। (क्या कमाल की बात है कि स्त्रियों की भाषा तो हो सकती है, स्त्रियों का साहित्य नहीं हो सकता) 'बज्जलग्ग' में उल्लेख है, 'शृंगारयुक्त ललित मधुर अक्षरों से युक्त युवतियों को प्रिय प्राकृत-काव्य के रहते हुए भला संस्कृत को कौन पढ़ेगा :

ललिए महुरक्खरए, जुवईयण वल्लहे ससिंगारे
सन्ते पाइय कव्वे को सक्कइ सक्कयं पढिउँ।

---

1. ऋग्वेद, प्रथम मण्डल, छन्द 126; 2. वही, छन्द 179; 3. वही, दशम मण्डल, छन्द 15; 4. वही, छन्द 159; 5. वही; 6. वही, पंचम मण्डल, छन्द 28; 7. वही, अष्टम मण्डल, छन्द 91; 8. वही, दशम मण्डल, छन्द 125; 9. वही, छन्द 85; 10. वही, प्रथम मण्डल, छन्द 1; 11. वही; 12. वही; 13. वही।

ईसा की प्रथम शताब्दी तक प्राकृत में सुन्दर काव्य की रचना होने लगी थी। प्रसिद्ध 'गाथा-सप्तशती' के संग्रहकर्त्ता हाल अथवा आन्ध्र के सातवाहन को माना जाता है। भोज ने 'सरस्वती कण्ठाभरण' में और बाणभट्ट ने अपने 'हर्षचरित' में सातवाहन को प्राकृत सुभाषित रत्नों का संकलन-कर्त्ता कहा है। गाथासप्तशती में अनेक कवयित्रियों की रचनाएँ भी संकलित हैं : 'हे वामनेत्र! तेरे फड़कने पर मेरा प्रिय यदि आ जाएगा, तो अपना दाहिना नेत्र मूँदकर मैं, तेरे द्वारा ही उसे देखूँगी :

फुलए वामच्छि तुए जकू एहिकू सो पिओज्ज ता सुइरम्
संमीलिअ दाहिणअं तुइ अवि एहं पल्लोइस्सम्।

भक्ति-आन्दोलन के देशव्यापी प्रसार के साथ महिला-लेखन के सूत्र बिखरे मिलते हैं। पुरानी हिन्दी में चौरासी सिद्धों में उल्लिखित कुक्करीपा को नारी सिद्ध माना गया है। डॉ. सेन का अनुमान है कि इनके दो चर्यापदों में नारी की उक्ति जैसी कथन-शैली होने से ये किसी नारी की रचना प्रतीत होते हैं।[1] मणिभद्रा इनकी शिष्या थी।[2]

भक्ति-आन्दोलन का मूल उत्स दक्षिण भारत में माना जाता है। नायनमारों में तीन प्रमुख नारी रचनाकार हैं, पुनीतवती, भेड़यर्भराशि एवं तिलकावली। विष्णुभक्तों में आण्डाल की कीर्ति मीरा की ही तरह है। मराठी सन्तों में महदम्बा, मुक्ताबाई, जनाबाई आदि उल्लेखनीय हैं। कन्नड़ की अक्कमहादेवी, कश्मीर की लल्लद्येद, मैथिली की चन्द्रकला को भी भुलाया नहीं जा सकता। नाम और भी हो सकते हैं।

स्मृत इतिहास है महिला-लेखन

साहित्येतिहास में महिला-लेखन को सबसे पहले राजशेखर ने दर्ज किया था। कहते हैं कि उनकी पत्नी अवन्तिसुन्दरी विदुषी, कवयित्री एवं आलोचक थीं। राजशेखर का कथन है, 'पुरुषों के समान ही स्त्रियाँ भी कवि हो सकती हैं। ज्ञान का संस्कार आत्मा से सम्बन्ध रखता है, उसमें स्त्री या पुरुष का भेद नहीं है। सुनते और देखते हैं कि अनेक राजकुमारियाँ, मन्त्रियों की पुत्रियाँ, वेश्याएँ एवं नाट्यप्रयोक्ताओं की स्त्रियाँ शास्त्रों की प्रकाण्ड विदुषियाँ और कवयित्रियाँ हैं।'[3] यहाँ राजशेखर ने 'देखने' के साथ 'सुनने' शब्द का प्रयोग किया है। यह बहुत महत्त्वपूर्ण है। अधिकांश प्राचीन साहित्येतिहास 'स्मृत' साहित्येतिहास है। आज जिस साक्ष्य के आधार पर इतिहास की इमारत खड़ी की जाती है, वे बर्तनों और औजारों के टूटे-फूटे जमीन की कोख में गढ़े टुकड़े हैं। लेकिन साहित्य का साक्ष्य 'शब्द' होता है जो अपने मूल रूप में 'श्रुत' तथा 'स्मृत' हैं। जन इतिहास

---

1. चर्यागीत पदावली, पृ. 7-8; 2. राहुल सांकृत्यायन, पुरातन निबन्धावली, पृ. 152; 3. राजशेखर, काव्यमीमांसा, अध्याय-10

'स्मृत' ही होते हैं, और पीढ़ियाँ अपने तरीके से 'सत्य' वहन करती हैं। यदि राजशेखर के कथन को ही आगे बढ़ाएँ तो थेरीगाथाओं में संकलित थेरियाँ समाज की विभिन्न सरणियों से आयी थीं। इनमें सुमना, जयन्ती, शैला, क्षेमा, गौतमी आदि राजकुमारियाँ थीं। अनुपमा, उत्पलवर्णा आदि श्रेष्ठिकन्याएँ तथा सिंहा सेनापति की पुत्री थी। वेश्याओं के संवर्ग में विमला, अम्बपाली आदि आती हैं। निम्नवर्ग से आयी थेरियों में चापा बहेलिये की पुत्री थी, सुमंगला माता छाता बनानेवाले की पत्नी थी और पूर्णिका दासी। विभिन्न वर्गों से आयी इन थेरियों की चिन्ता एक ही थी :

"शास्ता का वचन है स्त्री होना दुःख है।"

यहाँ एक वाजिब सवाल अवश्य उठाया जाना चाहिए कि जब ईसापूर्व पाँचवीं शती में निम्नवर्ग से आयी थेरियाँ काव्य-रचना कर रही थीं तो राजशेखर का ध्यान इस ओर क्यों नहीं गया। एक सम्भावित कारण तो यही प्रतीत होता है कि राजशेखर का उल्लेख संस्कृत भाषा के सन्दर्भ में है। दूसरा, और अधिक महत्त्वपूर्ण, कारण यह रहा होगा कि राजमहिषियाँ, मन्त्रिपुत्रियाँ शिक्षित नारियाँ थीं। वेश्याओं और नाट्यप्रयोक्ताओं की स्त्रियों के लिए भी कलाओं का ज्ञान आवश्यक रहा होगा। सामान्य वर्ग की नारियों को सम्भवतः शिक्षा की सुविधा प्राप्त नहीं थी, अस्तु साहित्य-संरक्षण के जो तीन आश्रय माने गये हैं, उनमें थेरियाँ धर्माश्रय में आ गयीं, राजमहिषियाँ, मन्त्रिपुत्रियाँ राज्याश्रय में। सामान्य नारियों के लिए केवल लोकाश्रय ही शेष था जिस तक जाना जरूरी नहीं समझा गया।

प्रश्न उठाया जा सकता है और उठाया जाना चाहिए—कहाँ गया यह पूरा-का-पूरा महिला-लेखन ? वाचिक परम्परा में खोजें तो इसका उत्तर मिल जाएगा। यह कोई आश्चर्य की बात भी नहीं। स्वयं अपौरुषेय वेद 'श्रुति' हैं, रामायण और महाभारत भी अर्से तक वाचिक परम्परा में ही जीवित रहे हैं और बाद में संकलित किये गये हैं। इसी परम्परा में जीवित रहे हैं गोरखनाथ, कबीर और आल्हा और अन्य अनेक। अन्तर केवल इतना है कि महिला-लेखन को अपना संकलन-कर्त्ता कभी प्राप्त नहीं हुआ। उनका कोई 'व्यास' नहीं था। जो कुछ सुरक्षित रह सका वह केवल 'धर्माश्रय' में। शेष सब सन्तरणशील रहा और वाचिक परम्परा के क्षीण हो जाने से लुप्तप्रायः होता जा रहा है। जो अवशिष्ट है उसे इस दृष्टि से किसी ने देखा ही नहीं।

कुछ उदाहरण लें। एक अत्यन्त प्रसिद्ध हिन्दी लोकगीत है जो विवाह के अवसर पर बेटी की विदा के समय गाया जाता है। इस गीत में बेटी अपने 'लखिया' बाबुल से शिकायत करती है कि भाई को तो 'महले' 'दुमहले' मिले और उसके हिस्से में आया परदेस :

काहे को ब्याहीं बिदेस रे लखिया बाबुल मोरे।
भैया को दीन्हें बाबुल महला दुमहला हमका दिये परदेस
रे लखिया बाबुल मेरे।

लगभग यही गीत खुसरो के नाम से उनकी हिन्दी रचनाओं में संकलित है। प्रश्न यह नहीं है कि यह गीत खुसरो की रचना है या नहीं। प्रश्न तो यह है कि गीत की रचना बारहवीं-तेरहवीं शताब्दी तक हो चुकी थी। ऐसे उदाहरण और भी हो सकते हैं। राजस्थानी-गुजराती में जैन मुनियों ने बहुमूल्य कार्य किया है। वहाँ कुछ लोकगीत पुरानी पोथियों में लिखे मिल जाते हैं, जिसके आधार पर उनका रचनाकाल प्रमाणित किया जा सकता है। एक दूसरा रचनात्मक कार्य यह किया गया कि अत्यन्त प्रसिद्ध लोकगीतों की तर्ज पर, जिसे वहाँ ढाल कहते हैं, धार्मिक कथाएँ एवं गीत लिखे गये। प्रारम्भ में लोकगीत की प्रथम पंक्ति का उल्लेख कर दिया जाता है। राजस्थानी भाषा में इन्हें 'देशी' कहते हैं। ऐसी लगभग 2500 ढालों की अनुक्रमणिका प्रसिद्ध शोधकर्त्ता देसाई ने अपने 'जैन-गुर्जर कवियों' में दी है।[1] पन्द्रहवीं-सोलहवीं शताब्दी में जिन गीतों की प्रथम पंक्तियों को संकलित किया गया है, वे निश्चित रूप से सौ-दो सौ वर्ष पुरानी अवश्य होंगी, अधिक भी हो सकती हैं। इस तरह का एक उपयोगी उदाहरण जैन कवि कुशललाभ का है। उन्होंने अपनी 'ढोला मारवणी री चउपई' में पुराने लोकप्रचलित दोहों को 'चउपई बन्ध' में रख दिया है, स्वयं कुशललाभ का कथन है :

दूहा घणों पुराणा अछइ।
चउपई बन्ध किया मॅइ पछइ॥

कुशललाभ का रचनाकाल सोलहवीं शताब्दी माना जाता है और इस प्रकार संकलित दोहे दसवीं से लेकर चौदहवीं शताब्दी तक के माने जा सकते हैं। इस सम्बन्ध में लोकगीतों के आदि शोधकर्त्ता रामनरेश त्रिपाठी का कथन उपेक्षा की वस्तु नहीं है : 'मनुष्यों की तरह गीतों का भी जीवन-मरण साथ चलता रहता है। कितने ही गीत तो सदा के लिए मुक्त हो गये, कितने ही गीतों ने देशकाल के अनुसार अपना चोला ही बदल डाला पर अपने असली स्वरूप को कायम रखा। बहुत-से गीतों की आयु हजारों वर्ष की होगी। वे थोड़े फेर-फार के साथ समाज में अपना अस्तित्व बनाये हुए हैं। इन गीतों की रचना के सम्बन्ध में उनकी टिप्पणी सर्वथा मान्य है...'जो गीत स्त्रियाँ स्वयं गाती हैं, उनकी रचयिता वे स्वयं हैं। गीतों की भाषा, उनके विषय और वर्णन शैली ही इस बात का प्रमाण है। जो गीत पुरुष गाते हैं वे पुरुषों के रचे हुए हैं। हमने गीतों का गहरा अध्ययन करके यह निष्कर्ष निकाला है, कि स्त्रियों के गीतों में पुरुषों का मिलाया हुआ एक शब्द भी नहीं है। स्त्री-गीतों की सारी कीर्ति स्त्रियों ही के हिस्से की है। यह सम्भव हो सकता है कि एक-एक गीत की रचना में बीसों वर्ष और सैकड़ों मस्तिष्क लगे हों, पर मस्तिष्क थे स्त्रियों के ही।'[2]

---

1. जैन गुर्जर कविओ, भाग-3, खण्ड-2, पृ. 1833-2104; 2. रामनरेश त्रिपाठी, कविता कौमुदी, भूमिका

धारा के विपरीत खड़े रह सकने का साहस

साहित्येतिहास की पारम्परिक मान्यता यह रही है कि एक कालखण्ड में एक सामान्य रूप से पहचानी जानेवाली रचनाएँ आती हैं, जिसके आधार पर उस कालखण्ड का नामकरण किया जा सकता है। मैं कालखण्ड की इस अवधारणा को महिला-लेखन की दृष्टि से परखने का प्रस्ताव रखती हूँ। उदाहरण के लिए पालि साहित्य में थेर गाथाएँ और थेरी गाथाएँ दोनों ही मिलती हैं। दोनों का काल, सम्प्रदाय, दर्शन, पारिस्थितकी और काव्य-रूप एक ही है, परन्तु दोनों की मुक्ति आज भी पृथक् छवि की है। थेर वनवृच्छ की एक गाथा है :

सुन्दर शीत स्वच्छ जलाशयों से युक्त
इन्द्रगोपों से आच्छादित
नील घटाओं के समान
जो पर्वत हैं
वे मुझे प्रिय हैं।

थेर सप्पर की गाथा है :

जबकि स्वच्छ और उजले पंखों वाले बलाक
वर्षा में मेघ के भय से त्रस्त हों
आश्रय की खोज में भागते हैं
तब अजकर्णी नदी मुझे प्रिय लगती है।

थेरियों की गाथाओं के चित्र काफी भिन्न स्वाद के हैं। उनके दुःख-स्वप्न यहाँ भी उनका पीछा करते हैं। दो समानान्तर गाथाओं से स्थिति साफ हो जाती है। श्रावस्ती का एक निर्धन कृषक थेर हो गया। उसकी मुक्ति इस प्रकार हुई :

अच्छी तरह मुक्त हुआ, मैं अच्छी तरह मुक्त हुआ
जुताई बुवाई और कटाई से
मैं अच्छी तरह मुक्त हुआ।
हँसुओं, हलों और कुदालों से
मैं अच्छी तरह मुक्त हुआ।

मुक्ता कोसल जनपद की एक दरिद्र ब्राह्मण-कन्या थी। दरिद्रता के कारण उसका विवाह कुबड़े से हुआ। गृहस्थी छोड़ उसने प्रव्रज्या ग्रहण की। उसकी मुक्ति का रंग यह है :

मैं सुमुक्त हो गयी। अच्छी विमुक्त हो गयी।
तीन टेढ़ी चीजों से। अच्छी विमुक्त हो गयी।

ओखली से। मूसल से। और अपने कुबड़े पति से।
भली विमुक्त हो गयी।

सुमंगला माता का कोई नाम नहीं है। बिल्कुल आज की तरह। उसकी पहचान उसके पुत्र सुमंगल के नाम से होती है। दरिद्रता के कारण उसका विवाह छाता बनानेवाले से हुआ था। उसकी मुक्ति का स्वाद यह है :

अहो मैं मुक्तनारी। मेरी मुक्ति धन्य है।
पहले मैं मूसल ले धान कूटा करती थी
आज उससे मुक्त हुई।
मेरी दरिद्र अवस्था के वे छोटे-छोटे बर्तन
जिनके बीच मैं मैली-कुचैली बैठा करती थी
आज उनसे मुक्त हुई।
और मेरा निर्लज्ज पति मुझे उस छाते से भी तुच्छ समझता था
जिन्हें वह अपनी जीविका के लिए बनाया करता था।

हिन्दी साहित्येतिहास में चारणकाव्य अपनी उद्दाम वीरता के लिए प्रसिद्ध है। सम्भवतः इसीलिए कहीं-कहीं वीरगाथा काल के स्थान पर चारणकाल नाम दे दिया गया है। रेखांकित करनेवाला तथ्य यह है कि चारणियों ने वीरकाव्य प्रायः नहीं लिखे। अचलदास खींची री वचनिका राजस्थानी भाषा का ख्यात ग्रन्थ है। अचलदास की सातवीं पत्नी थीं झींमा चारणी, जिनके दोहे मिलते हैं। कहा जाता है कि अचलदास को अपनी दूसरी पत्नी लीला अधिक पसन्द थीं। उनकी तीसरी पत्नी उमादे को सम्बोधित कर झींमा ने कहा :

धिन उमादे साँखली ते पिय लियो भुलाय
सात बरसरो बाँछडियो तो किम रैन बिहाय।
पगै बजाऊँ घूँघरू, हाथ बजाऊँ तूँब।
उमा आचल मुलावियो, ज्यों साँवन की लूँब।

राजस्थानी के प्रसिद्ध कवि पृथ्वीराज राठौड़ की पत्नी चम्पादे भी अच्छी कवयित्री थीं। पति-पत्नी के मध्य विनोद की कई कथाएँ प्रचलित हैं। एक बार पृथ्वीराज राठौड़ ने दर्पण देख अपना श्वेतकेश उखाड़कर फेंका। चम्पादे की मुसकान दर्पण में झलक गयी। पृथ्वीराज ने कहा :

पीथल धोला आविया बहुली लागी खोड़।
कामण मत्त गयन्द ज्यूँ ऊभी मुक्ख मरोड़?॥

उत्तर में चम्पादे ने कहा :

हल तो घूना घोरिया पन्थज गग्धाँ पार।
नराँ, तुराँ अरु वनफलों पक्का पक्का साँव ॥

विपरीत-धारा में तैरने का साहस उपेक्षा की ही दृष्टि से देखा गया। यदि आधुनिक काल का उदाहरण लें तो लाला भगवानदीन रीतिकाव्य विशेषज्ञ और शृंगारी कवि थे, लेकिन उनकी पत्नी बुन्देल बाला, राष्ट्रीय कविता की पुरोधा। थेरी सीमा ने जो अपने लिए कहा था, उसमें पूरे समाज का चेहरा झाँक रहा है, 'जो स्थान ऋषियों के द्वारा भी प्राप्त करने में अत्यन्त कठिन है, उसे दो अंगुलमात्र प्रज्ञावाली स्त्री भी प्राप्त कर लेगी यह कभी भी सम्भव नहीं है।' दो अंगुल, अर्थात् चावल पकाते समय पानी को दो अँगुलियों के दो पोरों तक नापा जाता है। बस, उतनी ही परिधि है स्त्री-प्रज्ञा की।

अन्तहीन यन्त्रणा है महिला-लेखन

वैदिक ऋषियों को पढ़ते समय समकालीनता का बोध होता है। ब्रह्मवादिनी अपाला अत्रि मुनि की वंशज थीं और कुष्ठ रोग से पीड़ित थीं। उन्होंने इन्द्र से प्रार्थना की और नीरोग हुईं। यही कथा काक्षीवान ऋषि की पुत्री घोषा की है। कुष्ठ होने के कारण वे अविवाहित रह गयी थीं। अश्विनीकुमारों की प्रार्थना करने पर रोग नष्ट हुआ, उसके पश्चात् विवाह भी हुआ। उनकी प्रार्थना है, 'हे अश्विनीकुमारो, मैं ज्ञान-बुद्धिहीना नारी हूँ। आपका आशीर्वाद मुझे दुर्गति से बचाए। आपके आशीर्वाद से मेरे पुत्र, पौत्र, प्रपौत्रादि सुप्रतिष्ठित होकर जीवन-यापन करें। पतिगृह में मैं पति की प्रिय-पात्री बनूँ।' सदियों बाद भी नारी की मूल कामना इसके आस-पास घूमती है। पुरुष से बौद्धिक स्पर्द्धा उसे सदैव महँगी पड़ती रही है। गार्गी और याज्ञवल्क्य का प्रसंग तो बहुचर्चित है। वराहमिहिर और उनकी पत्नी रवना का प्रसंग अविस्मरणीय है। रवना भास्कराचार्य की पुत्री थीं एवं पाटीगणित में प्रवीण थीं। राज्य-सभा में वराहमिहिर से एक प्रश्न हल नहीं हुआ। रात में उन्होंने रवना से चर्चा की। रवना ने हल बता दिया। दूसरे दिन राज्यसभा में वराहमिहिर उत्तर तो बता सके परन्तु विधि नहीं। अन्ततः उन्हें स्वीकार करना पड़ा कि इस प्रश्न का उत्तर उनकी पत्नी रवना ने बताया था। राजा ने रवना को सम्मानित करने के लिए बुलाया। वराह को यह सहन नहीं हुआ। उन्होंने अपने पुत्र को रवना की जीभ काट लाने की आज्ञा दी। पुत्र को संकोच हुआ। रवना ने स्वयं स्वीकृति दे दी। जीभ काट ली गयी और रवना की मृत्यु हो गयी। बुद्धिमान—अधिक बुद्धिमान—होने का खमियाजा भुगत लिया गया। कहते हैं कि किसान आज भी रवना की अन्वेषित पद्धति से वर्षा, सूखा आदि की भविष्यवाणी करते हैं। ध्यान देने की एक बात और भी है। स्त्री को स्त्री होने का दण्ड उसके पुत्र के माध्यम से दिलवाया जाता है। जमदग्नि की पत्नी के सम्बन्ध में भी यही सत्य था और रवना के सम्बन्ध में भी। उदाहरण और भी हो सकते हैं। क्या इसका अर्थ यह लगाया जाए कि मातृत्व के जिस प्रभामण्डल

के पीछे से नारी महिमामण्डित दिखाई देती है, उसका खण्डन जरूरी हो गया था ? थेरी गाथाओं में यातना-कथा स्मृतियों के रूप में चलती रहती है। कृषिदासी की गाथाओं में संवाद के रूप में उसका आत्मकथ्य उजागर किया गया है। 'मेरे पिता उज्जयिनी महानगरी के एक धर्मात्मा सदाचारी सेठ थे, मैं उनकी इकलौती प्यारी, अनुकूल कन्या थी (405)। अपने घर में पायी शिक्षा के अनुसार मैं प्रतिदिन प्रातःकाल और सायंकाल सास-ससुर को प्रणाम करती, नतमस्तक होकर उनकी चरण-वन्दना करती (407)। पति की बहनों, भाइयों और परिजनों को देखकर एक बार ही मैं उद्विग्नतापूर्वक उन्हें आसन देती (408)। अन्न, पान, खाद्य जो भी घर में प्रस्तुत होता उससे सबकी यथायोग्य सेवा करती। जिसको जैसा चाहिए उसको वैसा ही देती, सबको प्रसन्न रखती (409) ठीक समय पर उठकर देहरी पर झाड़ू-बुहारू लगाती, हाथ-पैर धोकर अंजलि बाँधकर पति के पास जाती (410)। कंघी, प्रासाद, अंजन और दर्पण लेकर मैं दासी के समान स्वयं अपने हाथों पति का प्रसाधन करती। अपने हाथ से चावल पकाती, अपने हाथ से बर्तन धोती, जैसे माता अपने एकमात्र पुत्र की सेवा करती है, वैसे ही मैं अपने पति की सेवा करती (412)। इस पर भी कृषिदासी पति द्वारा त्यागी गयी।' तीन बार उसका विवाह हुआ और वह तीनों बार त्याग दी गयी। अन्त में उसने प्रव्रज्या ग्रहण की।

लल्लद्येद कश्मीर की सन्त कवयित्री थीं और चौदहवीं शताब्दी में वर्तमान थीं। विवाह उनके लिए एक अन्तहीन यात्रा बन गया था यातना की। काफी सहन करने के बाद उन्होंने पति का घर छोड़ दिया। कहते हैं जाड़े में पानी से भरा घड़ा उनके सर पर रखकर तोड़ दिया गया था। तब वे मीलों पैदल चलकर अपनी माँ के घर पहुँचीं। उन्होंने लिखा है, 'मेरे पैरों के तलवे का सारा मांस मार्ग के साथ चिमट गया है। किसी एक ने मुझे उस एक का मार्ग दिखाया। जो उसका नाम सुने वह उन्मत्त क्यों न हो उठे।' कश्मीरी कवयित्री हब्बाखातून बाकायदा गीतों में गुहार करती हैं :

ससुराल में सुखी नहीं, मुझे उबारो
मायके वालो, मेरा कष्ट निवारो।
चर्खा कातते आँख जो लगी मेरी
माल टूट गयी चर्खे की
सास ने तब बाल मेरे खींचे
मौत-सी पीड़ा हुई मुझे बचा लो
मायके वालो, मेरा कष्ट निवारो।

धुर दक्षिण की आण्डाल और पश्चिम की मीरा की गाथाएँ समानता रखने पर भी विशिष्ट हैं। दोनों ने ही ईश्वर को पति के रूप में वरण किया था, परन्तु मीरा आदि से अन्त तक विद्रोहिणी थी। राणा ने चाहा कि वह महल के भीतर ही शान्तभाव से अर्चना करे, परन्तु मीरा को तो 'सन्तन ढिग बैठि-बैठि लोकलाज खोयी, अब तो बेलि

फैलि गयी कहा करिहै कोई' कहकर एक साथ समर्पण, विद्रोह, उदासीनता और दृढ़ता का परिचय देना था। 'पग घुँघरू बाँध मीरा नाँची रे' कहकर उन्होंने एक ओर विवाहिता स्त्री की मर्यादा को खिजाया तो दूसरी ओर राज्यसत्ता को ललकारा 'राणा रूसै राज लेसी' तीसरी ओर धर्म की सत्ता में जो पुरुष की प्रधानता थी उसे हिलाया जीव गोस्वामी से यह कहकर 'हम तो समझते थे एक ही पुरुष है कृष्ण, यह दूसरा पुरुष कौन पैदा हो गया'। मीरा जैसा विद्रोही व्यक्तित्व कबीर के अतिरिक्त दूसरा नहीं हुआ। इसीलिए उनके समय ने उन्हें विष का प्याला दिया और हमारे समय ने 'फुटकर खाता'। इतिहासकार विद्राहियों को पसन्द नहीं करते।

नितान्त निजी अनुभूतियों का संसार

प्रायः यह सवाल उठाया जाता है 'ऐसा क्या है, जिसे महिलाएँ ही लिख सकती हैं ?' यह सच है कि रचनाकार देहान्तरण करता है, परन्तु फिर भी स्वयं भोगे हुए यथार्थ की एक निजी लय होती है। मातृत्व एक ऐसा ही क्षण है, जिसे स्त्री को अकेले ही भोगना होता है। नारी-जीवन के इस एकाकी क्षण की अभिव्यक्ति थेरी कृशा गौतमी इस प्रकार करती है :

स्त्री होना दुःख है, ऐसा मनुष्यों के चित्त को संयमी बनानेवाले उन सारथी स्वरूप (भगवान बुद्ध) ने कहा है।

> विद्वेषी सपत्नियों के साथ / एक घर में रहना दुःख है / बच्चों को तीव्र पीड़ा में जनना दुःख है /
> कोई-कोई जनने वाली माताएँ / एक बार ही मृत्यु चाहती हुई / अपना गला काट लेती हैं / ताकि दुबारा यह दुःख सहना न पड़े/कुछ सुकुमारियाँ / विष खा लेती हैं / बच्चा जन्म नहीं लेता / बीच में रुद्ध हो जाता है / तब जच्चा-बच्चा दोनों ही विपत्ति में पड़ जाते हैं।

इसके बिल्कुल दूसरे छोर पर है बाँझ स्त्री की वेदना। एक लोकगीत में (जिसे शिशुजन्म के समय गाया जाना अनिवार्य है) एक बाँझ स्त्री को घर से निकाल दिया जाता है :

> सासु त कहे रे बँझिनियाँ / ननद बिज्रबासी / ए हो जिनसंग बारे ते ब्याहीं / उइ घर ते निकारे / बहुत दुख मानइ हो।

बाँझ स्त्री नागिन से प्रार्थना करती है कि वह उसे डस ले, सिंहनी से प्रार्थना करती है कि वह उसे खा ले, पृथ्वी से प्रार्थना करती है कि वह उसे अपने में समा ले और माँ से प्रार्थना करती है कि वह उसे अपने घर में रख ले। परन्तु स्वयं बाँझ हो जाने के भय से किसी ने भी उसकी प्रार्थना स्वीकार नहीं की। अन्त में वह गंगा में डूबने के लिए जाती है, परन्तु गंगा उसे पुत्रवती होने का वर देती है। पुत्र होने के बाद पूरी

स्थिति ही बदल जाती है। सास बहुरिया कह-कहकर पुकारती है, ननद मेरी भौजाई, और वही पति 'रानी' कहकर पुकारते हैं :

सासु त कहइ बहुरिया, ननद भौजइया हो
एहो जिन संग बारे ते ब्याहीं उइ रनियाँ कहि कहि बोलइ हो।

निजी जीवन के क्षण देखने हों तो जाँत के गीतों में देखिए। यह लोकगीतों का वह एकान्त कोना है जहाँ स्त्रियाँ एक प्रहर रात रहे उठकर, चक्की चलाती हैं और अपनी व्यथा-कथा कहती हैं। एक गीत में बहू का भाई मिलने आता है। बहू बड़े चाव से पूछती है कि वह क्या भोजन बनाए ? सास का उत्तर है :

कोठिलहि बहुवरि सरली की दइया रे ना
बहुअरि मेडवा मसउढे क सगवा रे ना।

'कोदौ' एक निकृष्ट प्रकार का चावल है और 'मसउढा' एक प्रकार की घास। बहन ने भाई से अपनी व्यथा कही :

कै मन कूटौं भैया कै मन पीसों रे ना।
भैया कै मन सिझवँउ रसोइया रे ना।
सास खाँची भरि बसना मँजावइ रे ना।
पीठि देखौ भैया पीठि देखौ, जैसे धोबिया क पाट रे।
कपड़ा देखौ भैया कपड़ा देखौ जैसे सवँनवा के बदरी रे।

यह दुःख माँ से कहा नहीं जा सकता, रो-रोकर मर जाएगी, पिता से कहा नहीं जा सकता, अतः वह कहती है, हे भाई, मेरे दुःखों को अपनी गठरी में बाँध लो जहाँ उसे खोलना वहाँ रोना :

ई दुख बाँधौ भैया अपनी गठरिया जहँवा खोलउ तहवाँ रोयउ रे।

साहित्य का आधा हिस्सा स्त्री के रूप-वर्णन से भरा हुआ है। यहाँ विशिष्टता के लिए तीन सन्दर्भ लिये जा सकते हैं। आदि शंकराचार्य ने अपनी 'सौन्दर्य लहरी' में भगवती के सौन्दर्य का विपुल वर्णन किया है, वह दृष्टि भक्त की है। महाकवि निराला ने 'सरोज स्मृति' में पुत्री सरोज का रूप वर्णन किया है जो अपने में अकेला है। परन्तु थेरी हो जाने के बाद वेश्या अम्बपाली ने जैसे अपने सौन्दर्य को नोच-नोचकर कुचला है, उसका उदाहरण भी दूसरा नहीं है। केवल दो गाथाएँ उद्धृत की जा रही हैं :

काले भौरे के समान / जिनके अग्रभाग घुँघराले थे /
ऐसे थे किसी समय मेरे केश /
वही आज जरावस्था में / हो गये हैं सन की छाल/

सत्यवादी बुद्ध के वचन कभी मिथ्या नहीं होते / (252)
पुष्पों से गुँथा हुआ केशपाश / महँकता था सुगन्ध की पिटारी-सा
जरा अवस्था में उसमें / आ रही है खरहे के रोओं की गन्ध /
सत्यवादी बुद्ध के वचन कभी मिथ्या नहीं होते। (253)

बाइस गाथाओं की यह एक लम्बी कविता है, साहित्य का नितान्त निजी नखशिख।

अनलिखा इतिहास है महिला-लेखन

'इतिहास में तिथियों के अतिरिक्त सबकुछ झूठ होता है और साहित्य में तिथियों के अतिरिक्त सबकुछ सत्य।' यदि इस अतिवादी सरलीकरण पर न भी जाएँ तो भी इतना तो स्वीकारा जा चुका है कि कुछ वंशों का इतिहास ही किसी देश का इतिहास नहीं होता। कहना चाहिए इतिहास की यह सामन्तवादी अवधारणा है जो अब अपना महत्त्व खो चुकी है। वैसे भी, मिथकों का इतिहास में और इतिहास का मिथकों में सन्तरण, रूपान्तरण और हस्तान्तरण होता रहता है।

मध्यकालीन इतिहास के अनछुए प्रसंग हैं महिला-लेखन में। 'सत्तपरीक्षा' एक ऐसा ही 'अभिप्राय' है जिसे सीता को भी झेलना पड़ा था। जाँत के गीतों में इस प्रकार के कई उदाहरण हैं, जो इतिहास में कहीं दर्ज नहीं हैं। एक लोकगीत में भौजाई के व्यंग्य से ननद प्राण देने के लिए प्रस्तुत होती है, वहाँ एक डोम बहलाकर उसे अपने घर ले जाता है। चतुरता से सूप बेचने के बहाने वह अपने पति को खोज लेती है, लेकिन पति उससे 'सत्त' की परीक्षा लेता है :

जहुँ तुहँ अगिया सत के होइबू न रे।
आग तिल नाहीं जरे मोर देहिया न रे।
लहलह अगिया जुडाइली हो न रे।
अरे ताही बीच खड़ी सत्ती रनिया न रे।
गाँव के बाहेर रजवा पोखरा खनवले न रे।
अरे ताही विच डोम मठीअवलेनि न रे।

'सत्त परीक्षा' का एक और तरीका है—खौलते हुए तेल के कड़ाह में हाथ डालना। एक दूसरे लोकगीत में बारह वर्ष की अवस्था में पति व्यापार के लिए विदेश चला गया था। बारह बरस बाद लौटा तो बहन ने कान भर दिये, 'भौजी से शपथ लेना।' स्त्री ने कहा, 'मेरे पिछवाड़े बसे नाई भाई / मेरे नैहर को खबर कर देना। मेरे बाबा से कहना तुम्हारी बेटी सत पर चढ़ी है। आज एकादशी है, कल द्वादशी है/परसों तेरस को सत की जाँच होगी/आगे-आगे घी का घड़ा आ रहा है/पीछे-पीछे मेरा भाई आ रहा है।' बाबा ने कहलाया है 'यदि मेरी बेटी सतवन्ती निकलेगी तो नैहर आ जाएगी। यदि चरित्रहीन

प्रमाणित होगी तो जीवन भर भाड़ झोंकेगी।' आग जल उठी। तेल खौलने लगा। बहन पास खड़ी होकर शपथ देने लगी–

जब बहू गंगा की शपथ देने लगी/घड़े का गंगाजल सूख गया / जब बहू सूर्य की शपथ देने लगी/तो सूर्य छिप गया/जब बहू अग्नि की शपथ देने लगी / खौलता तेल ठण्डा हो गया।

बहू ने तेल में एक बार हाथ डाला, दूसरी बार डाला, तीसरी बार में वह पार हो गयी। हाथ में रूमाल लेकर भाई हँस रहा है। मेरी बहन के लिए पालकी सजाओ। मुँह पर दुपट्टा डालकर पति रो रहा है। हाय मेरी सती स्त्री अब नैहर चली जाएगी।

मध्यकालीन इतिहास के वे पन्ने जिसे हम मुगलकाल कहते हैं, इन गीतों में दर्ज हैं, परन्तु उस रूप में नहीं जिस रूप में वह राजदरबारों में लिखा जा रहा था। जब कभी भी जन-इतिहास लिखा जाएगा तो उसकी आधार-शिलाओं में ये गीत शामिल होंगे।

एक स्त्री ओखली में चावल कूट रही है। वह बातें भी करती जाती है। मुगल का छोकरा आएगा तो मैं उसे भी कूट डालूँगी। मुगल का छोकरा आया। स्त्री को पकड़कर बन्दीघर में डाल दिया। स्त्री ने पत्र लिखा–'हे पत्र, तुम उड़कर जाओ, मेरे बाबा से कहना तुम्हारी बेटी बन्दीघर में पड़ी है। हे पत्र, मेरे भाई से कहना तुम्हारी बहन बन्दीघर में पड़ी है। हे पत्र, मेरे स्वामी से कहना, तुम्हारी स्त्री बन्दीघर में पड़ी है।' आगे के घोड़े पर मेरे बाबा आये। पीछे के घोड़े पर मेरे भैया आये, सबसे पीछे के घोड़े पर मेरे स्वामी आये। मेरे बाबा ने कहा–हे मुगल के छोकरे, बहुत-सा रुपया ले लो और सोने की थाली जैसी मेरी बेटी को छोड़ दे। भाई और स्वामी ने भी यही प्रार्थना की। मुगल के लड़के ने उत्तर दिया, 'रुपया हमारे पास बहुत है। मोहरों से सन्दूक भरे हैं। मैं इस सुन्दरी को न छोड़ूँगा। यह मेरे गले का हार है।' यह सुनकर स्त्री को बड़ा क्रोध आया। उसने कमर से कटार खींचकर कहा, 'ले मुगल-बच्चे, यह तेरे गले का हार।'

औरत के इस रूप की तसदीक सिर्फ लोकगीत करते हैं।

इसी प्रकार का एक और चित्र है–किसी आक्रमण में उजड़े हुए गाँव का। जंगल में छिपी कोई स्त्री उधर से निकलनेवाले पुरुष से कहती है, 'पीला पीताम्बर पहन लो। जल्दी-जल्दी पगड़ी बाँध लो'। पुरुष कहता है, 'मैं कैसे बाँध लूँ पीली पगड़ी, मैं तो जानता ही नहीं तुम कौन हो।' स्त्री ने कहा, 'मैं ब्राह्मण-कन्या हूँ, मुगलों के डर से इस जंगल में छिपी हूँ। मुगलों ने मेरे भाई और बाप को मार डाला।' इतना सुनते ही पुरुष ने स्त्री को घोड़े पर बैठा लिया। वे एक वन गये, दूजे बन गये, तीजे वन में स्त्री को प्यास लगी। स्त्री बोली, 'हे जीवनसंगी, बड़ी प्यास लगी है एक बूँद पानी पिलाओ।' पुरुष ने कहा, 'इस वन के सभी कुएँ और ताल सूख गये हैं। पानी लहू के भाव हो गया है। एक ठण्डे पानी का झरना बह रहा है वहाँ पर पचास मुगल खड़े हैं।' स्त्री ने कहा, 'हे दुलहा, हे जीवनसंगी ! मुझे एक बूँद पानी पिलाओ, नहीं तो हमारी तुम्हारी प्रीति अब टूट रही है।' सुनते ही पुरुष ने तलवार खींच ली। पचासों मुगलों को मार

दुलहा युद्ध जीतकर अकेला खड़ा है। पत्ते के दोने में दुलहे ने दुल्हन को पानी दिया। दुल्हन पानी पीती है, दुलहा दुपट्टे से हवा कर रहा है। दुल्हन कहती है, 'हे दुलहा। मैं तुम्हारे हाथ बिक गयी। तुमने मेरा धर्म रख लिया।'

इस गीत के ठीक दूसरे छोर पर है रजलो का गीत। छः माह की अवस्था थी रजलो की, जब उसकी माँ मरी थी। बारह बरस की होने पर उसे मुगल से प्रेम हो गया। रजलो ने गेहूँ की रोटी बनायी ऊपर मुर्गी का झोल रख दिया। मुगल खा रहा है। रजलो पंखा झल रही है। मुगल की दाढ़ी सूप जैसी है और आँखें बैल जैसी। जूठे मुख से मुगल ने रजलो का मुख चूमा तो रजलो को 'उबकाई' आ गयी।

गहुवाँ के रोटिया बनवली ऊपर मुरगिया कै रे झोल
जेवँइ बइठले मोगला रजलो बेनिया हो डोलाय।
सूप अइसन दाढ़ी मोगलवा के बरधा अइसन आँखें
ओही मुहे लिहलन मोगल चुमवाँ रजलो के छुटि उकलाई।

जहाँ पुरुष मौन हो जाता है वहाँ जन्म लेता है महिला-लेखन

जो अंश खाली छूट गये हैं या छोड़ दिये गये हैं, उनके भराव में मिलता है महिला-लेखन। हाँ, वह भराव आधा खो गया है और आधा 'कण्ठ' में छूट गया है। आदि कवि वाल्मीकि की कविता का उत्स क्रौंच के करुण-क्रन्दन में माना जाता है, लेकिन उनसे भी कुछ पहलू अनछुए छूट गये हैं। कवीन्द्र रवीन्द्र ने उर्मिला की उपेक्षा पर तो कलम उठायी जिसके प्रत्यक्ष-अप्रत्यक्ष प्रभाव से साकेत जैसा महाकाव्य अस्तित्व में आया। परन्तु सीता की वेदना के एकान्त क्षण वे भी नहीं देख सके। सीता का विरह तो काव्य की विषय-वस्तु बना परन्तु 'करुण' को एकमात्र 'रस' माननेवाले भवभूति ने भी राम को निर्दोष साबित करने की कोशिश ही अधिक की है। सीता के मातृत्व की वेदना गाँव देहात की सामान्य नारियों ने अनुभव ही नहीं की, उसे वाणी भी दी। वाल्मीकि रामायण में लव-कुश जन्म का प्रसंग एक श्लोक में सूचित किया है :

जिस रात को शत्रुघ्न ने पर्णशाला में प्रवेश किया था, उसी रात में सीता ने दो पुत्रों को जन्म दिया :

यामेव रात्रिं शत्रुघ्नः पर्णशालां समाविशत्।
तमेव रात्रिं सीतापि प्रसूता दारकद्वयम् ॥ (उत्तरकाण्ड)

तुलसी का 'मानस' पूरे 'वनवास' प्रसंग से ही कतराकर निकल जाता है और रामराज्य वर्णन के साथ तरह-तरह के दार्शनिक, धार्मिक और नैतिक प्रसंगों पर चर्चा करता हुआ चलताऊ ढंग से चारों भाइयों के दो-दो पुत्रों के जन्म लेने का गणित बैठा देता है।

इसके विपरीत महिला-लेखन सीता के साथ अँधेरी गुफा में खड़ा है जहाँ वह एकाकी अपनी पीड़ाओं को झेल रही है। वह स्वयं लकड़ी जलाकर सद्यःजात पुत्र का मुख देखती है :

'सीता लकड़ी के किहिन अँजोर सन्तति मुख देखिन हो।' उसकी चिन्ता है—'हे पुत्र, तुम विपत्ति में हुए हो, बहुत साँसत में। हे पुत्र, कुश ही ओढ़ना है, कुश ही बिछाना है/बनफल ही भोजन है। जो पुत्र तुम अयोध्या में होते, राजा दशरथ पाटण लुटा देते/कौशल्या रानी आभूषण लुटातीं।'

पुत्र के 'जन्म का रोचना' सीता लक्ष्मण को भेजती हैं, राम को नहीं। राम को सूचना लक्ष्मण से मिलती है। वे गुरु को सीता को मनाने के लिए भेजते हैं, सीता नहीं आती। तब वे स्वयं जाते हैं। वन में उन्होंने दो बच्चों को खेलते हुए देखा। वे पूछते हैं :

केकर तु पुतवा नतिअवा केकर हो भतिजवा हो
लरिकौ कौनी मयरिया कै कोखिया जनमि जुड़वायउ हो।

बच्चों ने उत्तर दिया :

बाप का नौवा न जानौ, लखन के भतिजवा हो।
हम राजा जनक के है नतिया, सीता के दुलरुआ हो।
यतना वचन राम सुनलेनि सुनहू न पउलेनि
रामा तरर तरर चुवै आँसू पटुकवन पोंछइ हो।

आगे ऋषि की कुटी थी। सामने कदम्ब का सुन्दर वृक्ष था। उसके नीचे सीता केश सुखा रही थीं। राम पीछे जाकर खड़े हो गये। सीता ने मुड़कर देखा—राम ! राम बोले :

रानी छोड़ि देउ जियरा विरोग अजोधिया बसावउ हो
सीता तोरे बिना जग अँधियार त जिवना अकारथ हो।

कुछ नहीं बोली सीता। एकटक देखती रही। और धरती में समा गयी।

सीता आँखियाँ में भरली विरोग एकटक देखिन हो
सीता धरती में गयी समाय कुछौ नहिं बोलिन हो।

इस मौन से कई महाकाव्य जन्म लेते हैं।

साहित्य में 'दूसरी परम्परा' की खोज तो की गयी, परन्तु यह 'तीसरी परम्परा' जब तक नहीं खोज ली जाती तब तक साहित्येतिहास 'आधा इतिहास' ही है।

2

'नाम धरो वैसुन्नहर'—एक खोज महिला-लेखन के सौन्दर्यशास्त्र की

महिला-रचना-धर्मिता के सवाल उठाते हुए उसके विरोध में पृथक् सौन्दर्यशास्त्र का मुद्दा अवश्य उठाया जाता है। क्या रचना के स्तर पर ऐसा कुछ है जिसे पहचाना जा सके, एक नाम दिया जा सके ? तब, महिला-लेखन के सौन्दर्यशास्त्र पर बात करना जरूरी हो जाता है। सौन्दर्यशास्त्र, खासतौर पर उन आधे रचनाकारों का, जो बहुलांश में निरक्षर हैं, उस अर्थ में तो सौन्दर्यशास्त्र नहीं कहा जा सकता जिसे शास्त्रीय दृष्टि से 'काव्यशास्त्र' का नाम दिया गया है। महिला-लेखन के नाम पर जो कुछ हमें उपलब्ध होता है उसका माध्यम या तो राज्याश्रय है या धर्माश्रय। दोनों ही स्थानों पर उसमें गुणात्मक अन्तर लगभग नहीं है। जीवन्त लोक-चेतना के लिए हमें उसी सामूहिक धरोहर की ओर देखना होगा, जिसे लोकसाहित्य कहते हैं और जिसका आधे से अधिक नारी-चेतना का सृजन है। इसका सृजन और संरक्षण ही नहीं, संवाहन भी लोक के द्वारा ही हुआ है, अतः उसका सौन्दर्यशास्त्र भी सामूहिक रूप से विकसित हुआ है। इसे नाम देने की कोशिश हम कर सकते हैं। यह दूसरी नहीं, पहली बात है कि इस तरफ किसी का ध्यान गया नहीं। जन-साहित्य की बात करनेवाले लोग जिसमें 'जन' बोलता है उसे नहीं सुनते। लिखा हुआ शब्द सत्य है, बोला हुआ असत्य। एक पत्थर का निर्जीव टुकड़ा, मिट्टी के बर्तन का अंश सत्य है, समय की छाप है, इतिहास का 'तथ्य' है, किन्तु 'शब्द' जिसकी जीवित सत्ता है, सत्य नहीं है क्योंकि वह वाचिक है, काल-प्रवाह की जीवन्त लहर है। यदि यही मानकर चलें तो पूरा-का-पूरा प्राचीन साहित्य सन्देह के घेरे में आ जाएगा। लिपिबद्ध करने की प्रक्रिया तो बाद में शुरू होती है। सत्य तो यह भी है कि जीवन्त संस्कृति से अधिक उसके अस्थि-कलश प्रामाणिक नहीं हो सकते।

बचपन में एक कहावत सुनी थी जिसका उपयोग गाँव की उम्रदराज औरतें आपसी लड़ाई में किया करती थीं। 'हम ही सौं आग लाईं नाम धरो वैसुन्नहर'। जब-जब 'वैसुन्नहर' के बारे में जानना चाहा कह दिया गया, 'एक राक्षस होता है।' बस, किस्सा

खत्म। दशकों बाद, प्राचीन भाषाओं का अध्ययन करते समय यह रहस्य खुला कि 'वैसुन्नहर' और कुछ नहीं संस्कृत वैश्वानर का अपभ्रंश है। इस तरह यह शब्द लोक-वेद के गहरे रहस्य समेटे हुए है। आग किस प्रकार शास्त्रीय परम्पराओं में 'वैश्वानर' के रूप में ढल जाती है। महिला-लेखन का सौन्दर्यशास्त्र 'आग और वैसुन्नहर' के रिश्ते की खोज है।

अपनी बात हम मिथकों से शुरू कर सकते हैं। वैदिक और लौकिक मिथकों की एक समानान्तर परम्परा रही है, जिनके रिश्ते द्वन्द्वात्मक भी रहे हैं। मिथक सम्पूर्ण समाज की सामूहिक धरोहर होते हैं, परन्तु महिला रचनाकारों ने उन पर जगह-जगह अपने हस्ताक्षर किये हैं। वे मिथक अपने स्वरूप और संरचना में ही नहीं, अपने लक्ष्यों में भी दूर खड़े हैं और अपनी पहचान को रेखांकित करने की माँग करते हैं। वैदिक और लोकतात्विक मिथकों के विकास-क्रम से होकर गुजरना काल की एक रोमांचक यात्रा है, हालाँकि, यह एक गुम होती हुई नदी की यात्रा भी है।

सूर्य एक ऐसा ही प्रभावशाली मिथक है, जिसका प्रभामण्डल वैदिक देवताओं से लेकर लोक-जीवन तक पसरा हुआ है। प्रभावशाली इसलिए कि केवल यही एक ऐसा देवता है जो प्रत्यक्ष दिखाई देता है। वैदिक साहित्य में सूर्य की उत्पत्ति, स्वरूप, वंश एवं गुणों के वर्णन भरे पड़े हैं। वह स्वर्ण-नेत्र, स्वर्ण-हस्त एवं स्वर्ण जिह्वावाला बताया गया है[1], उसकी भुजाएँ स्वर्णमय एवं केश पीले हैं[2] एवं उसका स्वर्ण स्तम्भ वाला रथ है।[3] एक राजस्थानी महिला लोकगीत में सूर्य से नितान्त आत्मीय सम्बन्ध जोड़ते हुए सूर्य-पत्नी राज्ञी का सौन्दर्यवर्णन किया गया है :

उगियो उगियो के करो सुहेल्यो ए
उगियो राजा कासिव जी को पूत
उगन्तो उजास वरणो
आथमतो सिधूर वरणो
गाम गुवोड़े चाली
पछीड़ा मारग चाल्या
नेम धरम सब साथ
सुहेल्या ए बाबुल घर बाज्या है थाल
सुहेल्या ए ससुराँ घर घोर्‌या है निसाण।
काला काला कें करो सुहेल्या ए
काला राणी रैणादे के केस

गीत काफी लम्बा चलता है। सूर्य की स्तुति न कर उसकी पत्नी का सौन्दर्य-वर्णन है। कारण सीधा है कि उसके मायके में थाल बजता रहे और ससुर-गृह में निसान। एक

1. ऋग्वेद, 1.35, 6.71; 2. वही, 6.71, 10.139; 3. वही, 4.53, 1.36

ब्रज सोहर गीत में एक स्त्री सूर्य से मनौती माँगती है :

झमकि अटरियन चढ़ि गयी सुरज मनावै सवित पइयाँ लागै
मेरे भैया के होंय नदलाल, बधावा लेके जाऊँगी।

सूर्य और सवित दोनों का उल्लेख किसी पुरानी परम्परा का अवशेष है। सायण के अनुसार उदित होनेवाले सूर्य को ऋग्वेद में 'सवितृ' कहा गया है एवं उदय से अस्तकाल तक आकाश में भ्रमण करनेवाले सूर्य को 'सूर्य' कहा गया है (ऋग्वेद, 8. 511 सायण भाष्य)। सूर्य सम्पूर्ण सृष्टि का कारण और संचालक हो सकता है, परन्तु उसकी चिन्ता करनेवाला लोक का नारीमन है। सूर्य की मकरसंक्रान्ति को स्त्रियाँ सूर्य की पूजा का 'अरघ' दे, एक कहानी कहती हैं जिसका सार है :

एक सूरज देवता थे। घर में उनकी पत्नी और बूढ़ी माँ रहती थी। सूरज बहुत व्यस्त रहते थे, छः-छः महीने घर नहीं आते थे। एक बार उन्होंने सोचा, चलकर देखना चाहिए पत्नी और माँ कैसी हैं। वे भेस बदलकर आये। माँ ने नहीं पहचाना, पत्नी ने पहचान लिया। सूरज ने पानी माँगा, पत्नी ने पूछा—दे दूँ ? माँ बोली—दे दो। फिर सूरज ने भोजन माँगा, पत्नी ने पूछा—दे दूँ ? माँ ने कहा—दे दो। सूरज ने कहा—अपने लड़के की थाली में खाना दो। पत्नी ने पूछा, माँ ने कहा—दे दो। खाना खाकर सूरज बोला—रात हो गयी है, यहीं रह जाता हूँ। माँ ने कहा—रह जाओ। सूरज बोला—अपने बेटे का पलँग दो। माँ थोड़ा सकुचायी। सोचा—एक रात की तो बात है, बोली—सो जाओ। अब सूरज देव बोले—भोजन बहुत कर लिया है, अपनी बहू से कहो मेरा पेट सहलाये, दर्द हो रहा है। माँ नहीं मानी, तो बहू ने कहा—मेरा एक हाथ तुम पकड़े रहना, एक हाथ से मैं पेट सहला दूँगी। माँ राजी हो गयी। बहू का एक हाथ उसने पकड़ लिया, दूसरे हाथ से बहू सूरज का पेट सहलाने लगी। माँ को नींद आ गयी—सूरज ने झन-झन किवाड़ बन्द कर लिये। उस दिन छः महीने की रात हुई।

कथा की प्राकृतिक और वैज्ञानिक कई अर्थ-व्यंजनाएँ हो सकती हैं, रही भी होंगी, लेकिन बात उस मूल संवेदना की है, जो सूर्य-पत्नी के साथ जुड़ी हुई है। एक ऐसी नारी जिसका पति कमाने के लिए विदेश चला जाता है, और उसकी पत्नी प्रतीक्षा में दिन काटती है।

एक दूसरा मिथक यम का लिया जा सकता है। सूर्य-पुत्र यम मृत्यु के स्वामी हैं और उनका विवरण ऋग्वेद से लेकर पुराणों तक बिखरा पड़ा है। ऋग्वेद में यम-यमी संवाद-सूक्त मिलता है। यमी यम की जुड़वाँ बहिन थी, जिसने यम को पति रूप में प्राप्त करने की प्रार्थना की थी, परन्तु यम ने स्वीकार नहीं किया।[1] दीपावली की द्वितीया यम द्वितीया कहलाती है। कहते हैं कि इस दिन भाई-बहिन गाँठ बाँधकर यमुना नदी में स्नान करते हैं, उन्हें मृत्यु-कष्ट नहीं होता। ब्रज-प्रदेश में स्त्रियाँ पूजन कर आनुष्ठानिक कहानी

---

1. ऋग्वेद, 10.8

कहती हैं जिसमें यम के मिथक का लोक-वार्त्ता में रूपान्तरण हो गया है। हो सकता है कि यह रूपान्तरण ही मूल हो। इस प्रक्रिया को समझने के लिए कथासार आवश्यक है :

एक माँ-बेटी थीं। बेटी पीसती, माँ खाती थी। मरने के बाद बेटी का विवाह यमराज से हुआ और माँ नरक में गयी। ऊपर जाती तो चील कौवे खाते, नीचे आती तो साँप-बिच्छू काटते। यमराज जब कचहरी जाते तो सब कुठरियाँ खुली छोड़ जाते, एक में ताला लगा जाते। एक रोज बेटी ने सोचा कि देखें इस कोठरी में क्या है ? खोला तो माँ। ऊपर जाए तो चील कौवे खाएँ नीचे आए तो साँप-बिच्छू काटें। उसने ताला बन्द कर दिया और अनसर पाटी ले पड़ रही। यमराज आये, वे समझ गये। पूछने पर लड़की बोली, 'तुम सारी दुनिया पर राज करते हो, मेरी माँ नरक में।' यमराज बोले, अच्छा, अपनी माँ से कहना अपने नाती खिला लिया करें, निकल आएँ। माँ बाहर आ गयी। यमराज ने नाती भारी कर दिये। माँ ने एक दिन खिलाये, दो दिन खिलाये, तीसरे दिन बोली, हमसे नहीं खिलते 'जम के जमूला', इससे तो कुठरिया भली। वह फिर वहीं जा पड़ी। लड़की ने फिर अनसर पाटी सँभाली। शाम को यमराज आये, कारण पूछा, लड़की ने बता दिया। यमराज ने कहा—अच्छा, अपनी माँ से कहना जमाई की धोती धो दिया करें, निकल आएँ। माँ बाहर आ गयी। यमराज ने अपनी धोती भारी कर दी। माँ ने एक दिन धोती धोयी, दो दिन धोयी, तीसरे दिन बोली—हमसे नहीं धुलती जम के जमूला की धोती, फिर कोठरी में जा पड़ी। शाम को यमराज आये तो लड़की फिर अनसर पाटी लिये पड़ी थी। पूछने पर उसने बताया। यमराज ने कहा, तुम्हारी माँ के बन्ध ऐसे नहीं खुलने के। किसी की 'दीया गौर' की बाती ले आओ। लड़की गयी, और किसी स्त्री की दीयागौर की बाती धोखे से ले आयी और माँ को खिला दी। माँ बाहर आ गयी, और वह स्त्री उसकी जगह कोठरी में जा पड़ी। यह कथा भी जटिल बुनावट वाली है, परन्तु सबसे चटक रंग है, बेटी का पीसा खाने से नरक में पड़ना, और बेटी के घर माँ की स्थिति की सामाजिक और भावनात्मक परिणति।

रामकथा के मिथक तो पूरे भारतीय उपमहाद्वीप में रचे-बसे हैं। तुलसी के मानस तक आते-आते राम का आदर्शवादी मर्यादावादी रूप इतना दिगन्तव्यापी हो गया था, परन्तु लोक-साहित्य का नारी-मन कुछ दूसरी ही कथा कहता है। तुलसी जहाँ पूरा तर्कशास्त्र लेकर राम को 'ब्रह्म' सिद्ध करने में जुटे हैं, वहाँ स्त्रीमन एक उड़िया गीत में रामकथा का यह चित्र उकेरता है—'सीता ठकुरानी फटे-पुराने वस्त्र पहने हुए है, राम टूटे बर्तन में भात खा रहे हैं,' हे महाप्रभु ! सीता नये वस्त्रों के लिए तरस रही है, लक्ष्मण परवाल भात के लिए तरस रहे हैं, हे महाप्रभु ! सीता नाक के 'गुणा' के लिए तरस रही है, राम नारियल लाने के लिए भटक रहे हैं हे महाप्रभु ! सीता आँख में आँसू भरकर दूध दुह रही है, वे माँ के घर को याद करके रो रही हैं।' (देवेन्द्र सत्यार्थी द्वारा उद्धृत)। रामराज्य के बाद की सीता की सारी पीड़ा लोकगीतों में, खासतौर पर सोहर गीतों में,

स्त्रियों ने ही झेली है। परिनिष्ठित साहित्य में तो राम के इस कृत्य के लिए भी कई धार्मिक और महामानवीय कारण तलाश कर लिये गये हैं, परन्तु लोकगीतों की नारी ने कभी उन्हें क्षमा नहीं किया। सीता के माँ बनने की पहली प्रतिक्रिया है :

सीता लकड़ी के किहिन अँजोर संचति मुख देखिन हो
तुम पूत भयेहु विपति में बहुतै साँसति में
पूत कुसै ओढ़न कुस डासन बनफल भोजन हो।

सीता के स्वाभिमान की रक्षा नारी-मन ने पूरी तरह की है। वे 'रोचना' लक्ष्मण को भेजती हैं परन्तु राम को नहीं। पुत्र-जन्म की सूचना राम को लक्ष्मण से ही मिलती है। सीता को बुलाने वे लक्ष्मण को भेजते हैं, गुरु वसिष्ठ को भेजते हैं, अन्ततः स्वयं भी जाते हैं, परन्तु सीता बिना एक शब्द बोले, राम को एकटक देखते हुए धरती में समा जाती हैं :

सीता अँखियाँ में भरली विरोग एकटक देखिन हो
सीता धरती में गइली समाइ कुछौ नहिं बोलिन हो।

चरित्र ही नहीं, मिथकीय कथ्य का रूपान्तर लोक-साहित्य में भिन्न परिप्रेक्ष्य में विकसित हुआ है। दार्शनिक और पौराणिक वार्ताओं के स्थान पर ठोस जीवन और जगत की सीधी पकड़ है। महाभारत में यक्षप्रश्न के सन्दर्भ बहुप्रचलित हैं। कुछ प्रमुख प्रश्न और युधिष्ठिर द्वारा दिये गये उनके उत्तर इस प्रकार हैं :

भूमि से भारी कौन है ?	माता भूमि से भारी है।
आकाश से ऊँचा कौन है ?	पिता आकाश से ऊँचा है।
कौन वायु से शीघ्रतर है ?	मन वायु से शीघ्रतर है।
कौन मनुष्यों में बली है ?	चिन्ता मनुष्य से बली है।
सूर्य का आधार क्या है ?	ब्रह्म
सूर्य के साथ कौन है ?	देवता
धर्म का अधिष्ठान क्या है ?	सत्य
आदमी को बल कैसे प्राप्त होता है ?	धैर्य से
कौन आदमी मृत है ?	धनहीन
कौन राष्ट्र मृत है ?	जहाँ अराजकता है।
ब्राह्मण देवत्व किस प्रकार प्राप्त करता है ?	विद्या से
क्षत्रिय देवत्व किस प्रकार प्राप्त करता है ?	शस्त्र से
जीवित कौन है ?	देवता, अतिथि, नौकर-चाकर, पितर एवं आत्मा को तृप्त करनेवाला।

एक राजस्थानी लोककथा में प्रसंग भी वही है, चरित्र भी वही है, परन्तु कथ्य बदल गया है। यह बदलाव और बदलाव की दिशा महत्त्वपूर्ण है, अतः कथा को देखना आवश्यक है :

एक बार पांडवों को वन में बहुत प्यास लगी। युधिष्ठिर ने अर्जुन को किसी कुएँ की खोज में भेजा। चलते-चलते अर्जुन एक ऐसे स्थान पर पहुँचे जहाँ बीच में एक बड़ा कुआँ था, चारों तरफ छोटे चार कुएँ थे। उसी समय बीच के बड़े कुएँ का पानी उफना तो चारों कुएँ जल से भर गये। इसी समय चारों छोटे कुएँ भी उफने पर बीच का कुआँ खाली रहा। अर्जुन पानी लेने आगे बढ़े तो आवाज आयी, 'यदि इन कुओं का रहस्य बताये बिना पानी लोगे तो मृत्यु को प्राप्त होगे।' अर्जुन नहीं माने। जैसे ही आगे बढ़े, मृत होकर गिर पड़े। जब अर्जुन नहीं लौटे तो युधिष्ठिर ने भीम को भेजा। चलते-चलते वन में भीम ने देखा कि एक भैंसा खड़ा है, उसके दोनों ओर एक-एक मुख है और वह दोनों ओर से चरता है परन्तु फिर भी दुर्बल है। जैसे ही भीम पानी लेने बढ़ा उसने भी सुना, 'यदि इस भैंसे का रहस्य बताये बिना जल पियोगे तो मृत हो जाओगे।' भीम नहीं माने और मृत होकर गिर पड़े। चिन्तित युधिष्ठिर ने नकुल को भेजा। नकुल वन में गये, वहाँ उन्होंने देखा कि एक पका हुआ खेत है जिसके चारों ओर बाड़ लगी हुई है। वह बाड़ भीतर की ओर बढ़ती है और खेत को खाकर फिर यथास्थान आ जाती है। आश्चर्य से भर वह आगे बढ़ा तो आवाज आयी, 'यदि बिना इस खेत का रहस्य बताये आगे बढ़ोगे तो मृत्यु को प्राप्त होगे।' नकुल नहीं माना और मृत होकर गिर पड़ा। अन्त में युधिष्ठिर ने सहदेव को भेजा। वन में पहुँचकर सहदेव ने देखा गाय ने एक बछिया ब्यायी है और गाय बछिया का दूध पी रही है। उसे आश्चर्य हुआ कि आवाज आयी कि 'इस बछिया और गाय का रहस्य बताये बिना आगे बढ़ोगे तो मृत हो जाओगे।' सहदेव भी नहीं माना और मृत हो गया।

अब, युधिष्ठिर स्वयं अपने भाइयों को खोजने चला। सबसे पहले वह पाँच कुओं के पास पहुँचा। वहाँ उसने अर्जुन को मृत देखा और वही आवाज सुनी। उसने उत्तर दिया। 'अब कलियुग आनेवाला है, पिता अपने चार पुत्रों का भरण-पोषण कर लेगा, परन्तु वे चारों मिलकर उसका गुजारा नहीं चला सकेंगे।' उत्तर देते ही अर्जुन जीवित हो गया। दोनों भाई आगे चले, उस स्थान पर पहुँचे जहाँ दो मुँहवाला दुर्बल भैंसा खड़ा था। वहीं पर भीम मृत पड़ा था। वही प्रश्न युधिष्ठिर से भी किया गया। उसने उत्तर दिया, 'अब कलियुग आनेवाला है। यह भैंसा उस समय की न्याय प्रणाली है, जिसमें वादी और प्रतिवादी दोनों से धन खाया जाएगा, फ़िर भी वह पुष्ट नहीं होगा।' उत्तर देते ही भीम जीवित हो गया। तीनों आगे बढ़े और उस खेत के पास पहुँचे जहाँ नकुल प्राणहीन पड़ा था। युधिष्ठिर ने उसी आवाज में वही प्रश्न सुना और उत्तर दिया, 'यह कलियुग की शासन-व्यवस्था का रूप है जब रक्षक ही भक्षक बन जाएगा।' उसी समय नकुल जीवित हो गया। चारों आगे बढ़े। आगे अपनी बछिया का दूध पीनेवाली गाय

मिली, और सहदेव मृत पड़ा दिखा। युधिष्ठिर ने वही प्रश्न सुना जो सहदेव ने सुना था। उसने उत्तर दिया, 'अब कलियुग आनेवाला है, माँ अपनी पुत्री का धन आराम से खाएगी, यह वही स्थिति है।' उसी समय सहदेव जीवित हो गया। पास ही एक कुआँ था, वहाँ उन्होंने अपनी प्यास बुझायी।

इस प्रकार यक्ष-प्रश्नों का धरातल आध्यात्मिक और धार्मिक है, जबकि लोककथा कलियुग के माध्यम से अपने समय की कटु आलोचना करती है। दो मुँहों का भैंसा और रक्षक ही भक्षक आदि कथन कहानी को समकालीन और मानवीय बना देते हैं।

केवल पारम्परिक मिथकों का निजीकरण ही नहीं, महिला-रचनाधर्मिता का अपना देवशास्त्र भी है। लोक देवता सामान्यतः समस्त लोक में समादृत होते हैं, परन्तु, उसमें भी स्त्री वर्ग का विभाजन और प्रयोजन स्पष्ट है। उनके पीछे कोई शास्त्रीय या पौराणिक परम्परा पहचान में नहीं आती। यदि, कहीं आती भी है, तो इतनी रूपान्तरित होकर कि उसके अर्थ एवं लक्ष्य ही बदल जाते हैं। पुरुषों के लोकदेवता प्रायः ऐतिहासिक या अर्द्ध-ऐतिहासिक वीरपुरुष होते हैं, परन्तु स्त्रियों का देवशास्त्र उनकी आशा, आकांक्षाओं के आस-पास घूमता है। उनके चित्र भी बनाये जाते हैं, जिसका नितान्त निजी कलाशास्त्र भी है। ये भी मन्दिर की प्रतिमा की तरह हमेशा काम नहीं आते, वरन् हर बार वही चित्र फिर-फिर बनाये जाते हैं। सृजन ही उनकी आस्था का मूल है। अनन्त चतुर्दशी के दिन स्त्रियाँ 'गज्जबीबी' की पूजा करती हैं, और उनसे माँगती हैं 'ढाई दिन का मैका', दीपावली पर आस मैया प्यास मैया, भूख मैया नींद मैया की 'पुतरियाँ' बनाई जाती हैं और इस प्रकार की कामना की जाती है 'भूख मैया का क्या है, चाहे सोने की थाली में खाया चाहे हाथ में रखकर, प्यास मैया का क्या है, चाहे सोने के गड्डुवा में पानी पिया चाहे हाथ के 'चुल्लू' से, नींद मैया का क्या है चाहे सेज पर सोये चाहे जमीन पर, मैंने तो आसमैया को प्रणाम किया है।' इसी प्रकार अहोई (होनी को अनहोनी करने में समर्थ) की भित्ति रचना में, उसके पेट में पूरा मनोसंसार रचा जाता है, जिसकी कामना स्त्रियाँ करती हैं। प्रत्येक रचना के साथ उसका पुत्र अवश्य बनाया जाता है, सम्भवतः किसी भी प्रकार के अमंगल को टालने के लिए। इसी प्रकार सुआटा, मामुलिया साँझी, सब स्त्री-संसार के देवी-देवता हैं, उनकी मनोरचनाएँ हैं और वे उनकी नितान्त भौतिक आवश्यकताओं की पूर्ति करते हैं।

यहाँ मुद्दा यह नहीं है कि देवशास्त्र और मिथकों में क्या परिवर्तन आया, मुद्दा यह है कि, परिवर्तन क्यों आया और किस दिशा में आया ? परिवर्तन आध्यात्मिकता से भौतिकता की दिशा में है, वैराग्य से राग की दिशा में है, त्याग से समृद्धि की दिशा में है। जो देवता उनकी कामनापूर्ति में समर्थ नहीं, वे उनके लिए किसी काम के नहीं। कभी किसी स्त्री गीत में, या कथा में यह नहीं सुनाई पड़ता कि भगवान, मैं पापी हूँ, तुम्हारी शरण में हूँ, मुझे मोक्ष दो। नहीं, वहाँ तो पूरा कामना का संसार है, जिसमें शामिल है स्त्री का मायका, ससुराल, सुहाग, सन्तान और समृद्धि। उनकी प्राथमिकताएँ भी वही

हैं, और परिणति भी। वे अपनी मिट्टी के रंग से रँग देती हैं, मिथकों को, अनुष्ठानों को, कला को और सम्पूर्ण सौन्दर्यशास्त्र को, जिसकी मूल-चेतना है सबके साथ जुड़ना, एक बृहत्तर समाज का अंग होना। किसी भी अनुष्ठान-कथा का अन्त होता है 'जैसी उनकी सुधरी वैसी सबकी होय', मंगलाशा का यह रूप शायद ही कहीं और दिखाई पड़ता हो।

यही कारण है कि देवशास्त्र और मिथक ही नहीं, महिला रचना-संसार का अपना मन्त्र-शास्त्र भी है, नितान्त निजी और गोपनीय। पुरुषों को उसकी भनक भी नहीं लगने दी जाती। यह मन्त्र ठेठ 'देसी भासा' में है और इनके लिए परम्परा के अलावा किसी दीक्षा की जरूरत नहीं होती। परिवार की बड़ी-बूढ़ी ही इनको दीक्षा देती है। सामान्यतः जो मन्त्र होते हैं वे स्पष्ट रूप से अपने अभीष्ट की माँग करते हैं। कुछ उदाहरण दिये जाने जरूरी हैं। एकादशी का व्रत वैराग्य और मुक्ति के लिए रखा जाता है, यह शास्त्रमत है, लेकिन ये 'महिला-मन्त्र' कुछ दूसरी ही कहानी कहते हैं :

एकादसी का बर्त
पानी का परवर्त
गंगा जी का घाट
किशन जी का साथ
शीलवन्ती माँ पाऊँ
पिता पाऊँ केदार
अपने मिलते श्याम पाऊँ
जो खेय लगाये पार।

महिलाओं का एक महामन्त्र है, जिसे वे 'आरी-बारी' कहती हैं। प्रत्येक त्योहार पर पूजा के बाद, सभी आनुष्ठानिक कथाएँ कह-सुन चुकने के बाद, अन्त में इसे कहा जाता है। बहुत धीमे स्वरों में, लगभग फुसफुसाहट के लहजे में–

आरी-बारी सोने की दिवारी
का ध्याऊँ का मनाऊँ, सुरज ध्याऊँ सवित मनाऊँ
सवित मनाये का फल पाऊँ
कोने भरी लठियाँ, देहरी भरी पन्हैयाँ
अरगनी भरी लगुँटियाँ।
मुछियारे लड़िका, दढ़ियारे दमाद,
कजरौटी सी धीयाँ अंगरौटी सी बहुएँ
धीय को ठुनकन, बहू को हुनकन
चाँदी के कटोरा में दूध-भात खाऊँ
सैंयाँ सेज, पालने ललना
भैया बुलाये जाऊँ, सैंयाँ बुलाये आऊँ

पान खाऊँ आप घर, पीक डारौं बाप घर
सविता जैसे मोये दओ सबको दीजो।

इस मन्त्र में केवल यह महत्त्वपूर्ण नहीं है कि क्या माँगा गया है, बल्कि महत्त्वपूर्ण यह भी है कि किस अन्दाज से माँगा गया है। शब्दों में अर्थ की अनन्त सम्भावना है। मैंने कहीं, किसी मन्त्र में व्यंजना की यह अदा नहीं देखी। इसी प्रकार कन्या के विवाह में विदा के समय आशीर्वाद-मन्त्र—गाया जाता है, जिसमें पूरी नारी-सृष्टि समाहित है :

इस घर की मैड़ी ऊँची बंके द्वार
जय-जय साही सोहिले हम गाँवैं मंगलाचार।
मोतियन चौक पुराय के सुबरन सतिये देय
रंग महल ते ऊतरी सिर सालू चक डोर
हाथ कसीदा रंगला गोद जडूले पूत
गल सोहे मुतियन की माल।
बिछुये तुम्हारे बाजने बिन्नो घड़े सुगढ़ सुनार
बाबुल-वीर घड़ाइयाँ तुम पहनो मन चित लाय।
सारे भाई चौधरी नीके सारे बरकत धाय।
सारे खरचें बोरियाँ तेरी धन्न-धन्न है माय।
मखमल जूता पहन के घूमो बागोंबीच।
या सोवो दरबार में या भैयों के बीच।
तुम्हारे द्वार लाल नीम झकोरे लेय।
आँगन तखत बिछा तुम्हें बेटों का सुख होय।
जमाई का सुख, नाती पोतों का सुख होय।
ऊँचे तुम्हारे चौंतरा, लाल ऊँचे तुम्हारे नाम।
मोती तुलें तराजुओं, हस्ती, घोड़े झूमें द्वार।
हाथ हरी-हरी चूड़ियाँ, अचल रहे अहबात
नाक की बेसर यों लसे ज्यों तारों में चाँद
नौ दरवाजे अगेलनी चाँदी लगे किवाड़।
बेटे पोते लाड़ले तेरे खेलें चौपड़ बार।

यह मन्त्र उसी प्रकार गाया जाता है, जैसे संगीतात्मक स्वराघात के साथ वैदिक मन्त्र पढ़े जाते हैं।

मिथकों और मन्त्रों से जुड़ा हुआ सवाल प्रतीकशास्त्र का भी है। मिथकों की तरह, प्रतीकों के पीछे भी एक सामान्य सामूहिक सहमति होती है। लोक-साहित्य काव्य-प्रतीकों का प्रयोग शायद ही कभी करता हो, लेकिन महिला-रचना-संसार में काव्य-प्रतीकों से हटकर कुछ अपने प्रतीक हैं, जिनके अर्थ भी वे स्वयं खोजती हैं। इनकी विशेषता यह

है कि ये स्थिर और स्थायी प्रतीक नहीं हैं, वरन् पानी पर तैरती हुई लताएँ हैं, जिनकी जड़ें भी पानी के अन्दर ही होती हैं। इसीलिए इनकी कुंजी प्रतीकों के साथ ही नत्थी होती है। परम्परागत प्रतीक महिला-लेखन में किस तरह रूपान्तरित होते हैं, यह एक दिलचस्प प्रक्रिया है। एक राजस्थानी बधावा-गीत में पत्नी अपने स्वप्न का वर्णन पति से करती है :

हंस सरवर ढोला गूँजत देख्यो जी राज
मानसरो म्हारो जल भर्‌यौ राज।
बागाँ माँयला चपल्या म्हे फूलत देख्या जी राज।
फूल बीणें दोय कामणी राज।
पोल्याँ माँयला हँसती म्हे हींसत देख्या जी राज।
हरी-हरी दूब घोड़ा चरै राज।
आँगणियाँ रो चौक म्हे पूरत देख्यो जी राज,
ऊपर कुम्भ कलस धर्‌यौ राज।
महलाँ माँयलो दिवलो म्हे जगतो सो देख्यो जी राज
दिवलै री जोत सवाई जी राज।
हंस सरवर गोरी पीर तुमारो जी राज
मानसरो थारो सासरो राज
बागाँ माँयला चपल्या वै वीर तुमार जी राज।
फुलवा बींणें थारी भाँवजाँ राज।
पोलूयाँ माँयला हस्ती देवर जेठ तुमारा जी राज।
हरी-हरी दूब सुवासणी राज।
धन-धन जी ससुराजी रा छावा जी राज।
सुपणें रो अरथ भलो दियौ राज।
धन-धन ए साजनियाँ री जाई जी राज।
सुपनै रो अरथ भलो लियौ राज।
रूप की रोली सुहाग की पूड़ी जी राज
पूत जण्यों म्हारो घर भर्‌यो राज।

पत्नी स्वप्न में देखे हुए हंसों से गूँजते सरोवर, मानसरोवर, बाग में चम्पा के फूले हुए वृक्ष, फूल चुनती कामिनियों, दरवाजें पर हींसते हाथी, चरते घोड़े, आँगन में पूरे हुए चौक, मंगल-कलश, प्रकाश फैलाते दीपक की बात करती है। ये सभी प्रतीक भारतीय परम्परा के प्रचलित प्रतीक रहे हैं जिनके आध्यात्मिक अर्थ भी खोजे जा सकते हैं। हंस मुक्त जीवात्मा के लिए, मानसरोवर पवित्र मानस के लिए, चम्पक वृक्ष और फूल चुनती कामिनियाँ कवि समय के रूप में जाने जाते हैं। हाथी, लक्ष्मी और घोड़े शक्ति के प्रतीक

हैं। मंगल कलश गणेश का मान्य प्रतीक है। पर, जो अर्थ गीत में खोला गया है वह अनूठा है। पति कहता है, हे गोरी, हंसों से गूँजता सरोवर तुम्हारा पीहर है, मानसरोवर तुम्हारी ससुराल, बाग के चम्पक-वृक्ष तुम्हारे भाई हैं, फूल चुनती कामिनियाँ तुम्हारी भौजाइयाँ हैं। दरवाजे पर हींसनेवाले हाथी-घोड़े तुम्हारे जेठ-देवर हैं। हरी-हरी दूब सुवासिनी (बुआ, बहिन, बेटी, भानजी आदि) हैं, वे घोड़े उनके पति हैं, आँगन का चौक पुत्र है, मंगल कलश तुम्हारी पुत्रवधू है, दीपक तुम्हारा पति है, और तुम स्वयं उसकी ज्योति हो। पत्नी कहती है, हे ससुर के पुत्र, तुम धन्य हो जिसने स्वप्न का अर्थ भली प्रकार समझा दिया, पति उत्तर देता है, हे सज्जनों की पुत्री, तुम धन्य हो, जिसने अर्थ को भली प्रकार समझ लिया।

सम्प्रेषण की समस्या भारतीय काव्यशास्त्र की एक केन्द्रीय समस्या रही है, इसके अन्तर्गत रसनिष्पत्ति और साधारणीकरण के मुद्दे भरतमुनि से लेकर डॉ. नगेन्द्र तक उठाते रहे हैं। संस्कृत काव्यशास्त्र में, विभिन्न दर्शनों का सहारा लेकर इसकी विभिन्न व्याख्याएँ की गयीं और उनके समर्थन में विभिन्न रूपक प्रस्तुत किये गये। महिला लोकगीतों में सम्प्रेषण और साधारणीकरण के ऐसे नायाब नुस्खे हैं, जिनकी ओर किसी का ध्यान ही नहीं गया। ध्यान जाता भी कैसे। महिलाओं के आनुष्ठानिक गीतों को जो सुनते हैं, वे आलोचनाएँ लिखते नहीं, और जो लिखते हैं वे इन्हें जानते नहीं। 'गिरा अनयन नयन बिनु बानी' शायद इसी को कहा गया है।

महिलाओं के आनुष्ठानिक लोकगीतों में एक विशेष पद्धति का प्रयोग किया जाता है। इन गीतों में बीच-बीच में रिक्तियाँ रहती हैं, जिनकी पूर्ति गाते समय ही की जाती है। पुरुष गीतों में इनका प्रयोग देखने में नहीं आता। एक-दो उदाहरणों के बिना बात नहीं बनती, कारण ये गीत अब लुप्तप्राय हैं और किसी संग्रह में भी उपलब्ध नहीं हैं, फिर भी केवल सन्दर्भित अंश ही उद्धृत किये जा रहे हैं। एक सोहर गीत में नायिका को प्रसव-पीड़ा हो रही है, नायक अपने भाइयों सहित 'दाई' को बुलाने जाता है :

अगले से घुड़ल...लाल
पाछे...लाल
पाछे...लाल

नायक (जिसके यहाँ गीत गाया जा रहा है, उसके भाइयों के नाम लिये जाते हैं), जितने भाई हैं, उतनी ही बार यह पंक्ति दोहरायी जाती है।

अलल बछडवा...लाल
दाई को लैन चलै मेरे लाल

जिसके यहाँ सन्तान हुई है, उसका नाम लिया जाता है।

गीत आगे चलता है, वे दाई के घर पहुँचते हैं तो वह प्रश्न करती है :

कौन अजुल के हो नाती
कौन के हो पूत
कहा तुमरो नाम है मेरे लाल
'...अजुल के हैं नाती' (बाबा का नाम लिया जाता है)
'...बबुल के हैं पूत' (पिता का नाम लिया जाता है)
'...हमारो नाम है मेरे लाल' (भावी सन्तान या आसन्न जन्मी सन्तान के पिता का नाम लिया जाता है)

जिस-जिस घर में यह गीत गाया जाता है, और यह एक अनिवार्य गीत है, तदनुसार ये नाम बदलते जाते हैं। अतः आलम्बन के साधारणीकरण की आवश्यकता ही नहीं। गीत चाहे जिसने लिखा हो, चाहे जिसने गाया हो, यह उसी का गीत बन जाता है, जिसके यहाँ गाया जा रहा है। यह पूरी प्रक्रिया गीत में प्रत्येक अवसर पर दोहरायी जाती है और गीत सामूहिकता का एक निजी गीत बन जाता है। रचनाकार, गायक तथा भोक्ता एकाकार हो जाते हैं। कहीं-कहीं यह प्रक्रिया और व्यापक रूप में सम्पन्न होती है। उदाहरण के लिए बुन्देलखण्ड में नवरात्रि में लड़कियाँ 'सुआटा' खेलती हैं। मुहल्ले के किसी समतल चबूतरे पर 'गौर' की स्थापना होती है, नौ दिनों तक उसकी पूजा होती है। सारे अनुष्ठान का सम्पादन तरह-तरह के 'सुआटा' गीतों से होता है। अन्त में लड़कियाँ मुहल्ले के सभी लड़कों का नाम ले-लेकर गाती हैं :

'...वीर के घुल्ला छूटे' अर्थात् अमुक वीर के घोड़े प्रयाण के लिए चले। इस प्रकार सम्प्रेषण का आवर्त्त निरन्तर फैलता जाता है।

रस निष्पत्ति की शास्त्रीय प्रक्रिया में 'विभाव' के अन्तर्गत 'उद्दीपन' आदि की भी चर्चा की जाती है। वे रस के उद्दीपक हैं अवश्य, परन्तु काव्य में उनका वर्णन मात्र ही किया जा सकता है, उसका प्रभाव तो वर्णन-कुशलता और श्रोता/पाठक की भावक कल्पना पर निर्भर करता है। स्त्री लोकगीतों में स्थिति एक नाटकीय मोड़ ले लेती है। उद्दीपन स्वयं सामने उपस्थित है अपने पूरे सौन्दर्य के साथ। एक उदाहरण से बात शायद अधिक स्पष्ट हो सके। झूले के गीत वर्षा ऋतु में गाये जाते हैं, उनमें वर्षा का चित्रण भी होता है, परन्तु वह चित्रण इन गीतों की मूल भावना नहीं है। उसकी उतनी जरूरत भी नहीं है। चारों ओर हरियाली के बीच, किसी ऊँचे पेड़ की डाली पर झूला पड़ा है, झर लगी है, उसके साथ स्त्रियों के स्वर गूँजते हैं :

घेरि घेरि आवै पिया कारी बदरिया
देवा बरसै हो बड़े-बड़े बूँद, बदरिया बैरिन हो।
सब लोग भीजै घर आपने,
मेरे पिया हो भीजैं परदेस, बदरिया बैरिन हो।

यहाँ बादलों का वर्णन मात्र नहीं है, उनका साक्षात्कार है, तादात्म्य है, प्रत्यक्षीकरण

है, अतः मूल भावना के उद्दीपन के लिए किसी अन्य वर्णन की आवश्यकता नहीं है। यही कारण है कि विशेष अवसरों और ऋतुओं के गीत केवल उसी समय गाये जाते हैं, जब प्रकृति की दृश्य-सज्जा तैयार होती है। इस प्रकार के गीतों को 'ठिकठौरे' के गीत कहा जाता है, अर्थात् नितान्त उचित अवसर।

लोकगीतों की संरचना पर विचार करते हुए डॉ. हरद्वारी लाल शर्मा ने एक महत्त्वपूर्ण स्थापना की है। वे कहते हैं, "पहले लोकगीत मन्त्र थे। आवश्यक नहीं कि उनका रूप वही रहा हो, जो वैदिक मन्त्रों का है।...मन्त्र के चार तत्त्व होते हैं। ऋषि, जिसने उसे पहले देखा था, देवता, उसका चैतन्य अंश अथवा अर्थ, विनियोग—यज्ञ में उसका उपयोग, जहाँ वह प्रभावक होता है। लोकगीत का ऋषि उसकी शक्ति में घुल जाता है, उसका देवता—चैतन्य नहीं वरंच जीवन है जो अपनी जीवन्तता में चैतन्य को दबा लेता है। कुछ लोकगीतों का संस्कारों में विनियोग होता है, और उसका छन्द है लयताल युक्त स्वरमाधुर्य जिसे संगीत कहते हैं।"[1] काव्यशास्त्र के विषय में चर्चा करते हुए यह बात बहुत शीघ्र समझ में आ जाती है कि लोकगीतों का कोई छन्द-विधान नहीं होता, और महिला लोकगीतों का तो बिल्कुल नहीं। स्वयं छन्द जिस आधार पर खड़ा है वह 'लय' ही इनका मूलतत्त्व है, जिसमें संगीतात्मक स्वराघात का खूब प्रयोग किया जाता है। प्रत्येक वर्ग के गीतों की एक विशिष्ट लय होती है, वे गीत उसी लय में गाये जाते रहे हैं, शायद सदियों से। परम्परा से प्राप्त वे तानें, बिना समझे भी स्वरलहरियाँ लोककण्ठ से उठाकर श्रोता को प्रभावित कर सकती हैं, वे ही लोकधुनें हैं। इन धुनों में भी पुरुष स्वर और स्त्री स्वर अलग से पहचाना जा सकता है। परिवेश-गीतों के कुछ रूपों को छोड़ दें तो स्त्रीगीतों का स्वर करुण लहरियों पर बहता है। पर्ल बक ने अपने आत्मकथात्मक ग्रन्थ 'माइ सेवरल वर्ल्ड्स' में लिखा है, कि भारत की स्त्रियाँ जो गीत गाती हैं, वे समझ में न आते हुए भी, एक विचित्र प्रकार की करुणा से मन को भर देते हैं। गीत, जिस श्रम या अनुष्ठान के साथ जुड़े होते हैं, उसका आरोह-अवरोह गीतों की लय में बस जाता है। इस प्रकार के गीतों में यदि एकान्त नारी-मन की तलाश करनी हो तो 'सोहर' या 'जँतसारी' के गीतों को सुनिए। सोहर गीत तो फिर भी एक नियमित लय में उठते-गिरते हैं, उनकी बुनावट में सुख-दुःख दोनों के ताने-बाने होते हैं। जाँत के गीत (जाँत अर्थात् जिस कोठरी में मिट्टी के गोलाकार चबूतरे पर चक्की गड़ी होती है, जिसमें स्त्री, प्रायः ही बहू, प्रहर रात रहे उठकर चक्की चलाती है। रात को ही घर की मुखिया, प्रायः सास के द्वारा बड़े-बड़े डलों में अनाज भरकर रख दिया जाता है, जिसे सुबह तक पूरा पीसना लाजमी है) कड़कड़ाती सरदी हो, तपती गर्मी हो या बारिश, आधी रात से टिमटिमाते दीये की लौ में चक्की की घुर-घुर की एकतानता में जँतसारी के गीत गूँजते हैं। कथ्य और लय दोनों ही एक करुण

---

1. डॉ. हरद्वारी लाल शर्मा, लोकवार्ता विज्ञान, पृ. 745

दीर्घ राग है। अधिकांश गीतों में विदेश गये पति की प्रतीक्षा है, या विदेश से लौटे पति द्वारा ली जानेवाली 'सत' परीक्षा की चर्चा है। पति के पास रहने पर भी स्थिति बहुत बदलती नहीं। एक गीत में स्त्री कहती है कि साँझ होते ही राजा गाय दुहते हैं, मैं भोजन बनाती हूँ। आधी रात को जब पहरेदार का फेरा होता है, राजा सुखसेज बिछाने लगे और मैं जाँतघर बुहारने लगी। सुबह होते ही चुहचुही बोलने लगी, राजा पाग सँवारने लगे और मैं जाँत पर जूझने लगी :

बदरिया झिमकत आवै मोरे राम।
साँझ भई दिया-बाती की बिरिया
राजा दुहावै लागै गइया मैं जिवँना बनावउँ मोरे राम।
आधी रात चपरसिया क फेरा
राजा बिछावँय सुखसेज मैं जतँवा, बुहारौं मोरे राम।
भोर भये चुहचुहिया जो बौले
राजा सवारै सिर पाग, मै जाँते पै जूझन लागउँ मोरे राम।

जाँत गीतों की लय घूम-घूमकर टकराती हुई बार-बार ऊपर की ओर उठती है, जैसे हृदय में घूमता हुआ उच्छ्‌वास। एक गीत में लक्ष्मण की पत्नी उर्मिला जाँत घर में रो रही है (जाँत घर नहीं; रुदन घर हैं ये, जो बात किसी से नहीं कही जा सकती वह इन गीतों की झोली में डाल दी जाती है)।

केरे देले गोहुआँ हो राम केरे देले चँगेरिआ।
कउनी बइरिनिआ हो राम भेजल जँतसरिआ।
सासु देले गोहुआँ हो राम, ननदी चँगेरिआ।
गोतनी बइरिनियाँ हो राम भेजल जँतसरिआ।
जतवो न चलइ हो राम मकरी न डोलइ।
जाँता के धइले हो राम रोवइ जँतसरिआ।
घोड़वा चढ़ल हो लछुमन करउ पुछसरिआ
केकरी तिरिअवा हो राम रोवइ जँतसरिआ।
तोहू नएँ जानल हो लछुमन तोहरे तिरिअवा
जतवा के दुखे हो राम रोवइ जँतसरिआ।

लोकगीतों में संगीत मात्र अलंकार नहीं है जो शब्दों के बाहरी छोरों को छूता है, वरन् उनके गठन का केन्द्रीय भाग है। प्रसिद्ध लोकवार्त्ता विशेषज्ञ लोमेक्स ने प्रत्येक अंचल के लोकगीतों का अध्ययन कम्प्यूटर पर किया है और इस निर्णय पर पहुँचा कि प्रत्येक अंचल का एक पृथक् 'पैटर्न' है। आश्चर्यजनक स्थिति तो यह है कि, गाने में कितना मुँह खोला जाता है होठों की स्थिति क्या होती है, आँख, नाक आदि संवेदनशील अंग-प्रत्यंग किस प्रकार व्यवहार करते हैं, उठाव-गिराव कैसा होता है, आदि छोटे-छोटे

प्रश्नों से भी लोक-चेतना की बनावट और गीत की बुनावट पर प्रकाश पड़ता है। कुरु प्रदेश के एक 'झूला गीत' की लय इस प्रकार है :

> नन्ही नन्ही बुँदियाँ / बब्बे मेरी / पड़ रहीं जी / ऐ जी कोई / जाऊँगी
> झूलन / बाग में जी /

यह एक गीत भी है और झूले की गति भी। इसके स्वरवितान में गति और यति का जो मेल है, वह झूले की गति से ही आया है। कालिदास का मन्दाक्रान्ता छन्द कुछ-कुछ इसी गति से चलता है। संगीत की इस अनिवार्यता के कारण ही, लोकगीत बोलकर नहीं लिखवाये जा सकते, वे लँगड़ाने लगते हैं और गिर पड़ते हैं।

लोकगीतों के व्याकरण की खोज शास्त्रीय औजारों से नहीं की जा सकती। शास्त्रीयता का अर्थ है संस्कार और कौशल। इसके विपरीत, लोकगीत के उन्मुक्त स्वरों में लोकचेतना अपने समूचे उल्लास और अवसाद को लेकर उमड़ती है। वह क़िसी बनावट को स्वीकार नहीं करती। अतः लोकगीतों के 'शास्त्र' की खोज दूसरे ही साधनों से करनी होगी और वे साधन स्वयं इन गीतों में मौजूद हैं। यही इनका काव्य-व्याकरण है। लोकशिल्पकार जैसे पहले ताने-बाने को फैलाता है और फिर उनमें विभिन्न 'पैटर्नों' की बुनावट करता है। यही शिल्प स्त्रीगीतों का भी है। लम्बे कथागीतों में भी एकाधिक 'पैटर्न' या 'मोटिफ' का उपयोग होता है। पहले 'लय' उगती है, फिर उसका 'पैटर्न' और 'मोटिफ' भराव का काम करते हैं। स्वरों के ताने-बाने पर गीत की कड़ियाँ जुड़ती चली जाती हैं। लय का सीधा सम्बन्ध स्वरों के आरोह-अवरोह से होता है। शब्दों की मात्रिक या वर्णिक गणना का कोई अर्थ नहीं। सच तो यह है कि मात्रा और तुक का गणित लोकगीतों में चलता नहीं। बस, कभी-कभी 'धुन' में बैठाने के लिए शब्दों को थोड़ा-थोड़ा तराश दिया जाता है।

स्त्रीगीतों को केन्द्र में रखकर देखें तो कुछ प्रमुख संरचनाएँ रेखांकित की जा सकती हैं। सबसे अधिक ध्यानाकर्षित करनेवाली संरचना है, प्रश्नोत्तरों की। कहीं-कहीं सवाल पूछने और उत्तर देनेवाली अलग-अलग होती हैं, परन्तु अधिकतर वह एक ही होती है। इस प्रकार की प्रश्नमाला गीत को एक लहरदार गति देते हैं, जैसे काहे को हरुला/काहे की है माछ/सोने को हरुला/रूपे की है माछ/राम लछिमन दोनों जोते खेत। दूसरी प्रमुख संरचना है नामोल्लेख की। इसका सबसे अधिक प्रयोग संस्कार गीतों में होता है, लेकिन अन्य गीत भी इससे वंचित नहीं हैं। खासतौर पर जहाँ 'परिचय' या 'गारी' देने की जरूरत होती है वहाँ नाम आवश्यक है। नहीं तो 'गारी' देने का अर्थ ही कुछ नहीं रह जाता। होली के समय जो गीत गाये जाते हैं उनमें स्त्रियाँ 'भाँग' गाती हैं, खाती नहीं। फिर भाँग खानेवाले को 'गारी' पेश की जाती है। एक छोटा-सा उदाहरण—

> *भाँग खाय...(नाम) लाल सोय गये*
> *उनकी माँय जगावन जाँय रे, मन गिल्ले करे।*

उनकी बहिन जगावन जाँय रे, मन गिल्ले करे।
उनकी जुइया जगावन जाँय रे, मन गिल्ले करे।
माँय कहे उठ पूत सुपूत तो भाँग कहाँ से पायी रे—मन.।
बहिन कहे उठ भाई हमारे भाँग कहाँ से पायी रे—मन.।
जुइया कहे उठ बहिनन के खसमा भाँग कहाँ से पायी रे—मन.।

यही नाम गिनानेवाली संरचना कुछ गीतों—मुख्यतः विवाह गीतों में आभूषणों की सज्जा में भी मिलती है। विवाह गीतों में कन्या-पक्ष में 'बन्नी' से सम्बन्धित और वर-पक्ष में 'बन्ने' की सज्जा से सम्बन्धित। खास बात यह है कि लगभग तय रहता है कि किस अंग के कौन से आभूषण का नाम लिया जाना है। उनमें अधिक बदलाव नहीं होता। बन्नी के लिए माथे के बेना, कान के कुण्डल, हाथ के कंगन एवं पैर की पायल बिछुए का नाम लिया जाता है। 'बन्ने' के लिए सिर पर सेहरा, कान में कुण्डल, शरीर पर जामा, और घोड़े तथा डोली का नाम लिया जाता है। एक ही नाम लेने से एकरसता नहीं सामूहिक सहभागिता और सम्प्रेषण उत्पन्न होता है। एक तीसरी संरचना है जिसका प्रयोग कभी-कभी पुरुष गीतों में भी होता है। इसमें खाने, पीने और सोने का जिक्र होता है, पर हमेशा 'सोने की थाली में जिउँना परोसे' 'सोने के गडुआ गंगा-जल पानी' 'रेशम की सेज मोती झालर की तकिया' का ही वर्णन किया जाता है। कहना चाहिए ये बने-बनाये 'काव्य मुहावरे' हैं, जिनसे विभिन्न संरचनाएँ बनती हैं। थोड़ी कम प्रचलित संरचनाएँ 'बिम्ब-प्रतिबिम्ब' संरचना और 'क्रमानुसार तर्क' जो पूरे गीत में चलता है। 'बिम्ब-प्रतिबिम्ब' संरचना कन्या के इस विदा-गीत में देखी जा सकती है :

बाबा निमिया क पेड़ जिनि काटेउ
निमिया चिरैया बसेर-बलैया लेउँ बीरन।
बाबा बिटियन जिन दुख देउ
बिटिया चिरैया की नाई, बलैया लेउँ बीरन।
सब रे चिरैया उड़ि जइहैं
रहि जइहैं निमिया अकेलि बलैया लेउँ बीरन।
सब रे बिटियवा जइहैं सासुरे
रहि जइहैं मइया अकेलि, बलैया लेउँ बीरन।

'क्रमानुसार तर्क' का उदाहरण यह कुआँ पूजने का गीत है। पुत्र-जन्म के एक माह बाद स्त्री कुआँ पूजने के लिए जाती है, इस प्रथा के माध्यम से 'नारी-जीवन का सत्य' भी झलकता है :

जलभरे हिलोर हिलोर रसरिया रेशम की।
रेशम की रसरी तबहि नींक लागै सोने की गगरी होय, रस.

सोने की गगरी तबहिं नींक लागै मोतिन की इडुँरी होय, रस.
मोतिन की इँडुरी तबहि नींक लागै नाजुक-सी धनियाँ होय, रस.
नाजुक सी धनियाँ तबहिं नींक लागै गोद होरलवा होय, रस.

संरचनाएँ और भी हो सकती हैं। इनकी सबसे बड़ी भूमिका 'सामूहिक अभिव्यक्ति' में है। एक स्त्री गीत का मुखड़ा शुरू करती है, उसके बाद जैसे ही अन्तरा की पहली पंक्ति गायी जाती है, गीत की संरचना स्पष्ट हो जाती है और फिर वह गीत सबका गीत हो जाता है। सभी स्त्रियाँ उसे इस तरह गाती हैं, जैसे वह उन्हीं का हो, पूरा गीत याद रखने की आवश्यकता ही नहीं पड़ती। ये संरचनाएँ पंखवाले बीज हैं, उड़ते हुए जहाँ पड़ जाते हैं, उग आते हैं।

काव्यशास्त्र की चर्चा हो और अलंकरण की बात बिल्कुल ही छोड़ दी जाए यह हो नहीं सकता। जिन्हें हम अलंकार मानते हैं, उनकी जरूरत स्त्री-गीतों को नहीं पड़ती। और यदि कभी पड़ भी जाए, तो वही दाल, चावल, रोटी। कविता और जीवन की चर्चा होती है परन्तु ऐसा उदाहरण आज तक 'शिष्ट' कविता में नहीं मिला।—भूख का संगीत, भाव का छन्द—

मन मोरा अदहन, तन मोरा चाउर, नयना मूँग के दालि।
अपने बलम के जेंवना जेंवतिउ बिनु लकड़ी बिनु आगि।

हंस का प्रतीक रूप में प्रयोग शिष्ट साहित्य में उसके नीर-क्षीर विवेक के लिए किया जाता है, आध्यात्मिक रूप से उसे मुक्त जीवात्मा का दर्जा भी दिया गया है। लेकिन हंसिनी को 'सौत' बना देना स्त्री गीतों का ही हौसला है :

पिय सन अस मन मिलयूँ जस पय पानि।
हंसनि भई सवतिया, लइ विलगानि ॥

इसी प्रकार नदी और रेत को लेकर जिस सम्बन्ध की खोज की गयी है, वह दुर्लभ है :

साजन तेरे हेत अखियाँ तो नदियाँ भई।
मन भयो बारू रेत गिर-गिर परत करार ज्यों

लोकगीतों के पुरोधा, श्री रामनरेश त्रिपाठी ने बहुत पहले यह टिप्पणी दी थी, 'हमको स्त्रियों के मस्तिष्क की महिमा देखने को मिलेगी, जिनको हमने मूर्ख समझ रखा है उनके मस्तिष्क से ऐसे-ऐसे कवित्वपूर्ण गीत निकले हैं कि उन पर हिन्दी के कितने ही कवियों की रचनाएँ न्यौछावर की जा सकती हैं।' सुप्रसिद्ध विद्वान बाबू भगवानदास के शब्दों में 'उनमें रस की मात्रा व्यास, वाल्मीकि, कालिदास और भवभूति से भी तथा तुलसीदास और सूरदास से भी अधिक है।'[1]

1. रामनरेश त्रिपाठी, ग्रामगीत, भूमिका

स्त्री काव्य-शास्त्र की सबसे मारक शक्ति अलंकरण नहीं, ठेठ भाषा की व्यंजना है। अपने में यह एक आश्चर्य की बात है कि उनके मुहावरे में व्यंजना की असीमित सम्भावनाएँ हैं। उनकी बोलचाल, बतकही, मुहावरे सभी अपना अलग रंग रखते हैं। सिर्फ एक उदाहरण को लिया जा सकता है। पूर्वउद्धृत मन्त्र 'आरी-बारी' में कुछ माँगा नहीं गया है, और न माँगते हुए भी सबकुछ माँग लिया गया है। जैसे, कौने भरी लठियाँ, परिवार में पुरुषों की शक्ति की प्रधानता। 'देहरी भरी पन्हैया', पन्हैया शब्द का प्रयोग पुरुषों के जूतों के लिए होता है, जूते चूँकि देहरी पर हैं, अतः अतिथियों का आगमन, अतः प्रतिष्ठित परिवार। 'अरगनी भरी लगुटियाँ' परिवार में शिशुओं का प्राधान्य, भरी-पूरी पीढ़ियाँ। 'चाँदी के कटोरा में दूध-भात' अर्थात् धन धान्य। 'मुछियारे लड़िका' = आत्मसम्मान से युक्त वीर-पुत्र। 'दढ़ियारे दमाद' = प्रतिष्ठित दमाद। 'कजरौटी-सी धीया' = काजल सज्जित छोटी लड़कियाँ, जो कजरौटी की तरह बहुमूल्य हैं। 'अँगरौटी-सी बहुएँ' = अंगराग से सज्जित सौभाग्यवती वधुएँ। 'धीय को ठुनकन' = लड़कियाँ इसी घर की हैं, अतः वे ठुनककर अपनी माँग रखती हैं, बहुएँ मर्यादा में हैं अतः वे धीमे स्वरों में हुनकती हैं। 'सैंया सेज' = सदैव पति का सामीप्य। पालने ललना = सृजन की अटूट परम्परा। 'भैया बुलाये जाऊँ' = भाई आदर से मायके बुलाकर ले जाए। 'सैंया बुलाये आऊँ' = पति आदर से ससुराल ले आये अर्थात् दोनों कुलों में मान। 'पान खाऊँ आप घर पीक डारौं बाप घर' = मायका और ससुराल इतने आस-पास हो कि अपने घर से पान खाकर जब तक पीक डालने जाऊँ तब तक मायका आ जाए। आखिरी तुक्का यह कि यह सब मुझे तो देना ही, सबको देना। अपने लिए माँगते-माँगते सारे समाज को जोड़ लेना। यहाँ कोई शास्त्र काम नहीं देता, अपने शब्द-प्रतीक, अपनी आकांक्षाएँ और बिना कुछ माँगे सबकुछ माँगने की कला। इसे देखकर लगता है कि ऐसी ही भाषा से सावित्री ने यम से 'सबकुछ' माँग लिया होगा।

स्त्री-संसार के मुहावरे बिल्कुल अछूते हैं, और कभी भी पुरुषों द्वारा प्रयोग नहीं किये जाते। लेकिन हम उन्हें अब खो चुके हैं। किसी कोश में वे नहीं मिलते। वैसे भी मुहावरों और कहावतों का संकलन सबसे कठिन कार्य है। गीतों की तरह, अवसर विशेष पर वे एक साथ बैठकर गाये नहीं जाते। वे तो पीढ़ियों के अनुभव के निचोड़ हैं, जो अपने-आप वाणी के साथ-साथ बहकर आ जाते हैं। कहना न होगा, व्यंजना यहाँ भी मुख्य भूमिका निबाहती है। एक उदाहरण लें, 'मूसर मुहुरेंगे' मूसर जिससे कूटने का काम लिया जाता है, बहुत दृढ़ लकड़ी का बनता है। लोहे के पत्तर से उसका मुँह भी बाँध दिया जाता है जिससे उसका आकार न बदले। रोज-रोज कूटने का कार्य करते वह पत्थर हो जाता है, यहाँ उसके 'मुहुरने' की चर्चा है। मुहरना = किल्ला फूटना, हरियाना और बौराना की संयुक्त प्रक्रिया है। और यह सबकुछ दो शब्दों में।

स्त्री काव्य-शास्त्र की दो और ऐसी विशेषताएँ हैं जो कहीं भी नहीं मिलतीं। न परिनिष्ठित काव्य में न लोककाव्य में। पहली है गा-गाकर 'गारी' देना। स्त्री काव्य में

यह विधा पायी भी गयी, पहचानी भी गयी और सराही भी गयी। कन्या विवाह में जब बारात भोजन करने बैठती है, तो स्त्रियाँ 'गारी' गाती हैं। जीवनभर गद्य में 'गाली' सुननेवाली स्त्रियाँ पद्य में गा-गाकर 'गारी' देती हैं और पुरुष हँस-हँसकर सुनते ही नहीं 'गारी' का 'नेग' भी देते हैं। एक बुन्देलखण्डी 'गारी' चखिए :

लागत रहे नीके लाला आय हते जा दिन से
हमने सुनी अवध की नारी दूर रहें पुरसन से
खीर खाय सुत पैदा करतीं लाला बड़े जतन से
नारि ताड़का तुम्हें देख के दौरी आयी बन से
और करतूत बनी नहि तुमतें धरि छेदी बानन से
बहिन तुम्हारी तुम्हैं छोड़ि के जाय बसी रिसियन में
बुरौ मान मति जैयो लाला इन साँची बातन से
साँची झूठी तुम सब जानौ का कह सकत बड़न सौं।

दूसरी बात यह कि नारी-गीतों में कहीं भी स्त्री का खुला रूप वर्णन नहीं मिलता। जहाँ कहीं भी प्रसंग आता है, स्त्री-शृंगार और आभूषणों का ही जिक्र होता है। यह बात शायद तब और महत्त्वपूर्ण हो जाती है जब हम 'स्त्रीवादी' लेखिकाओं को, स्त्री-शरीर के टुकड़े-टुकड़े कर उन्हें रचना के दस्तरखान पर सजाते देखते हैं।

फिलहाल हमने स्त्री-रचना-शास्त्र को एक नाम देने की बात कही थी। 'वैश्वानर' तो वह हो नहीं सकता क्या उसे 'आग' कहना चाहेंगे ?

3

आधे इतिहास की तलाश में

इतिहास-लेखन अपनी प्रकृति में सामन्ती होता है। इस विचार से चोट पहुँच सकती है, रन्तु यह एक सच्चाई है। इतिहास-लेखन व्यक्ति का हो सकता है, विशिष्ट वंशों का हो सकता है, युग का भी हो सकता है। समग्र इतिहास अभी तक हम प्राप्त नहीं कर सके हैं। बात जब कलाओं और साहित्य की होती है तो स्थिति और नाजुक हो जाती है। जिन्हें हम ऐतिहासिक तथ्य कहते हैं, वे जटिल और बहुस्तरीय होते हैं और सब एक ही स्वर में नहीं बोलते। कलाओं का इतिहास या तो शैलियों का इतिहास होता है या उनके संरक्षणकर्त्ताओं का। जिसने छैनी-हथौड़ी का स्पर्श तक नहीं किया, 'ताजमहल' का इतिहास उस शाहजहाँ के नाम है। अपने कौशल, 'जीवन और अँगूठे' गँवानेवाले शिल्पकार इतिहास में कहीं नहीं हैं, कौन-सा तोरण किस शिल्पी ने गढ़ा, इसका कोई प्रमाण भी नहीं है। सबकुछ सामूहिक है। अतः कला का इतिहास, जो भी है वह व्यक्तित्व सहित परन्तु व्यक्तिहीन इतिहास है। इस दृष्टि से यदि इतिहास हो सकता है तो साहित्य का ही, क्योंकि वह व्यक्तिविहीन इतिहास नहीं है।

कहा जा सकता है कि इतिहास की सामन्ती प्रकृति लेखन में कम, सामग्री-चयन एवं वैचारिकी पर अधिक लागू होती है। काल ने कितना छोड़ा है इससे बड़ी बात यह है कि कितना बचा रह सका है। सबसे बड़ी बात तो यही है कि अवशिष्ट में से हम कितना उपलब्ध कर पाते हैं, या करना चाहते हैं। अन्ततः हम कितना और क्या चुनते हैं। जरूरी नहीं कि हमेशा इतिहास बहुमत द्वारा बनाया जाता हो। यह तो काल का चुनाव है, और इसके लिए कभी-कभी एक व्यक्ति भी काफी होता है युग परिवर्तन के हेतु। साहित्येतिहास से यह खतरा सबसे अधिक है। मौखिक-परम्पराओं द्वारा प्रवाहित कितना साहित्य लुप्त हुआ, कितना बचा, यह चर्चा तो बाद की बात है। अब तो मौखिक-परम्पराएँ ही समाप्त हो गयीं। समय रहते हम जितना कुछ संकलित कर पाये हैं, उससे कई गुना अधिक हम खो चुके हैं। स्थिति यह है कि समकालीनता के दबाव में, इस दिशा में खोज करने की हमारी रुचियाँ भी समाप्त हो गयी हैं, जो निरन्तर हमारे वर्तमान को इतिहास-हीनता की ओर खींच रही हैं।

साहित्येतिहासकार केवल श्रेष्ठ साहित्य का ही आकलन करता है, यह भी इतिहास-लेखन की सामन्तीवृत्ति ही है। अधिकांश को काल ही ढोने से इनकार कर देता है, बचे हुए काफी-कुछ को इतिहासकार। यही कारण है कि उसके कोश में उँगलियों पर गिने जानेवाले नाम होते हैं। आज के साहित्य का इतिहास यदि कल लिखा जाए, तो उसमें कौन-कौन से नाम होंगे, इसका अन्दाजा आज भी लगाया जा सकता है। वर्तमान के पूर्वाग्रह, इतिहास में भी यात्रा करते हैं। इसका प्रत्यक्ष प्रमाण है कि आलोचना पर प्रगतिवादियों का कब्जा हो जाने के बाद, उस विचारधारा से इतर साहित्य दोयम दर्जे का मानकर काट दिया गया है।

साहित्येतिहास की एक विशिष्टता भाषा की स्थिति को लेकर है। भाषा, साहित्य और इतिहास के रिश्ते बहुत जटिल हैं। उन्हें पहचाने बिना जो इतिहास लिखे जाते हैं, वे इकहरे होते हैं और सरलीकरण के शिकार हो जाते हैं। उदाहरण के लिए, संस्कृत साहित्य का इतिहास लिखते समय यदि केवल भाषा को ही आधार बनाया जाए तो वैदिककाल से लेकर, आज तक उसकी परम्परा अटूट है, परन्तु वह एक बिन्दु पर ठहरा इतिहास होगा, जो इतिहास की प्रकृति के ही विरुद्ध है। बिना अपने युग से द्वन्द्वात्मक रिश्ता बनाये इतिहास का जन्म ही नहीं होता। लगभग एक ही काल में हमें संस्कृत, प्राकृत और अपभ्रंश की उत्कृष्ट रचनाएँ प्राप्त होती हैं, उनके पारस्परिक रिश्ते को पहचाने बिना इतिहास का असली चेहरा दिखाई नहीं देता। लेकिन, साहित्य में हर जगह किसी सीधे और प्रत्यक्ष कार्य-कारण शृंखला की खोज करना शायद उचित नहीं होगा। यह एक दूसरा सरलीकरण होगा।

इतिहास का आधुनिक स्वरूप, बीसवीं शताब्दी तक विकसित होता रहा है। साहित्येतिहास के सम्बन्ध में तो यह बात और सच्चाई के साथ स्वीकार की जानी चाहिए। परन्तु एक 'स्मृति-इतिहास' भी होता है, जो नाना रूपों में पीढ़ी-दर-पीढ़ी चलता रहता है। साहित्य के सम्बन्ध में इसकी उपेक्षा नहीं की जा सकती—नहीं की जानी चाहिए। महिला-लेखन के इतिहास की चर्चा करते समय इस 'स्मृति-इतिहास' को साक्ष्य मानने का जोखिम उठाना ही होगा। आज, जब लोग साहित्येतिहास से भी ऊब गये हैं, तो महिला-साहित्येतिहास की चर्चा करना अपने-आप में एक जोखिम ही है, और ये खतरे ही हमारे होने को प्रमाणित कर सकते हैं।

आधुनिक काल से पूर्व सभी साहित्येतिहास 'कवि-वृत्त-संग्रह' ही हैं या 'सुभाषित संग्रह'। उन्हीं सँकरी जगहों से गुजरते हुए इतिहास की यात्राएँ हुई हैं। यात्रा, कभी एकवचन नहीं होती, इतिहास में वह बहुवचन ही होती है। इस दृष्टि से प्राचीनतम ग्रन्थ ऋग्वेद में, ऋषियों के साथ-साथ अनेक ऋषिकाओं के उल्लेख भी मिलते हैं। महत्त्वपूर्ण बात यह है कि दोनों के सम्बन्ध में विवरण बराबर-बराबर हैं। ऋग्वेद के प्रथम मण्डल में रोमशा (सू. 126), लोपामुद्रा (सू. 179) एवं ममता (सू. 10) का उल्लेख है, दूसरे, तीसरे और चौथे मण्डल में किसी ऋषिका का नाम नहीं है। पंचम मण्डल में विश्वारा (सू.28), आठवें मण्डल में अपाला (सू. 91) एवं

शाश्वती (सू. 34) के मन्त्र हैं। दशम मण्डल में सबसे अधिक ऋषिकाएँ सम्मलित की गयी हैं, श्रद्धा कामायनी (सू. 151), यमी वैवस्वती (सू. 154), पौलोमी शची (सू. 159), घोषा (सू. 39-40), वाक् (सू. 125) एवं सूर्या (सू. 1082) की रचनाएँ हैं। उद्धृत ऋषिकाओं के व्यक्तित्व 'स्मृति-इतिहास' द्वारा ही सुरक्षित रहे हैं जिसके आधार पर परवर्ती ग्रन्थों में उल्लेख किये गये हैं। उदाहरण के लिए 'सूर्या' को लिया जा सकता है। ऋग्वेद में अन्यत्र इसे सवितृ कन्या कहा गया है, एवं अश्विनों के रथ में इसके आरूढ़ होने का वर्णन है (ऋ. 1.116, 17, 119.5) ऐतरेय ब्राह्मण में आश्विनों के साथ इनके विवाह का वर्णन है (ऐ. ब्रा. 4.7) ऋग्वेद से संकलित सूक्त में भी विवाह का वर्णन एवं वधू को निर्देश है। राहुल सांकृत्यायन ने इस प्रकार रचनाओं को देखकर सम्भावना प्रगट की है, इनसे इतर भी रचनाएँ रही होंगी "लेकिन दूसरी तरह की कविताओं के संग्रह करने के लिए ऋग्वेद के संग्राहक तैयार नहीं हुए। पुरुरवा-उर्वशी और यम-यमी जैसे प्रेमकाव्य बतलाते हैं कि उस काल में प्रेम की कविताओं की कमी नहीं थी।"[1]

ई.पू. 5वीं शताब्दी में पालि भाषा में बौद्ध-वचनों का संकलन किया गया था, जिसके अन्तर्गत दो महत्त्वपूर्ण ग्रन्थ हैं—थेरगाथा एवं थेरीगाथा। ये ग्रन्थ खुद्दक निकाय के अंग हैं। थेरगाथा में भिक्षुओं एवं थेरी गाथा में भिक्षुणियों की कविताएँ संकलित हैं। थेरीगाथा में तिहत्तर थेरियों की गाथाएँ हैं। कुछ गाथाएँ सामूहिक रचनाएँ कही गयी हैं, अतः थेरियों की संख्या लगभग सौ स्वीकार की गयी है।[2] कुल गाथाओं की संख्या पाँच सौ बाईस है जो सोलह निपातों में विभक्त है। थेर और थेरी गाथाएँ उन भिक्षु और भिक्षुणियों की ही रचनाएँ हैं, जिनके नामों से वे सम्बोधित हैं।[3] एक विशिष्टता की ओर हमारा ध्यान जाना चाहिए और वह यह कि बौद्ध-वचनों में भी ऋग्वेद की तरह थेर एवं थेरी गाथाएँ दोनों का ही संकलन किया है। ऋग्वेद में यह संकलन एक साथ है, जबकि खुद्दक निकाय में थेर और थेरी गाथाओं को पृथक्-पृथक् रखा गया है। यह एक मूलभूत अन्तर है और साहित्येतिहास में महिला-लेखन का स्वतन्त्र रेखांकन है। 'स्मृति-इतिहास' की परम्परा थेरी गाथाओं में भी मिलती है। ईसा की पाँचवीं शताब्दी में रचित थेरीगाथा की अर्द्धकथा 'परमत्थ दीपनी' में थेरियों से सम्बन्धित विवरण मिलते हैं। एक हजार वर्षों तक जो 'स्मृति' चलती है, उसमें चीजें भुलायी ही नहीं जातीं, नयी भी विकसित होती हैं। इन कथाओं में थेरियों के जन्म, जन्मस्थान, पारिवारिक परिचय मिलता है परन्तु मूल बिन्दु है कि उन्होंने क्यों और कैसे प्रव्रज्या ग्रहण की। एक उदाहरण अड्ढ़कासी का लिया जा सकता है। कथा मिलती है कि वाराणसी के एक वैभवसम्पन्न सेठ परिवार में (नाम नहीं) जन्म हुआ था, परन्तु पूर्वजन्म में किये गये एक अपराध के कारण वह राजगृह में जाकर वेश्या हो गयी। एक दिन बुद्ध के उपदेश को सुनकर

1. राहुल सांकृत्यायन, संस्कृत-काव्य-धारा, पृ. 3; 2. भरत सिंह उपाध्याय, थेरी गाथा, भूमिका, पृ. 244; 3. विण्टरनित्स, इण्डियन लिटरेचर, भाग-2, पृ. 108-9

वह भिक्षुणी संघ में जाकर प्रव्रजित हो गयी। तत्पश्चात् श्रावस्ती जाकर भगवान बुद्ध से उपसम्पदा ग्रहण करने की इच्छा प्रगट की। मार्ग में चोरों का भय था, अतः उसने दूत भेजकर अपनी स्थिति स्पष्ट की। भगवान बुद्ध ने दूत के द्वारा ही उपसम्पदा भेज दी। अड्ढ़कासी ने आत्मज्ञान से युक्त होकर यह गीत गाया :

जितनी समस्त काशीराज्य की (एक दिन की) आय है
उतना ही विपुल था मेरा (एक रात का) शुल्क
उतना ही मूल्य निश्चित था निगम के द्वारा
मेरी सेवाओं के लिए।
परन्तु वह सौन्दर्य आज
कारण हो गया मेरी घृणा का
और ग्लानि का
मैं उसके मोह से मुक्त हुई
मैं अब विरक्त हो गयी।

ऋग्वेद और थेरी गाथाओं की महत्ता स्वीकार करते हुए भी यह मानना गलत होगा कि ये साहित्येतिहास लेखन के प्रयास हैं, यद्यपि उसकी सामग्री अवश्य हैं। पर हैं ये धर्मग्रन्थ ही। धर्मग्रन्थ का नाम सुनते ही सिर के बाल नोचने की आवश्यकता नहीं है। सोचने की बात यह है कि प्राचीन युगों में राज्यसत्ता के बराबर कद पर यदि कोई खड़ा हो सका था, तो वह धर्म ही था। यह बात जितनी साहित्य के लिए सच है, उतनी ही, अन्य कलाओं के लिए भी।

पालि जिस प्रकार बुद्ध-वचनों की भाषा मानी जाती है उसी प्रकार प्राकृत जैन रचनाओं के लिए प्रसिद्ध है। बौद्धों की तरह जैन साध्वी भी होती थीं, सम्भव है उनमें कुछ रचनाकार भी रही हों। परन्तु जिस प्रकार का संग्रह, खासतौर पर थेरीगाथाओं का संग्रह, पालि में है, वैसा प्राकृत में नहीं। 'नायाधम्म कहाओ' के आठवें अध्याय में मल्ली की कथा है, जो विदेह राजा की कन्या थी। मल्ली ने पंचमुष्टि लोच करके श्रमण दीक्षा स्वीकार की थी और सम्मेद शैल-शिखर पर पादोपगमन धारण कर सिद्धि पायी।

वस्तुतः प्राकृत-काल तक आते-आते नारी की स्थिति में तेजी से गिरावट आने लगी। फलस्वरूप भिक्षुणी की स्थिति भी उतनी सम्मानजनक नहीं रह गयी। बृहत्कल्प भाष्य में दो युवकों का वार्तालाप है :

"हे मित्र, तुम्हारी प्राणप्रिया मर गयी है, लेकिन यह देखो रूप और अवस्था में यह साध्वी उसी के समान है। जैसे शंख में दूध भरने से वह उसी रंग का हो जाता है और तपा हुआ लोहा तपे हुए लोहे के साथ मिल जाता है वैसे ही तुम्हारा सम्बन्ध उसके साथ हो सकता है।" इसी प्रकार का एक मनोरंजक संवाद निशीथ विशेष चूर्णी में आया है :

साधु—"आज तुम भिक्षा के लिए नहीं गयीं ?"

साध्वी—"आर्य, आज मेरा उपवास है।"

साधु—"क्यों ?"

साध्वी—"मोह का उपचार कर रही हूँ। तुम्हारा क्या हाल है ?"

साधु—"मैं भी उसी का इलाज कर रहा हूँ।"

साध्वी—"तुमने प्रव्रज्या क्यों ग्रहण की ?"

साधु—"पत्नी के मर जाने से।"

साध्वी—"मेरा भी यही हाल है।"

साधु उसकी तरफ स्नेहभरी दृष्टि से देखता है, साध्वी प्रश्न करती है—

"क्या देख रहे हो ?"

"दोनों की तुलना कर रहा हूँ। हँसने-बोलने और सुन्दरता में तुम मेरी भार्या से बिल्कुल मिलती हो। तुम्हारा दर्शन मेरे मन में मोह उत्पन्न करता है।"

"जैसा तुम्हारे मन में मेरा दर्शन मोह उत्पन्न करता है, वैसे ही तुम्हारा मेरे मन में करता है।"

कन्या को लेकर उस समय सामान्य धारणा थी, कि वह दुःख का कारण है। भगवान बुद्ध ने भी कहा था, नारी जीवन दुःख है, जिसे साधना से मिटाया जा सकता है। दसवीं शताब्दी के लगभग रची गयी रचना, 'णाण पंचमी कहा' में स्पष्ट कहा गया है, "उसके पैदा होने पर शोक होता है, बड़ी होने पर चिन्ता बढ़ती है, और विवाह कर देने पर उसे कुछ न कुछ देना पड़ता है। इस प्रकार युवती का पिता सदैव दुखी रहता है।" इसी काल तक आते-आते, नाटकों में स्त्रियों के लिए प्राकृत भाषा बोलना अनिवार्य माना जाने लगा था। शूद्रक ने अपने 'मृच्छकटिक' में स्त्रियों के द्वारा बोली जानेवाली संस्कृत का मजाक उड़ाते हुए उसकी तुलना एक ऐसी गाय से की है, जिसके नथुनों में नयी रस्सी डाले जाने से वह सूँ-सूँ शब्द करती है :

इत्थिआ दाव सक्कअं पढन्नी दिण्णणवणस्सा वि अ।
गिट्टी आहिअं सुसुआदि—(तीसरा अंक, तीसरा श्लोक)

धार्मिक क्षेत्र में महिला-लेखन के दस्तावेज इस युग में हमें अभी तक नहीं मिले हैं, परन्तु लगभग पाँचवीं शताब्दी की कृति गाथा सप्तशती में कुछ संकेत-सूत्र अवश्य मिलते हैं। आन्ध्र के हाल अथवा सातवाहन ने प्राकृत गाथाओं का एक संकलन किया था जो गाथा सप्तशती के नाम से प्रसिद्ध है। बाण ने अपने हर्षचरित में सातवाहन को प्राकृत सुभाषित रत्नों का संकलनकर्त्ता कहा है। इसमें कई कवयित्रियों की गाथाएँ भी संकलित हैं। लगभग बीस नाम ऐसे हैं। यहाँ भी 'स्मृति-इतिहास' क्रियाशील है। कौन-सी गाथा किस कवयित्री की रचना है, इसका पता टीकाओं से ही चलता है। जिसमें कहीं-कहीं पाठान्तर है, नामान्तर है और मतभेद भी। वेबर के अनुसार गाथा सप्तशती की सात-प्रतियाँ और तेरह टीकाएँ उपलब्ध हैं। कुछ

प्रमुख कवयित्रियों के नाम हैं—रोहा, चन्दपुट्टिका, पृथिवी, रेवती, ग्रामकुट्टिका, रेवा, रेद्दा, आन्ध्रलक्ष्मी, शशिप्रभा, मृगांक लक्ष्मी, गुणमुग्धा, सिरिसत्ता आदि। स्पष्ट प्रतीत होता है कि रचनाएँ प्रचुर रही होंगी, उनमें से सर्वश्रेष्ठ का चुनाव किया गया है। उनके रचनाकाल भी भिन्न-भिन्न रहे होंगे। अधिक-से-अधिक हम इन रचनाओं की निम्नतम सीमा निश्चित कर सकते हैं, जो गाथा-सप्तशती के संकलन का काल है। सप्तशती का सबसे अधिक महत्त्व इस तथ्य में है कि इतिहास में प्रथम बार कवयित्रियाँ शुद्ध लौकिक कविताओं को लेकर अपनी उपस्थिति दर्ज कराती हैं। वैदिक और थेरी गाथाएँ धार्मिक सन्दर्भों से संकलित की गयी हैं, यद्यपि उनके लौकिक सन्दर्भ भी चकित करनेवाले हैं। महत्त्वपूर्ण होते हुए भी गाथा सप्तशती और इस प्रकार के अन्य सुभाषित ग्रन्थों की सीमाएँ हैं। इन ग्रन्थों से किसी भी कवि अथवा कवयित्री के सम्पूर्ण रचना-संसार का बोध नहीं होता। दो कारण तो साफ-साफ दिखाई देते हैं, पहला बहुप्रचलन और दूसरा संकलन-कर्त्ता का दृष्टिकोण। गाथा-सप्तशती शृंगार कविताओं का संकलन है, अतः अन्यथा कुछ न होना स्वाभाविक ही है।

हाँ, हमने जिस 'स्मृति-इतिहास' की चर्चा वैदिक कवयित्रियों एवं थेरी गाथाओं के सम्बन्ध में की है, वह यहाँ दिखाई नहीं देता। इसलिए, इतना साक्ष्य तो हमें परवर्ती टीकाकारों से मिल जाता है कि कौन-सी रचना किस कवयित्री की है। परन्तु उनका विशेष परिचय उपलब्ध नहीं होता है, कुछ एक के एकाधिक उल्लेख मिलते हैं परन्तु निश्चित रूप से कुछ कहना सम्भव नहीं।

साहित्येतिहास में 'आधा इतिहास' का सन्दर्भ स्वीकार करनेवाले प्रथम विद्वान हैं राजशेखर, जिन्होंने अपनी काव्य-मीमांसा में स्पष्ट उल्लेख किया है :

"पुरुषों के समान ही स्त्रियाँ भी कवि हो सकती हैं। ज्ञान का संस्कार आत्मा से सम्बन्ध रखता है, उसमें स्त्री या पुरुष का भेद नहीं है। सुनते और देखते हैं कि अनेक राजकुमारियाँ, मन्त्रियों की पुत्रियाँ, वेश्याएँ एवं नाट्य-प्रयोक्ता की स्त्रियाँ शास्त्रों की प्रकाण्ड विदुषियाँ और कवयित्रियाँ हैं।"[1]

राजशेखर ने सुनने और देखने दोनों को साक्ष्य माना है। अनुमान लगाया जा सकता है कि राजशेखर से पहले भी कवयित्रियों की परम्परा रही होगी। एक वाजिब सवाल यहाँ यह उठाया जा सकता है कि केवल राजशेखर ने ही कवयित्रियों के पृथक् अस्तित्व को स्वीकार क्यों किया। जबकि उनके पूर्ववर्ती और समकालीनों ने यह कार्य क्यों नहीं किया। शायद इसका कारण इस तथ्य में निहित है कि राजशेखर की पत्नी अवन्ति सुन्दरी स्वयं कवि एवं आलोचक थीं। निश्चित रूप से महिलाओं में यह पहली आलोचक हैं जिनका नाम हमें ज्ञात है। वे चौहान वंश की थीं और संस्कृत तथा प्राकृत पर उनका समान अधिकार था। जाहिर है यह एक अन्तर्जातीय विवाह था और उस समय इसके खतरे राजशेखर को भी झेलने पड़े होंगे। इससे भी अधिक महत्त्वपूर्ण बात यह है कि

1. राजशेखर, काव्यमीमांसा, अध्याय-10

स्वयं राजशेखर ने भी अवन्तिसुन्दरी का उल्लेख काव्य-मीमांसा में तीन बार किया है। वामन के पाक-विषयक मत का खण्डन, (1.11), शब्दहरण (अध्याय 5) एवं रसपरिपाक (अध्याय 11)। कहा जाता है कि कर्पूरमंजरी की रचना भी अवन्तिसुन्दरी के लिए ही की गयी थी। शब्दहरण के सम्बन्ध में अवन्तिसुन्दरी का मत देखने योग्य है। "अन्यान्य चारियों से लगनेवाला मनुष्य का लांछन तो कुछ समय बीतने पर मिट जाता है, किन्तु वाणी की चोरी का लांछन पुत्र-पौत्रादि अनेक पीढ़ियों तक नहीं मिटता।" इस शंका का समाधान वे इस प्रकार करती हैं :

अपनी काव्य-रचना का सौन्दर्य एवं अपनी प्रतिष्ठा आदि की वृद्धि के लिए शब्दहरण और अर्थहरण करना उचित है। अतः यह विषय उपदेश देने योग्य है। यदि किसी अप्रसिद्ध कवि के काव्य में हरण करने योग्य पद, पाद आदि हैं, तो प्रसिद्ध कवि यह सोचकर उसका हरण करेगा कि उसके सामने अप्रसिद्ध कवि की बात पर लोग विश्वास नहीं करेंगे। दूसरे प्रसिद्ध कवि, साधनहीन अप्रसिद्ध कवि के काव्य से हरण करके अपने प्रभाव से उसका प्रचार करेगा, तो अप्रसिद्ध कवि की बातें कौन मानेगा ? इसी प्रकार हरण करनेवाला कवि यह सोचकर दूसरे के काव्य से हरण करे 'कि उसका काव्य प्रचलित नहीं है, मेरा काव्य प्रचलित है। इसका काव्य–गुडूची–पाक (कटु) है, मेरा द्राक्षापाक (मधुर) है।' 'यह दूसरी भाषा का कवि है, मैं दूसरी भाषा का कवि हूँ', 'इस काव्य को जाननेवाले प्रायः मर गये', 'यह दूसरे देश के निवासी कवि की रचना है, इसे इस देश में कौन जानेगा', 'उसके निबन्धन का मूल ही समाप्त हो गया है', 'मेरा काव्य म्लेच्छ भाषा के आधार पर है, अतः मेरे काव्य की किसी प्रकार निन्दा न होगी।' जिस बेबाकी से अपने समय के यथार्थ को अवन्तिसुन्दरी ने व्यक्त किया है, वह देखने योग्य है। उनके ग्रन्थ भी रहे होंगे पर आज उपलब्ध नहीं हैं।

राजशेखर ने अपने वक्तव्य में केवल राजकुमारियों, मन्त्रीपुत्रियों, वेश्याओं एवं नाट्यप्रयोक्ताओं की स्त्रियों के ही कवि एवं विदुषी होने की बात स्वीकारी है। निश्चित रूप से इसका पहला कारण तो शिक्षा एवं काव्यशास्त्रीय शिक्षा ही रहा होगा, जो सभी वर्गों को सुलभ नहीं था। एक दूसरी ओर भी ध्यान जाता है। बात मन्त्रीपुत्रियों और राजकुमारियों की कही जा रही है। सम्भवतः अविवाहित कुमारियों में ही यह प्रतिभा लक्षित की जा रही है, क्योंकि नाट्यप्रयोक्ताओं की स्त्रियाँ सम्भवतः नटियाँ इस विद्या से व्यावसायिक रूप से जुड़ी रहती हैं एवं वेश्याओं के सन्दर्भ में विवाह का जिक्र बेमानी है। राजशेखर की दृष्टि इतिहास प्रमाणित भी करता है। आधुनिक काल से पहले, जो कवयित्रियाँ प्राप्त होती हैं, वे प्रायः उक्तवर्ग की ही हैं। लेकिन राजशेखर ने एक बहुत बड़ा वर्ग छोड़ दिया है, जिसने सबसे अधिक कवयित्रियों को सरंक्षण दिया और वह है धर्म। शायद वे 'विशुद्ध साहित्य' की चर्चा कर रहे थे।

फिलहाल, राजशेखर को हम आधे इतिहास का पहला इतिहासकार मान सकते हैं। ऐसा मानने के कई कारण हैं। पहला तो यह कि राजशेखर ने कवयित्रियों का उल्लेख

शुद्ध साहित्यिक कारणों से किया है, उसके पीछे धार्मिक या साम्प्रदायिक जरूरतें नहीं हैं। दूसरी बात यह, कि उन्होंने केवल उल्लेख एवं उदाहरण ही नहीं दिये, बल्कि आलोचनात्मक टिप्पणियाँ भी दी हैं, जो उस युग में दुर्लभ हैं। उदाहरण के लिए विकटनितम्बा के लिए–

के वैकटनितम्बेन गिरां गुम्फेन गुम्फिताः।
निन्दन्ति निजकान्तानां न मौग्ध्य-मधुरा गिरा ॥

शीला भट्टारिका के लिए–

शब्दार्थयोः समो गुम्फः पांचाली रीतिरुच्यते।
शीला भट्टारिका वाचि वाणोक्तिषु च सा यदि ॥

सुभद्रा के लिए–

पार्थस्य मनसि स्थानं लेभे खलु सुभद्रया।
कवीनां च वचो वृत्तिचातुर्येण सुभद्रया।

प्रभुदेवी के लिए–

सूक्तीनां स्मरकेलीनां कलानां च विलास भूः।
प्रभुदेवी कविर्लाटी गताऽपि हृदि तिष्ठति ॥

राजशेखर के अतिरिक्त कुछ अन्य अलंकारिक भी हैं, जो संस्कृत कवयित्रियों का उल्लेख उद्धरण के रूप में करते हैं। मम्मट ने कवीन्द्रवचन समुच्चय में विज्जका को उद्धृत किया है (कवी. 50, 298), भट्टमुकुल तथा धनिक ने भी इनके छन्द उद्धृत किये। शार्ङ्गधर-पद्धति में फल्गुहस्तिनी एवं मोरिका का छन्द आया है, और सुभाषित रत्नावली में मारुला का उल्लेख है।

यदि, भाषा के पारम्परिक इतिहास पर दृष्टि डालें, तो इसके बाद अपभ्रंश और आधुनिक भारतीय आर्यभाषाओं का काल माना जाता है। यह काल सिद्धों, नाथों और जैनों का है। सिद्धों की संख्या चौरासी मानी जाती है और ऐसा अनुमान है कि इनमें कुछ स्त्री-सिद्ध भी हैं। राहुल सांकृत्यायन ने सिद्धों का युग सन् 769 से 1175 ई. तक माना है। तिब्बत से उपलब्ध सिद्धों की सूची में मणिभद्रा (65), मेखला (66), कनखला (67) एवं लक्ष्मीकरा (82) स्त्रियों के नाम हैं। तिब्बत से ही सिद्धों की जो चित्रावली प्राप्त हुई है, उसमें मेखला योगिनी छिन्नमस्ता देवी की भाँति अपने दाहिने हाथ में तलवार एवं बायें हाथ में अपने ही मुण्ड के साथ चित्रित की गयी हैं। जिन सिद्धों के चर्यापद मिलते है, उनमें भी कुक्करीपा को नारी मानने की बात चली है। लामा तारानाथ ने लिखा है कि ये किसी ऐसी बज्रयोगिनी के साथ रहा करते थे जो कुक्करी जैसी जान

पड़ती थी।[1] डॉ. सेन का अनुमान है कि इनके दो चर्यापदों में किसी नारी की उक्ति जैसी शैली का प्रयोग किया गया है।[2] राहुल ने इन्हें चर्पटी का शिष्य कहा है एवं मणिभद्रा को इनकी शिष्या माना है।[3]

जैन साहित्यकार इतिहास के प्रति अधिक जागरूक हैं। अपनी ऐतिहासिक निबन्धावलियों में उन्होंने सन्दर्भित काव्य के उद्धरण भी दिये हैं। पुरातन प्रबन्ध संग्रह एवं प्रबन्ध चिन्तामणि इस प्रकार के प्रसिद्ध ग्रन्थ हैं। पृथ्वीराज रासो के चार छन्दों ने, जो पुरातन प्रबन्ध संग्रह में मिले—उसकी प्रामाणिकता को काफी हद तक सिद्ध कर दिया था। परन्तु इनमें किसी कवयित्री का नाम नहीं मिलता। इसका अर्थ यह नहीं लगाया जाना चाहिए कि महिला रचनाकारों का अभाव था। चन्द्रधर शर्मा 'गुलेरी' ने भोज के समय की कुछ पुरानी कविताएँ उद्धृत की हैं। इसी में एक 'सरस्वती कुटुम्ब' का जिक्र है। सेवक दोहे में सूचना देता है, बाप भी विद्वान है, बाप का पुत्र भी विद्वान है, माँ पण्डिता है और उसकी बेटी भी विदुषी है, बेचारी कानी दासी भी विदुषी है। वह भोज की दी हुई समस्यापूर्त्ति भी करती है।[4] हेमचन्द्र के प्राकृत व्याकरण का एक दोहा है :

वायसु उड्डावन्तिअए पिउ दिट्ठउ सहसत्ति।
अद्धा वलया महिहि गय अद्धा फुट्ट तड़त्ति ॥

इसका विकसित रूप राजस्थानी भाषा में आज भी प्रचलित है :

काग उड़ावण जाँवती पिय दीणे सहसत्ति।
आधी चूड़ी कागगल आधी टूट तडित्ति ॥

सम्भव है, इस प्रकार का प्राचीन साहित्य लोकसाहित्य में रूपान्तरित हो गया हो। लेकिन, सम्भावनाओं के साथ दूर तक नहीं चला जा सकता।

मध्ययुगीन कवयित्रियों के उल्लेख और भी विरल हैं। परन्तु वे थीं। इतिहास में भी और साहित्य में भी। परचयी साहित्य और भक्तमाल आदि में उनके उल्लेख हैं परन्तु उस अर्थ में नहीं, जिस अर्थ में थेरी गाथा में हैं, क्योंकि इनमें रचनाओं का संकलन नहीं है, न ही चर्चा।

आधुनिक काल से पूर्व, जो कुछ भी बिखरा साहित्येतिहास का सन्दर्भ मिलता है, उसमें एक बात विचारणीय है। प्रायः ही कवयित्रियों के छन्द, किसी-किसी दूसरे कवि के नाम से मिल जाते हैं। सम्भवतः ऐसा 'स्मृति-इतिहास' के कारण होता है। वैसे कारण तो यह भी हो सकता है कि 'दो अंगुल प्रज्ञावाली स्त्री की प्रज्ञा को नकार दिया जाए।' गाथा सप्तशती में ऐसा विवाद कई स्थलों पर है और संस्कृत सुभाषित ग्रन्थों में भी। मध्यकालीन कवयित्रियों को भी उससे छूट नहीं मिली है।

---

1. मिस्टिक टेल्स, पृ. 47; 2. चर्यागीत पदावली, पृ. 7-8; 3. राहुल सांकृत्यायन, पुरातत्त्व निबन्धावली, पृ. 152; 4. चन्द्रधर शर्मा गुलेरी, पुरानी हिन्दी, भूमिका

उन्नीसवीं सदी के प्रारम्भ में ही, साहित्येतिहास लेखन को लेकर एक प्रकार की बेचैनी दिखाई पड़ती है। जब नये युग का आरम्भ होता है तो चेतना के सभी क्षेत्रों में विस्फोट-सा दिखाई पड़ता है। केवल प्रकाशन-वर्ष के आधार पर एक-दो वर्ष आगे-पीछे हो जाना बहुत महत्त्वपूर्ण नहीं है। विचारण और लेखन की प्रक्रिया लगभग समकालीन ही होती है। फ्रेंच विद्वान गार्सा-द-तासी का 'द ला लिटेरात्यूर एन्दुई ऐ एन्दुस्तानी' (1839, 1846 ई.) जिसमें अंग्रेजी वर्णानुक्रमानुसार हिन्दी-उर्दू के कवियों के विवरण दिये गये थे, भले ही इतिहास न माना जाए, उसने सामग्री देते हुए एक पहल तो की ही थी। इसी क्रम में महेशदत्त शुक्ल का भाषा-काव्य-संग्रह (1873 ई.) एवं शिवसिंह सेंगर कृत 'शिव सिंह सरोज' (1881 ई.) को भी रखा जा सकता है, जिसमें लगभग एक हजार कवियों के परिचय उदाहरण सहित दिये गये हैं। मुख्यतः इसी को आधार मान सर जॉर्ज ग्रियर्सन ने अपना इतिहास 'माडर्न वर्नाक्यूलर लिटरेचर ऑफ़ हिन्दुस्तान' लिखा था।

बीसवीं सदी के आरम्भ में ही श्यामसुन्दर दास ने 'हिन्दी-कोविद-ग्रन्थ-माला' (1914) दो भाग तथा 'मिश्र-बन्धु-विनोद' के तीन भाग (क्रमशः 1913 एवं 1934 ई.) प्रकाशित हुए। यह 'इतिहास' नामधारी न होते हुए भी महत्त्वपूर्ण महत्त्वाकांक्षी ग्रन्थमाला है, जिसमें लगभग पाँच हजार कवियों का परिचय है। सन् 1917 में साहित्येतिहास-लेखन की एक अन्य विराट-योजना रामनरेश त्रिपाठी ने प्रारम्भ की थी, जिस पर विद्वानों ने उचित ध्यान नहीं दिया, अन्यथा हिन्दी साहित्येतिहास की रूपरेखा कुछ दूसरी ही होती। 'कविता कौमुदी' के नाम से उन्होंने सात भाग प्रकाशित किये। प्रथम भाग में भारतेन्दु पूर्व 89 कवियों का उदाहरण सहित परिचय दूसरे में 49 आधुनिक कवियों का सोदाहरण उल्लेख है। तीसरे, चौथे और सातवें भाग में क्रमशः संस्कृत, उर्दू और बँगला कवियों का उदाहरण एवं अनुवाद सहित विवरण है। पाँचवाँ एवं छठा भाग लोकसाहित्य पर है। 1925 जनवरी से लेकर सम्पूर्ण भारत का आठ बार भ्रमण करके सामग्री एकत्र की।

सन् 1929 में, जब आचार्य रामचन्द्र शुक्ल का अश्वमेध विजयी इतिहास प्रकाशित हुआ, उपर्युक्त सामग्री मौजूद थी। उस समय हिन्दी साहित्येतिहास-लेखन की जो तैयारी चल रही थी और पर्यावरण में जो गुनगुनाहट थी, उसके भीतर एक व्यापक चेतना कार्य कर रही थी। सदियों की नींद से जागा हुआ देश अपने आप को खोज रहा था और खोज-खोजकर पहचान रहा था। इसीलिए इन पूर्ववर्ती प्रयासों में जहाँ सामग्री की बहुलता है, वहीं अन्तर्भाषिक साहित्यिक सम्बन्धों को भी पहचानने की कोशिश हो रही थी। कहना चाहिए शुक्लपूर्व लेखकों की तलाश व्यापकता और खुलेपन की तलाश थी। लेकिन शुक्ल जी ने 'मिश्रबन्धु विनोद' का मजाक उड़ाया और 'कविता कौमुदी' का नोटिस तक नहीं लिया। इस प्रकार शुक्ल जी के इतिहास ने एक बन्द 'ट्रैक' बनाया, जिस पर हिन्दी-साहित्येतिहास अभी तक घूम रहा है।

कहना न होगा कि ये सभी इतिहास महिला-रचनाकारों की पहचान से लगभग शून्य थे। मीरा को शामिल करना उनकी मजबूरी थी। इसीलिए, एक समानान्तर इतिहास

लेखन के प्रयास सन् 1930 के आस-पास दिखाई देते हैं। यह अनायास ही घटित नहीं हो गया था। इसके पीछे कुछ ठोस कारण थे। सबसे पहली बात तो यह कि, उन्नीसवीं सदी का नवजागरण एक प्रकार से नारी केन्द्रित था। पहली बार नारी को एक मानवी की तरह पहचानने की कोशिश की जा रही थी। जैसे ही, यह कोशिश शुरू हुई, यह साफ-साफ दिखायी देने लगा कि साहित्य-क्षेत्र से वह लगभग पूरी तरह निर्वासित है। नारी स्वयं भी चैतन्य हुई और उसकी अन्तःचेतना साहित्य में तथा बहिर्चेतना सामाजिक-राजनीतिक बिन्दुओं पर स्पष्ट हुई। स्वतन्त्रता-आन्दोलन में सक्रिय भागीदारी ने यह तय कर दिया था कि साहित्य के क्षेत्र में भी स्त्रियों की और उपेक्षा सम्भव नहीं। दूसरा महत्त्वपूर्ण कारण था साहित्य के क्षेत्र में पाण्डुलिपियों की खोज। इस सन्दर्भ में नागरी प्रचारिणी सभा, काशी द्वारा वार्षिक और त्रैवार्षिक खोज रिपोर्टों में हस्तलिखित ग्रन्थों के अनेक विवरण प्रकाशित हुए। सन् 1901 से लेकर 1925 तक यह क्रम निरन्तर चलता रहा जिनमें कई कवयित्रियों की रचनाएँ भी प्रकाश में आयीं। इसी समय मुंशी देवी प्रसाद द्वारा राजस्थान में हस्तलिखित ग्रन्थों की खोज करायी गयी, और उन्हीं का आधार लेकर उन्होंने स्वयं 'महिला मृदुवाणी' पुस्तक लिखी। आधे इतिहास की यह पहली किताब है। राम नरेश त्रिपाठी की 'कविता कौमुदी' चर्चा में थी, परन्तु उसमें पृथक् से महिला-रचना-सन्दर्भ नहीं था। शायद उसी अभाव की पूर्ति के लिए श्री ज्योति प्रसाद निर्मल ने 'स्त्री कवि कौमुदी' (सन् 1931) लिखकर की। यह अपनी तरह से आधे इतिहास को मुकम्मिल करने की कोशिश थी। 'निर्मल' जी ने केवल महिला रचनाकारों का विवरण मात्र नहीं दिया, वरन् वैचारिक निष्पत्तियाँ भी कीं। उनकी मूल प्रस्थापना है, "हिन्दी साहित्य के इतिहास का जिन लोगों ने अध्ययन किया है, उन्हें भली-भाँति ज्ञात है कि पुरुष कवियों की भाँति स्त्री कवियों ने भी भाषा के भाण्डार की पूर्ति करने में वास्तविक और बहुत कुछ प्रयत्न किया है। यह ठीक है कि समय के प्रवाह और पुरुषों के प्रभुत्व से पुरुष लेखकों की कृतियों का प्रचार अधिक हुआ, जनता के सामने वह सांगोपांग रूप में आया, अथवा उसका विज्ञापन अधिक हुआ।" (भूमिका) कारणों की खोज करते हुए वे परदा-प्रथा को रेखांकित करते हैं, जिसके कारण स्त्रियों को अभिव्यक्ति की स्वतन्त्रता नहीं मिली। उनकी दूसरी और आधारभूत स्थापना यह है कि साहित्य की जितनी प्रमुख काव्य-धाराएँ हैं उनमें स्त्री कवियों की भागीदारी है, चाहे वह बराबर की न हो। संक्षिप्त ऐतिहासिक परिचय के पश्चात् 'निर्मल' जी इस निकष पर पहुँचते हैं, "प्राचीन स्त्री कवियों पर दृष्टिपात करने से एक खास बात यह भी दिखाई पड़ती है कि प्रायः जिन स्त्रियों ने कविताएँ लिखी हैं वे बड़े घराने की थीं, खासकर रानियाँ। मीराबाई से लेकर कीरति कुमारी तक, जो इस पुस्तक की कवियों में अन्तिम कृष्ण-काव्य लिखनेवाली देवी हैं, प्रायः सभी रानियाँ हैं, और उन्होंने कृष्ण-प्रेम के रंग में रँग कर रचनाएँ की हैं। स्त्री कवियों की रचनाएँ कम होने पर उनका ध्यान गया है और वे खोज न होना, तथा 'साहित्य के इस एक अंग विशेष की रक्षा करने और

संचय के प्रयत्न न करने' को जिम्मेदार ठहराते हैं। 'हिन्दी में अनेक संग्रह-ग्रन्थ प्राचीन और अर्वाचीन हैं परन्तु किसी ने स्त्रियों की रचनाओं को विशेष महत्त्व नहीं दिया। इस अभाव की पूर्ति के लिए ही इस पुस्तक की रचना हुई है।' " ऐतिहासिक दृष्टि से अपने समय के अभाव की पहचान भी कम महत्त्वपूर्ण नहीं है, फिर उसकी पूर्ति का प्रयास तो बड़ी बात है। पुस्तक की विशिष्ट भूमिका श्री रमाशंकर शुक्ल 'रसाल' ने लिखी है। रसाल जी स्वयं रस-सिद्ध कवि होने के साथ-साथ साहित्येतिहासकार भी हैं। उनके 'हिन्दी साहित्य का इतिहास' और 'स्त्री कवि कौमुदी' दोनों का ही प्रकाशन सन् 1931 में ही हुआ, परन्तु रसाल जी ने अपने साहित्येतिहास में पृथक् से कवयित्रियों का उल्लेख करना आवश्यक नहीं समझा। इसके मूल में क्या कारण रहे होंगे, उसका अनुमान उनकी भूमिका से लगाया जा सकता है। भूमिका का शीर्षक है 'हिन्दी में स्त्रियों का काव्य-साहित्य, ऐतिहासिक विकास'। काल-विभाजन में रामचन्द्र शुक्ल का अनुसरण करते हुए वे लिखते हैं—"उक्त तीनों कालों में हिन्दी साहित्य की जो रचना हुई है, उसमें काव्य की जो विशाल अट्टालिका निर्मित हुई है, उसे यदि हम तनिक सूक्ष्म दृष्टि से देखें तो उसके दो खण्ड दिखाई पड़ते हैं। एक खण्ड को हम पुरुष काव्य (पुरुष कवियों द्वारा रचा गया काव्य) कह सकते हैं और दूसरे को स्त्रीकाव्य। प्रथम की ओर तो हमारे कतिपय विद्वानों ने अपनी विचारपूर्ण दृष्टि डाली है, किन्तु द्वितीय खण्ड की ओर किसी ने भी विशेष ध्यान नहीं दिया।" इतिहास के चारों कालों की एक संक्षिप्त यात्रा करते हुए, रसाल जी 'अनुकरण' सिद्धान्त की स्थापना करते नजर आते हैं, "स्त्री साहित्य, जो भी हमारे सामने उपस्थित है, उसी शैली से हमें रचा हुआ मिलता है, जिस शैली से हमारा पुरुष साहित्य रचा हुआ प्राप्त होता है। स्त्रियों ने प्रायः पुरुष कवियों की ही सभी प्रधान शैलियों और विषयों का अनुकरण किया है और उन्हीं के समान साधारण तथा व्यापक साहित्य की रचना की है।" इस ऐतिहासिक भूमिका का एक दिलचस्प पहलू यह भी है कि इसमें काफी किन्तु-परन्तु के साथ स्त्री कवियों की तुलना पुरुष कवियों से भी की है, परन्तु जाहिर है कि यह एक हारा हुआ 'मैच' है। मीरा के श्रेष्ठ छन्दों को लेकर 'रसाल जी' की 'अनुमान' शक्ति जाग्रत हो जाती है और वे कहते हैं कोई कहौ कुलटा ... छन्द देव कवि का रचा हुआ कहा जाता है' क्योंकि "मीराबाई को काव्यशास्त्र अथवा छन्दशास्त्र का ऐसा प्रौढ़ ज्ञान न था, जो इस प्रकार के छन्दों में प्रगट होता है।...आगे कबीर, सूरदास, तुलसी, देव, जायसी आदि महाकवियों के भावों का प्रतिबिम्ब पूर्ण रूप से मिलता है...यह अवश्य है कि इन महाकवियों के समान न तो मीरा में भक्ति ही है, न काव्य-कौशल और न ही भाषा आदि का सौष्ठव ही।" (पृ. 50) 'भक्ति' की कौन-सी परिभाषा 'रसाल' जी ने रची थी, जिसके अन्तर्गत देव आते हैं, परन्तु मीरा नहीं, कहना कठिन है। इसी तरह शेख और आलम की रचनाओं की तुलना करते हुए जब उन्हें लगता है कि शेख को छोटा नहीं किया जा सकता, तो वे 'अनुमान' लगाते हैं, "शेख की रचना वस्तुतः ऐसी प्रतीत होती है, मानो किसी सुकवि

की रचना हो (स्त्री तो सुकवि हो ही नहीं सकती)। उसमें वाग्वैचित्र्य, चमत्कार-चातुर्य, सौष्ठव, कला-पूर्ण-काव्य का कौशल सभी अच्छे रूप में प्राप्त हैं। इसी आधार पर हमारा यह अनुमान है, कि क़दाचित् प्रसन्न हो आलम ने अपने छन्दों पर शेख के नाम की मुहर लगाकर उसे खुश करने के लिए यह सुन्दर मुक्तक काव्य रच दिया है। अनुमान और आगे बढ़कर तथ्य की ओर झुकने लगता है, किन्तु है विचारणीय और अन्वेषणीय ही।'' (पृ. 52) इसी प्रकार का एक और उदाहरण है, गिरधर कविराय और उनकी पत्नी साई का। अब, यहाँ मामला, पति-पत्नी का है, इसलिए तर्क-पद्धति थोड़ी बदल जाती है—''सच बात तो यह है कि प्रशंसनीय बाण कवि के सुपुत्र ने उत्तरार्ध 'कादम्बरी' की रचना करके अपने पिता के संकल्प को पूरा करने में और चन्द कवि के सुपुत्र ने रासो की पूर्ति करके चन्द की आज्ञा के परिपालन में दिखायी। वही बात साँई ने भी अपने जीवन-धन के संकल्प को पूरा करने में दिखलायी है।...अब हम साँई की तुलना ही क्यों करें ?'' (पृ. 53) आगे सुन्दरबाई के प्रसंग में भी '...कहीं-कहीं तो इन्होंने ऐसी चोखी और अनोखी चातुर्य दिखायी है कि बलात् यह कहना पड़ता है कि यह रचना किसी देवी की न होकर एक प्रौढ़ सुकवि की है।'' मतलब यह कि एक तो स्त्री कवि मिलतीं ही नहीं, मिलती भी हैं, तो वे पुरुषों का अनुकरण करती हैं, अनुकरण भी बहुत श्रेष्ठ नहीं है। यदि कहीं श्रेष्ठ है तो वह किसी पुरुष की रचना है, सम्भवतः प्रेमी/पति की। उस समय इस प्रकार की प्रतिक्रियाएँ समझ में आती हैं परन्तु आज भी स्थिति बहुत बदली है, ऐसा नहीं लगता।

इस सबके बावजूद, यह एक ऐतिहासिक प्रस्थान बिन्दु तो है ही और इससे फिजा बदली। एक ओर तो आलोचकों ने कवयित्रियों का नोटिस लेना शुरू किया और दूसरी ओर अपने साहित्येतिहास में उन पर पृथक् से अध्याय अथवा टिप्पणियाँ लिखीं। तीसरी ओर इस दिशा में शोध के प्रयास भी हुए। सन् 1933 में गिरिजादत्त शुक्ल और ब्रजभूषण शुक्ल ने 'हिन्दी काव्य की कोकिलाएँ' शीर्षक से कवयित्रियों की आलोचना प्रस्तुत की और पूरे-पूरे उदाहरण भी दिये। पुस्तक तीन भागों में है, जिसमें लगभग तैंतीस कवयित्रियों के संक्षिप्त जीवन परिचय और आलोचना है। अन्त में आलोचक की हिदायत है—''प्रश्न यह है कि देवियाँ काव्य-कला में किन आदर्शों की सौन्दर्यमय मूर्ति प्रतिष्ठित करेंगी, उनके शब्द कैसी स्त्रियों और कैसे पुरुषों का चित्र हमारे सम्मुख उपस्थित करके उनके अनुसरण की ओर हमारे भीतर की छिपी हुई रचनात्मक शक्तियों को क्रियाशील बनावेंगे ? क्या शेख और प्रवीण राय की कविता से हमारी गृहदेवियों को कोई पथ-प्रदर्शन प्राप्त होगा ? इसका स्पष्ट उत्तर है नहीं।...हिन्दी साहित्य का वर्तमान काल हिन्दी काव्य का उन्नत स्वरूप हमारे सम्मुख नहीं रखता...देवियों का इस काव्य-प्रवाह के अनुसरण से भी विशेष लाभ न होगा और अधिक आशंका तो इस बात की है कि उनकी हानि होगी।' (पृ. 286)

साहित्येतिहासों में श्री चतुरसेन शास्त्री ने अपने 'हिन्दी भाषा और साहित्य का इतिहास' में शुक्ल जी से इतर एक व्यापक धरातल को स्वीकार किया है। उसमें कुछ इस

प्रकार के शीर्षकों के अन्तर्गत भी सामग्री दी है, जैसे 'मुगल-दर्बार और हिन्दी', 'सौर काल का स्त्रीत्व पर प्रभाव' जिसके अन्तर्गत 'स्त्री कवयित्रियाँ' (यह शब्द इसी प्रकार लिखा है) पृथक् से एक अध्याय है। यही सब संस्कृत साहित्य के इतिहास में भी कवयित्रियों का पृथक् विवरण देकर स्वीकार किया गया। राहुल सांकृत्यायन ने अपनी संस्कृत काव्यधारा में इसकी पहल की और डॉ. बलदेव उपाध्याय ने भी इसे स्वीकार किया।

इतिहास लेखन के शुक्ल युग के बाद आधारभूत ढाँचे में परिवर्तन कम ही किया गया। जो कुछ रद्दो-बदल हुआ वह दृष्टि को लेकर, तिथियों को लेकर और मूल्यांकन को लेकर। इस क्षेत्र में सबसे बड़ा काम आचार्य हजारीप्रसाद द्विवेदी का है। उनकी हिन्दी साहित्य की भूमिका (1940 ई.) एक सांस्कृतिक मानववादी इतिहास की पीठिका है। अनेक साहित्यकारों का वैयक्तिक परिचय देने का मोह छोड़कर इस पुस्तक ने हिन्दी साहित्य के विराट-पुरुष और उसके सामूहिक प्रभाव तथा साहित्यिक इतिहास के माध्यम से युग-युगान्तर से आती हुई अबाध हिन्दी जाति की विचार-सरणि और भाव-परम्परा का दर्शन कराया...। परम्परा के इतने विराट परिदृश्य में हिन्दी-साहित्य को रखकर देखने का यह पहला प्रयत्न था। इस नैरन्तर्य निरूपण में समाज साहित्यकार तथा साहित्य की परम्परा, सम्बद्धता, क्रमबद्धता तथा गतिशीलता ऐसे सजीव और अंगागिभाव से निबाही गयी कि अतीत वर्तमान की चेतना बन गया।[1] लेकिन इस पूरे अलंकरण समारोह में, नारी-चेतना और उसकी रचनात्मक अभिव्यक्ति की बात तेजी से पीछे छूटती गयी।

आजादी-प्राप्ति के बाद हिन्दी जाति की ऐतिहासिक धारणशक्ति चुकती चली गयी। समूचे साहित्येतिहास को अपनी सम्पूर्णता में रख पाने की उत्सुकता समाप्त हो गयी। सम्भव है शुक्ल जी के इतिहास की पूर्णता ने, दुर्गमघाटियों में यात्रा करने का साहस ही नष्ट कर दिया, या उसे टुकड़ों में रखने के लिए शोधछात्रों को समर्पित कर दिया। जो बिन्दु फिसल गया था, वह पकड़ में नहीं आया। आश्चर्य की बात यह है कि स्वतन्त्रता-प्राप्ति के बाद स्त्री-चेतना ने स्वयं इस दिशा में कोशिश नहीं की। शायद वे स्वयं स्त्रियों के ऐतिहासिक परिदृश्य को पकड़ पाने में असमर्थ थीं, या उसे 'छोटा' कार्य समझती थीं। हिन्दी साहित्येतिहास ज्यों-ज्यों पृथुल होता गया, वह इकहरा होता चला गया। चाहे वह सोलह भागों में लिखा गया हो या सोलह लोगों ने मिलकर लिखा हो। तत्कालीन परिस्थितियाँ भारी होती गयीं, इतिहास सिकुड़ता गया। सन् 1930 से लेकर 1945 तक महिला-लेखन को रेखांकित करने का जो काम शुरू हुआ था, वह समाप्त हो गया। मीरा और महादेवी से बचकर निकलना सम्भव नहीं था। परन्तु उनके अतिरिक्त राष्ट्रीय काव्य-धारा में कवयित्रियों के योगदान को एकदम से नकार दिया गया। यह सत्य हमें याद रखना होगा, क्योंकि यह इतिहास ने ही सिखाया है, कोई भी युग, जो अपने साहित्य के लिए बहरा हो जाता है, तो वह गूँगा भी हो जाता है।

---

1. डॉ. नामवर सिंह, आलोचना, इतिहास विशेषांक, पृ. 11

विरासत

4

विश्व की प्राचीनतम कवयित्रियाँ : वैदिक ऋषिकाएँ

'अहं राष्ट्री संगमनी वसूनां चिकितुषी प्रथमा यज्ञियानाम्।'

—ऋग्वेद

ऋग्वेद का रचनाकाल विवादास्पद ही क्यों न हो, इतना तय है कि वह विश्व का प्राचीनतम उपलब्ध ग्रन्थ है जो काव्य-निबद्ध है। ऋग्वेद के वर्तमान सम्पादित रूप में जो सूक्त मिलते हैं वे एक सुदीर्घ काव्य-परम्परा का विकास हैं। विद्वानों का विचार है कि ऋग्वैदिक काव्य-परम्परा का प्रारम्भ उसके संकलन से बहुत पहले हो चुका था। इसका प्रमाण स्वयं ऋगवेद के कवि हैं। वे बार-बार अपने पूर्वज कवियों को याद करते हैं, पुरातन सूक्तों की तुलना में उनके स्तोत्र नये हैं, इसे स्वीकारते हैं। ऋग्वेद के कवियों से पहले अथर्वा, पिता मनु और दध्यङ हैं और उन्होंने इन्द्र को लक्ष्य करके स्तोत्र रचे।[1]

'उस इन्द्र को (प्रत्नथा) प्राचीन लोग (पूर्वथा) हमारे पूर्वज (इमथा विश्वथा) तथा आज के सभी जन स्तुति करते हैं।'[2]

वे ऋषि अपनी काव्य-परम्पराओं के प्रति अत्यन्त सचेत भी हैं। 'हे घोड़ों के स्वामिन् इन्द्र ! तेरी पहले की गयी स्तुति को कोई भी दूसरा न बल से न योग्यता से ही आज तक प्राप्त कर सका है।'[3] यम को हवि देते हुए वह कहता है, 'पूर्वज और पूर्व मार्ग-दर्शक ऋषियों के लिए नमस्कार है।'[4] इसके बाद ही त्रिष्टुप्, गायत्री तथा अन्य सब छन्द यम से सम्बद्ध होते बताये गये हैं।[5] ऋषियों को ये छन्द भारतीय काव्य-परम्परा से प्राप्त हुए थे। बहुत से छन्द उनकी स्मृति में रहे होंगे। 'वरुण की मनःपूर्वक की गयी स्तुति से, पितरों के स्तोत्रों से तथा नाभाक् ऋषि की प्रशंसाओं से स्तुति करता हूँ।' (8-41-17) तथा 'नवीन किया जानेवाला यह स्तोत्र है, इसको आदित्य, वसु और इन्द्र स्वीकार करें।' डॉ. रामविलास शर्मा का यह कथन है कि 'यह भारतीय

---

1. ऋग्वेद, 1/80/16; 2. वही, 5/44-1; 3. वही, 8/24-17; 4. वही, 10/14-15; 5. वही, 10/14-16

काव्य-परम्परा है'[1] और इस काव्य-परम्परा में स्त्री की भागीदारी है।

ऋग्वेद का रचनाकाल सदियों तक फैला है, कवियों की कई पीढ़ियाँ उससे जुड़ी हैं। विकास-क्रम के अनिश्चय के कारण मण्डलों को आधार बनाया जा सकता है। ऋग्वेद के पहले मण्डल में एक सौ सैंतालीसवें सूक्त के तृतीय छन्द की द्रष्टा **ममता** है। वे उतथ्य आंगिरस ऋषि की पत्नी एवं दीर्घतमस् मामतेय ऋषि की माता हैं। ऋग्वेद के ही एक अन्य सूक्त (6-50-15) में भरद्वाज ऋषि का उल्लेख 'ममतेव' नाम से किया गया है। सामान्यतः ऋग्वेद में गोत्र पिता के नाम पर ही दिये गये हैं, परन्तु यहाँ माता का नामोल्लेख महत्त्वपूर्ण है। सम्भवतः यही किसी पुरानी परम्परा के अवशेष हैं। भरद्वाज के द्वारा दृष्ट सूक्त में ममता द्वारा रचे गये स्तोत्रों का उल्लेख किया गया है। ममता की कथा स्मृत इतिहास के माध्यम से आगे भी विकसित होती रही है। प्रमाणस्वरूप महाभारत के आदिपर्व[2] एवं शान्तिपर्व के सन्दर्भों को लिया जा सकता है, जिसके अनुसार परशुराम द्वारा पृथ्वी निःक्षत्रिय करने के पश्चात् उतथ्य ने क्षत्रियों का पुनरुत्थान किया था। उनके छोटे भाई बृहस्पति देवताओं के पुरोहित थे, जिन्होंने ममता के साथ बलात् सम्भोग किया। यह कहने पर कि वह गर्भवती है, बृहस्पति ने गर्भ को अन्धा होने का शाप दिया। फलस्वरूप दीर्घतमा अन्धे उत्पन्न हुए। ऋग्वेद में संकलित अपने सूक्त में ममता अग्नि की स्तुति करती है—'हे दीप्तिमान् ! असंख्य चोटियोंवाले और देवताओं को बुलानेवाले अग्नि ! दूसरे अग्नि की सहायता से प्रकाशित होकर आप इस मानव स्तोत्र को सुनिए। श्रोतागण ममता के सदृश ही अग्नि के उद्देश्य से इस मनोहर स्तोत्र को पवित्र घृत की भाँति अर्पित करते हैं।'

प्रथम मण्डल के एक सौ छब्बीसवें सूक्त के सातवें मन्त्र की द्रष्टा ब्रह्मवादिनी **रोमशा** हैं। ये बृहस्पति की पुत्री और भावभव्य की पत्नी थीं। सम्पूर्ण शरीर में घने रोमों के कारण इनके पति इनकी उपेक्षा करते थे। बृहद्देवता में कहा गया है कि स्त्रियों की बुद्धि का जिन बातों से विकास होता है, ये उन्हीं बातों का प्रचार करती थीं। वेद और शास्त्रों की अनेक शाखाएँ ही इनके रोम हैं, इसीलिए इनकी प्रसिद्धि रोमशा नाम से हुई। सूक्त के एक से पाँच मन्त्रों के ऋषि कक्षीवान, छठे के भावभव्य एवं सातवें की ऋषि रोमशा हैं। छठे मन्त्र में भावभव्य कहते हैं 'जो जन सभा सेना और शाला के अधिकारी कुशल चतुर आठ सभासदों (युक्त), शत्रुओं का विनाश करनेवाले वीरों, गौ, बैल आदि पशुओं, मित्र धनी वणिक जनों और खेती करनेवालों की अच्छे प्रकार रक्षा करके अन्न आदि ऐश्वर्य की उन्नति करते हैं, वे मनुष्यों के शिरोमणि होते हैं। रोमशा का उत्तर महत्त्वपूर्ण है। कहा जा सकता है, यह स्त्री विमर्श का प्रथम स्वर है। वह कहती है 'हे पति राजन् ! जैसे पृथ्वी राज्यधारण एवं रक्षा करनेवाली होती है, वैसे ही मैं प्रशंसित रोमोंवाली हूँ। मेरे सभी गुणों को विचारो। मेरे कामों को अपने सामने

1. डॉ. रामविलास शर्मा, इतिहास दर्शन में उद्धृत; 2. महाभारत, 98/5-16

छोटा न मानें।' सम्भवतः यह पहला लिखित प्रमाण है जब किसी स्त्री ने अपनी क्षमता के मूल्यांकन का समान अधिकार प्राप्त करने के लिए आवाज उठायी है।

प्रथम मण्डल की तीसरी ऋषि **लोपामुद्रा** हैं (1.179.1-2)। लोपामुद्रा विदर्भ राजा की कन्या थी एवं अगस्त्य ऋषि की पत्नी। महाभारत में इनके सम्बन्ध में एक पूरी कथा आयी है। एक बार अगस्त्य ऋषि के मन में अपने पितरों को मुक्त कराने की इच्छा हुई। योग्य कन्या प्राप्त नहीं हुई इसलिए उन्होंने अपने तपोबल से एक सुन्दर कन्या का निर्माण किया और विदर्भ राजा, जो कि सन्तान के लिए तपस्या कर रहे थे, को दे दी। कन्या के वयस्क होने पर अगस्त्य ने उससे विवाह का प्रस्ताव रखा। पिता को शाप से बचाने के लिए लोपामुद्रा ने विवाह के लिए स्वीकृति दे दी। विवाह के पश्चात् उसने ऋषियों का जीवन बिताया। अगस्त्य और लोपामुद्रा का सम्बन्ध अधिकतर दक्षिण भारत से रहा है। भागवत में इसे मलयध्वज नामक पाण्ड्य राजा की कन्या बताया गया है, एवं इसके सात भाइयों को द्रविड़ देश का राजा कहा गया है। लोपामुद्रा[1] अपने सूक्त में विदुषी स्त्रियों और योग्य विवाह की चर्चा करती हैं। वे कहती हैं, 'जैसे मैं वर्षों पहले से, प्रभात से रात्रि तक, सब अवस्था को जीर्ण करती हुई श्रम करती हूँ ! जैसे शरीर की अतीव अवस्था को नष्ट करनेवाला काल लक्ष्मी को विनाशता है। वीर्यवान पुरुष अपनी-अपनी पत्नियों को शीघ्र प्राप्त हों।' (1) 'जैसे कुद्दाल, फावड़ा, कसी आदि खोदने के साधनों से भूमि को खोदता हुआ खेती करनेवाला धान्य आदि पाकर सुखी होता है, वैसे ब्रह्मचर्य और विद्या से राज्य, सन्तान और बल की इच्छा करते हुए उत्तम वेदार्थवेत्ता विद्वान पुष्ट होकर, उत्तम कर्मों और सिद्ध इच्छाओं को प्राप्त करता है वैसे ही दोनों परस्पर एक-दूसरे को स्वीकार करते हुए पति-पत्नी हों।' (3)

तीसरे मण्डल में सूक्त तैंतीस के ऋषि विश्वामित्र गाथिन (4, 6, 8, 10) एवं ऋषिका **नद्य (नदियाँ)** 4, 8, 10 हैं। देवता भी विश्वामित्र तथा नदियाँ हैं। बृहद्देवताकार ने नदियों के ऋषित्व को स्वीकार करते हुए लिखा है–'लोपामुद्रा च नद्यश्च यमी-नारी च शश्वती'[2] (283-84) सायण ने भी इसकी पुष्टि की है। यह एक संवाद सूक्त है। जिसमें विश्वामित्र नदियों से मार्ग माँगते हुए उनकी स्तुति करते हैं–

ऋषि विश्वामित्र कहते हैं कि हम स्नेहसिक्त मातृतुल्य शतुद्रि (सतलज) और विपुल ऐश्वर्य-राशि से सम्पन्न विपाशा नदी के पास गये। बछड़े के प्रति स्नेहाभिलाषी गौओं के समान ये नदियाँ एक ही लक्ष्य-स्थान समुद्र की ओर सतत बहती जा रही हैं। (2)

नदियाँ–हम नदियाँ अपने जलप्रवाह से सबको तृप्त करती हुई देवों द्वारा स्थापित स्थान की ओर बहती हुई जा रही हैं। अनवरत प्रवहमान हम अपने प्रयास से कभी भी विश्राम नहीं लेती हैं, फिर ब्राह्मण विश्वामित्र द्वारा हमारी स्तुति क्यों की जा रही है ? (4)

---

1. श्रीमद्भागवत, 4-28; 2. बृहद्देवता, 283-84

विश्वामित्र—हे भगिनीरूप नदियो, हमारी स्तुति भली प्रकार सुनें। हम आपके पास अति दूरस्थ देश से, रथ और शकट को लेकर आये हैं। आप अपने प्रवाह के साथ इतनी झुक जाएँ कि रथ की धुरी से नीची हो जाएँ, जिससे हम सरलता से पार हो जाएँ। (9)

नदियाँ—हे स्तोता, हम आपकी स्तुतियाँ सुनती हैं, जैसे माता अपने पुत्र को स्तनपान कराने के लिए अवनत होती हैं अथवा धर्म-पत्नी अपने पति के प्रति नम्र होती हैं, वैसे ही हम आपके लिए अवनत होती हैं। (10)

विश्वामित्र—हे नदियो ! जब पोषणकर्त्ता पुरुष आपको पार करना चाहे, तब आपको पार करने के अभिलाषी वे जनसमूह, इन्द्रदेव द्वारा प्रेरित होकर आपकी अनुकम्पा से पार हो जाएँ। आप भजन योग्य हैं। हम प्रतिदिन आपके वेगवान जल-प्रवाहों की उत्तम स्तुति करते हैं (11)

ऋग्वेद के चौथे मण्डल में **अदिति/अदिति दाक्षायणी** के मन्त्र उपलब्ध होते हैं। अनुक्रमणी आख्यायिका में इस 4.18 सूक्त की ऋषिका अदिति को स्वीकार किया गया है। बृहद्देवताकार ने इन्हें वैश्वदेव सूक्तों की द्रष्ट्री और दक्षपुत्री के रूप में स्वीकार किया है।[1] ऋग्वेद में अदिति को मित्र वरुणों की (8.25.3) तथा अर्यमा की (8.4.79) माता बताया गया है। अन्यत्र अदिति के आठ बलवान पुत्रों का उल्लेख किया गया है (10.72.8, 3.4.11., 8.56.11) इसीलिए उसे राजमाता भी कहा है (ऋ.2, 17, 7) पौराणिक कथाओं में अदिति को दक्षकन्या एवं कश्यप की पत्नी बताया है। अन्यत्र (10.72) अदिति के साथ दाक्षायणी लगा है। यहाँ भी इन्हें प्रचेतस दक्ष प्रजापति तथा आसिक्नी की कन्या तथा कश्यप प्रजापति की पत्नी कहा गया है। अतः दोनों अभिन्न प्रतीत होती हैं। महाभारत के वनपर्व में उल्लेख है कि मैनाक पर्वत के मध्य में स्थित विनशन नामक तीर्थ पर अदिति ने चरु पकाया था।[2] कठिन तप के पश्चात् विष्णु को पुत्र रूप में प्राप्त किया था। चौथे मण्डल के आठवें सूक्त में, चौथे मन्त्र के उत्तरार्ध में अदिति का कथन है 'अदिति ने उन शक्तिशाली इन्द्रदेव का अनेक वर्षों तथा महीनों तक पालन किया। इसलिए वे इन्द्रदेव विपरीत कार्य क्यों करेंगे। अब तक पैदा हुए तथा पैदा होनेवालों में से कोई भी उसकी बराबरी नहीं कर सकता।' (4) सातवें मन्त्र में इन्द्र का उल्लेख अदिति के पुत्र के रूप में किया गया है 'इन्द्रदेव द्वारा वृत्र का संहार करने पर लगे ब्रह्महत्या के पाप के विषय में वेदवाणी क्या निर्देश देती है ? उनके पापकर्म को पानी ने फेन के रूप में ग्रहण किया। मेरे पुत्र इन्द्रदेव ने अपने हथियार वज्र से वृत्र का संहार किया और इन सरिताओं को प्रवाहित किया।' (4.18-7)

पाँचवें मण्डल में **विश्ववारा आत्रेयी** (5.28) अट्ठाईसवें सूक्त की ऋषिका है। बृहद्देवताकार ने अन्य ऋषिकाओं के साथ इनका नामोल्लेख भी किया है 'घोषा गोधा विश्ववारा अपालोपनिषन्निषत्[3] सायण ने भी इसकी पुष्टि की है 'अत्रिगोत्रोत्पन्ना

1. बृहद्देवता, 3-57; 2. महाभारत, वनपर्व, 135; 3. बृहद्देयता, 282

विश्ववारा-नामिका अस्य सूक्तस्य ऋषिः[1] सन्दर्भित सूक्त में विश्ववारा ने अग्निदेव की स्तुति की है–

'सम्यक् प्रकार से प्रदीप्त अग्निदेव दीप्तिमान अन्तरिक्ष में अपने तेजों से प्रकाशित होते हैं और उषा के सम्मुख विस्तीर्ण होकर विशेष प्रभायुक्त होते हैं। उस समय इन्द्रादि देवों का स्तवन करती हुई पुरोडाश आदि और घृतादि से युक्त स्रुक् को लेकर विश्ववारा पूर्व की ओर झाँकती हुई अग्नि की ओर बढ़ती हैं। (1)

हे अग्निदेव ! आप हम लोगों के उत्तम सौभाग्य के लिए शत्रुओं को पराभूत करें। आपका तेज श्रेष्ठतम हो। आप दाम्पत्य सम्बन्ध को सुखी और सुनियमित करें और शत्रुओं के तेज को दबा दें। (3)

आठवें मण्डल में दो महत्त्वपूर्ण ऋषिकाएँ सम्मलित हैं। **शश्वती आंगिरसी** एवं **अपाला आत्रेयी** ।शश्वती आसंग प्लायोगि की धर्मपत्नी है। सायण ने इस सम्बन्ध में एक कथा का उल्लेख किया है। उसके अनुसार एक बार उनके पति अपना पौरुष खो बैठे, तब मेध्यातिथि के प्रयत्न से पुनः पौरुषयुक्त हुए थे। सूक्त पाँच एक के ऋषि भी प्रगाथ काण्व (1-2), मेध्यातिथि काण्व (3-29), आसंगप्लायोगि (30-33), शश्वती आंगिरसी (34) हैं। शश्वती के मन्त्र से इस कथा का संकेत भी प्राप्त होता है। (आंगिरस की पुत्री आसंग की पत्नी शश्वती कहती है) हे स्वामिन्, आपका शरीर हृष्ट-पुष्ट है। आपका शक्तिशाली विशाल शरीर अति सुन्दर है, आप परम सौभाग्यशाली और सर्वश्रेष्ठ हैं। (34)

अपाला आत्रेयी ऋषि अत्रि की कन्या थी। कुष्ठ हो जाने के कारण उनके पति ने उनका त्याग कर दिया था। सायण ने उनके सम्बन्ध में एक कथा का उल्लेख किया है। अपाला ने पिता के घर में रहकर इन्द्र को प्रसन्न करने के लिए तपस्या आरम्भ की। इन्द्र को सोम प्रिय है अतः वह सोम लाने के लिए नदी-तट पर गयीं। रास्ते में उन्होंने सोम को चबाकर देखा। उस शब्द को सुनकर इन्द्र वहाँ स्वयं आये। अपाला ने सोम अर्पित किया। इन्द्र ने उसकी इच्छाएँ पूरी कीं। उसका रोग दूर कर दिया, उसकी खेती उर्वर बनायी तथा उसके पिता के सिर पर बाल उगाये। अपने सूक्त (8.91) में अपाला ने इन्द्र की स्तुति की है–'जल की ओर उन्मुख कन्या मार्ग में सोम प्राप्त करती है। घर लौटते हुए वह कहती है, (हे सोम) मैं तुम्हें इन्द्र तथा शक्र के लिए प्रयुक्त करूँगी।' (1)

'हे वीर इन्द्रदेव, जो प्रकाशित होकर हर घर में पहुँचते हैं, पीने के लिए निष्पादित इस धानावन्त करम्भ तथा अपूपवन्त प्रशंसनीय सोम का पान करें।' (2)

'हे इन्द्र ! हम आपको समझने में समर्थ नहीं हैं, किन्तु समझने की इच्छुक हैं। हे सोमदेव ! आप इन्द्रदेव के लिए शनैः-शनैः प्रवाहित हों।' (3)

'अपने स्वामी की रुष्टता के कारण भ्रमणशील (अपाला) ने इन्द्रदेव की बहुत

1. ऋग्वेद, सायण भाष्य, 5.28

उपासना की है। वे हमें बहुत प्रकार से सामर्थ्य, सक्रियता तथा साधन सम्पन्न बनाएँ।' (4)

'हे इन्द्रदेव ! आप मेरे पिता के मस्तिष्क, भूमि तथा मेरे उदर—इन तीनों स्थलों को विशेष प्रयोजन के लिए श्रेष्ठ या उपजाऊ बनाएँ। उस शतक्रत ने रथ, अनस तथा दोनों को जोड़नेवाले 'युग' इन तीनों स्थानों (या छिद्रों) से अपाला को पवित्र करके उसकी त्वचा को सूर्यदेव के तेज से युक्त बना दिया।' (7)

नौवें मण्डल में **शिखण्डिनी** (9.104) नाम से कश्यप की दो अप्सरा पुत्रियों को ऋषित्व प्राप्त होता है। आचार्य सायण ने शिखण्डिनि के ऋषि विवेचन में इन्हें कश्यप-पुत्री दो अप्सराओं के रूप में वर्णित किया है[1]—

काण्वौ पर्वतनारदावृषी अथवा कश्यपस्य पुत्र्यौ शिखण्डि न्याख्ये द्वे अप्सरसावस्य सूक्तस्य द्रष्ट्र्यौ सूक्त में सोम का वर्णन है।

'हे मित्रो ! आप आकर बैठें। सोम को शोधित करते समय स्तुति करें। जिस प्रकार शिशु को आभूषणों से सजाते हैं, उसी प्रकार यज्ञीय साधनों से इस सोम को विभूषित करें।' (1)

'हे आनन्द के स्वामी सोमदेव ! आप तेजस्वी स्वरूपवाले हैं। जिस प्रकार मित्र अपने मित्र का पथ-प्रदर्शन करता है, उसी तरह आप हमारे श्रेष्ठ मार्गदर्शक हों।' (5)

ऋग्वेद के दसवें मण्डल में सबसे अधिक संख्या में ऋषिकाएँ संकलित हैं। **ब्रह्मवादिनी घोषा** (10-39-40) की कहानी अपाला से मिलती है। कोढ़ होने के कारण वे बहुत समय तक अविवाहित रहीं। ये कक्षीवान ऋषि की पुत्री थीं। अश्विनीकुमारों की कृपा से ये स्वस्थ हुईं और तब इनका विवाह हुआ।[2] इनके पति का नाम प्राप्त नहीं होता। इनके घोष तथा सुहस्त्य नामक दो पुत्र थे। अपने सूक्त में घोषा ने अश्विनीकुमारों की स्तुति की है—'हे अश्विनीकुमारो ! आपके अनुग्रह से घोषा परम सौभाग्यवती हुई है। आपके आशीर्वाद से घोषा के स्वामी के लिए प्रचुर वर्षा हो, जिससे खेत लहलहा उठें। आपकी कृपा-दृष्टि घोषा के भावी पति की शत्रु-हिंसा से रक्षा करे। युवा, सुन्दर पति पाकर घोषा का यौवन चिरकाल तक अक्षुण्ण बना रहे।' 'हे अश्विनीकुमारो ! पिता जैसे सन्तान को शिक्षा देते (10-39) हैं, वैसे ही आप भी मुझे सत् शिक्षा दें। मैं ज्ञान बुद्धिहीना नारी हूँ। आपका आशीर्वाद मुझे दुर्गति से बचावे। आपके आशीर्वाद से मेरे पुत्र-पौत्र-प्रपौत्रादि सुप्रतिष्ठित होकर जीवनयापन करें। पतिगृह में मैं पति की प्रियपात्री बनूँ।' (10-40)

दशम मण्डल में सूक्त एक सौ उनसठ की ऋषिका **शची पौलोमी** है, एवं देवता भी वही हैं। इसीलिए इस सूक्त को आत्मप्रशंसा की संज्ञा दी गयी है। अमरकोश में शची का परिचय इस प्रकार दिया गया है 'पुलोमजा शचीन्द्राणी (तस्येन्द्रस्य प्रियातु)

---

1. ऋग्वेद, सायण भाष्य, 9.104; 2. बृहद्देवता, 7.43, 18

पुलोमजेत्यादि' (1.19.45) सायण का कथन है 'पुलोमतनया शची स्वात्मानमनेनास्तौत। अतः सैवर्षिः सैव देवता।'[1] कहा जाता है कि पुलोम असुरकुल के थे, परन्तु शची ने अपनी तपश्चर्या से इन्द्रपत्नी की प्रतिष्ठा प्राप्त की। पौराणिक साहित्य में इन्हें इन्द्र की पत्नी और जयन्त की माता कहा गया है। (ब्रह्माण्ड 3.6.23) इन्द्र और नहुष के युद्ध में शची के चरित्र का विस्तार से वर्णन किया गया है। ऋग्वेद में संकलित सूक्त में शची अपनी सपत्नियों पर विजय प्राप्त करने और अपने सर्वश्रेष्ठ होने की बात करती है :

'द्युलोक में स्थित सूर्यदेव का उदय ही मेरे लिए सौभाग्योदय के समान है। उनकी शक्ति से मैंने अपने स्वामी को वश में करके सपत्नियों को पराजित कर दिया है।' (1)

'मैं ध्वजा के समान ज्ञानवती हूँ और सिर के समान प्रधान हूँ। उग्र होते हुए भी अपने स्वामी को मधुर वचन बोलने के लिए सहमत करती हूँ। मुझे सर्वोत्तम जानकर स्वामी मेरे कार्यों का सदैव अनुमोदन करते हैं।' (2)

'मेरे पुत्र शत्रुओं का नाश करने में समर्थ और मेरी ही कन्या सर्वश्रेष्ठ रंगरूप से सुशोभित है। मैं सबके ऊपर विजय प्राप्त करती हूँ। स्वामी भी मेरे यश की चर्चा करते हैं।' (3)

'जिस यज्ञ से मेरे स्वामी इन्द्रदेव समर्थ और जगत् में विख्यात हुए हैं, देवों के निमित्त वही यज्ञ अनुष्ठान मैंने भी किया है। अब मेरी सभी शत्रुरूप सपत्नियाँ समाप्त हो गई हैं।' (4)

'सबको पराजित करने में समर्थ मैं सभी इन सपत्नियों पर विजय प्राप्त करती हूँ। मैं अपने स्वामी वीर और उनके कुटम्बियों को भी अपने अधिकार में रखती हूँ।' (6)

दसवें मण्डल में ही, सूक्त छियासी की ऋषिका **इन्द्राणी** भी हैं। उनके साथ इन्द्र, वृषाकपि ऐन्द्र भी ऋषि हैं। यहाँ इन्द्राणी के साथ कुल नाम नहीं लगा है अतः यह कहना कठिन है कि यह शची पौलोमी से अभिन्न हैं। सायण ने अपने भाष्य में इन्द्राणी शब्द का ही प्रयोग किया है—वृषाकपिर्नामेन्द्रस्य पुत्रः। स चेन्द्राणीन्द्रश्वेते त्रयः संहताः संविवादं कृतवन्तः।[2] (10.86 सा.भा.)।

सूक्त, मूलतः एक पारिवारिक संवाद प्रतीत होता है। इन्द्राणी को इन्द्र-पुत्र वृषाकपि की प्रमुखता पर आपत्ति है। सम्भवतः वृषाकपि सपत्नी का पुत्र है। दोनों ही सूक्तों में एक तथ्य समान है, वह यह कि इन्द्राणी और शची दोनों ही सपत्नियों को पराजित करने की बात करती हैं।

इन्द्राणी—हे इन्द्रदेव ! आप व्यथित होकर वृषाकपि के समीप दौड़ जाते हैं। आप दूसरे स्थान पर सोमपान के लिए नहीं जाते। इन्द्रदेव सर्वश्रेष्ठ हैं। (2)

'हे इन्द्रदेव ! इस हरित मृग (भूमिगामी) वृषाकपि ने आपका क्या हित किया है, जिसके कारण आप उदारता के साथ उन्हें पुष्टि कर ऐश्वर्य प्रदान करते हैं ? इन्द्रदेव ही सर्वोत्तम हैं।' (3)

---

1. ऋग्वेद, सायण भाष्य; 2. वही, 10.86

'हे इन्द्रदेव ! आप जिस प्रिय वृषाकपि को सुरक्षित करते हैं, वाराह पर आक्रमण करनेवाला श्वान उसका कान काट ले। इन्द्रदेव सर्वोत्तम हैं।' (4)

'कोई दूसरी स्त्री मुझसे बढ़कर सौभाग्यशालिनी नहीं है और न ही कोई अति सुखी और सुसन्ततियुक्त है। मुझसे बढ़कर कोई भी स्त्री अपने पति को सुख देने में सक्षम नहीं होगी। इन्द्रदेव सर्वश्रेष्ठ हैं।'

वृषाकपि माता को यह कहकर प्रसन्न करने की चेष्टा करते हैं :

'हे इन्द्राणी माता ! आप सभी सुखों का लाभ प्राप्त करनेवाली हैं। आपके अंग, जंघा, मस्तक आदि आवश्यकतानुसार कार्य करने में सक्षम हैं। आप पिता इन्द्रदेव के लिए स्नेह द्वारा सुखप्रदात्री हों। इन्द्रदेव ही सर्वोत्तम हैं।' (7)

स्वयं इन्द्र भी इन्द्राणी को प्रसन्न करने के लिए निवेदन करते हैं, 'हे वीर पत्नी इन्द्राणी ! आप श्रेष्ठ भुजाओं से युक्त, सुन्दर अँगुलियोंवाली, श्रेष्ठ केशवती तथा विशाल जंघाओं से युक्त हैं। आप क्यों वृषाकपि पर क्रोधित हो रही हैं ? इन्द्रदेव सर्वोत्तम हैं।' (8)

'हे इन्द्राणी ! हमारे मित्र (मरुद्गण) वृषाकपि के बिना हर्षित नहीं रहते। वृषाकपि का ही अति प्रीतियुक्त द्रव्य देवों के पास पहुँचता है। इन्द्रदेव सर्वोत्तम हैं।' (12)

इस सूक्त के प्राकृतिक, दार्शनिक एवं श्रृंगारिक अर्थ भी किये गये हैं। परन्तु आधारभूत कथा पति, पत्नी एवं सौतेले पुत्र को लेकर विवाद ही है। असम्भव नहीं कि इसी प्रकार के संवाद-लोकगीत इन्हीं पूर्वजों की विरासत हों। 'इन्द्रदेव सर्वोत्तम हैं' एक प्रकार की 'टेक' है जिसका प्रयोग गीतों में किया जाता है।

सूक्त 10.28 में **इन्द्रस्नुषा,** इन्द्र एवं वसुक्र, ऋषि रूप में प्रतिष्ठित हैं। यह भी एक प्रकार का पारिवारिक सूक्त है। इन्द्रस्नुषा (पुत्रवधू) एवं वसुक्रपत्नी का कोई अपना नाम नहीं दिया है। सायण ने इस सूक्त का वर्णन पिता-पुत्र संवाद के रूप में किया है 'इन्द्रवसुक्रयोः, पितापुत्रयोः संवादोऽत्र क्रियते...तं वसुक्रपत्नीन्द्रागमनाकाङ्क्षिणी विप्रकृष्टमिवाद्ययास्तौत्। अतस्तस्याः सार्षिः इन्द्रो देवता' (ऋ. 10.28 सा.भा.) प्रथम मन्त्र वसुक्रपत्नी का है, शेष में वसुक्र एवं इन्द्र-संवाद है। वसुक्र ने अपने मन्त्रों में इन्द्र की स्तुति की है। उदाहरण के लिए वसुक्र कहता है, 'हे शत्रु-संहारक, शूरवीर, वृत्रहन्ता इन्द्रदेव ! आपके अनुग्रह से हमारे अन्दर यह सामर्थ्य है कि इच्छा मात्र से नदियाँ उल्टी दिशा की ओर जलप्रवाहित करने लगती हैं, तृण खानेवाला हिरण आगे आते हुए सिंह को पीछे खदेड़कर उसके पीछे दौड़ता है तथा श्रृगाल (सियार) शूकर को घने जंगल में भागने के लिए बाध्य कर देता है।' (4) इसके विपरीत वसुक्र पत्नी की मुख्य चिन्ता है, कि उसके श्वसुर इन्द्रदेव आये नहीं और वह उनका सत्कार कर नहीं सकी, 'इन्द्रदेव को छोड़कर समस्त देवता हमारे यज्ञ में आये हैं, मेरे श्वसुर केवल नहीं पधारे हैं। यदि वे आये होते तो भुने हुए जौ के साथ सोमपान करते तथा आहार आदि से सन्तुष्ट होकर अपने घर वापस जाते।' (1)

दसवें मण्डल का सूक्त एक सौ त्रेपन **'इन्द्रमातरो देवजामयः'** के नाम है। इसी सूक्त के दो मन्त्र थोड़े पाठभेद के साथ सामवेद 120, 175 में प्राप्त होते हैं। बृहद्देवता के प्रणेता ऋषि शौनक ने स्त्री दृष्टियों के नामों में इन्हें एकवचन रूप 'इन्द्रमाता' के रूप में स्वीकार किया है। सायण इन्हें देवताओं की बहिनों के रूप में मानते हैं :

'ईङ्खयन्ती' इति पंचर्च गायत्रमैन्द्रं द्वितीयं सूक्तम् देवानां स्वसृभूता इन्द्रमातरो नामर्षिका' (11.153 सा. भा.) दोनों ही रूपों में उनका व्यक्तिगत नाम नहीं दिया गया है। सूक्त में इन्द्र की स्तुति है :

'इन्द्रदेव के समीप जाकर उनकी सेवा करनेवाली यज्ञादि सत्कर्म करने में संलग्न माताएँ उनकी ही उपासना-अर्चना करती हैं। उनसे सुखकारी श्रेष्ठधन को उपलब्ध करती हैं।' (1)

'हे बलवर्द्धक इन्द्रदेव ! आप शत्रुओं को पराजित करनेवाली सामर्थ्य और धैर्य से प्रख्यात हुए हैं। आप सर्वाधिक समर्थ और साधकों की कामनाओं को पूर्ण करनेवाले हैं।' (2)

सूक्त एक सौ दो में **मुद्गलपत्नी** का ऋषित्व दिया गया है। मुद्गल भर्म्यश्व एक वैदिक ऋषि हैं, जिनकी पत्नी मुद्गलानी कहलाती है। ऋग्वेद से अन्यत्र इनका नाम इन्द्रसेना नालायनी भी दिया गया है। षड्गुरु-शिष्य के अनुसार एक समय चोरों ने इनकी सारी गायें चुरा लीं, केवल एक बूढ़ा बैल बचा, जिसे गाड़ी में जोतकर मुद्गलपत्नी ने उनका पीछा किया एवं एक लकड़ी का मुद्गल फेंक कर चोरों को पकड़ लिया।[1] यास्क के अनुसार इसने एक बैल एवं द्रुघण गाड़ी में जोत कर चोरों का पीछा किया (निघ. 9, 23-24) पिशेल के अनुसार रथ की एक दौड़ में अपनी पत्नी की सहायता से मुद्गल विजयी हुआ था।[2] सायण ने मुद्गल को भर्म्यश्व का पुत्र माना है। सूक्त में मुद्गलपत्नी का पराक्रम द्रष्टव्य है :

'हे ऋषि मुद्गल ! आपका रथ जिस समय युद्ध-भूमि में आश्रयविहीन हो, उस समय पराक्रमी इन्द्रदेव उसका संरक्षण करें। अनेक द्वारा आवाहित हे इन्द्रदेव ! इस प्रख्यात संग्राम भूमि में ऐश्वर्य प्राप्ति के समय आप भली प्रकार हमें संरक्षित करें।' (1)

'जिस प्रकार संग्राम क्षेत्र में रथारूढ़ होकर ऋषिमुद्गल की पत्नी ने हजारों गौओं पर विजय प्राप्त की, उस समय उनके वस्त्र को वायु ने ऊपर की ओर उड़ाया। गौओं पर विजय-प्राप्ति के समय वे सारथी बनीं। इन्द्रसेना नामवाली वह, संग्राम के समय शत्रुओं के अधिकार क्षेत्र से गौओं को छुड़ाकर ले आयीं।' (2)

'हे इन्द्रदेव ! आप अनिष्टकारी और विध्वंसक शत्रुओं के ऊपर वज्रप्रहार करें। हे ऐश्वर्यवान् इन्द्र ! आप दास अथवा आर्यशत्रुओं द्वारा परोक्ष रूप से किये गये शस्त्रादि प्रयोग को निरस्त करें।'

'शत्रुओं की हिंसा के लिए युद्धभूमि में वृषभ को रथ के साथ जोता गया। उसकी

---

1. ऋग्वेद, सर्वानुक्रमणी, पृ. 158; 2. वेदिशे स्टूडियन, पृ. 124

रस्सी को नियन्त्रित करने में समर्थ मुद्गलानी गर्जना करके उसे प्रोत्साहित करने लगीं। रथ में योजित वह वृषभ रथ को लेकर दौड़ पड़ा। सुसज्जित सेनाएँ मुद्गलानी के पीछे-पीछे चल पड़ीं।' (6)

'परित्यक्ता स्त्री के समान मुद्गलानी ने शक्ति का प्रदर्शन करते हुए अपने पति के धन को ग्रहण किया। मानो उन्होंने मेघ सदृश बाणों की वर्षा की हो। ऐसे सारथी द्वारा हम विजयी हों। हमें प्रचुर अन्न और धन की प्राप्ति हो।' (11)

दसवें मण्डल के एक सौ नवासीवें सूक्त की ऋषिका **सर्पराज्ञी** हैं और देवता भी वही हैं। इसीलिए सायण ने इसे आत्मस्तुति माना है। 'सार्पराज्ञी नामर्षिका। सैव देवता सूर्यो वेति।' सूक्त में सूर्य की प्रार्थना की गयी है—'गतिमान तेजस्वी सूर्यदेव प्रकट हो गये हैं। सबसे पहले वह माता पृथ्वी को और फिर पिता स्वर्ग और अन्तरिक्ष को प्राप्त होते हैं।' (1)

'सूर्य का प्रकाश आकाश में संचरित होता है। ये प्राण से अपान प्रक्रिया सम्पन्न करते हैं। ये महान सूर्यदेव द्युलोक को विशेष रूप से प्रकाशित करते हैं।' (2)

अगस्त्य स्वसा का ऋषित्व दसवें मण्डल के साठवें सूक्त की छठी ऋचा में मिलता है। सायण ने इनके ऋषित्व का स्पष्ट निर्देश किया है, 'षष्ठ्यागस्त्वगस्त्यस्य स्वसैषां मातर्षिका' सूक्त के अन्य ऋषि हैं बन्धु-सुबन्धु-श्रुतबन्धु-विप्रबन्धु एवं गौपायन। अपने मन्त्र में अगस्त्य स्वसा ने असमाति की स्तुति की है :

'हे राजन् ! आप ऋषि अगस्त्य के हर्षदायी बन्धु-बान्धवों के लिए अपने गतिशील लाल वर्ण के दो अश्वों को रथ से नियोजित करें। जो व्यापारी अति कृपण हैं, श्रेष्ठकार्यों में दानभाव से शून्य हैं, उन्हें पराजित करें।' (10.60.6)

गोधा दसवें मण्डल की एक सौ चौंतीसवें सूक्त के डेढ़ मन्त्रों (छः उत्तरार्ध एवं सात) की ऋषि हैं। बृहद्देवता में ऋषिकाओं के नाम के साथ गोधा का उल्लेख है (2.82) एवं सायण ने भी गोधा का उल्लेख ब्रह्मवादिनी के रूप में किया है—पूर्वेणेत्यर्धर्चसाहितायाः सप्तम्यास्तु गोधा नाम ब्रह्मवादिन्यृषिः। (ऋ. 10.134 सा.भा.)

'हे इन्द्रदेव ! अज से उत्पन्न पूर्वपदों की भाँति आप भी अपनी सामर्थ्य से सबको वश में करते हैं। आपको कल्याणमयी श्रेष्ठमाता अदिति ने उत्पन्न किया है।' (6)

'हे देवो ! हम याजकगण कोई धर्मविहीन अमर्यादित कर्म नहीं करते हैं। हम किसी को कोई हानि नहीं पहुँचाते। हाथ में हवन सामग्री लेकर हम यज्ञादि श्रेष्ठ कर्मों को सम्पन्न करते हैं।' (10.134.7)

दक्षिणा प्राजापत्या सूक्त एक सौ सात की ऋषिका हैं। सायण के अनुसार प्रजापतेः सुता दक्षिणा सा वा ऋषिका। इस सूक्त के वैकल्पिक ऋषि दिव्य अंगिरस हैं। नामवाचक शब्द न होने के कारण यह स्पष्ट नहीं होता कि ये किस प्रजापति की पुत्री थीं। पौराणिक सन्दर्भ में दक्षिणा यज्ञ प्राजापत्य की बहिन और बारह याम देवताओं की माता थीं। बृहद्देवता के अनुसार दक्षिणा ने स्वयं अपनी स्तुति की है (8.22.23)। सायण

ने इनका ऋषित्व स्वीकार किया है :

प्रजापतेः सुता दक्षिणा सा वा ऋषिका।

सूक्त में कुल ग्यारह मन्त्र हैं जिनमें दक्षिणा एवं दक्षिणादाता की प्रशंसा की गयी है। कुछ उदाहरण—

'उदारतापूर्वक दान देनेवाले व्यक्ति कभी मृत्यु को प्राप्त नहीं होते, न ही वे दुर्गति को प्राप्त करते हैं। वे दुःख, क्लेश तथा पीड़ाओं से मुक्त रहते हैं। इस वसुन्धरा पर जो भी स्वर्गीय सुख है, वे सभी उन्हें दक्षिणा से प्राप्त होते हैं।' (8) 'उदार दानी सर्वप्रथम दूध, घी प्रदान करनेवाली श्रेष्ठ गौएँ प्राप्त करते हैं। ओषधिरस प्राप्त करते हैं। धोखे से हमला करने वाले शत्रुओं पर भी दानदाता विजय प्राप्त करते हैं।' (9)

'उत्तम रीति से वहन करनेवाले अश्वदाताओं को लेकर जाते हैं। दानियों के रथ भी श्रेष्ठ चक्रादि से विनिर्मित होते हैं। युद्धकाल में देवगण दाताओं का संरक्षण करते हैं। युद्ध-भूमि में दान-दाता ही रिपुओं पर विजय प्राप्त करते हैं। (11)

जुहू ब्रह्मजाया ब्राह्म (10.109) को बृहद्देवता के रचयिता ऋषि शौनक ने ब्रह्मजाया कहकर निरूपित किया है। (8.36) सायण ने ब्रह्मवादिनी के रूप में जुहू का उल्लेख किया है :

तेऽवदत इति सप्तर्च दशमं सूक्तम्। जुहूर्नाम ब्रह्मवादिन्यृषि (ऋ. 10.109 सा. भा.) वैकल्पिक रूप में ऊर्ध्वनामा ब्राह्म का नाम उपलब्ध है। पौराणिक सन्दर्भ में जुहू बृहस्पति की पत्नी हैं। बृहस्पति ने सदाचारिणी धर्मपत्नी का त्याग कर दिया था, परन्तु देवताओं ने उन्हें मिला दिया।

'संकोच परित्याग करके राजा सोम ने पावन चरित्रवाली ब्रह्मजाया बृहस्पति को प्रदान की। मित्रावरुण देवों ने इस कार्य का अनुमोदन किया। तत्पश्चात् सम्पादक अग्निदेव हाथ से पकड़कर उसे आगे लेकर आये।' (2)

'हे बृहस्पति देव ! इसे हाथों से स्पर्श करना उचित ही है, क्योंकि यह ब्रह्मजाया हैं, ऐसा सभी देवों ने कहा। इन्हें तलाशने के लिए, दूत भेजे गये थे', उनके प्रति इसका अनासक्ति भाव रहा। जैसे शक्तिशाली नरेश का राज्य सुरक्षित रहता है, वैसे ही इसकी चरित्र-निष्ठा अडिग रही (3)

'जो सप्तर्षिगण तपश्चर्या में संलग्न थे, उनके द्वारा तथा चिर प्राचीन देवताओं ने इसके विषय में घोषणा की है, कि यह ब्राह्मण द्वारा ग्रहण की गयी कन्या अति सामर्थ्यवान है। परमव्योम में यह दुर्लभ शक्ति धारण करती है।' (4)

'हे देवगण ! सर्वव्यापी बृहस्पति देव विरक्त होकर ब्रह्मचर्य नियम का निर्वाह करते हुए सर्वत्र विचरण करते हैं। वे देवताओं के साथ एकात्म होकर उनके अंग-अवयव रूप हैं। जिस प्रकार उन्होंने सर्वप्रथम सोम के हाथों जुहू को प्राप्त किया था, वैसे ही, इस समय भी बृहस्पति देव ने इसे प्राप्त किया।' (5)

सूक्त के कथासूत्र राम सीता की कथा से मिलते हैं जैसे राम ने सीता का त्याग

किया और अग्नि-परीक्षा के बाद अग्नि स्वयं उनकी पवित्रता की साक्षी देते हुए सीता को राम को समर्पित किया था। कुछ-कुछ वही छायाकृति यहाँ भी दिखाई पड़ती है।

रात्रिभारद्वजी दसवें मण्डल की एक सौ सत्ताईसवें सूक्त की ऋषि हैं। विकल्प में कुशिक सौभारि का नाम है ! इस सूक्त के देवता भी रात्रि हैं, अतः यह भी आत्म-प्रशंसा है। सायण ने इन्हें भारद्वाज की पुत्री बताया है :

भारद्वाजस्य सुता रात्र्याख्या अस्य सूक्तस्यर्षिका। गायत्रं रात्रिदेवताकम् (10.127 सा. भा.) सूक्त में रात्रि के सुन्दर चित्र हैं :

'अनेक भागों में विस्तृत होनेवाली आगमन करती हुई नक्षत्र रूपी नेत्रों से जगत का अवलोकन करनेवाली रात्रि देवी, सभी प्रकार के सौन्दर्य को धारण करती हैं।' (1)

'अविनाशी रात्रिदेवी सर्वप्रथम अन्तरिक्ष को तत्पश्चात् नीचे और ऊँचे प्रदेशों को आच्छादित करती हैं। वे ग्रह नक्षत्र आदि रूप तेजस्विता से अन्धकार को निवृत्त करती हैं।' (3)

'रात्रि में समस्त ग्रामीण मनुष्य सुखपूर्वक सोते हैं। पादचारी, गौ, अश्वादि, पशु-पक्षी और शीघ्रगामी श्येन आदि पक्षी शान्त होकर सोते हैं।' (5)

'हे आकाशकन्या ! हम आपको दुधारू गौ के समान स्तोत्रों का गान करते हुए प्राप्त करें। आप विनम्र होकर स्तोत्रों के समान ही हवि को भी ग्रहण करें।' (8)

सरमादेवशुनी भी सरमा-पणि संवाद-सूक्त की सह-ऋषिका हैं। सूक्त 10.108 में सरमा-पणि संवाद आया है। सायण इस तथ्य की पुष्टि करते हुए लिखते हैं :

तत्र प्रथमातृतीयाद्या अयुजोऽन्त्यावर्जिताः पणीनां वाक्यानि। अत्र त ऋषयः सरमा देवता। द्वितीयाचतुर्थ्याद्या युज एकादशी च षट सरमाया वाक्यानि। अतस्तासु सर्षिः पण्यो-देवता। (ऋ. 10.108 सा. भा.)

'बृहद्देवता' (8.24-36) में सरमा और पणियों से सम्बन्धित एक कथा वर्णित है। पणि नामक असुर रसातल के दूसरे पार के निवासी थे। एक बार उन्होंने इन्द्रदेव की गौओं का अपहरण किया। बृहस्पति ने इन्द्र को सूचित किया। इन्द्र ने सरमा देवशुनी को दूती के रूप में पणियों के पास भेजा। पणियों द्वारा पूछने पर उसने अपना प्रयोजन एवं परिचय बताया। पणियों ने उसे अपने साथ रहने का प्रस्ताव रखा जिसे उसने अस्वीकृत कर दिया। पणियों का दुग्धपान कर सरमा भ्रमित हो गयी। इन्द्र द्वारा गौओं का पता पूछने पर उसने नकारात्मक उत्तर दिया। क्रुद्ध होकर इन्द्र ने पदाघात किया, सरमा दूधवमन करती हुई पुनः पणियों के पास पहुँची। उसके पीछे-पीछे जाकर इन्द्र ने पणियों का वध कर अपनी गौओं को वापस लिया। ऋग्वेद में पणियों को कृपण, देवों को हवि न देनेवाला तथा पुरोहितों को दक्षिणा न देनेवाला बताया गया है। कहीं-कहीं उसे भेड़िया भी कहा गया है। पौराणिक साहित्य में सरमा को क्रोधा एवं कश्यप की कन्या कहा गया है। (ब्रह्माण्ड 3,7, 312) भागवत् में इसे इन्द्र की दूती बताया है, और कहा है कि सब लोग इससे डरते थे (5.24.30) बृहद्देवता में इसे 'देव कुक्करी' कहा

गया है। आचार्य श्रीराम शर्मा ने सरमा की निष्पत्ति इस प्रकार की है :

सरमा = सरान् विद्याधर्मबोधान् मिमीते इति सरमा अर्थात् ज्ञान बोध करानेवाली अन्तःवृत्ति-बुद्धि सरमा है।

देवशुनी = 'शुन-गतौ' के अनुसार देवताओं की ओर ले जानेवाली बुद्धि।

सरमा–'हे पणियो ! मैं इन्द्रदेव की दूती बनकर यहाँ आयी हूँ। आप लोगों ने जिस महिमामय गोधन को एकत्र किया है, उसे प्राप्त करने की मेरी अभिलाषा है। उन देवता के भय से जल ने मुझे यहाँ तक आने दिया। इस प्रकार से रस प्रवाहों को पार करके मेरा आना हुआ है।' (2)

'जिन इन्द्रदेव की सन्देश-वाहिका के रूप में मेरा अति दूर से यहाँ आना हुआ है। वे अपराजेय हैं। वे ही सबको पराभूत करने में सक्षम हैं। हे पणियो ! मेरे स्वामी इन्द्रदेव निश्चित ही आपको मारकर सुला देंगे।' (4)

'हे पणियो ! आपकी बातें सैनिक गरिमा के अनुरूप नहीं हैं। आपके शरीर पापयुक्त होने से बाण चलाने में असफल, पराक्रम रहित, आप लोगों के गमन मार्ग देवताओं द्वारा अनुल्लंघनीय है। हमें सन्देह है कि बृहस्पति देव कहीं आपको पीड़ित न करें। यदि आप गौओं को देने के लिए तैयार नहीं हैं, तो संकट सामने है।' (6)

'सोमपान से प्रोत्साहित होकर नवीन मार्गों से चलकर अंगिरस और अयास ऋषि आपके यहाँ पहुँचेंगे और इन सभी गौओं के हिस्से करके ले जाएँगे। हे पणियो ! उस समय आपका अहंकार चूर-चूर हो जाएगा।' (8)

'हे पणियो ! मैं भ्रातृत्व भावना का सम्बन्ध नहीं मानती और न ही किसी की भगिनी बनना स्वीकार करती हूँ। इन्द्रदेव और अति भयंकर अंगिरस ही इस सम्बन्ध को जानते हैं। इस स्थान से जब मेरा पुनः इन्द्रादि के समीप जाना होगा, तब वे मेरी अभिलाषा के अनुसार आपके ऊपर आक्रमण करेंगे। इसलिए हे पणियो ! यहाँ से अतिदूर चले जाओ।' (10)

वागाभृणी भी सूक्त एक सौ पच्चीस की ऋषिका के साथ-साथ उसकी देवता भी हैं। इस प्रकार यह भी एक आत्म-स्तुति है। वागाभृणी की स्तुति वस्तुतः वाणी की स्तुति ही है, जिसके बिना संसार की स्थिति ही नहीं है। यह अतिप्रसिद्ध सूक्त दुर्गासप्तशती के साथ पाठ किया जाता है, अतः उदाहरण के रूप में कुछ पंक्तियाँ ही पर्याप्त होंगी :

'प्राणियों में जो जीवनी-शक्ति है, दर्शन-क्षमता है, ज्ञान-श्रवण सामर्थ्य है, वह सभी मुझ वाग्देवी के सहयोग से ही प्राप्त होती है। जो मेरी सामर्थ्य को नहीं जानते वे विनष्ट हो जाते हैं। हे बुद्धिमान मित्रो ! आप ध्यान दें। जो भी मेरे द्वारा कहा जा रहा है वह श्रद्धा का विषय है।' (4)

'देवगण और मनुष्यगण श्रद्धापूर्वक जिसका मनन करते हैं, वे सभी विचार सन्देश मेरे द्वारा ही प्रसारित किये जाते हैं। जिसके ऊपर मेरी कृपादृष्टि होती है, वे बलशाली स्तोता ऋषि अथवा श्रेष्ठ बुद्धिमान होते हैं।' (5)

'समस्त लोकों को विनिर्मित करती हुई मैं वायु के समान सभी जगह संचरित होती हूँ। मेरी महिमा स्वर्गलोक और पृथ्वी से भी महान् है।' (8)

सूर्या सावित्री द्वारा दृष्ट सूक्त आज भी विवाह समारोहों में प्रासंगिक है। राहुल सांकृत्यायन ने इस सूक्त के सौन्दर्य की बहुत प्रशंसा की है, दसवें मण्डल का पचासीवाँ सूक्त पर्याप्त लम्बा है। देवता-क्रम में 1-5 सोम, 6-16 सूर्याविवाह, 17 देवगण, 18 सोम और अर्क, 19 चन्द्रमा, 20-28 वैवाहिक मन्त्र और आशीर्वाद, 29-30 वधूवास, 31 दम्पती-यक्ष्मनाशन, 32-47 सूर्या सावित्री। सविता पुत्री होने के कारण इनके नाम के साथ सावित्री लगा है। ऋ. 6.58.4 में सूर्या को पूषा की बहिन के रूप में वर्णित किया गया है। ब्राह्मण ग्रन्थ में प्रजापति की पुत्री के रूप में भी सूर्या का उल्लेख हुआ। बृहद्देवताकार ने उषस् के तीन रूपों में सूर्या का वर्णन किया है। इसके अनुसार उषस् के तीन रूप सावित्री, सूर्या और वृषाकपायी है। यही विवस्वान् की पत्नी भी है। (7.111.121) कुछ स्थानों पर सोमदेव से सूर्या के विवाह का उल्लेख है। इस सूक्त के छः से सोलह मन्त्रों तक सूर्या ने अपने विवाह की स्तुति की है अतः इन मन्त्रों का देवता सूर्याविवाह है। अश्विनी कुमार से सूर्या के विवाह की पुष्टि सायण ने भी की है। सूर्यायाः अश्विना अश्विनौ वरा...शेषः (10.85 सा.भा.) सूक्त के बत्तीस से सैंतालीस तक के मन्त्रों में सूर्या के गार्हस्थ्य जीवन के सफल होने सम्बन्धी विवरण है, अतः इन मन्त्रों की देवता सूर्या हैं।

'हे सूर्ये ! सुन्दर पलाश-पुष्प से, सेमल से, नाना रूप सुवर्ण वर्ण से, ढँके सुन्दर चक्रवाले रथ पर चढ़। अमर सुखमय लोक में पति से ब्याह कर।' (20)

'सरस अकण्टक हो वह मार्ग, जिनसे सखा हमारे बारात में जाते हैं। अर्यमा, भग अच्छी तरह हमें ले चलें। देव, पति-पत्नी मिलकर रहें !' (23)

'यहाँ से छुड़ाता हूँ, वहाँ से नहीं। वहाँ (पति कुल में) सुबद्ध करता हूँ। हे वर्षक इन्द्र बरसो, जिससे यह सुभद्रा सुभगा हो।' (25)

'यहाँ सन्तान के साथ तेरी प्रसन्नता बढ़े। इस घर में गार्हपत्य की सेवा कर। यह पति के साथ शरीर से एक रह वृद्धावस्था तक घर की स्वामिनी रहे।' (27)

'सौभाग्य के लिए तेरे हाथ को मैं ग्रहण करता हूँ। मुझ पति के साथ वृद्ध होने तक रहे। भग, अर्यमा, सविता देवों ने तुझे गृहस्थी के लिए मुझे दिया।' (36)

'तुम दोनों (पति-पत्नी) यहीं रहो, मत वियुक्त होओ, पूर्ण आयु को प्राप्त होओ। पुत्रों, नातियों के साथ खेलते आनन्द करते अपने घर में रहो।' (42)

श्रद्धा कामायनी को प्रसाद ने लोकप्रिय बना दिया है। दसवें मण्डल के एक सौ इक्यावनवें सूक्त की ऋषि एवं देवता। दोनों ही श्रद्धा हैं। कामदेव की पुत्री होने के कारण ही कामायनी पद संयुक्त है। ब्राह्मण ग्रन्थों में इन्हें सूर्य-दुहिता भी कहा गया है। श्रद्धा वै सूर्यस्य दुहिता (शतपथ ब्रा. 12.7.3.11) तैत्तिरीय ब्राह्मण में इन्हें प्रजापति-पुत्री बताया गया है (2.3.10.1)। परन्तु आचार्य सायण ने कामदेव की पुत्री के रूप में ही

इनका ऋषित्व एवं देवत्व वर्णन किया है :

'श्रद्धया' इति पंचर्च त्रयोविंशं सूक्तमानुष्टुभं श्रद्धादेवत्यम्। कामगोत्रजा श्रद्धा नामर्षिका। (ऋ. 10.151 सा.भा.)

ऋषि एवं देवता एक होने के कारण यह आत्मप्रशंसात्मक कथन है। सम्भवतः इसीलिए सूक्त में श्रद्धा-भावना की प्रशंसा की गयी है।

'श्रद्धा से ही यज्ञाग्नि को प्रज्वलित किया जा सकता है और श्रद्धा से ही हविष्यान्न की आहुति समर्पित की जाती है। श्रद्धा को विभूतियों में सर्वोच्च स्थान प्राप्त है। यह बात स्पष्ट रूप से कही जाती है।' (1)

'हे श्रद्धे ! आप दाता को अभीष्ट फल प्रदान करें। जो दान देने की इच्छा करता है, आप उन्हें अभीष्ट फल प्रदान करें। हे श्रद्धे ! आप याजकों को हमारे इन वचनों के अनुसार वांछित फल प्रदान करें।' (2)

'देवगण और याजक मनुष्य वायुदेव के संरक्षण में श्रद्धा की उपासना करते हैं। अन्तःकरण में किसी संकल्प के जाग्रत होने पर वे श्रद्धा का ही आश्रय लेते हैं। श्रद्धा से ही मनुष्य धन-वैभव अर्जित करते हैं।' (4)

'हम प्रातःकाल श्रद्धा का आवाहन करते हैं। मध्यकाल में श्रद्धा का आवाहन करते हैं। सायंकाल में भी श्रद्धा की ही उपासना करते हैं। हे श्रद्धे ! आप हम सबको श्रद्धा से परिपूर्ण करें।' (5)

ऋग्वेद के दसवें मण्डल में ही यम-यमी (10.10) एवं उर्वशी-पुरुरवा के प्रसिद्ध संवाद-सूक्त प्राप्त होते हैं। दोनों का ही आधार मानवीय मूलभावना 'प्रेम' है। इस दृष्टि से ये सूक्त अन्य स्तुतियों से पृथक्-से लगते हैं।

यमी-यम वैवस्वत की जुड़वाँ बहिन हैं। पिता का नाम विवस्वत् आदित्य एवं माता का नाम संज्ञा (भा. 6.6.40, 8.13.9) है। कई स्थानों पर इनकी माता का नाम सरण्यू दिया गया है। यमी का दूसरा नाम यमुना भी है। सूक्त दस में यम-यमी परस्पर ऋषि भी हैं और देवता भी। इसमें यमी यम को पति रूप में प्राप्त करना चाहती है और यम स्वीकार नहीं करता। पूरे संवाद में यमी का आवेग-तर्क लक्षित होता है, जिसका अर्थ सम्पूर्णता में ही समझा जा सकता है।

'हे यम, विशाल समुद्र के एकान्त प्रदेश में मैं आप से सख्य भाव से मिलना चाहती हूँ। तुम माता की कोख से ही मेरे जन्म के साथी हो।' (1)

'हे यमी, यह हमें अभीष्ट नहीं। तुम हमारी सहोदरा बहन हो। प्रजापति एवं स्वर्ग के रक्षक देवगण सब देखते हुए विचरण कर रहे हैं।' (2)

'हे यम, यद्यपि मनुष्यों के लिए ऐसा संयोग त्याज्य है परन्तु देवताओं को अपना इच्छित करने की सामर्थ्य प्राप्त है, अतः तुम मेरी इच्छा के अनुरूप कार्य करो।' (3)

'हे यमी ! हम सत्यभाषी हैं, असत्य नहीं बोलते। सूर्यलोक के निवासी जलधारक आदित्य और वहीं वास करनेवाली योषा हमारे पिता-माता हैं। हे यमी ! सबके आत्मरूप

प्रजापति ने हमें जन्म से ही साथी बनाया है। आकाश पृथिवी भी हमारे इस सम्बन्ध को जानते हैं अतः प्रजापति के कर्म को कोई अन्यथा करने में समर्थ नहीं है।' (4-5)

'हे यम ! इस प्रथम दिवस की बात से कौन परिचित है ? इसे कौन देखता है ? इस पारस्परिक सम्बन्ध को कौन बताने में समर्थ है ? मित्र और वरुण देवों के इस महान् धाम में अधःपतन की बात आप किस प्रकार कहते हैं ?' (6)

'पति के प्रति पत्नी के समर्पण के समान ही, तुम्हें अपने आपको सौंपती हूँ। एक ही स्थान पर साथ-साथ रहकर कर्म की कामना मुझे प्राप्त हुई है। हम रथ के दो पहियों की तरह समान कार्यों में प्रेरित हों।' (7)

यम–'हे यमी, इस लोक में जो पार्षद हैं, वे रात-दिन विचरण करते हैं, उनकी दृष्टि से कुछ भी छिपाया नहीं जा सकता। हे आक्षेपकारिणी ! आप इस भावना को लेकर मेरे पास से चली जाएँ और किसी अन्य को पति रूप में वरण करें।' (8)

यमी–'रात्रि और दिवस दोनों ही हमारी कामनाओं को पूर्ण करें। सूर्य यम को तेजस्वी करें। द्युलोक और पृथिवी के समान ही हमारा सम्बन्ध अभिन्न साथी का है, अतः यम-यमी का सम्बन्ध दोषपूर्ण नहीं है।' (9)

यम–'हे यमी ! ऐसा समय भविष्य में आ सकता है, जिसमें बहिनें भाइयों को पति रूप में वरण करें, किन्तु हे सुभगे, आप मुझसे पतित्व की अपेक्षा न रखें। किसी अन्य को चुनें।' (10)

यमी–'वह कैसा भाई, जिसके रहते बहिन अनाथ फिरे ? वह कैसी बहिन जो लाचार की तरह पलायन कर जाए ? कामभावना से प्रेरित होकर मेरे द्वारा बहुत-सी बातें कही जा रही हैं अतः अब काया-सम्बद्ध करो।' (11)

यम–'हे यमी ! मैं यथार्थ रूप से शारीरिक सम्बन्धों की इच्छा नहीं करता, क्योंकि तुम मेरी सहोदरा हो। तुम मेरी आकांक्षा त्याग किसी अन्य पुरुष का वरण करो। भाई होने के कारण मुझे तुम्हारा निवेदन स्वीकार नहीं।' (12)

यमी–'हे यम ! तुम बहुत दुर्बल हो, तुम्हारे मनोभाव समझने में मुझसे भूल हुई। रस्सी द्वारा घोड़े को बाँधे जाने एवं लता द्वारा वृक्ष को आच्छादित करने के समान तुम्हें कोई स्त्री स्पर्श कर सकती है ?'(13)

यम–'हे यमी ! जब आप इस तथ्य से परिचित हैं, तो किसी अन्य पुरुष का वृक्ष की लता की तरह आश्रय ग्रहण करें, पति रूप में ग्रहण करें, परस्पर एक-दूसरे मंगलकारी सुखों को प्राप्त करें।'

इसी मण्डल के एक सौ चौवन सूक्त की ऋषि भी यमी वैवस्वती है, और देवता भाववृत्त। इसमें प्रेतात्माओं के यथानुकूल लोकवास का उल्लेख है :

'जिन पूर्वज मनीषियों ने जीवन की हजारों श्रेष्ठ विद्याओं को विकसित किया। जो सूर्य की शक्तियों के संरक्षक हैं और तप से उत्पन्न जिन पितरों ने तपस्वी जीवन जिया, हे मृतात्मा ! आप उन्हीं के समीप पहुँचें।' (5)

उर्वशी (10.95) ने दसवें मण्डल के पंचानवें सूक्त में देवत्व प्राप्त किया है। पुरुरवा उर्वशी का आख्यान भी पौराणिक साहित्य एवं महाभारत में भी उपलब्ध होता है। ऋग्वेद के सातवें मण्डल के तैंतीसवें सूक्त के ग्यारहवें मन्त्र में वसिष्ठ को उर्वशी का पुत्र कहा गया है। अन्यत्र इनका आवाहन सरिताओं के साथ किया है, जिसे अप्या के नाम से वर्णित किया है। सायण ने अपने भाष्य में उर्वशी के ऋषित्व एवं देवत्व को प्रमाणित किया है :

नवर्च ऐलस्य पुरुरवसो वाक्यानि। अतस्तासां स ऋषिः। शिष्टा नवोर्वश्या वाक्यानि। अतस्तासु सार्षिका। उभयोर्वाक्येषु योऽर्थः प्रतिपाद्यते सा देवता। (ऋ. 10.95 सा.भा.)

इस सूक्त के आधार पर राहुल सांकृत्यायन ने इस प्रकार का अनुमान व्यक्त किया है कि सम्भवतः यह पूर्ण प्रेमकाव्य का कुछ अंश है। सूक्त में पुरुरवा के विरह निवेदन एवं उर्वशी के उत्तर हैं।

पुरुरवा–'आप भावनापूर्वक कुछ समय के लिए ठहरें। हम दोनों का मिलन शीघ्र ही उपयोगी वार्ता से युक्त हो।' (1)

उर्वशी–'मात्र निरर्थक वार्ता से हमारा क्या भला होगा ? आपके समीप से मैं उषा के समान चली आयी हूँ।' (2)

पुरुरवा–'आपके विरह से व्यथित होने के कारण मैं विजयश्री हेतु बाण छोड़ने में असमर्थ हूँ, शक्तिशाली होते हुए भी असंख्य ऐश्वर्यों को प्राप्त नहीं कर सकता। वीरता रहित होने के कारण मेरे कर्म धूमिल हो गये हैं। युद्ध में शत्रुओं को कँपानेवाला सिंह-गर्जन नहीं कर पाता।' (3)

उर्वशी–'हे पुरुरवा ! पृथ्वी के संरक्षण हेतु आपने पुत्र को जन्म दिया, मुझमें गर्भ की स्थापना की। इस बात से परिचित होकर मैंने आपसे बार-बार मर्यादापालन हेतु कहा था। आपने पारस्परिक स्नेह को भंग किया है, अब शोक करने से कोई लाभ नहीं।' (11)

उर्वशी–'हे पुरुरवा ! मैं आपसे कहती हूँ, आप अश्रु बहाते हुए न लौटें, ऐसी कल्याण कामना करती हूँ। आपका चाहा हुआ मैं आपके पास प्रेषित कर दूँगी। आप अपने अन्दर की आसक्ति निकाल दें, मूर्ख व्यक्ति मेरा ठिकाना प्राप्त नहीं कर पाते।' (13)

पुरुरवा–'आपके साथ स्नेहपूर्ण व्यवहार करनेवाला पति आज पृथ्वी पर गिर पड़े, अथवा कहीं दूर निकल जाए अथवा यहीं सो जाए जिससे जंगल के बलिष्ठ वृक् उसे खा लें।' (14)

उर्वशी–'हे पुरुरवा ! आप मृत्यु को प्राप्त न हों, न यहाँ पृथ्वी पर गिरें, न ही अमंगलकारी वृक् आपको भक्षित करें। स्त्रियों की मैत्री और स्नेह स्थायी नहीं होता। स्त्रियों और वृकों के हृदय समान होते हैं।' (15)

उर्वशी—'हे इलापुत्र पुरुरवा ! ये सम्पूर्ण देवगण आपके सम्बन्ध में कह रहे हैं कि आप मृत्यु पर विजय प्राप्त करेंगे, अर्चना करेंगे और स्वर्ग में जाकर सुख तथा आनन्द प्राप्त करेंगे।' (18)

ऋग्वेद मन्त्रों का संकलन है, और मन्त्रद्रष्टा ही ऋषि है। ऋषिका शब्द का प्रयोग परवर्ती है। ऋग्वेद में स्त्री-पुरुष दोनों के लिए ही 'ऋषि' शब्द का प्रयोग किया गया है—कृतित्व के आधार पर ऋषियों के भी दो वर्ग हैं, एक तो एकाकी, दूसरे पारिवारिक। एकाकी ऋषि वे हैं जिन्होंने स्वयं मन्त्र-रचना की और पारिवारिक वे जिनके परिवार में अन्य मन्त्रद्रष्टा भी हैं। इस दृष्टि से देखा जाए तो अदिति, अदिति दाक्षायणी, उर्वशी, गोधा, जुहूब्रह्मजाया, रोमशा, वागाम्भृणी, श्रद्धा कामायनी, सरमा देवशुनी एवं सूर्या सावित्री एकाकी ऋषिकाएँ हैं। पारिवारिक ऋषिकाओं में आत्रेय कुल की अपाला, विश्ववारा, इन्द्रकुल की इन्द्राणी, इन्द्रस्य स्नुषा, इन्द्रमातरौ एवं शची पौलोमी, अगस्त्य कुल की अगस्त्य-शिष्या, अगस्त्यपत्नी लोपामुद्रा, अगस्त्य-स्वसा लोपायन माता, वैवस्वत कुल की यमी एवं कश्यप कुल की शिखण्डिनी के नाम आते हैं। ऋषि परिवारों से सम्बन्ध रखने के कारण इनमें वर्गगत विभिन्नता नहीं है। फिर भी, लोपामुद्रा राजा की कन्या है। यद्यपि उसने स्वेच्छा से अगस्त्य ऋषि से विवाह की अनुमति दी थी, और उसने जीवन भी ऋषि-पत्नी का जिया। परन्तु परवर्ती कथा के विकास में यह प्रसंग है कि सन्तान के जन्म के पूर्व वह राजाओं जैसे ऐश्वर्य की कामना करती है और अगस्त्य ऋषि किसी भी प्रकार कामना पूर्ति भी करते हैं। शची पौलोमी असुर राजा की कन्या है परन्तु इन्द्र की पत्नी होने का गौरव प्राप्त करती है। उर्वशी और शिखण्डिनी अप्सराएँ हैं जिन्हें ऋषित्व ही नहीं देवत्व भी प्राप्त हुआ। दो स्थान ऐसे हैं जहाँ विवाद की गुंजायश हो सकती है। एक नद्य, जहाँ नदियों को ऋषित्व और देवत्व प्रदान किया गया है, दूसरा सरमा देवशुनी जहाँ सरमा को 'देव कुक्करी' कहा गया है। नद्य ही नहीं, ऋग्वेद में ऐसे अन्य प्रकरण भी हैं, जहाँ मानवेतर वर्गों के प्राणियों को देवता स्वीकार किया गया है, जैसे तार्क्ष्य (पक्षी), द्रुघण (मुग्दर), मन्यु (साहस), संज्ञान (बोध)। सरमा के सम्बन्ध में सम्भव है 'कुक्करी' की उपाधि इसलिए मिली हो कि वह दौत्य कार्य में असफल रही। 'देवशुनी' उसका गोत्र नाम भी हो सकता है।

हजारों वर्ष पूर्व रचित साहित्य में आज का लोकजीवन किस प्रकार प्रतिबिम्बित होता है, यह देखकर आश्चर्य होता है। आज भी हमारे यहाँ स्त्री किसी की पुत्री, किसी की बहिन या पत्नी के नाम से पुकारी जाती है, उसका अपना नाम हो या नहीं। अपना नाम होने पर भी उसकी पहचान किसी अन्य के साथ जुड़ी रहती है। जागरण के उस युग में भी जहाँ नारियों ने वैदुष्य के क्षेत्र में कीर्तिमान स्थापित किये, यह प्रथा जीवित थी। पिता का नाम तो पुत्र और कन्या, दोनों को ही मिलता था। लेकिन इन्द्राणी, इन्द्रस्नुषा, इन्द्रमातरौ, मुद्गलानी, अगस्त्य-स्वसा, अगस्त्य-शिष्या, सर्पराज्ञी जैसे नाम हमें चिन्ता में डाल देते हैं।

रचनाओं में यद्यपि समान-भाव से स्तोत्रों का गान किया गया है, फिर भी स्त्री होने की पहचान छिपी नहीं रहती। यहाँ हम इस सवाल को नहीं उठाएँगे कि कौन-सी पहचान ? सबसे पहली बात तो यह कि 'विवाह' उस समय की भी एक प्रमुख चिन्ता थी। यदि कन्या में कोई कमी हो तब तो विवाह एक समस्या ही बन जाता था। ऋषिकाओं में दो नाम ऐसे हैं, जिन्हें इस स्थिति का सामना करना पड़ा था। अपाला और घोषा। दोनों को ही कुष्ठ रोग था। फलस्वरूप अपाला को पिता के घर रहना पड़ा और घोषा का विवाह नहीं हुआ। दोनों ने ही साधना से आरोग्य प्राप्त किया और पति सुख भी। असफल विवाह भी प्रकारान्तर से व्यंजित हुआ है। रोमशा के सारे शरीर में रोम थे इसीलिए उनके पति उन्हें स्वीकार नहीं करते थे। उन्होंने अपनी बौद्धिक क्षमताएँ इतनी विकसित कीं कि नाम का औचित्य ही बदल गया। 'वेद और शास्त्रों की अनेक शाखाएँ ही उनके रोम हैं।' सूर्या सावित्री का सम्पूर्ण सूक्त विवाह का एक रमणीक प्रकरण है। पत्नी पर सन्देह कर उसका त्याग कर देना और पुनः अग्नि द्वारा शुद्ध प्रमाणित कर ग्रहण करने का प्रकरण जुहू ब्रह्मजाया एवं बृहस्पति के सन्दर्भ में आया है। इसी प्रकार गर्भवती ममता के साथ बलात्कार की घटना पौराणिक ग्रन्थों में मिलती है, यद्यपि ऋग्वेद में उसका उल्लेख नहीं है।

भारतीय लोक-जीवन एवं लोकसाहित्य की भाँति, ऋषिकाओं की आशा-आकांक्षा और चिन्ताएँ भी मिलती-जुलती हैं। घोषा अश्विनीकुमारों से प्रार्थना करती है कि घोषा के स्वामी के लिए प्रचुर वर्षा हो, वे उसके पति की रक्षा शत्रुओं से करें और 'युवा सुन्दर पति को पाकर घोषा का यौवन चिरकाल तक अक्षुण्ण बना रहे।' (10.39) 'वह पुत्र-प्रपौत्रादि से प्रतिष्ठित हो पतिगृह में पति की प्रिय पात्र बने।' (10.40) सूर्या का तो आशीर्वचन है, 'हे वर्षक इन्द्र ! इसे तुम सुपुत्रा और सुभगा करो। दस पुत्र दो और पति को ग्यारहवाँ करो।' (45) वह श्वसुर पर सम्राज्ञी हो, सास पर सम्राज्ञी हो, ननद पर सम्राज्ञी हो, देवरों पर सम्राज्ञी हो।' (46) शची पौलोमी इन्द्र की पत्नी है, परन्तु अपनी सपत्नियों पर विजय प्राप्त करके गर्वोक्तियाँ करती है, 'सबको पराजित करने में समर्थ मैं अपनी सभी सपत्नियों पर विजय प्राप्त करती हूँ। मैं अपने वीर स्वामी और उनके कुटुम्बियों को भी अपने अधिकार में रखती हूँ।' (6) दूसरी ओर इन्द्राणी जो सम्भवतः शची की सपत्नी है, इन्द्र से इस बात के लिए नाराज है कि वह उसके सौतेले पुत्र को अधिक मान देते हैं और यहाँ तक कामना करती है कि उसका कान शूकरों को भगानेवाला श्वान काट ले। स्पष्ट है कि यह पूरा-का-पूरा लोक-नारी-मन है जो वैदिक गीतियों में रूपान्तरित हो गया है।

दो ऋषिकाओं का व्यक्तित्व अलग से उभरकर सामने आता है। वीरता की दृष्टि से मुद्गल पत्नी जिसने केवल एक बैल को गाड़ी में जोतकर चोरों का पीछा किया और चोरी गयी गाएँ वापस लौटायीं। और दूसरी है रोमशा, जो अपने पति की गर्वोक्तियों के बाद कहती है, 'मेरे कामों को अपने से छोटा मत समझो।' सम्भवतः यह नारी

अस्मिता की प्राचीनतम आवाज है।

ऋग्वेद के दसवें मण्डल में यम-यमी संवाद भी है और सूर्या सावित्री के विवाह-सूक्त भी। सम्भवतः दोनों के कालक्रम में अधिक अन्तर न हो, परन्तु दोनों दो ध्रुवों पर खड़ी होकर बोलती हैं। यमी अपने जुड़वाँ भाई से प्रेम-सम्बन्ध बनाने के लिए उत्सुक है और सूर्या-विवाह-बन्धन की पवित्रता और एकनिष्ठता की बात करती है। यह सोच परवर्ती काल में कितना प्रभावी हुआ, यह केवल इसी तथ्य से जाना जा सकता है कि सूर्या की कुछ ऋचाएँ हिन्दू विवाह-संस्कार में मन्त्र के रूप में प्रयोग की जाती हैं और दीपावली की यमद्वितीया के दिन ब्रजप्रदेश में भाई-बहिन एक साथ यमुना में स्नान करते हैं।

5

प्रथम भारतीय नवजागरण : थेरी गाथाएँ

'इत्थिभावो नो किं कयिरा चित्तम्हि सुसमाहिते'

—थेरी गाथा

थेरी गाथाओं का सम्बन्ध भारतीय प्रथम नवजागरण से है। नवजागरण मूलतः मानव की वह प्रगतिगामी चेतना है जो काल के अन्तराल से विस्फोट करती है और जिसके परिणामस्वरूप इतिहास के एक युग से दूसरे युग में एक 'छलाँग' परिलक्षित होती है। इसका सम्बन्ध मात्र धर्म, राजनीति, विज्ञान अथवा कला के इतिहास से नहीं वरन् उस मानवीय चेतना से है जिससे इन सबकी रचना सम्भव होती है। नवजागरण की भावना में मानव-आत्मा की स्वतन्त्रता प्राप्ति की आकुल उत्कण्ठा ही उसे एक नये सृजन के लिए प्रेरित करती है, उसमें संसार के पुनर्निर्माण की भावना जगाती है। कलाओं का मुख्य मूल्य मानववाद हो जाता है और अतीत के प्रति आकर्षण एक नयी सृजनात्मक भूमिका प्रस्तुत करता है।

प्रथम भारतीय नवजागरण-काल लगभग ई.पू. से 800 वर्ष माना जाता है। इसके अन्तर्गत उपनिषद् एवं जैन-बौद्ध आन्दोलन शामिल हैं। इस समय तक वैदिक धर्म कर्मकाण्ड की सीमा तक पहुँचकर समाज की चुनौती को स्वीकार करने में असमर्थ हो चुका था। उस पर पुरोहित वर्ग का आधिपत्य हो चला था। नया युग कर्मकाण्ड से भावना की ओर विकास है। वैदिक-युग के बाद अनेक सुधारवादी दर्शनों एवं सम्प्रदायों का जन्म हुआ। यह उदय विशेष रूप से मगध और विदेह के अर्ध-ब्राह्मण क्षेत्रों में हुआ।

ई.पू. छठी-पाँचवीं शताब्दियों में भारत, ईरान, चीन, फिलिस्तीन में एक साथ दर्शन के स्वर्णयुग का सूत्रपात हुआ। लगभग 660 ई.पू. भारत में प्राचीन उपनिषदों का जन्म हुआ। लगभग यही काल जरथुस्त्र के जन्म का है। बुद्ध (563-487 ई.पू.), महावीर (599-527 ई.पू.) और आजीविक धर्म के नेता मस्करी गोसाल समकालीन थे। यूनान में यह समय सुकरात का और चीन में कनफ्यूशस का था। भारत में ई.पू. छठी शताब्दी में तप और त्याग का युग स्थापित हो गया था। एक छोटे से प्रदेश में यथेष्ट आकर्षण

और विशिष्टतायुक्त इतने सारे सम्प्रदायों का एक साथ उदय इस बात का सूचक है कि, कोई सामाजिक आवश्यकता अवश्य थी जिसे पुराने सिद्धान्त पूरा नहीं कर पा रहे थे। एक नयी चुनौती समाज के सामने थी। ईसापूर्व छठी शताब्दी में गंगा घाटी में नये वर्गों के उदय के चिह्न मिलने लगते हैं। एक वर्ग स्वतन्त्र खेतिहर और किसानों का था। दूसरा व्यापारियों का था जिनकी महत्ता 'श्रेष्ठि' शब्द से ध्वनित होती है। तीसरा पद 'गृहपति' का है जो एक कुल का एकछत्र स्वामी है। सामाजिक व्यवस्था में पनपते अन्तर्विरोध, चातुर्वर्ण्य एवं चतुराश्रम प्रणाली, का जैनों और बौद्धों, दोनों ने विरोध किया। दोनों में ही भिक्षु के जीवन को सर्वश्रेष्ठ माना गया। पूर्वी गंगाघाटी के बौद्धिक वातावरण की विशेषताएँ थीं—सांसारिकता का परित्याग, आत्मानुशासन, अथवा आत्मपीड़न एवं अहिंसा। जैन धर्म की विशेषताएँ थीं, वैयक्तिक विजय अथवा मोक्ष की रुक्षता, भ्रम और पतन पर विवेकशील मानव की विजय तथा गणित पर आधारित खगोलशास्त्र। उन्होंने जीवन और विचारों में भावना का स्थान नहीं छोड़ा था। इसी प्रकार बौद्ध धर्म की विशेषताएँ थीं—आत्मा का निषेध एवं तर्कनीति-संगत दृष्टिकोण। उन्होंने भी मानव की कल्पनाशीलता को बढ़ावा नहीं दिया।...किन्तु भारतीय जनजीवन के साथ निकट सम्पर्क न तो आत्मा सम्बन्धी आध्यात्मिक सिद्धान्तों का था और न जैनधर्म, बौद्ध धर्म के विख्यात संस्थापक तीर्थंकरों और आजीविकों के कर्मसम्बन्धी सूक्ष्मातिसूक्ष्म तर्कों का। जनजीवन को प्रभावित करनेवाली चीज थी मानव-पीड़ा के प्रति तथागत की असीम व निर्मल करुणापूर्ण चिन्ता तथा सार्वभौम करुणा एवं सद्भावना का उनका सन्देश। बुद्ध और महावीर तथा उनके अनेक रूपधारी बोधिसत्त्वों और तीर्थंकरों ने करोड़ों भावुक भारतीयों के हृदय को वश में कर लिया। सामान्य जन विशिष्ट करुणा, धैर्य और कृपा से युक्त इन महान व्यक्तियों को 'भगवत्' के उच्च आसन पर बैठाकर अनेक स्मारकों और प्रतीकों के रूप में पूजा गया। इस समय तक जनसाधारण उच्चवर्ग द्वारा आयोजित यज्ञों के दर्शकमात्र थे, अथवा कहीं-कहीं उनसे मजदूरों की भाँति कार्य लिया जाता था। अब पहली बार उन्हें एक ऐसा आधार मिला था, जो उनकी भावना का आधार हो सकता था, उन्हें करुणा से आपूरित कर सकता था।[1]

दर्शन का केन्द्र बदलने से साहित्य का केन्द्र भी परिवर्तित हो गया। ब्राह्मण वर्ग के स्थान पर अब दर्शन एवं कला दोनों ही क्षत्रिय-केन्द्रीय हो गये। परम्परागत ब्राह्मण-धर्मों एवं बौद्धधर्मों के नीचे-नीचे अनेक प्रकार के लोकमत प्रचलित थे, जिनकी जड़ें काफी गहरी थीं। भारतीय प्रथम नवजागरण में, लोकशक्ति अपनी पूर्ण प्रखरता एवं सौन्दर्य-शक्ति के साथ प्रतिबिम्बित हुई है। ललित कलाओं के साथ-साथ लोकभाषाएँ एक नवीन भूमिका का निर्माण करती हैं और साहित्य के क्षेत्र में सर्वथा नवीन काव्यरूपों का जन्म होता है। पालि एवं प्राकृत भाषाएँ इस काल की लोकभाषाओं के साहित्यिक

---

1. डॉ. राधाकमल मुकर्जी, भारत की संस्कृति और कला, पृ. 97

रूप हैं, जो एक लोकधर्म का वाहन होने के कारण भारत में ही नहीं, बल्कि उससे बाहर भी समाहित हुईं। उनके प्राचीनतम प्रमाण हमें बाहर से ही उपलब्ध हुए हैं।

ऋग्वेद के बाद, महिला लेखन के नमूने हमें थेरी गाथा के रूप में मिलते हैं, एक नयी भंगिमा के साथ। 'धर्म' दोनों के बीच एक आवश्यक कड़ी है। कहना चाहिए एक बदली हुई कड़ी। मूल बौद्ध-साहित्य तीन पिटकों में समाहित है—सुत्तपिटक, विनयपिटक और अभिधम्मपिटक। सुत्तपिटक के अन्तर्गत पाँच निकाय सम्मिलित हैं—दीघ-निकाय, मज्झिम-निकाय, संयुत्त-निकाय, अंगुत्तर-निकाय और खुद्दक-निकाय। खुद्दक-निकाय के अन्दर थेरी गाथाएँ और थेरगाथाएँ नामक दो स्वतन्त्र संकलन हैं। 'थेरी गाथा' 522 गाथाओं का संकलन है, जिसमें लगभग सौ थेरियों के उद्गार हैं। इनका संकलन भी अन्य बुद्धवचनों की तरह मौखिक रूप से प्रचलित रहने के बाद ही हुआ होगा। खासतौर पर गाथाओं से सम्बन्धित जो कथासूत्र एवं व्याख्याएँ हैं, वे तो परवर्ती हैं ही। 'थेरी गाथा' की टीका 'परमत्यदीपनी' पाँचवीं शताब्दी की रचना मानी जाती है। इसलिए लगभग एक हजार वर्षों तक मौखिक रूप से प्रचलित यह इतिहास 'स्मृत इतिहास' है। 'खुद्दक-निकाय' के 15 ग्रन्थों में 'उदान' भी शामिल है। इन ग्रन्थों में 'बुद्धवचनों' के साथ प्रारम्भ में उनके प्रसंग भी दे दिये गये हैं, जिनसे उनके अर्थ और अधिक स्पष्ट हो सकें। इसी पद्धति का निर्वाह थेरी गाथा में भी किया गया।[1]

थेरी गाथाओं का संकलन सोलह वर्गों में विभक्त है परन्तु विभाजन का आधार भाव अथवा विचार नहीं है, वरन् गाथाओं की संख्या है। प्रारम्भिक वर्ग, अंकानुसार हैं अर्थात् प्रथम में एक, द्वितीय में दो, तृतीय में तीन, चतुर्थ में चार गाथाएँ। अन्तिम वर्ग जिनमें कथासूत्र तथा संवाद हैं, उनमें अधिक संख्या में गाथाएँ दी गयी हैं।

थेरी गाथा में विभिन्न वर्गों एवं वर्णों की महिलाएँ शामिल हैं, जिन्होंने भिक्षुणी बन अपने जीवन के संचित अनुभवों को इन गाथाओं में गाया है। खेमा, सुमना, शैला और सुमेधा कोसल, मगध और आलवी के राजवंशों की महिलाएँ थीं। महाप्रजापति गोमती, तिष्या, अभिरूपा नन्दा, सुन्दरी नन्दा, जेन्ती, सिंहा, धीरा, मित्रा, भद्रा, उपशमा और अन्यतरा आदि थेरियाँ शाक्य और लिच्छवि सामन्तों की कन्याएँ थीं। मैत्रिका, अन्यतरा, उत्तमा, चाला, उपचाला, शिशूपचाला, रोहिणी, सुन्दरी, शुभा, भद्रा, कापिलायिनी, मुक्ता, नन्दा, सकुला, चन्दा, गुप्ता, दन्तिका और सोमा ब्राह्मण वंश की थीं। गृहपति और वैश्यवर्ग की महिलाओं में पूर्णा, चित्रा, श्यामा, उर्विरी, शुक्ला, धम्मदिन्ता, उत्तमा, भद्रा, कुण्डलकेशा, पटाचारा, सुजाता और अनोपमा के नाम लिये जा सकते हैं। अडढ़कासी, अभयमाता, विमला और अम्बपाली गणिकाएँ हैं। शुभा सुनार की पुत्री है और पूर्णिका दासी की।

थेरी गाथाओं की अपनी पहचान है और यह पहचान अनेकमुखी है। सबसे पहली पहचान स्त्री होने की है, जो उनकी रचनाओं को थेर गाथाओं से अलगाती है। इसकी

1. परशुराम चतुर्वेदी, बौद्ध साहित्य की सांस्कृतिक झलक, पृ. 97

शुरूआत बाह्यप्रकृति के लगाव से होती है। थेर गाथाएँ प्रकृति-सौन्दर्य में रची-बसी हैं जबकि थेरी गाथाएँ अपने भीतर की यात्राएँ हैं, जिसमें उनकी पूर्वस्मृतियाँ भी जुड़ी हैं। सप्पक स्थविर का एक वर्षा ऋतु का अनुभव दार्शनिक होते हुए भी रमणीय है :

'जब स्वच्छ पाण्डुर पंखवाले बगुले काले मेघ से भयभीत होकर अपनी खोहों की खोज करते हुए उड़ते हैं और उनकी खोहें वर्षा के अन्धकार से ढँकी हुई हैं, उस समय यह अजकर्णी नदी मुझे कितनी प्रिय लगती है।

इस नदी के दोनों ओर जामुन के पेड़ हैं, यहाँ मेरा मन कैसे न रमेगा ? महामार्ग के पीछे, नदी के किनारे पर, अन्य अनेक निर्झरणियाँ सुशोभित हैं ! साँपों के भय से विमुक्त मेढक मृदुल नाद कर रहे हैं।

आज गिरि और नदी से अलग होने का समय नहीं है।

यह नदी कितनी सुरम्य, शिव और क्षेमकारी है।'

'नाज्ज गिरिनदीहि विप्पवास समयो' (आज गिरि और नदी से अलग होने का समय नहीं है) इस उद्गार में भिक्षु ने प्रकृति प्रेम की उस पूरी निष्ठा को रख दिया है, जो आज तक विश्व साहित्य में कहीं भी व्यक्त हो सकी है।[1] सम्भवतः इसीलिए विण्टरनित्ज ने इन्हें 'भारतीय गीतिकाव्य' के सच्चे रत्न कहा है।[2] इसकी तुलना में थेरियों में केवल शुभा ने ही प्रासंगिक रूप से वसन्त का चित्रण किया है। चूँकि प्रसंग 'मार' से संवाद का है, अतः वसन्त का चुनाव उचित ही है। गाथा में यह अंश 'मार' के कथन के रूप में ही आया है :

'पुष्प-रेणुओं से मस्त हुए वृक्ष चारों ओर मधुर गन्ध विकीर्ण कर रहे हैं, यह वसन्त के प्रारम्भ का सुखकारी समय है। चल इस पुष्पित वन में हम रमण करें।'

'पुष्पों को सिर पर धारण किये ये वृक्ष वायु से प्रकम्पित होकर कैसी सुन्दर मर्मर ध्वनि कर रहे हैं। बता, इस वन में अकेली घूमती हुई तू क्या तृप्ति प्राप्त करेगी ?'[3]

अनुभूति की दृष्टि से थेरों की प्रकृति उनके लिए शान्ति लेकर आती है, और 'मार' का कथन 'राग' प्रेरित है, अतः गाथा में उसका निषेध किया गया है।

दूसरी प्रमुख पहचान थेरियों की आत्म-अभिव्यंजना को लेकर है। यहाँ हम अतीत और वर्तमान को संलाप करते देख सकते हैं। महाप्रजावती से प्रव्रज्या लेकर संघा के उद्गार हैं :

संन्यास लेकर मैंने घर छोड़ा
प्यारी सन्तान छोड़ी
प्यारे पशुओं को छोड़ा
राग और द्वेष छोड़ा

---

1. भरत सिंह उपाध्याय, पालि साहित्य का इतिहास, पृ. 284; 2. विण्टरनित्स, इण्डियन लिटरेचर, जिल्द II, पृ. 106; 3. भरत सिंह उपाध्याय, थेरी गाथा, पृ. 118

अविद्या को छोड़कर मैं विरक्त हुई
तृष्णा को समूल खोदकर
साक्षात्कार किया मैंने निर्वाण की परमशान्ति का।
अब मैं परमशान्त हो गयी हूँ।

थेर गाथा में आत्माभिव्यक्ति के अंश कम हैं और उथले हैं। उनका सम्बन्ध गहरे राग से नहीं है परन्तु थेरी गाथा में अभी भी वह पृष्ठभूमि में बज रहा है। जैसाकि डॉ. भरत सिंह उपाध्याय कहते हैं, "अत्यन्त संगीतात्मक भाषा में, आत्माभिव्यंजनात्मक गीतिकाव्य की शैली के आधार पर अपने जीवनानुभवों को व्यक्त करते हुए यहाँ बौद्ध भिक्षुणियों ने अपने जीवन-काव्य को गाया है। नैतिक सच्चाई, भावनाओं की गहनता और सबसे बढ़कर एक अपराजित वैयक्तिक ध्वनि इन गीतों की मुख्य विशेषताएँ हैं।"[1] ...यही स्थिति थेरों की नहीं है। "बाह्य जीवन की अपेक्षा आन्तरिक अनुभव के प्रकाशन पर ही उनका ध्यान अधिक है, और उस अनुभव में इतना साम्य है कि कहीं-न-कहीं केवल भिक्षुओं के उद्‌गारों की भाषा ही समान है बल्कि वे कई जगह विशिष्ट व्यक्ति या व्यक्तियों के प्रतिनिधि न होकर एक वर्ग (भिक्षु वर्ग) के ही प्रतिनिधि जैसे हो गये हैं। इसके विपरीत भिक्षुणियों के उद्‌गारों में व्यक्तिगत विशिष्टता की पूरी ध्वनि विद्यमान है।...भिक्षुणियों की अनेक गाथाएँ अहं से ही आरम्भ होती हैं और उनकी आन्तरिक ध्वनि भी अपनी विशिष्टता लिये हुए है।"[2] विशिष्टता की छाप उनके स्त्रीत्व में है, यह निःसन्देह सत्य है।

थेरा गाथाओं में, भिक्षुओं के प्रव्रज्या ग्रहण करने के कुछ विशेष कारण नहीं दिये गये हैं। कुछ अपवादों को छोड़ दें, तो बुद्ध-वचनों से प्रेरित होकर ही वे इस मार्ग के पथिक बने। परन्तु, थेरियों के सम्बन्ध में यह सच नहीं है। यहाँ कारण है और ठेठ भौतिक कारण है और शत-प्रतिशत स्त्रीत्व से सम्बन्धित है। थेरों की गाथाओं में एक दो स्थानों पर श्मशान में पड़े निर्वस्त्र नारी-शरीर तो विराग का कारण बने हैं, परन्तु 'बच्चा' वहाँ कहीं नहीं है। इसके विपरीत थेरियों के अतीत का यह सबसे तीखा काँटा है। उब्बिरी श्रावस्ती की कुलीन कन्या थी। सुन्दरी होने के कारण उसे कोसलराज प्रसेनजित के अन्तःपुर में स्थान मिला। कालान्तर में जीवन्ती नामक कन्या का जन्म। राजा ने प्रसन्न होकर उसे राजमहिषी का पद दे दिया। परन्तु जीवन्ती अधिक जीवित नहीं रही। विक्षिप्त उब्बिरी उसी श्मशान में जाकर रोया करती थी। एक दिन वह भगवान के समीप पहुँची, उन्होंने प्रश्न किया :

> 'अम्म जीवा', 'अम्म जीवा' कह-कहकर तू पागल हुई वन-वन में विलाप करती हुई फिरती है।

---

1. भरत सिंह उपाध्याय, थेरी गाथा, पृ. 18; 2. भरत सिंह उपाध्याय, पालि साहित्य का इतिहास, पृ. 295

उब्बिरी ! आत्मस्थ हो।
तेरी चौरासी हजार जीवन्ती नाम की कन्याएँ
इसी श्मशान में जलायी गयी हैं।
बता, तू उनमें से किस जीवन्ती के लिए शोक करती है ? (51)

भगवान बुद्ध के सम्बोधन से उसे बोध प्राप्त होता है जिसे वह स्वयं इस प्रकार स्वीकार करती है–

मेरे हृदय में अदृश्य रूप में बिंधा हुआ तीर निकल गया
प्यारी पुत्री का शोक मेरे सम्पूर्ण जीवन को विषाक्त बनाये
हुए था, मेरे प्राण हरण कर रहा था (52)
अब, वह शोक नहीं रहा।
आज मेरा हृदय शान्त है, आकुलता-रहित है,
मेरा चित्त आज निर्मल और शान्तिपूर्ण है,
मैं मुनि बुद्ध, उनके धर्म और संघ की शरण लेती हूँ (53)

पटाचारा की कथा भी कुछ ऐसी ही है। परिस्थितिवश अपनी दो सन्तानें और पति को खोकर विक्षिप्त होकर घूमती थी। बुद्ध के उपदेश से न केवल वह स्वयं मुक्त हुई बल्कि पाँच सौ भिक्षुणी शिष्याओं को भी मुक्त किया। उसका कथन है :

वह किस पथ से आया, किस पथ से चला गया।
इतना तक जिसके विषय में तू नहीं जानती;
तब उसके लिए जो तेरे पास कुछ समय के लिए था
तू 'मेरा पुत्र'। 'मेरा पुत्र'। कह-कहकर क्यों रोदन करती है ? (127)

पटाचारा के उपदेश को सुनकर पाँच सौ भिक्षुणियाँ समवेत रूप से कहती हैं :

पुत्र शोक-रूपी जो सूक्ष्म शल्य मुझ दुखिया के हृदय में
गहरा बिंधा हुआ था,
जो मुझे मारे डाल रहा था
वह आज निकल गया। (131)
आज मेरा हृदय शान्त है
मैं परिनिर्वृत्त हुई,
व्याकुलता समाप्त हुई,
आज मैं मुनि बुद्ध, उनके धर्म और संघ की शरण
लेती हूँ। (132)

वाशिष्ठी की कथा भी इसी प्रकार की है।

सन्तान के मरण की तरह पति की धूर्त्तता एवं प्रतारणा भी प्रव्रज्या का कारण बना

है। कुण्डलकेशा और ऋषिदासी के प्रसंग ऐसे ही हैं। भद्रा राजगृह के धनवान सेठ की एकमात्र पुत्री थी। एक दिन राजपुरोहित के पुत्र, जो चोरी के अपराध में वधस्थल पर ले जाया जा रहा था, से विवाह करने का हठ करती है। पिता विवश हो विवाह कर देता है। कुछ दिनों बाद आभूषणों को प्राप्त करने के लिए उसका पति उसकी हत्या करना चाहता है परन्तु भद्रा को आभास हो जाता है और वह उसे पहाड़ी के ऊपर से धक्का दे देती है। घर वापस न लौटकर उसने जैन साधु से दीक्षा ली और बहुत ज्ञानवान हो गयी। भगवान बुद्ध से शास्त्रार्थ किया, पराजित हो दीक्षा ग्रहण की। ऋषिदासी उज्जयिनी के कुलीन वैश्य परिवार की कन्या थी। माता-पिता ने उसका विवाह एक योग्य वर से कर दिया। सर्वगुणसम्पन्ना होने के बाद भी वह पति को पसन्द नहीं आयी, अतः घर से निकाल दी गयी। पिता ने दो बार पुनः विवाह किया, वहाँ भी वह सुखी नहीं रह सकी। अन्ततः पिता की अनुमति से जिनदत्ता नामक भिक्षुणी से उपसम्पदा लेकर संघ में प्रवेश किया और शान्ति पायी। ऋषिदासी के प्रसंग में हमें स्त्री जीवन की दिनचर्या और उसकी विभीषिका के दर्शन होते हैं, जो सम्पूर्ण साहित्य में विरल है—

अपने घर में पायी हुई शिक्षा के अनुसार मैं प्रतिदिन सायंकाल और प्रातःकाल सास और ससुर को प्रणाम करती, नतमस्तक होकर उनकी चरण-वन्दना करती। (407)

पति की भगिनियों, भाइयों और परिजनों को देखकर, एक बार देखते ही, मैं उद्विग्नतापूर्वक उनके लिए आसन देती। (408)

अन्न, पान, खाद्यादि से, जो भी घर में प्रस्तुत होता, मैं सबकी यथायोग्य सेवा करती, जिसको जैसा चाहिए, उसको वैसा ही ले जाकर देती, सबको प्रसन्न रखती। (409)

ठीक समय पर (चारपाई से) उठकर, घर की देहली पर जाती (झाड़ू-बुहारी लगाती), फिर हाथ-पैर धोकर, अंजलि बाँधकर पति के पास जाती। (410)

कंघी, प्रसाद (प्रसाधन विशेष), अंजन और दर्पण लेकर, मैं दासी के समान स्वयं अपने हाथ से पति का शृंगार करती। (411)

मैं अपने हाथ से ही चावल पकाती, अपने हाथ से ही बर्तन धोती; जैसे माता अपने एकमात्र पुत्र की सेवा करे, वैसे ही मैं अपने पति की सेवा करती। (412)

किन्तु, मेरे समान पति में भक्ति रखनेवाली, अतिशय विनम्र सवेरे जल्दी उठ जानेवाली, निरालस, उत्तम सेवा करनेवाली और शीलवती पत्नी की ओर से मेरे स्वामी का चित्त हट गया, वह मुझे दोष देने लगा और मेरा अपमान करने लगा। (413)

उसने अपने माता-पिता से कह दिया, 'मुझे घर छोड़कर जाने की अनुमति दो। मैं ऋषिदासी के साथ एक घर में नहीं रह सकता।' (414)

सोणा की कहानी बिल्कुल दूसरे छोर पर है। उसने श्रावस्ती के एक कुलीन घर में जन्म लिया और विवाह के बाद सात पुत्रों की माता बनी, इसलिए लोग उसे

'बहुपुत्रिका' कहने लगे। पति के प्रव्रजित हो जाने के बाद उसने सारी धन-सम्पत्ति पुत्रों में वितरित कर दी, अपने पास कुछ नहीं रखा। जल्दी ही परिवार में उसका निरादर होने लगा। अन्त में वह भिक्षुणी-संघ में प्रविष्ट हो गयी—

रूप, वेदना, संज्ञा, संस्कार और विज्ञान के मिलन-क्षेत्र उस शरीर से, मैंने दस पुत्रों को पैदा किया। फिर दुर्बल और जीर्ण होकर मैं एक भिक्षुणी के पास गयी। (102)

पंच स्कन्धों का परिपूर्ण ज्ञान प्राप्त कर मैंने उसकी जड़ें काट दी हैं। किसी भी स्थितिशील वस्तु के लिए मेरे हृदय में इच्छा नहीं रही।

मैं पुनर्जन्महीन हूँ।

अब मेरा दूसरा जन्म होना नहीं है। (106)

स्त्री-छाप होने के साथ ही, थेरी गाथाओं पर वर्गगत चरित्रों की भी छाप है। मुख्य बात यह है कि यह छाप उनके जीवन पर ही नहीं, अभिव्यक्ति पर भी है।

अड्ढकासी, अभयमाता, विमला तथा अम्बपाली थेरी बनने से पूर्व प्रसिद्ध गणिकाएँ थीं। अड्ढकासी का जन्म वाराणसी के वैभवसम्पन्न सेठ के घर हुआ था परन्तु पूर्वजन्म के पाप के कारण राजगृह में वेश्या हो गयी है। उस समय काशी राज्य की एक दिन की आय एक हजार कार्षापण थी और इतना ही अड्ढकासी का एक रात का शुल्क था। रूपगर्विता की यह स्मृति उसकी गाथा में भी वर्णित है।

> जितनी समस्त काशी-राज्य की (एक दिन की) आय है,
> उतना ही विपुल मेरा (एक रात का) शुल्क था।
> उतना ही मूल्य—उससे कम नहीं
> उससे कम नहीं—
> निगम के द्वारा मेरी सेवाओं के लिए पारिश्रमिक-स्वरूप
> निश्चित था। (25)
> किन्तु वही मेरा सब सौन्दर्य आज मेरे लिए घृणा का
> कारण हुआ
> ग्लानि पैदा करनेवाला हुआ।
> मैं उसके मोह से मुक्त होकर अब विरक्त हो गयी
> मृत्यु और पुनर्जन्म के चक्कर में मुझे और घूमना नहीं है
> मैंने तीनों विद्याओं का साक्षात्कार कर लिया।
> भगवान सम्यक् सम्बुद्ध के शासन को पूरा कर लिया। (26)

अभयमाता का वास्तविक नाम पद्मावती था और वह उज्जयिनी की प्रसिद्ध गणिका थी। मगध के राजा बिम्बसार से इसको एक पुत्र उत्पन्न हुआ जिसका नाम अभय था। बाद में अभय ने प्रव्रज्या ग्रहण की। उसने माँ को उपदेश दिया जिससे प्रभावित हो पद्मावती ने भी प्रव्रज्या ग्रहण की (33, 34) विमला और अम्बपाली की कहानी विशिष्ट और विख्यात है। विमला गणिका तो थी ही, उसने स्थविर

महामौद्गल्यायन को लुभाने की चेष्टा की, उन्होंने उसे फटकारा और उपदेशित किया। उसके मन में ग्लानि उत्पन्न हुई। पहले वह उपासिका के रूप में दीक्षित हुई। बाद में संघ में स्वीकार कर ली गयी। अपने अतीत को याद करते हुए वह बारीकी से वेश्याजीवन का चित्रण भी करती है :

रूप-लावण्य, सौभाग्य और यश से मतवाली हुई
यौवन के अहंकार में मस्त, मैं अज्ञानी अपने को कितना
गौरवमयी समझती थी। (72)
गहनों से शरीर को विभूषित और चित्रित किये हुए
मैं उसे अनेक तरुणों से बातचीत का माध्यम बनाती थी।
वेश्या-गृह के द्वार पर सतर्क दृष्टि से बैठी हुई मैं
व्याध के समान जालों को फैलाती थी ॥ (73)
लज्जा और शर्म को छोड़कर मैं अपने आभूषणों को उघाड़
कर दिखाती थी और अपने गुह्य-अंग तक दिखा देती थी।
मनुष्यों के पतन के लिए मैं अनेक मायाएँ रचती थी ॥ (74)
वही मैं आज भिक्षाचारिणी, मुँडे हुए सिरवाली हूँ
चीवर-वसना हूँ। वृक्षों के नीचे बैठकर ध्यान-रत हुई मैं
अवितर्क ध्यान को प्राप्त कर विहरती हूँ ॥ (75)

अम्बपाली की कथा तो कथानक बन चुकी है। आम के उपवन में पायी गयी, इसीलिए उसका नाम आम्रपाली पड़ा। सर्वोत्तम सुन्दरी होने के कारण 'सब्बेसं होतु' (सबके लिए हो ꞊ गणिका) बना दिया गया। भगवान बुद्ध को भोजन के लिए आमन्त्रण दिया एवं अपना आम्र-उपवन संघ को दान कर दिया। साधना करते हुए अर्हत्व प्राप्त किया। अम्बपाली की जो गाथाएँ संगृहीत हैं उन्हें 'सौन्दर्य का असौन्दर्यशास्त्र' कहा जा सकता है। अपने ही अंगों का इस प्रकार विरूपीकरण करना, और उसका यथार्थ-चित्रण सम्भवतः विश्वसाहित्य में दूसरा नहीं। यह न तो सामान्य कथन है, न ही कथित-कथन। यह अपने ही अहं को तोड़कर फूँक-फूँककर उड़ाना है। प्रत्येक गाथा के साथ 'सत्यवादी के वचन मिथ्या नहीं होते' की टेक इसकी ध्वनि-प्रतिध्वनि है :

काले भौंरे के रंग के समान, जिनके अग्रभाग घुँघराले हैं
ऐसे किसी समय मेरे बाल थे,
वही आज जरावस्था में सन की छाल-जैसे हो गये हैं
सत्यवादी (बुद्ध) के वचन कभी मिथ्या नहीं होते (252)
पुष्पों से गुँथा हुआ मेरा केशपाश कभी सुगन्ध की
पिटारी की भाँति महकता था,
उसी में से आज जरा के कारण खरहे के रोओं की-सी
दुर्गन्ध आती है,

सत्यवादी (बुद्ध) के वचन कभी मिथ्या नहीं होते (253)
चित्रकार के हाथ से कुशलतापूर्वक अंकित की हुई
जैसे मेरी दोनों भौंहें थीं
वही आज जरावस्था में झुर्रियाँ पड़कर नीचे
लटकी हुई हैं
सत्यवादी (बुद्ध) के वचन कभी मिथ्या नहीं होते (256)
स्थूल, सुगोल, उन्नत कभी मेरे दोनों स्तन
सुशोभित होते थे
वही आज जरावस्था में पानी से रीती, लटकी हुई
चमड़े की थैलियों सदृश हो गये हैं।
सत्यवादी (बुद्ध) के वचन कभी मिथ्या नहीं होते (265)
एक समय यह शरीर ऐसा था। इस समय यह
जर्जर और अनेक दुखों का आलय है।
एक ऐसे जीर्णघर के समान, जिसकी लीपन टूट-टूटकर
नीचे गिर गयी है।
बिना लेपादि के यह जरा का घर शीघ्र ही
इस प्रकार गिर जाएगा
जैसे टूटी हुई लीपनवाला जीर्ण घर।
सत्यवादी (बुद्ध) के वचन कभी मिथ्या नहीं होते। (270)

भारतीय साहित्य का तिहाई हिस्सा सौन्दर्य चित्रण और नखशिख से भरा पड़ा है, परन्तु उनमें ऐसा एक भी नहीं।

यह आश्चर्यजनक नहीं है कि राजकन्याओं की अतीत स्मृतियाँ तनावरहित हैं। उनमें विराग तर्क पर आधारित है। आलवी नगर के राजा की कन्या, जो आलविका भी कहलाती थी, को उसके पिता ने ही बुद्धोपदेश देकर प्रेरित किया था और वह भिक्षुणी हो गयी। उसकी गाथाएँ 'मार' के प्रति संवादात्मक निषेध है (57-59)। सागल की राजकन्या क्षेमा, जिसका विवाह मगध के राजा बिम्बसार से हुआ था, रूपगर्विता थी। शास्ता के वेणुवन आने पर भी, वह इसीलिए उनसे मिलने नहीं गयी। राजा के आग्रह पर उसे वहाँ ले जाया गया। वहाँ भगवान बुद्ध ने अपने अलौकिक योगबल से एक अतीव सुन्दरी अप्सरा का सृजन किया और फिर क्रमशः उसे वृद्धावस्था में परिवर्तित होते हुए दिखाया। क्षेमा को यह देख वैराग्य उत्पन्न हुआ। तभी भगवान बुद्ध ने उसे उपदेशित किया और वह भिक्षुणी बन गयी। उसका भी द्वन्द्वात्मक संवाद 'मार' से है (141-144) मन्तावती नगरी के राजा क्रौंच की पुत्री सुमेधा की वृत्ति बचपन से ही संघ के प्रभाव में आ चुकी थी। जब उसका विवाह वारणवती के राजा अनिकरत्त से तय हुआ तो उसने माता-पिता से स्पष्ट कह दिया, 'मुझे विवाह नहीं करना। तर्क-वितर्क की

एक लम्बी शृंखला है, जिसमें सुमेधा अपने तर्क प्रस्तुत करती है, माता-पिता अपने। अन्ततः जब वह कहती है–

मैं इसी स्थान पर पड़ी-पड़ी
अनाहार करके मर जाऊँगी
यही मेरे लिए श्रेयस्कर होगा।
किन्तु गृहवास में रहकर पुनः आहार ग्रहण नहीं करूँगी। (460)

अनिकरत्त को भी वह अपने ज्ञान से प्रभावित कर लेती है और अन्ततः उसे अनुमति मिल जाती है।

जो थेरियाँ निम्नवर्गों और निर्धन परिवार से आयी हैं, उनकी गाथाओं का स्वर और स्वाद निराला है। चापा वंकहार जनपद (बिहार) के बहेलिये की पुत्री थी। उपक आजीवक उसके गाँव में आया और उसी के यहाँ ठहरा। एक दिन ब्याध सरदार अहेर खेलने गया और चापा को उपक की सेवा में लगा गया। चापा अत्यन्त सुन्दर थी, अतः उपक ने यह प्रतिज्ञा कर ली कि जब तक चापा से विवाह नहीं होगा, अन्न ग्रहण नहीं करूँगा। वापस लौटने पर ब्याध को जानकारी हुई तो उसने पूछा–आजीविका क्या है ? उपक ने कहा, 'आपके शिकार को बेच आया करूँगा।' दोनों का विवाह हो गया। चापा एक पुत्र की माता बनी। अपने पुत्र को खिलाते हुए वह उपहास करती 'उपक के पुत्र रो मत', 'आजीवक के पुत्र रो मत', 'मांस ढोनेवाले के पुत्र रो मत'। क्रुद्ध होकर उसने गृहत्याग किया। चापा ने रोकने का बहुत प्रयास किया, वह नहीं माना। श्रावस्ती में जेतवनाराम में भगवान बुद्ध से प्रव्रजित हुआ। चापा दुःखी हुई। पुत्र को अपने पिता के पास छोड़ वह भी प्रव्रजित हुई। पूरी कथा चापा और उपक के संवाद के रूप में है :

चापा–हे मेरे काले स्वामी ! गिरिशिखर पर पुष्पित तक्कारि वृक्ष के समान, या फूली दाड़िम वृक्ष की शाखा के समान, या द्वीप में उत्पन्न पाटलि के समान
मैं सौन्दर्य और यौवन में परिपूर्ण हूँ (297)
तुम्हारे लिए मैं शरीर में पीत-चन्दन का लेप करूँगी
काशी के बने रेशमी वस्त्र धारण करूँगी।
स्वामी ! इतनी रूपवती को छोड़कर तुम कहाँ जाओगे ? (298)
उपक–चापा ! जिस तरह बहेलिया पक्षी को धर पकड़ने की चेष्टा करता है, उसी तरह तेरा सौन्दर्यमय रूप अब मुझे पहले की तरह बाँध नहीं सकेगा, तू अपने रूप का कितना ही प्रदर्शन कर ले। (299)
चापा–इसी क्षण में तेरे इस पुत्र को यदि डण्डे से या छुरी से मारकर धरती पर गिरा दूँ, तब तो पुत्र-शोक के भय से तू जा न सकेगा। (302)।

उपक—निष्ठुर नारी ! यदि तू इस पुत्र को गीदड़ या शिकारी कुत्तों के मुख में भी डाल दे, तो भी मुझे लौटाने में समर्थ नहीं होगी।(303)

मुक्ता (2) दरिद्र ब्राह्मण की कन्या थी, उसका विवाह भी दरिद्र और कुबड़े पति से हुआ। कुछ समय बाद पति से अनुमति ले प्रव्रज्या ली। उसकी मुक्ति का रंग देखिए :

मैं सुमुक्त हो गयी ! अच्छी विमुक्त हो गयी ! तीन टेढ़ी
चीजों से मैं भली विमुक्त हो गयी।
ओखली से, मूसल से और अपने कुबड़े स्वामी से
मैं अच्छी मुक्त हो गयी।
(किन्तु इससे भी एक और महान मुक्ति मुझे मिली)
मैं आज जरा और मरण से ही मुक्त हो गयी।
मेरी भव-रज्जु ही कट गयी ! (11)

पूर्णिका का जन्म श्रावस्ती में सेठ अनाथपिण्डिक के घर में दासी से हुआ था। वह पानी भरने का कार्य करती थी। एक बार पानी भरते समय एक ब्राह्मण से उसका विवाद हुआ :

मैं पनिहारिन थी।
सदा पानी भरना ही मेरा काम था;
स्वामिनियों के दण्ड के भय से
उनके क्रोध-भरे कुवाक्यों से पीड़ित होकर
मुझे कड़ी सर्दी में भी सदा पानी में उतरना पड़ता था (236)

उसके पूछने पर ब्राह्मण का उत्तर था 'स्नानशुद्धि से पापमुक्ति होती है।' पूर्णिका सहज तर्क से उसे धाराप्रवाह उत्तर देकर सहमत कर लेती है। सेठ को जब यह ज्ञात होता है, तो वे उसे दासत्व से मुक्त कर देते हैं, और वह भिक्षुणी बन मुक्ति प्राप्त करती है—

यदि जल से ही शुद्धि होती
तब तो मेढक, कछुए, जल के सर्प, मगर और अन्य
जलचरों का स्वर्गगमन निश्चित है ! (241)
यदि इस नदी में नहाने से पूर्व के पाप-कर्म
धुल जाते हैं,
तो क्या उनके साथ ही तेरे पुण्य-कर्म भी
न धुल जाएँगे ?
ब्राह्मण फिर तेरे पास क्या रहेगा ? (243)

सुमंगलमाता भी उन दरिद्र स्त्रियों की तरह है, जिनके कोई नाम नहीं होते। किसी छाता बनानेवाले से उसका विवाह हुआ था। एक पुत्र था जो बाद में प्रसिद्ध भिक्षु हुआ, उसका नाम सुमंगल था, उसकी माता के नाम से इसका परिचय दिया गया है। इसके द्वारा अंकित पूर्वानुभव-चित्र इतने अधिक वास्तविक हैं कि आधुनिक लगते हैं :

अहो ! मैं मुक्त नारी। मेरी मुक्ति कितनी धन्य है !
पहले मैं मूसल लेकर धान कूटा करती थी,
आज उससे मुक्त हुई !
मेरी दरिद्रावस्था के वे छोटे-छोटे बर्तन !
जिनके बीच मैं मैली-कुचैली बैठती थी,
और मेरा निर्लज्ज पति मुझे उन छातों से भी तुच्छ समझता था
जिन्हें वह अपनी जीविका के लिए बनाता था। (23)
अब, उस जीवन की आसक्तियों और मलों को मैंने छोड़ दिया।
मैं आज वृक्ष-मूलों में ध्यान करती हुई
जीवनयापन करती हूँ।
अहो ! मैं कितनी सुखी हूँ
मैं कितने सुख से ध्यान करती हूँ !

सम्यक् रूप से नारी-जीवन के दुख कृशा गौतमी के कथन में उजागर हो उठे हैं। ये मानव-जीवन के नहीं, स्त्री-जीवन के दुःख हैं। कृशा गौतमी का जन्म एक निर्धन परिवार में हुआ था। अत्यन्त कृश होने के कारण ही वह कृशा कहलाती थी। विवाह के पश्चात् पहले तो पतिगृह में उसका आदर ही नहीं हुआ। पुत्र-जन्म ने उसे आदर दिलाया, परन्तु जल्दी ही उसकी मृत्यु हो गयी। शोकाधिक्य में वह मृत बच्चे को गोद में लेकर घर-घर जाती और कहती 'मेरे बच्चे को औषधि दो' एक दिन किसी व्यक्ति ने दया करके बुद्ध के पास भेज दिया। बुद्ध के पास जाकर गौतमी ने कहा, 'भगवान मेरे बच्चे को औषधि दें।' बुद्ध ने कहा, 'जिस घर में किसी की मृत्यु न हुई हो वहाँ से पहले सरसों ले आ।' गौतमी घर-घर गयी, परन्तु ऐसा घर कोई नहीं मिला, जहाँ किसी की मृत्यु न हुई हो। गौतमी वापस आयी। बुद्ध ने पूछा, 'कहो गौतमी ! कहीं सरसों पायी ?' 'भन्ते ! अब सरसों पाने का प्रयोजन नहीं रहा ! मैं बुद्ध, धर्म और संघ की शरण लेती हूँ।' संघ में प्रविष्ट हो उसने अर्हत्व प्राप्त किया। ज्ञान के उल्लास में अपने जीवनानुभवों को अंकित करती हुई वह नारी-देह पर टिप्पणी-सी करती है :

'स्त्री होना दुःख है।'
ऐसा मनुष्यों के चित्त को संयमी बनानेवाले उन सारथी–
स्वरूप (भगवान बुद्ध) ने कहा है।
(विद्वेषी) सपत्नियों के साथ एक घर में रहना दुःख है

बच्चों को (तीव्र पीड़ा में) जनना दुःख है। (216)
कोई-कोई जननेवाली माताएँ एक बार ही मृत्यु चाहती हुई
अपना गला काट लेती हैं, ताकि दुबारा यह दुःख न सहना
पड़े !
कुछ सुकुमारियाँ विष खा लेती हैं;
बच्चा जब पैदा नहीं होता और गर्भ बीच में रुक जाता है,
तो भ्रूण मातृघातक बन जाता है और जच्चा और बच्चा
दोनों ही विपत्ति अनुभव करते हैं (217)

सदियों से पुरुष-दर्शन स्त्री पर आरोप लगाता रहा है :

'जो स्थान ऋषियों के द्वारा भी प्राप्त करने में अत्यन्त कठिन है, उसे दो अंगुलि-मात्र प्रज्ञावाली स्त्री प्राप्त कर लेगी, यह कभी सम्भव नहीं।' (60)

'दो अंगुल प्रज्ञा' का प्रयोग एक मुहावरे की तरह किया गया है। भात पकाते समय उसमें पानी डालकर नापा जाता है। नापने के लिए स्त्रियाँ अपनी दो उँगलियाँ डालकर पोरों से नापती है। (उँगलियों में बने निशान) भरत सिंह उपाध्याय ने टिप्पणी की है 'सात-आठ वर्ष की अवस्था से ही स्त्रियाँ भात पकाना शुरू कर देती हैं, किन्तु भात कब पक गया, इसका वे ठीक निर्णय तब तक नहीं कर सकतीं, जब तक दो-एक चावल हाथ से उठाकर वे अपनी दो उँगलियों से नहीं देख लेतीं। इसीलिए उनकी प्रज्ञा दो अँगुलि-मात्र परिमित कही गयी है।'[1] भिक्षुणी सोमा ने सबकी तरफ से इस आरोप का उत्तर दिया है :

जब चित्त अच्छी तरह समाधि में
स्थित है, ज्ञान नित्य विद्यमान है
अन्तर्ज्ञान-पूर्वक धर्म का सम्यक् दर्शन कर लिया गया है
तो स्त्रीत्व इसमें हमारा क्या करेगा ? (61)

वैदिक ऋचाओं की तुलना में थेरी गाथाओं की रचना सर्वथा पृथक् भूमिका में है। यह अन्तर केवल भाषाओं का नहीं है, भिन्न सामाजिक स्तरों, वर्गों और विचार-सरणियों का है। महिला-लेखन की दृष्टि से यह अन्तर रेखांकित करने योग्य है। वैदिक-ऋषिकाएँ प्रायः सभी ऋषिकुलों की हैं, कुछ को छोड़कर। उसमें अतीत और वर्तमान जैसा विभाजन नहीं है। अन्यों की तरह, किसी विशेष अवसर पर किसी विशेष अभिप्राय से, किसी विशेष देवता के स्तुतिगान हैं, प्रार्थनाएँ हैं, अपेक्षाएँ हैं। उनका एक विशिष्ट संरचनात्मक ढाँचा है। तथ्य इसे प्रमाणित नहीं करते कि वैदिक समाज वर्गमुक्त समाज था, लेकिन रचनाओं में उनका अस्तित्व नहीं है। सम्भवतः इसलिए कि ऋग्वेद-मात्र

---

1. भरत सिंह उपाध्याय, पालि साहितय का इतिहास, पृ. 26

काव्य, रचना नहीं उससे कुछ अधिक है। सिर्फ कविता 'थेरी गाथा' भी नहीं है, लेकिन इसमें वर्ग और जातियाँ अपनी पहचान के साथ उपस्थित हैं। इसका कारण बौद्ध धर्म का भिन्न दार्शनिक स्वरूप ही था। 'ब्राह्मण वग्ग' में वास्तविक ब्राह्मण के लक्षण गिनाये गये हैं—'माता और योनि से उत्पन्न होने से मैं किसी को ब्राह्मण नहीं कहता। वह तो 'भो वादी' है और संग्रही है।...जिसने यहाँ पुण्य और पाप दोनों की आसक्ति को छोड़ दिया, जो शोकरहित, निर्मल और शुद्ध है, उसे मैं ब्राह्मण कहता हूँ। जिसके आगे-पीछे और मध्य में कुछ नहीं है, जो सर्वत्र परिग्रहरहित है, उसे मैं ब्राह्मण कहता हूँ।'[1] इसी धारणा के चलते थेरी गाथाओं में सभी वर्गों और निम्न कही जानेवाली जातियों की स्त्रियों ने भी संघ में प्रविष्ट हो अर्हता प्राप्त की है। शमित राग होने पर भी मानवीय दुःख उनकी गाथाओं में अतीत की गन्ध लेकर आते हैं। उसके तुरन्त बाद ही, वर्तमान की शोकरहित स्थिति का चित्रण है। इस तरह ये गाथाएँ एक गहरे 'कण्ट्रास्ट' का सृजन करती हैं, राग से वैराग्य, शोक से करुणा की ओर प्रस्थान करती हैं। वैदिक ऋषिकाएँ गृहस्थ हैं, कहीं-कहीं अविवाहिताएँ भी हैं, परन्तु उनके हृदय में विवाह संस्था के लिए विरोध नहीं है, जबकि थेरियाँ उसे छोड़कर, ठुकराकर या विद्रोह कर अपनी मुक्ति का मार्ग तलाश करती हैं, उपलब्ध करती हैं। वैदिक दर्शन किसी एक व्यक्ति का दर्शन नहीं है, समूह के लिए समूह का दर्शन है, इसीलिए उसमें विविधता है, बहुलता है। इसके विपरीत बौद्ध-दर्शन एक व्यक्ति का दर्शन और समूह का अनुशासन है; और कर्मकाण्ड विरोधी तो है ही।

वैदिक ऋचाएँ और थेरी गाथाएँ दोनों ही लोकगीतों की सहजात और सहधर्मा हैं। 'धनिय-सुत्त' में एक सुखी किसान का चित्रण है :

भात मेरा पक चुका है। दूध दुह लिया गया है।
मही नदी के तीर पर स्वजनों के साथ वास करता हूँ।
कुटी छा ली है। आग सुलगा ली है।
अब हे देव ! चाहो तो खूब बरसो !
मक्खी-मच्छर यहाँ नहीं हैं।
कछार की घास गायें चरती हैं।
पानी भी पड़े तो वे उसे सह लें
अब हे देव ! चाहो तो खूब बरसो।
मेरी ग्वालिन आज्ञाकारी और अचंचला है।
वह चिरकाल की प्रियसंगिनी है
उसके विषय में कोई पाप भी नहीं सुनता
अब हे देव ! चाहो तो खूब बरसो।

---

1. भरत सिंह उपाध्याय, पालि साहित्य का इतिहास, पृ. 244-45

मैं आप अपनी ही मजदूरी करता हूँ।
मेरी सन्तान अनुकूल और नीरोग है।
उनके विषय में कोई पाप नहीं सुनता।
अब हे देव ! चाहो तो खूब बरसो।
मेरे तरुण बैल और बछड़े हैं।
गाभिन गायें है, तरुण गायें हैं
सबके बीच वृषभराज भी हैं
अब हे देव ! चाहो तो खूब बरसो।
मेरे तरुण बैल और बछड़े हैं
खूँटे मजबूत गड़े हैं, मूँज के पगहे नये और अच्छी तरह बटे हैं,
अब हे देव ! चाहो तो खूब बरसो।

यह पूरी-की-पूरी गाथा किसी लोकगीत का अंश प्रतीत होती है। इसी लय के अनुकरण पर थेर गाथाएँ मिलती हैं। इनकी प्रकृति लोकगीतात्मक है, इसकी पुष्टि रचना-प्रक्रिया से भी होती है। लोकगीत सामूहिक रूप से गाये ही नहीं जाते, रचे भी जाते हैं । थेरी गाथा में पटाचारा की तीस शिष्याओं का उल्लेख है, जिन्हें उसने प्रेरित किया था। वे सामूहिक रूप से अपने अनुभव अंकित करती हुई गाती हैं :

'लोग मूसलों से अन्न कूट-कूटकर वित्तार्जन करते और अपने स्त्री-पुत्रादि का पालन-पोषण करते हैं।' (117)

तो फिर तुम भी बुद्ध के शासन का अभ्यास क्यों नहीं करतीं, जिसे करके पछताना नहीं होता।

अभी शीघ्र पैर धोकर, एकान्त ध्यान में बैठ जाओ
चित्त की समाधि से युक्त होकर,
बुद्ध शासन को पूरा करो (118)
पटाचारा के शासन के इन वचनों को सुनकर
हम सब पैर धोकर एकान्त में ध्यान के लिए बैठ गयीं;
चित्त की समाधि से युक्त होकर हमने
बुद्धशासन को पूरा किया ॥ (119)
रात्रि के प्रथम याम में हमने अपने पूर्वजन्मों को स्मरण किया।
रात्रि के मध्यम याम में हमने दिव्य-चक्षुओं को
विशोधित किया,
रात्रि के अन्तिम याम में 'अन्धकार-पुंज' को विनष्ट कर
दिया। (120)
समाधि से उठकर हम सबने पटाचारा के पैर छुए

और वन्दना करते हुए कहा, देवि ! आपका अनुशासन पूरा किया।
संग्राम में विजय-प्राप्त इन्द्र की जिस प्रकार तीसों देवता
पूजा करते हैं, उसी प्रकार हम तीसों आपकी पूजा करेंगी।
और आपके नेतृत्व में रहेंगी। देवि ! हम सब आज तीनों
विद्याओं की ज्ञाता हैं, सब चित्तमलों से रहित हैं।

इसी तरह पटाचारा की पाँच सौ भिक्षुणियों की सामूहिक गाथाएँ मिलती हैं (127-132)। थेर गाथा में सामूहिक रचना का एक दूसरा तरीका भी है। यहाँ गोधिक, सुबाहु, वल्लिय और उत्त्रिय चारों पावा के मल्ल राजकुमार थे, जो बुद्ध के उपदेश सुन प्रव्रजित हुए। एक दिन ध्यान से उठने पर तेज वर्षा होने लगी तो चारों सब्रह्मचारियों ने एक-एक करके ये उदान गाये। देखने की बात यह है कि ये उदान ऊपर उद्धृत किये 'लोकगीत' के समानान्तर हैं। जिस प्रकार लोकगीत में पूरी-पूरी पंक्ति दोहरायी जाती है, केवल आंशिक बदलाव से गीत आगे बढ़ता है, वही पद्धति यहाँ भी अपनायी गयी है :

गोधिक—देव (ऐसा) वर्ष रहा है मानो संगीत हो रहा है। मेरी कुटी छायी है, सुखदायी है और वायु से सुरक्षित है। मेरा चित्त सुसमाहित है। इसलिए देव ! चाहो तो बरसो ! (51)

सुबाहु—देव (ऐसा) वर्ष रहा है मानो संगीत हो रहा है। मेरी कुटी छायी है, सुखदायी है और वायु से सुरक्षित है। (मेरा) सुसमाहित चित्त शरीर (के स्वभाव) को जान गया है। इसलिए देव ! चाहो तो बरसो ! (52)

वल्लिय—देव (ऐसा) वर्ष रहा है मानो संगीत हो रहा है। मेरी कुटी छायी है, सुखदायी है और वायु से सुरक्षित है। मैं उसमें अप्रमादी हो विहरता हूँ।

इसलिए देव ! चाहो तो बरसो ! (53)

उत्तिय—देव (ऐसा) वर्ष रहा है मानो संगीत हो रहा है।
मेरी कुटी छायी है, सुखदायी है और वायु से सुरक्षित है
मैं एकाकी उसमें विहरता हूँ
इसलिए देव ! चाहो तो बरसो ! (54)

थेरी गाथाओं के संवादों को ऋग्वेद के संवादसूक्तों की परम्परा में देखा जा सकता है। इनमें पर्याप्त नाटकीयता है। सम्भव है इस प्रकार के संवादात्मक गान प्रारम्भ से प्रचलित रहे हों। आज भी लम्बे कथात्मक लोकगीतों में इस प्रकार के संवाद मिलते हैं। इनकी विशिष्टता यह है कि बोलनेवाले का नाम छन्द के अन्दर नहीं आया है। इसका अर्थ है कि यह बात परम्परागत स्मृति में है कि वह कथन किसका है। कभी-कभी संवाद को स्पष्ट करने के लिए संग्रहकर्ता की टिप्पणी भी जुड़ी है। इस प्रकार के संवाद अन्तिम विभागों में हैं जहाँ अपेक्षाकृत लम्बी गाथाएँ संकलित हैं।

आठवें वर्ग में चाला, उपचाला और सीसुपचाला—तीनों बहनें थीं, और तीनों ने

ही संसार त्याग दिया था। तीनों का ही 'मार' से संवाद होता। मार प्रलोभन देता है और भिक्षुणियाँ अपने जीवन-व्यवहार से मार को पराजित करती हैं। तीनों के कथन का अन्त एक ही प्रकार से होता है, जो पूरी कविता को एकसूत्रता प्रदान करता है।

पापी मार ! प्राणियों का अन्त करनेवाले। समझ ले आज तेरा ही अन्त कर दिया गया। दुष्ट, तू नष्ट कर दिया गया। (188)

वड्ढ और उसकी माता का संवाद नौवें सर्ग में है। माता का नाम नहीं दिया है। वह अपने पुत्र को छोड़कर प्रव्रजित हो गयी थी। बड़ा होने पर पुत्र भी प्रव्रजित हो गया। एक दिन वह माँ से मिलने अकेला भिक्षुणी संघ में चला गया। माँ उसे उपदेश देती है और वह साधना कर शान्ति प्राप्त करता है (204-212) रोहिणी और उसके पिता का संवाद भिक्षु जीवन की महत्ता प्रकट करनेवाले हैं। रोहिणी का पिता बार-बार पूछता है कि वह भिक्षुओं का आदर क्यों करती है ? रोहिणी (275-285) दस गाथाओं में भिक्षुओं के गुण-वर्णन करती है। प्रभावित हो पिता भी प्रव्रजित हो जाता है :

पहले मैं नाम-मात्र का ब्राह्मण था
इस समय मैं सचमुच ब्राह्मण हूँ
आज मैं तीनों विद्याओं का ज्ञाता हूँ
श्रोत्रिय हूँ, वेदज्ञ हूँ, सच्चे अर्थों में स्नातक हूँ। (290)

तेरहवें वर्ग में सुन्दरी, उसके पिता सुजात एवं भिक्षुणी वाशिष्ठी के संवाद एक ही गाथा में उपलब्ध होते हैं। वाराणसी में सुजात नामक ब्राह्मण की कन्या का नाम सुन्दरी था। वयः प्राप्त होने पर सुन्दरी के छोटे भाई की मृत्यु हो गयी। सुजात शोकार्त हो इधर-उधर भटकता रहा। एक दिन उसकी वाशिष्ठी से भेंट हो गयी। भिक्षुणी ने उसके शोक का कारण पूछा। कारण जानने के बाद उसने अपना अनुभव बताया :

सुजात—ब्राह्मणी वाशिष्ठी ! पहले तो तू अपने पुत्रों को खोकर, दिन-रात रोया करती थी, मृत पुत्रों के लिए आर्तनाद किया करती थी ॥ (312) आज तू अपने सब सातों पुत्रों को खोकर भी शोक से अभिभूत क्यों नहीं होती ? (313)

वाशिष्ठी—ब्राह्मण ! तुम्हारे और मेरे दोनों के ही अतीतकाल में सैकड़ों पुत्र हुए और मर गये, सैकड़ों बन्धु-बान्धव हुए और मर गये। (314)

किन्तु जन्म और मरण की मुक्ति का मार्ग अब मुझे ज्ञात हुआ है, अतः अब मुझे न और शोक करना है, न विलाप करना है और न करुण-क्रन्दन। (315)

वाशिष्ठी के उपदेश से सुजात भगवान बुद्ध के पास जाकर प्रव्रज्या ग्रहण कर, अपने सारथी और रथ को वापस ब्राह्मणी के पास भेज देता है। सारथी ब्राह्मणी से सुजात का सन्देश कह रथ वापस कर देता है। यह सुनकर ब्राह्मणी वह रथ एवं धन सारथी को दान करना चाहती है। परन्तु सारथी स्वयं भी प्रव्रज्या का इच्छुक है :

सारथी—ब्राह्मणी ! ये अश्व, रथ और सहस्र धन आपके ही पास रहें। मैं भी श्रेष्ठ

ज्ञानी के पास जाकर प्रव्रज्या ग्रहण करूँगा। (326)

यह सुनकर माता सुन्दरी से कहती है :

माँ—सुन्दरी! हाथी, गौ और मणि-कुण्डलों से भरे इस घर को छोड़कर तेरे पिता ने प्रव्रज्या ग्रहण की है।

सुन्दरी! इस समय यह सभी सम्पत्ति तेरी है। तू ही इसकी एकमात्र उत्तराधिकारिणी है। तू इसका उपभोग कर ॥(327)

परन्तु सुन्दरी भी उसे ठुकराकर प्रव्रज्या ग्रहण करती है।

सुन्दरी—हे महावीर! मैं सुन्दरी वाराणसी से आयी हूँ। मैं आपकी शिष्या हूँ। आपकी वन्दना करती हूँ। (335)

आप बुद्ध हैं, त्रिलोकी के शास्ता है, ज्ञानी ब्राह्मण हैं। मैं आपकी दुहिता हूँ। आपके हृदय से उत्पन्न। आपके मुख से उत्पन्न। मैं आपकी सगी पुत्री हूँ।

कहानी जहाँ गाथा में आती है, उसकी प्रामाणिकता स्वयंसिद्ध है परन्तु कहीं गाथाओं के बाहर रहती हुई वह पर्याप्त जटिल हो जाती है। उदाहरण के लिए पटाचारा की कथा ली जा सकती है। उसमें कई कथा मोटिफ एक साथ मिलते हैं। ;पद्ध पटाचारा एक सेठ की पुत्री थी परन्तु उसका सम्बन्ध अपने ही नौकर से हो जाता है। विवाह से पूर्व वह उसके साथ भाग गयी और जाकर नगले में एक साथ रहने लगी। ;पपद्ध गर्भवती हो जाने के बाद उसने प्रसव के लिए मायके जाने की इच्छा प्रकट की। पति के स्वीकार न करने पर वह उसकी अनुपस्थिति में मायके चली गयी। पति लौटकर आया तो यह सूचना पाकर वह भी पीछे-पीछे गया। पत्नी मिल गयी, परन्तु उसे मार्ग में ही प्रसव हुआ। दोनों वापस घर लौट आये। ;पपपद्ध दूसरी बार गर्भवती होने पर पत्नी फिर इसी प्रकार चल दी। दोनों अभी वन में ही थे कि बहुत तेज तूफान आया। पति शरणस्थल बनाने के लिए लकड़ी काटने लगा। उसी समय झाड़ी के समीप साँप ने उसे डँस लिया। उधर पटाचारा को प्रसव हुआ, रातभर वह उसी स्थिति में पड़ी रही। सुबह पति को खोजने निकली तो पति को मृत पाया। रोती हुई वह पिता के घर चलने लगी तो रास्ते में एक नदी पड़ी। दोनों बच्चों को लेकर पार करना सम्भव न था। बड़े बच्चे को नदी के इस किनारे पर बैठा वह सद्यःजात शिशु को लेकर दूसरे किनारे पर पहुँची और कपड़े में लपेटकर उसे झाड़ी में रख दिया और पुनः इस किनारे पर आने लगी। बीच धार में पहुँचने पर उसने देखा कि नवजातक को बाज झपट्टा मारकर ले उड़ा। उसने ताली बजाकर भगाने का प्रयास किया तो बड़े बच्चे ने समझा माँ मुझे बुला रही है, वह नदी में कूद पड़ा और बह गया। ;पअद्ध रोती हुई पटाचारा चली, मार्ग में उसे अपने मायके का पथिक मिला। पूछने पर उसने सूचना दी कि वर्षा के कारण छत गिर जाने से उसके माता-पिता और भाई की मृत्यु हो गयी। वे अभी एक ही चिता में जलाये जा रहे हैं। ;अद्ध पटाचारा अचेत होकर गिर गयी। बाद में विक्षिप्त हो इधर-उधर घूमती-फिरती। वस्त्रों तक का होश नहीं रहता, इसीलिए उसका नाम पटाचारा

पड़ गया। भटकती हुई भगवान बुद्ध के पास पहुँच गयी। उसकी चेतना वापस आयी। बुद्ध की शरण, धर्म की शरण और संघ की शरण ले उसने अर्हत्व प्राप्त किया।

कथा का मध्यभाग का रूप—एक प्रसिद्ध लोककथा से मिलता-जुलता है। ऐसा होना असम्भव तो नहीं, फिर भी सहज नहीं। पटाचारा की जो गाथाएँ संकलित हैं, उनमें इस प्रकार की स्मृति नहीं मिलती। इसके विपरीत कृशा गौतमी की गाथाओं में कुछ अंश इस प्रकार हैं :

प्रसव के लिए मैं अपने घर की ओर चली जा रही थी
कि रास्ते में मैंने अपने मृत पति को देखा।
प्रसव के समय मैं अपने घर जाने में भी असमर्थ हो गयी (218)
हतभाग्य नारी ! तेरे दो पुत्र काल-कलवित हो गये, मार्ग में
तूने मृत पति को देखा,
अपने माता-पिता और भाई को तूने एक ही चिता में
जलाये जाते देखा। (219)
भाग्यहीना नारी !
तूने असंख्य जन्मों में इस प्रकार का अपरिमित दुःख
अनुभव किया हैं। तूने सहस्रों जन्मों में अपार आँसुओं
को बहाया है। (220)

पाद-टिप्पणी में भरत सिंह उपाध्याय ने लिखा है 'ये गाथाएँ (218-219) पटाचारा के जीवन-कथा के अंश हैं, जिन्हें कृशा गौतमी यहाँ नारी-जीवन के दुःख को दिखाने के लिए उद्धृत करती है।'[1] पटाचारा की गाथाओं में इनका समावेश नहीं है। सम्भव है, उनकी सभी गाथाएँ संकलित न हों, अथवा यहाँ किसी लोक-परम्परा से ग्रहण की गयी हों। इसी प्रकार की एक कथा उत्पलवर्णा कहती है, जिसका स्पष्टीकरण पादटिप्पणी में किया गया है :

जिस स्त्री को यहाँ माता कहा गया है, वह श्रावस्ती-वासिनी थी। उसकी सास ने उसे घर से निकाल दिया था, क्योंकि पति की अनुपस्थिति में उसको गर्भ रहा था और उसके चरित्र पर उसे सन्देह था। उक्त स्त्री अपने पति को ढूँढ़ते-ढूँढ़ते राजगृह गयी और वहाँ एक धर्मशाला में उसे एक पुत्र उत्पन्न हुआ। जब वह नहाने गयी हुई थी, तो इस बच्चे को एक व्यापारी ने उठा लिया और उसका लालन-पालन किया। बाद में इस स्त्री को एक डाकू उड़ा ले गया और उससे इसके एक पुत्री उत्पन्न हुई। एक दिन इस पति से उसका झगड़ा हो गया और क्रोध में इस स्त्री ने अपनी पुत्री को चारपाई पर दे मारा जिससे उसके सिर में चोट आ गयी। पति के क्रोध से भयभीत होकर वह वहाँ से भागकर राजगृह आ गयी और एक वेश्या की तरह रहने लगी। यहीं उसका

1. भरत सिंह उपाध्याय, पालि साहित्य का इतिहास, पृ. 79

पूर्वपुत्र उसके पास आया, जिसे इस स्त्री के साथ अपने मातृ सम्बन्ध के बारे में कुछ पता नहीं था। वे दोनों पति-पत्नी के रूप में रहने लगे। बाद में उस स्त्री की डाकू से उत्पन्न लड़की के साथ भी इस पुरुष ने विवाह कर लिया। एक दिन उसकी बड़ी स्त्री अपनी छोटी सौत के सिर को देख रही थी कि उसकी चोट को देखकर पिछली बात याद आ गयी और पूछताछ करने पर पता चला कि यह उसकी पुत्री है। खिन्न होकर दोनों माता-पुत्रियाँ भिक्षुणी हो गयीं और वह पुरुष भी माता और बहन के साथ सहवास करने के कारण पश्चाताप से अभिभूत होकर भिक्षु हो गया।...यही गंगातीरिय स्थविर के नाम से प्रसिद्ध हुआ।[1] परन्तु इसकी पुष्टि थेर गाथा में संकलित 'गंगातीरिय' के कथन एवं गाथाओं से नहीं होती।[2] (54)

सभी प्रकार के धार्मिक साहित्य के बारे में एक सनातन प्रश्न उठाया जाता है कि उनका साहित्यिक मूल्य क्या है ? आचार्य रामचन्द्र शुक्ल ने इसी स्वपोषित आधार पर पूरे सिद्ध-नाथ-जैन साहित्य को साहित्येतिहास क्षेत्र से लगभग बाहर कर दिया था। जहाँ थेर गाथाओं की विशेषता चिन्तन और प्रकृति-चित्रण है, वहीं थेरी गाथाओं की शक्ति यथार्थ चित्रण, वैयक्तिक अनुभूति और भावनाओं की गहनता है, जिसका पर्यवसान एक करुणामयी शान्ति में होता है। विण्टरनित्स ने इन्हें सुन्दर आख्यान गीति कहा है।[3] यूरोपीय विद्वानों ने 'चापा' और 'सुन्दरी' की गाथाओं को प्राचीनतम भारतीय आख्यान काव्य कहा है।[4] प्रायः सभी गाथाओं में सागर तरंग-सी एक क्रमबद्ध गति मिलती है। अनुभूति और लयात्मकता यहाँ एक साथ गुँथी है। उदाहरण के लिए भिक्षुणी चन्दा की ये गाथाएँ देखी जा सकती हैं :

विधवा और निःसन्तान—मैं पहले बड़ी मुसीबत में पड़ी थी,
मित्र साथी मेरे कोई नहीं थे
जातिबन्धु मेरे कोई नहीं थे
भोजन और वस्त्र भी मैं नहीं पाती थी।
लकड़ी और भिक्षापात्र लेकर घर-घर भिक्षा माँगती फिरती थी
गर्मी और सर्दी से व्याकुल हुई मैं सात वर्ष
इसी प्रकार घूमती रही।
एक दिन एक भिक्षुणी के दर्शन हुए
उसने आदरपूर्वक भोजन और जल देकर मुझे अनुगृहीत किया

1. भरत सिंह उपाध्याय, पालि साहितय का इतिहास, पृ. 82; 2. भिक्षु धर्मरत्न, थेर गाथा, पृ. 54; 3. विण्टरनित्स, इण्डियन लिटरेचर, जिल्द-II, पृ. 102, पाद-संकेत-1; 4. रायस डेविड्स, सांग्स ऑफ़ द सिस्टर्स, भूमिका, पृ. 21-22

फिर मैंने प्रार्थना की :

मैं प्रव्रज्या लूँगी।
उस दयामयी पटाचारा ने मुझे अनुकम्पापूर्वक प्रव्रज्या दी।
फिर मुझे धर्मोपदेश देकर परमार्थ में लगाया।
उपदेश सुनने के बाद मैंने उसके अनुशासन को पूरा किया।
अहो ! अमोघ था देवी का उपदेश !
मैं आज तीनों विद्याओं को जानने वाली हूँ
सम्पूर्ण चित्त-मलों से रहित हूँ।

इसमें सन्देह नहीं कि बौद्ध सन्त महिलाओं की ये परमार्थ-संज्ञित वाणियाँ भारतीय गीति-काव्य, विशेषतः आध्यात्मिक गीति-काव्य की अतुलनीय सम्पत्ति हैं, और जयदेव, चण्डीदास और मीरा, यहाँ तक कि ऋग्वेद की गीति-परक ऋचाओं से भी अपनी विशेष मानवीय पीड़ा की गहनता और विविधता लिये हुए हैं। भारतीय साहित्य में इन ज्ञानमय वाणियों का स्थान सब काल के लिए अक्षुण्ण है।[1]

---

1. भरत सिंह उपाध्याय, पालि साहित्य का इतिहास, पृ. 297

6

द्वितीय नवजागरण : संस्कृत और प्राकृत कवयित्रियाँ

'वृथैव दण्डिना प्रोक्ता सर्व-शुक्ला सरस्वती'

—विज्जका

द्वितीय भारतीय नवजागरण के साथ प्राकृत और संस्कृत की कुछ कवयित्रियों के छींटे साहित्येतिहास पर पड़े हैं। पूरे काव्य भी रहे होंगे पर उन्हें जानने का कोई साधन शेष नहीं है।

ईसवी सदी के प्रारम्भ से कुछ पहले ही भारतीय धर्मों में कुछ गम्भीर परिवर्तन प्रारम्भ हो गये थे। उनमें सबसे प्रमुख था सभी प्रमुख धर्मों पर भक्ति का प्रभाव। मज्झिम निकाय में कहा गया है, 'मेरे प्रति जिसमें श्रद्धा और प्रेम है वह स्वर्ग प्राप्त करने में समर्थ होगा।' भरहुत में अभिलेख है 'भगवतो सक मुनिनो बोधो' तथा पिपरवा के बर्तन पर अंकित है, 'बुधस भगवते।' ये सभी उल्लेख त्यागमूलक बुद्धधर्म में भक्ति के जन्म की कहानी कहते हैं, जिसका उदय मुख्यतः सामूहिक संन्यास के विरोध में हुआ था।[1]

इस युग में विदेशी बैक्ट्रियन, यवनों, शकों, पल्लवों, कुषाणों, शुंगों, कण्वों तथा आन्ध्रसातवाहन के शासन-काल में भारतीय प्रतिभा विदेशों के सम्पर्क में आयी जिससे समाज की क्षयग्रस्त रूढ़ियाँ कुछ शिथिल हुईं एवं नवीन जीवन-दर्शन, साहित्य तथा कलापद्धतियों का विकास हुआ। इसी युग में रामायण, महाभारत को अन्तिम रूप प्रदान किया गया, स्मृतियों की रचना हुई, लघु उपनिषद् एवं पुराणों को स्थान मिला। विभिन्न वर्गों को समाज में निर्धारित स्थान दिया गया, अवतारवाद की धारणा का विकास हुआ और एक बार फिर ब्राह्मण-धर्म को प्रभुत्व प्राप्त हुआ। प्राचीन ब्राह्मण-धर्म में भी नये समायोजन हुए और वह बहुत कुछ हिन्दूधर्म के वर्तमान रूप में ढलने लगा। इस काल की विशेषता थी गम्भीर राजनीतिक, बौद्धिक, धार्मिक और कलात्मक सक्रियता।

इस नवजागरण में बृहत्तर भारत का निर्माण हुआ। भारतीय वणिक्, श्रेष्ठि जावा,

---

1. डॉ. सुमन राजे, साहित्येतिहास : आदिकाल, पृ. 43

सुमात्रा, बाली, बोर्नियो, चम्पा, मलय एवं हिन्दू चीन में बसे। नवजागरण की प्रमुख संवाहक भाषा बनी संस्कृत भाषा। अब इसका ज्ञान केवल ब्राह्मणों तक ही सीमित नहीं था बल्कि उसने एक लोकप्रिय जीवित साहित्यिक भाषा का रूप प्राप्त कर लिया था। ईसा की चौथी-पाँचवीं शताब्दी भारतीय इतिहास में गुप्तकाल के नाम से जानी जाती है, जिसे इतिहास में स्वर्णयुग का दर्जा प्राप्त है। इसी अवधि में छः ब्राह्मण दार्शनिक सम्प्रदायों का जन्म हुआ, कालिदास, भारवि, कुमारदास, दण्डी और विशाखदत्त जैसे कलाकार उत्पन्न हुए। मथुरा, विदिशा, सारनाथ और नालन्दा की कला अस्तित्व में आयी। चीनी यात्रियों का आगमन हुआ। वस्तुतः यह युग ब्राह्मण धर्म का चरम उत्कर्ष था। इस युग की विशेषताएँ थीं—अस्वीकृति के स्थान पर परिपाक, संघर्ष के स्थान पर समन्वय। यद्यपि गुप्त सम्राट स्वयं को भागवत कहते थे, परन्तु उन्होंने बौद्धधर्म को भी सहायता प्रदान की।

गुप्तकाल तथा उसके बाद की तीन शताब्दियों में भारतीय जनता की संरचना में तेजी से परिवर्तन आया। विभिन्न जातियों के सम्मिश्रण के फलस्वरूप बौद्धिक स्वाधीनता में अभिवृद्धि हुई और एक उदार तथा सहिष्णु दृष्टिकोण व्यक्तिगत देवता के प्रति गम्भीर भक्तिभावना तथा समस्त प्राणियों के प्रति करुणा का विकास हुआ। अध्यात्म विद्या और तर्कशास्त्र के क्षेत्रों में विवेक ने साहस-पूर्ण उड़ानें भरीं। इसके साथ-साथ सम्प्रदायों तथा हिन्दू, बौद्ध और जैन-दर्शन प्रणालियों की आश्चर्यजनक वृद्धि हुई। इस प्रकार नवब्राह्मण, नवजागरण का उद्देश्य था दुःखकातर पृथ्वी पर सुव्यवस्था और स्थायित्व की पुनः प्रतिष्ठा करना, दारुण म्लेच्छों को पूर्णतः पराजित करना तथा जनसाधारण की सर्वतोन्मुखी उन्नति और समृद्धि।

इसी युग में संस्कृत को राष्ट्रभाषा का स्थान मिला, एवं कला के क्षेत्र में क्लासिकल परम्परा का जन्म हुआ। यह संवेदनशील, धर्मनिरपेक्ष और सगुणवादी कला है, किन्तु सार्वभौमिक चेतना की अभिव्यक्ति इसमें हुई है। क्लासिक संस्कृत काव्य के सन्तुलन और लय में निहित स्वच्छता और सौष्ठव बुद्ध, शिव और विष्णु की मूर्त्तियों तथा देवदूतों और नदी देवियों के निरूपण में भी निहित है। गुप्तकालीन कला की एक अन्य विशेषता यह है कि परिष्कृत और अमूर्त्त प्रकार के नायकों, नायिकाओं और उनके अन्तरंग सहचरों के सृजन में काव्य और चित्रकला परस्पर प्रेरणा ग्रहण करते थे। ये सभी चरित्र मानों किसी परीदेश की पुष्पमालाओं, रत्न और आभूषणों से अलंकृत होते थे। एक ओर साहित्य में चित्रकला के दृश्यों तथा नायक-नायिकाओं की प्रतिकृतियों को स्थान दिया गया, तो दूसरी ओर चित्रकला में मानवीय गुणों के चित्रण में क्लासिकल काव्य के सौन्दर्य सम्बन्धी मापदण्डों को अपनाया गया। गुप्तकाल के समाप्त होने तक सामन्तीकरण एवं सांस्कृतीकरण की प्रक्रिया पूर्ण हो चुकी थी। संस्कृत भाषा को साहित्यिक प्रभुत्व प्राप्त था, किन्तु अपभ्रंश भाषाएँ विकसित हो रही थीं। (डॉ. राधाकुमुद मुखर्जी)

महापण्डित राहुल सांकृत्यायन ने अपनी संस्कृत काव्यधारा की भूमिका में लिखा

है, 'प्राकृतकाल (1-550 ई.) संस्कृत कविता का स्वर्णयुग है।' यह कोई उलटबाँसी नहीं है बल्कि भाषा के जटिल रिश्तों की पहचान है। आगे वे लिखते हैं, 'इस सुवर्ण-युग के थोड़े ही से प्राकृत छींटे 'गाथासप्तशती', 'सेतुबन्ध' आदि के रूप में हमारे ऊपर पड़े।'[1] संस्कृत और प्राकृत दोनों में ही कवयित्रियों ने रचनाएँ की हैं, परन्तु उनमें बहुत कम हमें उपलब्ध है, वह भी 'संग्रह ग्रन्थकारों' की कृपा से।

कालक्रमानुसार प्राकृत कविताएँ पहले आती हैं। उनका स्रोत ग्रन्थ 'गाथा सप्तशती' है, जिसमें लगभग सात सौ गाथाएँ संगृहीत हैं। एक गाथा में कहा गया है कि कविवत्सल हाल ने कोटि अलंकृत गाथाओं में से सात सौ का संकलन किया[2]। टीकाओं में कई स्थानों पर हाल के स्थान पर शालवाहन कर दिया गया है। इसमें संगृहीत कवि और कवयित्रियाँ विभिन्न कालों की हैं। इसमें संगृहीत कवि अन्य संकलनकर्ताओं और अलंकारियों ने भी उद्धृत किये हैं।

'गाथा सप्तशती' में लगभग सोलह कवयित्रियों की रचनाओं के उल्लेख टीकाकारों ने किये हैं। परन्तु, जैसाकि संग्रहग्रन्थों में प्रायः होता है, यहाँ भी रचनाओं और उनके रचनाकारों के सम्बन्ध में काफी भ्रम की गुंजायश है। उदाहरण के लिए रोहा का दूसरा नाम नाथा बताया गया है। चन्द्रपुट्टिका की गाथा क्रम 70, दूसरे में अनुराग के नाम से है। पृथिवी (86) पीताम्बर की टीका में प्रहता है, रेवती (87) रेवा। आन्ध्रलक्ष्मी के नाम से संकलित गाथाक्रम 76 पीताम्बर टीका में है नहीं, क्रम 28 ग्राम कुट्टिका के नाम से है, क्रम 63 रेद्दा के नाम से, क्रम 75 शालवाहन के नाम से। यह स्थिति 'स्मृत इतिहास' के कारण है। गाथा सप्तशती में संगृहीत कवियों में जिनके परिचय सूत्र प्राप्त हो सके हैं, उनके पृथक् ग्रन्थ भी हैं। जैसेकि, प्रवरसेन, जिन्हें प्राकृत काव्य 'सेतुबन्ध' और 'रावण वहो' का रचयिता बताया गया है, सर्वसेन जिसे प्राकृत काव्य 'हरिविजय' का कर्त्ता अनुमानित किया गया है, वाक्पतिराज, जिसने महाराष्ट्री प्राकृत काव्य 'गउडवधो' की रचना की, दामोदर, जिन्होंने 'कुट्टनीमतम्' की रचना की। सम्भव है कवयित्रियों की भी स्वतन्त्र रचनाएँ रही हों जो सुरक्षित नहीं रह सकीं। गाथा सप्तशती में शशिप्रभा की गाथा (क्रमांश 4) संकलित है, इनके सम्बन्ध में अनुमान लगाया गया है कि परमार राजा मुंज तथा उसके उत्तराधिकारियों के दरबारी पद्मगुप्त ने अपनी रचना 'नवसाहसांक चरित' में राजा सिन्धुल की रानी शशिप्रभा का उल्लेख किया है, सम्भवतः यही वह कवयित्री हो।[3] सम्भावना यही है उल्लखित कवयित्रियों की प्रभूत रचनाएँ रही होंगी। कुछ उदाहरण देखना उचित होगा।

---

1. राहुल सांकृत्यायन, संस्कृत काव्यधारा, पृ. 198
2. प्राकृत अपभ्रंश साहित्य का हिन्दी साहित्य पर प्रभाव, पृ. 24
   सप्तशतानि कविवत्सलेन कोटेर्मध्ये।
   हालेन विरचितानि सालंकाराणां गाथानाम्, 1-3
3. नर्मदेश्वर चतुर्वेदी, हिन्दी गाथा सप्तशती, पृ. 12

रोहा—'हे बालक ! तुम्हारे आगमन की प्रतीक्षा में वह दीना नायिका सर्वदा। वन्दनमालिका की तरह गृहद्वार के तोरण पर बैठी रहकर, एक दिन में ही सूखती जा रही है।' (61)

शशिप्रभा—'प्रेम मेरे चांचल्य का विधायक है, मेरा प्रिय जैसे-जैसे बजाएगा, मैं वैसे-वैसे नाचूँगी। स्वभावास्तब्ध-वक्ष में भी चंचलता लिपटी रहती है।' (4)

रेवा—'हे सुभग ! जिन अपराधों को तुमने किया है, अभी कर रहे हो एवं आगे भी करोगे, हे निर्लज्ज, उनमें से किन अपराधों को मैं क्षमा कर सकती हूँ।' (90)

रेद्दा—'जिसे छोड़ने पर जीवनयापन सम्भव नहीं, कृतापराध होने पर भी उसे अनुनीत करना उचित है। बताओ तो, सारे नगर के जलने पर भी अग्नि किसे प्रिय नहीं।' (63)

चन्द्रपुट्टिका—'हे प्रोषितपतिके, आश्वस्त हो जाओ, ग्रीष्मकाल में दावानल की मसि द्वारा मलनित वे विन्ध्यशिखर समूह दिखाई पड़ते हैं, वे नववर्ष की मेघमाला नहीं हैं।' (70)

मृगांक लक्ष्मी—सारे दिन घर के काम-काज में लगे रहकर रोष से नीरवा मेरी प्रिय कामिनी का चित्तक्लेश अत्यन्त भारी होने पर भी, अपने पादान्त में उसके शयन की बात स्मरण करता हूँ। (26)

गुणगुग्धा—कितने पुरुष अत्यन्त आकृष्ट नहीं हुए हैं, कितने पुरुष खण्डित नहीं हुए हैं और कितने पुरुष विपुल वैभव नहीं खो चुके हैं, वेश्याएँ इस विषय की गणना-रेखा के रूप में कामुक प्रदत्त नखचिह्न धारण करती हैं।

किसी विशिष्ट संकलन में दिये मुक्तकों के सम्बन्ध में कोई विश्वसनीय टिप्पणी करना कठिन कार्य है। खासतौर पर उस स्थिति में, जब कवयित्रियों की पृथक् रचनाएँ उपलब्ध न हों। गाथा सप्तशती के प्रारम्भ में जो संकल्प है 'श्रेष्ठ और अलंकृत' (1-3) गाथाओं को चुनने का, वह रचनाओं की श्रेष्ठता ही नहीं उनकी गुणधर्मिता भी स्पष्ट कर देता है। शृंगार का रीतिबद्ध रूप ही प्रमुख है। इसका एक परिणाम तो यह है कि कवयित्रियों की पृथक् पहचान कर पाना असम्भव है। यह कहना कि सभी रचनाएँ शृंगार रस की हैं, तो यह कहना है कि धान के खेत में सिर्फ धान की ही फसल हुई। संकट व्यक्तित्वहीनता का है। आलंकारिक पद्धति में बँधे हुए प्रसंग पाठक से एक खास प्रकार की विज्ञता की माँग करते हैं।

शास्त्रीय पद्धति पर होने के बाद भी, गाथाओं के रूप में लोकसम्पृक्ति है। 'विरह का गीत गाती हुई गोपी का चित्र, पर्वत के बीच में बसे ग्राम की वर्षा ऋतु में सुषमा, ग्रीष्म के दुःसह ताप से झींगुरों की झनकार में जनरुदन की कल्पना, प्रोषितपतिका माता का सुन्दर चित्त, सुन्दर लोकोक्तियों और सुभाषितों, दानशील व्यक्ति के दरिद्र होने का दुःख, सज्जन, खलों की, क्रमशः स्तुति-निन्दा आदि अनेक ऐसे पद्य हैं, जिन्हें हठपूर्वक कहीं-कहीं टीकाकारों ने 'ध्वन्यते', 'सूच्यते', 'व्यंजते' शब्दों की सहायता से शृंगारपरक माना है।'[1] वस्तुतः गाथा प्राकृत काव्यों की वह लय है, जिसके आधार पर उसका

---

1. प्राकृत अपभ्रंश साहित्य का हिन्दी साहित्य पर प्रभाव, पृ. 23

संरचनात्मक ढाँचा खड़ा हुआ है। लोकजीवन में प्रचलित गीतलय को उसमें छन्द के रूप में सुरक्षित रखा गया है। वैदिक साहित्य एवं लौकिक संस्कृत साहित्य की छन्द-परम्परा वर्णिक छन्दों की थी, परन्तु प्राकृत साहित्य अपना विकास लोकजीवन की भित्ति पर कर रहा था। फलतः उसने नृत्य तथा संगीत के आधार पर छन्दो-विधान का आरम्भ किया। प्राकृत में ही सर्वप्रथम मात्रा छन्दों या ताल छन्दों को विन्यस्त किया गया। जिस प्रकार संस्कृत की छन्द-परम्परा का प्रतीक अनुष्टुपू है तथा अपभ्रंश-छन्द-परम्परा का प्रतीक दोहा है, वैसे ही प्राकृत छन्द-परम्परा का प्रतीक 'गाहा' (गाथा) छन्द है।[1]

गाथा सप्तशती के आस-पास संस्कृत साहित्य में भी कवयित्रियों की उपस्थिति दर्ज की गयी। संयुक्त कविताएँ भी सुभाषित ग्रन्थों के माध्यम से ही हम तक पहुँची हैं। राहुल सांकृत्यायन एवं डॉ. बलदेव उपाध्याय ने इस दिशा में अग्रणी भूमिका निबाही है। मुख्य समस्या यह है कि कवयित्रियों के काल और रचना के सम्बन्ध में हम उतना ही जानते हैं, जितना उनके संगृहीत छन्द बताते हैं, और वे हमें कुछ नहीं बताते इसके सिवाय कि एक समृद्ध रचना-संसार था, जिसे हम खो चुके हैं। डॉ. उपाध्याय का कथन है, 'प्राचीन कवियों के प्रशंसात्मक पद्यों से इस संस्कृत की स्त्री कवियों के नाम का पता चलता है तथा सूक्ति-संग्रहों में संगृहीत कविताओं से ही इनकी उदात्त प्रतिभा का हमें परिचय मिलता है। ऐसी 40 स्त्री-कवियों के लगभग डेढ़ सौ पद्य इधर-उधर बिखरे हुए पड़े हैं, जिनमें विज्जका, सुभद्रा, फल्गुहास्तनी, इन्दुलेखा, मारुला, विकटनितम्बा, शीलाभट्टारिका के नाम मुख्य हैं। स्पष्ट प्रतीत होता है कि उसने कोई बृहद् प्रबन्ध-काव्य भी लिखा था, जो आजकल उपलब्ध नहीं है।[2] राहुल सांकृत्यायन 'संस्कृत काव्यधारा' में इन कवयित्रियों का काल 'अपभ्रंश युग' ठहराते हैं। यह तथ्य अपने में बहुत महत्त्वपूर्ण है, जहाँ यह कई सवालों के जवाब देता है, वहाँ कई नये सवाल खड़े भी करता है। अपभ्रंश काव्य की चर्चा करते हुए हम कवयित्रियों की अनुपस्थिति नोट करते हैं। यह देखकर आश्चर्य होता है कि यह अनुपस्थिति भाषा में है, काल में नहीं। सीधी बात यह कि कवयित्रियों ने इस काल में अपनी रचना के लिए संस्कृत भाषा को चुना था। उनका झुकाव न तो जैन चरित काव्यों की ओर था न सिद्ध-नाथों के सामाजिक विद्रोह और यौगिक साधनाओं की तरफ। उन्होंने संस्कृत क्लासिकल काव्य की परम्परा से अपने को जोड़े रखा। राहुल जी का कथन है, 'इस काल (अपभ्रंश, पूर्वकाल, 550-700 ई.) की एक विशेषता है, कुछ स्त्री कवयित्रियों की कृतियों का हमारे पास तक आना। दूसरे कालों में भी वह रही होंगी, किन्तु उनकी कविता के अवशेष हमें इसी काल के मिलते हैं। जहाँ इस काल के पुरुष कवियों ने शब्दाडम्बर पर बहुत जोर दिया, वहाँ स्त्री कवयित्रियाँ (?) इस दोष से मुक्त हैं।'[3]

विज्जका का उल्लेख मम्मटाचार्य ने शब्दव्यापार विचार में किया है, धनिक ने

1. साहित्येतिहास : आदिकाल, पृ. 29; 2. डॉ. बलदेव उपाध्याय, संस्कृत साहित्य का इतिहास, पृ. 280; 3. राहुल सांकृत्यायन, संस्कृत काव्य-धारा, पृ. 473

दशरूपालोक तथा मुकुलभट्ट ने अभिधावृत्ति मातृका में किया है। अतः डॉ. उपाध्याय ने विज्जका का काल दण्डी तथा मुकुल भट्ट के मध्य का (710-850 ई.) माना है[1], एवं राहुल सांकृत्यायन 610 ई. मानते हैं।[2] कुछ विद्वान विज्जका और राजा चन्द्रादित्य की पत्नी विजय भट्टारिका को एक ही मानते हैं, जिसकी प्रशंसा राजशेखर ने कालिदास से उपमा देकर की है[3] :

सरस्वतीव कार्णाटी विजयांका जयत्यसौ।
या वैदर्भगिरां वासः कालिदासादनन्तरम् ॥

इस दृष्टि से विज्जका का दक्षिण भारत में होना सिद्ध होता है। विज्जका ने कविता पर अपनी राय इस प्रकार दी है, 'सच्चा कवि अपने भावों को अभिधा के द्वारा कभी प्रकट नहीं करता। यदि बात स्पष्ट रूप से कह दी जाए तो चमत्कार ही क्या ? वह केवल व्यंजना की सहायता से उन्हें व्यक्त करता है। शब्दों के द्वारा अभिप्राय व्यक्त नहीं होता, वरन् कुछ रसभरे मनोहर पदों में यह भाव झलकता रहता है। कवि के गूढ़ व्यंजनाद्योतित अभिप्राय को समझकर जो रसिक शब्दों के द्वारा काव्यानन्द की सूचना नहीं देता, वरन् चुप रहते हुए भी अपने आनन्द अतिरेक का परिचय देता है।'

विज्जका की जिन रचनाओं का राहुल सांकृत्यायन ने संकलन किया है, उनके आधार पर यह कहना कठिन है कि वे किसी प्रबन्ध-काव्य के अंश हैं या स्फुट। किसी राजा की प्रशंसा में उसकी विजयों का उल्लेख करने से यह भी अनुमान होता है कि कवि रूप में वे किसी दरबार से भी सम्बन्धित थी।

'(उसने) चन्द्र-सूर्यवंशी कौन से राजा नहीं पाये, पर हे देव, हम समझते हैं, पृथिवी ने तुम्हीं को एक स्वामी पाया, जिसने कि अंगदेश को जीत, कुन्तल को छीन, विस्तृत चोल देश को हरा, अब मध्यदेश को लेकर कांची के ऊपर हाथ डाल रहा है।' (1)

'हे देव, समर में तुम्हारी खड्ग-लता से यशरूपी पुत्र पैदा हुआ, वायु उसके धूलियों रूपी वस्त्र की राशि को फैलाता है। सियारियाँ ऊँचे गाती हैं, शिरहीन धड़ नाचते हैं, संसार के बन्धन से शत्रुओं का मोक्ष तुरन्त हो गया।'

आश्रयदाता राजा की प्रशंसा—

'हे राजन्, तुम्हारी नवीन नीलकमल-सी सुन्दर यह दृष्टि आश्रित प्रणयीजनों में लक्ष्मी को, शत्रु में नाश को, और स्त्रियों में काम को उत्पन्न करती है।'[4]

प्रकृतिवर्णन के अन्दर सूर्योदय, वर्षा, वसन्त के सुन्दर चित्र हैं। परन्तु 'ओखल गीति' का जो सुन्दर चित्र अंकित किया गया है वह सुन्दर तो है ही यथार्थ भी है।

'लीला-स्नेहयुक्त उठते मूसल से चंचल बाहुरूपी कन्दली के द्वारा परस्पर गिरती चूड़ियों की खनखन से सुन्दर मधुर हुंकार के साथ, जोर से कम्पित वक्षस्थल से टूटते,

---

1. डॉ. बलदेव उपाध्याय, संस्कृत साहित्य का इतिहास, पृ. 280; 2. राहुल सांकृत्यायन, संस्कृत काव्यधारा, पृ. 557; 3. शार्ङ्गधर पद्धति, श्लोक 184; 4. संस्कृत काव्यधारा, पृ. 559

ताल के सहित धान कूटने की गीतें शोभा दे रही हैं।' (21)

विपुल श्रेष्ठ काव्य और काव्यगत प्रतिष्ठा के प्राप्त करने के बाद ही कोई कवयित्री इस प्रकार की गर्वोक्ति कर सकती है—'नीलकमल के पत्रों-सी श्यामा मुझ विज्जका को जाने बिना, दण्डी ने व्यर्थ ही सरस्वती को पूरा सफेद कहा।' (3)

शीला भट्टारिका का काल राहुल जी ने 670 ई. माना है। उनका कथन है 'भट्टारिका आमतौर से रानियों या पारिव्राजिकाओं को कहते थे। सम्भवतः शीला राजा की पत्नी थीं। इनका समय वही मालूम होता है, जो भर्तृहरि और माघ का।...उन्होंने शृंगारिक कविताएँ ही की हैं, जिससे भी किसी सामन्त की अन्तःपुरिका होने का सन्देह होता है।'[1]

डॉ. उपाध्याय ने शार्ङ्गधरपद्धति के हवाले से धनदेव नामक किसी प्राचीन कवि का उल्लेख किया है, जिससे ज्ञात होता है कि इनका नाम शीला था और ये कश्मीर की रहनेवाली थीं।[2]

शृंगार के स्फुट छन्दों में नायक-नायिका और दूती आदि का वर्णन है :

'प्रिया से रहित इसके हृदय में चिन्ता आ गयी, यह जानकर निद्रा भाग गयी। कृतघ्न के पास कौन रहना चाहेगा' ॥2॥[3]

सुभद्रा का एक पद्य वल्लभदेव की सुभाषितावली में उपलब्ध होता है। इनकी कविताएँ प्रचुर मात्रा में रही होंगी, नहीं तो राजशेखर ने इनकी काव्यपटुता की प्रशंसा न की होती :

पार्थस्य मनसि स्थानं लेभे खलु सुभद्रया।
कवीनां च वचो-वृत्तिर्चातुर्येण सुभद्रया ॥

फाल्गुनहस्तिनी के दो छन्द 'सुभाषितावली' में संगृहीत हैं, जिनमें से पहला पद 'सृजति तावदशेषगुणाकरम्' भर्तृहरि के नीतिशतक में भी पाया जाता है। दूसरा पद्य 'त्रिनयन जटावली पुष्पम्' शार्ङ्गधर-पद्धति में भी पाया जाता है। **मोरिका** के चार छन्द 'सुभाषितावली' और शार्ङ्गधर-पद्धति दोनों संग्रहों में मिलते हैं। **इन्दुलेखा** और **मारुला** का भी एक-एक पद्य सुभाषितावली में मिलता है। सुभाषितावली का संग्रहकाल तेरहवीं शताब्दी माना जाता है। अतः इन कवयित्रियों के सन्दर्भ में एक सामान्य बात यही कही जा सकती है कि ये इस काल से पहले की हैं। राहुल जी ने मारुला का काल 1150 ई. माना है और अनुमान प्रकट किया है कि इनका सम्बन्ध किसी सामन्ती दरबार से था।

विकटनितम्बा का जन्म कश्मीर में हुआ था। राजशेखर ने कवयित्री के सम्बन्ध में लिखा है :

---

1. राहुल सांकृत्यायन, संस्कृत काव्यधारा, पृ. 707; 2. डॉ. बलदेव उपाध्याय, संस्कृत साहित्य का इतिहास, पृ. 281; 3. राहुल सांकृत्यायन, संस्कृत काव्यधारा, पृ. 709

के वैकटनितम्बेन गिरां गुम्फे रंजिताः।
निन्दन्ति निजकान्तानां न मौग्ध्यमधुरं वचः॥

इससे सहज ही अनुमान लगाया जा सकता है कि उनका काव्य ख्याति के अनुसार ही रहा होगा। विकटनितम्बा का एक छन्द अमरशतक में अमरुक के नाम से संगृहीत है।

'सदुक्तिकर्णामृत' (संकलन काल तेरहवीं शताब्दी) में **वीर सरस्वती** के नाम से एक छन्द संगृहीत है जिसमें कृष्ण कथा का प्रसंग है—'हे मथुरा की ओर जा रहे राहगीर (गोकुल) की इस गोपी की यह बात कृष्ण के महल के दरवाजे पर जाकर सुनाना कि फिर से जमुना के पानी में कालिया नाग का विष धधक रहा है।'[1]

इसी संग्रह में **रजक सरस्वती** का एक छन्द है जिसमें चक्रवाक के माध्यम से विरह-व्यथा की व्यंजना की गयी है। 'चक्रवाक को अपनी संगिनी से अलग हो जाने का इतना भय है कि वह दिन को भी रात मान रहा है। (रात को चकवा-चकवी को अलग रहना पड़ता है, ऐसी कवि प्रसिद्धि है) वह (श्वेत वर्ण के) मृणाल-दण्ड को तोड़ता है (खाने के लिए) और फिर नहीं खाता, क्योंकि वह इस सोच में पड़ जाता है कि यह कहीं चन्द्रमा तो नहीं। वह प्यासा होने पर भी (कमल के) पत्तों पर पानी की बूँदों को नहीं पीता क्योंकि वह सोचने लग जाता है कि ये तो तारों जैसे हैं। वह भौंरों से घिरे हुए कमलपुष्पों की परछाईं को उसके कालेपन के नाते सन्ध्याकाल का आगमन मान लेता है। (और इस प्रकार डरकर उसका दिन भी वैसे ही वियोग के दुःख में बीतता है जैसे उसकी रात वियोग में बीतती है)।'

प्राकृत और संस्कृत कवयित्रियों की झलक पाठक को (इतिहासकार को भी) एक नये धरातल पर खड़े होकर विचार करने का अवसर देती है। यह बात दूसरी है कि हमने अभी तक उसका लाभ उठाया नहीं है। भाषाओं को पूर्वापर परम्परा में देखने की आदत और प्रत्येक भाषा के पृथक्-पृथक् साहित्येतिहासों ने चीजों को सही परिप्रेक्ष्य में देखने नहीं दिया। हम कालानुक्रम में प्रभाव की बात तो सोचते हैं परन्तु समकालीन समानान्तर अन्तःसम्बन्धों को नजरअन्दाज कर देते हैं। एक छोटा-सा उदाहरण कालिदास से लिया जा सकता है। वे संस्कृत के सर्वश्रेष्ठ कवि और नाटककार हैं, उनके नाटकों में प्राकृतों का प्रयोग तो है ही विक्रमोर्वशीय में अपभ्रंश छन्दों का प्रयोग भी प्रासंगिक रूप से हुआ है। यह भाषाओं की आन्तरिक संचरणशीलता है। दूसरी बात, जो आधे इतिहास के सम्बन्ध में बहुत महत्त्वपूर्ण है, यह कि वैदिक ऋषिकाएँ और बौद्ध थेरियाँ दोनों ही धर्म के संरक्षण में सुरक्षित रही हैं। पहली बार कवयित्रियाँ, बिना किसी अन्य परिमिति के शुद्ध कविता को लेकर उपस्थित हुई हैं। इसलिए इन कविताओं का चरित्र पूर्ववर्ती कविताओं से भिन्न है। न तो वह स्तुतिगान है, और न ही संसार-त्याग की विरक्ति वरन् लोक में, राज्य में, पूर्ण समानुरक्ति है। इसका एक परिणाम तो यह हुआ

---

1. साक्षात्कार, दो सौवाँ अंक, 1996, पृ. 31-32

कि ऋग्वेद की टीकाओं एवं थेरी गाथाओं की दीपिका में जिस प्रकार स्मृत इतिहास को सुरक्षित रखा गया है, उसका यहाँ अभाव है। क्योंकि ये 'संग्रहग्रन्थ' हैं, अतः इनके संकलन-कर्त्ता की रुचि अपनी दृष्टि के अनुसार श्रेष्ठ कविता के चयन की है, उनके रचनाकारों के जीवनवृत्त में नहीं। संकलन भी सामान्यतः मुक्तकों का ही होता रहा है, इसलिए कवयित्रियों की अन्य रचनाओं के सम्बन्ध में जानकारी का अभाव ही रहा। कवयित्रियाँ चाहे प्राकृत की हों या संस्कृत की, वे शिष्ट अभिजात्य और काव्य-परम्पराओं की खासी जानकार हैं। रचना के स्तर पर उनकी कविताओं को सम्भवतः शेष रचनाओं से अलगाया नहीं जा सकता। विशेष रूप से ये शताब्दियाँ साहित्यशास्त्र के विवेचन और भावन के लिए बहुत उर्वर रही हैं, इसलिए इन रचनाओं की पृष्ठभूमि में आलंकारिक ज्ञान की सुदृढ़ पीठिका रही है। इस दृष्टि से मम्मट, राजशेखर एवं मुकुल भट्ट आदि ने उनके छन्दों को किसी विशिष्ट अवधारणा के लक्षण के रूप में उद्धृत किया है। राजशेखर ने भी उनके अभिव्यक्ति कौशल की भूरि-भूरि प्रशंसा की है। विज्जका ने काव्य और पाठक की जो परिभाषा बतायी है, उसमें वह अभिधा को साफ-साफ नकारती है। लगभग सभी कवयित्रियाँ सुशिक्षित राजघरानों से सम्बन्ध रखती हैं। कुछ तो, जैसाकि राहुल सांकृत्यायन का अनुमान है, दरबारी कवि हैं। दरबारी कवि के रूप में स्त्रियों की उपस्थिति दक्षिण में संघकाल से ही दर्ज की जाती है लेकिन उत्तर भारत में यह पहली बार है, यद्यपि यह परम्परा कायम नहीं रह सकी। क्षेत्र की दृष्टि से भी इन कविताओं में विकास हुआ है। कश्मीर से लेकर कर्णाटक तक संस्कृत कवयित्रियों की रचनाएँ लगभग सम रूप में फैली हैं। इसका प्रमुख कारण यही है कि उनका नियमन काव्यशास्त्रीय परम्पराएँ कर रही हैं। शृंगार की प्रमुखता होने के बाद भी, यह उन्मुक्त शृंगार नहीं है, बल्कि परम्परा-बद्ध काव्यशास्त्रीय शृंगार है, जिसमें नायक-नायिका एवं दूती के बँधे-बधाए ढाँचे हैं। एक खास तरह का प्रसंग-गर्भत्व और कविसमयों का खुलासा उसके लिए आवश्यक है।

काल को लेकर यहाँ एक सवाल जरूर पूछा जाना चाहिए। विशेष रूप से संस्कृत-कवयित्रियों के सम्बन्ध में। काल की दृष्टि से यह सिद्धों एवं नाथों का काल है, और लगभग इसी समय विभिन्न नव्य भारतीय भाषाओं का अस्तित्व सामने आता है। परन्तु महिला रचनाकारों ने उस धारा का स्पर्श न कर संस्कृत को चुना। इसलिए यह कहने के स्थान पर इस काल में कवयित्रियाँ नहीं मिलतीं, हमें यह कहना चाहिए कि वे सामाजिक अन्तर्विरोध से जन्म लेती काव्य-परम्पराओं के स्थान पर संस्कृत क्लासिकल परम्परा को अपनाती हैं। अन्त में यह बात नोट करने की है कि ये कवयित्रियाँ अपने कवि कर्म के सम्बन्ध में ही नहीं, उसकी प्रतिष्ठा के सम्बन्ध में भी सचेत हैं। तभी तो विज्जका इस सन्दर्भ में दण्डी को उलाहना देती है कि उन्होंने सरस्वती को सर्वशुक्ला क्यों कहा ?

हिन्दी साहित्येतिहास
मध्ययुग

7

तृतीय नवजागरण : भक्ति-आन्दोलन

हिन्दी साहित्येतिहास को मूल्यों से संयुक्त करने की प्रक्रिया में हम दो नवजागरण के उन्नत शिखरों का स्पर्श करते हैं, जिनके दोनों ओर विकास की सहज प्रक्रिया है। 'मध्ययुगीन' एवं 'आधुनिक'। ये केवल कालवाची शब्द न होकर एक विशिष्ट भावबोध को व्यंजित करनेवाले रूपक हैं, जो किसी हद तक परस्पर विरोधी हैं। 'भक्ति' एवं 'आधुनिकता' उनकी चेतना को व्यंजित करने का माध्यम है।

यूरोपीय इतिहास में 'मिडल एजेज' के वजन पर 'मध्ययुग' शब्द गढ़ तो लिया गया है, परन्तु 'यूरोप के इतिहास में जिस काल को मध्ययुग कहा जाता है, उसके प्रारम्भिक शताब्दियों को भारतीय इतिहास का 'स्वर्ण युग' कहा जाता है। यद्यपि यह बात सम्पूर्ण रूप से तथ्य के अनुकूल नहीं कही जा सकती, तथापि इतना तो सत्य ही है कि भारतीय इतिहास में गुप्त नरपतियों का उत्कर्ष काल बहुत महत्त्वपूर्ण रहा है। ...वस्तुतः यूरोप के इतिहास में जहाँ से मध्ययुग का प्रारम्भ होता है, वहाँ भारतीय इतिहास में नवीन उत्साह और नवीन जोश का उदय हुआ।'

मध्यकाल के प्रारम्भ की निश्चित तिथि तो शायद नहीं दी जा सकती, परन्तु कुछ महत्त्वपूर्ण तिथियों का उल्लेख अवश्य किया जा सकता है। ऐसी ही एक निर्णायक घटना है, सम्राट हर्षवर्धन (647 ई.) की मृत्यु, जिसके कारण उस महान व्यवस्था का लोप हो गया जिसने चार शताब्दियों तक उसे हिन्दू राष्ट्र बनाये रखा। हर्ष के बाद प्रतिभाशाली सम्राट नहीं हुए, राजनीति के क्षेत्र में अराजकता उत्पन्न हो गयी और साहित्य के क्षेत्र में भी परवर्ती सामन्तवाद के लक्षण दिखायी देने लगे। दूसरी प्रमुख घटना है भारत में 'इस्लाम' का प्रवेश। सन् 712 ई. में सिन्ध पर मुहम्मद बिन कासिम का आक्रमण हुआ, परन्तु भारतीय जन-मानस पर उसका स्थायी प्रभाव नहीं हुआ। ग्यारहवीं शताब्दी में महमूद गजनवी के आक्रमण प्रारम्भ हुए और बारहवीं शताब्दी में मुहम्मद गौरी के (सन् 1206 ई. में) देहान्त के बाद ही कुतुबुद्दीन ऐबक ने भारत में मुसलमान-राज्य की नींव रखी।

मध्यकालीन व्यवस्था बहुत दिनों तक चलती रही। औरंगजेब की मृत्यु (1707) के साथ परिवर्तन की प्रक्रिया दिखाई देने लगती है। 1857 ई. में अंग्रेजी शासन सुदृढ़ होता

है और भारत में एक नवीन युग का आरम्भ होता है। अतः स्थूल रूप से मध्यकाल की सीमा सन् 647-1857 ई. मानी जा सकती है।

मध्यकालीन बोध की सबसे प्रमुख विशेषता है अवतारवाद और भक्ति। पूर्व के सभी धर्मों एवं परस्पर विरोधी दार्शनिक सिद्धान्तों में एक समानान्तर विकास लक्षित होता है—आस्तिकता एवं रूपायन का। बौद्ध एवं जैन धर्म नास्तिक धर्म कहलाते थे परन्तु मध्यकालीनीकरण की प्रक्रिया में उनमें क्रमशः अलौकिकता का समावेश हुआ जिसकी परिणति अन्ततः अवतारवाद में हुई। प्रारम्भिक जैन-बौद्धकलाओं में मूर्तियों का अंकन नहीं मिलता, केवल प्रतीक मिलते हैं जिनकी परिणति रूपायन में हुई। भक्ति, मध्यकालीन बोध का सर्वमान्य मूल्य है जिसमें मनुष्य अपने सम्पूर्ण सम्बन्धों के साथ विलीन हो जाता है। ईश्वरीय शक्ति से व्यक्तिगत स्तर पर सम्बन्ध स्थापन के दो परिणाम हुए हैं, एक तो वर्तमान सम्बन्धों की सार्थकता केवल भक्ति की भूमिका में ही स्वीकार करना, इस प्रकार सामाजिक सम्बन्धों के स्थान पर अलौकिक भावनात्मक सम्बन्धों की प्रतीति। और दूसरा है आत्मविश्वास से प्रवृत्ति की दैन्यमूलक यात्रा, जिसमें भक्त कर्त्ता की स्थिति खोकर मात्र भोक्ता रह जाता है। इसमें सभी साधनों को व्यर्थ करार कर केवल शरणागति की मानता हुई।

मध्यकालीन बोध के मूल में समन्वय की निरन्तर चलती हुई एक विराट गतिशील प्रक्रिया है, जिसमें संघर्ष के स्थान पर परिपाक को स्थान मिलता है। 'जब विचारों को तत्काल में विज्ञापित किया जाता है; जब एक जीवन दर्शन को जीवन-व्यवहार बनाने के लिए व्यापक जन-समूहों में उसका प्रसार किया जाता है; जब विभिन्न समूहों की नाना आस्थाओं तथा अन्धविश्वासों, रूढ़ियों और सामूहिक अवचेतना का आघाती खण्डन न करके उनके उदात्तीकरण का अधिक आग्रह किया जाता है; जब अपेक्षाकृत उदार सामाजिक अवस्था में एक विशेष ढंग के मूल्य अधूरे, पुराने या अकेले पड़ जाते हैं और उन्हें पूरा समसामयिक तथा संश्लिष्ट बनाने के लिए तत्कालीन समाज के सम्बन्धों द्वारा प्रतिबिम्बित थोड़े दूसरे मूल्य भी सुन्दर अथवा उग्र बनाकर जोड़ दिये जाते हैं—तब समन्वय होता है। बहुधा समन्वय में एक क्रान्तिधर्मा पक्षधरता, एक प्रतिबद्धता, एक सुस्पष्ट दार्शनिक सूत्रबद्धता के बजाय, सभी परम्पराओं की शक्तियों का आन्दोलनकारी संग्रह हुआ करता है। समन्वय में व्यापकता और विविधता, भ्रान्ति और अन्तर्विरोधों का समाहार हुआ करता है।[1] यह मध्यकालीन समन्वय का ही परिणाम है कि जैन, बौद्ध जैसे विरोधी सम्प्रदाय हिन्दू धर्म में अवतारवाद के रूप में ग्रहण कर लिये गये और अर्धनारीश्वर, हरिहर, जैसी कलात्मक अवधारणाएँ अस्तित्व में आयीं।

सम्पूर्ण भक्तिकालीन नवजागरण लोक-चेतना की जागृति का परिणाम था। इसका सर्वप्रथम संकेत सिद्धों एवं जैनों की रचनाओं में मिलता है। महायान का सारा आन्दोलन ही लोकपरक था। उनके बाद नाथों और सन्तों में इस परम्परा का विकास हुआ।

1. डॉ. रमेश कुन्तल मेघ, आधुनिकता बोध और आधुनिकीकरण, पृ. 53

सगुण-भक्ति काव्य में एक भिन्न स्तर पर यही लोक-चेतना प्रस्फुटित हुई है। यहाँ भगवान लीलावतार लेते हैं, मानव मात्र के कष्टों और पीड़न को दूर करने के लिए, पृथ्वी से दुष्टों को समाप्त कर उसका भार हरण करते हैं एवं एक ऐसे राज्य की स्थापना करते हैं जहाँ सामाजिक न्याय की पूरी तरह प्रतिष्ठा है। इस लोकचेतना का सम्बन्ध एक ओर पौराणिक चेतना से है और दूसरी ओर युगीन चेतना से। गुप्तयुग में जिन सांस्कृतिक और शैक्षिक साधनों का आविष्कार हुआ, उनमें से पुराण सबसे प्रमुख है। इस युग से पहले ही महाभारत और रामायण आर्य-संस्कृति के विश्वकोश बन चुके थे। मध्यकालीन पौराणिक चेतना एक भिन्न भूमिका ग्रहण करती है। उसमें युगीनबोध की प्रमुखता एक नयी तराश देती है। वह न तो परम्परा से विच्छिन्न है और न ही समसामयिक बोध से कटी हुई। वास्तव में उसने यथार्थ को चुनौती के रूप में स्वीकार किया है और परम्परा को मथकर नयी सांस्कृतिक आवश्यकताओं की पूर्ति के लिए नये उपकरण आकलित किये हैं। वह परम्परा को बोझ की तरह ढोता नहीं उससे मधु-संचय करता है। ब्राह्मण-संस्कृति से मध्ययुगीन भक्ति का यह गुणात्मक अन्तर है। जब नामदेव यह कहते हैं 'देव द्गडचा—ऐसे देव तेही फोडिले तुर की/घातले उदकी बोभातीना/ऐसी ही दैवतें नको दाब् देवा'/ (पत्थर के देवताओं को मुसलमानों ने तोड़ा-फोड़ा और पानी में डुबा दिया, फिर भी वे न क्रोध करते हैं, न क्रन्दन करते हैं। ईश्वर ! मैं ऐसे देवताओं का दर्शन नहीं चाहता) तो परम्परा से अधिक युगधर्म प्रखर है।

इस प्रकार मध्ययुगीन नवजागरण द्विमुखी संघर्ष की भूमिका में पनपता है। एक है अन्तर्मुखी और दूसरा बहिर्मुखी। अन्तर्मुखी संघात हिन्दू समाज के अन्दर ही मौजूद था, जिस पर चारों तरफ से प्रहार किये गये। धुर पूरब से सिद्ध सरहपा ने आवाज लगायी, 'ब्राह्मण ब्रह्मा के मुख से हुआ था तब हुआ था, अब तो जैसे दूसरे होते हैं वैसे ही ब्राह्मण भी होते हैं तो ब्राह्मणत्व कहाँ रह गया ?' इसकी अनुगूँज कबीर में भी सुनाई देती है :

जो तू बाभन बभनी जाया
तो आन बाट काहे नहिं आया।

धुर दक्षिण से उद्घोष हुआ, 'बताओ तो सही, पत्नी के प्राणों में कितने कुच थे ? क्या ब्राह्मण के प्राणों के साथ यज्ञोपवीत लगा हुआ है ? चाण्डालों के प्राणों ने ही क्या अपने हाथ में लाठी ले रखी है ? तुमने ही तो सारा बखेड़ा खड़ा किया है, जगत के जड़बुद्धि वाले लोग इसे क्या जानें ?' हरिदास कहते हैं, 'जिनको हम अछूत कहते हैं क्या वे गाँव के बाहर रहते हैं ? जिनमें शील नहीं है, वे ही अछूत है।'[1] मराठी कवि कनकदास का कथन है, 'उच्चजाति, नीचजाति, पुराना कुल, इन सबका क्या अर्थ है?

1. आर.एस. शर्मा, आसपेक्ट्स ऑव पोलिटिकल आइडियाज एण्ड इन्स्टीट्यूशन्स इन ऐंशिएण्ट इण्डिया, पृ. 204

क्या वे केवल सत्य को मानते हैं ? वे जाति और वर्ण को मान सकते हैं ? कमल कर्दम में खिलता है, फिर भी उस पद्म से हम भगवान को अलंकृत करते हैं ?' इस प्रकार जाति-पाँति बाह्याचारों पर आघात पर आघात हुए।

बहिर्मुखी संघात मुख्यतः इस्लाम के सम्पर्क में हुआ। इस्लाम जैसे संगठित मजहब से भारत का पाला पहली बार पड़ा था। इन दोनों संस्कृतियों के संघात से बहुत से स्फुलिंग उत्पन्न हुए जिन्होंने इस नवजागरण को गति प्रदान की। इस प्रकार की आवाज सुनाई पड़ी 'पत्थर का ईश्वर ईश्वर नहीं, मिट्टी का ईश्वर ईश्वर नहीं, काठ का ईश्वर ईश्वर नहीं है और सेतुबन्धरामेश्वरम्, गोकर्ण, काशी, केदार आदि पुण्य-क्षेत्रों के मन्दिरों में स्थित ईश्वर ईश्वर नहीं है। अपने आप को जान लेना ही ईश्वर है।' नामदेव ने टूटी हुई मूर्ति को देखकर, उसमें विश्वास करने से इनकार कर दिया था। गुरु नानक ने अपने समय में बाबर का आक्रमण देखा था। वे लिखते हैं–"मुँह से मुर्दे का मांस खाकर कलियुग के मनुष्य कुत्तों के समान हो गये हैं। धर्म का विचार छोड़कर नित्य झूठ-झूठ भौंकते रहते हैं। जीते जी उनका मान नहीं है और मर जाने के बाद उनकी निन्दा होगी। जो भाग्य में लिखा होता है, वह अवश्य ही होता है।"[1] खुरासान का स्वामी बनकर (बाबर) हिन्दुस्तान को डराने आया है। ईश्वर ने अपने ऊपर दोष न लेकर मुगलों को यमदूत बनाकर भेज दिया है। इतनी मार-काट हो जाने पर भी प्रजा का करुण-क्रन्दन सुनकर भी उसे दया नहीं आयी।[2]

विकास की स्थिति ने आगे चलकर संश्लेषण की प्रक्रिया को जन्म दिया, जिसके फलस्वरूप सूफी और सन्तकाव्यों का प्रवर्त्तन हुआ। संश्लेषण की प्रक्रिया में भी तीन वर्ग स्पष्ट दिखायी पड़ते हैं। प्रथम वर्ग सन्त कवियों का है जो निषेधात्मक पद्धति ग्रहण करता है, द्वितीय वर्ग सूफियों का है जो भावनात्मक स्तर पर प्रगति करता है, तीसरा वर्ग उन भक्तों का है जो व्यवस्था के अन्तर्गत समझौता करते हैं। इसमें मुख्यतः सगुण भक्त कवि आते हैं जो सामाजिक रूढ़ियों से खुलकर विद्रोह तो नहीं करते, परन्तु भक्ति के क्षेत्र में सभी बन्धन ढीले कर देते हैं।

मध्ययुगीन नवजागरण एक नवमानववाद को लेकर चला है। प्रत्येक युग अपने अनुकूल मानववाद की परिभाषा करता है। मानववाद का मुख्य अभिप्राय मनुष्य को सम्पूर्ण शक्ति का स्रोत एवं लक्ष्य समझना है। चण्डीदास के शब्दों में कहें तो 'शबार उपरे मानुष सत्य, ताहार उपरे नाइ।' भगवान बुद्ध के निर्वाण के समय उनके प्रमुख शिष्य आनन्द ने जानना चाहा कि संघ की व्यवस्था किस प्रकार सुरक्षित रखी जाए। बुद्ध ने उत्तर दिया, 'तथागत का विचार है कि उन्हें मार्ग-दर्शन नहीं करना चाहिए और संघ किसी भी तरह उन पर निर्भर नहीं है। इसलिए संघ के विषय में तथागत कोई सलाह क्यों दें।' इसके पश्चात् उन्होंने अपना सुप्रसिद्ध प्रवचन दिया, 'अतः हे आनन्द!

---

1. आदिग्रन्थ, रागआसा, महला-1, पृ. 360; 2. वही, रागसारंग, महला-1, पृ. 1242

आत्मदीपो भव। तुम स्वयं अपने को शरण दो। किसी बाह्य शरण की खोज में मत भटको। सत्य को दीपक समझकर ग्रहण किये रहो। अपने अतिरिक्त किसी और आश्रय की खोज मत करो।' मध्ययुगीन मानववाद की भूमिका थोड़ी भिन्न है, इसका आधार दार्शनिक एवं आध्यात्मिक है। मानव की समानता इसी आधार पर है कि, वह एक ईश्वर की सन्तान है, उसका मूल्यांकन उसके कर्म से होना चाहिए। कर्म का मूल है सदाचार एवं भक्ति। अस्तु, भक्ति की भूमिका पर मानव मात्र ही समान है। आध्यात्मिक आधार ग्रहण करने के कारण मध्ययुगीन मानववाद मानव को शक्ति का स्रोत न मानकर ईश्वर को मानता है, कर्म में आस्था न रख भाग्य में रखता है, संघर्ष में विश्वास न कर 'मुक्ति' में रखता है।

मध्ययुगीन नवजागरण में एक बार फिर रचनाकेन्द्र बदलते हैं। इस दृष्टि से इसकी तुलना प्रथम भारतीय नवजागरण से की जा सकती है। बौद्ध एवं जैन धर्म के अपने विहार एवं मन्दिर थे जो रचनात्मक एवं धार्मिक साहित्य के रचना एवं संरक्षण केन्द्र थे। गुप्तकाल की तरह इन्हें राज्याश्रय चाहे न मिला हो, जनता का आश्रय इन्हें सदैव मिलता रहा। दक्षिण भारत में भी मन्दिर रचनात्मक आन्दोलन के केन्द्र रहे हैं। परन्तु, यहाँ पुरोहितवाद की भूमिका लगभग नगण्य है। मध्ययुगीन भक्ति आन्दोलन की मूलशक्ति मध्ययुगीन लोकमानस में है। जैन-बौद्धकाल में भी सम्पूर्ण लोक की करुणा को धर्म ने वहन किया था। लेकिन यहाँ एक अन्तर करना होगा। बौद्ध नवजागरण में दर्शन संघ के माध्यम से उतरकर जन-समुदाय तक आता है। क्रमिक विकास इसे 'सहजयान' तक के लोकमार्ग पर ले आता है। 'जेनेरेटर' अभी भी शिष्टवर्ग में है, केवल उसका मुख लोक की तरफ है। इसके विपरीत भक्ति आन्दोलन में 'जेनेरेटर' लोकशक्ति में है, उसका मुख्य ऊर्ध्वमुखी है। वह सम्पूर्ण लोक के ऊपर उठने की प्रक्रिया है। रामानन्द के बारह शिष्य थे, जिनमें रैदास चमार थे, धर्मदास अछूत जाट किसान थे, सेना एक नाई थे और कबीर नीच जाति के जुलाहा। तुलसी ब्राह्मण परिवार में उत्पन्न जरूर हुए थे, परन्तु उन्हें बचपन से ही 'चारचनक' के लिए द्वार-द्वार बिललाना पड़ा था। दादू एक नीची जाति के बुनकर थे, नानक एक मामूली व्यापारी। नामदेव दर्जी थे। तुकाराम भी नीची जाति से सम्बन्धित थे। महाप्रभु चैतन्य एक गरीब परिवार में जन्मे थे। सूर तो 'सूर' होकर भी 'घिघियाते' रहे। आन्ध्र के प्रसिद्ध कवि वेमन्वा एक निरक्षर किसान थे। तुंचथ एलुत्रक्ष, जो मलयालम साहित्य के जनक माने जाते हैं—तेली थे।

मध्ययुगीन मानस में दैन्य और रस का परिपाक एक साथ हुआ है। दैन्य उनके परम्परागत जीवन का अभिन्न अंग था और रसदृष्टि उससे लड़ने का साधन जिसके माध्यम से वह भगवान को भी अपने स्तर पर उतार लेता है। एक ऐसे युग में जिसमें सामान्य जन 'पेटखलाय' फिरता हो, किसबी (मजदूर), किसान परिवार, व्यापारी, भिखारी, भाट, चाकर, चपल, नट, चोर और चेटकी जैसे साधारण नब्बे प्रतिशत से अधिक लोग मात्र पेट भरने के लिए 'पढ़ते', 'गुन-गढ़ते', 'पहाड़ चढ़ते' तथा मृगया

की खोज में वन-वन भटकते हों। पेट की अग्नि दावाग्नि से भी अधिक प्रज्वलित हो, 'जीविका विहीन' लोग कातर हो एक-दूसरे से पूछ रहे हों 'कहाँ जाइ का करी' दरिद्र रूपी 'रावण' ने सारी दुनिया दबा ली हो, वहाँ इस सर्वव्यापिनी दीनता से निस्तार सम्भव भी नहीं था। यह बात दूसरी है कि पहले वह कर्मचारियों, मनसबदारों और राजाओं के दरबार में घिघियाता था, अब ईश्वर के दरबार में प्रपत्ति की कामना में आत्मपीड़ा झेलता है।

इसके ठीक विपरीत कोने पर है मध्ययुगीन मानस की रस-दृष्टि। एक अलौकिक रसधारा, जहाँ सम्पूर्ण द्वन्द्व निर्विशेष हो जाते हैं। जहाँ दिव्य-धाम हैं, रसप्रसविनी लीलाएँ हैं, 'ललीजू' का दिव्य श्रृंगार है। स्वयं भक्त उस रस का भोक्ता है।

मध्ययुगीन नवजागरण के भक्तिकाव्य का जन्मोत्सव निश्चित रूप से तमिल प्रदेश में हुआ। प्राचीनता में यह भाषा संस्कृत के समकक्ष ही मानी जाती है और द्रविड़ कुल की भाषाओं में भी यह प्राचीनतम है। भक्ति-आन्दोलन से पूर्व तमिल में जैनों और बौद्धों का साहित्य मिलता है। पाँचवीं और छठी शताब्दी तक पाशुपत, कापालिक एवं कालामुख सम्प्रदायों के चिह्न यहाँ पाये जाते हैं। पाँचवीं-छठी शताब्दी एक धार्मिक उथल-पुथल की शताब्दी है। इसी समय सभी धर्म उदारता के आधार पर एकजुट होने लगते हैं और भक्ति एक जन-आन्दोलन के रूप में प्रकट होती है। यही समय है जब वैष्णव भक्त कवि आलवार और शैव भक्त नायनमार अवतरित होते हैं। उनकी सबसे बड़ी उपलब्धि थी पूर्व-प्रचलित भक्ति-परम्परा में उपलब्ध भक्ति-तत्त्व को जन-जन तक पहुँचाना। इस भक्ति का स्वरूप दार्शनिक एवं शास्त्रीय न होकर भावमूलक था जिसे सर्वग्राह्य बनाने के लिए 'लोक भाषा' का उपयोग किया गया था। आलवार कुशल गायक थे। वे दूर-दूर की यात्राएँ कर अपने भक्ति-गीतों का गान करते थे। पारम्परिक लोकगीतों का आधार लेकर भक्तों ने अपने गीत लिखे और गाये, जिनका उपयोग आज भी इसी उद्देश्य से होता है।

छठी शताब्दी में तमिल प्रदेश में भक्ति-आन्दोलन जन्म ले चुका था, यद्यपि इससे पूर्व भी तीन आलवार हो चुके थे। कुल आलवारों की संख्या बारह है, जिसमें अण्डाल भी सम्मिलित हैं। इनकी रचनाओं का संग्रह 'प्रबन्धम्' में हुआ है। समष्टि रूप में इन रचनाओं की विशेषताएँ ऐसी हैं जो सम्पूर्ण भारतीय भक्ति-काव्य में पायी जाती हैं। शरणागति अथवा प्रपत्ति तथा प्रेमलक्षणा भक्ति। 'मध्ययुगीन विभिन्न वैष्णव सम्प्रदायों में 'मधुरोपासना' का जो प्रचलन रहा, उसके मूल में आलवार प्रतिपादित मधुर-भक्ति-भावना परिलक्षित होती है। उपलब्ध भक्ति-साहित्य में प्रथम बार आलवारों ने ही मधुर भक्ति के सुन्दर गीत रचे हैं।'[1] काफी समय तक इन भक्तिगीतों का प्रचलन मौखिक रूप में होता रहा, नौवीं शताब्दी में आचार्य नथमुनि ने इनका संकलन किया जिसकी पदसंख्या लगभग 4,000 मानी जाती है। इसके बाद की शताब्दियाँ टीका एवं भाष्य की हैं और

1. डॉ. एस.एन. दासगुप्ता, ए हिस्ट्री ऑव इण्डियन फिलॉसफी, पृ. 84

उसके बाद आचार्य युग का प्रारम्भ होता है। वस्तुतः तमिल प्रदेश के बाहर भक्ति-आन्दोलन को ले जाने का श्रेय इन आचार्यों को ही है जिन्होंने भक्ति की दार्शनिक एवं शास्त्रीय भूमिका प्रस्तुत की। दसवीं से चौदहवीं शताब्दी तक का काल इन्हीं आचार्यों का है। इनकी भूमिका जहाँ शास्त्रीय विवेचन की है वहीं भक्ति-गीत रचनाकारों की भी। इसी युग में 'श्री सम्प्रदाय' का गठन हुआ जो आगे चलकर बहुत प्रभावशाली सिद्ध हुआ। वैष्णव मठों एवं मन्दिरों ने भी भक्ति-आन्दोलन के प्रसार में महत्त्वपूर्ण कार्य किया है।

तमिल-प्रदेश के निकट तेलुगु-प्रदेश पड़ता है, परन्तु यहाँ भक्ति-आन्दोलन मौलिक रूप से उत्पन्न नहीं हुआ, वरन् आलवार भक्ति-गीतों के अनुवाद क्रम में हुआ। बाद में श्री रामानुजाचार्य के प्रभाव के कारण वैष्णव-भक्ति का व्यापक प्रचार तेलुगु-प्रदेश में हुआ। तेरहवीं शताब्दी के कृष्णाचार्य तेलुगु के प्रथम कवि हैं, जिन्होंने 'वचन' और 'विष्णप्प' लिखकर 'कीर्तन' साहित्य की नींव डाली। इसके बाद वैष्णव साहित्य मुख्यतः पन्द्रहवीं शताब्दी के बाद लिखा गया। इसी प्रकार की स्थिति मलयालम में भी दिखाई देती है, जिसका विकास अन्य द्रविड़ समूह की भाषाओं की अपेक्षा कुछ देर से हुआ। यहाँ भी भक्ति साहित्य तेरहवीं शताब्दी के बाद अस्तित्व में आया और उस पर तमिल 'प्रबन्धम्' का बहुत अधिक प्रभाव है।

अस्तु, तमिल प्रदेश के बाद, कन्नड़ एवं महाराष्ट्र प्रदेश में लगभग एक साथ ही भक्ति का उद्घोष होता है। यहाँ आकर वैष्णव भक्ति के विकास में 'बिठोबा' नाम जुड़ जाता है। विट्ठल मूलतः कर्नाटक की कल्पना है, ऐसा डॉ. भण्डारकर का मानना है।[1] बारहवीं शताब्दी के उत्तरार्ध में कनार्टक में वीरशैव सम्प्रदाय का पुनः संगठन हुआ जिनके प्रभाव से कन्नड़ में भक्ति-भाव का समावेश हुआ परन्तु 'निर्गुण' पर विशेष बल देने के कारण वह लोकप्रियता नहीं प्राप्त कर सका। माध्वमतावलम्बी हरिदासों ने भक्ति के उनमेष में विशेष सक्रियता दिखायी, परन्तु उनका आचार्य रूप विशेष प्रमुख है, कवि रूप नहीं। यहाँ 'मधुर भक्ति' का भी अधिक विकास नहीं हुआ।

जिस समय कर्नाटक में भक्ति-आन्दोलन का सूत्रपात हुआ, उस समय कन्नड़ में उच्चकोटि की काव्य-रचना हो चुकी थी, जिस पर संस्कृत भाषा की गहरी छाया थी। कन्नड़ के भक्तों ने इस परम्परागत शैली से विद्रोह करके जनभाषा को अपनाया। इसके साथ ही संगीतात्मकता एवं राग-रागिनियों का प्रयोग करके सरसता और लोकप्रियता में वृद्धि की।

कन्नड़ के समकालीन ही महाराष्ट्र का भक्ति-आन्दोलन है, जिसका प्रमुख केन्द्र भीमा नदी के किनारे बसा पण्ढरपुर है। भीमा नदी ही कर्नाटक और महाराष्ट्र के बीच

1. न.चि. जोगलेकर, हिन्दी एवं मराठी के वैष्णव साहित्य का तुलनात्मक अध्ययन, पृ. 73

सीमा का कार्य करती है। दोनों की भक्ति का आश्रय 'बिठोवा' हैं परन्तु स्थानीय कारणों से यहाँ वैष्णव भक्ति के साथ एक नया घटक जुड़ गया है। यह घटक नाथ-सम्प्रदाय का प्रभाव है। महाराष्ट्र में नाथों के महत्त्वपूर्ण केन्द्र रहे हैं और उन पर शैवों का भी पर्याप्त प्रभाव है। फलस्वरूप महाराष्ट्री-सन्त-परम्परा का वह रूप दृष्टिगत होता है जिसने हिन्दी-सन्त-काव्य को बहुलांश में प्रभावित किया। महाराष्ट्र में भक्ति-आन्दोलन का संचरण मानुभाव एवं वाराकरी सम्प्रदाय के अन्तर्गत हुआ। मानुभाव का अर्थ है 'महान् अनुभव हों जिन्हें।' इस सम्प्रदाय के प्रवर्तक चक्रधर (1194-1294 ई.) थे। यद्यपि इन्होंने नाथों से ज्ञान के तत्त्व को ग्रहण किया, परन्तु भक्ति को अधिक मान्यता दी। वाराकरी सम्प्रदाय अद्वैतवादी होते हुए भी भक्तिप्रधान है। इसका अभिप्राय है वारी (यात्रा) करी (करनेवाला) धार्मिक दृष्टि से पण्ढरपुर स्थित विट्ठल की उपासना करनेवाला वाराकरी है। यह भागवत धर्म है और सन्त ज्ञानेश्वर इसके प्रुख प्रवर्तक हैं।

मराठी भक्ति-काव्य में विट्ठल के परब्रह्म रूप पर ही बल दिया गया है, उसमें कृष्ण के रसिक शिरोमणि रूप की स्थापना कभी भी नहीं हो सकी, न ही हिन्दी कविता का 'राधाभाव' यहाँ विकसित हुआ। सम्भव है, इसका कारण नाथ-सम्प्रदाय का प्रभाव रहा हो। नाथ-सम्प्रदाय के प्रभाव के कारण ही प्रतीकों और उलटवासियों का प्रयोग यहाँ खूब हुआ। इस दृष्टि से यह हिन्दी के निकट है। मराठी भक्ति-काव्य की एक अन्य विशेषता सगुण-निर्गुण एकरूपता है। रहस्यवाद का प्रभाव दोनों में ही दिखायी पड़ता है।

भारतीय भक्ति-आन्दोलन के समान मराठी-सन्त काव्य की जड़ें लोक-जीवन से गहरी जुड़ी हैं। प्रचलित लोककाव्य रूपों—लावणी, गवलणी, आदि को उसमें स्थान दिया गया है। इसके अतिरिक्त यह तथ्य रेखांकित करने योग्य है कि मराठी सन्तों ने मराठी में रचना करने के साथ हिन्दी में भी पद-रचना की। आदि सन्त चक्रधर ने भी पद हिन्दी में लिखे हैं। नामदेव की हिन्दी-रचनाएँ सबसे अधिक हैं, और उनका प्रभाव भी बहुत व्यापक है।

गुजरात प्रदेश एक ओर हिन्दी प्रदेश से जुड़ा है और दूसरी ओर महाराष्ट्र से। भाषा और संस्कृति की दृष्टि से पन्द्रहवीं शताब्दी तक गुजरात, मारवाड़, मालवा और राजस्थान का एक सीमान्त ही था। गुजरात में आकर भक्ति-आन्दोलन के अध्ययन में एक नया आयाम जुड़ता है—जैनधर्म का प्रभाव। इसीलिए यहाँ भागवत धर्म के प्राचीन चिह्न मिलने पर भी, काव्य-रचना पहले की नहीं मिलती। ग्यारहवीं शती के बाद दक्षिण में जिन भक्ति सम्प्रदायों का उदय हुआ उनका प्रभाव गुजरात पर पन्द्रहवीं शताब्दी तक नहीं दिखाई पड़ता। जैन-प्रभाव होने के कारण कृष्ण कथा के जैन रूपान्तर भी मिलते हैं। रचनाओं में कृष्ण केवल गोकुल तक सीमित नहीं हैं, यहाँ उनका राजसी वैभव और विवाहित जीवन प्रमुख है। केवल नरसी और मीरा ही रागानुरागी भक्ति से जुड़े हैं।

महाराष्ट्र की दो परम्पराएँ गुजरात में भी मिलती हैं। पहली गुजराती कवियों की हिन्दी में रचना करने की प्रवृत्ति और दूसरी सगुण-निर्गुण भावना का संश्लेषण। वस्तुतः

भाषिक इकाई के रूप में गुजराती पन्द्रहवीं शताब्दी के बाद ही स्वतन्त्र स्थिति प्राप्त करती है। उससे पूर्व का साहित्य राजस्थानी और हिन्दी की साँझा सम्पत्ति है। गुजराती में सन्त काव्य का प्राचुर्य रहा परन्तु वह कहीं भी सगुण काव्य के विरोध में खड़ा नहीं होता। एक ही कवि दोनों प्रकार की रचनाएँ करता है। सन्तों की प्रतीक-पद्धति भी बहुत-कुछ समान रही है।

भाषा की दृष्टि से पंजाब प्रदेश की भी वही स्थिति है, जो गुजराती की। यहाँ के अधिकांश कवियों ने भी हिन्दी में लिखा है। प्रारम्भिक साहित्य में तो अन्तर किया ही नहीं जा सकता। नाथ-साहित्य पंजाबी, हिन्दी, राजस्थानी की साझी विरासत है। यहाँ आकर पहली बार भक्ति-आन्दोलन में एक नया परिप्रेक्ष्य जुड़ा, सूफी दर्शन का। सन्त काव्य से पहले यहाँ सूफीकाव्य ही लिखा गया। सिन्धी में यह काल और भी पीछे खिसकता है। सूफियों के चारों सम्प्रदायों के केन्द्र पंजाब और सिन्ध में ही पाये जाते हैं। लेकिन पंजाब प्रान्त का रूप भक्तिकाव्य जिसके लिए सर्वथा पहचान रखता है, वह सन्तों का योद्धा स्वरूप। ये सम्प्रदाय आज भी प्रभावी हैं। सगुण-भक्ति का प्रभाव इन पर भी पड़ा है, उसके 'नाम', 'रूप' ये भी ग्रहण करते हैं, परन्तु मूल स्वर निर्गुण प्रेमाभक्ति का ही है। विनय और सदाचार की यहाँ भी उतनी ही प्रतिष्ठा है।

कश्मीरी भक्तिकाव्य का प्रारम्भ भी लगभग पन्द्रहवीं शताब्दी में हुआ। प्रारम्भकर्त्ता एक नारी है लल्लद्येद। उन पर सूफी और शैवों का मिला-जुला प्रभाव था।

पूर्वी प्रान्तों में भक्ति का उद्घोष जयदेव की वाणी ने किया। यद्यपि यह संस्कृत की रचना है, परन्तु इसके प्रभाव बहुत व्यापक हुए हैं। कहा जाता है जयदेव ने गीत-गोविन्द अपभ्रंश अथवा देश्यभाषा में लिखा था।[1] यहाँ आकर भक्ति में एक क्रान्तिकारी परिवर्तन लक्षित होता है, और वह है 'राधा-भाव' की खोज। सम्पूर्ण पूर्वी इकाई बिहार, बंगाल एवं उड़ीसा इसी अर्थ में समानान्तर है। बिहार में नान्यदेव (1017 ई.) के इस कर्णाटकी राजवंश की स्थापना के कारण भागवत् धर्म की प्रतिष्ठा ग्यारहवीं शताब्दी में ही हो गयी थी। बाद में ओनवाल वंश भी वैष्णव धर्म का समर्थक रहा, परन्तु जनता में शैव और शाक्त साधनाएँ प्रचलित थीं। बंगाल में नवद्वीप और उड़ीसा में नीलाद्रि (जगन्नाथ पुरी) वैष्णव धर्म के दो प्रधान केन्द्र रहे हैं। नवद्वीप में वैष्णव-भावना का प्रवेश सेनवंश (1017-1200 ई.) के द्वारा सम्पन्न हुआ है और अन्तिम राजा लक्ष्मण सेन के समय में ही जयदेव ने अपने 'गीतगोविन्द' के द्वारा भक्ति-आन्दोलन में एक क्रान्ति उपस्थित कर दी थी। यही वह प्रदेश है जहाँ बौद्धों का संश्लेषण वैष्णवों के साथ हुआ। जगन्नाथ का मन्दिर प्रारम्भ में बौद्ध मन्दिर ही था और कुछ दिनों तक वज्रयानियों का भी उस पर आधिपत्य रहा। दसवीं शताब्दी में वह वैष्णवों के अधिकार में आ गया। भुवनेश्वर के मन्दिर (1050-1150 ई.) वैष्णव धर्मोत्थान के प्रतीक हैं। नालन्दा ध्वंस के

1. डॉ. शिवप्रसाद सिंह, सूरपूर्व ब्रजभाषा और उसका काव्य, पृ. 40

पश्चात् बौद्ध आचार्य और साधक भागकर उड़ीसा में आ बसे थे और सोलहवीं शताब्दी तक उड़ीसा बौद्ध धर्म का केन्द्र रहा। सहजिया सम्प्रदाय उत्तर-भारत में माधुर्य भक्ति के मूल में है। उसका 'युगनद्ध' वैष्णवों में 'राधा कृष्ण' के युगल के रूप में अवतरित हुआ है। जयदेव के गीत-गोविन्द की सबसे बड़ी विशेषता है—भक्ति एवं शृंगार का एकान्त समन्वय। उन्होंने स्पष्ट कहा है (यदि) हरि स्मरण में मन सरस हो और विलास कला में कुतूहल हो तो जयदेव की मधुर कोमलकान्त पदावली को सुनो—

यदि हरि स्मरणे सरसं मनो यदि विलास कलासु कुतूहलम्।
मधुर-कोमलकान्तपदावली शृणु तदा जयदेव-सरस्वतीम् ॥3॥

यह केवल जयदेव जैसे कवि के मन की ही बात नहीं है। काव्य तो व्यक्ति के मन की अभिव्यक्ति है। इसीलिए इसमें निहित सत्य को हम वैयक्तिक धारणा भी कह सकते हैं। इस काल के आचार्य ग्रन्थों में भी शृंगार और भक्ति के मिलन पर विशद चर्चा की गयी है।[1] आगे चलकर विद्यापति इसी परम्परा में आते हैं।

पूर्वी प्रदेश के भक्ति-काव्य को प्रायः समष्टि रूप से 'ब्रजबुलि' काव्य कह दिया जाता है। वस्तुतः 'ब्रजबुलि' उस काव्यभाषा का नाम है, जिसके माध्यम से मिथिला, नेपाल, बंगाल, असम और उड़ीसा आदि पूर्वी प्रदेशों के भक्त कवि प्रधान रूप से कृष्ण लीला का गान करते रहे हैं। ईसवी सन् की चौदहवीं शताब्दी से इसका प्रारम्भ होता है। विद्यापति की रचनाओं में जो प्रौढ़ता, जो लालित्य और जो रचना-कौशल देखने को मिलता है, उससे यह अनुमान करना कठिन नहीं होगा कि विद्यापति से पूर्व मिथिला में इस प्रकार के गीतों की रचना होने लगी थी।[2] ईसवी सन् की पन्द्रहवीं शताब्दी से लेकर सोलहवीं शताब्दी तक तो जैसे इनकी बाढ़ आ गयी।[3]

असम में 'ब्रजबुलि' साहित्य का प्रवेश शंकरदेव के साथ होता है (1449-1568 ई.)। बाद में माधवदेव (1489-1597 ई.) हुए। इन रचनाओं में स्वभावतः असमी भाषा का प्रभाव है। असम के भक्ति काव्य में तीन ऐसी विशेषताएँ हैं जो उसे पृथकता प्रदान करती हैं। सर्वप्रमुख बात तो यह कि इसमें दास्यभक्ति की प्रधानता है, दूसरी बात यह है कि पूर्वांचलीय होते हुए भी इसमें राधाभाव की प्रधानता नहीं है, तीसरी बात इनका विशिष्ट काव्यात्मक रूप है जो लोकनाट्यों की श्रेणी का है।

उड़ीसा के सम्बन्ध में यह विश्वास किया जाता है कि वहाँ भक्तिकाव्य का प्रारम्भ चैतन्य महाप्रभु के द्वारा हुआ। यह पूर्णसत्य नहीं है। रामरामा नन्द उड़ीसा के राजा प्रतापरुद्र (1504-1532) के उच्चाधिकारी थे। महाप्रभु चैतन्य जब दक्षिण जा रहे थे, उन्होंने उनसे भेंट की थी एवं तत्वज्ञान की वार्ता करते स्वरचित एक पद भी सुनाया था :

---

1. डॉ. शिवप्रसाद सिंह, विद्यापति, पृ. 90; 2. बँगला साहित्य का इतिहास, पृ. 9; 3. रामपूजन तिवारी, ब्रजबुलि साहित्य, भूमिका

पहिलहिं राग नयन-भंग भेल।
अनुदिन बाढ़ल-अवधि ना गेल।
ना सो रमण, ना हाम रमणी।
दुह-मन मनोभव पेशल जानि ॥
ए सखि ! सो सब प्रेम-कहानी।
कानु-ठामे कहबि विछुरह जानी।

चैतन्य महाप्रभु से भेंट के पहले संस्कृत नाटक लिखा था 'जगन्नाथवल्लभ' ने। इसमें इक्कीस गीत हैं, जो जयदेव के गीत गोविन्द की याद दिलाते हैं।[1]

बंगाल में प्रारम्भिक मंगल काव्यों को छोड़ दें, तो चैतन्यपूर्व महत्त्वपूर्ण कवि चण्डीदास हैं। सन् 1403 ई. के पहले ही चण्डीदास लगभग एक हजार गीत लिख चुके थे। उनके गीतों का माधुर्य अप्रतिम है। उन्होंने कृष्ण की बाँसुरी के सम्बन्ध में लिखा है 'कानेर भितर दिया मरमे पशिल गो आकुल करिल मनप्रान।' यही उक्ति उनके काव्य के सम्बन्ध में कही जा सकती है। प्रारम्भिक कवि होने के कारण, काव्य-भाषा के निर्माण में भी उनका महत्त्वपूर्ण योगदान है। प्रेम की तीव्रता एवं अनुभूति की विचित्रता उनकी प्रमुख शक्ति है :

बन्धु तुमि से अमार प्रान।
देह मन आदि तोहारे सपेछि
कुल शील जाति मान।
अखिलेर नाथ तुमि हे कालिया
योगीर आराध्य धन।

भक्ति-आन्दोलन की यह यात्रा हमें कुछ निष्कर्षों तक पहुँचाती है। सबसे पहली बात तो यह कि सम्पूर्ण भक्ति-आन्दोलन के प्रेरकतत्त्व समान हैं। यद्यपि सभी भाषाएँ एक परिवार की नहीं हैं, परन्तु उनका साहित्यिक रिक्थ समान है। रामायण, महाभारत, पुराण, भागवत, संस्कृत का अभिजात साहित्य, पालि, प्राकृत, अपभ्रंश में लिखा बौद्ध, जैन तथा इतर साहित्य भारत की समस्त भाषाओं को उत्तराधिकार में मिला है। शास्त्र के अन्तर्गत उपनिषद्, षड्दर्शन, स्मृतियाँ तथा काव्यशास्त्र के अनेक ग्रन्थ सभी समान रूप से समादृत हैं। इस प्रेरक साहित्य के कारण मूलभूत समानता स्वयं आ गयी है। दूसरी बात समान परम्पराओं की है। भक्ति-आन्दोलन के पूर्व सभी भाषाओं में जैन-बौद्ध, नाथ एवं कुछ अंशों में सूफी प्रभाव रहे हैं। इसलिए भी समान परम्पराएँ पनप सकी हैं।

आत्मा का ऐक्य होते हुए भी, स्थानीय एवं जनसंस्कृति का प्रभाव सभी स्थानों पर पड़ा है। इसीलिए, समस्त तत्त्व होते हुए भी प्रत्येक भाषा के भक्ति-काव्य की अपनी

---

1. रामपूजन तिवारी, ब्रजबुलि साहित्य, भूमिका

मौलिक विशेषताएँ भी हैं। 'तमिल का संगम साहित्य, तेलुगु के द्वयर्थी काव्य, अवधान तथा उदाहरण साहित्य, मलयालम के सन्देश काव्य एवं वीरगीत (किलिपपाटु) तथा मणि-प्रवालम् शैली मराठी के पवाड़े, गुजराती के आख्यान एवं फागु, बँगला का मंगल काव्य, असमिया के बड़गीत और बुरंजी-साहित्य, पंजाबी के रम्याख्यान तथा वीरगीत, उर्दू की गजल और हिन्दी के रीति काव्य तथा छायावाद आदि अपने-अपने भाषा-साहित्य के वैशिष्ट्य के उज्ज्वल प्रमाण हैं।'[1] इस युग के दार्शनिक पुरोहित व्याख्याता और भक्त, चाहे उनका जन्म कहीं भी हुआ हो, सम्पूर्ण देश में समादृत हैं, पूज्य हैं।

तमिल को छोड़कर सभी भारतीय भाषाओं में भक्ति-आन्दोलन का उद्भव लगभग समान समय में हुआ है। कहीं प्राचीन साहित्य उपलब्ध होता है, कहीं नहीं। जहाँ साहित्य उपलब्ध नहीं है वहाँ अन्य साधनों का प्रयोग कर इतिहास का पुनर्निर्माण किया जाना चाहिए। अतः आदान-प्रदान की बात उतनी सार्थक नहीं है, जितनी सम्प्रेषण और संचारण की।

हिन्दी प्रदेश के भक्ति-काव्य की सबसे उल्लेखनीय विशेषता संश्लेषण की है। भक्ति की नयी-पुरानी विभिन्न धाराएँ मिलकर विशिष्ट संरचनाओं का निर्माण करती हैं :

(i) सभी प्रदेशों में सगुण-निर्गुण धाराएँ बहुत-कुछ समन्वित हैं, जबकि हिन्दी में वे स्पष्टतः सगुण और निर्गुण दो वर्गों में बँटी है। इसके बाद भी उनमें उपधाराएँ विकसित होती हैं जिनमें छोटे-बड़े दार्शनिक और उपासना सम्बन्धी विभेद पाये जाते हैं।

(ii) भक्ति और काव्य का जितना श्रेष्ठ समन्वय हिन्दी-प्रदेश में पाया जाता है, उतना अन्यत्र नहीं।

(iii) पालि-प्राकृत-अपभ्रंश एवं संस्कृत के रिक्थ को जितना हिन्दी प्रदेश ने सहेजा है, उतना किसी अन्य ने नहीं।

सभी भाषाओं में भक्ति काव्य की जड़ें लोकजीवन में हैं। अतः लोकभाषाओं का विकास भक्ति-आन्दोलन के साथ-साथ हुआ है। लोक-काव्य-रूपों के समादर का यह अभिनव युग है। सभी भाषाओं के अपने मौलिक काव्य-रूप इसमें छन-छनकर आये हैं। संगीतात्मकता इनका सर्वप्रमुख गुण है।

---

1. डॉ. नगेन्द्र, भारतीय वाङ्मय, पृ. 6

8

भक्ति में अपने को खोजती हुई मध्ययुगीन कवयित्रियाँ

आधे इतिहास की पारिस्थितिकी की बात करना वस्तुतः इतिहास के भीतर इतिहास तलाशना है। क्योंकि पूर्ण इतिहास अभी अर्धसत्य ही है।

उत्तर भारत में हर्षवर्धन (सन् 606-647 ई.) और दक्षिण में पुलकेशिन द्वितीय (सन् 610-642 ई.) के बाद भारतीय उपमहाद्वीप में केन्द्रीय सत्ता कमजोर हो गयी थी। विभाजन और विघटन का जो क्रम आरम्भ हुआ तो सदियों तक रुका नहीं। गुप्तकाल के बाद, भूमि को अनुदान में दिये जाने की प्रक्रिया अन्ततः सामन्तीकरण की शुरुआत सिद्ध हुई। तुर्कों के आक्रमणों ने इस सामन्ती व्यवस्था को झकझोरने का काम काफी पहले आरम्भ कर दिया था और मुहम्मद गौरी के आक्रमण निर्णायक साबित हुए।

तेरहवीं सदी का पूर्वार्द्ध, दिल्ली पर सल्तनत-सत्ता का क्रमशः मजबूत होने का समय है। मुहम्मद गौरी के बाद गुलाम वंश (सन् 1206-1290 ई.) तथा खिलजी वंश (सन् 1290-1320 ई.) सत्ता में आये, जिनमें बलबन (सन् 1266-1286 ई.) और अलाउद्दीन खिलजी (1296-1316 ई.) जैसे सुल्तान हुए। इन सुल्तानों ने केन्द्रीय सत्ता को दृढ़ करते हुए प्रशासन की सुविधा के लिए बहुत-सी आवश्यक व्यवस्थाएँ भी बदलीं। इसका परिणाम यह हुआ कि विदेशीपन की शुरुआती गन्ध तेजी से दूर होती गयी। तैमूर के आक्रमण (सन् 1398 ई.) के बाद दिल्ली की सत्ता हिल गयी। सैयदों (1440 ई.) और लोदियों ने दिल्ली के आस-पास ही राज किया, जब तक कि बाबर ने सन् 1526 में चित्तौड़ के राणा साँगा को हराकर तथा बंगाल और बिहार को जीतकर मुगल साम्राज्य की नींव नहीं डाली। हुमायूँ (1555 ई.) ने मुगल शासन को सुदृढ़ किया। इस प्रकार सन् 712 से 1555 ई. तक का काल (कुल 843 वर्ष) दीर्घकालीन संघर्षों और आक्रमणों के रहे। उत्तर भारत खासतौर पर हिन्दी भाषी प्रदेश, उनसे सबसे अधिक प्रभावित हुआ। यही समय था जिसमें हिन्दी-साहित्य बना और उसने अपना स्वरूप ग्रहण किया।

इतिहास का यह चेहरा जाना-पहचाना है और हम इसे दोहराना नहीं चाहते। लेकिन

इस जाने-पहचाने चेहरे के अन्दर एक दूसरा चेहरा जरूर तलाशना चाहते हैं, और वह चेहरा है स्त्री का, उसकी रचनात्मकता का। इतिहास बताता है कि हर्षवर्धन के साथ उसकी बहन राज्यश्री शासन में सहयोग करती थी और दरबार पर उसकी काफी पकड़ थी।[1] चौलुक्य वंश की विजया-भट्टारिका (7वीं सदी), कश्मीर की सुगन्धा और दिद्दा (10वीं सदी) ने अपना प्रशासन सुचारु रूप से चलाया था।[2] कश्मीर और दक्षिण भारत में भी इस प्रकार के उदाहरण मिलते हैं जहाँ स्त्रियों ने शासन की बागडोर सँभाली। काकतीय राज्य की रदम्बा ने चालीस वर्षों तक राज्य किया था।[3] सन् 1193 ई. में पृथ्वीराज चौहान के साथ युद्धस्थल में समरसी की मृत्यु के बाद, उसकी पत्नी कूर्मा देवी ने मेवाड़ का प्रशासन अपने हाथ में लिया और कुतुबुद्दीन ऐबक के आक्रमण को विफल कर दिया था।[4] रानी कर्णावती, रानी दुर्गावती (सन् 1548 ई.) अकबर के साथ लड़ी थीं और पराजित होने के बाद उन्होंने आत्महत्या कर ली थी।[5]

मुसलमान राजघरानों में भी स्त्रियों की पकड़ राजनीति और सत्ता पर थी। रजिया सुल्तान का नाम तो प्रसिद्ध ही है, जिसने गद्दी पर बैठते ही सारी शक्ति अपने हाथों में ले ली थी।[6] जलालुद्दीन खिलजी की पत्नी मलकेजहाँ ने अपने दामाद अलाउद्दीन खिलजी को अपने नियन्त्रण में रखने का प्रयास किया था। इस समय हिन्दू-मुस्लिम विवाह की शुरुआत भी हो चुकी थी। स्वयं अलाउद्दीन ने अपना प्रथम विवाह कमला देवी और दूसरा विवाह देवगिरि के शासक रामचन्द्र देव की पुत्री से किया था। फीरोज तुगलक की माँ एक हिन्दू महिला थी।[7]

मुगलकाल में भी, यह परम्परा चलती रही। कहा जाता है कि तैमूर की सेना में स्त्रियाँ भाला, तीर और तलवार चलाती थीं।[8] बाबर की माँ कुतलुक निगार खानम सदैव अपने पुत्र के साथ रहीं और उसकी पत्नी महीम बेगम, उसकी मृत्यु के बाद भी राजनीति में भाग लेती रहीं।[9] बाबर की बहन खानजादा बेगम ने हुमायूँ के शासनकाल में महत्त्वपूर्ण भूमिका अदा की थी। हुमायूँ के चचेरे भाई सुल्तान मिर्जा की पत्नी हरामबेगम प्रशासकीय योग्यता के लिए प्रसिद्ध थीं, और वे 'वलीनियामत' की उपाधि से नवाजी गयी थीं।[10] अकबर के समय उसकी सौतेली माँ माहचुचक बेगम ने काबुल प्रशासन पर नियन्त्रण रखा था। अकबर ने अपनी चचेरी बहन बरन्नुन्निसा बेगम को काबुल का गवर्नर नियुक्त किया था। अकबर की दाई महाम अनंगा, माँ मरियम मकानी तथा पत्नी सलीमा बेगम राजनीति में काफी दखल रखती थीं। सलीम के विद्रोह करने पर, इनके प्रयासों से ही समझौता सम्भव हुआ था।[11] इसी प्रकार जहाँगीर के काल में नूरजहाँ एवं शाहजहाँ

---

1. ए.एल. वाशमु, द वण्डर दैट वाज़ इण्डिया, पृ. 91; 2. ए.एस. अल्तेकर, द पोजीशन ऑफ़ विमेन इन हिन्दू सिविलिजेशन, पृ. 21, 187; 3. आर.आर. दिवाकर, थ्रू द एज़ेस, पृ. 414; 4. जेम्स टॉड, राजस्थान, जिल्द-1, पृ. 303-4; 5. अकबरनामा, पृ. 330; 6. मिनहाजुरुसिराज़, खेर्टी, जिल्द-1, पृ. 638; 7. रिज़वी, तुगलक कालीन भारत, जिल्द-2, पृ. 54; 8. रेखा मिश्रा, विमेन इन मुगल इण्डिया, पृ. 16; 9. बेबरीज़ बाबरनामा, जिल्द-1, पृ. 21; 10. वही, जिल्द-2, पृ. 40, 212; 1. अकबरनामा, जिल्द-3, पृ. 219

के राज्य में मुमताजमहल राजनीति में काफी प्रभावशाली रहीं। औरंगजेब भी इस परम्परा को तोड़ नहीं सके। उसकी पत्नियों दिलरस बानू बेगम और उदयपुरी महल ने राजनीति में दबाव बनाये रखा। उसकी पुत्रियों—जेबुन्निसा बेगम और जीनतुन्निसा बेगम—ने राजनीतिक उत्तरदायित्वों को निबाहा।

यह स्थिति राजघरानों की थी। जाहिर है कि इतने महत्त्वपूर्ण कार्यों के लिए, स्त्री-शिक्षा की व्यवस्था रही होगी। इस क्षेत्र में हिन्दू और मुस्लिम दोनों ही राजघराने एकमत थे। उन्होंने केवल महलों के भीतर ही शिक्षा की व्यवस्था की। अकबर ने फतहपुर सीकरी में लड़कियों के लिए एक अलग से स्कूल भी खोला था।[1] अपनी पुत्रियों को पढ़ाने के लिए उसने फारसी शिक्षित महिलाओं की नियुक्ति की थी, जिन्हें 'अतुनमामा' कहा जाता था।[2] बाबर की पुत्री गुलबदन बेगम सबसे शिक्षित महिला थी, जिसने 'हुमायूँनामा' लिखा। वह फारसी और तुर्की जानती थी तथा कविताएँ भी लिखती थी। बाबर की दूसरी पुत्री गुलरुख बेगम भी कवयित्री थी। अकबर की पत्नी सलीम सुल्ताने बेगम फारसी भाषा की जानकार थी और उसका अपना ग्रन्थालय भी था।[3] अब्दुल रहीम खानखाना की पुत्री जानबेगम ने कुरान पर एक टिप्पणी लिखी थी जिस पर प्रसन्न होकर अकबर ने 50,000 दीनार पुरस्कार स्वरूप प्रदान किये थे।[4] नूरजहाँ फारसी और अरबी में पारंगत थी तथा कविताएँ भी लिखती थी। दारा की तरह जहाँनारा ने भी अध्यात्म पर रिसाले लिखे थे।[5]

यह हिन्दी प्रदेश की महिला रचनाधर्मिता का एक चेहरा है। आभिजात्य चेहरा। एक खास बात यह कि मुगल बादशाहों ने अरबी-फारसी का ज्ञान रखते हुए भी हिन्दी भाषा संवर्ग में पर्याप्त रुचि रखी। उन्होंने हिन्दी विद्वान और कवियों को आश्रय भी दिया और स्वयं भी कुछ-न-कुछ लिखा। बाबर की आत्मकथा उसके कवि हृदय का भी प्रतीक है। हुमायूँ के दरबार में शेख अब्दुल बाहिब बिलग्रामी और शेख गदाई देहलवी उपस्थित थे, जो हिन्दी के कवि थे। वे कविताएँ अब उपलब्ध नहीं हैं। हुमायूँ के दरबारी कवि 'छेम' का एक छप्पय आचार्य चतुरसेन शास्त्री ने उद्धृत किया है।[6] शेरशाह सूरी के सम्बन्ध में कहा जाता है कि वह 'फरीद' नाम से हिन्दी में कविताएँ लिखता था और फर्मानों में फारसी के साथ नागरी लिपि में भी अनुवाद लिखवाता था। यद्यपि उसकी रचनाएँ भी नहीं मिलतीं परन्तु उसके समकालीन असलेमशाह सूरी के कुछ पद प्राप्त हैं :

ऐ जेते दिन अनमिल गये तिय पिय
बिन मोकों तेते दिन मेरे आन लेखे
और जो तपत वाके तन के तिनके सुख को

---

1. अकबरनामा, जिल्द-3, पृ. 219; 2. इण्डियन कल्चर, जिल्द-4, पृ. 53; 3. आईने अकबरी, जिल्द-1, पृ. 309; 4. पी.एन. चोपड़ा, सोसायटी एण्ड कल्चर इन मुगल एज, पृ. 124; 5. रेखा मिश्रा, विमेन इन मुगल इण्डिया, पृ. 90; 6. चतुरसेन शास्त्री, हिन्दी साहित्य का इतिहास, पृ. 283

ॲके भुज भर चाहत नैन कहैं कब देखे
असलेम शाह पिय जी की ना समझत जोवन जात परेखे।

—संगीत रागकल्पद्रुम, प्रथम खण्ड

अकबर के दरबार में हिन्दी-विद्वान एवं कवियों की अच्छी संख्या थी। यह प्रसिद्ध है कि वह स्वयं 'शाह अकब्बर' के नाम से हिन्दी में कविताएँ लिखता था, जिनकी भाषा ही नहीं, कथ्य भी भारतीय है :

शाह अकब्बर एक समै चले कान्ह विनोद विलोकन बालहिं।
आहट तें अबला निरख्यौ चकि चौंकि चली करि आतुर चालहिं।
त्यों बलि बेनी सुधारि धरी सु भई छबि यों ललना अरु लालहिं।
चम्पक चारु कमान चढ़ावत काम ज्यों हाथ लिये अहि बालहिं।

शाहजहाँ के लिए प्रसिद्ध है कि वह प्रत्येक अवसर पर हिन्दी कवियों का सत्कार किया करता। वह अपना पत्र-व्यवहार भी हिन्दी में करता था। उसका एक छन्द संगीत रागकल्पद्रुम से उद्धृत है :

माई काहे को कहौं अब ही जो मोहिं जिन बरजौ लाल तन कौरी चितवौ
मनमोहन प्राणेश्वर की छवि रीझति अति मति गति सुध-बुध बिसारी
सब अजँहूँ भूलि जैहैरी तोहि सिख दैबो लगन सों फलता की कहा कहिए
अब लोगन सुन्दर सखि भायो प्रेम बीज को बोयबो
परम रुचिर हो शाहजहाँ तिनको पंच सरहूते सरस
अपवस करिके मति-गति मनहर लेवो

यह परम्परा आगे भी चलती रही है। ध्यान देने की बात यह कि यद्यपि बादशाह अरबी-फारसी का अच्छा ज्ञान रखते थे, उसमें लिखते भी थे, परन्तु हिन्दी में लिखकर उन्होंने अपनी निष्ठा जन-भाषा के प्रति व्यक्त की है। इसके विपरीत बेगमों ने अपना माध्यम फारसी ही रखा। यदि ताज को हम अकबर की पत्नी स्वीकार करें, तो वह एकमात्र अपवाद होंगी। फारसी में रची गयी ये कविताएँ किस प्रकार की होंगी, यह जानने का साधन आज शेष नहीं है। जेबुन्निसा की निम्नलिखित रचना किसी सीमा तक उस स्वाद की पहचान करा सकती है :

बाज में—ख़्वाहम कि ग़ौग़ाए+दिगर पैदा कुनम।
अज जुनूँ दर दिल तमन्ना+ए+दिगर पैदा कुनम ॥1॥
रूब—वादी में—निहम, बाशद कि अज इअ़जाज+ए+अ़िश्क
हम चु खुद मजनून+ओ+रुस्वा+ए+दिगर पैदा कुनम ॥2॥
मे-गुदाजद दीदः—रा सोज+ए+दरून+म-ताब कै।
बहर+ए+बू+ए+चश्म मीना+ए+दिगर पैदा कुनम ॥3॥

नक़्द+ए+दिल-रा मे-फुरोश-म, मे-खुरम जिंस+ए+जुनू
ता ब-हर+बाजार सौदा+ए+दिगर पैदा कुनम ॥4॥
सैल़एअश्क़एदीदः अज बे-ताकती सर मे दिहम।
ता ब-मुल्क+ए+हिन्ददर्या+ए+दिगर पैदा कुनम ॥5॥
दीदः अम जुल्म+ओ+सितम चन्दाँ कि अज जुल्मात+ए+हिन्द
मे-खम गर बहर+ए+खुद जा+ए+दिगर पैदा कुनम ॥6॥
मे-तवानम चन्द गामे रफ़्त मख़्फी बअद अजी।
दर रह+ए+उम्मीद अगर पा+ए+दिगर पैदा। कुनम ॥7॥

(मैं फिर से चाहती हूँ कि एक दूसरा विलाप प्रकट करूँ। मैं चाहती हूँ कि अपनी विक्षिप्तता से हृदय में एक दूसरी आकांक्षा को जन्म दूँ। ॥1॥
मैंने अपना मुँह घाटी की ओर कर लिया है। यह समीचीन होगा कि प्रेम की चमत्कार शक्ति से मेरे जैसा ही कोई मजनूँ और बदनाम मैं प्रकट कर सकूँ ॥2॥
मेरे भीतर की आग मेरी आँखों को पिघला रही है। मैं कब तक आँख के निमित्त एक नयी शराब की सुराही प्रकट करती रहूँ ॥3॥
मैं अपने हृदय की नगदी को बेच रही हूँ और मैं अपनी विक्षिप्तता के माल को खाती हूँ, ताकि हर बाजार में, मैं एक नया व्यापार प्रकट कर सकूँ, जिसमें व्यापारी अपनी पूँजी खा-पीकर बैठ जाता है ॥4॥
अपनी शक्ति-हीनता के नाते मैंने अपनी आँखों के आँसुओं की बाढ़ को छोड़ दिया है, ताकि मैं हिन्द देश में एक नयी नदी प्रकट कर सकूँ ॥5॥
मैंने इतने अत्याचार और उत्पीड़न सहे हैं कि यदि मैं भारत देश के अँधेरे से कहीं बाहर भी चली जाऊँ तो अपने लिए मैं ठीक ऐसी ही दूसरी जगह तैयार कर लूँगी ॥6॥
ऐ मख़्फी, मैं आशा के मार्ग में इसके बाद कुछ और कदम चल सकती हूँ यदि मैं कोई दूसरा पैर आविष्कृत करूँ ॥7॥[1]

इस आभिजात्य स्त्री-कविता का दूसरा छोर है इसकी संस्कृत में रची गयी कविताएँ। परम्परा पुरानी और विपुल है परन्तु हमारे पास बचा बहुत कम है—मात्र सुभाषित ग्रन्थों में संकलित कुछ छन्द। महापण्डित राहुल सांकृत्यायन ने अपनी 'संस्कृत काव्यधारा' में कुछ कवयित्रियों का आदरपूर्वक स्मरण किया है, "संस्कृत में स्त्रियों ने भी कविता की थी, और कुछ कविताओं को देखने से मालूम होता है कि वह पुरुषों से पीछे नहीं थीं। पर उनके थोड़े से ही नमूने सुभाषित ग्रन्थों में सुरक्षित हैं।"[2] डॉ. बलदेव उपाध्याय सम्भवतः संस्कृत के प्रथम इतिहासकार हैं, जिन्होंने 'स्त्री कवयित्री' शीर्षक से उनकी चर्चा की है। जिस काल का जिक्र है उसके कुछ प्रमुख नाम लिए जा सकते हैं। गौरी

1. साक्षात्कार, 200वाँ अंक, पृ. 28; 2. 1. राहुल सांकृत्यायन, संस्कृत काव्यधारा, पृ. 556

के सम्बन्ध में राहुल जी का अनुमान है कि उनका सम्बन्ध किसी दरबार से था। किसी राजा की प्रशस्ति में है यह कथन–

'तुम्हारा रण में न धनुष चढ़ाना, न बाण पकड़ना, न प्रत्यंचा खींचना, न बाँह हिलाना, न बाण का जाना दीखता है। लेकिन यह भूमि प्रौढ़ गजराज के कुम्भस्थल से गिरती मोतियों-सी चमचमाती शत्रु राजाओं की शिखामणियों से प्रकाशित हो रही है।'[1]

सोलहवीं शताब्दी के उत्तरार्ध में दक्षिण के विजयनगर के राजा अच्युतराय (1529-1542 ई.) के राज्यकाल में **तिरुमलाम्बा** ने वरदाम्बिका-परिणय चम्पू लिखा था। ऐतिहासिक दृष्टि से इसमें राजा के पूर्वजों के सम्बन्ध में भी सामग्री दी गयी है। डॉ. उपाध्याय इसे प्रौढ़ कृति स्वीकार करते हैं। **देव कुमारिका** उदयपुर के राजवंश की थीं। ये राजा अमरसिंह की पत्नी, जयसिंह की पुत्रवधू तथा संग्राम सिंह की माँ थीं। सन् 1716 ई. में देवकुमारिका ने वैद्यनाथ की प्रतिष्ठा की थी एवं उसकी प्रशस्ति में 'वैद्यनाथ-प्रसाद-प्रशस्ति' नामक काव्य की रचना की। ग्रन्थ के प्रारम्भ में वंशावली एवं उसका इतिहास भी दिया गया है एवं अपने पुत्र संग्राम सिंह के पट्टाभिषेक का वर्णन किया गया है। पुस्तक 142 पद्यों में रचित है। **मधुरवाणी** तंजोर के प्रख्यात राजा भूपाल रघुनाथ की सभा में कवयित्री थीं। इन्होंने स्वयं राजा द्वारा लिखित आन्ध्रभाषा की रामकथा का संस्कृत में अनुवाद किया था। ग्रन्थ अधूरा ही प्राप्त है। इन्हीं की समकालीन ही थीं **रामभद्राम्बा** और सम्भवतः रघुनाथ भूप के ही दरबार में थीं, क्योंकि उनकी आज्ञा से ही कवयित्री ने 'रघुनाथाभ्युदय' की रचना की थी। यह काव्य रघुनाथ के जीवन और कार्यों पर आधारित है। रचना सत्रहवीं शताब्दी के उत्तरार्ध की है। गंगा देवी का 'मधुर विजय' अथवा 'वीर कम्पराय चरित्र' भी ऐतिहासिक काव्य है। महाराज बुक्क के सुपुत्र कम्पण की पत्नी थीं **गंगादेवी** और उन्होंने अपने काव्य में अपने पति की विजय-यात्राओं का सजीव एवं सत्य वर्णन किया है। 'घटनाओं में आँखों देखी सहजता झलक रही है और इसलिए यह विजय नगर के इतिहास के निमित्त नितान्त उपादेय तथा ग्राह्य माना जाता है।[2]

मध्ययुगीन महिला रचनात्मकता का यह चेहरा कुछ सवाल खड़े करता है, और कुछ ऐसे जवाब भी देता है जो अभी तक दिये नहीं गये थे। सबसे पहली बात यह कि इन कवयित्रियों ने लोकभाषा को तरजीह नहीं दी। विशेष रूप से मुगल दरबार में हिन्दी कविता समादृत थी और बोलचाल की भाषा भी हिन्दी ही रही होगी। इसके बावजूद बादशाहों ने तो हिन्दी में लिखा, लेकिन बेगमों ने नहीं। यही बात संस्कृत में लिखनेवाली कवयित्रियों के लिए कही जा सकती है। सत्रहवीं शताब्दी में ब्रज, अवधी, राजस्थानी सभी काव्यभाषाएँ थीं। दक्षिण भारत में तो लोकभाषा में रचने की परम्परा बहुत पुरानी है। फिर लोकभाषा का तिरस्कार क्यों हुआ ? यहाँ यह बात भी ध्यान देने की है कि

---

1. राहुल सांकृत्यायन, संस्कृत काव्यधारा, पृ. 556; 2. डॉ. बलदेव उपाध्याय, संस्कृत साहित्य का इतिहास, पृ. 283

भक्त कवियों—खासतौर पर विद्वान कवियों ने कुछ बड़े गर्व के साथ लोकभाषाओं को नहीं अपनाया था। कबीर के कवि-व्यक्तित्व की रचना ही विद्रोह से हुई थी, इसलिए वे कह सके :

संसकिरत है कूपजल भाषा बहता नीर।

लेकिन यह स्थिति तुलसी की नहीं थी। शायद भाषा में लिखना जगहँसायी का बायस था। इसलिए वे स्वयं निरीह भाव से स्वीकार कर लेते हैं :

भासा भनति भोरि मति मोरी
हँसिबे जोग हँसहिं नहिं खोरी ॥

यह निर्णय लेने के फलस्वरूप उन्हें पण्डित वर्ग का आजीवन विरोध सहना पड़ा, यद्यपि रामचरितमानस में उन्होंने संस्कृत में स्तोत्र और स्तुतियाँ दी हैं। शायद किसी हीनता-बोध के प्रतिकार के लिए, या संस्कृत में भी लिख सकने की क्षमता-प्रमाणित करने के लिए। परन्तु केशवदास। वे दरबारी कवि थे और शास्त्रीय पद्धति से बँधे थे इसलिए वे यह कहकर एक प्रकार से आत्मपीड़न ही करते हैं :

भासा बोल न जानहीं, जिनके कुल के दास।
तिन भासा कविता करी, जड़मति केसवदास ॥

दूसरी बात यह कि, ये दोनों वर्ग—फारसी और संस्कृत—राजदरबारी हैं। वे बेगम हैं, राजा की पुत्री हैं, पत्नी हैं और माँ हैं, यह बात वे भूलतीं नहीं और यह अपेक्षा रखती हैं कि लोग भी न भूलें। अपने पति, भाई या पुत्र को महिमामण्डित करने के लिए कविता लिखना शायद पहली बार सम्भव हुआ है। पहली बार दरबारी कवियों के रूप में महिलाओं से साक्षात्कार करते हैं, यद्यपि दक्षिण भारत में यह परम्परा पुरानी है। तीसरी और बहुत बुनियादी बात यह कि क्या साहित्येतिहास में भाषागत चेतनाएँ पृथक्-पृथक् अस्तित्व रख सकती हैं, और फिर भी उनका सह-अस्तित्व सम्भव है ? इस सम्बन्ध में नये सिरे से विचार की जरूरत है। सम्भव है साहित्येतिहास की पूरी संरचना ही हिल जाए; फिर भी यह जोखिम उठाना होगा। इतिहास के खतरों से लड़ने के लिए इतिहास में खतरे उठाने से डरना नहीं चाहिए। चौथी बात यह कि दोनों ही वर्गों की कवयित्रियों ने अपनी-अपनी भाषाओं की काव्य रूढ़ियों का पालन किया है। जाहिर है, दोनों ही भाषाओं की पुष्ट-काव्यपरम्पराएँ हैं। जो कुछ भी उदाहरण हमें मिलते हैं, उनसे इतना तो कहा ही जा सकता है इनमें स्त्रीत्व की छाप नहीं है। इसका एक कारण तो यह कि फारसी और संस्कृत दोनों में ही क्रियाएँ लिंग के द्वारा निर्धारित नहीं होतीं, परन्तु वस्तु और दृष्टि भी उससे अछूती ही है। उदाहरण के लिए वीरता का वर्णन है तो वही शत्रु की स्त्रियों की दुर्दशा का बखान, वही परम्परागत अतिशयोक्तियाँ और

अतिकथन। हम इस तथ्य को इस बिन्दु से भी देख सकते हैं कि इन भाषाओं का लोक-स्रोत सूख चुका था, इसलिए वे काव्यरूढ़ियों में परिणति हो गयी थीं।

II

भाषाओं का इतिहास कभी-कभी साहित्येतिहास को उलझा देता है और भ्रम की स्थितियाँ पैदा कर देता है। भाषिक इतिहास भाषाओं के विकास को एक शृंखला के रूप में रखते हैं। भारत के सन्दर्भ में वैदिक संस्कृत–संस्कृत–पालि–प्राकृत–अपभ्रंश और नव्यभारतीय भाषाएँ। इसका परिणाम यह हुआ है कि हम इन भाषाओं के साहित्यों को भी यही क्रम देते रहे हैं। यदि प्राकृत की रचना है तो वह अपभ्रंश से पहले की रही होगी। ऐसा करते समय यह तथ्य बिल्कुल ही भुला दिया जाता है कि रचनाएँ समानान्तर भी हो सकती हैं–होती हैं। मध्यकाल में तो 'षटभाषा' का ज्ञान और उनमें लेखन एक प्रकार से काव्य-रूढ़ि ही बन गयी थी। इसके बिना रचनाकार की विद्वत्ता प्रमाणित ही नहीं होती थी। संस्कृत में तो लेखन आज भी हो रहा है, लेकिन प्राकृत और अपभ्रंश की रचनाएँ समान्तर होती रही हैं। यही बात अपभ्रंश और पुरानी हिन्दी की रचनाओं के लिए कही जा सकती है। इसी आधार पर रचनाओं का काल-निर्धारण अनावश्यक रूप से इधर-उधर खिसकाया जाता रहा, और हिन्दी साहित्येतिहास काफी समय तक विवादों से घिरा रहा।

मध्ययुगीन नवजागरण और भारतीय नव्य आर्यभाषाओं का प्रारम्भ लगभग एकसाथ ही हुआ है। कहना चाहिए उन्होंने एक-दूसरे को सम्भव बनाया है। हर्षवर्धन युग की समाप्ति नव्य भारतीय आर्यभाषाओं का प्रारम्भ माना जाता है। यह एक सामान्य सूत्र है कि भारतीय इतिहास के प्रवाह में जब-जब रिनेसा घटित होते हैं, तब-तब सामाजिक सतह में भारी फेर-बदल होता है। समाज के कमतर समझे जानेवाले वर्ग और स्त्री एक उर्वर धरती की तरह विस्तारित होते हैं। बौद्ध-जैन युग में भी यह घटित हुआ था और मध्ययुगीन नवजागरण में भी ये स्थितियाँ बनीं–संघटित हुईं। यही कारण है कि इन युगों में स्त्री लेखन हुआ भी, संकलित भी हुआ और मूल्यांकित भी।

हिन्दी साहित्येतिहास का मोटा-मोटा ढाँचा चतुर्युगीय चौखाना है। थोड़े-बहुत हेर-फेर से, इसके लचीलेपन से फायदा उठाते हुए उसे दोहराया गया है। रामचन्द्र शुक्ल के छापवाले इस विभाजन में यह मान लिया गया है कि हिन्दी साहित्य चार कालों में बाँटा जा सकता है। आदिकाल–बनाम वीरगाथा काल (सं. 1050-1375) मध्यकाल बनाम भक्तिकाल (1375-1700) मध्यकाल उत्तरार्ध बनाम रीतिकाल (1750-1900) एवं आधुनिक काल बनाम गद्यकाल (1900-) इस वर्गीकरण में सबसे अधिक विवाद का विषय रहा आदिकाल–बनाम वीरगाथा काल। इसके प्रारम्भ को लेकर विवाद है, इसके नामकरण को लेकर विवाद है, इसकी भाषा को लेकर विवाद है, इसकी रचनाओं को लेकर विवाद है और रचनाओं की प्रामाणिकता को लेकर भी विवाद है। हम वे विवाद

दोहराना नहीं चाहते[1], लेकिन यह तय है कि इस विवाद का मूल कारण हमारी वह दृष्टि है जो मानती है–

कि, केवल लिखित शब्द ही प्रामाणिक होता है।
कि, ऐतिहासिक विवरणों से पुख्ता कृति ही प्रामाणिक है।
कि, जो कृति पहले लिखी गयी उसका ऐतिहासिक महत्त्व अधिक है।
कि, ऐतिहासिकता और प्रामाणिकता एक ही चीज है।
कि, दरबारी इतिहास-लेखन हमेशा सच बोलता है।
कि, लोकसाहित्य, चूँकि मौखिक होता है, अतः उसे इतिहास से–साहित्येतिहास से खारिज किया जा सकता है।

यदि यही मानकर चलें तो आज तक कोई भी प्रामाणिक रचना लिखी ही नहीं गयी। उदाहरण के लिए वेदों को लें तो उनकी रचना सदियों तक होती रही और वे बहुत बाद में संकलित हुए। क्या इसीलिए उन्हें अप्रामाणिक माना जा सकता है ? यही स्थिति रामायण और महाभारत जैसे महाकाव्यों की है। दरबारी साहित्य भी सबकुछ सच नहीं बोलता। जब हम आज के इतिहास को सच बोलना नहीं सिखा सके, फिर वह तो मध्ययुगीन इतिहास है जो सिर्फ विजय और पराजय की भाषा बोलता है। वस्तुतः लोक में विकसनशील काव्य, लोक में रूपान्तरित काव्य और लोक से हस्तान्तरित काव्य में अन्तर किया जाना चाहिए। यह अन्तर बहुत बड़ा न भी हो, तो भी, उनसे अलग-अलग तरह के 'माडल' तैयार होते हैं। पहले के उदाहरण पृथ्वीराज रासो है, दूसरे का 'आल्हाखण्ड' और तीसरे का 'ढोला मारू री चउपई'। चन्द्रकृत पृथ्वीराज रासो मूल रूप से लिखा गया था और कवि-पेशा जातियों में मौखिक रूप से प्रचलित होने के कारण विकसित होता रहा। आधुनिक रूप में संकलित होने से पहले उसके चार रूपान्तर बन चुके थे। विकसित होने के बाद भी उसका असली चेहरा शेष है, उसके प्रमाण भी मिल चुके हैं। 'आल्हाखण्ड' लोक में रूपान्तरित काव्य है, उसका स्वतन्त्र रूप से लोक में विकास होता रहा है, यहाँ तक कि कथ्य को छोड़कर उसका कोई असली चेहरा नहीं है। इससे ठीक पलट है लोक से हस्तान्तरित काव्य 'ढोला मारू री चउपई'। राजस्थान में ढोला मारू रा दूहा लोक काव्य माना जाता है। जैन कवि कुशललाभ ने उन दोहों के आधार पर, उनका समावेश करते हुए, सम्पूर्ण कथा को चउपई में लिखा। वे स्वयं कहते हैं :

दूहा घणा पुराना अछइ
चउपई बन्ध किया मैं पछइ ॥

साहित्येतिहास अपने औजारों का प्रयोग करते हुए सबकी सहायता लेता है। उसे लेना चाहिए। क्योंकि किसी बँधी-बँधायी लीक पर काम करना स्वयं भटकना ही नहीं

1. डॉ. सुमन राजे, साहित्येतिहास : आदिकाल

है, बल्कि भटकन भरे रास्तों का निर्माण करना है।

जब सम्पूर्ण आदिकालीन हिन्दी साहित्य की स्थिति असमंजस में हो तो उस युग के स्त्रीलेखन का सवाल उठाना जोखिम भरा हो भी तो भी उससे और कतराया नहीं जा सकता। मेरा यह मानना है कि इस तथाकथित आदिकाल का जो भी स्त्रीलेखन है वह लोकगीतों और लोकगाथाओं के रूप में है, जिसे साहित्येतिहास के क्षेत्र से बाहर कर दिया है। यह एक गतिशील साहित्य है, जिसमें विभिन्न युगों की पहचान एक साथ बहती है। इसे हम जीवन्त इतिहास कह सकते हैं। श्री रामनरेश त्रिपाठी ने अपने 'ग्राम गीत' की भूमिका में विभिन्न युगों के साहित्य के सन्दर्भ से यह प्रमाणित किया है कि प्रत्येक युग में लोकगीतों की स्थिति थी। देवेन्द्र सत्यार्थी इसमें इतना और जोड़ते हैं कि लोकगीत इतिहास की ही नहीं भूगोल की भी यात्रा करते हैं। अमीर खुसरो के हवाले से एक प्रमाण भी दिया जा सकता है। खुसरो का जन्म हिज्री 653 (1253 ई.) में हुआ था। कहते हैं उन्होंने सात बादशाहतें देखी थीं और कई भाषाओं में रचनाएँ की थीं, लेकिन उन्हें सबसे अधिक प्रेम 'हिन्दवी' से था। यह नाम भी दिल्ली के आस-पास की भाषा को उन्होंने ही दिया था। 'तूतिए हिन्द' का 'हिन्दवी' प्रेम केवल उनकी ब्रज और खड़ी बोली की रचनाओं में नहीं है, बल्कि उन लोकगीतों में है जो उन्होंने लिखे या संकलित किये थे। उनके नाम से संकलित दो बाबुल गीत हैं :

काहे को बियाहे बिदेस
सुन बाबुल मोरे।
हम तो बाबुल तोरे बागों की कोयल
कुहकत घर-घर जाऊँ। सुन बाबुल...
हम तो बाबुल तोरे खेतों की चिड़ियाँ
चुग्गा चुगत उड़ि जाऊँ रे। सुन बाबुल...
हम तो बाबुल तेरे बेले की कलियाँ
जो माँगे चली जाऊँ ॥ सुन...
हम तो बाबुल तेरे खूँटे की गइया
जित हाँको हँक जाऊँ। सुन...

दूसरा बाबुल गीत है :

काहे को ब्याहे परदेस
सुन बाबुल मोरे।
भइया को दीहे महला दुमहला
हम को दीहे परदेस ॥ सुन.
हम तो बाबुल तेरे खूँटे की गइया
हाँका-हुँकी जाऊँ परदेस। सुन.

हम तो बाबुल तेरे पिंजरे की चिड़ियाँ
रात बसे उड़ जाऊँ ॥ सुन.
ताख भरी मैंने गुड़ियाँ जो छोड़ी
छोड़ा दादा मियाँ का देस ॥ सुन.
प्यार भरी मैंने अम्मा जो छोड़ी
छोड़ी दादी जी की गोद ॥ सुन.

दोनों ही गीत, दो दशकों पहले तक कन्या की विदाई में गाये जाते थे, थोड़े बहुत रूपान्तर के साथ। खुसरो के नाम से संकलित अन्य लोकगीतों और इन बाबुल गीतों में कुछ अन्तर हैं, जिन पर विचार करना आवश्यक है। पहली बात तो यह कि, सभी गीतों में, यहाँ तक कि पहेलियों में भी खुसरो की 'छाप' अवश्य है, जो इन गीतों में नहीं है। दूसरी बात यह कि अपने अन्य गीतों में अन्त की पंक्तियों में खुसरो ने पूरे गीत का आध्यात्मिकीकरण कर दिया है, जिनसे ये बाबुल गीत मुक्त हैं। उदाहरण के लिए—

परबत बाँस मँगाव मोरे बाबुल,
नींका मँडुवा छवावो री
डोलीया फँदाय पिया ले चले हैं
अब संग कोई नहीं आव री
निजामुद्दीन औलिया बहियाँ पकरि चले
धरिहौं वाके पाँव री।[1]

पूरे गीत का आध्यात्मिकीकरण अन्तिम पंक्तियों से हो जाता है। ऐसी कोशिश बाबुल-गीतों के साथ नहीं की गयी है। स्पष्ट है, कि वे खुसरो की रचनाएँ नहीं हैं। एक सच्चे और संवेदनशील रचनाकार होने के नाते खुसरो ने उनका संकलन किया है। गीत पहले से चले आ रहे होंगे। कम-से-कम उन्हें खुसरो के काल का तो माना ही जा सकता है। जहाँ तक प्रामाणिकता का सवाल है यह खुसरो की अरबी-फारसी की रचनाओं के सम्बन्ध में तो नहीं उठाया जाता ? क्या सिर्फ इसलिए कि ये हिन्दी लोकगीत हैं, इसलिए इनकी गुजर-बसर साहित्येतिहास में नहीं हो सकती।

आचार्य रामचन्द्र शुक्ल ने कृतियों में 'बहुसंख्यक' सिद्धान्त के सहारे यह मान लिया कि हिन्दी साहित्य के आदि या प्रारम्भिक काल में वीरगाथाओं की प्रमुखता थी इसलिए वह वीरगाथा काल है। डॉ. रमाशंकर शुक्ल 'रसाल' ने महिला लेखन पर लिखते हुए वीरगाथा काल पर निम्नलिखित टिप्पणी की है :

'हिन्दी के 'जयकाव्य' की रचना में, जहाँ तक हिन्दी साहित्य का इतिहास और विद्वानों का अन्वेषण बतलाता है, स्त्रियों ने कोई भाग नहीं लिया। 'जयकाव्य' के काल

1. सुदर्शन चोपड़ा, अमीर खुसरो, पृ. 48

में देश और समाज जटिल राजनीतिक परिस्थितियों के कारण अशान्त और उद्विग्न था। इस समय में केवल वैसे ही काव्य की रचना हो सकती थी जिसमें वीररस की वह धारा उमड़ती हो जो प्रत्येक व्यक्ति की रग-रग में शौर्य-रक्त का प्रवाह कर दे और वह देश की सत्ता-स्वातन्त्र्य तथा गौरव की रक्षा में अपना बलिदान करके देश और समाज का भाल ऊँचा करे। ऐसे समय में और इस प्रकार के साहित्य की रचना के क्षेत्र में स्त्रियाँ कितना कार्य कर सकती हैं, यह स्पष्ट ही है।' आगे वे व्यंग्य-परक-रसिकता को बढ़ाते हुए कहते हैं, 'यदि पुरुष अपने पुरुषत्व को त्यागकर, कायरता के कोने में बैठ विश्राम करें और देश तथा समाज की स्वातन्त्र्य सौख्य की अवहेलना करके युद्ध में उन्मन हों और कवि लोग अपने वीर कड़खों से उन मृतप्राय शरीरों में शौर्य जीवन से द्रुतगामी रक्त का प्रवाह न करें तो अवश्यमेव स्त्रियों का यह कर्तव्य होगा कि वे वीरता के साथ निकलकर वीरों के कापुरुषत्व की तीव्र शब्दों में विगर्हणा करते हुए वीरता के कड़खे गाएँ और समरांगण में चण्डी नृत्य करें। जिस समय का हम उल्लेख कर रहे हैं, उस समय में यह दशा न थी।...अतः स्त्रियों के लिए यह आवश्यक न था कि वे वीरकाव्य गाते हुए रणांगण में आवें। उनका एक अनिवार्य कर्तव्य यही रह गया था कि वे विजयश्री को देखकर प्रमोदामोद से वीर पुरुषों की आरती उतारें, या पराजयकालिमा को देखकर शत्रुओं के अनाचार प्रारम्भ करने के पूर्व ही जौहर आदि के द्वारा देश और समाज की लज्जा की रक्षा करते हुए अपने पंच-भौतिक पिंजर से प्राण पखेरुओं को निकालकर स्वर्गारोहण करें और वहाँ अपने वीरगति प्राप्त प्रियजनों से पुनर्मिलन प्राप्त करें। यही मुख्य बात है कि 'जयकाव्य' काल में स्त्रियों ने साहित्य-रचना के क्षेत्र में कार्य नहीं किया।'[1] पण्डित, विद्वान, कवि और आलोचक की टिप्पणी पर प्रतिक्रिया का कोई अर्थ नहीं है। आश्चर्य यह है कि, जिस देश के साहित्यशास्त्र में वीरता की परिधि के अन्तर्गत युद्धवीर के साथ दयावीर, धर्मवीर और दानवीर भी समादृत हों वहाँ स्त्रियों को 'जौहर' की सलाह देने का अर्थ क्या है। वीरता की परिभाषा में सिर्फ कन्याहरण के लिए किये गये युद्ध आते हैं या 'नगनजड़ाती थीं वे नगन जड़ाती हैं' के अन्दाज में शत्रु-स्त्रियों की दुर्दशा का चित्रण ही आता है ? राजस्थान में वीर लोकगीतों एवं छन्दों का भी विपुल भण्डार है। कई दोहे तो हेमचन्द्र द्वारा प्राकृत व्याकरण में उद्धृत दोहों से लगभग शब्दशः मिल जाते हैं। आश्चर्य नहीं कि हेमचन्द्र ने उन्हें वहीं से संकलित किया हो। आचार्य हेमचन्द्र लोकमनीषा को आदर देनेवाले विद्वान थे। अपने व्याकरण में जहाँ उन्होंने प्राकृतों के लिए आंशिक उद्धरण दिये हैं, वहीं अपभ्रंश के लिए पूरे-पूरे दोहे रखे हैं। यही नहीं, अपनी 'देशी नाम माला' में ठेठ देशी शब्दों का भी संग्रह किया है। श्री चन्द्रधर शर्मा 'गुलेरी' ने इस प्रकार के दोहे अपनी 'पुरानी हिन्दी' में उद्धृत किये हैं। इस प्रकार के कुछ दोहे रामनरेश त्रिपाठी ने दिये हैं :

---

1. स्त्री कवि कौमुदी, भूमिका

तन तलवाराँ तिलछियो, तिल तिल ऊपर सींव।
आला घावाँ ऊठसी, छिन एक ठहर नकीब ॥

(हे चारण ! मेरे वीर पति का शरीर तलवार के घावों से टुकड़े-टुकड़े हो गया है, वह एक-एक तिल की दूरी पर सिला हुआ है। तेरी कविता सुनकर वह गीले घावों ही उठ खड़ा होगा, इसलिए हे चारण तू जरा ठहर जा।)

परणताँ म्हें परखियो, मूछाँ तणीं अणीं।
म्हें तो लाँबी पहेरश्याँ, पण जद पेन्हे घणीं ॥

(नववधू कहती है—विवाह के समय पति की मूँछ की नोक ऊपर उठी हुई देखकर ही मैं तो समझ गयी थी कि विधवा होऊँगी। पर कब ? जब हजारों स्त्रियाँ विधवा हो लेंगी तब।)

धर धरती पग पागड़, अरियाँ तणों गरड्ड।
हजू न छोड़े साहबा, मूछाँ तणों मरड्ड ॥

(लड़ते-लड़ते धड़ पृथ्वी पर आ गया, पैर रकाब में हैं, शत्रुओं ने चारों ओर से घेर रखा है, फिर भी मेरे पति मूँछों का मरोड़ना नहीं छोड़ते।)

बात केवल लोकसाहित्य की ही नहीं है। जहाँ नामसहित स्त्रीलेखन हुआ है, साहित्य और इतिहासकारों में उसके लिए भी उदासीनता का भाव रहा है। उदाहरण के लिए कश्मीरी साहित्य का प्रारम्भ सन्त कवयित्री लल्लद्येद से होता है, परन्तु उनके समकालीन इतिहासकारों ने उनका नोटिस ही नहीं लिया। हम सब अपने अनुभव से जानते हैं कि उपेक्षा से मारक कोई हथियार नहीं होता। जोनराज, (1459 ई.) जो कल्हणकृत राजतरंगिणी के वर्णन को 1150-51 से आगे बढ़ाकर सुल्तान जैनुलाबदीन (1420-70) के शासनकाल के मध्य तक ले गये, ने मुसलमानों के प्रधान धर्म-गुरु मुल्ला नूरुद्दीन की चर्चा अवश्य की है किन्तु लल्लद्येद के बारे में कुछ भी नहीं कहा है। इसी प्रकार, श्रीवर की जैनराज तरंगिणी जिसमें 1459-1486 ई. तक का इत्तिवृत्त दर्ज है, प्राज्ञ भट्ट की 'राजावलि पताका' जो अब विनष्ट हो चुकी है और जिसमें 1486 से लेकर 1513 तक इतिहास आकलित था तथा प्राज्ञभट्ट के ही शिष्य शुक के इतिहास में जो 1586 ई. तक फैला है, लल्लद्येद के विषय में एक भी शब्द नहीं मिलता। और तो और 1746 ई. तक फारसी में लिखे इतिहासों—ताराखी-ए-रशीदी (1546), बहारिस्तान-ए-शाही (1614) तथा नवदिर-ए-अखबार (1723) में भी इस कवयित्री का कोई उल्लेख प्राप्त नहीं होता।[1] इन इतिहास ग्रन्थों में उसके समकालीनों—सैयद अली हमदानी, शेखनूरुद्दीन

1. डॉ. शिबन कृष्ण रेणा, कश्मीरी कवयित्रियाँ और उनका रचना-संसार, पृ. 8

वली आदि के नाम तो लिये गये हैं, पर लल्लेश्वरी के विषय में एक दीर्घ मौन ही है।[1] अठारहवीं शताब्दी के मध्य में इतिहासकारों का ध्यान इस ओर गया। आखिर हम किस इतिहास और उसकी प्रामाणिकता की बात करते हैं ? सर्वप्रथम डॉ. ग्रियर्सन ने 1920 में पं. मुकन्दराम शास्त्री की सहायता से 'ललवाक्यानि' नाम से लल्लद्येद के वाखों का संग्रह किया था। आखिर 1350 से 1920 ई. तक लगभग छः सौ वर्षों तक लल्लेश्वरी कहाँ थी ? शायद साहित्य के अन्दर इतिहास के बाहर।

मध्ययुगीन महिला-लेखन का दूसरा चेहरा हिन्दी साहित्येतिहास के मध्यकाल से जुड़ा है जिसके पूर्वार्द्ध को भक्तिकाल और उत्तरार्ध को रीतिकाल के नाम से पुकारा जाता है। निःसन्देह ये नाम आचार्य रामचन्द्र शुक्ल के दिये हुए हैं। जहाँ तक महिला-लेखन का सवाल है, उसके लिए इस अन्तर्विभाजन की आवश्यकता नहीं है। पुरुष-लेखन और महिला-लेखन में एक बहुत बड़ा अन्तर साफ-साफ देखा जा सकता है। भक्तिकाल का पुरुष-लेखन आचार्यों, मन्दिरों और मठों की परम्परा में विकसित हुआ है। इसमें सम्प्रदायगत अन्तर भी हैं। भक्ति-आन्दोलन को दक्षिण से उत्तर लाने का श्रेय वैष्णव आचार्यों को दिया जाता है, जिनमें रामानुज एवं रामानन्द का प्रभाव अधिक व्यापक रूप से पड़ा। सन्त सम्प्रदाय, जिसका जन्म विद्रोह के गर्भ से हुआ था, अपने गुरुओं के नामवाची सम्प्रदायों में बँट गया। रामकाव्य की दो धाराएँ तो स्पष्ट थीं मर्यादावादी और रसिक सम्प्रदाय की। कृष्ण काव्य के तो अपने सम्प्रदाय थे और उनके अपने भक्त कवि भी। कम-से-कम तीन केन्द्र तो निश्चित रूप से माने जा सकते हैं, वल्लभ सम्प्रदाय, चैतन्य सम्प्रदाय और राधा वल्लभ सम्प्रदाय। वल्लभ सम्प्रदाय के अन्तर्गत सूरदास सहित अष्टछाप के कवि सम्मिलित हैं। चैतन्य सम्प्रदाय के कवि यद्यपि उतने लोकप्रिय नहीं रहे, परन्तु उनकी संख्या पर्याप्त है। माधव दास, रामराय, गदाधर भट्ट, विष्णुदास प्रमुख हैं। राधावल्लभ सम्प्रदाय के कवियों में हित हरिवंश, हरिराम व्यास, चतुर्भुजदास आदि के नाम लिये जा सकते हैं। सूफियों के भी विभिन्न सिलसिले और उनसे सम्बन्धित कवि हैं।

इस दृष्टि से भक्तिकालीन महिला-लेखन एक बहुत बड़ा मिथक तोड़ता है। इस साहित्य का बड़ा भाग विधिवत् दीक्षा लेकर मन्दिरों और मठों में बैठकर नहीं लिखा गया। इसीलिए शुक्ल जी को मीरा के लिए 'फुटकर' खाता खोलना पड़ा। यह अधिकांशतः राजघरानों में लिखा गया है, घरों में रहते हुए लिखा गया। हाँ, मीरा पर तो कोई भी सामान्य कथन लागू नहीं होता। डॉ. सावित्री सिन्हा ने मध्यकालीन कवयित्रियाँ पर शोध प्रबन्ध लिखते हुए लगभग सभी उपलब्ध सामग्री का उपयोग कर लिया था। इस दृष्टि से वह महत्त्वपूर्ण कार्य है। बात यहीं खत्म नहीं हो जाती। गिनाने के लिए हमारे पास कवयित्रियों की एक खासी संख्या भी है, परन्तु, वास्तविक मुद्दा तो यहाँ से शुरू होता

1. कश्मीरी साहित्य का इतिहास, पृ. 29

है। सन् 1943 के बाद खोज रिपोर्टों का प्रकाशित न होना क्या यह संकेत करता है कि, खोज सम्पूर्ण हो चुकी, या उसकी आवश्यकता समाप्त हो गयी ? सघन खोज से जो विपुल हस्तलिखित सामग्री प्रकाश में आयी थी, उनपर आधारित पाठानुसन्धान आदि की उत्साही पद्धतियाँ प्रचलित हुई थीं, वे केवल कुछ विस्फोट करके शान्त हो गयीं। जो सामग्री प्रकाश में आयी भी थी उसके संरक्षण का प्रयास भी कुछ खास नहीं हुआ। खोज रिपोर्टों में जिन ग्रन्थों की सूचना मिली, अब वे भी अप्राप्य हैं। उन्हें जानने की इच्छा रखनेवाले जितने कम हैं, उन्हें पढ़ने की योग्यता रखनेवाले उनसे भी कम हैं। अतः कुछ कवयित्रियों की तो अब वे ही रचनाएँ शेष हैं जो खोज रिपोर्टों में उदाहरण के रूप में दी गयी हैं।

हम प्रारम्भ मीरा से कर सकते हैं। हिन्दी कवयित्रियों में यही एक ऐसा नाम है जिसकी उपेक्षा कोई साहित्येतिहास नहीं कर सका। भारतीय और पाश्चात्य विद्वानों के कार्य की एक लम्बी सूची गिनायी जा सकती है। अधिकतर लोगों ने उनके जीवन को केन्द्र बनाकर लिखा है। मीरा की अधिकांश रचनाओं के, उनकी काव्यभाषा के कारण, तीन संस्करण प्राप्त होते हैं—राजस्थानी, ब्रज और गुजराती। तीनों ही भाषाओं को मिलाकर उनकी रचनाओं की संख्या सौ तक पहुँच ज़ाती है। मीरा का जीवन भी दन्त-कथाओं के प्रभामण्डल से घिरा हुआ है। कुछ सर्वमान्य बिन्दु इस प्रकार हैं। जन्म सं. 1516 वि. मेडताराज्य में—बचपन से कृष्ण से प्रीति—राणा सांगा के द्वितीय पुत्र भोजराज से विवाह—पति की मृत्यु—और वास्तविक संघर्ष की शुरुआत। सम्भवतः उनसे सती हो जाने की अपेक्षा की गयी थी जो कि उस समय की मान्य परिपाटी थी। शायद उनसे कहा भी गया हो। परन्तु मीरा ने यह कहते हुए इनकार कर दिया :

जग सुहाग मिथ्या रे सजणी होवां हो मिट जासी।
गिरधर गास्यां, सती न होस्या मन मोहयो घनमाणीं॥

एक मध्ययुगीन समाज में, राजस्थान के राजघराने की रानी 'सती' होने से इनकार कर दे, निश्चित रूप से यह एक हिला देनेवाली घटना रही होगी। अपने सौन्दर्य और मधुर कण्ठ के लिए प्रख्यात मीरा का विद्रोही व्यक्तित्व यहीं नहीं रुका। पारम्परिक पर्दा, जिसे वे 'लोकलाज' कहती है छोड़कर कुल की 'कानि' को ठुकराकर वे साधु-संगति ही नहीं करती थीं, इकतारा बजाकर 'पद' गाती थीं, पैरों में घुँघरू बाँधकर नाचा करती थीं। आश्चर्य नहीं कि उन्हें मार डालने के प्रयास किये गये। कभी सर्प भेजा गया, कभी विष का प्याला, जिसका सामना मीरा ने नितान्त निजी ढंग से किया। सर्प को 'सालिगराम' और विष को 'चरणामृत' के रूप में स्वीकार किया। लेकिन पारिवारिक और राजनीतिक अत्याचार बढ़ते ही गये। इसी प्रसंग में वह प्रसिद्ध कथा है कि उन्होंने तुलसीदास को पत्र लिखकर अपने लिये करणीय पूछा। उत्तर में तुलसी का पद प्राप्त हुआ 'जाके प्रिय न राम वैदेही। तजिए ताहि कोटि बैरी सम जद्यपि परम सनेही' और

मीरा ने घर छोड़ दिया। भक्ति का चरम लक्ष्य पाने के लिए वे वृन्दावन पहुँचीं। वहाँ उनका मन भी खूब रमा 'आली मोहे लगत बिन्द्रावन नीको'। वृन्दावन में श्री रूप गोस्वामी के भतीजे जीव गोस्वामी जी निवास करते थे। मीरा ने उनसे मिलना चाहा परन्तु उन्होंने भीतर से कहला दिया 'हम स्त्रियों से नहीं मिलते'। मीरा ने उत्तर दिया, 'मैं तो समझती थी संसार में एकमात्र पुरुष श्रीकृष्ण हैं, आज मालूम हुआ कि कोई दूसरा भी पुरुष है।' गोस्वामी बहुत लज्जित हुए, बाहर आकर मीरा से क्षमा-याचना की। वहाँ भी परिस्थितियाँ ऐसी बनती गयीं कि उन्हें वृन्दावन भी छोड़ना पड़ा 'राना की मलीन गति देखी बसी द्वारावति'। सम्भवतः वहीं उनका अन्तिम समय बीता। मृत्यु का समय लगभग सं. 1603 माना जाता है। जीवन चरित्र की तरह ही मीरा की रचनाओं के सम्बन्ध में पर्याप्त मतभेद हैं। कई पुस्तकें मीरा के नाम के साथ जुड़ी हैं जिनकी प्रामाणिकता सन्दिग्ध है। वस्तुतः मीरा की पहचान और ख्याति उनकी पदावली के कारण है।

मध्ययुगीन साहित्य में मीरा का जीवन और साहित्य नारी-विद्रोह का रचनात्मक आगाज है। उन्होंने इस कथन को सिद्ध कर दिया कि विद्रोही बनाये नहीं जाते, वे पैदा होते हैं। कृष्ण के प्रति पूर्ण प्रणति के साथ व्यवस्था से विद्रोह एक अद्‌भुत और विरल संयोग है। नारी-जीवन की सर्वमान्य व्यवस्था 'विवाह' से विद्रोह। कहते हैं कि विवाह के समय उन्होंने कृष्ण की प्रतिमा को हाथ में लेकर सप्तपदी पूरी की थी। ससुराल में बार-बार दबाव डालने पर स्पष्ट कहती हैं, 'जाके सिर मोर मुकुट मेरो पति सोई, मेरे तो गिरधर गुपाल दूसरो न कोई।' यानी पति सत्ता का तिरस्कार। पति की मृत्यु के बाद 'सती' होने से इनकार–परिवार सत्ता से विद्रोह। साधु-संगति और मुक्त हो गाना-नाचना, चिढ़ानेवाले अन्दाज में चुनौती देना 'छाँड़ि दई कुल की कानि कहा करिहै कोई', और फिर राज्यसत्ता से विद्रोह–

सिसोदियो म्हारो कोई क्या कर लेसी
राणा जी रूठ्यो वारो देश रखासी।

यहाँ तक तो शायद झेला जा सकता था, परन्तु उन्होंने धर्म की 'व्यवस्था' से भी विद्रोह कर दिया। जीवन की तरह साधना में भी मीरा ने किसी रूढ़ि का पालन नहीं किया। आचार्य रामचन्द्र शुक्ल ने उन्हें इसीलिए 'सम्प्रदाय-मुक्त' वर्ग में रखा है। कोई उन पर निर्गुण-प्रभाव खोजता है कोई सूफी। निर्मल स्वच्छ जल की तरह उनके काव्य में सबकुछ प्रतिबिम्बित है। इसीलिए परिवार और समाज की तरह 'धार्मिक-व्यवस्था' ने भी उन्हें बख्शा नहीं। 'चौरासी वैष्णवन की वार्त्ता' में मीरा के सम्बन्ध में इस प्रकार का प्रसंग दिया गया है ''एक दिन मीराबाई के श्री ठाकुरजी के आगे रामदासजी गावत हुते, तब मीराबाई बोली, जो दूसरो पद ठाकुर जी के गावो, तब रामदास जी ने कह्यो मीराबाई सौ, अरी दारी। ये राँड़ कौन के पद हैं। ये कहा तेरे खसम को मूड़ हैं। जा,

आज से तेरे मुँहणों कबहूँ न देखौगो। तब तहाँ से सब कुटुम को लेके रामदास जी उठ चले। मीराबाई ने बहुत बुलाये पर वे आये नहीं।"[1] "घर बैठे भेंटि पठई सोऊ फेरि दीनी और कह्यो जो रांड तेरी आचार्य जी महाप्रभून ऊपर ममत्व नहीं, तो हमको तेरी वृत्ति कहा करनी है।"[2]

जिस भाषा का प्रयोग मीराबाई के विरुद्ध किया गया है, उसमें उनके नारीत्व और वैधव्य पर ही मारक प्रहार हैं। भक्तमाल में मीरा के लिए जो छप्पय दिया गया है, उसमें भी मीरा के विद्रोह को रेखांकित किया है :

लोकलाज कुल शृंखला, तजि मीरा गिरधर भजी।
सदृश गोपिका प्रेम प्रकट कलिजुगहिं दिखायौ।
निरंकुश अति निडर रसिक जस रसना गायौ
दुष्टनि दोष विचार मृत्यु को उद्यम कीयौ।
बार न बाँको भयो गरल अमृत कर पीयौ।
भक्ति निसान बजाय के काहू ते नाहिन तजी।
लोकलाज कुल-शृंखला तजि मीरा गिरधर भजी।

मीरा के भाव की अनुभूति किसी दर्शन या सम्प्रदाय के खाँचे में नहीं बैठायी जा सकती, जिस तरह कबीर का विद्रोही व्यक्तित्व काव्य और दर्शन की किसी निश्चित परिधि में नहीं अँटता, उसी तरह मीरा का गिरधर भी रूप-अरूप के दायरे में नहीं बँधता। हाँ, कबीर से इतर, एक स्थल और था मीरा की लड़ाई के लिए—उनका स्त्री होना, विधवा होना, रानी होना, भक्त होना, कवि होना। यह लड़ाई उन्होंने अन्तिम समय तक लड़ी।

मीरा का काव्य उनकी निजी अनुभूतियों का काव्य है। उनके आराध्य और उनके बीच कोई कथा नहीं है। कृष्ण के अनेक नामों में से उन्होंने 'गिरधर नागर' को चुन लिया था। कभी-कभी वे उन्हें जोगी कहकर भी बुलाया करती थीं। दरअसल सम्प्रदायवाद का झगड़ा इसलिए उठ खड़ा हुआ है कि, हम भक्ति-काव्य को केवल हिन्दी प्रदेश के सन्दर्भ में देखते हैं जहाँ सगुण-निर्गुण सम्प्रदाय का स्पष्ट विभाजन ही नहीं परस्पर द्वन्द्व भी है। मीरा का काव्य अन्तर्प्रान्तीय रूप से विकसित और प्रसारित काव्य है, इसीलिए उनकी अनुभूतियों में सगुण-निर्गुण एक साथ पैबस्त दिखते हैं। कभी वे कहती हैं :

जोगिया जी छाय रहा परदेस।
जब का बिछड़ा फेर न मिलिया, बहुरि न दियो सँदेस।
भगवा भेख धरूँ तुम कारण ढूँढ़त च्यारूँ देस ॥

1. डॉ. सावित्री सिन्हा, मध्यकालीन हिन्दी कवयित्रियाँ, पृ. 122 पर उद्धृत; 2. वही।

और कभी वे कहती हैं :

बसो मोरे नैनन में नन्दलाल।
मोहिनी मूरति साँवली सूरत, नैना बने बिसाल।
अधर सुधारस मुरली राजत उर बैजन्तीमाल ॥
छुद्र घण्टिका कटितट सोभित नुपूर सब्द रसाल।

वियोग की एकान्त संवेदना मीरा के काव्य की प्राणधारा है। विविध रागों में बँधकर वह शतधा होकर व्यक्त होती है।

बाबुल बैद बुलाइया रे पकड़ दिखाई म्हारी बाँह।
मूरख बैद मरम नहीं जाणें, करक करेजे माँह ॥
कागा सब तन खाइयो चुण चुण खइयो माँस।
दो नैणा मत खाइयो पिया मिलन की आस ॥

हिन्दी प्रदेश के एक हजार वर्षों के इतिहास में जिस तरह कबीर अकेले हैं, उसी तरह मीराबाई भी दूसरी नहीं हैं।

मीरा के बाद, ताज महत्त्वपूर्ण कवयित्री हैं। उनमें मीरा जैसा तेवर तो नहीं है, फिर भी, मुसलमान होते हुए भी, खुल्लम-खुल्ला कृष्ण-प्रेम में 'हिन्दुआनी' हो रहने की घोषणा करना, मध्ययुगीन मुगल-शासन में साहस का ही काम माना जाएगा। ताज का सर्वप्रथम उल्लेख शिवसिंह सरोज में है, परन्तु उनके लिए स्त्रीलिंग की क्रियाओं का प्रयोग नहीं है। उन्होंने ताज का जन्म संवत् 1652 वि. माना है, जिसकी पुष्टि मिश्रबन्धुओं ने भी की है।[1] इसके विपरीत मुंशी देवीप्रसाद इसे संवत् 1700 वि. तक ले जाते हैं। इस सम्बन्ध में गोविन्द गिल्लाभाई ने अपने एक पत्र में 'निर्मल' जी को लिखा था "ताज नाम की एक मुसलमान स्त्री कवि करौली ग्राम में हो गयी है।...वह नहा-धोकर मन्दिर में नित्यप्रति भगवान का दर्शन करती थी, उसके पश्चात् भोजन ग्रहण करती थी। एक दिन वैष्णवों ने उसे विधर्मिणी समझकर मन्दिर में दर्शन करने से रोक दिया, ताज उस दिन मन्दिर के आँगन में ही बैठी रह गयी और कृष्ण का नाम जप करती रही। ठाकुर जी स्वयं भोजन का थाल लेकर ताज के पास आये और कहने लगे–'तूने आज जरा भी प्रसाद नहीं खाया,–ले अब इसे खा।...' प्रातःकाल जब वैष्णव आये तो ताज ने सारी बातें उनसे कह सुनायीं।...वे सभी वैष्णव ताज के पैरों पर गिर पड़े। तब से ताज प्रतिदिन दर्शन करके प्रसाद ग्रहण करने लगीं। पहले ताज मन्दिर में जाकर ठाकुर जी का दर्शन कर आती थीं, तब और दूसरे वैष्णव दर्शन करने जाते थे।

जब मैं करौली गया था, तब अनेक वैष्णवों के मुख से मैंने यह बात सुनी थी।

---

1. मिश्रबन्धु विनोद, भाग-1, पृ. 461

वहीं मैंने इनकी अनेक कविताएँ भी सुनीं...। कितनी ही कविताएँ मैंने लिख भी ली थीं। ताज की दो सौ कविता मेरे हाथ की लिखी मेरे निजी पुस्तकालय में हैं।"[1]

पुष्टि सम्प्रदाय के वार्त्ता साहित्य में ताज को बादशाह अकबर की पत्नी माना गया है। 'भावसिन्धु' और 'श्री गोवर्धन जी के प्राकट्य' से ताज की जीवनी पर भी प्रकाश पड़ता है। 'भाव सिन्धु' के अन्त में 'ताज बीबी की वार्त्ता' दी गयी है। इसके अनुसार एक समय अकबर ने अपने किसी चित्रकार से गोसाईं विट्ठलनाथ का चित्र बनवाया और उसे ताज के महल में रखवा दिया। ताज के मन में उसके प्रति श्रद्धा जाग उठी। बीरबल की पुत्री शोभावती एवं रायवृन्दावन दास की पुत्री उसकी सहेलियाँ थीं। दोनों ही गोसाईं विट्ठलनाथ जी की सेविकाएँ थीं। ताज को यह भय था कि कहीं अकबर बादशाह अन्य बेगमों के प्रेम में उसे भूल न जाएँ। अतः एक दिन उसने शोभावती को भेजकर गोसाईं जी से पति को बस में रखने का उपाय पुछवाया। उन्होंने एक दोहा लिखकर शोभावती को दे दिया और कहलाया कि ताज अपने गले में इसे सोने की चौकी में मढ़वाकर पहनें। सपत्नियों को जब यह बात मालूम हुई तो उन्होंने सम्राट अकबर के कान भरे कि, ताज ने उनके ऊपर जादू करवाया है, जिसका मन्त्र भी वह अपने गले में बाँधे रखती है। बेगमों ने इस कार्य से बादशाह के अनिष्ट की आशंका व्यक्त की। अकबर ने पता लगाया तो सूचना सच निकली। ताज के गले में सोने की चौकी बँधी हुई थी। खोलने पर उसमें एक कागज निकला जिसमें यह दोहा लिखा हुआ था :

कामन, टामन, टोटिका, ये सब डारौ धोय।
पिया कहै सो कीजिए, आपहिं ते बस होय ॥

अकबर को जब पता चला कि यह दोहा गोसाईं विट्ठलनाथ ने लिख भेजा था तो उन्होंने ताज से कुछ भी माँगने को कहा। ताज ने गोसाईं जी से दीक्षा लेने की इच्छा प्रकट की, जिसे अकबर ने स्वीकृति दी। अब ताज दीक्षा प्राप्त कर एकान्त भाव से कृष्ण को समर्पित हो गयीं। मीरा की ही तरह ताज के अन्तिम समय की भी कथाएँ हैं। अपने अन्तिम समय में ताज के हृदय में महाविरह उत्पन्न हुआ :

नगर आगरा मैं रहौं, गिरि पर बसे मौ नाथ।
तोरर जंजीर जोभसौं, मैं प्रियतम के साथ।

अकबर स्वयं उन्हें लेकर गोवर्धन पहुँचे, वहाँ गोविन्द स्वामी और कुम्भनदास ताज की ही बनायी हुई धमार गा रहे थे। ताज प्रेम में व्याकुल हो गयीं, "वा समय श्रीनाथ जी ने सम्मुख कटाक्ष चलाये हैं। सो मिलबै कों दौरी। मणिकोंण की देहरी पै चढ़ि ऊयी। सोयी राय वृन्दावनदास की बेटी तथा बीरबल की बेटी शोभावती ने थाम लीनीं। सो

1. डॉ. सावित्री सिन्हा, मध्यकालीन हिन्दी कवयित्रियाँ, पृ. 186-187 पर उद्धृत

इनके (ताज के) प्राण अलौकिक देह धरिके वा लीला में प्राप्त भये और लौकिक देह को वे दोई जनि नीचे लेइ आयीं।" उनकी मृत्यु पर अकबर ने कहा, "जो जहाँ की वस्तु हति सो तहाँ पहुँची। ताज मुझे यहाँ यही वास्ते लिवाय के ले आयी हती।"[1]

ताज की रचनाओं के सम्बन्ध में भी स्थिति अधिक स्पष्ट नहीं है। कुछ विद्वानों का विचार है कि ताज नाम की दो कवयित्रियाँ हुई हैं। परम्परा इसे स्वीकार नहीं करती है। पदों के अतिरिक्त 'बीबी बाँदी का झगरा' भी ताज रचित बतायी जाती है, एवं श्री गोविन्द गिल्लाभाई ने एक ग्रन्थ बारहमासा की भी सूचना दी है, जिसके सम्बन्ध में विशेष कुछ ज्ञात नहीं है।

मीरा और ताज। इन दोनों के काव्य का आधार है, उनका सर्वथा निजी अनुभव। दोनों की ही प्रेमसाधना लीक से हटकर थी, उसमें लोक और शास्त्र का विचार नहीं था। लेकिन मीरा को जो संघर्ष करना पड़ा, वह ताज को नहीं यद्यपि समर्पण और साहस की कमी ताज में कहीं नहीं है :

सुनो दिलजानी मेरे दिल की कहानी तुम
दस्त ही बिकानी बदनामी भी सहूँगी मैं।
देवपूजा ठानी हौ निवाज हूँ भुलानी तजे।
कलमा कुरान सारे गुनन गहूँगी मैं।
श्यामला सलोना सिरताज सिर कुल्ले दिये
तेरे नेह दाग में निदाग है रहूँगी मैं
नन्द के कुमार कुरबान ताणी सूरत पै
हौं तो तुरकानी हिन्दुआनी है रहूँगी मैं।

यह बात आश्चर्य में डालनेवाली जरूर है कि मीरा को कृष्ण सम्प्रदाय के लोगों ने जिस प्रकार गरियाआ था, उन्होंने ताज का इस प्रकार समादर किया, उसका कारण क्या हो सकता था ? क्या इसलिए कि ताज अकबर की पत्नी थीं, और उनके साथ अकबर भी मन्दिर तक आये थे ?

राजस्थान में लगभग मीरा की ही भाँति लोकप्रिय हैं चन्द्रसखी। इनके गीत लोक साहित्य को हस्तान्तरित हो चुके हैं। केवल 'चन्द्रसखी भजु बालकृष्ण छिवि' की छाप ही उनकी पहचान है। विद्वानों ने इनके अस्तित्व पर कई सवाल दागे हैं, "चन्द्रसखी नाम युक्त भजनों का प्रणेता कहाँ का रहनेवाला, कौन था आदि बातें अज्ञात हैं। कहा जाता है कि सखी सम्प्रदाय के किसी कवि ने अपना उपनाम 'चन्द्रसखी' रखकर भजन बनाये थे। वे ही भजन चन्द्रसखी के भजन हैं।"[2] वैसे तो, यह एक सामान्य आक्षेप है जो प्रायः ही स्त्री रचनाकारों पर लगाया जाता है। कभी यह ख्याल क्यों नहीं आया

---

1. नन्दकिशोर मित्तल, ताज, धर्मयुग, 7 जनवरी, 1968, पृ. 25; 2. राजस्थान भारती, अप्रैल, 1950, राजस्थान का एक लोकप्रिय संगीतकार, चन्द्रसखी, पृ. 27

कि किसी स्त्री ने पुरुष नाम रखकर अमुक रचना की थी ? वैसे स्मृत इतिहास चन्द्रसखी को स्त्री ही मानता है। यह बात भी याद रखने की है कि 'सखी सम्प्रदाय' के कवियों की भक्ति शृंगारपरक है उसमें 'बालकृष्ण' की छाप कहीं नहीं मिलती। लोक कण्ठ में सुरक्षित रहने के कारण चन्द्रसखी की रचनाएँ मीरा की रचनाओं में घुल-मिल गयी हैं, उन्हें अलगाना कठिन है। उदाहरण के लिए—

मोर मुकुट पीताम्बर सोहै कुण्डल की झकझोर (मीरा)
मोर मुकुट पीताम्बर सोहै, कुण्डल झलकत कान (चन्द्रसखी)
दादुर मोर पपीहा बोले, कोयल सबद सुणाई (मीरा)
दादुर मोर पपीहा बोले, कोयल करत किलोल रे (चन्द्रसखी)

इस मिश्रण के बाद भी मीरा और चन्द्रसखी की 'छाप' में उनकी दृष्टि का अन्तर देखा जा सकता है। मीरा की प्रिय छाप है 'मीरा के प्रभु गिरधर नागर' और चन्द्रसखी की 'चन्द्रसखी भजु बालकृष्ण छिवि'। मीरा की जो निजता कृष्ण के साथ जुड़ी है, चन्द्रसखी ने उसके स्थान पर कृष्ण की बालछवि को प्रधानता दी है। इसका अर्थ यह नहीं कि चन्द्रसखी के नाम पर कृष्ण की बाललीलाओं के ही पद हैं। शृंगारिक पदों की संख्या भी अच्छी-खासी है। कभी-कभी तो शृंगार के पदों में भी बालछवि वाली छाप लगी मिलती है जो पद की रसधारा को गड़बड़ा देती है। सम्भव है 'चन्द्रसखी भजु बाल कृष्ण छिवि' वाली छाप इतनी अधिक प्रचलित थी कि गाते समय अनायास ही वही छाप स्वरों में आ जाती थी :

लट उरझी सुरझा जा मोहन मेरे कर मेहँदी लगी है।
माथे की बिंदियाँ गिरी रै पलँग पर, अपने हाथ लगा जा।
गले का हार मोरा टूट गया है, अपने हाथ पहना जा।
सिर की चुनरिया सरक गयी है, अपणे हाथ उढ़ा जा।
चन्द्रसखी भजु बालकृष्ण छिबि, अपनी सूरत दिखा जा।

सोलहवीं शताब्दी के अन्त तक हमें दो या तीन कवयित्रियों के नाम और मिलते हैं। गंगास्त्री और यमुनास्त्री का नाम हस्तलिखित हिन्दी पुस्तकों का विवरण[1] और मिश्रबन्धु विनोद[2] में उपलब्ध है। वैष्णव सर्वस्व के लेखकानुसार दोनों स्वामी हितहरिवंश की शिष्या थीं जिनका समय 1559-1659 वि. है। अतः उनकी उपस्थिति लगभग इसी समय रही होगी। ध्रुवदास ने भक्तमाल में लिखा है :

गंगा जमुना तियनि में परम भागवत जानि।
तिनकी बानी सुनत ही बड़े भक्ति उर आनि॥

---

1. हस्तलिखित हिन्दी पुस्तकों का विवरण, भाग-1, पृ. 209; 2. मिश्रबन्धु विनोद, पृ. 355, 356

रचनाओं का कोई विवरण नहीं दिया गया। डॉ. सावित्री सिन्हा ने मैथिली कवयित्री माधवी का उल्लेख किया है और उन्हें चैतन्य का समकालीन माना है।[1] उनके अनुसार माधवी के कुछ फुटकल पद मिलते हैं, जिन पर विद्यापति का प्रभाव है :

राधा माधव बिलसहिं कुंज क मांझ।
तनु-तनु सरस परस रसु पीवह
कमलिनी मधुकर राज।

लगभग इसी काल की परिसीमा में कुछ चारण कवयित्रियों के नाम उपलब्ध होते हैं। केवल भाषा के आधार पर ही नहीं, वस्तु और दृष्टि के आधार पर भी वे मीरा, ताज और चन्द्रसखी के विपरीत खड़ी हैं। इतना ही नहीं, वे चारणों से भी पृथक् भूमि पर हैं। हिन्दी साहित्येतिहासकारों ने 'वीरगाथाकाल' और 'चारणकाल' नामकरण करते समय इन्हें नितान्त भुला दिया है। चारण कविता-जीवी जाति है और इनका सम्बन्ध प्रायः वीरकाव्यों से रहा है। लेकिन चारणियाँ इस भूमिका को नकारती लगती हैं। जैसा कि प्रायः होता है, हुआ है, इन चारणियों के केवल उल्लेख मात्र मिलते हैं। और उल्लेख भी उनकी राजरानियों की कथाओं के प्रसंग में है। इनका सम्बन्ध राजदरबारों से नहीं रनिवासों से रहा है, उनकी पहचान भी उतनी ही है। अनुश्रुतियाँ बताती हैं कि चारणियों ने भी वीरगीतों की रचना की थी, परन्तु उपलब्ध नहीं हैं।

बीकानेर राज्य के बीठू चारण की बहन झीमा का एक गीत सन्दर्भ प्राप्त होता है, जिसमें वह अपनी सखी उमादे को अपने पति का प्रेम प्राप्त करने में सहायता करती है और फिर उसकी प्रशंसा करती है :

धिन उमादे साँखली, तै पिय लियो लुभाय।
सात बरसरो बाँछड्यो, तौ किम रैन बिहाय॥
किरती माथे ढल गयी, हिरणी लूबाँ खाय।
हार सटे पिय आणियो हँसे न सामो थाय॥
अचल एराक्या न चढ़े, रोढा रो असवार।
लाला लाल मेवाड़ियाँ, उमा तीज बल भार॥

ऐसी ही स्थिति पद्मा चारिणी की है। बीकानेर नरेश अमरसिंह के वीरगति प्राप्त करने के बाद जब उनकी रानियों ने जौहर किया, तो पद्मा ने वीररस के दोहे कहे थे, ऐसा कहा जाता है। दोहे प्राप्त नहीं हैं। राठौरों के प्रशस्तिगीतों में एक गीत मिलता है, परन्तु वह गीत पद्मा का है, इसका कोई प्रमाण नहीं है। **बिरजू बाई** (1743 ई.) के भाई करनदीन राजसभा में थे। एक बार अपने भतीजे के नाम से कुछ पद लिखकर दिये थे :

1. डॉ. सावित्री सिन्हा, मध्यकालीन हिन्दी कवयित्रियाँ, पृ. 213

कहो सुचाला ऐराकी, नाव जेरी की बखाण कीजै।
ऐराकी रूप माँ आछा नाखाँ रीझवार पतीं (आदि)

क्रियापदों में स्त्रीलिंग प्रयोग देख राजा को सन्देह हुआ तो बालक को स्वीकार करना पड़ा कि ये छन्द उसकी बुआ के हैं। इससे अधिक इनके सम्बन्ध में और कुछ नहीं मिलता।

रानियों की कथा के सूत्र मिलते-जुलते हैं। वि.सं. 1650 की चम्पादे स्वयं रानी थी, एवं डिंगल के प्रसिद्ध कवि पृथ्वीराज की पत्नी थी। नागरी प्रचारिणी सभा की खोज रिपोर्ट में चम्पादे की एक कृति का नाम 'प्रेम दीपिका' मिलता है। कृति उपलब्ध नहीं है। कहते हैं कि एक दिन दर्पण में श्वेत केश देख चम्पादि के पति उदास हो गये। उस समय उसने दोहे पढ़े :

प्यारी कहे पीथल सुनो, धोला दिस मत जोय।
नरा नाहरा...पाका ही रस होय ॥
खेड़ज पक्का धोरियाँ पन्थज गउघाँ पाव।
नराँ तुरंगा वनफला, पक्का पक्का साँव ॥

पृथ्वीराज की कविता-यात्रा में भी वे रुचि लेती थीं, और कभी-कभी सहायक भी होती थीं। अपनी प्रसिद्ध कृति 'वेलि क्रिसण रुक्मणी री' में एक स्थान पर पृथ्वीराज ने पाठ रखा था 'चन्दनपाट' परन्तु चम्पादे के सुझाव पर 'कपाट हि चन्दन' कर दिया था, जो एक बेहतर प्रयोग था।

रानी रणधरी के परिचय में न पिता का नाम ज्ञात है न पति का, यहाँ तक कि स्वयं उनका नाम भी ज्ञात नहीं है। केवल स्थान नाम ही उनका एकमात्र परिचय है। महिला मृदुवाणी में उनकी कुछ पंक्तियाँ उद्धृत की हैं जिसमें पति, पत्नी, पहाड़ और मैदान को लेकर जैसे समस्या-पूर्त्ति-सी करते हैं।

पत्नी— *पिय आछो भखनो जहर, पालो चलनो पन्थ।*
अर्बुद ऊपर बैठनो, भलो सरायो कन्थ ॥
पति— *टूँके टूँके केतकी, झिरने झिरने जाय।*
अर्बुद की छवि देखता, और न आवे आय ॥

चारणियों के काव्य की बहुत छोटी बानगी हमें इतना ही आभास कराती है, कि ये रचनाएँ चारण-काव्य की तरह डिंगल में जरूर लिखी गयी हैं, परन्तु ये उनके साथ रणभूमि में नहीं जातीं, बल्कि रनिवासों में घूमती हैं और अधिक-से-अधिक 'जौहर' तक जाती हैं। चारणियाँ स्वयं रनिवास से सम्बन्धित हैं और रानियों के हास-विलास, मान-मनौवल में शामिल हैं—उनकी वीरता में नहीं। वैसे भी, जो दो-चार पद मिलते हैं वे किसी वार्ता या इतिहास के उल्लेख में प्राप्त हुए हैं, और उनका उद्‌देश्य राजा अथवा

रानी के किसी कार्य को रेखांकित करना है। यह भी एक प्रकार का स्मृत इतिहास है।

मध्ययुगीन काव्य में महिलाओं की चर्चा करते समय, कुछ कवि युगलों की ओर ध्यान जाना स्वाभाविक है। ठीक-ठीक काल-निर्धारण तो अभी तक हो नहीं सका है, परन्तु इतना कहा जा सकता है कि उनकी उपस्थिति सत्रहवीं शताब्दी या उसके आस-पास थी। अन्य कथाओं की तरह इन युगलों के सम्बन्ध में जो सूचनाएँ मिलती हैं वे 'स्मृत इतिहास' का अंग हैं, जिनके स्रोत मौखिक और प्रवहवान होते हैं।

शेख और आलम के युगल के सम्बन्ध में कहते हैं कि शेख रँगरेजिन थीं और मुसलमान भी। ठाकुर शिवसिंह के हवाले से बताया जाता है कि आलम सनाढ्य ब्राह्मण थे। वे औरंगजेब के पुत्र शहजादा मुअज्जम के दरबार में रहा करते थे। शेख और आलम के परिचय के सूत्र कविता से ही जुड़े हैं। कहते हैं कि आलम ने अपनी पगड़ी शेख को रंगने के लिए दी थी जिसमें एक कागज भूल से बँधा रह गया। पगड़ी रँगते समय शेख ने गाँठ खोली तो उसमें कागज देखा जिसमें दोहे की एक पंक्ति लिखी हुई थी :

कनक छरी-सी कामिनी काहे को कटि छीन।

शेख ने दोहे की पूर्त्ति इस प्रकार की :

कटि को कंजन काटि बिधि कुचन मध्य धरि दीन॥

और पगड़ी रँगकर कागज पुनः उसमें बाँध दिया। आलम ने जब यह पूर्त्ति देखी तो वे इतने प्रसन्न हुए कि रँगाई के अतिरिक्त शेख को पुरस्कार ही नहीं दिया, अपना हृदय भी दे दिया। अन्ततः यह प्रेम-प्रसंग विवाह में परिणत हुआ यद्यपि इसके लिए आलम को इस्लाम धर्म ग्रहण करना पड़ा। मुंशी देवी प्रसाद इसी कथा की पुष्टि करते हैं परन्तु सन्दर्भ दूसरे छन्द का देते हैं। उनके अनुसार वह छन्द निम्नलिखित था :

प्रेम रंग पगे जगमगे जगे जामिनि के,
जोबन की जोति जगि जोर उमगत हैं।
मदन के माते मतवारे ऐसे घूमत हैं,
झूमत हैं झुकि-झुकि झँपि उघरत हैं।
आलम सा नवल निकाई इन नैननि की
पाँखुरी पदुम पै भँवर थिरकत हैं।

शेख ने इसकी पूर्त्ति इस प्रकार की :

चाहत हैं उड़िबे कौ देखत मयंक-मुख
जानत है रैनि ताते ताहि में रहत हैं।

आलम मुसलमान हुए या शेख कृष्णमय हो गयीं, यह उनकी रचनाओं से पता नहीं

चलता। लाला भगवानदीन ने 'आलमकेलि' के नाम से शेख और आलम के 400 पद संकलित कर प्रकाशित किये हैं। वे कहते हैं, "शेख यदि आलम से बढ़कर नहीं हैं, तो कम भी नहीं। प्रेम की जिस धारा का प्रवाह 'आलम' में है वही 'शेख' में, ऐसा भाव, भावना साम्य बहुत कम पाया जाता है। दोनों की रचनाएँ ऐसी मिलती-जुलती हैं कि उनका एक-दूसरे से पृथक् करना कठिन हो जाता है। नायिका भेद और कलापूर्ण काव्य की दृष्टि से शेख को पुरुष कवियों की श्रेणी में रखा जा सकता है। उसकी सबसे भारी विशेषता उसकी शुद्ध भाषा, सरल पद्धति और सुव्यवस्थित भाव-व्यंजना है। शेख के प्रथम और बाद में भी बहुत दिन तक शेख जैसी ब्रजभाषा किसी भी स्त्री कवयित्री ने नहीं कही।"[1] महिला रचनाकारों के भाषा-कला-सौष्ठव कभी-कभी प्रकाण्ड पण्डितों से इस प्रकार के अनुमान लगवाते हैं जैसे कि डॉ. 'रसाल' उवाच–

"हो सकता है कि कदाचित शेख स्नेहासव-पान से मदोन्मत्त भावुक प्रेमी ने ही प्रेम-प्रवाद में आकर शेख के नाम से रचना की हो। जो शेख के नाम से प्रसिद्ध हो गयी है।"[2] इस प्रकार के अनुमान महिला-लेखन के प्रति आलोचकों के 'पूर्वाग्रह' को ही व्यक्त करते हैं। यदि 'स्मृत इतिहास' को माना जाए–जिसे न मानने का कोई कारण नहीं है–तो शेख से परिचय का सूत्र ही कविता थी। अर्थात्, जहाँ आलम की लेखनी रुक गयी थी वहाँ शेख की कलम चली, और इतनी समताल से चली कि बारीक अन्तर भी पहचाना नहीं जा सका। बेशक शेख हिन्दू न हुई हों, लेकिन उनके कविता-संस्कार कृष्ण भाव के आसपास घूमते हैं :

बीस बिधि आऊँ दिन बारीये न पाऊँ और,
याही काज वाही घर बाँसनि की बारी है।
नेकु फिरि ऐहै कैहे दैरी दै जसोदा मोहि,
मो पै हठि माँगै बंसी और कहूँ डारी है।
'सेख' कहै तुम सिखवौ न कछु राम याहि
भारी गारिहाइनु की सीखे लेतु गारी है।
संग लाइ भैया नेकु न्यारो न कन्हैया कीजै
बलन बलैया लैके मैया बलिहारी है।

कृष्ण की यह प्रतीति रीतिकाल के कोरे नायक की-सी नहीं है। यद्यपि शेख के कविता-संसार में रीतिकालीन नायिकाओं की भी कमी नहीं है, परन्तु उनके बीच स्त्री संवेदना की झलक मिल ही जाती है। राम के वनवास के बाद, कौशल्या की अनुभूति की जितनी सबल और काव्यात्मक अभिव्यक्ति शेख ने दी है, वह अनुभूति की सच्चाई के बिना हो ही नहीं सकती :

---

1. चतुरसेन शास्त्री, हिन्दी भाषा और साहित्य का इतिहास, पृ. 231; 2. ज्योतिप्रसाद निर्मल, स्त्री कवि कौमुदी, भूमिका डॉ. रसाल, पृ. 52

पसुन में बैठनि परोसी भये पच्छिनि के
झारन के डार बरबार करि रहिं हैं।
'सेख' भूमि डासिहैं कि बिस बेलि बसिहैं कि
कुस है कि काँस हैं कौसिल्या काहिं कहिहैं?
वन गिरि वैरनि थोरे दुःख कैसे करि
कोंवरे कुमार सुकुमार मोरे सहिहैं।
मैले तन घर ए कसैले छाल रूखनि कें
बनफल फोरि छोलि छील खाय रहिहैं।

मीरा ने जैसे समाज और धर्म की वर्जनाओं का उल्लंघन किया था, वैसे ही शेख ने नारी-अभिव्यक्ति की वर्जनाओं का उल्लंघन किया है। इस दृष्टि से उनका नाम पहला है। "भारतीय एकनिष्ठ नारी-भावना में शेख की रचनाएँ प्रथम अपवाद हैं। उनकी शृंगारिक भावना में नारी की भावनाओं का व्यक्तीकरण नहीं है। शृंगार युग के पुरुष का नारी के प्रति उच्छृंखल तथा लोलुप दृष्टिकोण ही उसमें व्यक्त है।" इस दृष्टि से यह विशेषता रेखांकित करने योग्य है। रीतिकाव्य को जिस दरबारी मानसिकता से जोड़ा जाता है, उसके अभाव में भी शेख ने शुद्ध और उत्कृष्ट शृंगार का चित्रण किया है, और यह आवश्यक नहीं कि उसे हर कहीं कृष्ण-काव्य के आवरण में परोसा हो। ताज की तरह 'हौं तो तुर्कानी हिन्दुआनी ह्वै रहौंगी' का संकल्प न करने के बावजूद उनकी अभिव्यक्ति राम और दुर्गा का नमन भी करती है।

रूपमती और बाज बहादुर की प्रेमकथा शेख और आलम की तरह सीधी सरल रेखा नहीं बनाती। उसमें संघर्ष और शोक के गहरे रंग घुले हैं। आईने-अकबरी के अनुसार बाजबहादुर का मूल नाम बायजीद था और वे मालवा के शासक थे। बाजबहादुर महान् संगीतकार और कवि थे। उनकी अधिकांश रचनाएँ संगीतबद्ध हैं :

तू ही सर्वशक्तिमान जग में विराजत
सृजन करत जीव निरख अचरज लगत।
तुअ दरशन अब लौं कहीं न पायो
याही लिए निराकार कहत।
जेते योगी गुणी ज्ञानी तुव कृपा से
होय और बहुत यश पावत।
बाज बहादुर नितहिं गुण गावत
और आनन्द मगन रहत।[1]

रूपमती का जन्म एक वेश्या के गर्भ से हुआ था। बचपन से ही वे गायन-वादन

1. सम्मेलन पत्रिका, भाग-56, अंक-1, पृ. 75

और काव्य-रचना में प्रवीण थीं। उनके गुणों पर रीझकर ही बाज बहादुर ने उन्हें अपनी पत्नी बनाया था। संवत् 1647 में अकबर की आज्ञा से अहमद खाँ ने मालवा पर आक्रमण किया। बाजबहादुर की हार हुई। अहमद खाँ रूपमती को अपनी बेगम बनाना चाहता था। जब वह महल में पहुँचा, रूपमती घायल अवस्था में मिली। उपचार के बाद जब वह स्वस्थ हो गयी तो अहमद खाँ उनपर विवाह के लिए बार-बार दबाव डालने लगा। हारकर रूपमती ने 'हाँ' कर दी। सन्ध्या को जब अहमद खाँ महल में आया, रूपमती आत्महत्या कर चुकी थी। यह दोहा लिखकर वह छोड़ गयी थी :

रूपमती दुखिया भई, बिना बहादुर बाज।
सो अब जियरा तजति है, इहाँ नहीं कछु काज ॥

बाजबहादुर की तरह रूपमती की रचनाएँ भी राग-रागिनियों में बद्ध मिलती हैं :

स्याम बिना उमगे री बहुबदरा।
बरसत रहत रैन अरु बासर हिये कियौ अति कदरा।
कासौं कहौं सुने को मेरी, जोहत बैठी पिय को मगरा।
रूपमती और बाजबहादुर तजि दियो गोकुल मिटि गयो झगरा।

साँई और गिरधर कविराय की जोड़ी भी, एक अद्‌भुत सामंजस्य पूर्ण जोड़ी है। इसके मूल में भी वही स्मृत इतिहास है। महिला मृदुवाणी तथा स्त्री कवि कौमुदी के लेखकों ने इन्हें पति-पत्नी ही स्वीकार किया है। कहा जाता है कि गिरधर कविराय ने किसी निश्चित संख्या में कुण्डलियों की रचना का संकल्प लिया था, परन्तु मृत्यु ने इसे पूरा नहीं होने दिया। साँई ने पति के संकल्प को पूरा किया। ऐसा माना जाता है कि जिन कुण्डलियों के प्रारम्भ में साँई शब्द है वे उन्हीं की लिखी हुई हैं। शैली की अद्‌भुत एकता के कारण साँई पर भी यह आरोप है कि ये रचनाएँ उनकी हैं भी या नहीं। वैसे तो यह एक सनातन विवाद है, जो रचनाकार-पत्नियों के सम्बन्ध में उठाया ही जाता है। आरोप का प्रमुख आधार यह है कि जिस कुण्डलिया में साँई का नाम है, उसी में अन्त में गिरधर कविराय का भी नाम है। इसका सीधा-सा कारण तो यही हो सकता है कि संकल्प चूँकि गिरधर कविराय का पूरा किया जाना था अतः उनका नाम आना आवश्यक था, और साँई द्वारा पूरा किया जा रहा था अतः उनकी 'छाप' भी जरूरी थी :

साई हंसन आप ही बिनु जल सरवर बास।
निर्जल सरवर से जरें पच्छी पथिक उदास।
पच्छी पथिक उदास छाँह विश्राम न पावैं।
जहाँ न फूलत कमल भौंर तँह भूलि न आवैं।
कह गिरधर कविराय जहाँ यह बूझ बड़ाई।
तहाँ न करिये साँझ प्रात ही चलिए साई ॥

अर्धनारीश्वर के रूपक की यह काव्यात्मक परिणति है।

इन प्रणयी युगलों से हटकर, एक-दूसरे कोने पर खड़े हैं महाकवि तुलसीदास और उनकी परिणीता प्रिया परित्यक्ता रत्नावली। तुलसी को तुलसी बनाने वाली रत्नावली हैं, यह तथ्य स्मृत इतिहास तो है ही धार्मिक चरितमालाओं में भी सुरक्षित है। परन्तु परित्यक्ता रत्नावली कवयित्री भी हैं, यह तथ्य अल्पज्ञात ही है। डॉ. सावित्री सिन्हा ने रत्नावली सम्बन्धी सामग्री का विवेचन कर यह निष्कर्ष निकाला है कि रत्नावली के अस्तित्व को स्वीकार करना ही न्यायोचित जान पड़ता है।[1] सोरों से प्राप्त सामग्री के आधार पर रत्नावली के जीवन चरित की रेखाएँ कुछ इस प्रकार हैं :

बदरिया ग्राम में दीनबन्धु की पुत्री का विवाह तुलसीदास के साथ हुआ था। दम्पती सूकरक्षेत्र में कुछ समय तक सुखपूर्वक रहे। रत्नावली रक्षाबन्धन के अवसर पर अपनी माँ के यहाँ गयीं। तुलसी उस समय कथा कहने गये हुए थे। वापस आने पर रत्नावली को न पाकर वे प्रकृति की विपरीत परिस्थितियों से संघर्ष करते हुए ससुराल पहुँचे। कहते हैं, भाभियों के परिहास करने पर रत्नावली ने तुलसी से कहा :

अस्थि चर्ममय देह मम, तासों ऐसी प्रीति।
जो होती श्री राम में, होतिं न तो भवभीति॥

यह सुनकर तुलसी का वैराग्य जाग्रत हो गया और वे सबकुछ छोड़कर चले गये। रत्नावली के दोहों में आत्मदंशमय अनुभूतियों का चित्रण है :

हाय बदरिका बन भई, हौं बामा विष बेलि।
रत्नावलि हौं नाम की, रसहिं दियो बिस मेलि॥
दीनबन्धु कर घर पली दीनबन्धु कर छाँह।
तऊ भई हौं दीन अति, पति त्यागी मों बाँह॥

आत्मपीड़न और विरह-वेदना दोनों सघन बुनावट में बुनी हुई हैं।

असन बसन भूषन भवन पिय बिनु कछु न सुहाय।
भार रूप जीवन भयो, छिन-छिन जिय अकुलाय॥
पति पद सेवा सों रहत, रतन पादुका सेइ।
गिरत नाव सों रज्जु तेहि, सरित पार करि देइ॥

अपने जीवन में रत्नावली ने जो निष्कर्ष निकाला वह यह है कि पत्नी का एकमात्र धर्म पति-चरणों की सेवा है। अन्य पुरुष, चाहे वह किसी भी रिश्ते का हो, उसके लिए त्याज्य है :

जुवक जनक, जामात, सुत, ससुर, दिवर और भ्रात।
इन्हूँ की एकान्त बहु, कामिनि सुन जनि बात॥

---

1. डॉ. सावित्री सिन्हा, मध्यकालीन हिन्दी कवयित्रियाँ, पृ. 278

घी को घट है कामिनी, पुरुष तपत अंगार।
रतनावलि घी अगनि को, उचित न संग विचार॥

ऐसा लगता है, रत्नावली कविता से पहले से जुड़ी रही होंगी। अन्यथा तुलसी से उन्हें जो कुछ कहना था, वह दोहे के माध्यम से न होता। तुलसी तो महाकवि, महात्मा बन गये परन्तु उन्होंने रत्नावली को शायद कभी क्षमा नहीं किया। भगवान बुद्ध की तरह वे कभी रत्नावली के पास नहीं आये। रत्नावली के पास भिक्षा में देने के लिए 'राहुल' भी नहीं था। डॉ. सावित्री सिन्हा का कथन उचित ही है :

"कवि सम्राट तुलसी की परिणीता रत्नावली की उपेक्षित भावनाएँ उनके काव्य की प्रेरणा बन गयीं। जीवन की एक घटना की प्रतिक्रिया से तुलसी को अमरता का वरदान मिला, रत्नावली के शब्दों की रगड़ द्वारा उत्पन्न उनकी प्रतिभा की चमक से मानवमात्र अभिभूत हो गया, परन्तु रत्नावली की उपेक्षित भावनाएँ उसके व्यक्तित्व के समान ही उपेक्षित रह गयीं। यद्यपि जीवन की उस महान उपेक्षा के सामने इसका महत्त्व नगण्य है, परन्तु हिन्दी के इतिहास में रत्नावली के नाम के उल्लेखमात्र का भी अभाव उनके प्रति महान अपराध है।"[1]

सुजानराय सम्राट मुहम्मदशाह 'सदारंग' की राजनर्तकी और रससिद्ध-रीतिमुक्त कवि घनानन्द की प्रेयसी थी। माना जाता है कि वे मुसलमान थीं। सुजान नाम हिन्दू सा लगता जरूर है, "परन्तु इसका कारण सम्भवतः मुहम्मदशाह का वह रसिकत्व ही हो सकता है, जिससे संचालित होकर वे अन्यजातीय गणिकाओं के नये-नये नामकरण हिन्दू-शैली में कर डालते थे। यों भी देशीय पद्धति के 'लालजी, 'रसरंग', रसलीन', 'रसबरस', 'प्रीतम' आदि नामोपनामधारी कितने ही मुसलमान रचनाकार हो चुके हैं। सम्भव है, सुजान का पूर्व नाम कुछ दूसरा हो और रँगीले 'सदारंग' के प्रीत्यार्थ इन्होंने स्वयं अपना नामान्तर कर लिया हो।"[2] सुजानराय की रचना इनकी इस्लाम के प्रति आस्था प्रकट करती है :

सिपतिमणि अल्ला नबीयमणि महम्मद, दोउजग मणि
चतुर्दिश मासूम पीरनमणि मुरतजा अलाकीन।
बासर मणि दिनकर, रजनीमणि चन्द्र तारनमणि ध्रुव
मलकनमणि जबरइल यह सब जगत में लीनो बीन।

किताबमणि कुरान दीनमणि कलमा अवदनमणि
आदम कामनमणि हवा रागनिर्माण भैरों भाषामणि
ब्रज की ज्योतिमणि दीपक दीपकमणि नार दोजक
शीतल भलो भिहिस्त एती भाँत 'सुजान' अस्तुति कीन्हीं

---

1. डॉ. सावित्री सिन्हा, मध्यकालीन हिन्दी कवयित्रियाँ, पृ. 286; 2. हिन्दी के मुसलमान कवि, पृ. 261

सुजान और घनानन्द की कथा भी विख्यात है, हाँ, है स्मृत इतिहास का अंग ही। कहा जाता है कि घनानन्द के कण्ठ की प्रशंसा सुनकर सम्राट ने उनसे गाने का आग्रह किया परन्तु उन्होंने स्वीकार नहीं किया। जब सुजानराय ने आग्रह किया तो घनानन्द बादशाह की तरफ पीठकर, सुजान की तरफ मुँह करके गाने लगे। नाराज होकर बादशाह ने उन्हें निष्कासित कर दिया। चलते समय घनानन्द ने सुजान से साथ चलने के लिए कहा पर उसने अस्वीकार कर दिया। घनानन्द अकेले ही चले गये। उनकी काव्य-साधना में कृष्ण 'बिसासी सुजान' के रूप में अवतरित होते हैं। उन्होंने स्पष्ट रूप से 'सुजान तिय' का स्मरण किया है।

ज्यौं बुधि सौं सुघराई रचै कोऊ सारदा कौं कविताई सिखावै।
मूरतिवन्त महालक्ष्मी-उर पोत-हरा रचि लै पहिरावै।
रागवधू-चित-चोरन कै हित सोधि सुधारि कै तानहिं गावै।
त्यौं ही सुजान तियै घन आनन्द मो-जिय-बौरई-रीति रिझावै ॥

सुजान की रचनाओं का कोई संग्रह ज्ञात नहीं है, लेकिन अपने एक सवैये में 'हिम्मत की कमी' का जो उलाहना उन्होंने दिया है, उसकी ध्वनि दूर तक जाती है :

वेदहू चारि की बात को बाँचि, पुरान अठारह अंग में धारै।
चित्रहू आप लिखे समझै कवितान की रीति मै वार ते पारै।
राग को आदि जिती चतुराई 'सुजान' कहै सब याही के लारै।
हीनता होय जो हिम्मत की तो प्रबीनता लै कहा कूप में डारै ॥

सम्भवतः किसी 'हिम्मत की हीनता' के कारण ही सुजान और घनानन्द की प्रेम-कविता पूर्ण न हो सकी। सुजान के सम्बन्ध में तो परवर्त्ती विवरण नहीं मिलते, परन्तु घनानन्द अन्त समय भी 'चलन चहत हैलै सँदेसो यो सुजान कौ' कहकर ही प्राण त्यागते हैं।

प्रवीणराय पातुर वारांगना कुल में जन्म लेकर अपने पातिव्रत का निर्वाह करती हैं। वे महाकवि केशवदास की शिष्या थीं, और महाराज इन्द्रजीत के दरबार में थीं। केशवदास ने प्रवीणराय की इतनी प्रशंसा की है कि वह अतिशयोक्ति की सीमा भी लाँघ जाती है। वे एक साथ उन्हें लक्ष्मी सरस्वती सभी बना देते हैं :

नाचति गावति पढ़ति सबै, सबै बजाबत बीन।
तिनमें करत कवित्त इक, राय प्रबीन प्रवीन ॥
राय प्रवीन कि सारदा, रुचि रुचि राजत अंग।
वीणा पुस्तक धारिणी, राजहंस सुत संग ॥

राय प्रवीण की कविता और गायन की प्रशंसा सम्राट अकबर तक जा पहुँची।

अकबर ने उन्हें बुलवा भेजा। प्रवीणराय ने इन्द्रजीत से प्रार्थना की :

स्वारथ औ परमारथ को पथ चित्त विचारि कहौ तुम सोई।
जामे रहे प्रभु की प्रभुता अरु मोर पतिव्रत भंग न होई।

इन्द्रजीत ने प्रवीणराय को भेजने से इनकार कर दिया। क्रुद्ध होकर अकबर ने इन्द्रजीत पर कड़ा आर्थिक दण्ड लगाया और प्रवीणराय को बलपूर्वक बुलवा लिया। अकबर के सामने प्रवीणराय ने वाक्‌चातुरी, काव्य एवं गीतकला का अद्‌भुत प्रदर्शन किया। अकबर ने प्रवीणराय से छन्द-पूर्त्तियाँ भी करवायीं। उसकी अद्‌भुत कला से प्रसन्न हो अकबर ने उसे दरबार में रोकना चाहा, तो प्रवीणराय ने हाथ जोड़कर कहा :

विनती राय प्रवीन की सुनिए साह सुजान।
जूठी पतरी भखत हैं, बारी बायस स्वान।

प्रसन्न होकर अकबर ने प्रवीणराय को वापस भेज दिया तथा इन्द्रजीत का अर्थ-दण्ड भी माफ कर दिया।

महाकवि केशवदास जिसकी प्रशंसा करते थकते नहीं, उसकी किसी भी काव्य-कृति का उपलब्ध न होना अपने में एक बड़ा सवाल है। उनके कुछ स्फुट छन्द ही मिलते हैं, जो रीतिकाव्य से अनुप्राणित हैं। शेख की तरह, उन्होंने भी उन्मुक्त शृंगार का चित्रण किया है, जिसका कारण उनका वारांगना कुल में जन्म लेना ही नहीं हो सकता। डॉ. सावित्री सिन्हा की टिप्पणी हमारा ध्यान आकर्षित करती है, "भारतीय नारी के आदर्शों, पातिव्रत तथा एकनिष्ठ प्रेम का दम्भ करनेवाले प्राचीनता के प्रेमियों को तथा सावित्री, सीता तथा दमयन्ती के आदर्शों पर गर्व करनेवाली और भारतीय संस्कृति के नारीत्व के आदर्शों की पूर्णता पर विश्वास करनेवाली नारियों को यह कटुसत्य चाहे विष घूँट के समान ग्रहण करना पड़े, परन्तु यह सत्य और निर्विवाद है कि रीतियुगीन शृंगार-प्रियता एकपक्षीय नहीं हो सकती थी। ग्रहों के आस-पास विचरण करनेवाला नायक, अमावस्या की रात्रि में अभिसार के लिए निकली हुई नायिकाएँ, संकेतस्थल, दूतियाँ, केवल परम्परागत संस्कृत-काव्य पर आधृत थे, अथवा केवल कल्पना जगत के प्राणी थे, ऐसा कहकर सत्य को आवरण में छिपाने की चेष्टा उपहासप्रद है।"[1] राजा इन्द्रजीत का नाम लेकर, प्रवीणराय की मिलन उत्कण्ठा का चित्रण साहस की माँग करता है :

कूर कुक्कुट कोटि कोठरी किवारि राखौं
चुनि दै चिरैयन को मूँदि राखौ जलियौ।
सारंग में सारंग सुनाइ के प्रबीन बीना
सारंग के सारंग की जीति करौं थलियौ।

1. डॉ. सावित्री सिन्हा, मध्यकालीन हिन्दी कवयित्रियाँ, पृ. 244

बैठि पर्यंक पै निसंक है के अंक भरौ।
करौगीं अधरपान मैन मत्त मिलियौ।
मोहिं मिले इन्द्रजीत धीरज नरिन्दराय,
एहो चन्द आजु नेकु मन्द गति चलियौ।

अठारहवीं सदी में भी मुख्य रचना-केन्द्र राजस्थान के रहे हैं। जो कवयित्रियाँ सीधे राजघरानों से सम्बन्धित नहीं भी हैं, वे भी, अप्रत्यक्ष रूप से जुड़ी हैं। एक संक्षिप्त विवरण पर्याप्त होगा।

ब्रजकुँवरि बाई, उपनाम ब्रजदासी 'बाँकावती', जयपुर राज्य के लिवाण प्रदेश के कछवाहा राज्यवंश में जन्मी थीं। पिता का नाम राजा अनन्द्राम बुदेरामोत 'बाँका' था। जन्म लगभग 1760 ई.। विवाह कृष्णगढ़ के राजा राजसिंह के साथ। पति की मृत्यु के बाद गृह-कलह। ग्रन्थ **ब्रजदास भागवत** बताया जाता है, जो प्राप्त नहीं है। **सुन्दर कुँवरि बाई** कृष्णगढ़ के राठौर-क्षत्रिय वंशी राजा राजसिंह की पुत्री, अर्थात् बाँकीवती की पुत्री। इनके ग्यारह ग्रन्थ बताये जाते हैं, 'नेहनिधि', 'रामरहस्य', 'संकेतयुगल', 'गोपीमाहात्म्य', 'रसपुंज', 'सारसंग्रह', 'वृन्दावन गोपी माहात्म्य', 'भावना प्रकाश', 'प्रेम सम्पुट', 'रंगझर' तथा स्फुट कवित्त। 'बनीठनी' जी उनकी दासी थीं और वे भी कविता करती थीं। जयपुर के ही राजवंश की महारानी **सोनकुँवरि** उपनाम 'सुबरनबेलि' थीं। इनकी रचना 'सुबरन बेलि की कविता' की सूचना नागरी प्रचारिणी सभा की खोज रिपोर्ट में दी गयी है, परन्तु ग्रन्थ अप्राप्य हैं।

छत्र कुँवरि बाई राजस्थान में राठौड़ वंशीय महाराज सरदार की राजकुमारी और ब्रजभाषा के प्रसिद्ध कवि नागरीदास की पौत्री थीं। विवाह श्री गोपालसिंह खींची के साथ हुआ था। सं. 1747 में रचित 'प्रेमविनोद' में इन्होंने अपना परिचय इस प्रकार दिया है :

रूपनगर नृप राजसी, निजसुत नागरिदास
तिनके सुत सरदारजी, हों तनया मैं तात।
छँत्र कुँवरि मम नाम है, कहिबे को जग माँहि।
प्रिया सरन दासत्व तें हौं हितकर सदाहि।
सरन सलेमाबाद की पायी तासु प्रताप।
आश्रम है जिनि रहि सके बरन्यौ ध्यान सजाय ॥[1]

राजघरानों से सम्बन्धित न होते हुए भी, उनके प्रभाव में आनेवाली कवयित्रियों में मुर्शिदा ाद निवासी जगतसेठ की पुत्री रत्नकुँवरि का नाम आता है। राजा शिवप्रसाद 'सितारे हिन्द' उनके पौत्र थे। उन्होंने भागवत के दशम स्कन्ध के आधार पर–'दोहा

1. चतुरसेन शास्त्री, हिन्दी भाषा और साहित्य का इतिहास, पृ. 241

चौपाई' शैली में 'प्रेम रत्न' नामक ग्रन्थ लिखा था। राजा शिवप्रसाद सितारे हिन्द ने उनके विषय में लिखा है, "वह संस्कृत की बड़ी पण्डिता थीं। छहों शास्त्र की वेत्ता। फारसी भाषा भी इतनी जानती थीं कि मौलाना रूम की मसनवीं और दिवानशम्स तबरेज जब कभी सुनाते तो उसका सम्पूर्ण आशय समझ लेती थीं। गाने-बजाने में अत्यन्त निपुण थीं। चिकित्सा यूनानी और हिन्दुस्तानी दोनों तरह की जानती थीं। वे योगाभ्यास में परिपक्व थीं। संयम, नियम और वृत्ति ऋषियों और मुनियों की-सी थी, वह हमारी दादी थीं। इससे हमको अब उनकी अधिक प्रशंसा लिखने में लाज आती है, परन्तु जो साधु, सन्त और पण्डित लोग उस समय के उनके जाननेवाले काशी में वर्तमान हैं वे उनके गुणों को यथाविधि स्मरण करते हैं।"[1]

कुछ अन्य नाम भी उल्लेखनीय हैं। कविरानी चौबे के पति लोकमान्य चौबे, बूँदी के राजा बुद्धिसिंह जी के आश्रित थे। उनके केवल दो छन्द मिलते हैं। राजा बुद्धिसेन ने लोकसेन को अटक भेजना चाहा। उसपर कवि रानी चौबे ने उन्हें यह छन्द लिखकर भेजा :

मैं तो यह जानी हो कि लोकनाथ पति पाय
संग ही रहौंगी अरधंग जैसे गिरजा
एते पै विलक्षण ह्वै उत्तर गमन कीन्हों
कैसे के मिटत ये वियोगविधि सिरजा ॥
अब तो जरूर तुम्हें अरज करै ही बने
वे हू द्विज जानि फरमाय है कि किरजा।
जो पै तुम स्वामी आज कटक उलंघि जैहौ
पाती माँहि कैसे लिखूँ मिश्र मीरा मिरजा ॥

कहते हैं कि राजा ने उनकी प्रार्थना स्वीकार कर उनके पति को रोक लिया।

कृष्णावती का उल्लेख मिश्रबन्धुओं[2] एवं काशी नागरी प्रचारिणी[3] की खोज रिपोर्ट में किया गया, परन्तु रचना अनुपलब्ध है। राजपूताना में हिन्दी ग्रन्थों की खोज में **वीरा** नामक कवयित्री का विवरण दिया है, जिनकी रचनाएँ लोकगीतों के निकट हैं। इसी प्रकार डॉ. मोतीलाल मेनारिया ने **गबरी बाई** नामक कवयित्री के 610 पदों का उल्लेख किया है, परन्तु अब उनके द्वारा उद्धृत दो पद ही शेष हैं। **आनन्दी बाई** जो राधावल्लभ सम्प्रदाय में दीक्षित थीं, के ग्रन्थ 'निजु भाव विचार' का उल्लेख मिलता है।

राजस्थान के अतिरिक्त, बुन्देलखण्ड का भी अस्तित्व रजवाड़े के रूप में काफी बाद तक बना रहा। **महारानी बृजभानु कुँवरि** ओरछा नरेश की महारानी थीं। नागरी प्रचारिणी सभा काशी की खोज रिपोर्ट में इनके तीन ग्रन्थों का विवरण है, 'भक्ति

---

1. ज्योति प्रसाद 'निर्मल', स्त्री कवि-कौमुदी, पृ. 144; 2. मिश्रबन्धु विनोद, भाग-1; 3. काशी नागरी प्रचारिणी सभा की रिपोर्ट, भाग-1

विरुदावली', 'औरंग चन्द्रिका' और 'दानलीला'। **गिरिराज कुँवरि** भरतपुर की राजमाता हैं और उनके ग्रन्थ का नाम 'ब्रजराज विलास' है। **जुगलप्रिया** छतरपुर नरेश विश्वनाथ सिंह जू देव की पत्नी हैं, उनके ग्रन्थ का नाम है 'जुगल प्रिया पदावली'। रींवा महाराज रघुनाथ सिंह की पुत्री **बाघेली विष्णु प्रसाद कुँवरि** की तीन रचनाओं का उल्लेख मिलता है, 'अवधविलास', 'कृष्णविलास' और 'राधाविलास'। प्रतापगढ़ के राजा प्रताप बहादुर सिंह की पत्नी रानी रघुराज कुँवरि **रामप्रिया** के नाम से कविताएँ लिखती थीं, उनके ग्रन्थ का नाम 'रामप्रिया विलास' है। दतिया राज्य की महारानी रानी बख्तकुँवरि बाई 'प्रियासखी' के नाम से लिखती थीं। हस्तलिखित हिन्दी पुस्तकों का संक्षिप्त विवरण भाग 1, पृ. 602 एवं भाग 2, पृ. 618 में इनका विवरण है। रचना का नाम 'प्रिया सखी की वाणी' है। डॉ. सावित्री सिन्हा ने इनके तीन पदों का उल्लेख किया है। **प्रताप कुँवरि बाई** जोधपुर के भाठी ठाकुर गोयन्ददास जी की पुत्री और मारवाड़ महाराजा मानसिंह जी की रानी थीं। निर्मल जी ने इनके लिखे पन्द्रह ग्रन्थों का उल्लेख किया है, सभी रामकथा से सम्बन्धित हैं। **रत्नकुँवरि** प्रताप कुँवरि की भतीजी थीं। **चन्द्रकला** बूँदी के दीवान की दासी पुत्री थीं। इन्होंने छन्दों में राधाकृष्ण परक शृंगार का वर्णन किया है।

बुन्देल वैभव में केशव-पुत्र-वधू का नाम भी लिया गया है। इनका केवल एक छन्द ही मिला है। उनके पति वैद्य थे और बीमार थे। उपाय के रूप में आँगन में एक बकरा बाँध दिया गया। एक दिन बुहारते समय बकरे ने अपना पैर केशव पुत्रवधू के पैर पर रख दिया। उसी समय उसने इस छन्द की रचना की :

जैहे सबै दुख भूलि तबै
जब नैकहु दृष्टि दै मोते चितैहैं।
भूमि में आँक बनावत मेटत
पोथी लिये सबरो दिन जैहे,
दुहाई कका जी की साँची कहौं
गति पीतम की तुमहू कह दैहैं
मानो तो मानौ अबै अजिया सुत
कैहौं कका जूँ सौं तोहि पढैहै ॥

यही एक मात्र छन्द, उस अनाम स्त्री का प्राप्त है जिसने सम्भवतः उस छन्द की रचना विनोद में की होगी।

दरबारी एवं भक्तिकाव्य से कुछ हटकर सन्त कवयित्रियाँ भी उल्लेखनीय हैं। यद्यपि मराठी सन्तों के साथ कुछ कवयित्रियाँ भी मिलती हैं, और उनकी एक प्रमुख विशेषता रही है हिन्दी में कुछ पद लिखने की, इसीलिए वे यहाँ प्रासंगिक हैं। महानुभाव सम्प्रदाय के प्रवर्तक चक्रधर (1194-1294 ई.) की शिष्या महदम्बा का एक पद हिन्दी में प्राप्त

होता है, जिसमें ब्रजभाषा और खड़ी बोली का मिश्रण है :

नगर द्वार हो भिच्छा करो हे, बापुरे मोरी अवस्था लो
जिहाँ जाबो तिहाँ आप सरिसा कोउ न करी मोरी चिन्ता लो।
हाट चौहाटा पड़ रहूँ हो माँग पंच घर भिच्छा।
रापुड़ लोक मोरी अवस्था कोउ न करी मोरी चिन्ता लो।

डॉ. सावित्री सिन्हा ने कुछ अन्य सन्त कवयित्रियों का उल्लेख किया है। उमा का नाम नागरी प्रचारिणी सभा की अप्रकाशित खोज-रिपोर्ट में उनका उल्लेख है, तथा उनके पद वहाँ के संग्रहालय में एक हस्तलिखित ग्रन्थ में संकलित हैं।[1]

सहेल्या है भारो बहुत सुधारो, सतगुरु सैन मिलायो।
राम तमारा नाम मै को रैण-दिवस तलफाय ॥

मुक्ताबाई का उल्लेख मिश्रबन्धुओं ने किया है। सम्भव है यह सन्त ज्ञानेश्वर की बहन ही हैं। उनका देहान्त अल्पायु में ही हो गया था। उनके दो-चार पद ही पुरानी पोथियों में मिलते हैं, जिनमें मराठी की बहुलता है। अनेक सन्तों की वाणियों के संग्रह 'सेवादास' की वाणी में कुछ पद पार्वती के नाम से दिये गये हैं।[2] उनकी रचना से भी यही बात प्रतीत होती है।

रुक्ख बंस गिरि कन्दर बास।
निरधर कंथा रहै उदास।
शिष्या भोजन सहज में किये।
ताकी सेवा पारवती करे ॥

प्रसिद्ध सन्त चरणदास की दो शिष्याओं की गणना भी सन्त-कवयित्रियों में की जाती है। सहजो और दयाबाई सम्भवतः एकमात्र सन्त कवयित्रियाँ हैं, जिनकी रचनाएँ गुरु के समीप रहकर की गयी हैं। सहजोबाई ने अपना परिचय स्वयं दिया है :

हरिप्रसाद की सुता, नाम है सहजो बाई।
दूसर कुल में जन्म, सदा गुरुचरण सहाई।
चरणदास गुरुदेव, सेव मोहिं अगम बसायौ।
जोग जुगत सो दुर्लभ, सुलभ करि दृष्टि दिखायो ॥

'सहज प्रकाश' नामक उनके ग्रन्थ में मुख्य रूप से सतगुरु महिमा, साधुमहिमा, दशावर्णन, अंग, सोलहतिथि निर्णय और सातवार निर्णय का वर्णन है, जिसका

---

1. मध्यकालीन हिन्दी कवयित्रियाँ, सावित्री सिन्हा, पृ. 79; 2. वही।

अनुभूतात्मक पक्ष कमजोर है। सन्त काव्य के परम्परागत कथन भी मौजूद हैं :

प्रेम दिवाने जो भये, मनभयो चकनाचूर।
छकै रहै घूमत रहै, सहजो देख हुजूर ॥
प्रेम दिवाने जे भये, जाति वरण गयी छूट।
सहजो जग बौरा कहे, लोग गये सब फूट ॥

दयाबाई भी चरणदास की शिष्या थीं। डॉ. पीताम्बर दत्त बड़थ्वाल ने इन्हें सहजोबाई की चचेरी बहन माना है। दोनों का जन्म स्थान भी एक ही है। इनकी दो रचनाएँ उपलब्ध हैं—'दयाबोध' और 'विनयमालिका'। दोनों की अभिव्यंजना सीधे-सीधे सन्तकाव्य से जुड़ी है :

बाबा काया नगर बसावो।
ज्ञान-दृष्टि सूँ घट में देखो, सुरति निरति लौ लावो।
पाँचमारि मन बस कर अपने, तीनों ताप नसावो ॥

चरणदासी सम्प्रदाय के अतिरिक्त, प्राणनाथ के धामी सम्प्रदाय के अन्तर्गत इन्द्रामती का नाम आता है। इन्द्रामती प्राणनाथ की पत्नी थीं। धामी सम्प्रदाय की सबसे बड़ी विशेषता यह है कि इसमें हिन्दू, मुस्लिम और ईसाई सम्प्रदाय को एक दिखाने का प्रयास किया गया है। प्राणनाथ और छत्रसाल सम-सामयिक थे, अतः इन्द्रामती का काल भी अठारहवीं शताब्दी माना जा सकता है। आध्यात्मिक प्रणय एवं ऋतु वर्णन इन्द्रामती की प्रमुख विशेषताएँ मानी जा सकती हैं :

सब तन विरहे खाइया, गल गया लोहू माँस।
ना आवे अन्दर-बाहर या बिधि सूकत साँस।
हाड़ भये सब लकड़ी, सर श्रीफल बिरह अगन।
माँस मींजि लोहू रँगा, या बिधि होत हवन ॥

9

एक भीतरी नदी की यात्रा

इतिहास के तथ्य वर्णित होते हैं और साहित्येतिहास के अनुभूत और जीवन्त। आचार्य रामचन्द्र शुक्ल ने अपने हिन्दी साहित्य के इतिहास में शिक्षित जनता की चित्त-वृत्ति की बात की है, जिसे वे साहित्य में परिवर्तन के कारक के रूप में देखते हैं। इस बदलाव को रेखांकित करना एवं पारस्परिक सहसम्बन्ध स्थापित करना ही वे साहित्येतिहास मानते हैं। इसके बावजूद ऐसा नहीं लगता कि उन्होंने अशिक्षित कहलाने वाली लोक-परम्पराओं की अवहेलना की हो। अपने साहित्येतिहास के प्रथम संस्करण में वे लिखते हैं, 'प्राकृत पढ़े हुए पण्डित ही उस समय कविता नहीं करते थे'। जनसाधारण की बोली में गीत दोहे आदि प्रचलित चले आते रहे होंगे, जिन्हें पण्डित लोग गँवारू समझते होंगे। ऐसी कविताएँ राजसभाओं तक भी पहुँच जाती रही होंगी। 'राजा भोज जस मूसरचन्द' कहनेवालों के सिवा देशभाषा में सुन्दर भावभरी कविता कहनेवाले भी अवश्य रहे होंगे'।[1] यह बात दूसरी है कि सैद्धान्तिक रूप से विश्वास करते हुए भी, इसे व्यावहारिक रूप नहीं दिया। दुर्भाग्य से हम उन लोगों में हैं, जो यह मानते हैं, कि जो साक्षर हैं, लिख-पढ़ सकते हैं, वही शिक्षित हैं। इसके विपरीत गाँव का सारा समाज एक अद्‌भुत विश्वविद्यालय जैसा है, जिसमें चमार से लेकर ब्राह्मण तक एक-दूसरे को ज्ञानदान करते रहते हैं।[2] गाँव की, खासतौर पर स्त्रियों की, शिक्षा और मूल्य-व्यवस्था इस मौखिक विश्वविद्यालय के माध्यम से ही टिकी रही है।

भारतीय गाँवों की सामाजिक व्यवस्था मध्यकाल में लगभग अपरिवर्तित रही है। गाँवों का इतिहास एक ठहरा हुआ समय है। डॉ. ब्रजनारायण शर्मा का कहना है कि कौटिल्य के नौ सौ वर्ष बाद भी गाँव की बहुत-सी विशेषताएँ पहले जैसी ही रहीं, जिससे गाँव के जीवन में एकरूपता रही।[3] हर्ष के समय के बाद से भूमि का आबंटन एवं उसका प्रबन्धन विशेष व्यक्तियों को दिया जाता था। उस समय गाँवों को उसमें

---

1. रामचन्द्र शुक्ल, हिन्दी साहित्य का इतिहास, पृ. 19; 2. रामनरेश त्रिपाठी, ग्रामगीत, भूमिका, पृ. 40; 3. डॉ. ब्रजनारायण शर्मा, सोशल लाइफ इन नार्दर्न इण्डिया, पृ. 305

रहनेवाली आबादी के साथ जागीरदारों को दिया जाता था।[1] राजतरंगिणी में उल्लेख है कि ग्रामीण और निर्धन व्यक्तियों का शोषण जागीरदार, सरकारी कर्मचारी, व्यापारी और महाजन करते हैं। इतिहासकार स्पष्ट रूप से यह नहीं बताते कि ग्रामीण गरीब थे। वे तो कहते हैं कि किसान एक फसल काटने के बाद, उसी खेत में दूसरी फसल बो देते थे, क्योंकि उनकी भूमि बड़ी उपजाऊ थी। चावल की उपज वर्ष में तीन बार होती थी।[2] यद्यपि भू-राजस्व राज्य की आय का प्रमुख स्रोत था, लेकिन शासक वर्ग सुधार के लिए कोई भी कार्य नहीं करता था। सुल्तान का आदेश था कि गाँववालों के पास केवल इतनी सम्पत्ति होनी चाहिए जिससे वे किसी प्रकार अपना जीवन निर्वाह कर सकें, अभिमानी न बन जाएँ, और न इतने निर्धन हो जाएँ कि गाँव में खेती करना छोड़ कहीं और चले जाएँ।[3] करों में लगातार वृद्धि से किसानों को अपनी उपज का आधा भाग कर के रूप में देना पड़ता था। सभी शासक करों की वसूली बड़ी कड़ाई से करते थे। यह एक सामान्यतः प्रचलित पद्धति थी कि जो किसान कर न चुका सकने के कारण भाग जाते थे, उनके पड़ोसियों से वसूली की जाती थी।[4] जब-तब शासकों के निर्देश पर किसानों को लूटा भी जाता था। तैमूर और बाबर ने भारत पर आक्रमण के समय अपने सैनिकों को निर्देश दिया था, कि वे अपने खाने और जानवरों की व्यवस्था स्वयं कर लें।[5] जो किसान खेती नहीं करते थे, वे कृषि आधारित उद्योग धन्धों में लगे थे, और प्रायः अपने धन्धे से ही पहचाने जाते थे, जैसे कारीगर, तेली, ग्वाले, कुम्हार आदि।

भू-कर के अतिरिक्त जमींदार अपनी रैयत से तरह-तरह के कर वसूलते थे, जैसे 'दस्तार शुमारी' (पगड़ियों का गिनना), 'खाना शुमार' (विवाह और मृत्युकर)। कुछ वर्गों से वह बेगार भी लेता था। बलाहार, थोरी, धानुक और चमार को अपने जमींदार के लिए पथ-प्रदर्शक और बोझा ढोने का काम करना पड़ता था। इतना ही नहीं, जमींदार की जाति के जितने भी लोग उधर से गुजरें उनके लिए भी बेगार करनी पड़ती थी।[6]

मुस्लिम इतिहासकारों का ही नहीं, सभी इतिहास राजाओं और अभिजात वर्गों के आस-पास घूमता है। सामान्य जनता एक भीड़ की तरह बहुवचनों में आती है। उनकी सोच और अनुभूति को जानने का एकमात्र साधन है, तत्कालीन साहित्य और सबसे अधिक लोकसाहित्य। हालाँकि साहित्य में युग प्रासंगिक रूप से आता है। उनमें से किसी का भी लक्ष्य अपने युग का चित्रण करना नहीं था। वे सब तो किसी अलौकिक दुनिया की तलाश में थे, अपने आराध्य को प्राप्त करना चाहते थे, लेकिन उसमें लगभग अप्रत्यक्ष रूप से उनका युग शामिल हो जाता था। गुरु नानक ने लिखा था, "अरे लालो, लज्जा एवं धर्म दोनों ही संसार से विदा हो चुके हैं। चारों ओर झूठ का साम्राज्य है। काजियों और ब्राह्मणों ने अपने कर्तव्य त्याग दिये हैं और अब विवाह शैतान करवाता

---

1. कल्हण, राजतरंगिणी, V, पृ. 172; 2. रेहला, इब्नबतूता, पृ. 19; 3. के.एस. लाल, स्टडीज, पृ. 90-99; 4. इरफान हबीब, आपसिट, पृ. 249-50; 5. मलफूजाने तैमूरी, इलियट, जिल्द-3, पृ. 445, जिल्द-4, पृ. 263; 6. इरफान हबीब, आपसिट, पृ. 150

है। मुसलमान, हिन्दू तथा अन्य ऊँच-नीच स्त्रियाँ कष्ट में पड़कर परमात्मा का नाम ले रही हैं। वे सब खूनी गीत गा रही हैं और केशर के स्थान पर रक्त पड़ रहा है।''[1] राजनीतिक स्थितियों पर उनकी टिप्पणी है, ''कलियुग में मनुष्य का मुख कुत्ते के समान हो गया है। वे मुर्दा भक्षण करते हैं। झूठ बोलने में वे सदैव भूँकते हैं। धर्म के सम्बन्ध में उनके सारे विचार समाप्त हो गये हैं।''[2]...राजा लोग सिंह हो गये हैं, उनके कर्मचारी कुत्ते के रूप में परिणत हो गये हैं, वे सब मनुष्यों के रक्त चाटते हैं, उनका मांस भक्षण करते हैं।[3] बाबर के आक्रमण के बाद वे हिन्दू स्त्रियों की दशा वर्णित करते हुए लिखते हैं—''जिन स्त्रियों की सुन्दर केशराशि थी, सिर के वे ही बाल कैंचियों से काट डाले हैं। माँगें सिन्दूर से पूरित रहती थीं, अब धूल उड़कर गले तक आ रही है। जो सुन्दर महलों में निवास करती थीं, उन्हीं को आज साधारण स्थानों में बैठने की भी जगह नहीं मिल रही है। जो स्त्रियाँ गरी छुहारे खाती थीं और पलंग पर आनन्द करती थीं, उन्हीं के गले में रस्सियाँ पड़ी हुई हैं, उनकी मुक्ता-मालाएँ टूटकर गिर रही हैं।''[4]

तुलसी ने कलियुग के बहाने अपने युग का जो चित्र अंकित किया है वह हाड़-कँपा देनेवाला है।

लोकसाहित्य और युग में सन्धि नहीं होती। टॉड ने राजस्थान के सन्दर्भ में लिखा था, ''जीवन के प्रत्येक चरण में मृत्यु उसे अंगीकार करने के लिए खड़ी है—जन्म के समय विष, युवा होने पर अग्नि की लपटें—उसका सुनिश्चित जीवन युद्ध की अनिश्चितता पर आधारित है, जो कभी भी बारह महीने से अधिक नहीं है।''[5] टॉड ने राजघरानों की स्त्रियों की बात उठायी है, किन्तु सामान्य स्त्रियों के दुःख और तकलीफें कुछ कम नहीं हैं। उनका जिक्र न आपको मुस्लिम इतिहासकारों में मिलेगा, न हिन्दू इतिहासकारों में। उसका जीवित दस्तावेज तो लोक-साहित्य में मिलेगा, जिसमें स्त्रियों ने मार्मिक रूप से आपबीती बयान की है। सदियों से चले आते इन गीतों का क्षरण पिछले पचास वर्षों में भयानक रूप से हुआ है। रामनरेश त्रिपाठी ने सन् 1927 में लिखा था, ''आटा पीसनेवाली चक्की हमारे जाँत के गीतों को भी पीसती जा रही है। मदरसे किसानों, अहीरों, धोबियों और चमारों के गीतों को चुपचाप चाटते जा रहे हैं, कन्या पाठशालाएँ नीरस, लक्ष्यहीन, प्रभावरहित, निर्जीव और हृदय को स्पर्श न करनेवाली तुकबन्दियों से कन्याओं को उनके मधुर, उपदेशप्रद और लय-विशिष्ट गीतों से दूर घसीटती जा रही हैं। और, हम चुपचाप बैठे टुकर-टुकर ताक रहे हैं।...हमारी दशा उस ग़ाफिल मुसाफिर की-सी है जो अन्धा भी है और सो भी रहा है।''[6]

लोक-साहित्य में आम आदमी अपने पूरे दुःख के साथ उपस्थित है। इनके माध्यम से हाथ बढ़ाकर अतीत को छुआ जा सकता है। भूमिका में ही त्रिपाठी जी ने कुछ संस्कृत के उद्धरण प्रस्तुत किये हैं जो सम्भवतः किसी मौखिक साहित्य के अंश हैं :

---

1. श्री गुरुग्रन्थ साहिब, तिलंग, महला-1, पृ. 722-23; 2. वही, पृ. 242; 3. वही, पृ. 145; 4. वही, पृ. 417; 5. कर्नल टाड, हिस्ट्री ऑव राजस्थान, जिल्द-2, पृ. 744; 6. रामनरेश त्रिपाठी ग्रामगीत, भूमिका, पृ. 85

"बच्चे भूख से व्याकुल होकर मुर्दे के समान हो गये हैं। बान्धव विमुख हो गये हैं। हाँड़ी के मुख पर मकड़ी ने जाला तान दिया है। ये सब मुझे इतना कष्ट नहीं देते, जितना कष्ट पड़ोसियों का यह व्यवहार देता है कि जब अपनी फटी धोती को सीने के लिए मेरी पत्नी उससे सूई माँगती है, तब वह ताने से हँसकर क्रोध करती है।"

कृषि आधारित मध्ययुगीन व्यवस्था में कर किस तरह वसूल किये जाते थे, उसकी गवाही लोकगीत देते हैं। एक होली गीत है :

गेंहुन में रतुआ लगै, चनन में लागी सूड़ी
हरैरा में कीरा लगौ, सब भाँति फूटी मूड़ी
परि गये पथरा।
लरिका बारे परे उघारे, तोय परी अपनी-अपनी
पैसा नाय पास बौहरे, बेसक करि आ दवा,
मति देय दुआर पै कावा

कर न चुकाने की स्थिति में मुंसी पटवारी कुर्की कर लेते हैं। एक स्त्री कहती है, "मेरा लहँगा बिका, लाँगरा बिक गया, तन की अँगिया बिक गयी। मेरे पति का 'सेला' बिका, घर की पूरी फजियत हो गयी" :

पोता लाग रहा महाराज
जुनरिया हो गयी मन भर की।
मुनसी आये पटवारी आये
होन लगी कुरकी।
लाँगा बिक गयो लाँगर बिक गयो
बिक गयी अँगिया तन की
राजा के बाँधन को सेला बिक गओ
फजियत हो गयी घर की।

उसकी चिन्ता है 'हमारी तिहाई' कैसे चुकेगी। मेंड़-मेंड़ हम घूम आये, चारों तरफ डीमा ही डीमा दिखाई पड़ते। बालें छोटी-छोटी और कड़ी हैं, और बेकार का खर-पतवार फहरा रहा है। वहाँ से जमींदार का बुलावा आ गया है, अब कौन आकर सहायता करेगा ? साहूकार गैया बछिया खोल ले गया, अब पास में 'लुगाई' (पत्नी) ही बच गयी है।

हमाई कैसे चुकत तिहाई
मेंड़न मेंड़न हम फिर आये डीमा देत दिखाई।

ऐसी विकट परिस्थिति में ग्रामवधू का उत्साह देखने काबिल है। शुद्ध साहित्य में ऐसी अभिव्यक्ति और रचनात्मक कल्पना शायद ही किसी ने देखी हो। वह कहती है, "मैं चन्दा पर खेती करूँगी, सूरज पर खलिहान बनाऊँगी। यौवन को बैल बनाऊँगी, मेरे प्रिय खेत जाएँगे। सावन-भादों की झड़ी लगी है" :

चन्दा पै खेती करौं, सूरज पै करौं खरिहान
जोबन के बरदा करौं, मोरे पिया पसर को जाँय।
झमक झरि लगि रही सावन भादौ की।

मध्ययुगीन मुगल शासन में नारी-उत्पीड़न के अनेक चित्र आत्मकथात्मक गीतों में मिलते हैं जो परम्परागत रूप से ऐतिहासिक ही समझे जाते रहे हैं। श्री रामनरेश त्रिपाठी इन गीतों को मुगल काल का ही मानते हैं :

"हे दुलहा। घोड़े पर चढ़ लो, घोड़े पर चढ़ लो। इस निर्जन और भयानक बन में ढाल तलवार बाँध लो। (1)

पीला पीताम्बर पहन लो और जल्दी-जल्दी पगड़ी बाँध लो। (2) पुरुष ने कहा, मैं कैसे पगड़ी बाँधूँ ? मैं तो जानता ही नही तुम कौन हो ? (3)

स्त्री ने कहा, "मैं तो ब्राह्मण-कन्या हूँ। मुगलों के डर से इस जंगल में लुकी हूँ। (4)

मुगलों ने मेरे भाई और बाप को मार डाला। मैं मुगलों के डर से इस जंगल में लुकी हूँ। (5)

इतना सुनते ही पुरुष ने स्त्री को घोड़े पर बैठा लिया। (6)

एक वन से वे दूसरे वन में गये, तीसरे वन में स्त्री को प्यास लगी। (7)

स्त्री ने कहा, हे जीवन के संगी ! बड़ी प्यास लगी है। एक बूँद पानी पिलाओ। (8)

पुरुष ने कहा, इस वन में सभी ताल और कुएँ सूख गये हैं। पानी तो लहू के भाव का हो गया है। (9)

पुरुष ने ऊँचे चढ़कर देखा तो वन में ठण्डे पानी का एक झरना बहता दिखाई दिया। उसने कहा, हे दुलहिन। ठण्डे पानी का एक झरना बह तो रहा है। (10)

पर वहाँ पचास मुगल खड़े हैं। (11)

स्त्री ने कहा, हे दुलहा ! हे जीवन के संगी ! इस घोर वन में तुम मुझे एक बूँद पानी पिलाओ। हे दुलहा ! नहीं तो हमारी-तुम्हारी प्रीत अब छूट रही है। (12)

इतना सुनते ही पुरुष ने हाथ में तलवार खींच ली। (13)

उस वन में एक ओर तो पचास मुगल खड़े हैं और एक ओर अकेला दुलहा। (14)

पचासों मुगलों को मारकर दुलहा राजा युद्ध जीत कर अकेला खड़ा है। (15)

पत्ते के दोनों में दुलहे ने दुलहिन को पानी दिया और कहा दुलहिन खूब तृप्त होकर पानी पियो। (16)

दुलहिन बैठकर पानी पीती है और दुलहा दुपट्टे के छोर से हवा कर रहा है। (17)

दुलहिन ने कहा, हे दुलहा ! तुमने मेरा धर्म रख लिया। मैं तुम्हारे हाथों बिक गयी।" (18)[1]

---

1. रामनरेश त्रिपाठी, ग्रामगीत, भूमिका, पृ. 86; 2. वही, पृ. 87

एक अन्य झूले गीत में बहन भाई से कहती है, "हे भाई ! जल्दी-जल्दी जीम लो। तुर्क युद्ध के लिए खड़ा है। मुगल की ओर सब साठ आदमी हैं, और मेरा भाई अकेला ही खड़ा है। मुगल के सब साठों आदमी जूझ गये। मेरा भाई युद्ध जीत कर खड़ा है। मैं उस माता की कोख को सराहती हूँ, जिसका पुत्र युद्ध जीतकर खड़ा है, मैं उस बहन के भाग्य की सराहना करती हूँ, जिसका भाई युद्ध जीतकर खड़ा है। मैं अपने भावज के सुहाग का बखान करती हूँ, जिसका स्वामी युद्ध जीतकर खड़ा है।"[2]

यहाँ कुछ बातों पर हमारा ध्यान जाना चाहिए। निश्चित रूप से इन गीतों के मूल में वीरत्व की भावना है, लेकिन उसका स्वरूप बिल्कुल अलग है। न तो द्वित्व वर्णों की भरमार है, और न ही अपने राजा की वीरता प्रदर्शित करने के लिए 'तीन बेर खाती थीं सो तीन बेर खाती हैं'। 'नगन जड़ाती थीं सो नगन जड़ाती हैं' की तर्ज पर शत्रु की स्त्रियों के प्रति कोई दुर्भावना है। इसे ठेठ वीरता कहा जा सकता है। दूसरी महत्त्वपूर्ण बात यह कि यह युद्ध वेतनभोगियों का नहीं है, और न ही कन्या-हरण के लिए किया गया है। इसे सच्चे अर्थों में जनता द्वारा किया हुआ प्रतिरोध कहा जा सकता है। तीसरी, और सबसे महत्त्वपूर्ण बात यह कि यह स्त्री की रक्षा में उठाया गया अस्त्र है। वह कोई अपरिचित स्त्री हो सकती है, और अपनी बहन भी। चौथी बात यह कि वीरता और युद्ध में सफलता के लिए माँ, बहन और पत्नी की सराहना की गयी है, जो अपनी संवेदना में पूरी तरह स्त्रियोचित है।

कर्नल टॉड ने जौहर और सती-प्रथा की बात कही है। मुस्लिम इतिहासकार भी इसकी पुष्टि करते हैं। परन्तु आम स्त्री का संकट दोहरा है। मुगलों के आक्रमण या उनके द्वारा किये गये अपहरण उसे 'जौहर' की तरफ ले जाते हैं, यद्यपि यह सामूहिक नहीं है और न ही इसमें राष्ट्र की प्रतिष्ठा जुड़ी हुई है। महाकवियों ने प्रशस्तियाँ नहीं लिखीं परन्तु स्त्रियों ने जन-इतिहास जरूर लिखा है अपने तरीके से। उन्हें अपने ही घर में अपने 'सतीत्व' को बार-बार प्रमाणित करना पड़ता है। ऐसी ही एक गीत-कथा है, जो जाँतघर में चक्की पीसते समय गायी जाती है :

'सखियों ने कुछ चने दिये हैं। मैं चने लेकर भाड़ पर गयी। अभिमानी भुँजइन ने चने झौंस डाले (1) सासु के पुत्र हरवाहे हैं, मैं चने लेकर उनके पास गयी। सासु जी के पुत्र बड़े क्रोधी हैं। उन्होंने चने फेंक दिये (2) चने बटोरने में शाम हो गयी। सास मेरे छोटे भाई को गालियाँ देने लगी। हे सास ! मेरे छोटे भाई को गालियाँ क्यों देती हो, मेरे नैहर में उसका बड़ा दुलार होता है (3) हे सास ! सोने का घड़ा दो न, मैं पानी के लिए तालाब पर जाऊँ। बहू ने गगरी तालाब के किनारे रख दी, और वहीं तालाब में कूद गयी (4) भाई अपनी अटारी पर सो रहा था। उसने सपना देखा कि बहन तालाब में डूब गयी। उसने माँ से कहा (5) हे माँ ! सोने की छड़ी दो न। मैं बहन की खबर लेने जाऊँगा (6) मेरे भाई ने शाम को घोड़ा तैयार किया, सुबह सवार हो गया। एक वन पार किया, दूसरा पार किया, तीसरे वन में तालाब मिला (7) कगार

पर घोड़े को बाँधकर वह तालाब में कूदा, एक डुबकी ली, दूसरी डुबकी ली, तीसरे में उसने बहन को पाया (8) जाँघ की आड़ में बहन को छिपाकर भाई ने पूछा, हे सास जी ! आँगन में हो कि घर में ? मेरी बहन कहाँ गयी ? (9) हे बेटा ! तुम्हारी बहन पानी लेने गयी है। वह तो वहीं छः महीने बिताया करती है। (10) एक तरफ मेरी ससुराल के लोग बैठे हैं, एक ओर मेरा भाई अकेला। भाई ने कहा, हे बहन ! मैं तुम्हारी बात न मानूँगा। मैं तुमसे शपथ लूँगा। (11) नगर के लोहार को बुलाओ। हे लोहार ! धर्म की कड़ाही गढ़कर लाओ। नगर के बढ़ई को बुलाओ। हे बढ़ई ! धर्म का चैला चीरकर लाओ। (12) नगर के तेली को बुलाओ। हे तेली ! धर्म का तेल पेरकर लाओ। एक ओर ससुराल के लोग बैठे हैं, एक ओर मेरा भाई अकेला (13) आग जलने लगी। तेल धधकने लगा। बहू उसके चारों ओर घूम-घूमकर उसमें हाथ डाल-डालकर शपथ लेने लगी (14) तिलंगा (पति) मुँह पर दुपट्टे का सिरा डालकर रोने लगा। हे धन ! तुमने मेरी पत ले ली। मुँह पर दुपट्टे का छोर रखकर मेरा भाई हँसने लगा। हे बहन ! तुमने मेरी पत रख ली। (15) नगर के कहारों को बुलाओ। कहारो ! मेरी बहन के डाँडी तैयार करके लाओ। नगर के सुनारों को बुलाओ। सुनार ! मेरी बहन के लिए गहना लाओ। (16) नगर के रँगरेज को बुलाओ। रँगरेज ! मेरी बहन के लिए चुँदरी ले आओ। घूम-घूमकर भाई सभावालों के मुँह देखता है। खुशी उसके ओठों में नहीं समाती। (17)[1]

विधवा होने के बाद स्त्री के सती हो जाने का जिक्र लगभग सभी इतिहासकारों ने किया है। बर्नियर ने लिखा है कि ऐसी विधवाओं को घृणा की दृष्टि से देखा जाता था, जो सती होने से इनकार कर देती थीं। कभी-कभी उन्हें बलपूर्वक भी जला दिया जाता था। बर्नियर ने एक तेरह वर्ष की विधवा को सती कराने की हृदय-विदारक घटना का उल्लेख किया है।[2] लोकगीतों में खाण्डेराय के धर्मार्थ युद्ध में काम आने के बाद उनकी पत्नी के सती हो जाने का वर्णन किया गया है :

पुरइन कहाँ उपजी घोंघा और सिवार कहाँ उपजे ? और उदयभानु के पिता खाण्डेराय ने कहाँ जन्म लिया ? (1) ताल में पुरइन उपजी, नदी में घोंघा और सिंवार उपजे, और माता की कोख से उदयभानु के पिता खाण्डेराय ने जन्म लिया (2) माँ ने पूरी बनायी, बहन ने दूध औटा है। खाण्डेराय ! खा न लो बड़ी दूर जाना है (3) खाण्डेराय ने पहला कौर उठाया, उसमें मक्खी और बाल निकला। दूसरा कौर उठाया उसी समय अहीर ने गुहार लगायी। (4) घोड़ा पलानते वक्त और सवार होते समय भी छींक हुई। खाण्डेराय रण में पैठे तब भी छींक हुई। वे गिद्धों और श्मशान के आहार हो गये। हाय ! तिलवाई के गर्वीले राजा (5,6) घोड़ा खाली पीठ रण से भागकर आया। उसे देखकर खाण्डेराय की माँ ने कहा, तूने तिलवाई के गर्वीले राजा खाण्डेराय को कहाँ गँवाया ? (7) घोड़े ने कहा, 'चारौं सुन तुम क्यों कटवाओगी ? दाने में विष क्यों

1. रामनरेश त्रिपाठी, ग्रामगीत, भूमिका, पृ. 691; 2. वही, पृ. 313-314

मिलवाओगी ? तुम्हारे पुत्र बड़े चुलबुले हैं। बिना आगा-पीछा देखे भयंकर रण में पिल पड़े थे। हाय ! तिलवाई के गर्वीले राजा गिद्धों और श्मशान के आहार हो गये। (8) खाण्डेराय की स्त्री ने कहा, हे बढ़ैतिन सास ! तुम्हारी पिटारी में चुँदरी है, चुनकर मुझे पहंनाओ। मुझे तो तुम्हारे पुत्र के साथ इन्द्रलोक जाना है। या तो जमघरना से, या खुली तलवार से मैं अपना अन्त कर लूँगी। हाय तिलवाई के गर्वीले राजा (9) हे ननद ! तुम्हारी भौजाई हूँ। अपने कजरौटे का काजल मेरी आँखों में भर-भरकर दे दो। मुझे तुम्हारे भाई के साथ जाना है। (10) हे जिठानी ! मैं तुम्हारी देवरानी हूँ। इतना यश लो कि अपनी इँगुरौटी के सिन्दूर से मेरी माँग भर दो। मुझे तुम्हारे देवर के साथ जाना है। हाय तिलवाई के गर्वीले राजा खाण्डेराय॥[1]

यह गीत किसी जन-इतिहास का अंश जान पड़ता है। मध्यकाल में 'अहीर की गुहार' की अवहेलना कोई क्षत्रिय कर ही नहीं सकता था। इसका अर्थ था 'गाय पर संकट'। धर्म के लिए गायों की रक्षा करते हुए तिलवाई के राजा खाण्डेराय शहीद हो गये और उनकी पत्नी सती हो गयी। कथा उसकी पत्नी के द्वारा कही गयी है। बिना किसी बड़बोलेपन से, आत्मीय गौरव के साथ।

स्त्रियों के लिए जीवन तो वैसे भी आसान नहीं था और वह विधवा, जो सती नहीं होती, परिवार पर एक बदशकुन की तरह है। जैसे वह स्वेच्छा से सती होने के लिए तैयार थी, वैसे ही स्वेच्छा से विंधवा का कष्टप्रद जीवन जीने के लिए भी। एक गीत में विधवा का करुण-विलाप है :

"हाय ! कन्हैया मुझे वियोगिन बना गये। खम्भे की ओट से ससुर समझा रहे हैं, बहू ! अब तुम मेरी बहू नहीं, बेटी हो। ससुर जी ! तुम मुझे क्या समझा रहे हो, अब हरी-हरी चूड़ियाँ मुझे दुर्लभ हो गयीं ! घूँघट की ओट से जेठ जी समझा रहे हैं, तुम मेरे भाई की पत्नी नहीं हो, मेरी बेटी हो। जेठ जी ! तुम हमें क्या समझा रहे हो, मोतियों से भरी माँग अब मुझे दुर्लभ हो गयी। गोद में बैठकर मुझे देवर समझा रहे हैं, तुम मेरी भाभी नहीं माँ हो। हे देवर ! तुम मुझे क्या समझा रहे हो, अरे फूलों की सेज अब मुझे दुर्लभ हो गयी। माँ और बापू मुझे समझा रहे हैं, बेटी यह जन्म तुम खेल-खेल में बिता दो। माँ और बापू ! मुझे क्या समझाते हो। अरे मुझे पति की छाँव दुर्लभ हो गयी।"[2]

एक पुरुष प्रधान सनातन समाज में पतिविहीन नारी तो दुखिया है ही, पिताविहीन कन्या और भाई विहीन बहन की भी वही स्थिति है :

जियरा हमरा बिरोगी, कवन समुझावै।
जैसे गोड़री बिन गगरी डोलति है
तैसे बिरन बिन बहिनी कौन समुझावै।

---

1. रामनरेश त्रिपाठी, ग्रामगीत, भूमिका, पृ. 682; 2. वही, पृ. 740

जैसे केवट बिन नैया चलतु है
तैसे बबुल बिन बेटी कौन समुझावै।
जैसे पिपर केर पत्ता डोलतु है,
तैसे पुरुस बिन नारी कौन समुझावै ॥

मनुस्मृति की आलोचना प्रायः इस सन्दर्भ से की जाती है कि उन्होंने स्त्री के लिए बचपन में पिता का संरक्षण, युवावस्था में पति का संरक्षण और वृद्धावस्था में पुत्र का संरक्षण आवश्यक बताया है। शायद इस क्यों का जवाब इस्र गीत में छिपा है।

सती होने, अथवा विधवा का कष्टमय जीवन जीने से कुछ ही कम है उन स्त्रियों की जिन्दगी, जिनके पति आजीविका के लिए विदेश चले जाते हैं और लम्बे समय तक नहीं लौटते। ससुर का घर तो विषम हो ही जाता है, जिस मायके पर उसका भरोसा था, वह भी काम नहीं आता। जाँतघर स्त्री के दुःख गा-गाकर रोने के स्थान हैं। एक जाँत गीत में बहू रो-रो कर कहती है :

'सबके लिए पूरियाँ पकी हैं और कुँवर के लिए खीर। वह रसोई मुझे विष हो गयी, कुँवर विदेश चले गये।' सास ताने मारती है, 'अब किसकी कमाई खाओगी' मैंने कहा, 'ससुर जी के दूसरे पुत्र लक्ष्मण, जो मेरे देवर लगते हैं, मैं उनकी कमाई खाऊँगी' (2) देवर ने कहा, 'मेरे भी तो स्त्री है।' यह सुनकर बहू ने काँख में धोती दबा ली और अपने पिता के देश चली आयी। (3) पिता सभा में बैठे थे। लड़की बोली, 'पिता ! तुम्हारी कन्या विपत्ति में है। तुम अपनी टूटी झोंपड़ी मुझे दे देते, तो अपने विपत्ति के दिन काट देती।' (4) पिता ने कहा, 'बेटी ! वह झोंपड़ी तो टूट गयी, अपनी माँ के पास जाओ।' बेटी माँ के पास पहुँची। बोली, 'माँ ! अपनी फटी हुई धोती मुझे दे देती तो मैं अपनी विपत्ति के दिन काट देती।' (5) माँ ने कहा, 'बेटी, वह धोती तो चिथड़े-चिथड़े हो गयी, अपने भाई के पास जाओ।' बहन भाई के पास जाकर बोली, 'भैया ! एक बीता जगह मुझे दे देते, तो मैं अपनी विपत्ति के दिन काट लेती।' (6) भाई ने कहा, 'एक-एक बीता जमीन तो मैं जोतवाता हूँ। तुमको कहाँ से दे दूँ ? अपनी भावज के पास जाओ।' ननद भावज के पास आकर बोली, 'भौजी ! पिछली टिकरी (अन्त की छोटी रोटी) मुझे दिया करतीं तो मैं अपनी विपत्ति के दिन काट लेती।' (7) भावज बोली, 'ननद, जो टिकरी मैं तुम्हें दूँगी, उसे तो मेरे लड़के खाएँगे। तुम जिस राह से आयी हो उसी राह वापस चली जाओ।' (8) वह एक वन गयी, दूसरे वन गयी, तीसरे वन में बाघिनी मिली। स्त्री ने कहा, 'हे बाघिन तू मुझे खा ले।' (9) बाघिन ने कहा, विरह की मारी तेरी देह में मैं क्या पाऊँगी, तू जिस राह से आयी है उसी राह वापस लौट जा। (10) बारह वर्ष बाद स्वामी लौटे। स्त्री के लिए गहना और चुनरी लाये। (11) स्त्री गहना पहन और चुनरी ओढ़ खड़ी हुई और रोने लगी। पति समझा नैहर की याद आयी। उसने कहा, हे प्यारी, चलो नैहर चलें। स्त्री ने कहा, 'हे प्राणनाथ! नैहर में आग लगे। विपत्ति में कोई किसी का साथ नहीं देता।'[1]

आईने अकबरी कहता है कि लड़कियों के विवाह 9-10 वर्ष की अवस्था तक हो जाते थे।[2] बल्कि ब्राह्मण तो अपनी लड़कियों का विवाह 4-5 वर्ष की अवस्था में कर देते थे। फल यह होता था कि बचपन बचपन न रह कर एक यातना बन जाता है। एक सुआटा-गीत में लड़की को खेलते देख माँ कहती है, खेल लो बेटी खेल लो, भाई और बाबुल के राज में। जब दूर ससुराल जाओगी, सास खेलने नहीं देगी। रात को पिसान पिसाएगी, दिन में गोबर की हेल ढोनी होगी। सभी बेटियाँ दूर देस बियाही हैं :

खेल लो बेटी खेल लो, भाई बाबुल के राज।
जब दुर जैहो बेटी सासरे, सास न खेलन देय ॥
रात पिसावे पीसनो, दिवस गुबर की हेल।
दूरा के देस गयी हैं गौरा बेटी, दई हैं सबई बेटी।

बालावस्था में विवाह हो गया, खेलते-खेलते कन्या को ससुराल जाना पड़ा। बेटी कहती है, मायके में वृक्ष की छाया में खेलती थी, खेलकर आती थी, 'माँ किवाड़ खोल'। खिड़की में से भीतर आती, 'माँ ब्यारू दे।' माँ कहती, 'उधर गर्म लूची और कटोरे में भरा दूध रखा है। उधर ही सफेद शैया बिछी है, पलक झपका लो। अब खेलकर घर आने पर सास से भोजन माँगती हूँ, तो सास कहती है, उधर रोटी के टुकड़े और बासी दाल पड़ी हुई है, खा लो, उदरा-बुदरा पड़े है बिस्तर बिछा लो :

ओई बरी तेर खेलत ते आयी कि टोरे पात, मुँदरी तामे की।
खेल-खाल के घरे जो आएँ माई किवारी खोल, मुँदरी तामें की।
खिरकी मैं हो भीतर आयी, माई ब्यारो देव, मुँदरी तामें की।
उतई धरी है ताती लुचैया, उतई कटोरो दूध, मुँदरी तामें की।
उतई बिछी हैं, सेंजे सुपेती, पलक लेव लटकाय, मुँदरी तामें की।
खेल-खाल के घरे जो आयी, सासो ब्यारी देव, मुँदरी तामें की
उतई धरे हैं औरा-कौरा, उतई तिबासी दार, मुँदरी तामें की।
जेंय-जूंय कै अचबन लगी, सासु बिछौना देव, मुँदरी तामें की।
उतई धरै हैं उदरा-गुदरा, खटिया लेव लटकाय, मुँदरी तामें की।

सच तो यही है कि कन्या का जन्म ही विपत्ति है। स्वयं स्त्री ही इसे स्वीकार करती है। कोख तो वही भली है जहाँ कन्हैया जन्म लें। पुत्र जन्म से रात सोने की हो गयी, पति पंखा डुलाते हैं और शरीर को सुख-ही-सुख मिलता है। लेकिन जब लड़की जन्म लेती है तो वज्र की रात हो जाती है, घर के अन्दर भी अँधियारा है, बाहर भी अँधियारा है, मणि-दीप बुझ गये हैं। सास और ननद मुख से नहीं बोलतीं और पति मेरी बखरी में नहीं आते।

---

1. रामनरेश त्रिपाठी, ग्रामगीत, भूमिका, पृ. 13; 2. आईने अकबरी, जिल्द-1, पृ. 277

जब राहू कुखियाँ उपजीं लड़लड़ी
भई है बज्जुर की ही रात
घर इंदियारो बाहर इंदियारो
मानिक धरे हैं सिराय।
सासो ननद मुखहुँ न बोलै
सैयाँ हमारी बखरी न आय
जो दुख भये हैं सरीर ॥

बाल-विवाह से ही बेमेल विवाह का रास्ता खुल जाता है। लोक-साहित्य में इस तरह के विवाहों का खूब वर्णन है। ऊपर से देखने पर लगता है यह हास्यगीत है, परन्तु उनके भीतर की व्यथा गहरे काटती है। एक गीत में एक युवा कन्या का विवाह बालक से कर दिया गया है। कन्या कहती है :

'हा ! मेरे बाबा ने मेरा गौना नाहक ही किया। मेरा पति तो अभी बिल्कुल ही बालक है। मेरे दो देवर हैं, जो चीलर जैसे हैं, और पति चूहे जैसा है, (1) एक दिन मैंने पति को उबटन लगाया, तेल लगाया फिर खाट पर सुला दिया। बिल्ली सौत की तरह चुपके-चुपके आयी और मेरे पति को उठा ले गयी।'[1] (2)

इसी प्रकार कन्या का विवाह एक बुड्ढे से कर दिया गया है और उस पर की गयी टिप्पणी अद्‌भुत है। दस बरस की मोरी रँगीली है और अस्सी बरस का दामाद है। हे मेरी रँगरैली बाहर निकल आओ न, दरवाजे पर अजगर खड़ा है :

दसइ बरसवा क मोरि रँगरैली, असिया बरिस क दमाद।
निकरि न अवै तू मोरि रँगरैली, अजगर बढ़ दुआर।

सती, किरिया और बेमेल विवाह ही नहीं, कन्या धार्मिक अन्धविश्वास पर भी बलि कर दी जाती थी। एक जाँत गीत में उल्लेख है कि राजा अतीत सिंह ने तालाब खुदवाया था, परन्तु उसमें पानी नहीं आया। पण्डित ने कहा—तालाब बलि माँगता है। राजा की एक ही कन्या थी 'दौलत' देवी। पण्डित ने कहा—तालाब दौलत देवी की बलि माँगता है। माँ ने अपने हाथ से कन्या राजा के हाथ में पकड़ा दी। राजा ने कुश पैंती पहनी, पण्डित ने संकल्प पढ़ा और राजा ने दौलत देवी को तालाब में डुबा दिया—

पोखरा के आस-पास रोवे अजीत सिंह
हमरे अकेवल धेरिया हो राम।
पोखरा के आसपास समुझावै सतवन्ती।
नाम तुमरा दौलत राखिन हो राम।

1. रामनरेश त्रिपाठी, ग्रामगीत, पृ. 139

इसीलिए, जिसके घर कुमारी कन्या है, उसके माँ-बाप सोच करते हैं, माँ कहती है मैं कुआँ-बाबड़ी में गिर पड़ूँगी, पिता जहर खाकर प्राण त्यागना चाहता है, भाई जोगी हो जाना चाहता है, भाभी मायके चले जाना चाहती है।[1] इसीलिए एक मैथिली गीत के स्वर में स्वर मिलाकर मध्ययुगीन नारी कहती है—हे सूर्य भगवान, मैंने बार-बार रोका, कि मुझे स्त्री जन्म मत दो, स्त्री का जन्म दो भी तो सुन्दर मत बनाओ :

बेरि-बेरि बरजई दीनानाथ हे बाबा हे तिरिया जनम जनि देहु।
तिरिया जनम जब देहु हे दीनानाथ बाबा हे, सुरति बहुत जनि देहु॥

जन-इतिहास के अपने नायक-नायिका होते हैं, जो लोक-साहित्य के माध्यम से जीवित रहते हैं। मानवीय कण्ठ का स्पर्श इसके लिए एक आवश्यक शर्त है, क्योंकि सदियों की यात्रा वाचिक परम्परा से ही होती है। लोकनायक तो प्रसिद्ध है, परन्तु नायिकाएँ अभी भी नारियों के कण्ठ में ही हैं।

लोकनायक लोकमूल्यों का संवहन करते हैं एवं बलिदान देकर भी उनकी रक्षा करते हैं। लोकमूल्य से अभिप्राय है, लोक के उद्देश्य और हित के साध्य वे लोक-स्वीकृत आदर्श, जो लोकजीवन के हर व्यवहार की दिशा-निर्देशन और नियन्त्रण करते हैं, तथा उसके मूल्यांकन के लिए लोकमान्य कसौटी का काम करते हैं। मध्यकालीन लोक संस्कृति के केन्द्रीय मूल्य थे 'पत' और 'सत' जिनकी रक्षा के लिए प्राण उत्सर्ग किये जाते थे। इनमें 'सत' की रक्षा का दारोमदार स्त्रियों पर ही था। यदि 'सत' नहीं तो 'पत' नहीं। लोकजीवन की ये नायिकाएँ लोक के भीतर से ही उठती हैं और लोक द्वारा निर्धारित मूल्यों पर अपना उत्सर्ग करती हैं। ये गीत-कथाएँ स्त्रियों की ही रचनाएँ हैं, क्योंकि ये वे गीत हैं जो पुरुष नहीं गाते—'झूले के गीत' और 'जाँत के गीत'। दूसरी बात यह कि इनमें स्त्री का पक्ष बहुत चटक है। ये कथा-गीत लगभग समूचे उत्तर भारत में प्रचलित हैं थोड़े-बहुत परिवर्तन के साथ। **देवेन्द्र सत्यार्थी** ने लिखा है 'यह बात बिल्कुल स्पष्ट हो जाती है कि पुरातन काल से विभिन्न जनपदों की लोक-कला में अनेक आदान-प्रदान होते आये हैं। आरनल्ड बाँके के हवाले से वे कहते हैं कि कई बार स्वर और शब्द दोनों ही दूसरे जनपद की बपौती में सम्मिलित हो गये। यद्यपि, कभी-कभी स्वर और शब्द दोनों या किसी एक दृष्टि से इसमें कुछ परिवर्तन भी हुए। कई बार केवल शब्दों ने ही यात्रा की, और दूसरी भाषा में इनका अनुवाद हो गया और गीत को एकदम नये स्वर प्राप्त हुए। लोकगीत को इस आदान-प्रदान पर सदैव गर्व रहेगा।[2] लोकजीवन की ये वे नारियाँ हैं, जिन्होंने विपरीत परिस्थितियों में पड़कर भी अपने 'सत' और परिवार के 'पत' पर आँच नहीं आने दी। ब्रजप्रदेश की नायिका है

---

1. नर्मदा प्रसाद गुप्त, बुन्देलखण्ड की लोकसंस्कृति का इतिहास, पृ. 87
2. देवेन्द्र सत्यार्थी, बेलाफूले आधी रात, पृ. 56

चन्द्रावली। सावन मास लग गया है, उसका भाई अभी तक नहीं आया। वह चिरहुली से सन्देश भेजती है। भाई आता है और विदा कराकर ले चलता है। रास्ते में मुगल डोला रोक लेते हैं। चन्द्रावली ससुर को चिरहुली से सन्देश भेजती है, कि पठान ने डोला रोक लिया है :

सरग उड़न्ती चिरहुली/जइयो ससुर दरबार।
डोला तो घेर्यो पठान ने/लागो सामन माँस।
लै हाथी ससुरा चले/हथिनी ओर-न-छोर।
लै रे मुगल अपनी भेंट ले/बहुअर तो छोड़ौ चन्द्रावली जी।
हाथी तो मेर बहुत हैं/हथिनी ओर-न-छोर।
ना छोड़ूँ चन्द्रावली/जाएगी जी के साथ।
जाओ ससुर घर आपने/रक्खूँ पगड़ी की लाज।

चन्द्रावली इसी प्रकार जेठ एवं पति को चिरहुली से सन्देश भेजती है। वे सभी आते हैं और घोड़े तथा मुहरें देकर चन्द्रावली को छुड़ाना चाहते हैं। पठान छोड़ने से इनकार कर देता है। चन्द्रावली उन्हें 'घूँघट' एवं 'फेरों' की लाज रखने का वचन दे वापस कर देती है। वे लौट जाते हैं तो चन्द्रावली पठान से पानी माँगती है :

जा रे मुगल के छोहरा/लागो सामन मास।
प्यासी मरे चन्द्रावली/जैसी राजदुलारी।
प्यासी मरे चन्द्रावली/जिसके माई ना बाप।
लै लोटा मुगला चलौ/तम्बुआ दे लई आग।
हाड़ जरै जैसे लाकड़ा/केस जरै जैसे घास।
हाय-हाय मुगला करै/ठाड़े खाइ पछार।
घेरी ही बरती नहीं/लागो सामन मास।
देखी ही चाखी नहीं/ऐसी राजदुलारि।

चन्द्रावली की मृत्यु का समाचार सुनकर ससुर रो पड़ते हैं परन्तु उन्हें इतना आश्वासन है कि बहू ने 'पगड़ी' की लाज रखी। जेठ रो पड़ते हैं, परन्तु उन्हें खुशी है कि बहू ने 'घूँघट' की लाज रखी, पति रो पड़ते हैं, परन्तु सन्तुष्ट है कि उसने 'फेरों' की लाज रखी। न तो उसने मुगल का पानी पिया और न ही उसकी सेज पर पाँव रखा। चन्द्रावली 'भली' बहू थी :

इतनी सुन ससुरा रो दिये/मेरी राजदुलारी।
बहू भली चन्द्रावली/राखी पगड़ी की लाज।
इतनी सुन जेठा रो दिये/मेरी राज दुलारि।

बहू भली चन्द्रावली/राखी घूँघट की लाज।
इतनी सुन राजा रो दिये/राखी फेरन की लाज।
रानी भली चन्द्रावली/खानौ न खायौ पठान कौ।
सेजों पै रक्खौ न पाँव/लागो सामन मास।

ब्रज की चन्द्रावली बुन्देलखण्ड की मानौ गूजरी बन जाती है, कुछ मूलभूत फर्क के साथ। मानौ गूजरी है, उसे बाजार का ज्ञान है और वह स्वयं मुगलों को देखने की जिज्ञासा के कारण बाजार जाना चाहती है :

कहाँना से मुगला चले/री मानौ कहाना लेत मिलान।
ऊँचे चढ़ि के मानौ हेरियौ/कोई लग गये मुगल बाजार।
हुकुम जौ पाऊँ रानी सास को/मैं तो देखि आऊँ मुगल बाजार।

सास के रोकने पर नहीं रुकती मानौ सोलह शृंगार कर कुम्हार से मटकी लेकर दूध-दही भर मुगल बाजार पहुँची। मानौ ने एक पुकार की फिर दूसरी–

दूजी टेर मानौ मारियौ/रे कोई मुगल लई पछियाम।

मुगल मानौ को प्रलोभन देता जाता है, मानौ ठुकराती जाती है। मानौ जैसे ही घूँघट खोलती है :

घुँघटा खोलत दस मरे/रे मुगला बिदिया देखि पचास।
मुगला सौक जब मरे/रे जब तनक उघरि गयी पीठ।

बलपूर्वक मानौ को पकड़ जब मुगल ले जाने लगता है, तब मानौ के पति चन्द्रावल को खबर मिलती है :

सोउत चन्द्रावल ओघ के
रे तेरी ब्याही मुगला लै जाय।

चन्द्रावल सौदा नहीं करता, सीधे टूट पड़ता है :

मुगला मारे गरदकरे/रे बिनने लोथैं लगा दई पार।
रक्तन की नदियाँ बही/रे बिनने लोथैं लगा दई पार।

चन्दा की कथाएँ पूर्वी हिन्दी में अधिक प्रचलित हैं। सम्भव है, यह एक से अधिक चन्दा रही हों। एक चन्दा सात भाइयों की अकेली बहन थी। भाई परदेस चले तो वह भी पीछे-पीछे चली। भाइयों ने कहा–चन्दा बहन, तुम लौट जाओ, हम तुम्हारे लिए चन्द्रहार लाएँगे। बारह वर्षों बाद सातों भाई लौटे, बहन को चन्द्रहार दिया। भाइयों ने सायत देखकर चन्दा का गौना कर दिया। ससुराल में ससुर, जेठ, पति सबने पूछा,

'चन्द्रहार किसने दिया' सभी को चन्दा ने एक ही उत्तर दिया :

हमरे बबैया जू के सात बेटौवा रे ना।
ओई दिहे चन्दा हरौवा रे ना।
केउ नाहीं मानै चन्दा का बतिया रे ना।
रामा चन्दा से माँगे सब किरिया रे ना ॥

चन्दा ने लोहार से कड़ाही बनवायी, बढ़ई से चन्दन की लकड़ी ली, तेली से तेल। सुगना से सन्देस भेज दिया मायके को। ससुराल के लोग ऊँचे-ऊँचे पर बैठे हैं, मायके के लोग नीचे बैठे हैं। ससुराल के लोग बड़ी-बड़ी पगड़ी बाँधे हैं। पिता और भाई 'अँगोछा' बाँधे हैं। भाइयों ने कहा, 'जो चन्दा, बहन तुम पक्की निकलोगी, तो तुम्हारे योग्य डोली में तुम्हें मायके ले चलेंगे, यदि तुम कच्ची ठहरोगी तो तुम्हें जीते-जी गाड़ देंगे।' चन्दा कहती है :

जौ मोरा सामी होइँ मोरे जिउ का बसिया रे ना
रामा आगि होइ जाउ जूड़ पलवा रे ना।
जौ चन्दा डारिन करहिया में हथवा रे ना।
रामा जैसे गंगाजल पनिया रे ना।

पति रोने लगा, भाई फूला नहीं समाया। उसने बहन को ले जाने के लिए पालकी सजायी। चन्दा एक वन पार कर गयी, दूसरा वन पार कर गयी, तीसरे में उसे वन की तपस्विनी मिली। उसने समझाया, 'बेटी, स्वामी का अपराध भूल जाना चाहिए।' कहानी यहीं समाप्त हो जाती है, वह हमें नहीं बताती की चन्दा वापस लौटी अथवा नहीं।

दूसरे गीत में चन्दा सात बहनों के साथ रुदौली के घाट पर सींकें चीर रही थी। इतने में मुगलों का लश्कर आ पहुँचा और उन्होंने चन्दा को पकड़ लिया। रुपये-पैसे की ढेरी लगी है, पिता बिनती कर रहे हैं, परन्तु चन्दा बन्दीखाने में है। मुगल कहता है 'चन्दा से विवाह करूँगा।' मुगल हँस-हँसकर डोली तैयार कर रहा है, चन्दा से रोते-रोते रहा नहीं जाता। वह कहती है 'बाबा घर जाओ, तुम्हारी पगड़ी की लाज रखूँगी। मुगल चन्दा को अपने घर ले गया। गेहूँ-चने की रोटी बनायी, गाय का मट्ठा डलवाया। कहा, 'चन्दा रानी जेंवनार जें लो।' चन्दा ने कहा :

रोय रोय चन्दा रानी ये कहै/सुन मुगला मेरी बात जी।
हम धन सीझीं रसोइया/उठि के करहु जेवनार जी।
हँसि हँसि मुगला लकड़ी मँगावै/रोय रोय चन्दा से रहा नहि जाय।
चिता बारि चन्दा जरि गयी/चन्दा तो होई गईं राख जी।
चन्दा की चिता अस धधकै/धुआँ से भरिगा भण्डार जी।
जरिगै मुगला कै दाढ़ी/उहौ होइगा तमाम जी ॥

पहली चन्दा सात भाइयों की लाड़ली बहन और एक 'चन्द्रहार' के कारण उसे 'शपथ' देनी पड़ती है। जिसमें वह सफल होती है और मायकेवाले ससम्मान उसे अपने साथ ले जाते हैं, दूसरी चन्दा सात बहनों के साथ सींकें चीर रही थी, कि मुगल उसे उठा ले गये। अन्त में आत्मदाह किया जिसके साथ वह मुगल भी जल मरा। निःसन्देह ये दो नायिकाएँ हैं।

कुसुमा और **भगवती** की कथा भी इनसे मिलती-जुलती है। कुसुमा राजा जयसिंह की बहन थी और ओसारे में खड़े होकर अपने लम्बे-लम्बे केश झाड़ रही थी कि उस पर तुर्क की नजर पड़ गयीं। तुर्क ने अपने सिपाहियों से जयसिंह को पकड़ मँगवाया और कहा, 'यदि तुम राज-पाट चाहते हो तो अपनी बहन का विवाह मुझसे कर दो।' जयसिंह लौटकर शोक में चादर् ओढ़कर लेट गये। कुसुमा बोली :

बैठी जगावहि कुसुमा बहिनियाँ रे ना
भइया तोरा धरमवा नहिं जइहै रे ना।
उठौ भइया रे करहु दतुइनियाँ रे ना
भइया, तोरा पत राखै भगवनवाँ रे ना।

कुसुमा ने मिर्जा को सन्देश भेजा। 'यदि तुम मुझसे विवाह करना चाहते हो, तो मेरे बाबा को भूमि बख्श दो, मेरे काका को हाथी दे दो, मेरे भैया को घोड़ा दे दो, स्त्रियोचित गहने-कपड़े गढ़वा दो, मेरी दासी को चुनरी दे दो।' मिर्जा ने हँस-हँसकर सब माँगें पूरी कीं, जिसे रो-रोकर बाबा, चाचा, भाई, भावज और दासी ने स्वीकार किया।

एक कोस गयी दुसर कोस गयी रे ना।
रामा तिसरे में लागी पिअसिया रे ना।
घर ही में कुइयाँ खनौबै मोरी कामिनि रे ना।
कामिनि पिउन्हु गंडुववा ठण्डा पानी रे ना।
तोहरे सगरे पनिया नित उठि पीअब रे ना।
मिरजा बाबा क सगरवा दुर्लभ होइहै रे ना।
यक घूँट पीइनि दूसर घूँट पीइनि रे ना।
रामा तिसरे में गयी सर बोरबा रे ना।

यहाँ स्थितियाँ थोड़ी बदली हैं। अन्य गीतों में जहाँ परिवार के लोग धन देकर बहू/बेटी को छुड़वाना चाहते हैं, वहीं कुसुमा स्वयं अपनी कीमत अपने पिता, चाचा, भाई, भावज और दासी तक के लिए माँग लेती है और वे रो-रोकर ही सही, इसे स्वीकार भी कर लेते हैं। अन्त में कुसुमा, जैसाकि उसने शायद पहले ही निर्णय कर लिया था, जलसमाधि ले लेती है। बिहार में होरिल सिंह की बहन है **भगवती** जो नदी में स्नान कर रही थी। उसी घाट पर मिर्जा उतरा। भगवती को देख उसने पूछा 'किसकी बहन

नदी पर स्नान कर रही है ?' पनिहारिनों ने बताया—राजा होरिल सिंह की बहन नदी पर स्नान कर रही है। मिर्जा सिपाहियों से होरिल सिंह को पकड़वा मँगवाता है और कहता डालभर सोना ले लो—अपनी बहन मुझे ब्याह दो। परन्तु भाई का कथन है :

आगि लगहु मिरिजा डाल-भर सोनवा
मोरा कुले भगवति ना जामेले हूँ रे जी।

भावज ताना मारती है :

आगि लगहु भगवति तोहरि सुरतिया
तोहर कारन सामी बान्हल हूँ रे जी।

कुसुमा की तरह भगवती भी गहने, कपड़े, डोली की बात करती है, अन्तर इतना है कि कुसुमा यह सब अपने पिता, चाचा, भाई के लिए चाहती है, भगवती अपने लिए। मिर्जा हँस-हँसकर गढ़वाता है, भगवती रो-रोकर पहनती है। कुसुमा की तरह वह भी जल-समाधि लेती है। अन्त में दो अतिरिक्त पंक्तियाँ हैं जो भगवती के चरित्र को गरिमामय बना देती हैं। मिर्जा तालाब में जाल डलवाता है तो घोंघा और सिंवार आ जाते हैं। जब भाई हँस-हँसकर जाल डलवाता है भगवती का शव उसमें आ जाता है। भाई कहता है—तूने तीन कुलों की रक्षा की बहन।

रोवेला मिरिजवा मुड़वा उठावला
मोरि बुधि छरे छोड़ी भगवति हू रे जी।
रोइ-रोइ मिरिजा जलिया लगावेले
बझि गइल घोंघवा सेवरवा हूँ रे जी।
हँसि हँसि होरिलसिंह जलिया लगावेले
बझि गइले भगवति बहिनियाँ हूँ रे जी।
हँसेला होरिलसिंघ मुँहे खाइ पनवा
तीन कुल राखे बहनियाँ भगवति हूँ रे जी।

स्त्री की देह पर संकट केवल विदेशी शासकों से ही नहीं था। मध्ययुगीन राजा और जमींदार भी उसी का अंग थे। लाची पूर्वांचल की ऐसी ही नायिका है। श्री रामनरेश त्रिपाठी ने लाची से सम्बन्धित दो कथात्मक गीतों का संकलन किया है। लाची बारह बरस की सुन्दरी थी और खिड़की पर बैठी हवा खा रही थी, कि घोड़े पर बैठे एक राजपूत की नजर उस पर पड़ गयी। राजा कुटनी के पास पहुँचा और उसे पाँच मुहरें दी कि वह किसी तरह लाची को बहकाकर ला सके। कुटनी कहती है, 'लाची स्वामी की गोद में सोती है, उसे किस प्रकार यहाँ लाया जा सकता है ?' राजा ने कहा—'हाथ में उपले लो और आग लाने के बहाने लाची को ले आओ।'

कुटनी ने ऐसा ही किया :

भीतर बाटू की बाहर लचिया रे ना
लचिया सब सरतीं जाथीं नहौने रे ना।

सास, ननद के रोकने पर लाची नहाने के लिए तैयार होती है। नहाते समय राजा लचिया की चुनरी उठा लेता है :

देऊ न राजा काहें हमरी चुनरिया रे ना।
राजा मोर माँसु खाँइ मछरिया रे ना।
जौ हम देई लचिया तोहरी चुनरिया रे ना।
लचिया हमरे गोहनवा चली चालउ रे ना।

लचिया का उत्तर है, मैं तुम्हारे साथ क्यों चलूँ, मेरा पति तुमसे अधिक सुन्दर है। उसके जूते चलते समय मरर-मरर करते हैं और उसका परिधान एँड़ी के रंग का है। यह सुनकर राजा भी मुँह बिचकाकर कहता है :

यतना सुनत राजा मुँह बिचुकायनि रे ना।
लचिया तुहै ले सुन्दरि मोरि बिआहिया रे ना।
जे कै महर महर करइ बरवा रे ना।
जे कै मुनरी बरन करिहइयाँ रे ना।

इस तरह बात हल्के विनोद के साथ समाप्त हो जाती है। दूसरे गीत में स्थितियाँ बदल गयी हैं। लचिया अपनी खिड़की पर खड़ी लम्बे केश झाड़ रही है। राजा का नाम यहाँ जयसिंह बताया गया है, और लचिया छः माह की गर्भवती है। जयसिंह कुटनी की सहायता से गंगा-स्नान के बहाने लचिया को बाहर ले जाने में सफल हो जाता है और लाची को अपनी पकड़ में लेने की कोशिश करता है :

घोड़ा से उतरि जयसिंह लाची किहाँ अइले हो ना।
जयसिंह लपकि धइले दाहिन बहियाँ हो ना।
छोड़ छोड़ जयसिंह हमरो अँचरवा हो ना।
जयसिंह तोहरा से सुन्दर मोर रजवा हो ना।
अइसनि बोली जनि बोलौ रानी लचिया हो ना।
लाची चली चलु हमरी सेजरिया हो ना।
अतना बचन लाची सुनहि न पवली हो ना।
लाची काढ़ि कटरिया जिउवा लिहली हो ना।

यहाँ लाची न आत्मघात करती है, न जयसिंह को कोई अवसर देती है, बल्कि

निर्भीक कटार से जयसिंह को मार डालती है। इस महत्त्वपूर्ण कृत्य के बाद, घर लौटकर जिस निरीहता से उत्तर देती है, वह पूरे मध्यकालीन महिला-लेखन में अकेला है :

जनि सास बाबा खाहु जनि सासु भइया खाहु हो ना।
सासु बटिया रोकेला बटमरवा हो ना।

राजा जयसिंह को 'बटमार' (सड़क पर लूटमार करनेवाला) कहना जनता की वास्तविक अभिव्यक्ति है। देशी-विदेशी राजाओं की बात छोड़ भी दें, स्त्री के लिए उसके घर पर भी संकट है। जीरा की कहानी ऐसी ही है। वह पनघट पर पानी भरने जाती है, वहाँ उसका जेठ रास्ता रोकता है। वह जयसिंह की पत्नी है। जाँतघर में गेहूँ पीसती हुई रो रही है। कोई जयसिंह को सूचना दे :

पँसवा खेलत तुँह जैसिंघ रजवा रे।
तोरी धना रोवे जँतसरिया हुँ रे जी।
पँसवा लड़बलन राजा बेल रे बबूर तर।
झपटि के अइले जँतसरिया हुँ रे जी।
ओटाले उठावलनी जाँघ बइठावलिन।

ओटाले (चक्की पीसने की पीढ़ी) से उठा जयसिंह ने जीरा को गोद में बैठाकर कारण पूछा, रोने का। जीरा ने कहा, 'जिस जेठ ने मेरा अँगूठा तक नहीं देखा, वे मेरा रास्ता रोकते हैं।' राजा बोले, 'हे जीरा, सवेरा होने दो, बाजार लगने दो, मैं तुम्हारे जेठ को मार डालूँगा।' जीरा ने कहा, 'हे स्वामी, जो तुम जेठ को मार डालोगे जो तुम अकेले हो जाओगे। जो मुझे मार डालो तो दूसरा विवाह कर लोगे।' जीरा की बात सुन जयसिंह हँसने लगे और बोले—जीरा ऐसी सुलक्षणा है :

मुँह माँ रूमालिया देके हँसले जयसिंह रजवा रे।
अइसिन छुलाछनि जिरवा धनियाँ हुँ रे जी ॥

मैना की कहानी गाँवघर की कहानी है। उसका विवाह हो गया था परन्तु 'गौना' नहीं। मैना अपनी भावज के साथ पानी भरने गयी। ननद का आँचल उड़-उड़ जाता था। भावज ने पूछा—तुम्हारा आँचल क्यों उड़ जाता है रे ? ननद ने कहा, 'पूर्वी हवा के कारण।' भावज ने पूछा, 'तुम्हारा आँचल मैला क्यों है ?' ननद ने कहा, 'बाबा के आँगन बटलोई माँजने गयी थी, उसकी कालिख लग गयी।' 'तुम्हारा मुख पीला क्यों है ?' 'भैया के महल में हल्दी पीसने गयी थी, इसलिए।'

भावज को सन्देह हुआ। उसने ससुर, जेठ, देवर सबसे प्रार्थना की कि मैना का गौना कर दो। सबने फटकार दिया, 'मैना अभी बच्चा है।' अन्त में उसने पति से कहा। उसने स्वीकार कर तिथि तय कर दी। अब मैना के गौने की बारात द्वार पर आयी,

तब मैना की कमर दुखने लगी। बारात जब आँगन में आयी तो मैना को पुत्र हुआ। बाजे बजाने वाले मुँह पर दुपट्टा रखकर हँसने लगे। 'ब्याह के बाजे बजाएँ या पुत्र जन्म का बधावा ?' मुख पर दुपट्टा रखकर मैना के भाई रो रहे हैं, 'मैना ने दोनों कुलों की लाज गँवायी।' मैना का पति रो रहा है, माँ को क्या उत्तर दूँगा ? मैना ससुराल पहुँचती है :

एक गाँव नाँघे दुसर गाँव नाँघे
तिसरे में परी ससुरारि हो राम।
आरति लै कै निकरी मैना की सासू।
केहि कर जाया होरिलवा हो राम।
दिन भरि बीतै मैया दर दरबरवाँ
राति रह्यौ ससुरारि हो राम।

अन्त में पति ने बच्चे का उत्तरदायित्व स्वयं स्वीकार किया। हो सकता है कि सत्य यही हो फिर भी उसे सार्वजनिक रूप से स्वीकार करना एक साहसपूर्ण कार्य था।

टिकुला की कहानी पारिवारिक शोषण की कहानी है। टिकुला अपनी लम्बी-लम्बी अलकें झार रही थी। उसके जेठ ने देखा, और अपनी माँ से पूछा, 'बारह वर्ष मेरा गौना आये हो गये परन्तु यह किसकी स्त्री है, जो अपनी लम्बी-लम्बी अलकें झाड़ रही है।' माँ ने कहा, 'यह तुम्हारे भाई उदयसिंघ की बहू है।' बेटे ने कहा, 'मैंने आज तक उसके हाथ का बना खाना नहीं खाया।' टिकुला ने साठी का चावल और मूँग की दाल बनायी। सब लोग तो पाँचों पकवान जींमते हैं, पर जेठ नारायण सिंह टिकुला का रूप देखता है। टिकुला एक हाथ से अपने पति को तेल-फुलेल लगाती है, दूसरे हाथ से आँसू पोंछती है। पति के कारण पूछने पर वह बताती है 'न तो मेरी सास ने मारा है, न ननद ने गरियाया है, न ही जेठानी ने घर से निकाला है। हे स्वामी ! मेरे कारण तुम्हारी जान जाएगी।' नारायण सिंह अपने छोटे भाई उदयसिंह को छल से शिकार पर ले गया और धोखे से उसे मार डाला। उसका घोड़ा रोता हुआ वापस लौटा। मनस्विनी सास मचिये पर बैठी है। टिकुला बोली, 'हे सास ! मेरे सिर के सिन्दूर को तो देखो।' सास ने कहा, 'बहू, तुम्हारा सिन्दूर मलिन हो गया है। लगता है तुम्हारे स्वामी मारे गये हैं।' इतना सुनते ही टिकुला अपने बज्र की तरह किवाड़ लगाकर बैठ गयी। नारायण सिंह ने आकर द्वार खटखटाया। टिकुला ने कहा, 'तुम कुत्ते हो या बिल्ली ? या शहर के लोग ? भाग जाओ।' नारायण सिंह ने कहा, 'न तो कुत्ता है, न बिल्ली और न ही शहर के लोग, मैं तो उदयसिंघ का भाई हूँ।' टिकुला बोली, 'हे जेठ ! मैं तुम्हें छोड़कर और किसी की तो होऊँगी नहीं। हे जेठ ! मेरे स्वामी का मुँह तो मुझे दिखा दो।'

लाल रंग की डोली में हरे रंग का परदा लगा। बत्तीस कहार डोली उठाने लगे। टिकुला ने कहा, 'हे जेठ ! किस वन में मारा, किस वन में लाश को रखा और किस

वृक्ष से लाश को ओठगा दिया ?' जेठ ने कहा, 'विजू वन में मैंने मारा, कुंजवन में लाश को पौढ़ाया और चन्दन के वृक्ष से लाश को ओठगा रक्खा है।' टिकुला ने कहा, 'हे जेठ ! तुमको छोड़कर और तो किसी की होऊँगी नहीं, तुम शहर जाकर आग ले आओ, चन्दन की लकड़ी ले आओ।' जेठ के जाते ही टिकुला अपने स्वामी के शव के पास खड़ी होकर बोली, 'यदि मेरे स्वामी सत के हैं, और मैं उनकी धर्म की विवाहिता हूँ, तो मेरे आँचल से आग धधक उठे।' ऐसा ही हुआ :

सत के त हत सामी धरम के बिअहुआ गे जान।
जान अँचरवे अगिया ले धधकहु गे जान।
सत के त हतौ हे सामी धरम के बिअहुआ गे जान।
जान दूनो मिली सत्ती होइ जवँही गे जान।

ये कुछ उदाहरण हैं, समूचे भारतीय लोकसाहित्य में न जाने कितनी ऐसी नारियाँ रही हैं जिन्होंने अपने परिवार में, समाज में और राज्यसत्ता से अपने स्तर पर लड़ाई की है। अधिकांश स्थानों में उन्होंने मृत्यु का वरण किया है, परन्तु ऐसे उदाहरण भी हैं जहाँ उन्होंने आततायी को मौत के घाट उतार दिया। इससे भी अधिक महत्त्वपूर्ण बात यह भी है कि इनकी रचना, गायन और संवाहन भी नारी समाज ने किया है। यह उनका अपना इतिहास है।

केवल यह कह देने मात्र से कि भारतीय मध्यकालीन समाज जाति-व्यवस्था में बँटा हुआ था, समाज की हरारत को नापा नहीं जा सकता। मनुस्मृति ने चार वर्ण-व्यवस्थाओं की बात कही थी, जिसे सदियों से दोहराया जाता रहा है, परन्तु यह एक इकहरा कथन है और मध्ययुगीन जाति-व्यवस्था एक जटिल संरचना रही है। इनके आधार भी एक से अधिक हैं। एक जातियों में बँटे समाज में इससे बड़ा विभाजन और क्या हो सकता है कि उसका साहित्य भी जातियों में बँटा हुआ हो। उनके जातीय जीवन का प्रतिबिम्ब उनके अपने साहित्य में है। 'ब्राह्मणों, क्षत्रियों, वैश्यों और कायस्थों को छोड़कर हिन्दू समाज की प्रायः सभी निम्न श्रेणी की जातियों में उनके निजी गीत, नृत्य और बाजे प्रचलित हैं। मटके, सूप, सिटके, ढोलक, एकतारा आदि सस्ते बाजों से गाँव के लोग अपना मनोरंजन कर लेते हैं।'[1] इन गीतों में राग और स्वरगत विविधता है ही, विधागत विविधता भी है। अभी इस दृष्टि से इस जातीय साहित्य का अध्ययन किया ही नहीं गया और यह सामग्री हमारे हाथों से फिसल गयी।

मध्ययुगीन साहित्य में, मुख्यतः कबीर की कविता का सौन्दर्य शास्त्र, जो जुलाहे की रचना-प्रक्रिया से जुड़ा है, वह आकस्मिक नहीं है। उसकी खोज इन जड़ों में होनी चाहिए थी और वह एक शुरुआत होती। शायद अभी भी वक्त हो। हमारा लक्ष्य तो इन उपलब्ध जातीय रचनाओं में मध्ययुगीन महिला रचनात्मकता का चेहरा तलाशना है।

---

1. रामनरेश त्रिपाठी, ग्रामगीत, पृ. 749

अहीर पशुपालक जाति है, और उनकी बहुत पुरानी सांस्कृतिक साहित्यिक परम्पराएँ हैं। अहीरों के विरहे आज भी प्रसिद्ध हैं। यह नोट करनेवाली बात है कि विरहे स्त्री और पुरुष एक साथ मिलकर गाते हैं। दोनों के अपने-अपने दुख हैं :

बने-बने गइया चरावै रे कन्हइया घरे-घरे जोरत पिरीत।
आनकी बिअहिया क सैन मारि आवै आखिर त जतिया अहीर ॥

अहीर-कन्या का दुख इन पंक्तियों में व्यक्त हुआ है, 'गाय चराती हूँ और बड़ी दूर तक ले जाकर भैंस चराती हूँ, पति से मिलने का मौका ही नहीं मिलता। अपने बाप की बकरी चराती हूँ, 'हिला'-'हिला' करके जान निकलती है।'[1]

अहीर को दारू पीने का बहुत शौक है। उसकी पत्नी की फटकार देखने योग्य है। सम्भवतः अन्य स्त्रियाँ इतना 'साहस' न कर सकें, 'दारू पीकर सड़क पर गिरोगे और दाँत निकाल दोगे, कुत्ते मुँह में मूतेंगे और सारा बाजार हँसेगा। डिप्टी साहेब को नहीं जानते, वे पन्द्रह हजार गालियाँ देंगे। अन्धे ! तुम अनरेरी कचहरी में जुरमाना दोगे, मेरी झुलनी बिक जाएगी। तुम्हारा बुड्ढा बाप तो नौकरी करता है, माँ चक्की पीसकर खाती है। तुम्हारी यह दशा है कि मिट्टी के बर्तन में तो दाल-भात खाते हो और कुल्हड़ में पानी पीते हो। हे बालम ! मैं तुम्हें बार-बार रोकती हूँ कि कलवार से घर मत जाओ। प्यादे तुम्हें पकड़कर ले जाएँगे और कचहरी में जुरमाना भर देंगे।'[2]

कहार गाँव में डोली उठाने का कार्य करते हैं। दुल्हा-दुल्हन को पालकी में ले जाते समय वे श्रृंगार के गीत गाते हैं। उनके गीत लचारी या कहरवा कहलाते हैं। सम्भव है कहरवा से 'कहरवा ताल' का कोई सम्बन्ध रहा हो। इनके वाद्य का नाम 'हुड़का' है। कहार तालाब में मछली पकड़ने का भी काम करते हैं। ऐसे ही एक बूढ़े कहार की पुत्र-वधू के उद्‌गार हैं :

'बुड्ढे कहार की बुढ़ाई आयी, तब ताल में जाल फेंकने लगा। जब उसे एक भी मछली नहीं मिली, तो (खिसियाकर) पतोहू का गाल मींजता है (11) यह बुड्ढा मेरे जी का जंजाल है। मेरे माथे पर टिकुली देखकर जल उठता है। हे देवी ! यह बुड्ढा मर जाए तो तुमको रोट चढ़ाऊँगी।' (2)[3]

धोबियों के गीत, अहीरों के गीतों से मिलते हुए होते हैं। स्वर के अन्तर से ही इन्हें पहचाना जाता है। इनके बाजे का नाम हुड़का है, इसके साथ पीतल की कटोरी को पीतल की डण्डी से बजाया जाता है। श्री रामनरेश त्रिपाठी ने धोबी गीतों में दो गीतकथाएँ संकलित की हैं। दोनों में ही धोबिन को राजा प्रलोभन देता है, परन्तु सफल नहीं होता। धोबिन को अपनी जाति, और कपड़े धोने के काम पर अभिमान है। वह कहती है, 'हे राजा, जो तुम्हें धोबी की लड़की का चाव है तो मेरे पिता की धोवट

1. रामनरेश त्रिपाठी, ग्रामगीत, पृ. 762; 2. वही, पृ. 761; 3. वही, पृ. 761

धोओ।' राजा ने कपड़ों की एक बड़ी गठरी बाँधी और कन्धे पर मूँगरा रखा। धोबी की लड़की ने दो-चार कपड़े धोये, पर राजा ने पूरे डेढ़ सौ धोये (4) राजा सोचता है, धोबी की लड़की है तो बड़ी सुन्दर पर अभी तक कुमारी क्यों है ? लड़की सोचती है, राजा है तो बड़ा सुन्दर, लेकिन अब तक कुँवारे क्यों रहे ? ये उदास क्यों हैं ? राजा ने कहा, 'मुझे मेरी सात वर्ष की रानी याद आ गयी, जिसे मैंने सात महलों में अकेला छोड़ा है।' धोबी की लड़की कहती है, 'हे राजा ! तुम लौट जाओ अपने देश। तुमने रानी को महल में अकेला छोड़ा है। तुम्हारी एक रानी तो महलों में बिसूर-बिसूरकर मर रही है और तुम दूसरी खोज रहे हो। मैं तो किसी एक के साथ मरूँगी एक के साथ जिऊँगी। राजा का क्या है, एक मर गयी दूसरी कर ली।'

हमारी चिताई सात बरस की नार
सात महलों में छोड़ी एकली।
जाओ राजा जाओ मारू देस महलों में छोड़ी नार एकली ॥7॥
एक मरेगी बिसूर-बिसूर, राजा तुम चाहो दूसरी।
मरूँ एक जिऊँ एक साथ
राजा की मर्‍यो दूसरी जी, महाराज ॥8॥

दूसरा गीत 'सुआगीत' है, जो उत्तर प्रदेश और बुन्देलखण्ड में गाया जाता है। इसमें राजा कपड़े धोती हुई धोबिन से कहता है, 'हे धोबिन, तू धोबी पति को छोड़ और राजा को अपना पति बना ले।' धोबिन ने उत्तर दिया, 'राजा को पति बनाने के लालच में आग लगे। मुझे तो अपनी ही जाति का पति सुखकर है।'

राजा ने फिर कहा, 'टूटी-फूटी झोंपड़ी छोड़कर, तू रंगमहल में आकर सो।' धोबिन ने कहा, 'मेरी टूटी-फूटी झोंपड़ी का मोल रंगमहल से बढ़कर है।'

छाँड़ि देओ धोबनिन धोबिया भतार का
करि लेव राजा भतार।
राजा भतार में आग लगाओ रे
धोबिया हरलिही पाटी पार ॥6॥
छाँड़ि देओ धोबनिन छितकन कुरिआला
सोइ तो लेबे रंग महल।
रंग महल में तो आगी लगाओ रे
कुरिआ के मोल अपार।[1]

स्त्री और पुरुष के बीच सहकर्मी का नाता इन जातिगीतों में देखा जा सकता है।

---

1. रामनरेश त्रिपाठी, ग्रामगीत, पृ. 777

गीत में अपनी पत्नी को 'जोड़ी' के नाम से सम्बोधित करते हुए धोबी कहता है, 'हे धोबिन मोटी-मोटी लिट्टियाँ बनाना, कल बड़े सवेरे घाट चलना है। हे मेरी जोड़ी (बराबर का काम करनेवाली) कल घाट चलना है। हे धोबिन ! तीन चीजें मत भूलना, कोयले की टिकिया, तम्बाकू और थोड़ी-सी आग।'[1]

मोटी मोटी लिटिया लगैहै धोबनियाँ
कि बिहनै चलै का बा घाट
जोड़ी, बिहनै चलै का बा घाट ॥
तीनहि चीज मत भुलिहै धोबिनिया
कि टिकिया तमाखू थोड़ा आगि रे।
जोड़ी, टिकिया तमाखू थोड़ा आगि रे ॥

गड़रिये पशु चराने का कार्य करते हैं और 'सूप' बजाकर अपने गीत गाते हैं। श्री त्रिपाठी के अनुसार गड़रियों के दो मुख्य गीत 'पण्डों की मार' और 'सिडरिया' है। 'सिडरिया' एक गीतकथा है, जिसमें नायिका सिडरिया अपने बँगले के ठीक से न छवाने के कारण रोती है। उसका पति 'परसवा' खबर सुनकर आता है और अपने मित्रों के साथ बाँस काटने वन में जाता है। वन में जहाँ से 'परसवा' बाँस काटता है, उसकी जड़ में नाग-नागिन का जोड़ा था। उनका घर खुद जाता है। नाग बाँसों के गट्ठर में छिपकर बैठ जाता है और जब परसवा गट्ठर सिर पर रखकर चलता है तो चोटी के पास डँस लेता है। परसवा मर जाता है।

चमारों के गीत में मुख्य वाद्य मृदंग, कटोरा और सींग है। इनका मुख्यपात्र 'करिंगा' कहलाता है। 'करिंगा' गाँव के जालिम जमींदार, कंजूस महाजन या झूठे और लम्पट पुरुषों की खरी आलोचना भी, किसी का नाम न बताकर, कर बैठता है और इसका परिणाम भी कभी-कभी अच्छा निकल आता है। इस प्रकार चमार लोग समाज के आलोचक हैं। वे समाज में नीची श्रेणी के होते हैं, इससे ऊँचे का पूरा समाज उन्हें साफ दिखाई देता है। उसकी दृष्टि से कर्कशा स्त्री का चित्र इस प्रकार है, हे पुरुष, तुम बड़े भाग्यवान हो, जो तुम्हें कर्कशा नारी मिली है। सात घड़ी दिन चढ़ा तब वह रोती हुई जगी। हाथ में झाड़ू लेकर वह निहुरे-निहुरे बुहारती है और घर-भर को गाली देती जाती है। (1) घर की मुँडेर पर कौवा रो रहा है। इतने में तीन मेहमान आये। स्त्री ने कहा, आओ मेहमान, घर में बैठो, मैं जंगल से कण्डे बीन लाऊँ, तब रसोई बनाऊँ। (2) हाँड़ी भरकर पानी उबाला। उसमें तीन-चावल डाल दिये। कठौता भरकर माँड पसाया। हे मेहमानो ! आओ, खूब हिला-हिलाकर पीओ। (3) सात सेर की सात रोटियाँ बनायीं और नौ सेर की एक। पति से झगड़ती है, हे दाढ़ीजार, तूने सातों रोटियाँ खा लीं, मुझ

1. रामनरेश त्रिपाठी, ग्रामगीत, पृ. 782

कुलवन्ती ने एक। (4) देहरी पर बैठकर तेल लगाती है, माँग में सिन्दूर भरती है, आँचल पसारकर सूर्य को मनाती है कि 'मैं कब राँड़ होऊँगी।' (5)[1]

सात सेर के सात पकाइन नौ सेर का एक्के।
तुम दहिजरऊ सातो खायेउ मैं कुलवन्तिन एक्कै ॥
करकसा नारि मिली।

गीत एकत्र करने के दौरान त्रिपाठी जी ने एक चमार के घर का विवरण इस प्रकार दिया है 'जो गीत मैंने चमारिनों के घर जाकर लिखे हैं, उनको लिखने में मुझे अपने मन को बड़ी कड़ी परीक्षा में बैठाना पड़ा है। ध्यान से देखिए—गाँव से बिल्कुल बाहर चमार का घर है, जिसकी दीवारें लोनी से गल गयी हैं। दीवारों के अन्दर से कंकड़ खीस़ काढ़े हैं। दीवारों में सैकड़ों दरारें, छेद, बिल और गुफाएँ हैं, जिनमें छिपकलियों, मकड़ियों चींटियों, चूहों और झींगुरों के सैकड़ों परिवार निवास कर रहे हैं। दीवारों पर बीसों स्थानों से फटा हुआ, सहस्रों नेत्रोंवाला, एक सड़ा गला छप्पर रखा है। एक ही घर है, उसी में खाना भी पकता है, उसी में चक्की भी है, उसी में सैकड़ों स्थानों पर सिले हुए, मैले-कुचैले कपड़े भी पड़े हैं।...एक किनारे मडुआ, साँवा या धान भी पड़ा हुआ है। यही उनका आहार है। एक तरफ घास की चटाई लपेटी रखी है, जिसे घर के लोग जाड़ों में ओढ़ते और बरसात में बिछाते हैं। गरमी में ओढ़ने-बिछाने की ज्यादा जरूरत ही नहीं पड़ती। जमीन पर सो गये, आसमान ओढ़ लिया, किसी तरह रात कट गयी।...एक किनारे चूल्हे पर मरी हुई गाय का मांस पक रहा है। मैं उसी झोंपड़ी के द्वार पर, दीवार से पीठ टेके, रूमाल पर बैठा हुआ, एक साठ बरस की बुड्ढी चमारिन से गीत लिख रहा हूँ :

पण्डित मुनि बड़ ग्यानी। जल छानि के पीवत पानी।
वही सूत का बने जनेवा। उसकर पाग बनाई।
धोती पहन के रोटी खावैं। पाग में छूत ओलिआई।
हाड़ गले का मांस गले का। दूध गऊ से आई।
वही दूध कर निकलत मक्खन। हाट बजार बिचाई ॥[2]

कोल्हू के गीत दो तरह के मिलते हैं, एक गन्ना की पिराई के, दूसरे तेल के। ऊख पेरने के लिए पहले पत्थर के कोल्हू होते थे। पेरनेवाले रात के तीसरे पहर में उठकर बैलों को जोत देते थे और उनके पीछे लगे हुए लम्बे काठ पर बैठकर जाड़ों की लम्बी और ठण्डी रात के सन्नाटे में, बड़े ही मर्मभेदी गीत गाते थे। 'तेल का कोल्हू तेली के घर के अन्दर चलता है। इससे तेली का गीत उसके घर के अन्दर ही गूँजकर रह जाता है। पर गन्ने का कोल्हू किसान के घर के सामने, खुली हवा में चलता है। इससे उसके

---

1. रामनरेश त्रिपाठी, ग्रामगीत, पृ. 786; 2. वही, पृ. 785; 3. वही, पृ. 658

गीत गानेवाले का ऊँचा स्वर सन्नाटे को चीरता हुआ दूर तक चला जाता है।'[3]

कोल्हू के गीतों में स्त्री का दुःख कोल्हू के साथ गोल-गोल घूमता है :

किस वेला में तेलिन घानी लगाती है और किस वेला में कोयल शब्द सुनाती है ? आधीरात में तेलिन घानी लगाती है और पिछली रात में कोयल बोलती है। तेलिन अपने परदेस गये पति की प्रतीक्षा कर रही है। पथिक उसका दुःख सुनकर पूछता है, तुम्हारे पति परदेस जाते समय तुमसे कुछ कह नहीं गये :

बहिनी तोहरा बलम परदेस तुहै कुछु कहि न गये।
भैया दे गये कुपवन तेल हरपवन सेन्दुर
भैया दे गये चन्दन चरखवा उठाइ गज ओबरि ॥

पति कूप्पों भर कर तेल दे गया, यही उसकी जीविका का साधन था। सिन्दूरदानी में भरकर सिन्दूर दे गया, जो एक विवाहिता स्त्री का आधार है, चन्दन का चरखा दे गये, जिससे वह अपनी आजीविका चलाए, और कोठरी बना गये हैं, रीतिकालीन कवियों का सारा नायिका-भेद यहाँ छोटा पड़ जाता है। परन्तु अब तक तो यह आधार चला, अब सभी वस्तुओं और उसके पीछे बँधी आशा ने साथ छोड़ना शुरू कर दिया :

भैया चुकै लागै कुपवन तेल हरपवन सेन्दुर।
भैया घुनै लागै चन्दन चरखवा ढहइ गज ओबरि ॥
भैया चुकै लागी मोरि उमरिया हरी जी नहि आयेन ॥[1]

एक-दूसरे गीत में बनज के लिए जानेवाले लालची पति को रोकने के लिए स्त्री एक अद्भुत प्रस्ताव रखती है। वह कहती है—हे प्रियतम ! मैं अपने दाँत कटवाकर कोठा पटवा दूँगी, उसमें अपनी छाती का वज्र जैसा किवाड़ लगा दूँगी, दोनों आँखों के बीच बाजार लगाऊँगी, तुम घर में ही व्यापार करो :

दँतवा कटाय पिया कोठवा पटौबै
छतिया का बजर किवार।
दोनों नैन बिच हटिया लगाबै
घरहीं करो रोजगार हो।

प्रस्ताव सफल नहीं हुआ। पति विदेश चला गया। अपनी मनोदशा बताने के लिए स्त्री ने जिस तरह की शब्दावली और शुक्ल जी की शब्दावली में कहें तो, 'कार्यव्यापार' का प्रयोग किया है, वह ठेठ तेलिन ही कर सकती है। जैसे बँवरि (एक वृक्ष) के कोल्हू में बेल या बबूल की जाठ लगा देने से, चलाते समय 'ढेकुआ' 'पिहिकता' (एक निरन्तर होनेवाला चुभन भरा करुण स्वर) है, इसी तरह मेरा हृदय पिहक रहा है। शुक्ल जी जैसे

---

1. रामनरेश त्रिपाठी, ग्रामगीत, पृ. 659

रससिद्ध आलोचक की निगाह में यह प्रयोग नहीं पड़ा अन्यथा 'पिय से कहेउ सँदेसड़ा' की तरह अमर हो जाता :

अँवरि बँवरि क कोल्हुवा रे नैका
बेल बबुर कै जाठि
जठिया के ऊपर ढेकुआ पिही कै
तैसे पिहीकै जिया मोर।

यह 'तेलिन' का दुख है, दूसरी तरफ कुरमी की पत्नी उसे ईख बोने से रोक रही है—'हे कुरमी ! मैं बार-बार तुम्हें रोकती हूँ कि तुम ईख न बोओ। चार महीने तो तुम खेत और खलिहान में बिता देतो हो, और जाड़ा कोल्हुवारे में' इस स्थिति पर पहुँचकर वह कोसना शुरू कर देती है :

यह ढेकुआ टूट जाता और कुरमी का कपाल फट जाता तो हल्दी लगाने के लिए तो वह घर आता। तेरा कूल्हा टूट जाए, तेरी जाठ फट जाए, तेरी ऊख का रस बहकर पौदर में चला जाए :

टुटतै ढेकुवा फुटतै कपरवा,
हरदी ओढ़रे घर अउतै हो लालनवाँ
कूल्हा तोरा टूटें जाठि तोरी फाटे,
रसबहि लागै पौदरवाँ हो लालनवाँ।[1]

कोरिन के घर के चारों तरफ तेली बसे हैं। उनसे डलिया बनवा वह साग बेचने जाती है—

ऊँच नगर पुर पाटन बाबा हो
बसि गइले कोइरी कोंहार हो
बसि गइले कोइरी कोंहार हो
महला के आरी-पासे बसि गइले हेलवा
डलवा बीने अनमोल हो।
हमैं जोगे डलवा बिनहुँ भइया हेलवा
साग बेचन हम जाब हो

अपने महले से देख राजा ने पुकारा :

आबहु कोइरिनि हमरी महलिया रे
पियहु सुरही गाइ के दुध रे
सोवहु कोइरिनि हमरी सेजरिया
कचरहु मगही ढोली पान रे।

---

1. रामनरेश त्रिपाठी, ग्रामगीत, भूमिका, पृ. 671

कड़ा जवाब दिया कोरिन ने 'एक बार बोल दिया तो बोल दिया फिर ऐसी बात न कहना। धर्म की वेला (सन्ध्या) हुई है। मेरी सास और ननद मेरी राह देख रही होंगी, दूध दुहने का समय हो गया। मुझे तुम्हारा महल नहीं चाहिए। मैं पोस्ते की टट्टी बनाऊँगी और मूली का बेवड़ा लगाऊँगी (कोरिन जो ठहरी) और अपने कोरी को लेकर सेज पर सोऊँगी और हँस-हँसकर सबेरा कर दूँगी।'

कोरिन की कहानी से पलट है डोम का गीत। ननद-भौजाई सुपेली लेकर खेल रही थीं। भौजाई ने व्यंग्य से कहा, 'ननद, तुम्हारी ऐसी ही चाल रही तो तुम डोम के घर जाओगी।' ननद को यह बात बुरी लगी। वह 'धौराहर' से गिरकर प्राण देने के लिए चली। उसने कहा, 'कोई मेरे स्वामी का मित्र है जो मेरा समाचार उन तक जल्दी से पहुँचा दे।' डोम गली-गली में फिरकर सफाई कर रहा था। उसने कहा, 'मैं तुम्हारे स्वामी का मित्र हूँ।' स्त्री ने कहा, 'तो जल्दी से खबर पहुँचा दो न।' डोम ने कहा, 'तुम्हारा धौराहर तो मिट्टी का है, मेरा धौराहर ईंट और चूने का है। तुम अपना गहना-गट्टी बाँध लो और तालाब के किनारे-किनारे चली आओ।' रानी आँगन में जाकर खड़ी हुई। बैठने के लिए उसे बाँस का छिलका मिला। लोगों ने डोम से पूछा। तुम्हें ऐसी सुन्दर रानी कहाँ मिली ? डोम ने कहा, रानी दोनों कानों में बाँस के छिलके का बना कुण्डल पहन लो और सूप-सुपेली बेच आओ। पूरब और पश्चिम बेचने जाना पर हलदीनगर बेचने मत जाना। रानी न पूरब गयी न पच्छिम। सीधे हलदीनगर पहुँची। वहाँ बेचने लगी, कोई सूप और मौनी डलिया लेगा ? राजा ने अपने महल पर चढ़कर देखा और कहा, हम लेंगे। ठीक-ठीक मोल बताओ। रानी बोली, ठीक ही ठीक मोल बताऊँगी। मौनी का मोल ननदी का झुलवा है और सूप का मोल राजा के हाथ का रूमाल। इतना सुनते ही राजा ने डोम को पकड़ मँगवाया और पूछा, सच-सच बताओ डोम, रानी मेरे योग्य है या नहीं। डोम ने कहा, राजा रानी तुम्हारे योग्य नहीं है, उसने मेरा जूठा खाया है, मेरी पीठ से लगकर सोयी है। इतना सुनकर राजा ने डोमिन को पकड़ मँगवाया। हे डोमिन, सच-सच्च बताओ, रानी मेरे योग्य है या नहीं ? डोमिल ने कहा, राजा ! रानी तुम्हारे योग्य है। उसने जूठा नहीं खाया। पीठ से लगकर नहीं सोयी। राजा ने रानी से सत की परीक्षा माँगी। रानी ने आग जलवायी और सत की परीक्षा दी :

जुहँ तुहुँ अगियो सत के होइबू न रे।
आग तिल नाहीं जरे मोर देहियाँ न रे।
लहकल अगिया जुड़ाइली हो न रे।
अरे ताही बीच खड़ी सत्ती रनियाँ न रे।

गाँव के बाहर राजा ने तालाब खुदवाया और उसी में डोम को गढ़वा दिया।

जातीय गीतों से कुछ बिन्दु स्पष्ट होते हैं।

(i) इन गीतों में अंकित नारी चित्र अधिक मुखर है, दृढ़ और खरा। उनकी अपनी

पृथक् बानगी है। अपना मुहावरा है, गरियाने का भी।

(ii) 'सत्' और 'पत' की यहाँ वही महत्ता है जो अन्य गीतों में है। प्रलोभन उन्हें मिलते हैं परन्तु वे अपनी जाति पर गर्व करती हैं और उसी जाति का पति चाहती हैं एवं एकनिष्ठता प्रदर्शित करती हैं।

(iii) जातीय क्रियाओं से जुड़े बिम्ब और ताजी शब्दावली सर्वथा नये ढंग की अभिव्यक्ति देती है।

जहाँ तक अन्तरजातीय सम्बन्धों का प्रश्न है, यह बात आश्चर्य में डालनेवाली है, गीतों में वे कहीं भी तनावपूर्ण नहीं हैं। उन्हें व्यक्ति नामों के स्थान पर जाति नामों से सम्बोधित किया गया है। स्त्रियाँ सदैव उनके साथ 'भैया' का, धरम के भाई शब्द का प्रयोग करती हैं।

मोरे पिछरवाँ बढ़ैया भैया मितवा रे
भैया चनन लकड़िया चीर देवो हो राम।
मोरे पिछरवाँ लोहरा भैया मितवा रे
भैया धरम करहिया गढ़ि देवो हो राम (466)

लगभग इसी शब्दावली का प्रयोग उसका पति भी करता है—

मोरे पिछरवाँ तेलिया भइया मितवा रे
धरम कै तेल पेर लावो हो राम।
मोरे पिछरवाँ कोंहरवा भइया मितवा रे
धरम गगरिया गढ़ि लावो हो राम।
मोरे पिछरवाँ नउवा भइया मितवा रे
नैहरे खबरिया जनावौ हो राम।

सिउरिया गीत में परसवा बाँस लेने जाता है तो कहता है :

अजी पाँच छगा अपने यारों को भी लाऊँ
एक छगा भैया नाई यार को जी।
एक तो लइया दुरजन गूजर को जी
इक तो लइया गलै गड़रिया को जी
वह भी हमारा यार है जी।
एक नैनसिंह बढ़ी को जी
अर एक अपने लिए जी।

10

महिला-लेखन के चेहरे और सहयात्री कविताएँ

मध्यकालीन महिला-लेखन का प्रारम्भ मध्ययुगीन रिनेसा के साथ ही हुआ है। हिन्दी साहित्येतिहास में दसवीं से लेकर चौदहवीं शताब्दी तक के काल को आदिकाल मानकर उसे वीरगाथा काल का नाम दिया गया है। यह अवधारणा विविध विवादों में घिरी है, जिसकी चर्चा करना यहाँ अनावश्यक है। परन्तु इतना सत्य है कि अन्य भारतीय भाषाओं के विकास के साथ ही हिन्दी का भी विकास हुआ है और उसका साहित्य भी इस काल में रहा है। नाना कारणों से वह साहित्य अपने मूल रूप में प्राप्त नहीं है, परन्तु साहित्येतिहास का अर्थ ही है वर्तमान से अतीत की ओर प्रस्थान। इस युग का महिला-लेखन लोक-साहित्य के रूप में था, जिसे खुसरो के उल्लेख से भी सनद प्राप्त है।

सम्यक् रूप से पूरे युग पर दृष्टि डालने से मध्ययुगीन महिला-लेखन के तीन चेहरे उभरते हैं। आकृतियाँ स्पष्ट नहीं हैं और रेखाएँ भी बीच-बीच से खण्डित हैं। सामग्री के अभाव की जिम्मेदारी जितनी काल और व्यवस्था की है, उससे कम हमारी नहीं। जो रचनाएँ काल के द्वारा नष्ट कर दी गयीं, उनकी बात छोड़ भी दें, फिर भी जो रचनाएँ शोध में प्राप्त हुईं, विवरणों में जिनके नामोल्लेख हैं, उनकी सुरक्षा भी हम नहीं कर सके हैं, क्योंकि इस अन्धकार युग को प्रकाशित करने योग्य जो भी चिनगारी मिल जाए, उसे सावधानी से जिला रखना हमारा कर्तव्य है, क्योंकि वह बहुत बड़े आलोक की सम्भावना लेकर आयी होती है, क्योंकि उसके पेट में केवल उस युग के रसिक हृदय की धड़कन का ही नहीं, केवल सुशिक्षित चित्र के संयत और सुचिन्तित वाक्यपाटव का ही नहीं, बल्कि उस युग के सम्पूर्ण मनुष्य को उद्‌भासित करने की क्षमता छिपी होती है।[1] चिनगारियों को राख से निकालकर तो सुलगाया जा सकता है, बुझी हुई चिनगारियों का तो अस्तित्व शेष नहीं रहता।

मध्ययुगीन महिला-लेखन का पहला चेहरा है इस युग में अरबी-फारसी एवं संस्कृत

---

1. डॉ. हज़ारीप्रसाद द्विवेदी, हिन्दी साहित्य का आदिकाल, पृ. 29

में किया गया रचनात्मक-लेखन। दोनों ही वर्ग की रचनाएँ शासक-वर्ग से जुड़ी हुई हैं। सम्भवतः इसलिए कि जनसामान्य में उनके समझने की शक्ति ही नहीं थी। अरबी-फारसी तो विदेशी भाषाएँ थीं, संस्कृत उच्चवर्ग (खासतौर पर दक्षिण भारत में) से सम्बन्धित थी। संस्कृत कवयित्रियों की परम्परा तो सातवीं शताब्दी से मिलने लगती है, परन्तु हमारी मुराद यहाँ केवल मध्यकालीन कवयित्रियों से है। संख्या और परिमाण में ये रचनाएँ अधिक नहीं हैं परन्तु स्त्री-लेखन से सम्बन्धित वे हमारे कई भ्रमों को तोड़ती हैं। जैसे यह कि, स्त्रियों ने ऐतिहासिक चरित-काव्य नहीं लिखे। संस्कृत की इस युग की कवयित्रियों ने प्रायः ऐतिहासिक चरित-काव्य ही लिखे हैं, जो एक प्रकार से प्रशस्ति-काव्य हैं। अपने पति की वीरता का चित्रण कर गंगा देवी ने एक मानक ही प्रस्तुत कर दिया है। वीरकाव्यों की जो पारम्परिक रूढ़ियाँ हैं, उनका पालन भी उनमें यथावत् किया गया है, यहाँ तक कि शत्रु-स्त्रियों की दुर्दशा का चित्रण करने की लकीर भी पीटी गयी है :

"चन्द्रमुखी, मोर जैसी सुन्दर गात्रवाली, कोप से डरे चकोर जैसे नेत्रोंवाली, तुम्हारे शत्रु की स्त्री की कामभावाविष्ट मधुमक्खियाँ पहाड़ में सेवा कर रही हैं।"[1]

इनके काव्य श्रृंगार और प्रकृति-चित्रण की दृष्टि से दरबारी-काव्य ही हैं, इसलिए नायिका, दूती, जलक्रीड़ा जैसे प्रसंग इफरात हैं। दूती और नायिका का सन्दर्भ है। नायिका ने उसे नायक के पास अपना प्रेम-निवेदन लेकर भेजा था, परन्तु वह स्वयं नायक से प्रेमक्रीड़ा कर आती है। दोनों के संवाद रीति-बद्ध पद्धति पर हैं :

"साँस क्यों ले रही है ? जल्दी-जल्दी आयी। रोमांचित क्यों है ? (उनकी) कृपा से। वेणी खुली क्यों है ? पैरों पर गिरने से। (और) नीबी ? आने-जाने से। पसीने से भीगा मुख क्यों ? धूप से हुआ। थकी क्यों ? बोलने से। हे दूती, तू (अपने) कुम्हलाये कमलाकार ओठ के लिए क्या कहती है ?"[2]

दरबारी कविता होने पर भी फारसी और संस्कृत कविता में साफ-साफ अन्तर दिखाई देता है। फारसी कवयित्रियों की कविता इस अर्थ में दरबारी कविता नहीं है कि वे कवि की हैसियत से दरबार में थीं, बल्कि सिर्फ इस अर्थ में कि उनका सम्बन्ध राजपरिवार से था, अन्यथा उनकी संवेदना वैयक्तिक है, और उसके केन्द्र में प्रेम है। किसी सीमा तक उस प्रेम को आध्यात्मिक कहा जा सकता है। संस्कृत-कविता सौन्दर्य और प्रेम चित्रित करते हुए रूढ़ियों का सहारा लेती है। सम्भवतः दोनों स्थानों पर अपनी-अपनी भाषाओं की काव्यपरम्पराओं का पालन किया गया है यही बात हिन्दी की दरबारी और भक्ति कवयित्रियों के लिए भी कही जा सकती है। केवल मीरा और ताज जैसे अपवाद छोड़ने होंगे जो अपने स्तर पर परम्पराओं का निर्माण करती हैं, निर्वाहमात्र नहीं। दरबार के निकटवर्ती कविता होने के कारण ही, ये कविताएँ समय से मुठभेड़ नहीं करतीं बल्कि कतराकर निकल जाती हैं। किसी प्रकार के घर्षण के अभाव

---

1. राहुल सांकृत्यायन, संस्कृत काव्यधारा, पृ. 1075; 2. वही, पृ. 709

में वह एक प्रकार से समारोही कविता बन जाती है।

इस युग में रची गयी हिन्दी कविता भी, दरबारी संस्कार से मुक्त नहीं। भक्ति काव्य प्रमुख धारा है, इसमें सन्देह नहीं। प्रारम्भ से लेकर उन्नीसवीं शताब्दी के पूर्वार्द्ध तक यह परम्परा चलती है। इस कालखण्ड के उत्तरार्ध को यद्यपि रीतिकाल के नाम से सम्बोधित किया जाता है, परन्तु जहाँ तक कवयित्रियों का सम्बन्ध है, यह विभाजन निरर्थक है। काव्य के शास्त्रीय पक्ष की जानकारी रखते हुए भी, किसी भी कवयित्री ने लक्षण-ग्रन्थों के क्षेत्र में उतरने का जोखिम नहीं उठाया है। जहाँ तक शृंगार-वर्णन का प्रश्न है, वह तो भक्ति काव्य के नाम से भी हुआ है और प्रेमकाव्य के नाम से भी। पर्देदारी में भी और बिना पर्दे के भी।

भक्ति-काव्य में मीरा का जो तेवर है, वह तो पूरे मध्ययुग में विरल है, लेकिन ताज में भी अनुभूति की गहराई तथा समर्पण की भावना अनूठी है। उन्होंने एक ऐसे समाज में, जिसमें इस्लाम को राज्यधर्म की गरिमा प्राप्त थी। तुर्कानी होते हुए भी हिन्दुआनी होकर रहने की चुनौती दी थी। यह आसान नहीं रहा होगा, और यदि हम उन्हें अकबर की पत्नी मानें तो स्थिति और जटिल हो जाएगी। यह बात दूसरी है कि मीरा की तरह उन्होंने पत्नीत्व एवं रानीत्व का त्याग नहीं किया था। कहना चाहिए, खतरे के बिन्दु से थोड़ी दूर रहते हुए ही उन्होंने भक्ति-मार्ग अपनाया था इसीलिए उन्हें बादशाह पति का सहयोग मिलता रहा।

लेकिन, परवर्ती कवयित्रियों में ये दोनों ही चीजें नहीं मिलतीं। न तो विद्रोह, न उत्कट भक्ति, न उन्मुक्त शृंगार। परवर्त्ती कविता में खुलापन नहीं है और न ही जोखिम भरे रास्तों की यात्रा का साहस। एक प्रकार से हम इसे सुरक्षित भक्ति काव्य कह सकते है, जिसमें 'भक्तिपन भी न जाए और रानीपन' भी बना रहे। यह उपेक्षा करनेवाला तथ्य नहीं है कि जहाँ भक्तिकाव्य की रचना भक्तों ने मन्दिरों-मठों और तीर्थों में की, वहीं स्त्रियों ने राजघरानों और रनिवासों में रहकर। इससे उनकी कविता में गुणात्मक अन्तर आया है। डॉ. सावित्री सिन्हा ने अपने शोध-प्रबन्ध में कृष्णभक्त कवयित्रियों और रामभक्त कवयित्रियों की अलग-अलग विवेचना की है, उसकी भी आवश्यकता नहीं है। रामकाव्य लिखते समय भी राम का चरित्र भर स्वीकार किया गया है, अनुभूति और अभिव्यक्ति कृष्णकाव्य की ही है। सम्भव है रामभक्ति के 'रसिक' सम्प्रदाय का प्रभाव हो अथवा नारी-जीवन की 'कोमलवृत्ति' का तकाजा। उदाहरण के लिए 'तुलछराय' का यह पद देखा जा सकता है :

सियावर श्याम लगे मोय प्यारे हैं।
क्रीट मुकुट मकराकृत कुण्डल भाल तिलक सुखकारी है।
मुख की शोभा कहा कहूँ उनकी कोटिचन्द उज्यारी है।
गलबिच कण्ठी है रतनारी, बनमाल उरधारी है।

केसरियो जामो जरकस कौ, दुपटो लाल लप्पारी है।
पीताम्बर पट कटि पर सोहे, पायन झंझर न्यारी है।
तुलछराय कहै मो हिरदय बिच, आय बसौ धनुधारी है।

कृष्णभक्ति और पतिभक्ति का सुरक्षित मिश्रण इन सभी रचनाओं में देखा जा सकता है, जिसके साथ 'स्त्रीशास्त्र' की परम्परागत मान्यताओं को भी स्वीकार किया गया है। रानी रघुवंश कुमारी, जो लगभग उन्नीसवीं शताब्दी के अन्त में जन्म लेती हैं, उनकी रचनाओं के नाम हैं—'भामिनी-विलास' 'बनिता बुद्धि विलास' तथा 'सूपशास्त्र'। गिरिराज कुँवरि और रानी रघुवंश कुमारी पति को परमेश्वर मानकर उनकी उपासना करती हैं, और सभी को ऐसा करने का उपदेश भी देती हैं। गिरिराज कुँवरि अपने ग्रन्थ 'श्री ब्रजराज विलास' की भूमिका में लिखती हैं, ''स्त्री का सांसारिक देव पति और पारमार्थिक श्री गोपाल महाराज हैं। इन्हीं दोनों को प्रसन्न करने में स्त्री को इस (गान) विद्या में भी निपुण होना चाहिए।'' इस विभाजन से आलोचक खुश नहीं हैं। वे लिखते हैं, ''कृष्ण काव्य करनेवाली अनेक देवियों की कविताओं का परिचय हम पिछले पृष्ठों में दे चुके हैं, यत्र-तत्र हमने इस बात पर खेद प्रकट किया है, कि काव्य-रचना करते समय देवियों ने क्यों पुरुषों की तरह लज्जाहीनता से काम लिया।''[1] इसके विपरीत रानी रघुवंश कुमारी ने बाकायदा पतिभक्ति की वकालत की है :

पग दाबे से जीवन मुक्ति लही।
विष्णुपदी सम पति-पद पंकज छुवत परमपद होवे सही।
निरखि-निरखि मुख अति सुख पावत प्रेम समुद्र के धार बही।
रिद्धि-सिद्धि सकल सुख देवौ सो लक्ष्मी पद हरि के गही।
जहाँ पति-प्रीति तहँ सुख सरबस यही बात स्रुति साँच कही।

इस पद पर आलोचक की राय है, ''रानी रघुवंश कुमारी पति को इहलोक और परलोक दोनों की ही सिद्धि का साधन मानती थीं। वास्तव में साधारण शक्तिसम्पन्न हमारे समाज को रानी रघुवंश कुमारी द्वारा प्रदर्शित आदर्श ही ग्रहण करना अधिक श्रेयस्कर होगा।''[2]

राजघरानों से सम्बद्ध है चारणियों का काव्य, यदि अवशिष्ट काव्य को काव्य कहा जा सके। परम्परा से चारण कविताजीवी जातियाँ हैं अतः चारणियों में कविता के संस्कार होने स्वाभाविक हैं। परन्तु व्यवस्थित रूप से उनकी कविताएँ उपलब्ध नहीं होतीं। संस्मरण, ऐतिहासिक कथावार्त्ताओं में उनके कुछ पद, कुछ विवरणमात्र मिलते हैं जिनसे दो बिन्दु स्पष्ट होते हैं, जो निश्चित रूप से बहुत महत्त्वपूर्ण हैं। पहला तो यह कि, ये डिंगल की रचनाएँ हैं। शेष सभी रचनाएँ पिंगल और ब्रज में मिलती हैं। दूसरी बात

1. गिरिजादत्त शुक्ल, हिन्दी काव्य की कोकिलाएँ, पृ. 79; 2. वही, पृ. 91

यह कि चारण व्यक्ति जहाँ वीररस के लिए प्रसिद्ध है, ये कविताएँ शृंगार रस की हैं। एक ही राज्य में, एक ही भाषा में और एक ही परिवार में कविता का विरोधी स्वर बनाए रखना इस कविता की शक्ति है और पहचान भी।

जो सच परवर्ती भक्ति काव्य का है वही सन्त कवयित्रियों का भी। यह बात दूसरी है कि उनका सम्बन्ध राजघरानों से नहीं है। सहजोबाई और दयाबाई की कविताएँ सन्त-परम्परा का अनुकरण अवश्य करती हैं परन्तु इनमें उसका सामाजिक पक्ष अनुपस्थित है।

यह बात चौंकानेवाली तो नहीं लेकिन अलगानेवाली जरूर है कि बराबरी की शृंगारिक रचनाएँ करनेवाली कवयित्रियाँ किसी-न-किसी स्तर पर वारवनिताओं के कुल से जुड़ी थीं। फिर भी, वे अपने को पतिव्रता मानती थीं। वे स्वयं ही नहीं, केशवदास जैसा पण्डित महाकवि उसकी तुलना, लक्ष्मी, सरस्वती, पार्वती से करता था। यह प्रसंग प्रवीण राय का है, जिसने अकबर बादशाह को प्रसन्न भी कर दिया, अपने 'पातिव्रत' की रक्षा भी कर ली। केशवदास उसकी प्रशंसा करते थकते नहीं—

रतनाकर लालित सदा परमानन्दहिं लीन।
अमल कमल कमनीय कर, रमा कि रायप्रबीन।
रायप्रबीन कि शारदा, शुचि, रुचि राजत अंग।
वीणा पुस्तक धारिणी राजहंस सुत संग ॥
वृषभ वाहिनी अंगउर, बासुकि लसत प्रबीन।
शिवसंग सोहे सर्वदा, शिवा कि रायप्रबीन ॥

निश्चित रूप से रायप्रबीन की सामाजिक प्रतिष्ठा भी रही होगी। रूपमती का सम्बन्ध भी वारवनिता कुल से था। बाजबहादुर ने उससे विवाह किया था, और एक भारतीय नारी की तरह प्राण देकर रूपमती ने अपने सतीत्व की रक्षा की थी। शेख का सम्बन्ध वारांगना कुल से नहीं था, वह रँगरेजिन थी तथा आलम से विवाह करने के पश्चात् भी शहजादा मुअज्जम यह भोंडा मजाक करने से नहीं चूके 'आप ही आलम (संसार) की बीवी हैं ?' शेख ने उत्तर दिया, 'जी हाँ हुजूर, मैं ही जहाँन (संसार/पुत्र का नाम) की माँ हूँ।' यह उत्तर शेख की हाजिरजवाबी का ही प्रतीक नहीं है, उस दृष्टि का भी परिचायक है जहाँ 'माँ' को आदर की दृष्टि से देखा जाता है। सुजान राय भी दरबारी वेश्या थीं, और घनानन्द से प्रेम करती थीं, लेकिन घनानन्द के प्रस्ताव रखने पर भी उनके साथ न जा सकीं और 'हिम्मत की कमी' को कोसती रह गयीं। इन युगलों के बीच एक सामान्य सूत्र 'कविता' थी। वही उनके परिचय का माध्यम बनी और वही उन्हें अन्त तक जोड़े भी रही। विवाह के बाद भी कविता उनका 'धर्म' बना रहा। उन्होंने कला एवं समाज दोनों ही क्षेत्रों में ऊँचा मुकाम हासिल किया। यहाँ वर्जनाएँ दोनों ही प्रकार की थीं, कुल की भी और धर्म की भी। शेख मुसलमान थीं और आलम हिन्दू

ब्राह्मण, रूपमती हिन्दू थी बाजबहादुर मुसलमान, सुजान मुसलमान थीं घनानन्द हिन्दू। इस प्रकार के सम्बन्ध समाज में तनाव का कारण रहे होंगे। यहाँ हम पण्डितराज जगन्नाथ का स्मरण कर सकते हैं। आन्ध्र से संस्कृत पठन-पाठन के लिए बनारस आकर बसे पण्डितराज जगन्नाथ दाराशिकोह को पढ़ाने के लिए दिल्ली दरबार में पहुँचे। वहाँ एक मुसलमान युवती से प्रेम हो जाने के कारण उससे विवाह कर लिया। चारों ओर से विरोध हुआ परन्तु वे डिगे नहीं। जीवन के अन्तिम दिनों में उन्होंने 'गंगालहरी' लिखी। कहते हैं अपनी मुसलमान पत्नी के साथ वे काशी में गंगा की सीढ़ियों पर जा बैठे और लहरी के एक-एक पद गाने के साथ गंगा एक-एक सीढ़ी ऊपर चढ़ती आयी और लहरी के समाप्त होने के साथ दोनों को अपनी गोद में लेकर चली गयी।[1]

साहित्य, व्याकरण और दर्शन के प्रकाण्ड पण्डित तथा दाराशिकोह के कृपापात्र का यह हश्र हुआ तो किसी दूसरे को क्या कहा जाए ? इस सम्बन्ध का सबसे आश्चर्यजनक पहलू यह है कि इसमें एक पक्ष का धर्मपरिवर्तन अवश्यम्भावी रहा होगा। क्योंकि मध्ययुग में मुसलमान को हिन्दू बना सकने की व्यवस्था नहीं थी। सम्भावना यही है कि दूसरा पक्ष मुसलमान हुआ होगा, लेकिन सिर्फ समाज की निगाह में। कविता में दो व्यक्तियों को, दो धर्मों को, दो काव्य-शैलियों को अलगाना सम्भव नहीं। यह संगम हर तरह से पूर्ण है, और एक मिसाल है।

मध्ययुगीन कवि युगलों ने उन्मुक्त भाव से प्रेम-शृंगार के गीत गाये हैं। खासतौर पर महिलाओं द्वारा खुला शृंगार वर्णन, उस समय भी आसानी से पचनेवाली बात नहीं रही होगी। प्रवीण राय ने तो 'इन्द्रजीत' का नाम ले-लेकर संयोग का वर्णन किया है। पुरुष कवियों द्वारा नायिकाभेद की बारीकियों में रस लेना एक बात है—वेश्या, पत्नी और कवयित्री तीनों की भूमिका निर्वाह करते हुए स्वयं को नायिका के रूप में प्रस्तुत करना बिल्कुल दूसरी बात है।

कूर कुक्कुट कोटि कोठरी किवारि राखौं
चुनि दै चिरैयन कौ मूँदि राखौ जलियौ
सारंग में सारंग सुनाइ के प्रबीन बीन,
सारंग के सारंग की जीति करौ थलियौ।
बैठि पर्यंक पै निसंग ह्वै कै अंक भरौ
करौगी अधरपान नैन मत्त मिलियौ।
मोहि मिले इन्द्रजीत धीरज नरिन्दराय
एहो चन्द आजु नेकु मन्द गति चलियौ।

यहाँ यह उल्लेखनीय है कि सन् 1857 से राजनीतिक क्षेत्र में एवं 1824 ई. तथा

---

1. राहुल सांकृत्यायन, संस्कृत काव्यधारा, पृ. 1059

1850 ई. से साहित्यिक क्षेत्र में परिवर्तन की प्रक्रिया शुरू हो चुकी थी। इसमें स्त्रियाँ भी शामिल थीं। झाँसी की रानी लक्ष्मीबाई (1857 ई.) बुन्देलखण्ड में, बेगम हजरत महल (1856 ई.) अवध में और रामगढ़ की रानी ने विद्रोह की अग्नि सुलगायी थी। उन्होंने अन्तिम समय तक अंग्रेजों के विरुद्ध संघर्ष किया। उन्नीसवीं सदी समाप्त होते-होते कुमुदिनी मित्तर, सरलादेवी (1905), एनीबेसेण्ट (1914), वासन्ती देवी, उर्मिला देवी, बाई अमर (1879), सरोजिनी नायडू (1913), विजय लक्ष्मी पण्डित (1950) का उदय क्षितिज पर हो चुका था। आधुनिक काल के जन्मदाता इस नवजागरण में राजनीतिक, सामाजिक, सांस्कृतिक एवं साहित्यिक बिन्दु समाहित रहे हैं। इसके विपरीत जीमन महाराज की माँ भरतपुर की राजमाता गिरिराज कुँवरि, छतरपुर के राजा विश्वनाथ सिंह जू देव की पत्नी जुगलप्रिया, रीवाँ महाराज रघुनाथ सिंह की पुत्री बाघेली विष्णुप्रसाद कुँवरि, प्रतापगढ़ के राजा, प्रताप बहादुर सिंह की पत्नी रामप्रिया, उनकी भतीजी रत्नकुँवरि बाई आदि सन् 1950 के लगभग की कवयित्रियाँ हैं जिनमें बदलते हुए समय की कोई हलचल नहीं है। ऐसा नहीं है कि इस समय साहित्य में पूर्ण-आधुनिक चेतना विकसित हो चुकी थी। स्वयं भारतेन्दु एवं उनके साथ रचनाकार पारम्परिक रचनाओं के साथ नये युग को भी आकार देते रहे। फिर भी यह तथ्य हमारा ध्यान खींचता है कि रानी रघुराज कुँवरि का जन्म 1883 ई. में हुआ था और बुन्देलबाला का भी। रामप्रिया विदेश हो आयी थीं। उनकी एक रचना है :

मृग-मनहारे मीन खंजन निहारि वारे
प्यारे रतनारे कजरारे अनियारे हैं।
पैन सर धारे, कारी भृकुटि धनुष वारे
सुठि सुकुमारे शोभा सुभग सुढारे हैं ॥
कैधौं हैं जलज कारे, कैधौं ये त्रिगुण युक्त।
चन्द्रमा पै चंचला के चपल सितारे हैं।
'रामप्रिया' राम मन रमन अगारे कैधौं
जनक-किशोरी बाँके लोचन तिहारे हैं ॥

इसके विपरीत बुन्देलबाला के पति लाला भगवान दीन श्रृंगारी कवि थे परन्तु वे लिख रही थीं :

हे प्यारे, कदापि तू इसको तुच्छ श्याम रेखा मत मान।
यह है शैल हिमाचल इसको भारत भूमि पिता पहिचान है ॥
नेह सहित ज्यों पितु-पुत्री को सादर पालन करता है।
यह हिम-गिरि त्यों ही भारत-हित पितृ-भाव हिय धरता है ॥
गंगा जमुना युगल रूप से प्रेम धार का देकर दान।
भारतभूमि-रूप दुहिता का नेह सहित करना सम्मान ॥

ऐसी स्थिति में, जब स्वयं रानियाँ स्वतन्त्रता-संग्राम में उतर चुकी हों, कविता की लीक वे क्यों पकड़े रहीं ? इसका कोई उत्तर इतिहास के पास नहीं है। यहाँ तक कि 'मुश्तरी' का उल्लेख करते हुए डॉ. सावित्री सिन्हा ने लिखा है, "ये लखनऊ के किसी वेश्या की पुत्री थीं। होली खम्माच इत्यादि के हल्के पदों की रचना की है, जिनका साहित्यिक मूल्य कुछ नहीं है।...इसके अतिरिक्त अन्य विषयों पर भी रचना की हैं देशप्रेम, पतिभक्ति, स्त्री के आदर्श तथा कर्तव्य आदि उनके प्रिय विषय हैं।"[1] खेद है कि उन्होंने एक भी उद्धरण नहीं दिया, अन्यत्र भी कहीं दिखे नहीं। फिर भी यह एक रेखांकित किये जानेवाला तथ्य है कि उसने इस 'अरण्य' में पैर रखा।

मध्यकालीन महिला रचनात्मकता का तीसरा चेहरा लोकगीत है। यह ग्रामीण नारी का अपना चेहरा है। काफी गड्ड-मड्ड है, परन्तु थोड़ी-सी कोशिश से इसे साफ पहचाना जा सकता है। यह वह इतिहास है जो किताबों में लिखा नहीं मिलता। अथक परिश्रम, गरीबी और स्त्री देह का संकट। तुर्कों, मुगलों से, देसी राजाओं और जमींदारों से, घर में और हर कहीं। पति के मरने पर सती होने, सतीत्व पर शंका से अग्निपरीक्षा, बलिदान, हत्या, आत्महत्या से भरे हैं ये गीत जो स्त्रियाँ आधीरात से चक्की पीसते हुए जाँतघर में गाती हैं। स्त्री के नितान्त निजी अनुभव, आशाएँ, दुःख-सुख सभी कुछ इन्हीं गीतों में नारी-शक्तियों के इतिहास भी लिखे हैं, जो जनसामान्य के बीच उठी थीं, जिन्होंने अपने स्तर पर, अपने मूल्यों के लिए संघर्ष किया, लेकिन जिक्र इतिहास में कभी होता नहीं, और जनमानस कभी भूलता नहीं। इन गीतों में ही, विभिन्न जातियों के अपने विशिष्ट चेहरे अपनी भंगिमा सहित छिपे हुए हैं, जिन्हें इस दृष्टि से कभी पहचानने की कोशिश नहीं की गयी। यह साहित्य अपने समय से गहरा जुड़ा है और उसके हर बदलाव पर अपनी प्रतिक्रिया व्यक्त करता है। यह दरबारों और राजघरानों के तहखानों में बन्द साहित्य नहीं है, इसीलिए तो शिष्ट विद्वान इसे साहित्येतिहास में शामिल करते हैं। श्री रामनरेश त्रिपाठी ने कविता कौमुदी के तीसरे भाग की भूमिका में लिखा है :

'सन् 1924 के आस-पास की बात है, मैं प्रयाग से जौनपुर जा रहा था। भन्नौर स्टेशन पर कुछ स्त्रियाँ, जो सम्भवतः अहीर या चमार जाति की थीं, कुछ मर्दों को, जो कलकत्ते जा रहे थे, पहुँचाने आयी थीं और रो रही थीं।...रेल के चलते ही स्त्रियाँ गाने लगीं...

पुरुब से आइ रेलेया, पछिउँ से जहाजिया
पिया के लादि लेइ गइ हो।
रेलिया होइ गइ मोर सवतिया पिया के लादि लेइ गइ हो।
रेलिया न बैरी जहजिया न बैरी उहै पइसवा बैरी हो ॥

1. डॉ. सावित्री सिन्हा, मध्यकालीन हिन्दी कवयित्रियाँ, पृ. 302

...मुझे गीत रचनेवाली के हृदय की सरसता बड़ी मधुर जान पड़ी। बस, इसी घटना के बाद से मैं ग्रामगीतों की ओर आकर्षित हुआ हूँ।"[1]

अस्तु, फिलहाल ये तीन चेहरे हमारे पास हैं यदि हम इन्हें मिला दें तो मध्ययुगीन महिला-लेखन का इतिहास मुकम्मिल हो जाएगा।

II

सहयात्री कविताओं में तमिल भाषा की परम्पराएँ प्राचीन हैं। वहाँ प्राचीनतम साहित्य संघ साहित्य के नाम से पुकारा जाता है, और यह तमिल-साहित्य की अपनी विशिष्टता है। 'संघ' वह विद्वत्परिषद् थी जिनमें उत्कृष्ट कृतियों का मूल्यांकन किया जाता था एवं स्वीकृत होने पर ही कवियों को मान्यता मिलती थी।[2] जनश्रुतियाँ तीन संघों की बात करती हैं, परन्तु उपलब्ध रचनाएँ सिर्फ तीसरे संघ की हैं। ईसवी सन् के प्रारम्भ के आस-पास संघ की स्थापना जैन साधु बज्रनन्दि ने की थी।

संघ-साहित्य को तीन वर्गों में रखा गया है :

(i) अष्टपद-संग्रह (एट्टुतोगै)

(ii) दस दीर्घ कविताएँ (पत्तुप्पाट्टु)

(iii) अठारह नीतिपरक काव्य (पदिनेण्कीळकणक्कु)

अष्टपद-संग्रह के अन्तर्गत भी कई कृतियाँ संकलित हैं, जिनमें एक का नाम 'कुरंतोगै' अर्थात् लघु कविताओं का संग्रह है इस संग्रह में 205 कवियों की 400 कविताओं का संकलन है जिनमें 15 कवयित्रियाँ हैं। कविताओं का मुख्य विषय प्रेम, प्रकृति तथा जनजीवन है। तमिल काव्यशास्त्र के अनुसार उनके दो वर्ग किये गये हैं, 'अहम्' जिनमें निजी जीवन, अनुभूतियों और प्रेम से सम्बन्धित कविताएँ हैं। दूसरा वर्ग 'पुरम्' है जिसमें युद्ध और शौर्य की कविताएँ हैं। कवयित्रियों ने मुख्यतः 'अहम्' के गीत गाये हैं। ये आलंकारिक शैली में रूमानी गीत हैं। 'पुरम' के शौर्य गीतों की गायिकाएँ केवल चार कवयित्रियाँ हैं। ये गीत सामाजिक बुराइयों और स्त्री अस्मिता पर लिखे गये या राजाओं के वीरोचित कार्यों और उनके युद्ध-कौशल पर।[3] इनमें अव्वैयार प्रमुख है। माना जाता है कि वे आजीवन कुमारी रहीं। अव्वैयार का काल ईसा की पहली या दूसरी शताब्दी माना जाता है।

अव्वैयार का अधिकांश समय अधिकमान नेडुमान अंजि के दरबार में बीता, जिनकी प्रशस्ति में उन्होंने कई गीत लिखे। अंजि ने कवयित्री को 'आँवले' भेंट किये जो उस समय एक बहुत बड़ा सम्मान माना जाता था। सेरमान के साथ युद्ध करते हुए अंजि ने वीरगति प्राप्त की। दुखी होकर अव्वैयार बहुत समय तक इधर-उधर भटकती रहीं,

---

1. रामनरेश त्रिपाठी, कविता कौमुदी, तृतीय भाग, पृ. 26; 2. एस.एस. गणेशन, कितनी पुरानी है तमिल भाषा, आजकल, अप्रैल, 1987, पृ. 9; 3. इन्द्राभवानी, तमिल लेखिकाएँ, आजकल, 1987, पृ. 18

अन्ततः अंजि के पुत्र एँलिनी के दरबार में शरण ली।

अव्वैयार बहुत लोकप्रिय कवयित्री थीं। समस्त तमिलनाडु में उनका बहुत सम्मान है और उनकी नीति सम्बन्धी कविताएँ लोगों की जबान पर रहती हैं।[1] कुरुतोगै की एक प्रेम कविता का उदाहरण है :

'यदि कोई प्रातःकाल, मध्याह्न और सन्ध्या के समय होनेवाली व्याकुलता में अन्तर जान सके, या फिर जब रात को शहर सोता है, और जब दिन उगता है, उसका भेद कर सके तो उसका प्रेम झूठा है।'[2]

पादिद्रप्पत्तु नामक काव्य-संग्रह में प्रत्येक खण्ड दस पदों का है और कुल दस खण्ड हैं। इन कविताओं का प्रमुख विषय चेरवंश के नरेशों की प्रशस्ति है। इनमें एक दशक की रचना नच्चेल्लयार नामक कवयित्री ने की है। काग द्वारा बोलने को प्रिय-आगमन के शकुन के रूप में पहली बार प्रयोग करने के कारण उनकी ख्याति 'काक्कैपाडिनियर' के नाम से हो गयी थी। चेर नरेश आदुकोट्पत्तुचेरलादान ने उन्हें नौ तुला स्वर्ण और एक लक्ष स्वर्ण-मुद्राएँ भेंट में दीं, अपने निकट आसन दे सम्मानित किया।[3] नायक की अद्भुत वीरता के अनेक चित्र इन कविताओं में उपलब्ध हैं :

'जिस प्रकार मेघों से गिरनेवाली गाज जलयुक्त बादलों के विचरण-स्थल, पर्वत पर निवास करनेवाले भयंकर विषधरों को कम्पायमान करती है, उसी तरह तुम्हारे पराक्रम का आतंक शत्रुओं के हृदय पर है।' एक अन्य कविता में समुद्र का सुन्दर अंकन है : 'केकड़े के चलने से रेत पर बने चिह्नों को तेज वायु के झोंकों से समाप्त किये जाने का चित्र सूक्ष्मता लिये हुए है।' ये प्रशस्ति गायक योग्यता सम्पन्न स्वतन्त्र व्यक्ति थे। पूर्ण अभय होकर वे अपने दायित्व का निर्वाह करते थे। वे भूल करनेवाले शासक को स्पष्ट शब्दों में चेतावनी देकर उन्हें उचित मार्ग की ओर अग्रसर करने की क्षमता से युक्त थे।[4]

संघकालीन तमिल कवयित्रियों की कविताओं से गुजरते हुए हम पाते हैं कि अपनी प्रकृति में ये कविताएँ धार्मिक नहीं, लौकिक और प्रायः दरबारी हैं। सबसे प्रमुख बात यह है कि ये स्त्री को ही सम्मानित नहीं करतीं, बल्कि स्त्री को कवि के रूप में सम्मानित करती हैं, बिना किसी धर्म में दीक्षित हुए अपनी कविता के बल पर। निःसंकोच यह तथ्य स्वीकारना होगा कि कविता के कारण स्त्री का सम्मान उत्तर भारत में इस रूप में दिखाई नहीं देता।

ईसा की तीसरी शताब्दी में संघ युग का एक प्रकार से समापन हो गया। जैन-बौद्ध मतों के प्रभावी हो जाने से कविता और दरबारों में पालि-प्राकृत भाषाओं को बढ़त मिली। इसीलिए सन् 250-600 तक के काल को तमिल का अन्धकार युग माना जाता है। सन् 600 से 1000 ई. तक भक्तियुग का वर्चस्व रहा। इनमें शैव और वैष्णव दोनों

---

1. तमिल साहित्य और संस्कृति, पृ. 125; 2. डॉ. रवीन्द्र कुमार सेठ, तमिल का प्राचीन साहित्य, पृ. 54; 3. वही, पृ. 63; 4. वही, पृ. 65

ही सम्प्रदायों का उदय हुआ। शिवभक्तों को नायनार एवं उनके साहित्य को 'तिरुमुरै' (स्तोत्र साहित्य) कहा जाता है। इन संकलनों की खास बात यह है कि इनमें सन्तों का संकलन ऐतिहासिक क्रम से न होकर उनकी श्रेष्ठता के क्रम से है। एकादशवें तिरुमुरै' में बारह शिवभक्त कवियों की रचनाएँ संगृहीत हैं जिनमें **कारैक्कालम्मैयार** का भी नाम है, जिनकी रचनाएँ 'श्रीपदिगम' (भक्तिगान), 'तिरुइरट्टैमणिमालै' और 'अद्भुत तिरुवन्दादि' हैं।[1] द्वादशवें तिरुमुरै में अनेक शिवभक्तिनों का वर्णन है जिनमें कवयित्री औव्वैयार द्वितीय का भी समावेश है। तमिल में वे सरस्वती की तरह पूजित हैं। उनकी रचनाएँ 'अत्तिचूड़ि', 'कौन्रैवेन्दन', 'मूदुरै' और 'नलवषि' हैं। इनकी महत्त्वपूर्ण रचनाओं में 'विनायकर अहवर्ल' जिसमें गणेश स्तुति है एवं 'ज्ञानक्कुरल' जिसमें अर्थ, धर्म, काम, मोक्ष का वर्णन है, शामिल हैं।

वैष्णवभक्तों को तमिल में 'आलवार' के नाम से पुकारा जाता है। आलवार बारह हैं और इनका काल सातवीं से बारहवीं शताब्दी तक माना जाता है। इनमें आण्डाल (रंगनाथ की या गोदा) समूचे भक्तिकाव्य में एक विशिष्ट चरित्र है। ऐतिहासिक दृष्टि से भी वे भक्ति की आदि कवयित्री हैं। ऐसे चरित्रों के चारों तरफ एक प्रभामण्डल का निर्माण हो जाता है। जनश्रुति है कि आण्डाल का जन्म भी सामान्य रूप से नहीं हुआ था। वैष्णवभक्त पेरियालवार को तुलसी सींचते समय रहस्यात्मक ढंग से एक कन्या प्राप्त हुई थी। उसका नाम रखा गया 'गोदा' तमिल में जिसका अर्थ था 'पुष्पमाल'। बचपन से ही वह गा-गाकर भगवान के लिए प्रेम से माला गूँथती थी और पहले स्वयं पहनकर देख लिया करती थी। पिता ने देखा तो आण्डाल को मना किया। कहते हैं कि भगवान ने उन्हें स्वप्न में दर्शन देकर आदेश दिया कि उन्हें आण्डाल की पहनी हुई माला ही पहनायी जाए। आण्डाल की भक्ति गोपी-भाव की थी और उनका विरह अपने चरम पर पहुँच गया था। एक दिन भगवान ने उनके पिता को स्वप्न में आदेश दिया कि वे गोदा को लेकर श्रीरंगम के मन्दिर में उपस्थित हो जाएँ, जहाँ उनका विधिवत् पाणिग्रहण किया जाएगा। कहते हैं कि गर्भगृह में प्रवेश करते ही आण्डाल श्री रंगनाथ की मूर्ति में विलीन हो गयीं।

आण्डाल की दो प्रमुख रचनाएँ हैं, 'तिरुण्णावै' और 'नाच्चियार तिरुमोलि'। प्रथम का कथ्य कृष्ण से मिलन के लिए गोपिकाओं का व्रत-अनुष्ठान करना है। इन गीतों में एक ओर गोपियों के तीव्र प्रेम की अभिव्यक्ति है तो दूसरी ओर कृष्ण के रूप सौन्दर्य का चित्रण। 'नाच्चियार तिरुमोलि' में चौदह दशकों में कुल 143 पद्य हैं, जिनमें विरह-पीड़ा मुखरित हुई है।

मीरा और आण्डाल दोनों ने कृष्ण को पति रूप में स्वीकार किया था, परन्तु आण्डाल पूर्ववर्ती हैं। आण्डाल का कथन है : 'मेरा विवाह किसी और के साथ करने

---

1. डॉ. रवीन्द्र कुमार सेठ, तमिल का प्राचीन साहित्य, पृ. 99

की बात चले तो मैं जीवित नहीं रहूँगी। मैं अपने यौवन के सुषमायुक्त शरीर को उस चक्रधारी पुरुषोत्तम कृष्ण को अर्पित करती हूँ। उसी पुरुषोत्तम को उद्देश्य करके उभरे हुए मेरे उरोजों को और किसी के उपयोग्य बनाने की चर्चा भी चले, तो मैं जीवित नहीं रहूँगी।'[1] उनकी व्यथा अकथनीय है, 'वियोग के कारण मेरी हड्डियाँ घिस रही हैं, भाले की तरह नुकीले एवं लम्बे लोचन बन्द नहीं होते। रातदिन आँसू बहाते रहते हैं। दुःख-सागर में, गोविन्द रूपी नाव न होने के कारण मैं डूब रही हूँ।'[2] समर्पण और तीव्र भावानुभूति में आण्डाल और मीरा एक ही भूमि पर खड़ी हैं, परन्तु मीरा के भीतर जो विद्रोह है, वह आण्डाल में नहीं है। यह अन्तर दोनों के बीच गतिमान समय और देश का है।

आण्डाल के बाद तमिल में महत्त्वपूर्ण कवयित्रियों के नाम अधिक नहीं हैं। नौवीं शताब्दी में मूलिया तरैमान की पत्नी (नाम नहीं मिलता) ने कुछ कविताएँ लिखी थीं। पन्द्रहवीं शताब्दी में नन्देवार (अछूत) समुदाय की ओदरनल्लूर मंगई के 'पाइचलूर पदिगम' नामक काव्य-संग्रह में जातीय-भेदभाव पर कटाक्ष हैं। कुछ लघु कविताएँ अम्नाइची और वरतुंग पाण्डियन की पत्नी (नाम उपलब्ध नहीं) द्वारा भी लिखी गयी हैं। सत्रहवीं शताब्दी में अवैयार नामक कवयित्री ने अनेक रचनाएँ दीं, जिनमें हास्य-व्यंग्य का पुट है। कान्दी नाम की एक जैन कवयित्री भी हुई है जिसने 'सेवक चिन्तामणि' नामक महाकाव्य की रचना में सहयोग किया।[3]

बारहवीं-तेरहवीं शताब्दी में, लगभग एक साथ कन्नड़ और मराठी में भक्ति-काव्य का उदय हुआ। कन्नड़ भाषा का विस्तार उत्तर में गोदावरी से दक्षिण में कावेरी तक था। बारहवीं शताब्दी में वहाँ भागवत सम्प्रदाय का प्रचलन हुआ जिसका अभिप्राय वैष्णव धर्म तक ही सीमित नहीं है। इसमें 'हरिहर' की अभेदता प्रतिपादित की गयी है। प्रो.द.रा. बेन्द्रे का विचार है कि पण्ढरपुर के विट्ठल तथा तिरुपति के बेंकटेश की मूर्तियाँ हरिहर के सामरस्य की मूर्तियाँ हैं। उनके अनुयायी वैष्णव तथा शैव दोनों पद्धतियों का पालन करते हैं। वीर शैव मतावलम्बी अपने धर्म का सम्बन्ध शिव के सद्योजात पंचमुखों के अवतार माने जानेवाले रेणुक, दारुक, घण्टाकर्ण, धेतुकर्ण से जोड़ते हैं और अपने को वेद-विरोधी मानते हैं। वीरशैव सन्त शरण कहलाते हैं। इन्होंने अपनी अनुभूति तथा विचारों को छन्दोबद्ध पद्य में न व्यक्त कर गद्य में लिखा है, जिन्हें 'गद्यगीत' कहा जा सकता है। अब तक लगभग तीन सौ वचनकारों का पता लगा है जिनमें बारह स्त्रियाँ हैं। ये वचन गीतियों की भाँति गाये जाते थे। वीरशैवों में श्रम का सर्वाधिक महत्त्व है, इसलिए वृत्ति के अनुसार भाषा शैली इनकी विशेषता है। ये वचन इष्ट देवता के नाम से लिखे जाते हैं, जिसे 'अंकित' कहते हैं। भावानुभूति के साथ सामाजिक चेतना इन्हें 'आधुनिकता' से जोड़ती है।

---

1. डॉ. चन्द्रकान्त, तमिल और हिन्दी का भक्ति साहित्य, पृ. 160; 2. वही, 463; 3. इन्द्राभवानी, तमिल लेखिकाएँ, आजकल, अप्रैल, 1987, पृ. 18

कन्नड़ महिला-लेखन में **अक्कमहादेवी** का नाम सबसे अधिक महत्त्वपूर्ण है। बारहवीं शताब्दी में मैसूर राज्य के शिवभोग्या जिले के पास उडुतडि नगर में एक ब्राह्मण परिवार में उनका जन्म हुआ था। मीरा की तरह बचपन से ही उन्होंने शिव को अपना पति मान लिया था। घर छोड़ वे साधु-सन्तों की संगत में घूमती रहतीं। एक दिन राजा कौशिक ने उन्हें देखा और वे मोहित हो गये। अक्कमहादेवी के समक्ष उन्होंने विवाह का प्रस्ताव रखा जो अस्वीकृत हुआ। राजा क्रुद्ध हो उठा। उसने अक्कमहादेवी के माता-पिता को पीड़ित करना शुरू कर दिया। विवश होकर अक्कमहादेवी ने विवाह की स्वीकृति दी परन्तु दो शर्तें रखीं। उपासना की छूट और व्यक्तिगत स्वतन्त्रता। राजा मान तो गया, परन्तु विवाह के बाद बहुत दिनों तक उनका निर्वाह न कर सका और अक्कमहादेवी ने घर त्याग दिया। वैसे भी, वे उससे बँधी ही कहाँ थीं। अब पूर्णरूप से अपने आराध्य में मग्न हो गयीं। 'साधना की तरतम सोपान श्रेणियों पर चढ़कर वह सिद्धि की उस चरमावस्था पर पहुँचीं जिसमें लिंग ज्ञान तक नहीं रहता। नग्न हो, अपने केशों को ही अम्बर बना वह चल पड़ीं।'[1]

अरी भूख, तू रुक,
अरी तृषा, तू भी थोड़ा रुक,
अरी निदियाँ, तू ज़रा रुक,
अरे काम, तू भी तनिक रुक,
अरे क्रोध, कुछ देर तक रुक,
अरे मोह, तू भी ज़रा ठहर,
अरे मद, तू भी कुछ देर के लिए रुक,
अरे मात्सर्य, तू भी थोड़ा रुक न,
हे सचराचर, तू भी तनिक रुकना,
मैं अपने प्रभु चेन्नमल्लिकार्जुन के लिए
जरूरी पतिया लिए चली हूँ।'[2]

सदियों बाद जिस मनःस्थिति को मीरा ने 'माई री मैने लियो री गोबिन्दा मोल' में गाया था, वही मनःस्थिति अक्कमहादेवी की निम्न पंक्तियों में व्यक्त हुई है। भाषागत अन्तराल होने के कारण हम इसे ठीक-ठीक पूर्वापर सम्बन्ध तो शायद न कह सकें, परन्तु इतना जरूर कह सकते हैं कि ये एक ही बिन्दु पर पकती हुई कविताएँ हैं :

माई री मैं रीझी उस अमर अविनाशी, अरूप सलोने पर
मैं रीझी उस अनन्त, असीम, अरूप, सुन्दर पर

---

1. डॉ. एस.एस. कृष्णमूर्ति, हिन्दी एवं कन्नड़ साहित्य की प्रमुख धाराओं का तुलनात्मक अध्ययन, पृ. 238;
2. शरण चरितामृत, पृ. 244

मैं रीझी उस कुलहीन असीम सुन्दर पर
चेन्नमल्लिकार्जुन सलौना मेरा पति है
इन मर्त्य नाशवान पतियों को भाड़ में झोंक दे।[1]

मीरा को लेकर हिन्दी साहित्येतिहासकार कभी-कभी विस्मय-त्रिमुग्ध-विवाद में पड़ जाते हैं कि वे सगुण की उपासक हैं या निर्गुण की। वस्तुतः उनके समाधान सहयोगी कविताओं में खोजे जाने चाहिए। उलटबाँसियों की संरचना में विवाह-गीतों की गूँज है :

जल के मण्डप पर आग का छप्पर बाँधा गया
वहाँ ओले का पीढ़ा डाला गया
पंगु-स्त्री का पाणिग्रहण वहाँ शिरशून्य पुरुष ने किया
मेरे सन्त बन्धुओं ने मुझे चेन्नमल्लिकार्जुन के
हाथ देकर मेरे अनन्त जीवन का आरम्भ कराया[2]

जैसाकि उलटबाँसियों के साथ अक्सर होता है, यहाँ भी कुछ तर्कातीत तर्क तलाश कर लिये गये हैं, जैसे, 'जल के समान चंचल मन रूपी मण्डप पर ज्वाला रूपी ज्ञान का छप्पर डाला गया। सृष्टि रूपी पीढ़ा डाला गया। वहाँ लौकिक आचरण शून्य (पंगु) सतीभाव वाले सन्त के साथ लौकिक बन्धनरहित (सिरहीन पुरुष) परब्रह्मरूपी पति का पाणिग्रहण हुआ। जीवदेह का यह जीवन अनन्त जीवन है।'[3]

विरह की अनुभूति अपने तीव्रतम रूप में जाग उठती है। वे जीव और प्रकृति के विभिन्न तत्त्वों से प्रिय का पता पूछते हुए भटकने लगती हैं, 'कलकूजन करनेवाले शुकगण, तुमने उसे देखा है क्या ?/अरी पंचम की तान छेड़नेवाली कोयल, तुमने तो उसे नहीं देखा/मन्द-मधुर गुंजार करनेवाले मिलिन्द वृन्द क्या तुमने उसे देखा/सरसी में सरस करनेवाली मरालियो, क्या वह तुमको कहीं दिखाई दिया/गिरिकन्दराओं में विहार करनेवाले मयूर, कहीं तुमने तो नहीं देखा/मेरा सलोना मल्लिकार्जुन कहाँ है, बताओ न, तनिक बताओ न।'[4]

मुप्पिन षडक्षरी सत्रहवीं शताब्दी में हुई थीं। शिव के प्रति उनका राग भी माधुर्य भाव से भरा है। अक्क महादेवी के तर्क कभी-कभी दार्शनिक हो उठते हैं, परन्तु मुप्पिन षडक्षरी तीव्रभावावेग की कवयित्री हैं :

बिनती करती हूँ शिव मैं आँचल पसारे
मत जा मत जा मुझे बिसारे।
तुझे बुलाकर मुझे सौंपा गुरु ने

---

1. शरण चरितामृत, पृ. 388; 2. वही, पृ. 390; 3. वही पृ. 406; 4 .महादेवियाक्कन वचनगलु, पृ. 142

गुरु ने कराया गठबन्धन तेरा सतोष।
अब मुझ पर थोप रहा है तू दोष।
मुझसे अब बिछड़ जाएगा तू।
गुरु की आन मिटाये जाएगा तू
तू तजे तो क्या मैं तजूँगी तुझे संगी।
गुरु की आन तोड़ूँगी नहीं संगी।
मैं न तजूँगी संगी।[1]

हेलवनकट्ठेगिरियम्मा का जन्म धारवाड़ जिले, राणी बन्नूर में एक भागवत परिवार में हुआ था। तिप्परस से उनका विवाह करा दिया गया था, परन्तु उन्होंने वैवाहिक जीवन स्वीकार नहीं किया। नाटकीय ढंग से उन्होंने स्वयं पति का दूसरा विवाह कराया और वैराग्य धारण कर हेलवनकट्ठे नामक गाँव में रहकर रंगनाथ का भजन करने लगीं। उन्होंने प्रायः पौराणिक आख्यानों को रचना का विषय बनाया। खास बात यह कि इनकी भक्ति वात्सल्य भाव की थी, अतः लोग इन्हें यशोदा का अवतार मानते हैं। वे रोज सुबह उठकर भगवान को माखन प्रस्तुत करतीं, न खाने पर डाँटतीं। उन्होंने अपनी रचनाओं में हरिहर की एकता प्रदर्शित की है :

यह लिंग है—यह देव शिव, वह रंग है—वह विष्णु
बोलता क्यों नहीं ? मूर्ख मानव
मन का अहंकार त्याग दो ॥
वेदातीत बना यह—वेदों को ले आया वह।
भभूत लगा लिया इसने—पर्वत उठा लिया उसने
व्याध बन कृपा की इसने—वह है माधव मधुसूदन।
मदन को जला दिया इसने—मदन को जन्म दिया उसने।
गंगा को धारण किया इसने—गंगा को पैदा किया उसने।
तुंगहेलवनकट्ठेरंग साक्षी है कि वह रंग है वह लिंग।
और दोनों अभिन्न हैं।[2]

इसी परम्परा में महालक्ष्मी को भी रख सकते हैं जो अठारहवीं शताब्दी में उडुपि क्षेत्र की निवासिनी थीं। उन्होंने 241 पदों में श्रीराम पट्टाभिषेक लिखा।

महदम्बा मराठी की आदि कवयित्री मानी जाती हैं। बारहवीं-तेरहवीं शताब्दी में मराठी में मानभाव और वाराकरी सम्प्रदायों का प्रवर्तन हुआ था। चक्रधर (1194-1274 ई.) स्वयं गुजराती थे और उन्होंने एक उदार सामाजिक दृष्टिवाले धर्म 'मानभाव' (महान

---

1. शरण चरितामृत, पृ. 593; 2. डॉ. एस.एस. कृष्णमूर्ति, हिन्दी एवं कन्नड़ साहित्य की प्रमुख धाराओं का तुलनात्मक अध्ययन, पृ. 389

अनुभव) का प्रवर्तन किया था। वे वर्णाश्रम धर्म के विरोधी थे और उन्होंने अपने सम्प्रदाय में स्त्रियों को बराबर का स्थान दिया था। इस पन्थ का प्रचार पंजाब से काबुल तक था। अपने उदारवादी दृष्टिकोण के चलते ही उनकी हत्या कर दी गयी। महदम्बा चक्रधर की शिष्या थीं।

चक्रधर के गुरु गोविन्द प्रभु पर महदम्बा को बहुत श्रद्धा थी। एक बार श्री गोविन्द प्रभु ने ऋद्धिपुर में रुक्मिणी विवाह का उत्सव किया। वे स्वयं कृष्ण बने। विवाह के समय वर-वधू को साथ नहलाया जाता है। उस समय गीत गाये जाते हैं। कृष्ण बने गोविन्द प्रभु ने महदम्बा को विवाह गीत गाने की आज्ञा दी। महदम्बा के मुख से स्वयं स्वतःस्फूर्त गीत की पंक्तियाँ निकलने लगीं। लगातार 140 लघु गीत गाकर महदम्बा ने सबको विस्मय में डाल दिया। इसके पश्चात् उन्होंने सौ और गीतों की रचना की। इसी विषय पर उन्होंने 'मातृकी' नामक प्रदीर्घ काव्य भी लिखा।

धार्मिक रूढ़ियों के विरुद्ध एक और सशक्त धर्म उठ खड़ा हुआ जिसका प्रवर्तन ज्ञानदेव ने किया था। उनके पिता बीठल ने पहले तो संन्यास ले लिया, परन्तु बाद में गुरु की आज्ञा के कारण पुनः गृहस्थ बने और उनके सन्तानें हुईं। वे पाप की सन्तानें कहलायीं। बीठल एवं उनकी विपत्तिग्रस्त पत्नी का अन्त हो गया और उनकी सन्तानें शुद्धि के लिए दर-दर भटकती रहीं। यहीं वाराकरी सम्प्रदाय का जन्म हुआ जिसकी पीठिका समता और उदारवाद थी। इसमें शैव और वैष्णवों का समन्वय है।

मुक्ताबाई (1279-1297 ई.) सन्त ज्ञानेश्वर की छोटी बहन थीं और उनमें बचपन से ही प्रगल्भ काव्य-प्रतिभा थी। एक बार ज्ञानेश्वर एक गुफा में छिपे हुए थे क्योंकि गाँव के बच्चे उन्हें 'भ्रष्ट संन्यासी का पुत्र' कह-कह चिढ़ाते थे। मुक्ताबाई ने समयस्फूर्त दस अभंगों की रचना कर उन्हें समझाया। वे कहती हैं :

'भावपूर्ण भक्ति करके वैराग्य जोड़ोगे तो ब्रह्म-सुख पाओगे। ज्ञानतत्त्व में बैठकर यह विचार करो कि निर्गुण में निरामय आकार है। प्यारे लोगो ! भवनदी का पानी बड़े वेग से खींचता है, और बड़ों-बड़ों को नीचे गिराता है। अतः भक्ति के सहारे उसे पार करो।' सन्त ज्ञानेश्वर ने इक्कीस वर्ष की अवस्था में समाधि ले ली थी और उसके एक वर्ष बाद मुक्ताबाई ने समाधि ली।

नामदेव ज्ञानेश्वर के शिष्य थे और उन्होंने समाज और साहित्य पर एक व्यापक प्रभाव छोड़ा। उनका पूरा परिवार ही कवि था। उनके चार पुत्र थे—नारायण, बिठोवा, गोविन्द, महादेव—सब कवि। उनकी पत्नियाँ भी सभी कवयित्रियाँ। माँ गोमाई और पत्नी राजाई भी कविता लिखती थीं। दासी जनाबाई भी कवि। नामदेव की बहन आऊबाई भी कवि, यद्यपि उनकी अधिक रचनाएँ उपलब्ध नहीं हैं। संसार के साहित्येतिहास में यह बेजोड़ कुटुम्ब था। माता और पत्नी की रचनाओं में आकुलता अधिक है। पूरे कुटुम्ब के लगभग तीन सौ अभंग उपलब्ध हैं।

जनाबाई का जन्म गोदावरी के किनारे बसे गंगाखेड़ नामक देहात में एक गरीब

परिवार में हुआ था। अनाथ हो जाने के बाद उसने नामदेव के परिवार में आश्रय लिया। नामदेव का पालन-पोषण उसने ही किया था। इसी परिवार में उसे भक्ति और काव्य के संस्कार मिले। अक्षर ज्ञान उन्हें था नहीं और वे जीवनभर अविवाहित रहीं। उनके अभंगों में नामदेव की आर्तता और ज्ञानेश्वर की योगानुभूति का सुन्दर संगम है। इसके अतिरिक्त उसकी रसानुभूति उसमें सम्मिलित हुई है, अर्थात् जनाबाई की रचना त्रिवेणी जैसी पवित्र है। जनाबाई की काव्य-सरिता के एक तट पर भक्ति का माधुर्य दूसरे तट पर योग का गुंजन और दोनों तटों के बीच प्रासादिक प्रेम का प्रवाह है।'[1]

आत्मनिष्ठ अभंगों के अतिरिक्त, उन्होंने प्राचीन भक्तों का गुणगान भी किया है। उन्होंने भक्तों को एक पारिवारिक बिम्ब से बाँधा है :

'भगवान बिट्ठल अनेक पुत्र-पुत्रियों का पिता है। जब वह चलता है तो उसके साथ बालक-बालिकाओं का मेला लगा रहता है। उसके कन्धे पर निवृत्तनाथ है, और वह सोपानदेव का हाथ पकड़े हुए है। उसके आगे ज्ञानेश्वर और पीछे मुक्ताबाई चल रही है। उसकी जंघा पर गोरा कुम्हार और उसी की बराबरी पर चोखामेला तथा जीवा हैं। बंका महार उसकी गोद में हैं और नामदेव उसकी उँगली पकड़े हुए हैं।'[2] यह चित्र किसी स्त्री द्वारा ही अंकित किया जा सकता है।

कवयित्री कान्होपात्रा बीदर राज्य में मंगलवेढा नामक नगर की वेश्यापुत्री थी। माँ की यातनाएँ देख उसे वेश्या जीवन से घृणा हो गयी। माँ ने चाहा उसका विवाह कर दे परन्तु सफल नहीं हुई। अन्ततः वह पण्ढरपुर बिट्ठल की शरण में गयी और भजन गाने लगी। उसके मधुर स्वर की पहचान दूर-दूर तक फैल गयी। उसकी प्रशंसा सुनकर बीदर के बादशाह ने उसे प्राप्त करना चाहा, पर उसने अस्वीकार कर दिया। राजा को एक सामान्य वेश्यापुत्री अस्वीकार करे, यह कैसे होता। राजा ने बल-प्रयोग करना चाहा। कान्होपात्रा ने आकुल हो आर्तस्वर में बिट्ठल को पुकारा, 'हे भगवान्! मेरा अन्त न देखिए। आज मेरे प्राण पूरी तरह आपत्तिग्रस्त हैं। हे देव ! आज मेरी अवस्था शेर के पंजे में फँसे हिरण के बच्चे के समान है। तेरे सिवा मेरे लिए त्रिभुवन में कोई दूसरा आश्रय स्थान नहीं है। तू तुरन्त दौड़कर मेरी रक्षा कर। मैं सारी आशा छोड़कर उदास बनी हूँ और तेरे ही चरणों की शरण में आयी हूँ। हे बिट्ठलबाई माता! तू मुझे अपने हृदय में स्थान दे।'[3] कहते हैं कि तत्काल चमत्कार हुआ और कान्होपात्रा के प्राणपखेरू उड़ गये।

बहिणाबाई (1628-1780) कोल्हापुर के पटवारी की पुत्री थीं। बचपन में ब्याही गयी बहिणाबाई में आध्यात्मिक अनुभूतियाँ जाग चुकी थीं, अतः पति ने खूब सताया। स्वप्न में सन्त तुकाराम का अनुग्रह प्राप्त किया। धीरे-धीरे उनका यश चारों ओर फैला

---

1. कृष्णलाल शरसोदेजी, मराठी साहित्य का इतिहास, पृ. 92; 2. प्रो. भी.गो. देशपाण्डेय, मराठी का भक्ति साहित्य, पृ. 93; 3. प्रो. भी.गो. देशपाण्डेय, मराठी का भक्ति साहित्य, पृ. 110

और पति का हृदय भी बदला। वे 'देहू' ग्राम में जाकर तुकाराम की सेवा करने लगीं, वहीं उनकी काव्य-प्रतिभा प्रस्फुटित हुई। उन्होंने 400 अभंगों की रचना की जिनमें से 53 अभंगों में अपनी आत्मकथा लिखी है। किंवदन्ती है कि बाद में वे समर्थ रामदास की शिष्या बनीं। इनकी हिन्दी रचनाएँ गौलण (ग्वालिन) के नाम से मिलती हैं :

जमुना के तिर धेनु चरावत है गोपाल री।
गीत प्रबन्ध हास्य विनोद नाँचत है श्री हरी।
धर कानों में कुण्डल लाल, शिर पर मोरपिखा नन्दलाल।
अबीर गुलाल सबके भाल, हार सुवास पिन्हाये।
जाई जुई चम्पक कोमल चन्दन चोबा लाये।[1]

बेणाबाई भी बचपन से भक्ति-पगी थीं। विवाह हुआ और दस वर्ष की अवस्था में विधवा हो गयीं। संयोग से समर्थ रामदास उनके गाँव में पधारे, तो उन्होंने गुरु दीक्षा ली। इसके बाद वे रामोपासना में उन्मत्त की तरह हो गयीं। वे पुकारतीं, 'हे पतितपावन राम ! मैं सर्वथा तेरी हूँ। मेरे हृदय में अच्छा भाव हो, बुरा भाव हो, या भाव ही न हो, पर मैं तेरी ही हूँ। मुझमें सज्जनता हो, दुर्जनता हो या, मैं पापबुद्धि हूँ, पर हे पतित पावन राम ! मैं तेरी ही हूँ।' सीता स्वयंवर उनकी प्रमुख रचना है। उसकी विशिष्टता उसमें निहित स्त्री सुलभ भावनाएँ हैं। रचना ओवी बद्ध है और कुल चौदह समास है। विवाह की सब विधियों का इसमें अनुभूत और रम्य चित्रण है।

भौगोलिक स्थिति के कारण तेलुगु पर आर्यभाषाओं—मुख्यतः संस्कृत—का प्रभाव अधिक रहा। सन् 1000-1500 ई. तक अनुवादों और आदानों का काल माना जाता है। तेरहवीं शताब्दी में **कुम्मरिमोल्ल** ने रामायणम् नामक विशालकाव्य की रचना की थी, जो काव्यगुण, सरस शैली और आकर्षक वर्णनों के कारण बहुत लोकप्रिय है। कुछ विद्वानों का विचार है कि वे कुम्मरि गुरुनाथ नामक कुम्हार की पुत्री थीं। वह कुम्हार अपनी विद्वत्ता के कारण तिक्कन का लिपिक बन गया था। यदि यह कथन सत्य है—जिसके विपरीत कोई प्रमाण नहीं मिलता—तो मोल्लि तेरहवीं शताब्दी में ही हुई थीं, और वे तेलुगु की आदि कवयित्री हैं। विजय राघव नामक (1333-1373 ई.) के समय पशुपुलाटि **रंगाजम्मा** नामक कवयित्री भी थीं जो रंगाजी के नाम से प्रसिद्ध थीं। उसे विद्वत्ता, काव्यकौशल, अष्टभाषा कवित्त, प्रत्युत्पन्नमतित्व, हास्य और वाक् शक्ति के कारण 'स्वर्णाभिषेक' का सम्मान मिला था। उसने मन्नारुदासविलासम्, उषापरिणयम् नामक दो प्रबन्ध, मन्नारुदास परिणयम् नामक यक्षगान और रामायण, भारत भारत भागवत् गद्यकथाएँ लिखीं। उनके गीत-नाटक में आठ भाषाओं के पद्य हैं। इसके अतिरिक्त प्रभूत मात्रा में मुक्तक छन्द हैं। विजयनगर में भी **चन्द्रलेखा** नाम की एक

---

1. प्रो. भी.गो. देशपाण्डेय, मराठी का भक्ति साहित्य, पृ. 188

ऐसी ही प्रतिभाशाली कवयित्री हुई, जिसे सत्रहवीं शताब्दी में वेंकटपति राय ने अद्वितीय सम्मान से विभूषित किया था।[1] यद्यपि रघुनाथ नायक (सन् 1600-1631) के समय में **रामभद्राम्बा** एवं **मधुरवाणी** ने संस्कृत में रचनाएँ कीं। जनश्रुति है कि उन्होंने तेलुगु में भी लिखा था जो अब उपलब्ध नहीं है।

चौदहवीं शताब्दी में हमारी मुलाकात कश्मीरी कवयित्री **लल्लद्येद** से होती है। लल्ल कश्मीरी की आदि कवयित्री हैं। कश्मीर में प्रारम्भ से शैव परम्पराएँ प्रभावी रही हैं। बाद में उन पर सूफी प्रभाव भी पड़े। वस्तुतः भक्ति काव्य में यह तय करना कठिन है कि किसका प्रभाव किस पर पड़ा है। वातावरण में मौजूद प्रभाव विभिन्न संरचनाएँ तैयार करते हैं। लल्लद्येद पर भी गंगायमुनी छायाएँ पड़ी हैं। कबीर से इनकी अद्भुत समानता बार-बार दिखती है। भक्त कवयित्रियों में कोमल अनुभूतियाँ अधिक होती हैं लेकिन लल्लद्येद के सम्बन्ध में यह रेखांकित किया जाना चाहिए कि उनमें प्रखर सामाजिक सरोकार भी मौजूद हैं। 'दीन वटा दीवर वटा' में वे कहती हैं, 'देव भी पत्थर देवल भी पत्थर। रे पण्डित तू किसे पूजता है ? मन और प्राण को एकीकृत कर उसी में जीवन का सार है।' कबीर की तरह, वे भी अक्षर ज्ञान को निरर्थक मानती हैं। 'परान-परान ज्यव फोजिम' में उनका कथन है, 'पढ़ते-पढ़ते मेरी जीभ व तालु फट गये, सुमिरिनी फेरते उँगलियाँ घिस गयीं, पर मन की द्वैत अवस्था दूर न हुई।'[2]

लल्ल की कविताओं में सूफियों का समर्पण और सादगी तथा शैवमत के त्रिकदर्शन का समन्वय है। 'प्रभु को ढूँढ़ने मैं घर से निकली, परन्तु रात-दिन ढूँढ़ने के पश्चात् भी वे न मिले। अन्त में देखा कि वे पण्डित (प्रभु) तो मेरे ही घर (हृदय) में विराजे हैं। बस, मेरे लिए वही मिलन की शुभ घड़ी थी।' कबीर की ही तरह लल्ल हिन्दू और मुसलमानों, दोनों में ही सम्मानित हैं। ऐसा कोई कश्मीरी हिन्दू या मुसलमान नहीं है, जिसके जिह्वाग्र पर उनके कुछ वाख सधे हुए न हों। ये वाख ऐसी सारगर्भित पद्य-रचनाएँ हैं जिनमें गुम्फित आध्यात्मिक अनुभूतियों का ज्ञान एक तत्त्वान्वेषक के लिए बहुत उपयोगी है। वे एक तरह से कवयित्री के 'आत्म-स्फुरण' हैं। लल्लद्येद आधुनिक कश्मीरी की जननी हैं। उनकी कविता आधुनिक इसलिए है क्योंकि वह आज भी जिन्दा है।[3]

योगिनी लल्लद्येद की नींव में नारी-जीवन अपनी पूरी विभीषिका के साथ सिला है। थेरियों की तरह कुछ-कुछ उनकी वाणी में और कुछ जनश्रुतियों से जो जानकारी प्राप्त होती है, हिला देनेवाली है। पाम्पोर के निकट सिमपुरागाँव में एक ब्राह्मण किसान के यहाँ जन्मी लल्ल का विवाह बचपन में ही पाम्पोर गाँव के ही सोन पण्डित के साथ हुआ था। वैराग्य उनके बचपन का हिस्सा था। अपने गुरु सिद्धमोल से उन्हें अक्षर ज्ञान के साथ आध्यात्मिकता भी मिली। एक आम भारतीय नारी की तरह, ससुराल

---

1. डॉ. नगेन्द्र, भारतीय वाङ्मय, पृ. 75; 2. डॉ. शिबनकृष्ण रैणा, कश्मीरी कवयित्रियाँ और उनका रचना-संसार, भूमिका; 3. वही, पृ. 16

लल्लद्येद के लिए यातना-घर बन गयी थी। कहते हैं कि उनकी सास उन्हें खाना भी नहीं देती थी। थाली में पत्थर रखकर उस पर भात का लेप कर देती। एक दिन ससुराल में कोई भोज था। लल्ल की सखियों ने पूछा 'आज तो खूब स्वादिष्ट भोजन मिला होगा।' लल्ल ने कहा, घर में चाहे बकरा कटे, चाहे भेड़। मेरे भाग्य में तो पत्थर ही लिखे हैं। जन-इतिहास ने इस घटना को एक कहावत में पिरोकर सुरक्षित कर दिया है, 'ललि नीलवठ चलि न जहि' अर्थात् लल्ल के भाग से पत्थर कहाँ टलेंगे। कहते हैं एक दिन लल्ल पानी भरने गयी थीं। माँ के उकसाने पर पति लाठी लेकर घाट पर पहुँचा। सामने से लल्ल पानी का भरा घड़ा लेकर आ रही थीं। पति ने बिना कुछ पूछे लाठी से घड़े पर वार किया। कहते हैं कि घड़ा तो फूट गया, पर पानी लल्ल के कन्धों पर रुका रहा। घर पहुँचकर इसी पानी से लल्ल ने बर्तन धोये और बचा हुआ पानी खिड़की से बाहर फेंक दिया। वहाँ एक तालाब बन गया जो आज भी लल्लत्राग (लल्लतड़ाग) कहलाता है।

बहुत दिनों तक लल्ल यातना की गृहस्थी से न जुड़ी रह सकीं। वे मायके चली आयीं। उनकी अन्तरात्मा में ज्ञान का प्रकाश पहले ही हो चुका था। वे वन-वन उस प्रकाश के लिए भटकती फिरती, नाचती गाती, निर्वस्त्र होकर घूमतीं। लोग उन्हें 'लल्ल मअच' (लल्लपगली) कहने लगे। एक दिन प्रसिद्ध सूफी सन्त मीर सैयद हमदानी उधर से निकले। लल्ल ने अपनी देह को ढकने का प्रयास किया। सन्त ने निकट पहुँचकर पूछा, 'हे देवी, तुमने अपनी देह की क्या हालत बना रखी है ? तुम्हें नहीं मालूम कि तुम नंगी हो ?' लल्ल ने उत्तर दिया, 'हे खुदा दोस्त ! अब तक मेरे सामने से केवल औरतें ही गुजरती रहीं। उनमें से कोई भी पुरुष अथवा आँखवाला नहीं था। आप मुझे मर्द-ए-कामिल दीख पड़े इसीलिए आप से अपनी देह छिपा रही हूँ।' यह प्रसंग पुनः हमें मीरा की याद दिला देता है। उन्होंने भी एक कृष्ण को ही पुरुष स्वीकार किया था। अपने चरम दर्शन, आत्मसमर्पण और दिव्य प्रेम के बावजूद उस अतृप्त, दुखियारी स्त्री की छाया कहीं-कहीं झलक मारती है, जब लल्ल कहती हैं :

न जायस, न प्यायस, न खेयम ध्यन्द न शोंठ

(न तो मैं गर्भिणी बनी, न प्रसूता और न ही प्रसूता का आहार ही ग्रहण किया)

लल्लद्येद के दो सौ वर्षों बाद लगभग सोलहवीं शताब्दी में, पाम्पोर के निकट चन्दहार गाँव में जन्मी 'जून' जो पीड़ा के लम्बे दौर से गुजरकर 'यूसुफ शाहचक' की रानी बनकर हब्बाखातून कहलायीं। अपने प्रेमगीतों के कारण वे जनमानस में रची-बसी हैं। लल्लद्येद से उन्हें अलगानेवाला यह तथ्य है कि उनके प्रेमगीतों पर दर्शन की छाया नहीं मँडराती। प्रो. साधू ने उनके विषय में टिप्पणी करते हुए लिखा है कि हब्बाखातून का बहुआयामी व्यक्तित्व एक ऐसी नारी और राजरानी तथा संगीतज्ञ और कवयित्री के

संस्कारों का मिश्रण है, जिसका समन्वित रूप कश्मीरी काव्य और संस्कृति में, घुल-मिलकर एकाकार हो गया है।[1]

'जून' सुन्दर भी थी और सुरीली भी। शीघ्र ही एक ग्रामीण युवक से उसका विवाह हो गया। उसकी विवाहिता जिन्दगी लल्ल से इतर नहीं थी। अपने एक प्रसिद्ध गीत में जून ने खुलकर लिखा है :

ससुराल में सुखी नहीं मुझे उबारो / मायकेवालो मेरा कष्ट निवारो/
घर से निकली पानी भरने को / घड़ा हाथ से छूटा मायकेवालो/
घड़े के बदले घड़ा दिला दो / या फिर घड़े के दाम भिजवा दो/
मायकेवालो मेरा कष्ट निवारो /
यह यौवन मेरा ढलने लगा है / टीलों पर चढ़ाई अब होती नहीं है
ठीकरियाँ एकत्र करते पैरों में छाले पड़े हैं / नमक छिड़कते हैं
सभी मुझे सँभालो/मायकेवालो मेरा कष्ट निवारो/
चर्खा कातते आँख जो लगी मेरी / माल टूट गयी चर्खे की/
सास ने तब बाल मेरे खींचे / मौत-सी पीड़ा हुई मुझे बचा लो/
मायकेवालो मेरा कष्ट निवारो/

खेत में काम करते-करते जून ऐसे ही गीत गाती रहती। एक दिन यूसुफशाह ने उसे देखा और अपनी रानी बना लिया। नाम दिया हब्बाखातून। बहुत जल्द हब्बाखातून की प्रेम की दुनिया बिखर गयी। एक वर्ष बाद ही यूसुफशाह को सत्ता छोड़कर जाना पड़ा। उसे बन्दी बना लिया गया और वह फिर नहीं लौटा। हब्बाखातून विरह गीतों में डूब गयी :

तन-मन में लगी है आग / इसका क्या किया जाए / हाय,
किसी का भी यौवन व्यर्थ न जाए / माँ-बाप ने बड़ा किया
मिश्री कस्तूरी खिलाकर / दूध से नहलाया / खूब चुमकारा/
बनी मुसाफिर अब वह / दर-दर डोलती जाए / हाय किसी
का भी यौवन व्यर्थ न जाए/[2]

अठारहवीं शताब्दी में एक और विरहिणी गायिका से हमारा साक्षात्कार होता है, जिसका नाम है **अरणिमाल** अर्थात् 'पीले फूलों की माला।' उन्होंने स्वयं अपना जन्मस्थान 'फलहालन' बताया है। उनका विवाह भी बचपन में हो गया था, पति स्वयं भी फारसी के अच्छे कवि थे, लेकिन अरणिमाल के हिस्से में चिर विरह ही आया :

---

1. प्रो. साधू, हब्बाख़ातून, पृ. 13; 2. डॉ. शिबनकृष्ण रैणा, कश्मीरी कवयित्रियाँ और उनका रचना-संसार, पृ. 40

इधर सौतें / ताना कस रही हैं / जीना दूभर कर रही है मेरा / उधर निठुर वह / कहीं छिपा हुआ है / गैरों से आश्नायी कर रहा है/

धीरे-धीरे यह विरह पारदर्शी होता जाता है। उसकी पीड़ा की गहराई उसे एक आध्यात्मिक आलोक से भर देती है–

खिली मैं चमेली थी ज्यों श्रावण की
श्रीहत भई अब ज्यों पीली कली-सी।
निठुर बेदर्दी कब आएगा
जाने कब दर्शन दे जाएगा।
छली मेरा वह श्याम सुन्दर
विरह ताप से मुझे गला गया
पैगाम उस तक अब कैसे जाएगा ?
जाने कब दर्शन दे जाएगा।

अरणिमाल के सहज-सुन्दर गेयगीतों में आकाशभर पीड़ा है, जो मनों को छू लेती है। तभी पीढ़ियों से लोग इन्हें गाते हैं और करुणरस से आप्लावित गीतों में जीवन की विडम्बनाओं और मानव नियति की त्रासदियों को, विविध वर्णी रंगों को समझने की कोशिश करते हैं।[1]

बंगाल में भक्तिकाव्य थोड़े विलम्ब से प्रारम्भ हुआ। कीर्तन काव्य में कुछ स्त्रियों का उल्लेख तो अवश्य मिलता है, पर कुछ विशेष जानकारी उपलब्ध नहीं है। पुरी की **माधवीदास** चैतन्य की समकालीन एवं उनकी भक्त थीं। इन्होंने बँगला में अनेक वैष्णव गीतों की रचना की है। सोलहवीं शताब्दी में ही **चन्द्रावती** द्वारा लिखी गयी रामायण मिलती है। सत्रहवीं शताब्दी के एक कवि ने चन्द्रावती के बारे में एक गाथा लिखी है। जिसके माध्यम से उनके दुःख भरे जीवन का परिचय मिलता है। अपने मंगेतर से तिरस्कृत होकर उन्होंने कभी भी विवाह न करने और अपना शेष जीवन कविता लिखने और शिव-पूजा में बिताने का निर्णय लिया। जब मैंने उनकी रामायण पढ़ी तब मुझे समझ में आया कि आलोचकों की स्वीकृति उसे क्यों नहीं मिली। पहला, उन्होंने अपना ध्यान सीता के जीवन पर एकाग्र किया और महाकाव्य के दूसरे हिस्सों में कोई दिलचस्पी नहीं ली। उनका पाठ पूरी तरह से एक मौखिक गीत था, साहित्यिक कविता नहीं। वह औरतों द्वारा, औरतों के बीच गाने के लिए बना था। स्वाभाविक था कि आलोचक, जो कि पुरुष थे, इसे स्वीकार न कर सके। पर एक स्त्री आलोचक को यह समझने के लिए एक पृष्ठ से ज्यादा नहीं पढ़ना होगा कि यह एक महत्त्वपूर्ण स्त्री रचित पाठ है। वह एक स्त्री के लिए, एक स्त्री के बारे में एक स्त्री के द्वारा रचा गया पाठ था।[2] चन्द्रावती

---

1. साहित्य भारती, अक्तूबर 1997, पृ. 97; 2. नवनीता देवसेन, पूर्वाग्रह, 104, पृ. 73

समय-समय पर पाठ में बेरोक प्रवेश करते हुए राम को उनमें प्रज्ञा की कमी, उनके अदूरदर्शी कृत्यों और सीता के प्रति उनके अन्याय के लिए झिड़कती हैं और उन्हें अयोध्या के पतन के लिए जिम्मेदार ठहराती हैं।

रामी राजकिनी महाकवि चण्डीदास की प्रिया कही जाती हैं, वे स्वयं भी कवि थीं। यह बात साहित्येतिहास में कभी दर्ज नहीं की गयी। अधिकतर रामी अपनी बात 'राधा' के माध्यम से कहती हैं, लेकिन कभी-कभी उनकी अपनी आवाज साफ-साफ पहचानी जा सकती है :

'अन्याय की इस भूमि पर / अब नहीं रहूँगी मैं/
उस देश जाऊँगी मैं, जहाँ नहीं होंगे हृदयहीन धूर्त्त/
जो दूसरों को नकटा कहने के लिए / काटते हैं
अपनी ही नाक / कोई डर नहीं रामी को/
वह वफादार है अपने खुद के प्रति/

चण्डीदास समाज के भय से अपने ब्राह्मण वर्ग में वापस लौट जाते हैं रामी को छोड़कर, तो रामी राधा का सहारा लेकर 'मादुर' गाती हैं :

कहाँ चले गये तुम मेरे प्रियतम / अपनी दासी को छोड़
तुम्हारा मुखड़ा न देख / मेरा हृदय फटता है/
अब और नहीं सहा जाता मुझसे/

लेकिन कहीं वे राधा से निकल स्वयं सामने आ जाती हैं :

कहाँ चले गये तुम / मेरे मीत चण्डीदास/

अठारहवीं शताब्दी की **सुनीति** की करुण कथा का जिक्र नवनीता देवसेन ने किया है। सुनीति के जन्म से पहले ही एक तीर्थयात्रा में उसे पिता ने अपने मित्र के एक बेटे के लिए उसे दे दिया था और इस वचन को वे तब भी नहीं तोड़ सके जब वह सम्भावित दूल्हा सुनीति के जन्म से पहले ही साँप के काटने से चल बसा। इसलिए सुनीति एक जन्मजात विधवा बन गयी। सुनीति ने मिथकीय स्त्रियों को लेकर अनेक कविताएँ लिखीं, जिनमें सावित्री और बेहुला पर लिखी कविताएँ विशेष महत्त्वपूर्ण हैं। ये दोनों भी अपने पतियों को खो देती हैं परन्तु अपनी प्रत्युत्पन्नमति एवं तप से उन्हें पुनर्जीवन प्राप्त कराने में सफल होती हैं। सुनीति उनके साथ तादात्म्य स्थापित करती हुई भी अन्तिम पंक्तियों में छिटककर अलग हो जाती है और निजी टिप्पणियाँ शामिल करती है :

सीता हर्षित है राम को अपना स्वामी पाकर
सुनीति हर्षित है उनका गीत गाकर।

सुनीति जब सावित्री का गीत गाती है और उसके पति के जी उठने का वर्णन करती है, तो गीत का समापन अपनी इस टिप्पणी के साथ करती है :

'सुनीति कहती है, जिसने कभी अपने पति का मुख भी नहीं देखा, वह किसी के अपने पति को फिर से जिलाने के आनन्द को कैसे जान सकती है ?

इस पूरे परिदृश्य में, प्रारम्भिक तमिल कविताएँ अपने वैशिष्ट्य के कारण हमारा ध्यान आकर्षित करती हैं। सबसे अधिक तो इसलिए कि इस युग में कवयित्रियाँ दरबार में रहकर लिखती थीं, वरन् इसलिए कि उनके सम्मान का कारण उनकी कविताएँ थीं। यह स्थिति और कहीं दिखाई नहीं देती। प्रायः कवयित्रियों का समादर उनके भक्त होने और उनके चारों तरफ चमत्कारों के प्रभामण्डल होने के कारण किया जाता था और रचनाएँ भी भक्ति का सन्दर्भ रखने के कारण ही महत्त्वपूर्ण थीं। इसी कारण वे संकलित हो सकीं और सुरक्षित रह सकीं। बाद में तमिल में भी भक्ति आन्दोलन जन्मा और प्रतिष्ठित हुआ तथा कविता की स्वतन्त्र सत्ता बेमानी हो गयी। बारहवीं शताब्दी से लेकर अठारहवीं शताब्दी तक कवयित्रियों की भक्ति रचनाएँ मिलती हैं, भक्ति से इतर भी। लेकिन बाद वाली भक्ति का रूपरंग बनावट तो पूर्व की ही है, परन्तु अन्तःचेतना में वह गहराई और सच्चाई नहीं है। जैसे जलती हुई बत्ती और जली हुई बत्ती में अन्तर होता है। रचनाएँ दोनों प्रकार की हैं वैयक्तिक, अभिव्यक्ति और कथात्मक काव्य। जहाँ दोनों मिल गये हैं, वहाँ वैयक्तिक भाव पात्रों के माध्यम से व्यक्त हुए हैं। कथात्मक काव्यों में भी विवाहोत्सव कवयित्रियों का प्रिय विषय है, चाहे रुक्मणी-परिणय हो या सीता-परिणय। ऐसा लगता है विवाह-उत्सव उनकी काव्य-भाषा में शामिल हो गया है। चाहे अक्कमहादेवी का सन्दर्भ हो, जहाँ वे जल पर मण्डप बनाती हैं, या महदम्बा का जिनका काव्य स्फुरण ही विवाह गीतों से हुआ। आध्यात्मिक प्रेम से विवाह का प्रकरण इतना सटीक बैठता है कि कबीर भी 'दुलहिन गावहु मंगलचार' कह 'अनिवासी पुरुष' को ब्याहने की बात करते हैं। आण्डाल और मीरा ने तो बाकायदा प्रतिमा के साथ ब्याह रचाया था।

समानताएँ बहुत हैं लेकिन यह हैं सहयात्राएँ ही, इसलिए इनकी अपनी विशिष्टताएँ हैं। आण्डाल ने कृष्ण को पति रूप में स्वीकार किया था और अक्कमहादेवी ने शिव को, जिन्हें वे चेन्नमल्लिकार्जुन कहती हैं। मराठी में सगुण-निर्गुण और वैष्णव तंथा शैवधाराएँ इस कदर मिल गयी हैं, कि उनका पृथक् अस्तित्व ही समाप्त हो गया है। मराठी में कान्हूपात्रा महाराष्ट्र की मीराबाई मानी जाती हैं। समूचे दक्षिण भारत में राधा का कहीं अस्तित्व नहीं है, कृष्ण को रुक्मणी पति के रूप में याद किया गया है, इसलिए वह स्वकीया भक्ति ही है। कश्मीर में सूफी प्रभाव एवं निर्गुण भक्ति-परम्पराओं के कारण प्रेमभाव अलौकक और अद्वितीय है। केवल अपवाद स्वरूप ही हेलवनकट्ठेगिरियम्मा की भक्ति ही वात्सल्य भाव की है। कथात्मक काव्य भी कुछ-न-कुछ विशिष्टता लिये हैं,

खासतौर पर रामकाव्य को लेकर कवयित्रियों ने तीखी प्रतिक्रियाएँ की हैं। भक्त कवयित्रियों के इस रचना-संसार में लौकिक प्रेम के गीत गानेवाली विरल हैं। शायद कश्मीर की हब्बाखातून और अरणिमाल ही ऐसे नाम हैं जिन्होंने प्रेम में डूबकर विरह के गीत गाये हैं।

सभी कवयित्रियाँ अपने काव्य-संस्कार लोक-साहित्य से प्राप्त करती हैं। दरबारी काव्य से भक्तिकाव्य को अलग करनेवाली यह एक महत्त्वपूर्ण रेखा है। इन्होंने कहीं विधिवत् शिक्षा प्राप्त की हो, ऐसी जानकारी नहीं मिलती। कबीर की ही तरह वे पुस्तकीय ज्ञान को ठुकराती हैं। इस सत्य को स्वीकार करने के बाद ही हम यह तसदीक कर सकेंगे कि नव्यभारतीय आर्यभाषाओं के प्रारम्भिक रचनाकार महिलाएँ ही क्यों हैं। मराठी में महदम्बा, तेलुगु में मोल्ल, कश्मीरी में लल्ल, कन्नड़ में अक्कमहादेवी, गुजराती, राजस्थानी और हिन्दी में भी मीरा, और बंगाली में माधवीदासी तथा चन्द्रप्रभा सभी अग्रगामी दस्ते की कवयित्रियाँ थीं। इनके काव्य-रूप भी सीधे-सीधे लोक से उठाये गये हैं। कहीं-कहीं तो यदि 'छाप' हटा दी जाए तो वे लोकगीत ही हैं।

इन कविता-रचती स्त्रियों का जीवन हमें थेरियों की याद दिला देता है। वे सब पीड़ित थीं, दुखी थीं, अतृप्त थीं। चाहे उन्होंने ब्राह्मण परिवार में जन्म लिया हो या समाज के निचले कहे जानेवाले तबके में। उन्होंने हर तरह का अत्याचार झेला जिसका केन्द्रबिन्दु ससुराल नामक 'यातनाघर' था। सबके विवाह बचपन में हो गये थे। फिर वे लल्ल की तरह, हब्बाखातून की तरह या मीरा की तरह अपनी-अपनी तरह से संघर्ष करती हैं। अधिकांश धर्माश्रय प्राप्त कर सुरक्षित होती हैं, धर्म और कविता या धार्मिक कविता उन्हें स्वतन्त्र कर सामाजिक यातनाओं से मुक्त करती है। लेकिन नारी-देह का संकट फिर भी बना ही रहता है। जैसा कवयित्री कान्होपात्रा के साथ हुआ कि उसे अपने प्राण देकर अपनी प्रतिष्ठा बचानी पड़ी या जैसाकि मीरा के साथ हुआ कि उसे अपना राज्य, देश छोड़ना पड़ा। जहाँ तक विद्रोह का सवाल है, मीरा जैसा विद्रोह और किसी ने नहीं किया। जिस धर्मसत्ता ने अन्यों को संरक्षण दिया था, उसके विरोध में वह भी खड़ी हो गयी थी। इसलिए मीरा की कविता अपने समय से एक सार्थक और भावनात्मक मुठभेड़ करती है।

एक तथ्य हमें विस्मय में डालता है, जिसका उत्तर गहन सामाजिक छानबीन की माँग करता है। इन कवयित्रियों में आजीवन कुमारिकाएँ हैं, विवाहिताएँ हैं, परित्यक्ताएँ हैं, दासियाँ हैं, विधवाएँ हैं, जन्मजात विधवाएँ भी हैं, परन्तु कोई भी भक्त-कवयित्री या इतर कवयित्री ऐसी नहीं है जो सन्तानवती हो और उसने भक्तिमार्ग ग्रहण किया हो। क्यों ?

हिन्दी साहित्येतिहास
आधुनिक युग

11

चौथा नवजागरण और हिन्दी साहित्येतिहास

आधुनिक युगीन नवजागरण एक राजनीतिक-सामाजिक-सांस्कृतिक जागरण है, 'आधुनिकता' जिसका सर्वमान्य मूल्य है। 'राजनीति' एक नया आयाम है, जो पहली बार नवजागरण के साथ जुड़ा है। मध्ययुगीन नवजागरण से इसे इस आधार पर भी अलगाया जा सकता है। मध्ययुगीन नवजागरण के उदय में भी विदेशी-संघात की महत्त्वपूर्ण भूमिका रही है, इसे अस्वीकार नहीं किया जा सकता। परन्तु मध्ययुगीन नवजागरण किसी राजनीतिक विग्रह से प्रत्यक्ष रूप से नहीं लड़ता। आध्यात्मिकता के घटाटोप से कहीं-कहीं वह झलकता जरूर है। वर्तमान का सन्त्रास 'कलियुग-वर्णन' में झाँकता है और उससे मुक्ति की आकांक्षा 'रामराज्य' जैसी 'यूटोपिया' में अभिव्यक्ति पाती है। इस 'अवधारणा' के साथ शर्त यह है कि इसे घटित नहीं किया जा सकता। कोई 'अवतारी पुरुष' सत्य और धर्म की रक्षा के लिए जन्म लेता है और 'धर्म' की स्थापना करता है। हम केवल उसके जन्म के लिए प्रार्थना कर सकते हैं और प्रतीक्षा। इसके विपरीत आधुनिक युगीन नवजागरण राजनीतिक सरोकारों से जुड़ता है और अन्ततः भारतीय स्वतन्त्रता के निश्चित लक्ष्य की पूर्ति करता है।

भारतीय इतिहास और साहित्येतिहास में भी—किसी भी नयी, सार्थक वृत्ति के उदय पर विदेशी कारणों की खोज की जाती है। मध्ययुगीन भक्तिकाल को आचार्य रामचन्द्र शुक्ल विदेशी आक्रमण के मूल में खोजते हैं। डॉ. ग्रियर्सन इसे सीधे-सीधे ईसाई प्रभाव मानते हैं और डॉ. ताराचन्द्र इस्लामी। इसी प्रकार आधुनिक युगीन नवजागरण के पीछे पश्चिमी प्रभाव की बात कही जाती है। इन विचारकों का मानना है कि यदि भारत में यूरोपीय—खासतौर पर अंग्रेज—न आये होते, तो भारत मध्ययुग में ही बना रहता। इस तर्क के पीछे यह धारणा है कि भारत का अतीत कितना ही गौरवमय क्यों न हो, उसकी आधुनिकता पश्चिमी समाज की देन है। इतिहास यह बताता है कि प्रायः सभी नवजागरण एक द्विमुखी संघात रहे हैं। बाहरी दवाब, जिनमें विदेशी प्रभाव को भी शामिल किया जा सकता है, वे परिस्थितियाँ उत्पन्न करते हैं जिनके द्वारा नवजागरण की प्रक्रिया शुरू होती है। आधुनिक युगीन नवजागरण के साथ भी कुछ ऐसा ही घटित हुआ।

एक लम्बे समय तक, पहले सामन्तशाही और फिर साम्राज्यवादी ढाँचे में जकड़े रहने

के कारण भारत का आर्थिक-सामाजिक ढाँचा पूर्णतया जर्जर हो चुका था। इसका सबसे बुरा प्रभाव किसानों और दस्तकारों पर पड़ा। मालगुजारी वसूल करने के लिए उन पर तरह-तरह के अत्याचार किये जाते थे। अंग्रेजी शासन की नीतियों ने भारतीय उद्योग-धन्धों को उजाड़ दिया। फलस्वरूप किसान और दस्तकार जातियाँ अपने अस्तित्व की रक्षा के लिए लामबन्द होने लगीं। यह तथ्य रेखांकित करने योग्य है कि इस विरोध का प्रारम्भ बिहार-बंगाल से हुआ। बेकार और भुखमरी के शिकार सैनिकों ने एक आन्दोलन आरम्भ कर दिया, जिसके संगठन में फकीर और संन्यासियों ने भी साथ दिया। ये लोग हजारों की संख्या में संगठित होकर चलते और ईस्ट इण्डिया कम्पनी की कोठियों को लूटते थे। सन् 1763 से ये आक्रमण प्रारम्भ हुए। विद्रोही जहाँ भी अंग्रेजों को पा जाते, उन्हें पकड़कर अपनी कचहरी में उन पर मुकदमा चलाते और स्वयं ही मृत्युदण्ड दे देते। बाद में चटगाँव और मेंदनीपुर के आदिवासी किसान भी इस आन्दोलन में शामिल हो गये। सन् 1768 में त्रिपुरा के शमशेरगाजी का विद्रोह किसानों का संगठित विद्रोह था जो एक तरफ अंग्रेज लुटेरों के विरुद्ध था दूसरी तरफ सामन्तवाद के। सन् 1788-90 ई. में पश्चिम बंगाल में बाँकुड़ा जिले के आदिवासी किसानों ने अंग्रेजों के विरुद्ध आन्दोलन छेड़ दिया। इन आदिवासियों को 'चोआड़' के नाम से पुकारा जाता था जिसका अर्थ है 'नीच जाति का व्यक्ति'। ये वनों पर आश्रित जनजातियाँ थीं जो जंगलों को साफ कर खेती भी करती थीं। सन् 1798 में इनके नेता गुर्जर सिंह ने लगभग पन्द्रह सौ विद्रोहियों के साथ तीस गाँवों पर अधिकार कर लिया। 1854-56 ई. में सन्थाल विद्रोहियों ने अंग्रेजों के दाँत खट्टे कर दिये। उनकी जमीनें छीन ली गयी थीं और कर्ज न अदा कर पाने की स्थिति में उन्हें दास बना लिया जाता था। वे विद्रोही बन गये थे। कहते हैं कि उनकी सेना में तीस हजार किसान सैनिक थे। जुलाई 1854 में सन्थाल-विद्रोह व्यवस्थित रूप से शुरू हुआ था। इनमें लोहार, कुम्हार, डोम आदि तथाकथित छोटी जातियाँ भी शामिल हो गयीं। राजमहल लूटे गये, महाजनों को मृत्यु-दण्ड दिया गया। अन्ततः अंग्रेजी तोपों ने उनकी आवाज दबा दी।

इस समय किसानों के लूटने के जितने तरह के उपायों की कल्पना की जा सकती है, जमींदारों ने वे सब उपाय अपनाये थे। लगान के अलावा कम-से-कम पन्द्रह तरह के नाजायज रकम वे किसानों से वसूल करते। साल के अन्त में किसानों में हिसाब-किताब करने का खर्च, जमींदार के घर में ब्याह-शादी, पूजा-भोज आदि का खर्च, जमींदार और उसके परिवार की तीर्थ-यात्रा का खर्च, जमींदार द्वारा सरकारी विद्यालय को दिया गया चन्दा, सरकारी अधिकारियों के पास पहुँचायी गयी रसद, सरकार को दिया गया डाक खर्च, पुलिस आदि की आवभगत का खर्च एवं सरकार को दिये गये आयकर आदि सबका खर्चा किसानों से वसूल किया जाता था। गाँव के सार्वजनिक कार्यों, घर बनाने या जमीन का पट्टा लिखने पर सलामी, जमींदार के खाते में नाम चढ़ाने का खर्च और गाँव में जमींदार के आने पर सलामी आदि की बाबत सैकड़ों रुपये किसानों

से वसूल किये जाते थे। इसके अलावा किसानों से बेगार ली जाती और जुर्माने वसूल किये जाते। इन सबके अलावा जमींदार खुद लगान बढ़ाकर उसे दूना कर देता।[1]

जनक्रान्ति के दूसरे छोर पर बुद्धिजीवियों के आन्दोलन थे जो अध्यात्म को लेकर जागृति और सामाजिक सुधार के काम में लगे थे। इन आन्दोलनों का प्रारम्भ विभिन्न स्थानों पर थोड़े-थोड़े अन्तराल से हुआ। बंगाल में राजा राममोहन राय ने ब्राह्मसमाज की (सन् 1822 ई.) स्थापना की। दूसरी ओर गुजरात में दयानन्द सरस्वती का जन्म हुआ (सन् 1824-83 ई.) और बम्बई से उन्होंने सन् 1875 में 'सत्यार्थप्रकाश' निकाला और सन् 1877 ई. में लाहौर पंजाब में आर्यसमाज की स्थापना की। बंगाल में ही श्री रामकृष्ण परमहंस (सन् 1834-86) और विवेकानन्द (सन् 1866) का जन्म हुआ। महाराष्ट्र में गोविन्द रानाडे का प्रार्थना समाज (सन् 1867) प्रभावशाली था। कहना नहीं होगा कि ये सभी मूलतः धार्मिक-सांस्कृतिक आन्दोलन थे। राष्ट्रवाद इनकी बुनावट में शामिल था। लगभग-लगभग एक ही समय में इन महान विचारकों को केन्द्र में रखे ये आन्दोलन जन्मे और विभिन्न अंचलों में फैल गये। एक महत्त्वपूर्ण रेखांकित करने योग्य बात यह कि इन सभी आन्दोलनों ने 'स्त्री विमर्श' को मुख्य मुद्दा बनाया। सतीप्रथा निषेध हो, या विधवा-विवाह प्रारम्भ, सभी ने स्त्री-गरिमा और स्वतन्त्रता की बात से किया। इसका परिणाम यह हुआ कि स्त्री ने स्वयं अपने और अपने परिदृश्य के बारे में सोचना शुरू किया।

सन् 1857 के विद्रोह ने राष्ट्रीय नवजागरण में देश की स्वतन्त्रता का आयाम जोड़ दिया। इस क्रान्ति में महिलाओं की प्रमुख हिस्सेदारी रही। इस आन्दोलन की शुरुआत मेरठ, उत्तर प्रदेश से हुई और शीघ्र ही यह पूरे उत्तर भारत में फैल गया। सन् 1856 ई. में अंग्रेजों ने अवध को अपने कब्जे में ले लिया। लगभग 60,000 व्यक्ति बेरोजगार हो गये। विद्रोह की ज्वाला भड़क उठी और बेगम हजरत महल ने इसे सफल नेतृत्व प्रदान किया। अंग्रेजों की प्रबल शक्ति का सामना न कर पाने के कारण मजबूर होकर उन्हें नेपाल में शरण लेनी पड़ी और मृत्युपर्यन्त (सन् 1879 ई.) वे वहीं रहीं। प्रसिद्ध 1857 की क्रान्ति में झाँसी की रानी लक्ष्मीबाई ने अहम भूमिका निबाही। इतिहास में सम्भवतः पहली बार उन्होंने 'स्त्री सेना' का गठन किया और अंग्रेजों के दाँत खट्टे कर दिये। अपनी शहादत से उन्होंने स्वतन्त्रता की नींव रखी। मध्यप्रदेश में रामगढ़ की रानी ने भी इसी प्रकार का प्रयास किया था। असफल होने पर उन्हें जंगल की शरण लेनी पड़ी। अंग्रेजों ने उन्हें वहाँ भी घेर लिया तो 'आत्महत्या' कर उन्होंने अपने सम्मान तथा स्वतन्त्रता की रक्षा की। इसी प्रकार बदुरी की ठकुरानी ने विद्रोहियों के लिए धन एकत्र किया था और रानी दिगम्बर कौर ने विद्रोहियों का साथ दिया था।

इण्डियन नेशनल कांग्रेस की स्थापना के साथ (सन् 1886) राष्ट्रीय आन्दोलन विधवत् संगठित रूप से आरम्भ हुआ। महिलाओं की भागीदारी इसमें भी बराबर बनी

---

1. डॉ. वी.एन. सिंह, भारतीय सामाजिक चिन्तन, पृ. 295

रही। कुमुदिनी मित्तर क्रान्तिकारियों को सहयोग करती थीं। स्वयं गुप्त रूप से पत्र-पत्रिकाओं में लिखती थीं तथा उनके प्रसारण में भी सहायता करती थीं। रवीन्द्रनाथ टैगोर की भतीजी सरला देवी ने राष्ट्रीय आन्दोलन में सक्रिय भाग लिया था। 'भारती' पत्रिका के माध्यम से उन्होंने हिन्दू-मुस्लिम एकता के लिए भी प्रयास किये। विवाह के बाद उनका कार्यक्षेत्र पंजाब हो गया जहाँ उन्होंने भारती-स्त्री-महामण्डल की स्थापना की। इस संस्था का प्रमुख उद्देश्य विभिन्न जाति की स्त्रियों में एकता स्थापित करना था। बाद में वे महात्मा गांधी के साथ जुड़ीं और अन्त तक सक्रिय रहीं। एनीबेसेण्ट का मुख्य कार्यक्षेत्र 'थियोसाफिकल सोसायटी' था, परन्तु समय की माँग ने उन्हें राष्ट्रीय आन्दोलन से जोड़ दिया। उन्होंने 'स्वशासन' की बात की। सन् 1916 में सरोजिनी नायडू का उदय हुआ। वे दक्षिण अफ्रीका एवं कनाडा भी गयीं, जहाँ उन्होंने स्वतन्त्रता की अलख जगायी। विजय लक्ष्मी पण्डित भी स्वतन्त्रता संग्राम से जुड़ने के बाद स्वतन्त्रता प्राप्ति के बाद तक बराबर सक्रिय रहीं। ये तो कुछ नाम हैं जो इतिहास में मिल जाते हैं, खास बात तो यह कि निचली सतहों पर भी स्त्री-शक्ति संगठित हुई और उसने पुरजोर संघर्ष किया।

आधुनिक युगीन नवजागरण एक पूर्ण नवजागरण था। जीवन के सभी क्षेत्रों में परिवर्तन की ललक, रूढ़िवाद से मुक्त होने की उत्कट आकांक्षा और नयी चेतना का स्पन्दन दिखाई देता है। सब कहीं एक नयी उमंग, एक नया उत्साह था। साम्राज्यवाद एवं सामन्तवाद के विरुद्ध चेतना प्रखर होती गयी। ऊँच-नीच, छुआछूत वाली पुरानी व्यवस्था को बदलने के स्वर ऊँचे होते जा रहे थे। स्वदेशी की माँग बढ़ रही थी, सरकार, कचहरी और प्रेस ऐक्ट की निन्दा हो रही थी। उदार सामाजिक भावना, राजनीतिक चेतना और विषय, भाषा तथा शिल्प में नयी साहित्यिक चेतना, सब मिलकर नवजागरण का शंख फूँक रहे थे। काव्य को राजदरबारों और सामन्तों की चहारदीवारी से निकालकर जनता तक लाया जा रहा था। हिन्दी में यह कार्य भारतेन्दु हरिश्चन्द्र के नेतृत्व में हुआ। तेलगू में अवधानों द्वारा यही कार्य किया गया। एक ओर जनता में नयी चेतना जाग रही थी तो दूसरी ओर वे साहित्यकार, जो जनता के हृदय की धड़कन सुन और नब्ज पहचान रहे थे–उसकी वेदना को, उसकी तड़प को और उससे मुक्त होने की छटपटाहट को वाणी दे रहे थे। नवजागरण का अर्थ था–परम्परागत विषयों, काव्य-रूढ़ियों, छन्दों, भाषा को त्यागकर नये पथ पर अग्रसर होना। कवियों ने समसामयिक समस्याओं पर लिखा, छन्द तथा काव्यरूपों में नये प्रयोग किये, प्राचीन काव्यों, विषयों, दरबार और कचहरी की भाषा को त्याग, जनभाषा को अपनाना शुरू किया।[1]

नवजागरण का समय और भंगिमा सभी प्रान्तीय भाषाओं में एक नहीं है। स्थानीय

1. सं. डॉ. नगेन्द्र, हिन्दी साहित्य का समेकित इतिहास, पृ. 362

परिस्थिति और आन्तरिक-बाह्य दबाव इस सम्बन्ध में विशेष कार्यशील रहे हैं। बंगाल में सबसे पहले सन् 1850 में और कश्मीर में सबसे बाद में इसे पहचाना जा सकता है। अन्य भारतीय भाषाओं में उन्नीसवीं शताब्दी के सातवें, आठवें और नौवें दशक में इसका उदय हुआ। नवजागरण का स्वरूप भी हर भाषा में अपनी विशिष्टता रखता है। तमिल में सुब्रह्मण्य भारती इस नयी चेतना के अग्रदूत हैं यद्यपि उनसे पहले रामलिंग अहडिल तथा गोपालकृष्ण भारती इसकी आधार पीठिका रख चुके थे। तेलुगु में यह कार्य कन्दकूरी वीरेशलिंगम् पन्तुल एवं जी.वी. अप्पाराव ने किया (सन् 1861-1915)। उन्होंने लोकसाहित्य की परम्परा को पुनर्जीवित कर उसे सामाजिक प्रतिरोध का विषय बनाया। ए.आर. राजवर्मा (सन् 1863-1938) ने काव्य में सामाजिक सरोकारों को उभारा। उड़िया में यही कार्य राधानाथ राय ने अपने काव्य के द्वारा किया और जनमानस को जाग्रत किया। महाराष्ट्र में केशव सुत (सन् 1866-1905) ने अपनी कविताओं के द्वारा राष्ट्रीय भावनाओं को जाग्रत किया। गुजरात में दलपत राय, और असम में गोपीनाथ चक्रवर्ती ने साहित्य के माध्यम से जन-जागृति का कार्य किया। गुजरात में मोहनदास कर्मचन्द गाँधी की विदेश से वापसी विशेष प्रेरणादायक रही। काका कालेलकर, (सन् 1806) कन्हैयालाल माणिकलाल मुंशी (सन् 1887) के नाम इस सम्बन्ध में विशेष उल्लेखनीय हैं। बंगाल में कवीन्द्र रवीन्द्र एवं उनके पिता देवेन्द्रनाथ ठाकुर की उपलब्धियाँ इस दिशा में विशेष महत्त्वपूर्ण और उल्लेखनीय हैं। इस युग की समूची कविता मानवतावाद की सूचना देती है।

आधुनिक युगीन नवजागरण के विकास में तत्कालीन पत्र-पत्रिकाओं का विशेष योगदान रहा है। उन्नीसवीं सदी के चौथे चरण में सभी भाषाओं में ऐसी पत्र-पत्रिकाओं का प्रकाशन हुआ जिन्होंने भारतीय जनमानस को प्रेरित किया। हिन्दी में 'कविवचन सुधा' (1868), 'हरिश्चन्द्र चन्द्रिका', 'हिन्दी प्रदीप', असमिया में 'जोना को' (1888), उड़िया में 'उत्कल दीपिका' (1897), मराठी में 'केसरी', गुजराती में 'सुदर्शन', 'बुद्धिप्रकाश', बांग्ला में 'संवाद कौमुदी' (1821), 'सिरातुल अखबार' (1922), 'बंगश्त विविधार्थ-संग्रह' का प्रकाशन दो-तीन दशकों के कालान्तर से हुआ। यही समय था जब विदेशी विद्वान भारतीय पुरातत्त्व, दर्शन एवं साहित्य के अनुशीलन में लगे एवं विभिन्न अनुशासनों में महत्त्वपूर्ण कार्य किया। विण्टरनित्स, मैकडोनल्ड, कीथ, विलियम जोन्स, ग्रियर्सन आदि के कार्य ने नवजागरण की भावना को बल दिया। भारत में एक नये शिक्षित मध्यवर्ग का उदय हुआ, जिसने जड़भूत सामाजिक-राजनीतिक चेतना को जगाने का काम किया।

प्रायः साहित्येतिहास में युग-परिवर्तन के सामान्य कारणों की खोज होती है, जिसका नेतृत्व इतिहासकार की दृष्टि करती है। जब हम आधे इतिहास को एक दृष्टि के रूप में प्रयोग करते हैं तो बड़े-बड़े अन्तराल दिखते हैं। जिन्हें पार करना ऐसा ही है जैसे गाड़ी के एक पहिये का किसी गहरे गड्ढे में फँस जाना। मध्यकाल में ये गड्ढे इतने

बड़े नहीं थे। मध्ययुग में जो स्त्रियाँ लिख रही थीं, वे या तो रानियाँ थीं या राजपरिवार से जुड़ी हुई थीं। सभी शिक्षित थीं। रानियाँ (मीरा और ताज को छोड़कर) शान्तिपूर्ण ढंग से या तो भक्तिकाव्य लिख रही थीं या शृंगार काव्य। अक्सर दोनों मिले-जुले थे। अतः महिला-लेखन असुविधा में डालनेवाला नहीं था। मीरा ने जमकर विद्रोह किया और उसके परिणाम सहर्ष भुगते। इसलिए आधुनिक काल के महिला-लेखन में क्रान्तिकारी परिवर्तन है, रचनाकेन्द्र का परिवर्तन, और यह एक बहुत बड़ा अन्तराल है। इसे नजरअन्दाज करके जो युग-निर्धारण किये जाते हैं वे लाजिमी तौर पर असन्तुलन का शिकार होते हैं। केन्द्र बदलने का अर्थ है दृष्टि बदलना और दृष्टि बदलने का अर्थ है पूरा परिदृश्य बदल जाना।

इस बदले हुए परिदृश्य में हमारी सबसे बड़ी समस्या यह है कि सन् 1900 से प्रारम्भ हुए महिला-लेखन को साहित्येतिहास में कहाँ स्थापित करें ? परम्परागत साहित्येतिहास में विशेष 'प्रकाशबिन्दु' खोजकर उनके प्रभामण्डल के रूप में साहित्यकारों को स्थापित करने की प्रथा रही है। इसका परिणाम यह हुआ कि बहुत कुछ 'फोकस' के बाहर रह गया। खासतौर पर महिला-लेखन तो पूरा-का-पूरा 'फोकस' के बाहर ही रहा। आचार्य शुक्ल ने यद्यपि आधुनिक काल का प्रारम्भ संवत् 1900 से माना है, परन्तु काव्य में नयी धारा का आगमन वे सं. 1925 (1868 ई.) से स्वीकार करते हैं, 'भारतेन्दु हरिश्चन्द्र ने जिस प्रकार गद्य की भाषा का स्वरूप स्थिर करके गद्य-साहित्य को देशकाल के अनुसार नये-नये विषयों की ओर लगाया, उसी प्रकार कविता की धारा को भी नये क्षेत्रों की ओर मोड़ा। इस नये रंग में सबसे ऊँचा स्वर देशभक्ति की वाणी का था।'[1] शुक्ल जी के अनुसार उस धारा में केवल काव्य के विषय क्षेत्रों में विस्तार हुआ, भाषा वही रही, इसी आधार पर उन्होंने द्विवेदी युग को पृथक् किया। दिलचस्प बात यह है कि शुक्ल जी स्वयं भारतेन्दु युग में हिन्दी खड़ी बोली कविता का अस्तित्व स्वीकार करते हैं। 'पीछे नजीर अकबराबादी ने (ज.सं.–1797 मृत्यु सं.–1877) बहुत से पद्य हिन्दी खड़ी बोली में लिखे...इसके अतिरिक्त रीतिकाल के कुछ पिछले कवि भी, जैसाकि हम दिखा आये हैं, इधर-उधर खड़ी बोली के दो-चार कवित्त-सवैये रच दिया करते थे, इधर लावनीबाज और ख्यालबाज भी अपने ढंग पर कुछ ठेठ हिन्दी में गाया करते थे।...सं. 1943 में पं. श्रीधर पाठक ने इसी पिछले ढंग पर 'एकान्तवासी योगी' खड़ी बोली पद्य में निकाला। इसकी भाषा अधिकतर बोलचाल की और सरल थी।' परन्तु यह मानते हुए भी कि श्रीधर पाठक ने एक नयी 'स्वच्छन्द' धारा का प्रारम्भ किया था 'इस द्वितीय उत्थान के आरम्भकाल (सं. 1950-75 वि.) में पण्डित महावीर प्रसाद जी द्विवेदी को पद्य-रचना की एक प्रणाली के प्रवर्तक के रूप में पाते हैं। खड़ी बोली के पद्य-विधान पर भी आपका पूरा-पूरा असंर पड़ा।' शुक्ल जी अपने स्तर पर कारण गिनाते हैं, 'पहली बात तो यह हुई कि उनके कारण भाषा में बहुत कुछ सफाई आयी।' दूसरा

1. रामचन्द्र शुक्ल, हिन्दी साहित्य का इतिहास, पृ. 588

कारण मराठी एवं संस्कृत वृत्तों का प्रयोग 'उनका जोर बराबर इस बात पर रहता था कि कविता बोल-चाल की भाषा में होनी चाहिए। बोलचाल से उनका मतलब ठेठ या हिन्दुस्तानी का नहीं रहता था, गद्य की व्यावहारिक भाषा का रहता था।' तीसरा कारण सम्भवतः यह कि 'द्विवेदी जी के प्रभाव और प्रोत्साहन से हिन्दी के कई अच्छे-अच्छे कवि निकले जिनमें बाबू मैथिलीशरण गुप्त, पं. रामचरित उपाध्याय और पं. लोचन प्रसाद पाण्डेय मुख्य हैं।'

महावीर प्रसाद द्विवेदी के प्रभाव से मुक्त कवि पृथक् रखे गये हैं, उनकी संख्या छः है। यदि मैथिलीशरण गुप्त को छोड़ दें, तो द्विवेदी-प्रभा-मण्डल से बाहर रहे कवि अधिक प्रभावशाली हैं। शुक्ल जी ने तृतीय उत्थान में छायावादी कविता को माना है जिसमें 'काव्यत्व का अच्छा स्फुरण हुआ'। जिस देश-प्रेम को लेकर काव्य की नूतनधारा भारतेन्दु काल में चली थी, वह उत्तरोत्तर प्रबल और व्यापक रूप धारण करता आया।[1] इसका अर्थ यह हुआ कि भारतेन्दु काल से लेकर छायावाद तक कविता की मुख्य प्रवृत्ति देशप्रेम की थी, अन्तर केवल खड़ी बोली के प्रयोग और परिष्कार को लेकर है। यहाँ केन्द्र में कोई एक व्यक्ति नहीं है। यहाँ भी शुक्ल जी स्वीकार करते हैं, 'छायावादी कवियों के अतिरिक्त वर्तमान काल में और भी कवि हैं जिनमें से कुछ ने यत्र-तत्र ही रहस्यात्मक भाव व्यक्त किये हैं। उनकी अधिक रचनाएँ छायावाद के अन्तर्गत नहीं आतीं। उन सबकी अपनी अलग-अलग विशेषता है। इस कारण उनको एक ही वर्ग में नहीं रखा जा सकता। सुभीते के लिए ऐसे कवियों की, समष्टि रूप में 'स्वच्छन्द धारा' प्रवाहित होती है।' इस स्वच्छन्द धारा के अन्तर्गत जितने कवियों का उल्लेख किया गया है, उनके आधे भी छायावादी कवि नहीं हैं। यह संख्याओं का साहित्येतिहास शुक्ल जी का ही अन्वेषण है, जहाँ जब-तब 'सुभीते' के कारण नये-नये खाते खोले जाते हैं।

यह सही है, कि ये सवाल आचार्य शुक्ल से पूछे जाने योग्य नहीं हैं। वे स्वयं अपने युग के सवालों से जूझ रहे थे और यथासम्भव उनके उत्तर तलाश रहे थे। पर सवाल तो हैं ही, और उठाये भी जाने चाहिए। उत्तर तो कोई भी अन्तिम नहीं होता। ऐसा भी नहीं है कि वैकल्पिक सम्भावनाओं पर शुक्ल जी ने विचार ही नहीं किया था। नयी धारा के द्वितीय उत्थान का विषय प्रवर्तन करते हुए शुक्ल जी ने एक बहुत महत्त्वपूर्ण बात कही है, 'भारतीय हृदय का सामान्य स्वरूप पहचानने के लिए पुराने परिचित ग्रामगीतों की ओर भी ध्यान देने की आवश्यकता है, केवल पण्डितों द्वारा प्रवर्तित काव्य-परम्परा का अनुशीलन ही अलम् नहीं है। पण्डितों की बाँधी प्रणाली पर चलनेवाली काव्यधारा के साथ-साथ सामान्य अपढ़ जनता के बीच एक स्वच्छन्द और प्राकृतिक भाव-धारा भी गीतों के रूप में चलती रही है—ठीक उसी प्रकार जैसे बहुत काल से स्थिर चली आती हुई पण्डितों की साहित्य धारा के साथ-साथ लोकभाषा की स्वाभाविक धारा भी बराबर चलती रहती है।'...इस प्रकार की स्वच्छन्दता का आभास

1. रामचन्द्र शुक्ल, हिन्दी साहित्य का इतिहास, पृ. 644

पहले-पहल पं. श्रीधर पाठक ने ही दिया। यद्यपि वे मानते हैं कि यह स्वाभाविक स्वच्छन्दतावाद द्विवेदी युग में चल नहीं पाया क्योंकि, 'पं. महावीर प्रसाद जी द्विवेदी के व्यापक प्रभाव के कारण हिन्दी में संस्कृत वृत्तों का चलन हुआ जिसके कारण संस्कृत-पदावली का प्रयोग बढ़ने लगा और तीसरे उत्थान में रवीन्द्र बाबू की गीतांजलि एवं पाश्चात्य प्रभाव के कारण हिन्दी कविता इतिवृत्तात्मकता से छूटकर अनुकृत रूढ़ियों और वादों में जा फँसी।' मतलब यह, कि प्रथम, द्वितीय और तृतीय तीनों 'उत्थानों' में 'सहज स्वच्छन्दतावादी' कवियों की पर्याप्त संख्या थी—और निरन्तरता भी थी, फिर भी वह 'फोकस' के बाहर रही।

बजाय इसके कि, हम सही वक्त पर सही सवाल उठाते, हमने वे विकल्प भी नहीं देखे, जिन्हें शुक्ल जी ने खुला छोड़ा था। जिन्हें शुक्ल जी बार-बार 'धारा' कहते रहे, उन्हें हमने 'युग' बना दिया और काल की समानान्तरता के बरक्स उसमें से पच्चीस-पच्चीस सालों के टुकड़े काटने शुरू कर दिये। इस तथ्य के प्रमाण में समूचा महिला-लेखन रखा जा सकता है। खुसरो के साक्ष्य से हम कह सकते हैं कि हिन्दी महिला-लेखन का प्रारम्भ ही इस प्राकृतिक स्वच्छन्दता से हुआ है। आधुनिक काल के लिए भी यह बात उतनी ही सच है, इसलिए उसमें अपनी सहज धारा से विचलन बहुत कम है।

12

आधुनिक चेतना की ऊर्ध्वमुखी यात्राएँ

महिला-लेखन के आधुनिक इतिहास का प्रारम्भ हम दक्षिण भारत से कर सकते हैं। यद्यपि तमिल के आधुनिक काल का प्रारम्भ 1750-1950 से बताया गया है और मुसलमान तथा ईसाइयों का इसमें महत्त्वपूर्ण योगदान रहा है।[1] परन्तु सुब्रह्मण्यम् भारती के उदय तक—साहित्य पर भक्तितत्त्व भी प्रभावी रहा। श्रीमती सरस्वती रामनाथ ने कवि सुब्रह्मण्यम् का कथन 'इस धरती पर नारी जन्म लेना बहुत बड़ा दुःख है प्रिये' उद्धृत करते हुए लिखा है, 'कवि सुब्रह्मण्यम् भारती के शब्द असत्य नहीं हैं, चाहे लिखित हों अलिखित, वे सभी कामकाजी महिलाओं पर लागू होते हैं, विशेषकर महिला लेखकों के विषय में तो वे एकदम सटीक हैं। मेरा अपना भी यही अनुभव है। विद्वानों ने तमिल में अनेक विषयों पर पुस्तकें लिखी हैं किन्तु सन् 1840 और 1940 के बीच की महिलाओं की किसी भी कृति का उनमें उल्लेख नहीं है। इस अवधि में महिलाओं की कई कृतियाँ प्रकाश में आ चुकी थीं और कई महिलाएँ तो पत्र-पत्रिकाओं की सम्पादक भी रही हैं।'[2]

कृपई सत्यनाथन (1886 ई.) ने अंग्रेजी में 'सगुण' एवं 'कमला, ए हिन्दू वाइफ' का अनुवाद तमिल में किया था। सन् 1862 में जन्मी वे मद्रास में पहली स्त्री थीं जो डॉक्टरी पढ़ने के लिए इंग्लैण्ड गयी थीं। एक ब्राह्मण परिवार में जन्मी स्त्री के विषय में उपन्यास प्रामाणिक चित्र प्रस्तुत करता है। 1915 में **पण्डिता विशालाक्षी अम्मल** ने महिलाओं के लिए 'हितकारिणी' नाम से पत्रिका प्रकाशित करनी प्रारम्भ की। उनके कई उपन्यास प्रकाशित हुए—गौरी (1906), ज्ञानरंजिनी (1907), सुजाता (1908), वनसुधा (1909), वीरांजनी (1909), आर्यकुमारी (1910), ललिता जी, जलजबेटी, ज्योतिष्मती आदि। लगभग सभी पुस्तकों में एक उदारवादी आधुनिक चेतना दिखाई देती है लेकिन उनमें भारतीय परम्पराओं का भी आदर है। 1906 में **देवकुंजरी अम्मल** का उपन्यास 'विजयलक्ष्मी' प्रकाशित हुआ और 1912 में **मीनाक्षी सुन्दर** अम्मल का

1. डॉ. एम. वरदराजन, तमिल, भारतीय वाङ्मय, पृ. 34; 2. सरस्वती रामनाथन, समकालीन भारतीय साहित्य, अंक-75, 1998, पृ. 121

'जयशीलन'। दोनों ही तत्कालीन सामाजिक सच्चाई को चित्रित करते हैं ! **गजम्बिकाई** के उपन्यास 'ज्ञानम्माल' में पहली बार सम्भवतः स्त्री-स्वतन्त्रता की बात उठायी गयी। उपन्यास में एक ऐसी लड़की की कहानी है जो ईसाई मिशनरियों के माध्यम से नारी की अस्मिता को पहचानती है। सन् 1912 में **रेवुतायरम्मा** ने 'पेणकल्वी' नामक पत्रिका निकाली जिसमें दहेज, बाल-विवाह, बाल-विधवा तथा नारी-शिक्षा आदि पर सामग्री होती थी।

बीसवीं सदी में **गाँधी जी** के प्रवेश के साथ परिदृश्य में तेजी से परिवर्तन हुआ। इस साहित्यिक पुनर्जागरण में **बी.एम. कोदाई नायकी अम्मल** का नाम महत्त्वपूर्ण है। उन्होंने राष्ट्रीय एवं साहित्यिक दोनों ही क्षेत्रों में महिला जागरण की मशाल जलायी। 'उस समय जबकि महिलाओं को घर के बाहर कदम रखना तक वर्जित था, उन्होंने स्वाधीनता आन्दोलन में भाग लिया, खादी तथा स्वदेशी के लिए धरने दिये, शराब बन्दी के लिए अनशन किये और नारी-शिक्षा के लिए बहुत काम किया।' एक परम्परागत परिवार में (1901) में जन्म लेकर, अपने पति की प्रेरणा से, तेलुगुमातृभाषा होते हुए भी, तमिल भाषा सीखी तथा 115 उपन्यास, कई नाटक और कहानियाँ लिखीं। उनके पति पार्थसारथी नौ और वे साढ़े पाँच साल की थीं, जब उनका विवाह हुआ था। 'अपनी लोकप्रिय रचनाओं के कारण लोग उन्हें उपन्यासों की सम्राज्ञी कहते थे, किन्तु खेद की बात है कि साहित्य के इतिहास में उन्हें यथोचित स्थान नहीं दिया गया।

स्पष्ट है कि आधुनिक युगीन भारतीय नवजागरण में तमिल लेखिकाओं ने अपनी भागीदारी कथासाहित्य और पत्रिकाओं के द्वारा की। **चेयूर शरण्यानायकी अम्मल** ने 12 उपन्यासों की रचना की। **भगिनी गिरजा देवी** ने अपने उपन्यास में (1931) दो बहिनों की कथा लिखी, जिन्होंने अपने को समाज-सेवा में समर्पित कर दिया था। **मूवालुर रामामृत अम्मल** ने अपने उपन्यास 'दाशिगलिन मोसवलई अल्लटु मति पेटू मईनर' में देवदासी जैसी कुप्रथाओं पर तीखे प्रहार किये जिससे एक बुद्धिवादी आन्दोलन खड़ा हो गया और देवदासी प्रथा समाप्त की गयी। **कमला पद्मनाभन** ने दस लघु उपन्यास तथा 70 कहानियाँ लिखीं। 1913 में जन्मी लेखिका को केवल 32 वर्ष की आयु प्राप्त हुई।

आधुनिक चेतना का मुख्यवाहन कथा-साहित्य था, परन्तु इसका अर्थ यह नहीं कि कवयित्रियों का अभाव था। यह बात दूसरी है कि इतिहास में उनकी उपस्थिति भी दर्ज नहीं है। **इरा मीनाक्षी** की कविताएँ भावों की गहराई, दार्शनिक करुणा और मानवीय अनुभूतियों से समृद्ध हैं। **अरसू मणिमालई** और **सरला राजगोपालन्** ने आलंकारिक व नाटकीय शैली की रचनाएँ की हैं। परन्तु वे तमिल समाज की बुराइयों पर सीधे आघात करती हैं। **रोहिणी** ने प्राचीन परम्परागत विचारों में नये क्षितिजों का अन्वेषण किया है। **कीवी और देवमहल** की कविताओं में मानवीय चेतना और सामाजिक दायित्व बोध की गहरी समझ है। **इरा आनन्दी** और **मालती हरिचन्द्रन** ने छोटी-छोटी

कविताएँ लिखी हैं जो व्यंग्य के माध्यम से अँधेरे वर्तमान में भावों और विचारों को जुगनू की तरह चमकाती चलती हैं। **आइवरा** की कविताओं में सामाजिक चेतना बिम्बों की बुनावट में प्रकट हुई है। **सुजाता** की कविताएँ सामाजिक ढाँचे की विसंगतियों, विषमताओं को लेकर तिक्त भंगिमा लिये हैं। **पदमावती तामुभानवर** की कविताओं में तमिल महिलाओं के सामाजिक दर्जे का सूक्ष्मता से मार्मिक व करुण चित्रण है। **निर्मल-सुरेश** ने अपनी कविताओं में नारी-मुक्ति और नारी-अधिकार की चाह को अभिव्यक्त किया है।[1]

तेलुगु साहित्य में सन् 1850-1910 तक का काल संक्रान्ति काल माना जाता है। पुराने और नये आदर्श यहाँ संघर्ष की स्थिति में हैं। यह संघर्ष भाषा के स्वरूप से लेकर विचार-सरणि तक देखा जा सकता है। वास्तविक आधुनिक काल का उदय 1880 ई. से हुआ जिसके निर्माता **राव बहादुर कन्दुकूरि वीरेशलिंगम्** (1848-1919), **गुरुजाड़ वेंकट अप्पाराव** (1851-1916 ई.), **राव साहब गिदुगु वेंकट राममूर्ति** (1863-1940), **कोमार राजु वेंकट लक्ष्मणराव**, और **देशोद्धारक काशिनाथुनि नागेश्वर राव**।[2]

यहाँ प्रारम्भ से महिलाएँ लेखन में सक्रिय दिखाई पड़ती हैं। तेलुगु और संस्कृत की विदुषी **अटकूरि लक्ष्मीकान्तम्मा** ने आन्ध्र-कवयित्तुलु नामक पुस्तकें प्रकाशित कीं जिसमें खड्ग तिक्कन की पत्नी और तिक्कन की भाभी चानम से लेकर अब तक की 131 लेखिकाओं के जीवन-विवरण हैं। उन्नीसवीं शताब्दी के अन्तिम चरण में उल्लेखनीय है **मामिदन्न सुभद्रम्मा** उन्होंने द्विपद छन्दों में रामायण की रचना की जो पूर्ववर्ती अध्यात्म रामायण के गीतों पर आधारित है। **कोटिकलापूडि सीतम्मा** (1872-1934) 'साधुरक्षण शतक' और वीरेशलिंगम् के पद्य-बद्ध जीवन-चरित्र के लिए प्रसिद्ध हैं। **भण्डारु अच्चेमाम्बा** अंग्रेजी, मराठी और तेलुगु की विदुषी हैं। उन्होंने गद्य में अबलासच्चरित्र-रत्नमाला लिखी। **सीरम सुभद्रम्मा** (1876-1947) उच्चकोटि की कवयित्री हैं और 'रामायणम्' उनकी सर्वोत्तम रचना है। डॉ. केसरीकुमार का 'सुवर्ण कंकण' प्राप्त करनेवाली लेखिकाएँ हैं 'शारदलेखलु' के कारण प्रसिद्ध **कनुपर्त्रि वरलक्ष्मूमा रामायणकत्री कवि कलहंसी चेब्रोल सरस्वती देवी, गिडगुलेक्ष्मीकान्तम्मा** (1903) और उनकी ननद **जोन्नलगद्द शारदाम्बा** (1912-1944) जिनके अनेक संयुक्त कविता-संग्रह प्रकाशित हुए हैं। इनमें सामाजिक और नैतिक समस्याओं पर रुचिकर कथोपकथन है, अनेक प्रगीत कविताओं की रचयिता **स्थानापति रुक्मणिम्मा** (1915) और अनेक नाटक, काव्य और उपन्यासों की लेखिका कवितिलक **पुलवर्त्ति कमला देवी** भी उल्लेखनीय हैं।

पोणक कंकम्मा (1892) और **द्रोणम राजुलक्ष्मी बायम्मा** (1904) ने मिलकर भगवत गीता का तेलुगु में अनुवाद किया और रमणमहर्षि को समर्पित 'आराधना' की

---

1. इन्दिरा भवानी, आजकल, अप्रैल, 1987, पृ. 19; 2. डॉ. जी.वी. सीतापति, तेलुगु, भारतीय वाङ्मय, पृ. 88

रचना की। 'भारत कथामृतम्' की लेखिका **कल्लूरि विलालाक्ष्मा** (1901) पुरानी परिपाटी की प्रतिभावती कवयित्री हैं। विदुषी **गण्टिवेंकट सुब्बम्मा** (1890) संस्कृत-तेलुगु की विदुषी हैं। उन्होंने राजशेखर की कर्पूरमंजरी का तेलुगु रूपान्तर किया है।

सीमाकूर्त्ति सत्यवती देवी (1895) ने अपनी कविताओं और अपनी माता **अन्नपूर्णाम्बा** के शतक का प्रकाशन किया है जिसमें पुरुष की गौरव भावना और स्त्री को दास रखने की प्रवृत्ति पर प्रहार किया गया है। **देसिराजु भारती देवी** (1905) ने अनेक कविताओं और फुटकर छन्दों की रचना की है। **पुत्तवर्त्ति कंकम्मा** (1930) ने पौराणिक चरित्रों को अपनी कविताओं का आधार बनाया है 'यशोधरा पश्चात्तापम्', 'दुःखकातरा सीता', 'ध्वस्त विजयनगर' आदि जिनमें कल्पना की उर्वरता, विचारों की गहनता और अभिव्यंजना की सरलता दिखाई देती है। **बुर्र कमला देवी** (1908) संस्कृत, तेलुगु और अंग्रेजी की विदुषी हैं। उन्होंने राष्ट्रीय आन्दोलन विषयक अपनी अनेक कविताओं में विविध छन्दों को आधार बनाया है। **चुण्डूरि रामादेवी** (1912) की कविता 'दाम्पत्यम्' में विवाहित जीवन के उदात्त स्वरूप का चित्रण है। **तल्लाप्रगड विश्व सुन्दरम्मा** (1900), **बसवराजु राज्यलक्ष्मा 'सौदामिनी'** (1904) और **चवलिबंगरम्मा** (1900) वर्तमान युग की तीन प्रमुख कवयित्रियाँ हैं। **कोट्टपल्लि ललिता** (1930) ने भाषा और छन्द के क्षेत्र में नये प्रतिमान स्थापित किये हैं जिनमें लय और भावों का अधिक ध्यान रखा गया है।

वीरेशलिंगम् के स्त्री-शिक्षा विषयक प्रयत्नों से प्रभावित होकर शिक्षित महिलाओं ने स्त्रियों के लिए कुछ पत्रिकाएँ भी निकालीं—

बलन्त्रपु शेषम्मा, 'हिन्दू सुन्दरी'

पुलगुर्त्ति लक्ष्मी नरसम्मा (1878-1953) 'सावित्री'

विंजमूरि वेंकट रत्नम्मा (1889-1950) 'अनसूया' (1914-1920)

इन पत्रिकाओं में समाज सुधार विषयक लेख एवं विचारोत्तेजक अग्रलेख रहते थे। आधुनिक युग की कवयित्रियों में अग्रणी हैं **कांचनपल्लि कंकम्मा**, जिनकी प्रसिद्ध कृतियाँ हैं 'जीवयात्रा' और नाटक 'हंसविजयम्' एवं **गुट्टिपट्टि इन्दुमती देवी**, जिनकी रचनाएँ हैं 'लक्ष्मण-परिणयम्', 'अम्बरीष विजयम्' और 'जन्मभूमि'।

अठारहवीं सदी में कन्नड़-प्रदेश और कन्नड़ भाषा-भाषी विभिन्न वर्गों में बँट गये थे। एक भाग मैसूर राज्य में रहा, कुछ कन्नड़ भाषा-भाषी जिले निजाम के प्रदेश में चले गये और बाक़ी ताश के पत्तों की तरह—कभी मद्रास प्रेजीडेन्सी और कभी मुम्बई में। अतः कन्नड़ पर स्थानीय राजभाषाओं, मराठी, फारसी का प्रभाव रहा। मद्रास में तमिल और तेलुगु का प्रभाव अधिक था। कन्नड़ को विकसित करने के लिए राज्याश्रय ने लगभग उसे संस्कृत से आक्रान्त कर दिया। काफी समय तक कन्नड़ में अनूदित साहित्य का प्रभाव था। गाँधीजी के उदय एवं मराठी तथा बांग्ला साहित्य के प्रभाव से कन्नड़ में भी राष्ट्रीय साहित्य लिखा गया परन्तु प्रयास करने पर भी महिला रचनाकारों का

उल्लेख नहीं मिलता। जो कुछ लेखिकाएँ हैं, वे समकालीन हैं। इस दिशा में शोध और अनुवाद दोनों की तीव्र आवश्यकता है।

प्रारम्भिक मलयालम लेखन में **ललिताबिका अन्तर्जनम** और **के. सरस्वती अम्मा** ने नारी-चेतना को जन्म दिया था, जिसकी पुष्टि **माधवीकुट्टी** के लेखन में हुई। इनका प्रमुख आधार कथा-साहित्य रहा। आगे चलकर इसी परम्परा को **सारा जोसफ़, मानसी, ग्रेसी** आदि समकालीन लेखिकाओं ने बढ़ाया। अन्तर्जनम की कहानियों में बीसवीं शताब्दी के पूर्वार्द्ध में केरलीय समाज में जो वैचारिक और मानसिक तनाव युवावर्ग ने झेला था, उसे एक नारी के अनुभवों के माध्यम से प्रस्तुत किया गया है। उनका 'अग्निसाक्षी' उपन्यास नारी के आत्मसंघर्ष का ऐसा दस्तावेज है, जिसने उन्हें युगों से कुचली हुई मानवता की लेखिका घोषित किया है। नम्पूतिरी समाज ने पुरुष और स्त्री के लिए जो दोहरे नैतिकमूल्य बना रखे थे, उन पर अपनी कहानियों में अन्तर्जनम ने प्रश्नचिह्न लगाये।[1] **सरस्वती अम्मा** नारी-लेखन में एक प्रखर स्वर है। स्त्री-दीनता के वे विरुद्ध थीं। 'कहानी-लेखन' शीर्षक उनकी कहानी की नायिका कहती है, "मैं एक ऐसी विधवा की कहानी लिखना चाहती हूँ, जिसका पति जीवित है।" इस प्रकार के परम्परा-भंजन के लिए उनको समाज का प्रतिवाद झेलना पड़ा। कथासाहित्य के अतिरिक्त, कविता के क्षेत्र में **सुगत कुमारी** का नाम उल्लेखनीय है। इनके अतिरिक्त **रत्नम्मा, वत्सला, अबिता,** तथा **विजयलक्ष्मी** भी सार्थक एवं सक्रिय लेखिकाएँ हैं।

महाराष्ट्र की कविता पर आरम्भ में ब्राह्मसमाज के सांस्कृतिक विचारों का प्रभाव पड़ा। बाद में ज्योतिबाफुले, दादोरावापाण्डुरंग, जाम्भेकर आदि ने नये बुद्धिवादी चिन्तन की जमीन तैयार की तथा इनके प्रयत्नों से महाराष्ट्र में राष्ट्रीयता की गहरी जड़ों का विकास हुआ। यहाँ का सांस्कृतिक नवोत्थान निश्चय ही समाज-सुधार से जुड़ा हुआ था जिसमें विधवा-विवाह, स्त्री-शिक्षा, बाल-विवाह-निषेध आदि कार्यक्रम थे। इनमें तुकाराम, नामदेव, एकनाथ और रामदास की ओजस्वी परम्परा की क्रान्तिधर्मी चेतना क्रियाशील थी। क्रान्ति और हुंकार इनका प्रमुख स्वर था। मराठी में रेवहरण्ड वामन तिलक (1862-1919), वि. ज. करन्दीकर (1872-1909), चन्द्रशेखर, ना.मु. गुप्ते (1862-1947 ई.), भास्कर रामचन्द्र ताम्बे (1874-1941) आदि के साथ श्रीमती **सुमन्त, सिधुसुता, शारदाबाई परांजपे, लक्ष्मीतनया** आदि कवयित्रियों की एक समृद्ध परम्परा रही है, जिनमें भारत के इतिहास के साथ महाराष्ट्र की वीरपरम्परा-गाथा का समृद्ध उल्लेख है। बाद की कवयित्रियों में प्रगीति की प्रमुखता है। इनमें **संजीवनी मराठे,** पद्मा और इन्दिरा सन्त के नाम लिये जा सकते हैं। संजीवनी मराठे में क्रीड़ामय निर्भीकता, गार्हस्थ्य का प्रभाव और सच्चा प्रेम है। पद्मा में कोमल और प्रबल भावनाएँ है और इन्दिरा में प्रेम की कोमलता और भावपूर्ण कल्पना है।

---

1. के.एम. मालती, मलयालम साहित्य में नारीवाद, समकालीन भारतीय साहित्य, 75, 1998, पृ. 131

लेकिन मराठी स्त्री लेखन की परम विशिष्ट चीज है उनकी आत्मकथाएँ। सन् 1910 में श्रीमती रमाबाई रानडे की आत्मकथा 'हमारे जीवन की कुछ स्मृतियाँ' प्रकाशित हुई। इस मर्मस्पर्शी आत्मकथा के बाद पिछले करीबन पचासी वर्षों में मराठी में स्त्रियों की लिखी आत्मकथाओं की एक सक्षम परम्परा निर्मित हुई। भारतीय भाषाओं में बाङ्ला और मराठी में बड़ी संख्या में आत्मकथाएँ लिखी गयी हैं। उनमें व्यक्त पारिवारिक एवं सामाजिक वातावरण, स्त्री की जीवन-दृष्टि, उसकी सहनशीलता, अनलंकृत भाषा आदि कारणों से सुधी पाठकों ने हमेशा इन आत्मकथाओं की बहुत प्रशंसा की। एक दृष्टि से ये आत्मकथाएँ निजी अनुभवों के माध्यम से व्यक्त हुआ सामाजिक इतिहास है। उसमें जीवन्तता तो है ही, साथ ही सूक्ष्मता, सांकेतिकता, उद्‌बोधकता आदि गुणों से वह 'इतिहास' दिलचस्प भी बना है।[1]

1928 में **पार्वती बाई आठवले** की 'मेरी कहानी' प्रकाशित हुई, जिसमें तत्कालीन समाज में विधवाओं की दारुण स्थिति का जीवन्त इतिहास प्रस्तुत किया गया है। **लक्ष्मीबाई तिलक** की 'स्मृति चित्र' (1934), **लीलाबाई पटवर्धन** की 'आमची अकरा वर्षे' (1945), **अन्नपूर्णा बाई रानडे** की 'स्मृति तरंग' (1947), **इन्दिरा भागवत** या **सदाशिव** (1947), **लक्ष्मीबाई पटवर्धन** की 'माझा नन्दादीप' (1952) आदि आत्मकथाएँ 'पति केन्द्रित' होते हुए भी अन्याय के प्रति अपना प्रतिरोध दर्ज कराती हैं। दूसरे वर्ग की आत्मकथाएँ वे हैं, जिनमें 'स्वचेतना' प्रमुख भूमिका अदा करती है। **श्रीमती आनन्दीबाई कर्वे** (1944),'माझे पुराण', **श्रीमती सत्यभामाबाई सुखात्मे** 'गेले ते दिवस' (1965), **श्रीमती जाह्नवी फडणवीस** 'स्मरणमाला' (1970), **श्रीमती आनन्दीबाई विजापुरे, अजुन चालतेची वाट** (1972) आदि इसी प्रकार की आत्मकथाएँ हैं। इस प्रकार 1910 से लेकर 1996 तक मराठी में स्त्रियों द्वारा लिखित सौ से अधिक आत्मकथाएँ हैं। दलित आन्दोलन के उदय के बाद दलित वर्ग की स्त्रियों ने भी आत्मकथाएँ लिखीं। भारत के किसी अन्य प्रदेश में शायद ही दलित स्त्री इतनी मुखर हुई हो। **श्रीमती शान्ताबाई काले** की माज्या जल्माची चित्तरकथा (1986), **कुमुद पावड़े** की धगधगलेली वस्ती, **मुक्ता सर्वगौड** की बदलाच्याखुणा, मला उद्‌ध्वस्त व्हायचय, **मल्लिका अमरशेख** की चर्चित आत्मकथाएँ हैं।

सन् 1857 के विद्रोह का गुजरात पर प्रायः कोई प्रभाव नहीं पड़ा था क्योंकि 1818 से पहले इस प्रदेश में ऐसी कोई राजनीतिक सत्ता नहीं थी, जिसके प्रति लोगों में वास्तविक सहानुभूति रही हो। लेकिन सन् 1885 में राष्ट्रीय धारा प्रवाहित होने लगी जिसमें अन्य कारणों के साथ आधुनिक शिक्षा का भी पर्याप्त योगदान था। अंगीकरण, समीकरण समन्वय और जहाँ जो कुछ भी अच्छा दिखाई दे, उसे ग्रहण कर लेना इस युग की सबसे बड़ी विशेषताएँ हैं। 1919 में गाँधीजी ने 'नवजीवन' का प्रकाशन शुरू किया, जो लगभग हर घर में पढ़ी जाती थी। बम्बई में कन्हैयालाल

1. सरोजिनी वैद्य, समकालीन भारतीय साहित्य, जनवरी-फरवरी, 1997

माणिकलाल मुंशी ने अपनी पत्रिका 'गुजराती' से एक साहित्यिक आन्दोलन की शुरुआत की। वैसे भी गुजराती साहित्य पर सन्त-काव्य का प्रभाव काफी समय बाद तक रहा। इसलिए इस काव्य में एक उदात्त अहिंसक मुद्रा है।

पंजाब में भाई वीरसिंह (1872-1952) ने आधुनिक चेतना को नेतृत्व प्रदान किया। राष्ट्रीय साहित्य के साथ सूफी दार्शनिकता की अन्तर्धारा पंजाबी साहित्य को विशिष्टता प्रदान करता है। अमृता प्रीतम के अतिरिक्त किसी बड़ी रचनाकार का नाम साहित्येतिहास में दर्ज नहीं मिलता। यही स्थिति कश्मीरी साहित्य की भी है। मध्यकाल में यहाँ कवयित्रियों की पुष्ट परम्परा है। परन्तु आधुनिककाल में वह बात नहीं है। गुलाम अहमद मजहूर, अब्दुल अहद आनार, पं. दयाराम, जिन्दाकौल आदि में राष्ट्रीय-चेतना के साथ, नारी जागरण के भी स्वर हैं, परन्तु स्वयं नारियों ने क्या लिखा इसकी जानकारी उपलब्ध नहीं है।

इसका सबसे बड़ा कारण, मैं समझती हूँ, इन भाषाओं के आधारभूत साहित्येतिहास का इस सम्बन्ध में मौन रह जाना है। राष्ट्रीय आन्दोलन की केन्द्रीय भूमि रही भाषाओं के साहित्येतिहास जब इस सम्बन्ध में अधिक उत्साही नहीं है, अन्य भाषाओं के सम्बन्ध में सवाल उठाना शायद उचित नहीं है। खासतौर पर उस स्थिति में, जब हमारी जानकारी का स्रोत 'अनुवाद' हों। इसलिए उल्लेख नहीं होने का अर्थ 'नहीं है' नहीं लगाया जा सकता। एक दूसरा प्रासंगिक कारण इस समूचे क्षेत्र की भौगोलिक-राजनीतिक स्थिति भी है। ये सीमान्त प्रदेश सदैव अस्थिर और आक्रान्त रहे हैं, अतः इनकी राष्ट्रीयता का स्वरूप ठीक-ठीक वही नहीं हो सकता, जो अन्य भाषाओं या भाषा का है। तीसरी और महत्त्वपूर्ण बात यह भी है कि इन प्रदेशों के रचनाकारों ने अंग्रेजी, फारसी-उर्दू एवं हिन्दी में भी रचनाएँ की हैं इसलिए भाषा में रचना न मिलना, रचनाकार का न होना नहीं है और अन्त में, सर्वप्रधान बात तो उस दृष्टि की है जिसके अभाव में सम्पूर्ण 'आधा इतिहास', 'अँधेरे क्षेत्र' में आ जाता है। यहाँ तक कि बंगाल, जहाँ से क्रान्ति की शुरुआत हुई और जहाँ की विचारधारा का मुख्य मुद्दा ही 'नारी जागरण' रहा है परन्तु वहाँ भी साहित्येतिहास स्त्रीलेखन के सम्बन्ध में मुखर नहीं है।

अठारहवीं शताब्दी के मध्य से लेकर उन्नीसवीं शताब्दी के मध्यकाल तक 'कवि-गान', जो बांग्ला साहित्य की एक विशिष्टता है, प्रचलित थे। उन्नीसवीं शताब्दी के मध्य इनके स्वरूप में बदलाव आया। इसमें नयी विषयवस्तु का समावेश हुआ और इनका नामकरण 'खड़ा-कवि' या 'खड़े हुए कवि' हुआ, परस्पर दल बनाकर आशु कविता द्वारा अथवा स्मृत-कविता द्वारा उत्तर-प्रतिउत्तर करते थे। इनकी विषयवस्तु कुछ भी हो सकती थी। अन्त में होते थे 'खेउड़ा गान', 'वाद-विवाद' पूर्ण ये अश्लील गाने कभी-कभार अश्रव्य गाली-गलौज और बाद में हाथापाई में परिवर्तित हो जाते थे। इन कवियों का प्रधान कृतित्व था अनुप्रास-यमक-पूर्ण कविताओं की रचना। बाङ्ला साहित्य के इतिहासकारों ने इन कविवालों का एक ही दाम स्वीकार किया है और वह है बंगाल

के समसामयिक जीवन को लेकर काव्य-रचना। समसामयिक विषयों पर हुई इस काव्यधारा से ही बाङ्ला आधुनिक काव्य-धारा का सूत्रपात होता है। ईश्वरचन्द्र गुप्त के बाद मधुसूदन दत्त (1858) से बाङ्लाकाव्य में नवजागरण-आधुनिक चेतना का प्रारम्भ होता है।[1] तब से आजतक, रवीन्द्रनाथ ठाकुर की अगुआई में बाङ्ला कविता ने अपने सीमान्तों को स्पर्श किया है, परन्तु वहाँ भी साहित्येतिहास में महिला-रचनाकारों के अवदान का उल्लेख नहीं है। यद्यपि बाङ्ला साहित्य के मूल में अविस्मरणीय नारी-चरित्र रचे गये हैं, परन्तु महिला-रचनाकारों में इतिहासकारों की कोई दिलचस्पी नहीं है।

आशापूर्णा देवी ने (1909-1995) अपने एक साक्षात्कार में एक प्रश्न के उत्तर में यह स्वीकार किया है कि वे पूर्ववर्ती लेखिकाओं से प्रभावित थीं। 'लेखिकाओं की रचनाएँ भी कुछ कम अच्छी नहीं लगती थीं। **अनुरूपा देवी, निरुपमा देवी, इन्दिरा देवी, शैलबाला घोष जाया, गिरिबाला देवी, ज्योतिर्मयी देवी,** इनकी तो दारुण भक्त थी।' वे स्पष्ट स्वीकार करती हैं कि अधिकांश महिला साहित्यकार आज भुला दी गयी हैं, क्योंकि, 'स्मरण करने का दायित्व भी पुरुषों का ही है। उन्होंने ही तो समस्त साहित्य जगत् पर कब्जा कर रखा है। वहाँ वे जिसे सुरक्षित रखना चाहेंगे, रखेंगे, जिसे फेंकना चाहेंगे, फेंक देंगे।'[2] अभी हाल में ही बाङ्ला की साहित्यिक पत्रिका 'देश' ने गत पचास वर्षों की बाङ्ला-कविता का एक चयनधर्मी सर्वेक्षण प्रकाशित किया है, जिसमें 1947 से 1999 ई. तक के रचनाकारों में से पचास प्रतिनिधि रचनाकारों को चुना है। इनमें से छः कवयित्रियाँ हैं, जिनके नाम और चुनी गयी रचना इस प्रकार हैं :

कविता सिंह	हरिणा वैरी
विजया मुखोपाध्याय	भैङ् जाय अनन्त वादाम
गीता चट्टोपाध्याय	मीनांक सोपान
चैताली चट्टोपाध्याय	विज्ञापनेर मेये
देवारति मित्र	युवकेर स्नान
मल्लिका सेन गुप्त	अर्धेक पृथिवी

उर्दू-कविता का जिक्र किये बिना तस्वीर अधूरी रह जाएगी। ब्रिटिश साम्राज्यवाद ने देश में जो उजाड़ पैदा किया था, उसकी थकान या पस्ती का देशव्यापी अहसास मिर्जा ग़ालिब तथा बहादुर शाह ज़फ़र का काव्य है। इन दोनों उर्दू के कवियों में एक ऐसा करुणराग है जो एक नाश होती हुई संस्कृति को देखकर तड़प के साथ फूटा था। ज़फ़र ने लिखा है :

न ज़फ़र किसी का हबीब हूँ, न 'ज़फ़र' किसी का रकीब हूँ।
जो बिगड़ गया वो नसीब हूँ, जो उजड़ गया वो दयार हूँ।

1. डॉ. रमाशंकर द्विवेदी, बाङ्ला साहित्य के सौ वर्ष, वर्तमान साहित्य, सितम्बर-अक्तूबर-2000, पृ.36;
2. चित्रादेव द्वारा लिया गया साक्षात्कार, वर्तमान साहित्य, बाङ्ला साहित्य शताब्दी विशेषांक, पृ. 117

दिल्ली की मरती हुई आत्मा से शोक का जो राग उठा था, उसकी प्रतिक्रिया से उर्दू कविता का नया राष्ट्रवादी नवजागरण प्रकट हुआ।[1] कवियों के साथ-साथ कवयित्रियों ने भी इसमें शिरकत की है, यह बात दूसरी है कि उनकी आमद इतिहास में नहीं है। यद्यपि जिस समय 1930-35 के मध्य हिन्दी कवयित्रियों की पृथक् पहचान बनी, उर्दू में भी उनका अलग से संकलन किया गया।[2] इन कवयित्रियों में **दुर्गा देवी, जो सनम अकबराबादी** के नाम से लिखा करती थीं, ग़ालिब के समकालीन थीं। सन् 1830 से 1862 तक वे अदबी मुशायरों में जाया करती थीं और अपना कलाम खुद पढ़ा करती थीं। इन्तिजाम उल्लाह 'शहाबी' ने अपनी प्रसिद्ध पुस्तक 'बज़्मे आखिर' में लिखा है, एक दफा मिर्जा ग़ालिब देहली से आगरा आये। उनकी आमद पर आगरे में एक मुशायरा किया गया। दुर्गा देवी 'सनम' भी इस मुशायरे में तशरीफ लायीं। वह अपनी मजहबी पहचान के लिए हमेशा माथे पर तिलक और माँग में सिन्दूर, वगैरा लगाकर जाया करती थीं। चूँकि जाड़े का जमाना था; इसलिए वह इस मुशायरे में जो मिर्जा ग़ालिब की आमद के सिलसिले में हुआ था, हरे रंग का दुशाला भी ओढ़कर गयीं। ज्यों ही 'सनम' साहिबा मुशायरे में पहुँचीं उनका परिचय मिर्जा ग़ालिब से कराया गया। मिर्जा ग़ालिब ने उनके कीमती हरे रंग के दुशाले में छिपी हुई बालों की चोटी को देखकर कहा :

स्याह चोटी जूर अफ़शाँ माँग सब्ज उस पर दुशाला है।
तमाशा है परे-ताऊस में काले को पाला है ॥[3]

गोपी देवी माथुर 'इफ़्फत' (1886-1948) भी साहित्यिक परिवार से सम्बन्ध रखती हैं। गजलों के साथ-साथ वे लेख भी लिखती थीं जो तत्कालीन पत्रिकाओं में प्रकाशित होते थे। **श्रीमती सुशीला तिक्को** और **ब्रजकिशोरी सुशीला** उपनाम था। सन् 1889 में उच्च अधिकारियों के परिवार में जन्मी थीं। पति इंजीनियर थे और कवि भी। उनकी नज़्मों में नारी-जागरण के स्वर भी हैं। यद्यपि वे उर्दू में लिखती हैं, परन्तु अपनी भाषा के सम्बन्ध में वे कहती हैं—'मुद्दतों से वतन पंजाब पंजाबी जुबाँ।' 'मर्दों' का बयान करने के बाद वे 'औरतों' के मुखातिब होती हैं :

सुन चुके माहे गुज़िश्ता में हो मर्दों का बयाँ।
अब सुनो मेरी जुबानी औरतों की दास्ताँ।
क्यों न हम चिल्लाएँ चीखें शेवए-बेदाद पर
क्यों न हम फरियादी बनें हम भी तो रखती हैं ज़ुबाँ॥
और हमें देखो कि तुम से किस क़दर कमज़ोर हैं
इसपे भी मेहरों वफ़ा की है मुजस्सिम देवियाँ ॥

---

1. डॉ. कृष्णदत्त पालीवाल, भारतीय राष्ट्रीय सांस्कृतिक कविता, भारतीय साहित्य का समेकित इतिहास, पृ. 383; 2. उर्दू कवयित्रियाँ; 3. वही, पृ. 67

हो चुका बस हो चुका बस इन्तज़ामे-क़ौमो-मुल्क।
आपकी बदइन्तज़ामी पर है रोता आसमाँ ॥
आज़माइश में हुए हो हर तरह नाकामयाब।
अब यह बेहतर है मिले हमको हुकूमत की अनाँ ॥

श्रीमती कमला चौधरी का जन्म 1908 में प्रतिष्ठित घराने, जो राजा दीनदयाल के नाम से प्रसिद्ध हैं, में हुआ। कमला चौधरी ने स्वतन्त्रता संग्राम में सक्रिय योगदान किया एवं कई बार जेल भी गयीं। साहित्यिक संस्कार पिता से प्राप्त हुए। हिन्दी-उर्दू दोनों में लिखती रहीं। प्रायः कविताएँ उर्दू में लिखती थीं और कहानियाँ हिन्दी में।

प्रो. एम.एम. राय जामी ने लिखा है, 'आपकी उर्दू शायरी की एक खास खूबी यह है कि आपने उन्हीं ख़्यालातों को उर्दू जबान का जामा पहनाया जो अभी तक हिन्दी में ही अदा किये गये थे। आपकी उर्दू नज़्में मोसीकियत से पुर हैं।'[1]

सन् 1809 में दिल्ली में पैदा हुई **'प्राण'** पं. विशम्बर नाथ रैना, जज की बेटी थीं। उनकी शायरी में 'भक्ति' का रस उसे एक अलग रंग दे देता है :

इस जहाँ में कोई भी अपना नहीं ग़मख़ार है।
झूठी माया मोह में फँसा यूँ ही बेकार है।
'प्राण' है चरणों की दासी अर्ज इसकी बस यही।
मुझको भक्ति और मुक्ति दे तो बेड़ा पार है।

श्रीमती सरोजिनी नायडू 'भारत कोकिला' हैं और अंग्रेजी में कविताएँ लिखती हैं, यह तो सभी जानते हैं, परन्तु शायद यह बहुत कम लोग जानते होंगे कि उन्होंने उर्दू में भी लिखा है और उनका दीवान 'दुर्रे समीन' के नाम से प्रकाशित है। भूमिका में बख़्तर साहब ने लिखा है, ''मोहतरिमा नायडू की शायरी में जिस मुहब्बत की झलक नजर आती है, वह वही मुहब्बत है जो भक्ति की जानिब ले जाती है, जिसमें रूहानी रफअत और मजहबी जोश दोनों मौजूद हैं, जो हमेशा इखलाक़ के दायरे में महसूर और मज़हब के अहकाम के ताबे रहती है, जिसमें मुहब्बत करनेवाली अपने महबूब को देवता और खुद को एक अदना पुजारिन तसव्वुर करती है, जो मौत के सामने भी सरखम-तस्लीम नहीं करती है, बल्कि सती की चिता के शोलों के साथ अपने सिर को गुरूर से आस्मान की तरफ बुलन्द करती है। इससे यह न समझना चाहिए कि जिस मुहब्बत को मोहतरिमा नायडू की शायरी जाहिर करती है, वह एक मामूली हिन्दुस्तानी औरत की रस्मी मुहब्बत है; जो मज़हब, रिवाज, जात-पाँत और बीसों वयूद से पाबन्द नजर आती है, बल्कि इसमें वह इन्फ़ादी कुव्वत मौजूद है जो जरूरत के वक्त हर किस्म की बन्दिशों और बन्धनों

1. ऊर्द कवयित्रियाँ, पृ. 116

को तोड़ सकती है। मुहब्बत के अलावा मोहतरिमा नायडू के कलाम में दीगर सबसे आला और बुलन्द मुक़ाम जज़्बात और तहरीकात को हासिल है। 'हुब्बे वतन', 'शफ़केत-मादरी', 'इन्सानी हमदर्दी' गरज कोई भी काबिले-क़दर जज़्बा ऐसा नहीं जिसका उनकी किसी-न-किसी नज़्म में जलवा नजर न आता हो। उनकी नज्मों में मुअजन की अजाँ, पुजारी के भजन से लेकर पीसनहारियों के गीत, पालकीवालों और कहारों के गाने और फकीरों की सदा तक, सब किस्म के नगमे मौजूद हैं। अशिया के रंगी नुमाया पहलू देखने का इनकी आँख को खास मलका है।"[1] उनकी 'ऐ मिरे प्यारे वतन' शीर्षक नज़्म है :

क्या सुनाऊँ हाले-दिल क्योंकर नवा परवाज़ हूँ
इस सदाओं से भरी दुनिया में बे आवाज हूँ।
ऐ मिरे प्यारे वतन।
इस मिरे टूटे हुए दिल का बना ले इक रबाब
फिर मुहब्बत के तराने हैं जहाँ में इन्तख़ाब
ऐ मिरे प्यारे वतन।
मैं तुझे क्या दूँ कि बेबस हूँ और नादार हूँ
क्या सहारा दूँ तुझे मजबूर हूँ नाचार हूँ
ऐ मिरे प्यारे वतन।
ज़िन्दगी मेरी कमल का फूल बन जाती अगर
मैं तो क़दमों पर तिरे सौ बार रखता अपना सर
ऐ मिरे प्यारे वतन।

इनके अतिरिक्त 1947 से पूर्व की लगभग एक दर्जन से ऊपर और भी कवयित्रियों के उल्लेख मिलते हैं, जिनमें से कुछ नाम हैं **धर्मदेवी, राजकुमारी 'सरवर'** (1917), **नामदासी माथुर** (1910), **गीता 'बरकत', वेंजार 'देहलवी', शर्म 'लखनवी'** (1902), **कन्ती 'शबनम'** (1910), **कृष्ण कुमारी 'राहत', शारदा देवी, तुलसी** आदि। इनमें से कुछ बंगाल की हैं, कुछ गुजरात की, कुछ कश्मीर की। परन्तु उनकी लेखन की भाषा 'उर्दू' है। भारतेन्दु युग के आस-पास पढ़े-लिखे, सरकारी अमले की भाषा अंग्रेजी के बाद उर्दू ही मानी जाती थी। इसीलिए उन्हें कहना पड़ा था 'भाषा भई जग की उर्दू अब इन ग्रन्थन नीर डूबोरइये।" स्पष्ट है, ये सभी कवयित्री सम्पन्न अभिजात और सुसंस्कृत परिवार में जन्मी थीं। कुछ ने विधिवत् शिक्षा प्राप्त की थी, जिन्हें अवसर नहीं मिला, उनकी स्तरीय शिक्षा का प्रबन्ध घर पर ही किया गया था, इसमें उर्दू भाषा की शिक्षा सम्मिलित थी। शायरा रूप कुँवर, ब्राह्मण परिवार में जन्मी थीं परन्तु 'मुल्लाफाज़िल' पास थीं। प्रायः सभी हिन्दू परिवार की सदस्याएँ थीं, और

1. उर्दू कवयित्रियाँ, पृ. 129

उनपर बन्दिश नहीं थी। वे मुशायरे में खुलकर शिरकत करती थीं। यही बात हिन्दी कवयित्रियों पर लागू होती है। कविता सीधे जनता को सम्बोधित होती थी, और वहाँ तक पहुँचती थी। राजनीतिक और नारीजागरण एक जरूरी उपकरण की तरह था, लेकिन सजावटी नहीं। लगभग सभी ने समाज सेवा अथवा राजनीति में सक्रिय भागीदारी की। किसी-किसी ने जेलयात्राएँ भी कीं। खास बात यह भी, कि सभी विवाहिताएँ थीं और उनके पति या तो स्वयं शायर अथवा उसमें दिलचस्पी रखते थे। कभी-कभी इस प्रकार के नजारे भी सामने आते हैं। एक बार 'सनम' अकबराबादी ने मेहर अकबराबादी के लिए यह शेर पढ़ा—

ग़मे-हिजराँ है काफी दिल लगी को
यही मूनिस मिरा है और मैं हूँ।

जवाब में मिर्ज़ा मेहर ने फौरन यह शेर पढ़ा—

जरा आने तो दो रोज़े कयामत।
सनम तू है खुदा है और मैं हूँ।

अन्त में एक विशेष बात, जिसे दुर्लभ कहा जाना चाहिए, यह कि इन कवयित्रियों पर उनके समकालीनों ने भी आलोचनात्मक टिप्पणियाँ की हैं, और इस तरह रचनात्मकता में साझेदारी की है। राजकुमारी 'सरवर' के काव्य के सम्बन्ध में रघुपति सहाय 'फिराक़' की सम्मति है, 'मैंने खुद 'सरवर' के कलाम का यह गुलदस्ता देखा है, जिससे मेरे मसाम में ताजगी और शगुफ़्तगी पैदा हुई। इन अशआर में कितनी शीरीनी, नर्मी, खुलूस और पाकीज़गी है, इसका अन्दाज अहलेजौक़ को यह मजमुआ देखकर खुद हो जाएगा। उर्दू के बाग पर बिजलियाँ गिर रही थीं लेकिन इस बाग की बुलबुल अपने चहचहों से बहार के गीत गाये जा रही है। 'सरवर' के अशआर में वही बोल मिलेंगे जो हमारे दिलों में, हमारे घरों में, हमारे कूचों व बाजारों में गूँजते हैं। इस मुख़्तसर-सी तमहीद के साथ यह गुलदस्ता मैं अहले-वतन को पेश करता हूँ।''[1]

1. उर्दू कवयित्रियाँ, पृ. 3

13

'इत्यादि' का साहित्येतिहास—कविता (एक)

'स्त्री कवि कौमुदी' की भूमिका लिखते हुए, अपने तमाम अन्तर्विरोधों के बाद भी, रसाल जी ने एक महत्त्वपूर्ण टिप्पणी की है। वे लिखते हैं, 'हिन्दी-साहित्य-रचना का कार्य विशेष रूप से उन्हीं देवियों ने किया है जो राजघरानों या धनी-मानी शिष्ट घरानों की सुगृहिणियाँ थीं। इसकी पुष्टि के लिए बहुत-सी रानियों की रचनाएँ उपस्थित की जा सकती हैं। प्रस्तुत ग्रन्थ में भी बहुत-सी प्रधान रानियों की सुरचनाएँ रखी गयी हैं। हम इन सबका एक विशेष वर्ग बना लेते हैं और साधारण घरों की स्त्री-कवियों से इन्हें पृथक् करके 'रानी-कवि-वर्ग' में रखते हैं। इनके देखने से यह प्रकट होता है कि जितना अधिक कार्य रानियों ने अधिक संख्या में किया है, उतना अधिक कार्य उतनी अधिक संख्या में उस समय हमारे राजाओं ने नहीं किया। यह अवश्य है कि राजाओं में से बहुतों ने काव्य-शास्त्र जैसे गम्भीर विषयों पर भी सुन्दर रचनाएँ की हैं और रानियों ने नहीं कीं। किन्तु यह बात विचारणीय नहीं क्योंकि रानियों को काव्य-शास्त्रादि विषयों पर सुशिक्षा आदि साधारण स्त्रियों के समान अप्राप्य न थी तो दुष्प्राप्य अवश्य थी।'

'प्रायः सभी रानियों ने भक्ति विषयक काव्य ही रचा है। कारणवश किसी-किसी ने विप्रलम्भ शृंगार सम्बन्धी कुछ रचनाएँ अवश्य कर दी हैं किन्तु समुदाय में व्यापकता विशेषतया भक्ति-काव्य की ही रही है।'

'हिन्दी-कवियों में वंश-परम्परा से न तो कवि-श्रेणी ही चलती है और न काव्य-रचना ही प्रगतिशील होती है। उर्दू के समान उनमें कवियों के गुरु-शिष्य-परम्परा के साथ भी कवि-श्रेणी और काव्य-रचना की गति नहीं पायी जाती। रानी कवियों में कुछ ऐसे वंश हैं जिनमें वंश-परम्परा के साथ कविता करनेवाली रानियों की भी परम्परा चली है। अर्थात् एक वंश में उत्पन्न होनेवाली रानियों ने काव्य-रचना-सम्पत्ति प्राप्त करके अपनी कवि सत्ता को शृंखलावत अग्रसर किया है।'[1]

साहित्येतिहास में यह सूत्र पहली बार पकड़ में आया है। इस दृष्टि से उन्होंने

1. डॉ. रमाशंकर शुक्ल 'रसाल', स्त्री कवि कौमुदी, भूमिका, पृ. 256

कवयित्रियों के स्थान निर्धारित किये हैं। बाँकावती 'ब्रजदासी' जिन्होंने दोहा, चौपाई-शैली से प्रबन्धात्मक कृष्ण-भक्ति-काव्य ब्रजभाषा में लिखा है, उन्हीं के यहाँ सुन्दर कुँवरि बाई जैसी सत्यकाव्यकारिणी रानी हुई हैं।...सुन्दर कुँवरि बाई को हम इसलिए स्त्री-कवियों में बहुत ऊँचा स्थान देते हैं। इन्होंने ग्यारह ग्रन्थों की रचना की है। सुन्दर कुँवरि बाई के समान किन्तु साहित्यिक दृष्टि से उनसे कुछ उतरकर स्थान दिया जा सकता है प्रताप कुँवरि बाई को। इन्होंने 15 ग्रन्थ रचे हैं और तुलसीदास के समान दोहा चौपाइयों में तथा कुछ अन्य छन्दों में भी रामकाव्य लिखा है। इनके बराबर कदाचित किसी दूसरी महिला ने रामकाव्य की ऐसी सफल रचना नहीं की।[1]

'रानी वंश-परम्परा' और काव्य-परम्परा की इतनी चर्चा इस तथ्य की ओर संकेत करती है, जिसकी वजह से आधुनिकता का समावेश महिला-लेखन में थोड़े से विलम्ब से हुआ। स्वयं आचार्य शुक्ल अपने इतिहास में आधुनिक काल में संवत् 1900 (1843 ई.) मानतें हुए भी कविता में पुरानी धारा को प्रभावी मानते हैं और वे नयी धारा का प्रारम्भ सं. 1925 (1868 ई.) से भारतेन्दु के साथ करते हैं, इस आपत्ति के साथ 'अन्त में यह सूचित कर देना आवश्यक है कि गद्य को जिस परिमाण में भारतेन्दु ने नये-नये विषयों और मार्गों की ओर लगाया उस परिमाण में पद्य को नहीं।'[2] अतः महिला-लेखन में भक्तिकाव्य का उत्तरार्ध कुछ अधिक ही प्रभावी रहा तो आश्चर्य करने की आवश्यकता नहीं, क्योंकि वे साम्राज्यवाद के अन्तर्गत एक सामन्ती व्यवस्था भी ढो रही थीं। आश्चर्य तो इस बात पर करना चाहिए कि स्वर्गीय लाला भगवानदीन (ज.सं. 1923-मृ. 1987) की पुरानी और नयी धारा की कविताओं पर लगभग दो पृष्ठ खर्च करने के बाद भी 'बुन्देलबाला' की ओर, जो उनकी पत्नी और हिन्दी की नयी धारा की ऊर्जस्विनी कवयित्री हैं, उन्होंने दृष्टिपात तक नहीं किया। 'खड़ी बोली की कविताओं की तर्ज उन्होंने मुंशियाना ही रखी थी।'[3] शुक्ल जी के समानान्तर रसाल जी का कथन है, 'बुन्देलबाला जी की इन्हीं विशेषताओं के कारण साहित्य में हम अच्छा स्थान स्वीकार करते हैं। समाज में इन्हें वही स्थान दिया जा सकता है जो पुरुष कवि-समाज में भूषण जैसे कवियों को दिया गया है।'[4]

1900 से लेकर 1925 ई. तक हमें कवयित्रियों के कई स्वर सुनाई पड़ते हैं। हाँ, यह कहना आवश्यक है, बदले हुए रचनाकेन्द्रों के साथ। राजघरानों में कविता अभी भी हो रही है, परन्तु वह लगभग सूख गयी धारा है। कविता अब मध्यवर्ग से भी जुड़ने लगी है और राष्ट्रीय स्वर उसका प्रधान स्वर है। 'हिन्दी काव्य की कोकिलाएँ' के लेखक द्वय ने नयी धारा की प्रथम कवयित्री राजरानी देवी (सं. 1927 अर्थात् 1870 ई.) को माना है, 'प्रस्तुत शताब्दी की जिन अन्य देवियों का उल्लेख हम पहले कर आये हैं, उन तक हरिश्चन्द्र के इस सन्देश की लहर नहीं पहुँच सकी थी, इस सन्देश को सर्वप्रथम

1. डॉ. रमाशंकर शुक्ल 'रसाल', स्त्री कवि कौमुदी, भूमिका, पृ. 27; 2. रामचन्द्र शुक्ल, हिन्दी साहित्य का इतिहास, पृ. 591; 3. वही, पृ. 633; 4. 'रसाल', स्त्री कवि कौमुदी की भूमिका, पृ. 36

हृदयंगम करने का श्रेय श्रीमती राजरानी देवी ही को मिलना चाहिए।' राजरानी देवी की दो पुस्तकों का उल्लेख मिलता है, 'प्रमदा-प्रमोद' और 'सती संयुक्ता।'[1] सती संयुक्ता के ऐतिहासिक कथानक के माध्यम से कवयित्री का मुख्य उद्देश्य स्त्रियों को जाग्रत करना है। उल्लेखनीय है कि मैथिलीशरण की 'भारत-भारती' 1914 ई. में प्रकाशित हुई थी। सम्भवतः यह पहला अवसर है, जब किसी कवयित्री ने प्रत्यक्ष भाव से स्त्रियों का आह्वान किया है :

देवियो ! क्या पतन अपना देखकर;
नेत्र से आँसू निकलते हैं नहीं ?
भाग्यहीना क्या स्वयं को लेखकर,
पाप से कलुषित हृदय जलते नहीं ?
क्या न अब कुछ देश का अभिमान है ?
खो गयी सुखमय सभी स्वाधीनता।
हो रहा कितना अधिक अपमान है ?
समुद इसको कौन सकता है बता।

स्पष्ट है कि नारी-जागरण और स्वदेश जागरण एक साथ एक-दूसरे के पर्याय बनकर महिला-लेखन में उगे हैं। संयोगिता की कथा से 'आत्मनिर्भर' होने का यह प्रसंग अपने अर्थ से अधिक दूर तक जाता है :

बस तुम्हारे हेतु इस संसार में
पथ-प्रदर्शक अब न होना चाहिए।
सोच लो संसार के कान्तार में
बद्ध होकर यदि जिये तो क्या जिये ?

तोरन देवी शुक्ल 'लली' (जन्म सन् 1896, विवाह 1911 ई.) मूलतः राष्ट्रीय काव्यधारा की कवयित्री हैं। उन्हें 'जागृति' कविता-संग्रह पर 'सेकसरिया पुरस्कार' से सम्मानित किया गया था। 'जिन दिनों हिन्दी साहित्य का स्त्री-कवि समाज प्रगतिहीन होकर प्रायः स्तब्ध-सा खड़ा था, उस समय आपने हिन्दी-साहित्य के रंगमंच को अपनी रचनाओं से सजाया। नवीन युग का स्त्री-साहित्य आपकी ही कृतियों से प्रारम्भ होता है। स्त्री-समाज को साहित्य का सन्देश सुनानेवाली आप प्रथम आधुनिक महिला हैं।...सरसता 'सरलता और स्वाभाविकता आपके काव्य का सहज गुण है।[2] राष्ट्रीय काव्य-धारा के जितने भी अभिप्राय पहचाने गये, उनमें से लगभग सभी का प्रयोग 'लली' जी ने किया है। जैसेकि 'देश-वन्दना' 'जय-जय भारत, जय-जय स्वदेश/जय शोभित सुन्दर

1. हिन्दी काव्य की कोकिलाएँ, पृ. 102; 2. वही, पृ. 101

तिलक-माल/एवं यह 'जागरण गीत', जिसमें पूर्वजों को स्मरण कर वीरों को प्रेरित किया गया है--

अब उठो चलो बढ़ चलो वीर। है यही तुम्हारी कर्मभूमि।
इस पर रणवीर शिवाजी से,
सारे अरिगण श्रीहीन हुए।
वनवासी हो राणा प्रतापसिंह--
धन्य अमर स्वाधीन हुए।
जिसके गौरव की स्वर्णशिखा, अब तक भारत-नभ रहा चूम।

राष्ट्रीय जागरण के साथ नारी-जागरण का जो अभियान चला, उसमें केवल गौरवगाथा नहीं है, बल्कि स्त्री पराधीनता में 'पर्दा' प्रथा के अन्दर छटपटाते हुए प्राणों की करुण कथा है :

कहो बन्धु अब क्या कहते हो,
कब तक मुक्त करोगे ?
इस घूँघट की कड़ियों से।
हम दुर्बल दीन मलीन हुईं,
सुख, शान्ति, स्वास्थ्य बलहीन हुई।
हा ! परदे ही परदे में--
मिलती अन्तिम घड़ियों से।[1]

नया वर्ष, तभी शुभ होगा, जब, 'नारी सतवन्ती होंगी, लाज बचाने वाली/जब शिशुओं के मुख पर होगी, स्वतन्त्रता की लाली/जब समय आप पहनेगा, सुन्दर मोती की लड़ियाँ/ 'लली' विश्व में गूँज उठेगा, अमर राष्ट्र का गान/' और तभी कवयित्री की आकांक्षा है 'नव संवत् तब देखूँगी--वे तेरी सुख की घड़ियाँ।'[2]

गुजराती बाई 'बुन्देलबाला (संवत् 1940 = 1883 ई.) का विवाह प्रसिद्ध लेखक लाला भगवानदीन के साथ हुआ। 'श्रीमती बुन्देलबाला पर केवल लाला जी का प्रभाव पड़ा है। लाला जी जैसे शृंगाररस की बहुत सुन्दर कविता करते थे, वैसे ही देश की वेदना अपनी पंक्तियों द्वारा प्रकट करने में सिद्धहस्त थे। साथ ही इतना और जान लेना आवश्यक है कि इस दम्पती में से हर एक ने दूसरे को प्रभावित किया।'[3] बुन्देलबाला की राष्ट्रीय भावना एक नये अन्दाज से सामने आयी हैं। उन्होंने अपना प्रतीक भावी कर्णधार को चुना है, और उसके माध्यम से मार्मिक रचनाएँ दी हैं। समूचे भक्ति काव्य में 'बच्चा' उपेक्षित ही रहा है। बुन्देलबाला बच्चे से संवाद कायम करते हुए जो भारत वन्दना की हैं, वह अनूठी है :

---

1. हिन्दी काव्य की कोकिलाएँ, पृ. 86; 2. डॉ. सुमन राजे, रचना की कार्यशाला, पृ. 38; 3. वही, पृ. 72

माता—

हे प्यारे, कदापि तू इसको तुच्छ श्याम रेखा मत मान।
यह है शैल हिमाचल इसको भारत-भूमि पिता पहिचान।
नेह सहित ज्यों पितु-पुत्री को सादर पालन करता है।
यह हिम-गिरि त्यों ही भारत-हित पितृ-भाव हिय धरता है ॥

पुत्र—

यह जो बाम और नक्शे के रेखामय अतिशय अभिराम।
शोभामय सुन्दर प्रदेश है मुझे बता दे उसका नाम।

माता—

बेटा यह पंजाब देश है, पुण्य-भूमि सुख-शान्ति-निवास।
सर्वप्रथम इस थल पर आकर किया आरियो ने निजवास।
इस देश में बस के 'पोरस' ने रखा है भारत-मान।
जब सम्राट सिकन्दर आकर किया चाहता था अपमान ॥[1]

गोपाल देवी (ज. सं. 1940 बिजनौर) बुन्देलबाला की समवय ही नहीं, कविता में भी समान रेखाएँ रखती हैं। खास बात यह कि उनकी कविता का क्षेत्र कर्मभूमि तक जाता है, 'अठारह वर्ष की अवस्था में आपका विवाह पं. सुदर्शनाचार्य बी.ए. से हुआ। पण्डित जी का सहयोग पाकर आपने स्त्री-शिक्षा के प्रचार के लिए बहुत उद्योग किया, 'गृहलक्ष्मी', नामक उपयोगिनी मासिक पत्रिका का प्रकाशन इसी उद्योग का एक अंग था। आप ही की प्रेरणा से उक्त पण्डितजी ने 'शिशु' नामक बालोपयोगी मासिक-पत्र का संचालन किया। देवी जी में देशानुराग का भाव प्रचुर मात्रा में पाया जाता है। देवियों में सबसे प्रथम आप ही के कार्यों में, स्त्रियों और बच्चों के क्षेत्र में देशभक्ति का भाव क्रियात्मक रूप में दिखलाई पड़ा। आपके सम्पादन-काल में हिन्दी-साहित्य के भीतर भारत-सम्बन्धी कविताओं की उसी तरह धूम मची हुई थी, जैसी आज छायावाद की।'[2] सामाजिक जागरूकता एवं राष्ट्रीय चेतना की अभिव्यक्ति प्रत्यक्ष रूप से न करके 'बालकथाओं' एवं 'पशुकथाओं' को चुना है। निश्चित रूप से उसका कथ्य गहरा है। कथाएँ पारम्परिक हैं। उदाहरण के लिए चमगादड़ का पशुओं और पक्षियों, दोनों के साथ रहने का वादा दोनों को पृथक् कर देते हैं। अन्त में दोनों पक्षों में सुलह होने पर चमगादड़ के माध्यम से कवयित्री की सीख है :

समय पड़े जो दोनों दल की करते हैं 'हाँ जी, हाँ जी'।
वे चमगादड़ के समान दोनों की सहते नाराजी ॥

1. स्त्री कवि कौमुदी, 159; 2. वही, पृ. 356

इसी प्रकार 'भेड़ और भेड़िया' कथा का 'निचोड़' इस प्रकार बच्चों तक पहुँचता है :

जो जालिम होता है, उससे बस नहीं चलता एक
करने को वह जुल्म बहाने लेता ढूँढ़ अनेक ॥

बच्चों के लिए लिखना और कारगर रूप से लिखना देखना हो तो सन् 1900 का यह उदाहरण ध्यान से साहित्येतिहास में रेखांकित किया जाना चाहिए।

लगभग तीन वर्षों के अन्तराल मात्र से साहित्येतिहास के क्षितिज पर **सुभद्रा कुमारी चौहान** और **महादेवी वर्मा** जिनके जन्म क्रमशः सन् 1904 प्रयाग, एवं 1907 फर्रुखाबाद में हुए। राष्ट्रीय काव्यधारा की यदि किसी कवयित्री का नोटिस लिया गया तो वह सुभद्रा कुमारी चौहान हैं। महादेवी वर्मा को नकारना शुक्ल जी जैसे इतिहासकार के लिए भी सम्भव नहीं हुआ।

सुभद्रा कुमारी चौहान की हर रंग की कविता में राष्ट्रीयता एक अनिवार्य बुनावट की तरह शामिल है। वह कविता कागज से कर्मक्षेत्र तक उतरती है। अधूरी पढ़ाई छोड़ उन्हें गृहस्थ-धर्म में प्रवेश करना पड़ा था, परन्तु विवाह ने उनके कार्यक्षेत्र की गति और भी बढ़ा दी। कांग्रेस की सदस्या होने के नाते उन्होंने कई बार जेलयात्राएँ कीं। कविता के साथ ही, उन्होंने कहानियाँ भी लिखीं। 'मुकुल' काव्य-संग्रह और 'बिखरे मोती' कहानी-संग्रह पर 'सेकसरिया पुरस्कार' प्राप्त कर चुकी हैं। भारत के स्वतन्त्र होते ही, सन् 1948 में एक मोटर-दुर्घटना में उनकी मृत्यु हो गयी।

सुभद्रा कुमारी चौहान की कविता का सबसे बड़ा गुण उसकी सहजता एवं स्त्री-चेतना है। उनका और उनकी कविता का हर चुनाव स्त्री के पक्ष में है, यद्यपि उसका गन्तव्य राष्ट्रप्रेम है। स्त्री जीवन के छोटे-छोटे पल किस प्रकार राष्ट्रीय स्फुरण में बदल जाते हैं, यह देखने की वस्तु है। 'ऋतुराज' और 'पवनदूत' जैसे प्रसंगों से प्रत्येक भाषा का काव्य भरा पड़ा है। लेकिन कवयित्री का उसके लिए यही सन्देश है :

आओ प्रिय ऋतुराज ! किन्तु धीरे से आना।
यह है शोक-स्थान यहाँ मत शोर मचाना ॥
वायु चले, पर मन्द चाल से उसे चलाना।
दुःख की आहें संग उड़ाकर मत ले जाना ॥

शृंगार के अंतरंग क्षण में भी उनकी कविता 'संवाद' की लय पकड़ती हुई उसी दिशा की ओर मुड़ जाती है। 'मेरी कविता' में एक दोहरा मनोवैज्ञानिक तनाव है। पति शृंगार रचना की कामना करते हैं, कवयित्री जिस गति से शृंगार की धारा को 'जलियाँवाले बाग' की करुणधारा से जोड़ देती हैं, ध्यान देने की बात है। यह पूरी कविता ही हमारे पाठ की माँग करती है। यहाँ कुछ पंक्तियाँ उद्धृत करना आवश्यक है :

मुझे कहा कविता लिखने को, लिखने बैठी मैं तत्काल।
पहले लिखा जलियाँवाला, कहा कि, 'बस हो गये निहाल'।
'तुम्हें और कुछ नहीं सूझता, ले-देकर वह खूनी बाग'।
रोने से अब क्या होता है, धुल न सकेगा उसका दाग।
भूल उसे, चल हँसे मस्त हो, मैंने कहा, 'धरो कुछ धीर।
तुमको हँसते देख कहीं, फिर फायर करे न डायर वीर'।
कहा 'न मैं कुछ लिखने दूँगा, मुझे चाहिए प्रेम-कथा'
मैंने कहा, 'नवेली है वह, रम्य बदन है चन्द्र यथा।'
अहा ! मग्न हो उछल पड़े वे, मैंने कहा, 'सुनो चुपचाप।
बड़ी-बड़ी-सी भोली आँखें, केश-पाश ज्यों काले साँप।'

उसी बाग की ओर शाम को जाती हुई दिखाती है।
प्रातःकाल सूर्योदय से, पहिले ही फिर जाती है।

राष्ट्रीय काव्य-धारा के अन्तर्गत जो प्रचलित रूपक थे, सुभद्रा कुमारी चौहान ने वे नहीं लिये, अपने चुनाव स्वयं किये हैं। उन रूपकों ने एक साथ कविता के मानक भी बनाये और वीरता के भी। सभी कवियों ने वीरों और महापुरुषों के स्तुति-गान किये हैं, परन्तु कवयित्री ने चुना 'झाँसी की रानी लक्ष्मीबाई' जो एक नारी है, पत्नी है, रानी है, शासक है, वीर है, माँ है और अमर बलिदानी है। स्त्री की मुक्ति वे इसी रूप में देखती हैं। इसीलिए झाँसी की रानी कविता कालजयी कविता बन सकी है। सुभद्रा कुमारी चौहान 'पुत्र' की भी माता थी, परन्तु अपने वात्सल्य-गीत का आधार उन्होंने 'कन्या' को बनाया है। 'मेरा नया बचपन' की नायिका वही है और 'बालिका का परिचय' हमें इस प्रकार मिलता है :

यह मेरी गोदी की शोभा/सुख सुहाग की है लाली।
शाहीशान भिखारिन की है/मनोकामना मतवाली ॥

उसी बिटिया का रोना उनमें मातृत्व का सर्जक भाव उत्पन्न करता है :

तुम कहते हो—'मुझको इसका रोना नहीं सुहाता है'।
मैं कहती हूँ, 'इस रोने से अनुपम सुख छा जाता है',
ये नन्हे से ओठ और ये लम्बी-सी सिसकी देखो
यह छोटा-सा गला और यह लम्बी-सी हिचकी देखो।

ऐसा नहीं है कि, कवयित्री ने प्रेम कविताएँ नहीं लिखी हैं। उनका प्रेम शुद्ध भौतिक प्रेम है, इसीलिए वे राधा से प्रेम के उदात्त स्वरूप की शिक्षा प्राप्त करना चाहती हैं—मुझे बता दो मानिनि राधे ! प्रीतिरीति यह न्यारी/क्योंकर थी उस मनमोहन पर/अविचल

भक्ति तुम्हारी। इस पर सम्पादक की टिप्पणी द्रष्टव्य है 'प्रेमिका प्रेमिक के अनुरोध के सामने नत होकर भी नत होना नहीं चाहती। इस विषमतामयी स्थिति के अंकन में उस कला का विकास हुआ है जो सुभद्रा देवी का स्थान मीराबाई को छोड़कर अन्य समस्त महिला कवियों से ऊँचा उठता है।' कवयित्री की 'बहन' की भूमिका भी इसी भाव-भंगिमा में पिरोयी गयी है।

देखो भैया, भेज रही हूँ तुमको-तुमको राखी आज।
साखी राजस्थान बनाकर, रख लेना राखी की लाज ॥

परन्तु जब जेल जाने का समय आया तो बहिन की 'कोमलता' जाग गयी—'गिरफ्तार होने वाले हैं/आता है वारण्ट अभी'/धक-सा हुआ हृदय, मैं सहमी, हुए विकल साशंक सभी/शीघ्र ही वे सचेत हो उठी—'रुका वेग भावों का/दीखा अहा मुझे यह गौरव स्पष्ट/तिलक, लाजपत, श्री गांधीजी, गिरफ्तार बहु बार हुए/' तब वे कहती हैं :

सदियों सोयी हुई वीरता जागी, मैं भी वीर बनी।
जाओ भैया, विदा तुम्हें करती हूँ, मैं गम्भीर बनी।
याद भूल जाना मेरी उस आँसूवाली मुद्रा की।
कीजे यह स्वीकार बधाई छोटी बहिन 'सुभद्रा' की।

सुभद्रा कुमारी चौहान की कविताएँ कई अर्थों में विशिष्ट हैं। उनका सौन्दर्य 'अभिधा' का सौन्दर्य है, इस अर्थ में वे महादेवी वर्मा के समकालीन होते हुए भी पृथक् हैं। छायावाद ने उन्हें 'छुआ' भी नहीं है। जीवन और कविता दोनों को ही उन्होंने समग्रता में जिया, इसीलिए उनकी 'स्त्री स्वतन्त्रता' सबको 'छोड़ने' में नहीं सबको 'अपनाने' में है। स्त्री के सभी रूप बालिका, प्रेमिका, पत्नी, बहिन और माँ, उनके जीवन में भी और कविता में भी, पूरे वैभव और संवेदना के साथ उतरे हैं। सभी में सूत्रबद्धता राष्ट्रीय-भावना की है। जीवन और कविता की ऐसी पारस्परिकता बहुत कम देखी जाती है। वे अपनी कविताएँ जीवन की तरह जीती हैं, और जीवन कविता की तरह लिखती हैं।

महादेवी वर्मा का विवाह उनके पितामह ने यद्यपि ग्यारह वर्ष की अवस्था में करवा दिया था, जिससे उनकी पढ़ाई में कुछ समय के लिए व्यवधान आ गया था। बाद में उन्होंने उच्च शिक्षा प्राप्त की। 'आपने हिन्दी में एक नयी ढंग की कविताओं का प्रादुर्भाव किया'[1]। 'नीहार' की भूमिका में 'हरिऔध' जी ने लिखा है, 'थोड़े समय में ही कतिपय छायावादी कवियों ने हिन्दी-संसार में कीर्ति अर्जन की है और उनमें पर्याप्त भावुकता का विकास देखा गया है। उन्होंने अपने गहनपथ को सरल बनाया है और

1. स्त्री कवि कौमुदी, पृ. 356

कोमलकान्त पदावली पर अधिकार करके बड़ी भावमयी कविताएँ की हैं। उन्हीं में से एक श्रीमती महादेवी वर्मा, कवयित्री भी हैं।' कथन के अन्तिम अंश में महादेवी की कविता का अभिनन्दन करते हुए भी लिखा है, "उनकी हृत्तन्त्री की अपूर्व झंकार में भारतमाता के कण्ठ की वर्तमान ध्वनि भी श्रुत होनी चाहिए।...माता की व्यथाओं के अनुभव करने की मार्मिकता मातृत्व-पद की अधिकारिणी को ही यथातथ्य हो सकती है।"[1]

यूँ तो छायावाद को प्रारम्भ से ही नवोदित हिन्दी आलोचना ने लानत-मलामत पेश की है, परन्तु स्त्री होने के नाते महादेवी पर कुछ अधिक प्रहार हुए हैं। शायद, सबसे अधिक करकने वाली बात है, उनका स्वतन्त्र व्यक्तित्व। 'मातृत्व' के न होने की बात करना 'कुठाँव' मारना ही है। सम्पादक की सम्मति में "उनका दुःख वैसा ही है जैसा किसी अमीर आदमी का मनोरंजन के लिए पैदल चलना। श्रीमती का दुःख उनका सैरगाह ही है।"[2]

छायावादी कविता का एक राष्ट्रीय संस्कार रहा है यह बात आज स्वीकार कर ली गयी है। प्रसाद की 'हिमाद्रि तुंग शृंग से प्रबुद्ध शुद्ध भारती स्वयं प्रभा समुज्ज्वला स्वतन्त्रता पुकारती' या 'अरुण यह मधुमय देश हमारा' प्रसिद्ध रचनाएँ हैं, जो नाटक के तन्त्र में बँधी होने पर भी सार्वकालिक हैं। निराला की 'भारति ! जय-विजय करे, कनकशस्य कमल धरे' की मातृ-वन्दना हो या 'जागो फिर एक बार' का उद्घोष, वे शब्द के शान्ति-गान हैं। पन्त ने तो स्वतन्त्रता के बाद भी राष्ट्रीय काव्य की प्रचुर रचना की है। यहाँ भी महादेवी के काव्य को लेकर एक विचित्र उदासीनता दिखाई देती है। छायावाद के एक सीढ़ी ऊपर, यानी रहस्यवाद। महादेवी रहस्यवादी कवयित्री हैं, अर्थात् वे इस जगत् की नहीं हैं। उनकी पीड़ा भी आध्यात्मिक है, इस मिट्टी की नहीं है। जब उनकी गद्य-रचनाओं की बात की गयी तो सिद्धान्त निकला, उनका काव्य रहस्यवादी है, गद्य यथार्थवादी। यदि मुद्दा सिर्फ दार्शनिकता का है, तो प्रसाद, पन्त और निराला सभी दार्शनिक मूल के कवि हैं, परन्तु उनका महाभिनिष्क्रमण नहीं होता। शमशेर और मुक्तिबोध को लेकर भी यह चर्चा प्रायः ही होती है कि उनकी रचनाओं का कथ्य यथार्थवादी है और शिल्प रूपवादी। परन्तु महादेवी के सम्बन्ध में इस प्रकार का कोई द्वन्द्व नहीं है, वे तो सीधे-सीधे रहस्यवादी हैं। रहस्यवाद का जिक्र करते हुए हम अक्सर यह भूल जाते हैं कि कबीर भी हिन्दी साहित्य के घोषित रहस्यवादी हैं, लेकिन उनके जैसा निचाट यथार्थबोध कितनों का है ? सच तो यह है, कि साहित्येतिहास में अभी महादेवी को खोजा ही नहीं गया है।

इस ऊहापोह का एक कारण तो यह भी है कि महादेवी जी की प्रारम्भिक एवं कुछ बाद की रचनाएँ प्रकाशित ही नहीं हुई थीं। 'अग्निरेखा' महादेवी की मृत्यु के बाद

---

1. हिन्दी काव्य की कोकिलाएँ, पृ. 171; 2. वही, पृ. 174

प्रकाशित उनका अन्तिम कविता-संग्रह है, जो सर्वथा एक नये काव्य-लोक को उद्घाटित करता है। यह महज एक संयोग नहीं है कि 'दीपक' जो महादेवी की रचनाधर्मिता का लगभग 'प्रतीक चिह्न' माना जाता है, 'अग्निरेखा' में बदल गया है। ऐसा लगता है कि कवयित्री के चित्रों में बहुतायत से प्रयुक्त प्रतीकों, दीप, धूप, अर्चना, पुष्प आदि के आधार पर ही उन्हें रहस्यवादी 'घोषित' कर दिया गया है और इस प्रकार की कविताओं की अनदेखी की गयी है :

पूछो न प्रात की बात आज आँधी की राह चलो।
ताप बिना खण्डों का मिल पाना अनहोना
बिना अग्नि के जुड़ा न लोहा माटी-सोना।
ले टूटे संकल्प स्वप्न दर ज्वाला में पिघलो।

महादेवी की कविताओं में इस चाँदी के तार की बुनावट प्रारम्भ से ही मिलती है। इनकी प्रारम्भिक कविताएँ जो, 'प्रथम आयाम' शीर्षक से प्रकाशित हुई हैं, विशेष महत्त्वपूर्ण हैं। यहाँ उनका प्रिय 'आत्मप्रतीक' दीपक मौजूद है लेकिन नितान्त नयी भंगिमा में—

तिमिर पारावार अब जग को डुबाने चला
जूझना भी मेरा जलना भी काम मेरा है।

इसी संग्रह में उनके अत्यन्त सुन्दर एवं ओजस्वी 'देशगीत' हैं, जिनके विषय में सम्पादक की टिप्पणी है कि वे स्वतन्त्रता आन्दोलन के समय 'प्रभात-फेरियों' में गाये जाते थे, सम्भव है, वे अभी कुछ स्वतन्त्रता-सेनानियों के कण्ठ में और कुछ की स्मृति में हो :

वन्दिनी जननी। तुझे
हम मुक्त कर देंगे।
शृंखलाएँ ताप से उर के गलेंगी।
भित्तियाँ यह लौह की रज में
मिलेंगी
रक्त से अपने खिलाकर
लाल बादल
तिमिर को अब हम उषा आरक्त
कर देंगे।
तुझे हम मुक्त कर देंगे।

एक-दूसरे 'देशगीत' में कवयित्री मस्तक देकर ज्वाला खरीदने का संकल्प करती है :

जब ज्वाला से प्राण तपेंगे तभी मुक्ति के स्वप्न ढलेंगे
उसको छूकर मृत साँसें भी होंगी चिनगारी की माला।
मस्तक देकर आज खरीदेंगे हम ज्वाला।

स्वतन्त्रता-संग्राम के आस-पास रची गयी कविताओं में 'भारत माता' की बहुरंगी छवियाँ मिलती हैं। हिन्दी में ही नहीं, लगभग सभी भारतीय भाषाओं में। महादेवी द्वारा चित्रित छवि है :

अनुरागमयी वरदानमयी भारतजननी भारतमाता।
मस्तक पर शोभित शतदल-सा यह हिमगिरि है शोभा पाता।
नीलम मोती की माला-सा गंगा जमुना जल लहराता।
वात्सल्यमयी तू स्नेहमयी, भारत जननी भारत माता।

राष्ट्रीय आन्दोलन की आत्मा तो 'झण्डा' गीत में निवास करती है। महादेवी जी ने भी दो 'झण्डा' गीत लिखे हैं जो 'प्रथम आयाम' में संकलित किये गये हैं। पहले गीत के अंश हैं :

विजयिनी तेरी पताका।
तू नहीं है वस्त्र तू तो
मातृ भू का हृदय ही है।

दूसरे के बोल हैं :

फहराता है आज तिरंगा।
इसमें है पहचान हमारी
इसमें ज्ञान हमारा
इसके वन्दन में झुककर
हो उन्नत भाल हमारा।

राष्ट्रीय-चेतना कोई अलंकरण नहीं है, जिसे काव्य में बुना जा सके, वरन् कार्यक्षेत्र से जुड़ी एक अभिन्न प्रक्रिया है। महादेवी का कार्यक्षेत्र कर्म का जनतन्त्र है जिसमें अबोध अशिक्षित बालक हैं, विधवाएँ हैं, बालिकाएँ हैं और है पीड़ा की अकथगाथा। 'चाँद' के 'फाँसी' अंक का सम्पादन भी इसी प्रक्रिया की देन है और देश में आपातकालीन स्थिति के विरोध में उनका यह कहना भी 'हम सबकी जबान में ताले लगे हुए हैं और सारा देश कारागार बन गया है।' यदि यह सबकुछ रहस्यवाद के अन्तर्गत आता है तो राष्ट्रीयता को पुनः परिभाषित करना होगा।

सुभद्रा कुमारी चौहान और महादेवी वर्मा जैसी कवयित्रियों के आस-पास महिला रचनाकारों का एक पूरा संवर्ग अपनी उपस्थिति दर्ज कराने के लिए अभी भी प्रतीक्षारत है। प्रायः इतिहास—खासतौर पर साहित्येतिहास में रचनाकारों को क्रमानुसार सजाने के

आग्रह में हम उनके सह-अस्तित्व को नजरअन्दाज कर रैखिक सरलीकरण के शिकार होते हैं। 'इत्यादि' के इतिहास के लिए 'भारतेन्दु युग', या 'द्विवेदी युग' जैसे अभिधान नाकाफी हैं। एक बार 'प्रवृत्तियों' का चौखटा कस देने के बाद अन्य रचनाएँ या तो किनारे पर पड़ी रहती हैं या इधर-उधर जेबों में खोंसी जाती हैं। महादेवी का रचनाकाल एक लम्बी कालावधि तक फैला है, लेकिन उनकी समकालीन कवयित्रियाँ उनसे बहुलांश में प्रभावित नहीं हैं। खासतौर पर भाषा और शैली में तो बिल्कुल नहीं। कुछ नामों का उल्लेख करना जरूरी है।

विष्णु कुमारी श्रीवास्तव 'मंजु' लगभग महादेवी के समकालीन (1903 ई.) हैं। कविताएँ वैयक्तिक वेदना को लेकर चलती हैं, परन्तु उनमें किसी प्रकार के 'रहस्यवाद' की झलक नहीं है। वेदना में एक स्वर देश की दुर्दशा का भी है। यहाँ 'करुणानिधि केशव' से पुकार नहीं है, शक्तिदा 'माँ' को उलाहने दिये गये हैं :

आह ! आज कितनी सदियों पर, आयी हो माँ ! इस कुटीर में।
बोलो तुम्हें अर्घ्य दूँ कैसा ? उड़े विभव कण-कण समीर में।
क्यों माँ कैसे भूल सकी थीं, विजित आर्य-सन्तानों को।
अरी निष्ठुरे निर्मम होकर मसल दिया अरमानों को ॥[1]

इसी प्रकार **पुरुषार्थवती** (1854 ई.) जिनका असमय निधन हो गया था, की गिरजादत्त शुक्ल ने बहुत प्रशंसा की है। आलोचक का नाम दिये बिना उनकी टिप्पणी उद्धृत की है :

पन्त जी के 'पल्लव' और वीणा के बाद, हिन्दी की कविताओं का ऐसा अच्छा संकलन हमें कहीं अन्यत्र देखने को नहीं मिला। हमें अत्यन्त खेद तथा लज्जा के साथ स्वीकार करना पड़ता है कि लेखिका के नाम से और उनकी कविताओं से हम आज पहले-पहल परिचित हुए हैं। एक आश्चर्यमयी प्रतिभाशालिनी स्त्री कवि ऐसी सुन्दर, सरस और भावुकतापूर्ण कविताओं को लिखकर इहलोक से सिधार भी चुकी और हम उसके नाम से भी परिचित न रहे, इस अक्षम्य दोष के लिए हमारी उदासीनता बहुत कुछ अंश में दायी हो सकती है। तथापि हिन्दी के उन 'प्रोपेगेण्डिस्ट' आलोचकों का भी इसमें कुछ कम दोष नहीं है, जो अपने किसी विशेष गुट्ट के लेखक अथवा लेखिकाओं की प्रशंसा में 'अहोरूपमहो ध्वनिः' के नारे लगाते रहते हैं और पक्षपातहीन होकर वास्तविक योग्यता की खोज के लिए कभी लालायित नहीं रहते। पुरुषार्थवती के बहाने से यहाँ हिन्दी-जगत् का एक सत्य स्वीकार किया गया है। उन्नीस वर्ष की अवस्था में ही जीवन-लीला समाप्त हो जाने के कारण, जो कुछ भी रचनाएँ संकलित मिलती हैं, उनमें प्रकृति के लिए एक विशेष अनुरक्ति दिखाई पड़ती है। एक प्रकार का आत्मभाव मुखर

---

1. हिन्दी काव्य की कोकिलाएँ, पृ. 271

हो उठा है, जिसके बीच-बीच राष्ट्रीय भावना गुँथी हुई है। उदाहरण के लिए 'मीठा जल बरसानेवाले' शीर्षक कविता में कवयित्री केवल वर्षा करने का ही अनुरोध नहीं करती, वे उससे स्वतन्त्रता के 'सुधारस' की भी कामना करती है :

ऐसा अमृत जल बरसा दे, तप्त दिलों की प्यास बुझा दे।
वीरों का सन्देश सुना दे, हमको निज कर्तव्य सुझा दे।
हे स्वच्छन्द विचरनेवाले, हे स्वातन्त्र्य-सुधा-रस वाले।
हमको भी स्वाधीन बना दे, मीठा जल बरसाने वाले ॥

कानपुर में जन्मी (1899 ई.) **रामकुमारी चौहान** विवाहित होकर झाँसी चली गयी थीं, जहाँ उनकी रचना-प्रक्रिया चलती रही। चयनिका के सम्पादक की टिप्पणी है, "इस समय (1948 ई. में) आप झाँसी में एक स्कूल की प्रधान अध्यापिका हैं और अपने रचनात्मक कार्यों की बहुलता में व्यस्त होकर आपने साहित्य से अपना हाथ फिलहाल खींच-सा रखा है।" 'निश्वास' काव्य-संग्रह पर सेकसरिया पुरस्कार प्राप्त कर चुकी कवयित्री का मूल स्वर वेदना का है। उनकी कामना भी वेदना से मुक्ति पाने की नहीं है :

नहीं चाहती जीवन मेरा बन जाए सुख का संगीत।
छिन जावे गत मधुर स्मृति भी करुण कथा का जगत् अतीत।

करुणा का यही स्वर **होमवती देवी** (जन्म 1906, मेरठ) का भी है। बचपन में माता-पिता का स्वर्गवास और युवावस्था में पति का देहावसान ऐसी दुर्घटनाएँ हैं जिन्होंने कवयित्री को करुणाक्रान्त बना दिया है। 'उद्‌गार', 'निसर्ग' और 'अर्ध' काव्य-संग्रहों के अतिरिक्त आपने कहानियाँ भी लिखी हैं। उनका काव्य का निकष है :

सुख के संग दुःख, दुःख के संग सुख,
सुना यही क्रम जग का है।
किन्तु हमारी दुःख गाथा में
सुख का कुछ आधार नहीं।

राजेश्वरी देवी 'नलिनी' की जो थोड़ी-सी कविताएँ उपलब्ध हैं, वे भी एक पारदर्शी वेदना से बोझिल हैं। मधुर मिलन शीर्षक कविता की कुछ पंक्तियाँ इस प्रकार हैं :

निज वैभव पर गर्वित हो हँसती थी रजनीबाला
आये फिर कर में लेकर निशिनाथ सुधा का प्याला।

'वेदना' उस युग के महिला-लेखन की पहचान प्रतीत होती है, यद्यपि सभी ने उसका दार्शनिकीकरण नहीं किया है। इस वेदना के स्वर में भी राष्ट्रीय स्वर मिला हुआ

है। मातृवन्दना के स्वर पारम्परिक हैं :

जय शस्य श्यामले जन्मभूमि
जय वीर प्रसविनी मातृभूमि ॥
हिम शैल सुभग तेरा किरीट, मृदु मंजु वसन दूर्वा हरीत।
सुरसरि की पावन धवल उर्म्मि, लेती है तव श्री चरण चूमि ॥

राष्ट्रीय-काव्य में यहाँ पहली बार बालिका बनकर प्राण-न्यौछावर बनने की बात कही गयी है। अभी तक कवयित्रियों ने वीरों का आह्वान किया था, उन्हें तिलक किये थे। यह सम्भवतः पहला अवसर है कि कवयित्री स्वयं बलिदान होने की कामना करती है :

जननी-जन्मभूमि के हित मैं हो जाऊँ सहर्ष बलिदान।
बनकर वीर बालिका मैं भी कर दूँ भारत का उत्थान ॥

विद्यावती 'कोकिल' (1914 ई.) उन कवयित्रियों में से हैं जिन्होंने कविता-लेखन के साथ-साथ मंच पर कविता-पाठ में भी प्रसिद्धि प्राप्त की। उनके कविता-संग्रह के नाम हैं 'अंकुरिता', 'माँ', 'सुहागिन', 'पुनर्मिलन', 'आरती'। कोमल अनुभूतियों में स्नेह, वात्सल्य, प्रणय आदि उनकी कविता की मुख्य विशेषताएँ हैं :

तुम चले किन्तु सब बादल तमस के फट न पाये।
तुम चले तो किन्तु सब बन्धन कसक के कट न पाये।
तुम चले तो किन्तु मिलकर अंग भूखे कब अघाये।
तुम चले तो किन्तु मिलकर प्राण रीते भर न पाये।

डॉ. शिवकुमार मिश्र ने इनकी गणना 'निस्संकोच रूप में आधुनिक गीतकारों की प्रथम श्रेणी के अन्तर्गत की है।'

रामेश्वरी देवी 'चकोरी' एवं **सुमित्रा कुमारी सिन्हा** भी समवय कवयित्रियाँ हैं। चकोरी का जन्म 1916 में उन्नाव और सुमित्रा कुमारी सिन्हा का जन्म 1914 निवास उन्नाव में रहा है। यही वर्ष **तारा पांडेय** के जन्म का भी है। 'चकोरी जी' ने स्वयं अपना परिचय इस प्रकार दिया है :

नाम से हूँ विदित 'चकोरी' कवि-मण्डली में,
किन्तु न कलंकी निशानाथ से छली हूँ मैं,
भावुक जनों के मंजु मानस-सरोवर में
पंकज-पराग हेतु भ्रमित अली हूँ मैं।
विमल विभूति हूँ रसों में चारुकल्पना की,

काव्य-कुसुमों में एक नवल कली हूँ मैं।
भक्ति देवी शारदा की शक्ति दीन-दलितों की,
'अरुण' सनेही के सनेह में पली हूँ मैं।

इस प्रकार का आत्मकथ्य कवयित्री का जीवन-परिचायक तो है ही, उनके आत्मविश्वास की भी घोषणा है। आत्म-व्यंजना उनके काव्य की प्रमुख विशेषता है, जिसमें रहस्य का कोई आवरण नहीं पड़ा है। हमारे जीवन-सुख का आज, हुआ आलोकित प्रथम प्रकाश/किन्तु हा ! मिटी न अन्तर्दाह/न होता निर्मल भाग्याकाश/गिरा वह शून्य, शुष्क निर्जीव—हो गया उसका शीघ्र विनाश। जहाँ तक दीन दलितों की शक्ति बनने की बात है, रचनाएँ इसकी पुष्टि नहीं करतीं। 'दीपावली' शीर्षक कविता में वे उसे स्वतन्त्रता की देवी और भारत सौभाग्य के रूप में अंकित करती हैं :

हम सब स्वतन्त्रता-वेदी पर, श्रद्धांजलि लेकर खड़ी हुईं।
हे देवि ! उसे तुम ग्रहण करो, आओ दीपावलि स्वागत है।

चकोरी जी का एकमात्र काव्य-संग्रह 'किंजल्क' है। 1935 ई. में असामयिक मृत्यु ने और कुछ कर सकने का अवसर ही नहीं दिया।

सुमित्रा कुमारी सिन्हा ने एक लम्बी पारी खेली है। उनके रचना संसार में भी पर्याप्त विविधता है। 'विहाग', 'आशापर्व', 'पन्थिनी' और 'बोलों के देवता' उनके गीत-संग्रहों के नाम हैं। 'अचल-सुहाग' में उनकी कहानियाँ संकलित हैं। उन्होंने रेडियो के लिए भी पर्याप्त लिखा है। 'प्रणय' और प्रणयजन्य पीड़ा यहाँ भी कविता के केन्द्र में है। सम्पादक की टिप्पणी ध्यान देने योग्य है, 'आप हिन्दी की सबसे अधिक प्रगतिशील कवयित्री हैं। युग का हाहाकार आप के काव्य में स्वयं झंकृत होता सुनाई पड़ता है। ऐसा जान पड़ता है कि कवयित्री एक अटूट अतृप्ति लिए संसार के अन्धकार में आशा की किरण खोज रही हैं। मीरा की अतृप्ति को सुमित्रा जी संसार में फिर दोहराना चाहती हैं। नारी की, शोषित-पीड़ित नारी की वेदना आप के काव्य में अत्यन्त सुघड़ता के साथ अंकित मिलती है।...तेजस्विता और स्वतन्त्रता आप के साहित्यिक सहचर हैं।'

उत्पीड़न के द्वार तोड़कर,
बलिदानों का पन्थ मोड़कर
आज मुक्त मानव ने नवयुग जागृति के शुभ पर्व मनाये

'बोलों के देवता' तक आते-आते उनकी भावनाओं में एक तटस्थ ठहराव दिखाई पड़ता है :

जी करता है आज भुला दूँ, सपनों का दर्द पुराना
नन्ही शिखा प्रणय की, अंजन लहरों में कब तक बल पाये ?

साँसों की ठण्डी चिनगारी, करुणा में क्या आग लगाये ?
काली सघन घटा से निर्मल, मुक्त गगन मन भी घिर आये।

श्रीमती तारा पाण्डेय के उल्लेखनीय कविता-संग्रह 'सीकर', 'शुक-पिक', 'आभा', 'वेणुकी', 'अन्तरंगिणी' हैं। वेदना उनकी काव्य-धारा का भी मूल स्वर है। 'उनकी कविता में वेदना की ऐसी झंकार है जो प्राणों को स्पर्श करनेवाली है। अप्रत्यक्ष जगत् से उनका उतना नाता नहीं है, जितना प्रत्यक्ष जगत् से।' 'मैंने दुख अपनाया' उनके काव्य की मूल स्वर लहरी है :

कैसा सुख ? कैसी मधुवेला ?
मैंने तो अपने प्राणों में
देखा दुःख का मेला

परवर्ती रचनाएँ संयत और परिणति तक पहुँची हुई प्रतीत होती हैं। उनमें एक तरह का ठहराव है :

क्या लेकर अभिमान करूँ मैं ?
भूल गये पथ आने वाले
चले गये सब जाने वाले,
उर-मन्दिर में दीपक बोले,
अब किसका आह्वान करूँ मैं।

कुछ नाम और भी हैं। सेठ गोविन्ददास की पुत्री **रत्नकुँवरि देवी** की कुछ गीति रचनाएँ मिलती हैं। **लीलावती झँवर 'सत्य'** का नाम भी हिन्दी काव्य की कोकिलाओं में कुछ कविताओं के साथ संकलित किया गया है। इसके अतिरिक्त 'स्त्री कवि कौमुदी' एवं 'हिन्दी काव्य की कोकिलाएँ' दोनों में ही, 'परिशिष्ट' के रूप में कुछ कविताएँ संगृहीत हैं। ये सभी कवयित्रियाँ वे हैं, जिनकी लेखन प्रक्रिया बहुत काल तक जारी नहीं रह सकी। कारण कुछ भी हो सकता है। महिला-लेखन में सबसे बड़ी कठिनाई उसकी निरन्तरता का न होना ही है। इन स्फुट रचनाओं में दो छोर स्पष्ट हैं, वैयक्तिक करुणा और राष्ट्रीय चेतना जिसमें स्त्री चेतना की अधिकांश तहें जुड़ी हुई हैं। **रामप्यारी श्रीवास्तव** की एक कविता ध्यान चाहती है, शीर्षक है 'स्त्रियों का पतन'—

हा हन्त नारियों ने निज धर्म को भुलाया।
पायी न पूर्ण शिक्षा अभिमान उर में छाया ॥
पत्नी का इष्ट पति है, पति-भक्ति से सुगति है।
अब हाय यह कुमति है सेवक उन्हें बनाया ॥

दूसरी ओर लीलावती ने नारियों के समान अधिकार की बात उठायी है :

सीखो मान करना, समान अधिकार साथ,
आदर उचित देना सीखो सीख गुन की।
देता जन्म जग में जो मनुज समाज का यों
करता है सृष्टि वही अबला सुमन की।
कान देता सुनने को, देखने को आँख देता,
आनन समान देता बुद्धि मुनि गन की।
सरल सनेह होता विमल विवेक होता,
समता का ध्येय ममता भी मातृ मन की।

प्रेमप्यारी देवी ने स्त्रियों की आभूषण-प्रियता पर आघात करते हुए उसके विकल्प प्रस्तुत किये हैं। उर्दू मिश्रित भाषा का यह प्रयोग अभिनव है :

शीश की बेनी अगर भगवन, मुझे दरकार हो।
शीश तक कर दूँ निछावर, देश का उपकार हो
ऐसे गहनों से सखी शृंगार करिये आप भी
झूठे गहनों से न होंगे दूर मन के ताप भी

राष्ट्रीय काव्यधारा के सभी कवियों ने पौराणिक वीरों को प्रेरणा का स्रोत माना है। लेकिन **चंचल कुमारी** कुछ नयी बात करती हैं। अपनी कविता प्रश्नोत्तर में वे प्रश्न भी स्वयं करती हैं और उत्तर भी स्वयं देती हैं। प्रश्न है :

सखि ! तू क्या बनना चाहेगी रमा रुक्मणी या सीता ?
अथवा सावित्री बनकर चाहेगी यम को भी जीता ?
या पति पूजा का दिखलाएगी पथ बनकर गान्धारी ?
या गलियों में खेल करेगी बन करके राधा प्यारी ?

कवयित्री का उत्तर है :

अंकित है उर में सखि ! सब सीता सावित्री गान्धारी।
इस युग में पर नहीं बनूँगी मैं बीते युग की नारी।
अब तो इच्छा है निकलूँ घर से लेकर नंगी तलवार।
देख जिसे इस दबे देश में हो कुछ साहस का संचार।

एक ऐसे युग में जहाँ पौराणिक चरित्रों की नयी-नयी व्याख्याएँ कर उनपर महाकाव्य लिखे जा रहे हों, उन्हें सिरे से नकार देना, अपने समय से आगे की बात करना है।

मध्ययुगीन कवयित्रियों से ये कविताएँ कई अर्थों में भिन्न हैं। बात सिर्फ 'मध्ययुगीन बोध' और 'आधुनिक बोध' की नहीं है। बात वर्ग-परिवर्तन की है। सामन्ती वर्ग के स्थान पर ये मध्यवर्ग और निम्नमध्यवर्ग की स्त्रियाँ हैं। कविता इनके लिए मात्र

भक्ति का साधन नहीं है, बल्कि वह कन्धा है, जिस पर सिर रखकर वे आँसू बहा सकती हैं और बिना 'कृष्ण', 'वह' का नाम दिये हृदय की गूढ़ भावनाओं को व्यक्त कर सकती हैं। कविता ने उन्हें 'अभिव्यक्त' करना ही नहीं सिखाया है बल्कि सलीके से अनुभव करना भी सिखाया है। यह पहला अवसर है जब लोकगीतों से बाहर निकलकर जगत को उन्होंने भौतिक ही नहीं राजनीतिक रूप में भी पहचाना है। उनका सीधा रिश्ता परिवार से इतर समाज से बना है। इससे भी बड़ी क्रान्तिकारी बात घटित हुई है 'समूह' के रूप में स्त्री की पहचान और समूह की शक्ति के रूप में अपनी शक्ति की पहचान। इसने स्त्री के स्त्री से रिश्ते को ही नहीं कविता और स्त्री के रिश्ते को भी बदल दिया है। वे अब कलम को कभी ढाल की तरह इस्तेमाल करती हैं कभी तलवार की तरह।

सामाजिक स्थितियाँ अभी भी बदली नहीं हैं। दो-एक नाम छोड़ दीजिए तो औपचारिक शिक्षा किसी के पास अधिक नहीं थी। ग्यारह वर्ष से लेकर अठारह वर्ष तक सभी के विवाह भी हुए। कुछ ने अपनी पढ़ाई विवाह के बाद भी जारी रखी। विवाह को उन्होंने बाधा की तरह स्वीकार नहीं किया। कहीं-कहीं तो उसे सहयोग माना है। स्त्री को उसके सम्पूर्ण रूप में यदि कहीं अभिव्यक्ति प्राप्त हुई है, तो इस युग में। कविता के साथ-साथ बाहरी दुनिया के द्वार उनके लिए खुल गये। पत्र-पत्रिकाओं के माध्यम से वे एक व्यापक रचनात्मक संसार से जुड़ी हैं, स्वयं पत्रिकाएँ निकालीं भी। देशभक्ति की भावना ने सुभद्रा कुमारी चौहान में एक रूप ग्रहण किया और महादेवी वर्मा में दूसरा। दरअसल महादेवी जी का मूल्यांकन अभी इस दृष्टि से किया ही नहीं गया है। जिस स्तर की शिक्षा उन्होंने प्राप्त की थी, चाहतीं तो वे किसी विश्वविद्यालय में सम्मानित पद प्राप्त कर सकती थीं। परन्तु उस सुविधाजनक रास्ते को न अपनाकर उन्होंने स्त्री-शिक्षा के क्षेत्र में अलख जगाया। जब गाँवों में स्कूल नहीं थे, तब प्रयाग महिला विद्यापीठ ने 'व्यक्तिगत परीक्षा' की सुविधा दे बालिकाओं के हित में कितना बड़ा काम किया था, इसका अनुमान आज नहीं लगाया जा सकता। पाठ्यक्रम की दृष्टि से, पहली बार—किसी भी भारतीय भाषा में पहली बार—विद्याविनोदनी परीक्षा में हिन्दी पाठ्यक्रम में केवल महिलाओं का 'काव्य-संकलन' स्वीकृत किया एवं स्वयं प्रकाशित भी कराया। मेरे समक्ष 'चयनिका' पाठ्यपुस्तक का सन् 1948 में प्रकाशित संस्करण है। उनकी गद्य-रचनाएँ उनके जीवन्त क्षेत्र के रचनात्मक अनुभव हैं। सुभद्रा कुमारी चौहान का तो समूचा परिवार अंग्रेजी शासन का घोर शत्रु था। वे अंग्रेजों की अदालत में अपने पति का वकालत करना भी राष्ट्रद्रोह मानती थीं। यही कारण है कि उनके पति वकालत छोड़ माखनलाल चतुर्वेदी के साप्ताहिक पत्र 'कर्मवीर' में सहायक सम्पादक पद पर कार्य करने लगे! सुभद्रा जी राष्ट्रीय आन्दोलनों में सक्रिय भाग लेती थीं। डॉ. देवराज शर्मा ने लिखा है, 'ये (सुभद्रा कुमारी चौहान) राष्ट्रीय आन्दोलन की शिथिलता के समय साहित्य-सृजन की ओर उन्मुख होती थीं। निःसन्देह श्रीमती चौहान मन में देशभक्ति का जाग्रत ज्वालामुखी लिये वाणी के माध्यम से शत्रु पर जय पाने हेतु अविरल अंगारवर्षा

करती रही हैं। यों तो श्रीमती चौहान का स्वरूप, वीरकाव्य के प्रणेता उन वीरों का रहा है, जिनके एक हाथ में कलम और एक हाथ में तलवार रहती थी। उद्‌बोधन का स्वर जागरण का सन्देश देता था तो कर्म की हुंकार स्वतन्त्रता की देवी के चरणों में अपना सर्वस्व होम करने के लिए तत्पर रहती थी।' इस ज्वलन्त राष्ट्रीयता में नारी चेतना ने अनोखी प्रदीप्ति उत्पन्न कर दी है। एक उदाहरण देना अनुचित नहीं होगा। विजय दशमी का पर्व भारतीय वीरता का उत्सव है। कवयित्री ने इस पर्व को परतन्त्रता की मुक्ति के साथ जोड़ दिया है। 'राम की शक्तिपूजा' में निराला ने यही कार्य एक अद्‌भुत काव्य-लोक के सृजन के साथ किया है, वही कार्य सुभद्रा जी ने बेहद सादगी के साथ कर दिया है। लेकिन एक खास बात जो निराला की शक्तिपूजा में नहीं है वह यहाँ है। निराला की 'शक्तिपूजा' वस्तुतः राम की ही शक्तिपूजा है, जानकी तो वहाँ एक स्मृति ऊर्जा का काम करती हैं। लेकिन सुभद्रा जी देश की जनता के अर्धांग पन्द्रह कोटि 'असहयोगिनियों' का आह्वान करती हैं ब्रह्माण्ड दहलाने के लिए–

सबल पुरुष यदि भीरु बने तो
हमको दे बरदान सखी !
पन्द्रह कोटि असहयोगिनियाँ
दहला दें ब्रह्माण्ड सखी।
खाना पीना सोना जीना हो पापी
का भार सखी।
मर-मरकर, कर दें पापों का,
हम जगती से छार सखी।

ध्यान देने योग्य तथ्य यह भी है कि यहाँ 'मरने' की बात की गयी है 'मारने' की नहीं। यह बलिदानी तेवर तो आधुनिक युगीन राष्ट्रीयता की मुख्य विशेषता है।

आधुनिक युग में महिला-लेखन का एक और 'प्रक्षेपण' है कवि-मंचों पर महिलाओं का प्रवेश। एक जीवन्त और वाचिक परम्परा से जुड़ने के कारण उनके रचना-संसार में व्यापकता तो आयी ही, उसने उनकी रचनाओं को विधागत विशिष्टता भी दी। उस समय 'मंच' रचना की जरूरत थी और उसे लेकर कवियों में विभाजन नहीं हुआ था। महादेवी वर्मा भी शुरू में इन सम्मेलनों में शिरकत किया करती थीं।

क्षेत्र-विस्तार का एक दूसरा आयाम गद्य के क्षेत्र में पदार्पण के रूप में हुआ। आधुनिकता के साथ वैचारिक आग्रह ने कविता के साथ गद्य की जरूरत भी महसूस की।

14

स्वातन्त्र्योत्तर परिदृश्य—कविता (दो)

स्वतन्त्रता-प्राप्ति आधुनिक भारतीय इतिहास की सम्भवतः सबसे बड़ी घटना है, लेकिन साहित्येतिहास को इससे जोड़कर कुछ तुरता-फुरता नतीजे नहीं निकाले जा सकते। छायावाद का उत्कर्षकाल सन् 1936 तक था। इस समय तक लगभग सभी कालजयी कृतियाँ जन्म ले चुकी थीं। प्रसाद की 'कामायनी', प्रेमचन्द का 'गोदान', निराला की 'राम की शक्तिपूजा', रामचन्द्र शुक्ल की 'चिन्तामणि' सभी अपने-अपने क्षेत्र की कालजयी रचनाएँ हैं। इसके बाद प्रसाद की मृत्यु हो गयी। पन्त और निराला ने अपनी रचनात्मकता को नये मोड़ दिये—अपनी-अपनी तरह से। महादेवी जी की सक्रियता गद्य के क्षेत्र में अधिक रही। 'दीपशिखा' का प्रकाशन सन् 1941 में हो चुका था। इस बीच उन्होंने 'बंगदर्शन' (1942-43) और 'हिमालय' (1962) कविताओं के संकलन प्रस्तुत किये। पहली कृति बंगाल के अकाल पर लिखी कविताओं का संकलन है और दूसरे में चीन के आक्रमण के समय की ओजस्वी कविताएँ संकलित हैं। 'सप्तपर्णा' में उन्होंने आर्षवाणी से लेकर वाल्मीकि थेर गाथा, अश्वघोष, कालिदास तथा भवभूति के काव्यांशों के बड़े ही सुन्दर अनुवाद किये हैं। वे नितान्त नये स्वाद की कविताएँ हैं। 1990 में 'अग्निरेखा' में उनकी कविताएँ एक नयी भूमिका में प्रस्तुत होती हैं। अस्तु सन् 1930 में 'नीहार' के प्रकाशन से लेकर 1990 तक निरन्तर महादेवी साहित्य जगत् में सचेतन, सक्रिय सर्जक रहीं जिसके बरक्स प्रगतिवाद, प्रयोगवाद, नयी कविता, अकविता और समकालीन कविता जैसे आन्दोलन आये और चले गये। निराला आजादी के तुरन्त बाद 'कुकुरमुत्ता' (1948) लिख रहे थे। पन्त 1934 में ही 'युगान्त' घोषित कर चुके थे और स्वतन्त्रता के साथ 'स्वर्णयुग' में प्रवेश कर चुके थे। फलस्वरूप 'स्वर्णकिरण' (1947), 'स्वर्णधूलि' (1947) और 'युगान्तर' जैसी कृतियाँ प्रकाश में आयीं। वे भी अन्त तक सक्रिय रहे, जिसका फलागम 'लोकायतन' (1964) में हुआ।

साहित्येतिहास में जिसे छायावादोत्तर काव्य कह दिया जाता है, वह सब-का-सब छायावाद के बाद का नहीं है। उसका कुछ हिस्सा छायावाद के समानान्तर है और कुछ

प्रगतिवाद और प्रयोगवाद के। प्रगतिवाद (1936) एवं प्रयोगवाद (1943 तारसप्तक) भी लगभग साथ ही साथ चल रहे थे। इनका सम्बन्ध सदैव पूर्वापर नहीं है, साथ-साथ सहअस्तित्वपरक है। प्रत्येक कवि का अपना एक युग होता है, लेकिन उसके अपने कई युग भी होते हैं। इसलिए यह समय साहित्य में युग-परिवर्तन का न होकर वैयक्तिक/सामूहिक समानान्तर यात्राओं का है।

सन् 1936 में 'भारतीय प्रगतिशील लेखक संघ' का पहला अधिवेशन लखनऊ में हुआ जिसकी अध्यक्षता प्रेमचन्द ने की थी और सभापति के पद से भाषण देते हुए कहा था, "नीतिशास्त्र और साहित्यशास्त्र का लक्ष्य एक ही है—केवल उपदेशविधि में अन्तर है। नीतिशास्त्र तर्कों और उपदेशों के द्वारा बुद्धि और मन पर प्रभाव डालने का यत्न करता है, साहित्य ने अपने लिए मानसिक अवस्थाओं और भावों को चुन लिया है।...मुझे यह कहने में हिचक नहीं कि मैं और चीजों की तरह साहित्य को भी उपयोगिता की तुला पर तौलता हूँ। ...फूलों को देखकर हमें इसलिए आनन्द होता है कि उनमें फलों की आशा होती है।" अगले अधिवेशन (1938) में गुरुदेव रवीन्द्रनाथ टैगोर ने इसी पद से कहा, "जो भी हमें परमुखापेक्षी, निष्क्रिय और तर्कहीन बनाता है, वह सभी हमारे लिए प्रतिक्रियात्मक हैं और जो भी हममें आलोचनात्मक प्रवृत्ति जगाता है, बुद्धि और तर्क के प्रकाश में संस्थाओं और परम्पराओं की समीक्षा कराता है, जो भी हमें सक्रिय बनाता है, परस्पर संगठित करता है, हमें बदलकर समुन्नत करता है, उस सबको हम प्रगत्यात्मक मानते हैं।"

स्पष्ट है कि प्रगतिवाद की ये अर्थछवियाँ उस दिशा की ओर संकेत नहीं करतीं, जिस ओर उसे ले जाकर बाद में तालाबन्दी कर दी गयी। इसमें साहित्य का नहीं साहित्यकार का महत्त्व होता है। एक बार जो प्रगतिवादी करार कर दिया गया उसका लिखा सबकुछ प्रगतिवाद होता है। प्रेमगीत तो आह ! आह ! राष्ट्रगीत हो तो वाह ! वाह !! केदारनाथ अग्रवाल (1911), नागार्जुन (1911), डॉ. रामविलास शर्मा (1912), शिवमंगल सिंह 'सुमन' (1916), त्रिलोचन, लगभग समवय हैं और उनका काव्यफलक विस्तृत तथा काव्ययात्रा सुदीर्घ रही है। परन्तु इस अवधि में किसी 'प्रगतिवादी' कवयित्री की सूचना हमारे पास नहीं है।

तथाकथित प्रयोगवाद की स्थिति भी कुछ ऐसी ही है। 'तारसप्तक' (1943) में स्वयं अज्ञेय के अतिरिक्त गजानन माधव 'मुक्तिबोध', गिरिजाकुमार माथुर, प्रभाकर माचवे, नेमिचन्द्र जैन, भारत भूषण और रामविलास शर्मा 'राहों के अन्वेषी' थे। इसमें भी कोई कवयित्री शामिल नहीं है। दूसरा सप्तक सन् 1951 में प्रकाशित हुआ, जिसमें भवानी प्रसाद मिश्र, हरिनारायण व्यास, शमशेर बहादुर सिंह, नरेश कुमार मेहता, रघुवीर सहाय, धर्मवीर भारती के अतिरिक्त शकुन्त 'माथुर' भी शामिल की गयी थीं। 'तीसरा सप्तक' (1959) में प्रयागनारायण त्रिपाठी, मदन वात्स्यायन, केदारनाथ सिंह, कुँवरनारायण, विजयदेव नारायण साही, सर्वेश्वर दयाल सक्सेना के अतिरिक्त कीर्ति चौधरी थीं ! तारसप्तकों के कई कवि मार्क्सवादी मान लिये गये मसलन मुक्तिबोध, प्रभाकर माचवे,

रामविलास शर्मा, भवानी प्रसाद मिश्र, शमशेर बहादुर सिंह, रघुवीर सहाय, केदारनाथ सिंह और विजयदेव नारायण साही।

तारसप्तकों को लेकर काफी वाद-विवाद-संवाद हुए परन्तु शकुन्त माथुर और कीर्ति चौधरी का कोई खास नोटिस नहीं लिया गया। ऐसा नहीं लगता कि इसे स्वयं कवयित्रियों ने भी 'अतिरिक्त' महत्त्व दिया हो। शकुन्त माथुर अपने सप्तकीय वक्तव्य में लिखती हैं, "काव्य सम्बन्धी अपने विचार प्रकट करने से पूर्व मैं एक बात स्पष्ट कर देना चाहती हूँ कि यद्यपि मैंने पिछले दस वर्षों में (अर्थात् 1941-1951 तक) ढेर कविताएँ लिखीं हैं पर मैंने आरम्भ से यह कभी नहीं सोचा कि मैं कवि हूँ और मेरी रचनाएँ औरों के लिए भी कुछ महत्त्व रख सकती हैं। मैंने जब भी कुछ लिखा उसे मन की मौज समझकर छोड़ दिया और मेरे पति (श्री गिरिजाकुमार माथुर) ने भी सदा उसे हँसी में टाल दिया। इसके अतिरिक्त, जब भी मैं कविता लिखती, इनकी कोई-न-कोई रचना मेरे सामने आ खड़ी हो जाती और मेरी रचना शर्मिन्दा हो जाती।"[1] इसके बावजूद वे शुभाशंसा व्यक्त करती हैं, "अन्त में यह कि कविता जीवित हो अर्थात् यह जीवन के वास्तविक वातावरण और परिस्थितियों की जमीन पर जन्म ले, इसी में उसकी पूर्णता है और इसी दृष्टिकोण के सहारे वे आगे बढ़ेंगी। परन्तु उनकी अधिकांश कविताएँ 'क्षण' की कविताएँ हैं। क्षणों के 'मूड्स' की कविताएँ हैं, उन वैज्ञानिक विशेषज्ञों की तरह जो मौसम का पूर्वानुमान कर बता देते हैं कि वर्षा आएगी, कब आएगी तापमान बढ़ेगा या नीचे चला जाएगा।" जब कुछ उथल-पुथल होती है, संघात होता है, टूटन-बिखरन और किसी भी परिचित अहसास का उद्भव या बिछोह इन्हीं में से कहीं कुछ जीवित निकलकर मेरी भीतरी परतों पर ओस बूँद की तरह अलग बैठ जाता है और फिर उसके आस-पास मँडराती मनचली कल्पनाएँ यथार्थ से उद्भूत आत्मसंवाद, कार्य-कारण का 'कनफ्यूजन', तृप्ति और अतृप्ति की अनेक प्रतिक्रियाएँ सचमुच इस सत्य को अद्वितीय बना देती हैं :

> मैं सुख के इस छोटे पोखर में/सुनहरी मछली-सी तैर गयी हूँ/उसे ही एकमात्र धुरी बना/धरती-सी उसी पर यथावत घूम रही हूँ/पहला और आखिरी प्यार बस/तुम्हें ही जानती हूँ/और काई का स्थायी घर बना/पानी की तह में बैठ गयी हूँ/मछुआ जाल लेकर, थक-थकर लौट गये हैं/[2]
>
> (सुनहरी मछली)

यह कविता कवयित्री के रचना-संसार और सृजनात्मक व्यक्तित्व को स्पष्ट कर देती है, साथ ही उनकी सीमाओं को भी रेखांकित करती है।

'दूसरा सप्तक के बाद 'चाँदनी चूनर' उनका पहला काव्य संग्रह है। इन कविताओं के सम्बन्ध में दावा किया गया है कि 'इनमें सहज स्वाभाविकता है'। 'अन्तस्तल की

1. दूसरा सप्तक, वक्तव्य; 2. ज्ञानोदय, अगस्त 1968, मेरी काव्य प्रक्रिया

मौलिक संवेदनाओं का निर्झर है' तथा 'घर-आँगन के प्रतिदिन के वातावरण के सीधे-सादे उपमान और बिम्ब असाधारण मनोरमता के साथ कवयित्री के व्यक्तित्व को सामने रख देते हैं।' उनका दूसरा काव्य-संग्रह 'अभी और कुछ' इस पहचान को और गहराता है। ऐसा नहीं है कि छोटे सुखों की कविताएँ अच्छी कविताएँ नहीं होतीं, पर वे कवि की सीमाएँ नहीं बन जानी चाहिए। क्योंकि अनुभव-संसार का सीमित होना कवि की सम्भावनाओं का अवरुद्ध हो जाना ही है। शकुन्त माथुर के साथ ऐसा ही हुआ है। उनकी अधिकांश कविताएँ सुखी गृहस्थिन की अनुभूतियों को लेकर लिखी गयी हैं, वे छूती न हों, ऐसी बात नहीं है, पर छूकर ही द्वार बन्द कर लेती हैं।

> पुराने नौकर को/देरी से काम करने की आदत पर/बहुत डाँटा/
> प्यारे बब्बी को शैतानी मचाने पर/लगाया करारा चाँटा/रसोई
> की अलमारियाँ झाड़ीं/मसाले के डिब्बे किये साफ/फिर भी
> अभी तक आफिस से/लौटे नहीं हैं आप/

(इन्तजार का नया ढंग)

इधर उनकी कुछ कविताएँ लघु पत्रिकाओं में प्रकाशित हुई हैं। उनमें कुछ बदलाव तो दिखाई पड़ता है, परन्तु यह बदलाव उन्हें अकविता के क्षेत्र में ले जाता हुआ एक दूसरी सीमा रेखा का निर्माण करता है :

> प्रेम शब्द/और उसके/समस्त अर्थ को/मैंने अस्वीकार कर
> दिया है/उस बढ़े हुए नाख़ून जैसा/जिसे आज ही सुबह/मैंने
> तराश दिया है/

(निरर्थक शब्द)

कीर्ति चौधरी तीसरा सप्तक की कवयित्री हैं, और वे कविता के मुकम्मिल माहौल में पैदा हुई थीं। अपने सप्तकीय वक्तव्य में वे लिखती हैं :

'कविता लिखना कैसे आया ? यह मैं स्वयं नहीं जानती। प्रेमचन्द जी और सम्पूर्णानन्द जी से हम लोग सम्बन्धित हैं। निराला जी अरसे तक 'युगमन्दिर' में रहे हैं। नाना-मामा-मौसी, सब कुछ-न-कुछ लिख रहे थे। पिता की विशिष्ट साहित्यिक रुचि है। माँ ने साहित्य-क्षेत्र में प्रसिद्धि पायी है। बड़े भाई भी अपने को लेखक कहते हैं। ऐसे वातावरण में कविता मेरे लिए शायद एक अनिवार्यता बन गयी थी। घर, परिवार, वातावरण, संस्कार और वृत्ति, सभी में साहित्य था। मैंने चाहा होता तो भी सम्भवतः मेरे पास कोई दूसरा उपाय न था।'[1] तीसरा सप्तक में संगृहीत कीर्ति चौधरी की कविताएँ उनकी कच्ची उम्र की कविताएँ हैं और उनमें आधुनिक मनोवृत्ति की अपेक्षा सहज रोमाण्टिक भावना अधिक है। शैली का अनलंकरण, सीधे कथन का ढंग,

1. तीसरा सप्तक, कीर्त्ति चौधरी, वक्तव्य

असम्बद्ध अनुभूति-बिम्बों के माध्यम से प्रभाव को एक व्यापक फलक पर बिखेर देना और अन्तिम उक्ति अथवा माध्यम से पुनः सम्पूर्ण विशृंखलित बिम्बों की संवेदना की सघनता में गुम्फित करने का प्रयास इन कविताओं में मिलता है।[1]

'खुले आसमान के नीचे' कीर्ति चौधरी का एक मात्र कविता संग्रह है, जिसमें तीसरे सप्तक की कविताएँ भी सम्मलित की गयी हैं। बोध और कलात्मक स्तर, दोनों ही स्तरों पर सप्तक की कविताओं से परवर्ती युग की कविताओं को विलगाया नहीं जा सकता। वे एक ही भाव-बोध की समानान्तरता की कविताएँ हैं। इसमें सन्देह नहीं कि कीर्ति चौधरी प्रकृति से गहरे सरोकार रखनेवाली कवयित्री हैं। तीसरे सप्तक में लता 1, लता 2 आदि कविताएँ प्रकृति-संलग्नता की ही कविताएँ हैं। 'खुले आसमान के नीचे' में प्रकृति अपनी सम्पूर्णता में उपलब्ध है :

खुले आसमान के छोटे-से टुकड़े ने/मुझे फिर से लुभाया/अरे ! मेरे इस कातर भूले हुए मन को/मोहने कोई और नहीं आया/उसी खुले आसमान के छोटे-से टुकड़े ने फिर मुझे लुभाया।

कवयित्री का 'पुल्लिग' में लिखने का 'शौक' किस 'ग्रन्थि' की उपज है, कहना मुश्किल है, परन्तु उसका एक जरूरी परिणाम यह हुआ कि उनकी कविताएँ अपनी ही जमीन को नकारती हैं और कविता की एक पूरी भीड़ में अपनी पहचान खो देती हैं। वस्तुतः कीर्ति चौधरी का रचना-संसार उस 'लाल फूलों के गुच्छेवाली लता का है, जो अनायास उगती है लेकिन मजबूती से जमीन को पकड़ने एवं दीर्घकाल तक खड़े रहने की शक्ति खो देती है। शकुन्त माथुर एवं कीर्ति चौधरी, दोनों ही कवयित्रियों के लिए कविता एक ओढ़ी हुई—उढ़ायी हुई रेशमी चादर है, उनके जीने की शर्त नहीं, इसीलिए वह दूर तक साथ नहीं देती।

यहाँ डॉ. रमासिंह का नाम कई दृष्टियों से उल्लेखनीय है। सबसे पहली बात तो यह कि उनके रचनाकाल में एक दीर्घकालिक निरन्तरता है। वे बराबर लिख रही हैं, छप रही हैं परन्तु संग्रह के रूप में हमारे पास उनका पहला कविता-संग्रह 'समुद्रफेन' ही उपलब्ध है। इतिहासकार के लिए यह स्थिति एक समस्या खड़ी कर देती है। जानते हुए भी कि लिखा जा रहा है, अच्छा लिखा जा रहा है, अपनी बात प्रमाणित करने के लिए उसके हाथ में ज़्यादा कुछ नहीं है। दूसरी बात यह कि रमासिंह की कविताओं में एक प्रखर दृष्टि है परन्तु कहीं भी उसने मतवाद का रूप नहीं लिया! कविता के कई मुहावरे आये और गये परन्तु कवयित्री ने कभी उनके दायरे में जाकर कुछ नहीं कहा। सम्भवतः यह भी एक कारण है कि पर्याप्त लिखने, छपने एवं संचार-माध्यमों से प्रसारित होने के बाद भी आज की समीक्षा जोकि तात्कालिकता के दबाव में है उनके प्रति उदासीन रही। रमासिंह ने अपनी रचनात्मक शक्ति 'लेखिका-संघ' में भी लगायी है,

---

1. ज्ञानोदय, सितम्बर, 1968, 'सृजन के क्षण' किरण जैन

नवोदित लेखिकाओं को प्रोत्साहित किया है। यह बात उन्हें महादेवी वर्मा से सीधे जोड़ देती है। लेकिन वे महिला-लेखन के लिए विशेष सुविधाएँ नहीं चाहतीं। वे कहती हैं, 'यह सोच लेना नितान्त भूल है कि मैं लेखिका हूँ, अतः लोग मुझे उदारता से पढ़ें और उदारता से ही मेरा मूल्यांकन करें। जब दुनिया भर की सारी सुविधाएँ हमें दे दी गयी हैं, जीवन के अनेकानेक क्षेत्रों के द्वार हमारे लिए खोल दिये गये हैं, तब हमें भी एक व्यापक भूमि पर आना है, व्यापक भूमि पर सोचना-विचारना है, व्यापक भूमि पर काम करना है।'

रमासिंह की कविताओं में एक खास तरह का चुटीलापन है, मुहावरे में हलकी-सी शरारत है जो कभी-कभी व्यंग्य में भी बदल जाती है। कविता उसके भीतर गुजरकर ही विस्तार पाती है। जीवन की जगत की बहुत छोटी-छोटी बातें और वस्तुएँ उनके लिए कविताएँ बन जाती हैं :

जैसे संगीत की कोई धुन
मन में बार-बार गूँजे
परन्तु गीत हमारी नींद में सो जाए...
जैसे अचानक
कोई परिचित-सा चेहरा दीखे
परन्तु परिचय का सन्दर्भ खो जाए...
जैसे चलने की तैयारी–
पूरी होते ही किसी गृहस्थिन की
चाबी का गुच्छा गुम जाए...

(उलझन, विविध मुद्राएँ)

किरण जैन की कविताएँ अपने परिवेश के साथ थोड़ा अधिक जुड़ी हैं। ये जुड़ाव कहीं-कहीं 'जेनुइन' है, कहीं-कहीं फैशनमात्र।[1] 'स्वर परिवेश के' किरण जैन की कविताओं का पहला संग्रह है। महानगरीय जीवन की ऊब और कर्मरत जिन्दगी ने जैसी व्यस्तता दी है, वैसे ही तनाव भी। परन्तु कवयित्री ने इन सबको अपनी निजी जिन्दगी के आईने में अधिक देखा है। अतः कविताएँ एक सीमित वृत्त का निर्माण करती चली गयी हैं। कहने का ढंग स्वाभाविक है और वहीं अधिक प्रभावशाली है जहाँ कवयित्री ने अपने रोजमर्रा के परिवेश को उजागर किया है। उदाहरण के लिए सूरज की यह अनुभूति :

परेशान हो अन्त में/टीचर ने/पढ़इचोर मुँहजोर/शरारती बालक को/खड़ा कर दिया बेंच पर/जो उबलकर क्रोध से/सारे दिन घूरता रहा सबको/शोले बरसाता रहा आग के/फिर संझा के धुँधलके में/नजर बचाकर सबकी, गायब हो गया चुपके से/पश्चिम की खिड़की में।

1. डॉ. हरिचरण शर्मा, नयी कविता नये धरातल, पृ. 356

अपने दूसरे कविता-संग्रह 'यात्रा और यात्रा' में पारिवारिक परिवेश की अनुभूतियाँ हैं। ये कविताएँ विमुग्धता की हैं। कविता-संग्रह का दूसरा विभाग 'यात्राएँ' शीर्षक से है, जिसमें महानगर की विषमताओं, विसंगतियों और यन्त्रणाओं को कवयित्री ने तटस्थ होकर बुना है :

भीड़ के मुखौटे उढ़ाकर/दूसरों के कपड़े पहनाकर/मुझे फँसा दिया गया है एक तंग कुर्सी में/जहाँ एक किस्म के माल को/एक तौल मुस्कान देकर/खरीदना होता है/मेरा निजत्व कहीं खो गया है/और मैं ट्रेड मार्क छपी/मात्र वस्तु बन गयी हूँ।

कीर्ति चौधरी की तरह किरण जैन को भी पुल्लिंग में बोलने का शौक है। इसमें नयापन भले ही लगे, लेकिन अपनी पहचान धुँधलाती है। वे आम लहजे को विशिष्टता नहीं दे पातीं। फिलहाल उनके बस स्टाप पर आजकल बसों से सवारियाँ नहीं उतर रहीं।

कान्ता का पहला कविता संग्रह 'जो कुछ भी देखती हूँ' में बकौल डॉ. रमेश कुन्तल मेघ 'चारुत्व' और 'चमत्कार' की प्रधानता है। इनमें विरोधाभास द्वारा काव्यसत्यों का उद्घाटन हुआ है। प्राकृतिक दृश्यों द्वारा कार्यकारण की अटूट शृंखला पेश करके तर्क-जाल का काव्य हुआ। अप्रस्तुतों का उपभोग चमत्कार तत्त्व की सहायता करता है। अतः यह. चमत्कार अद्‌भुत-प्रसूत न होकर अनुभूतिजन्य है। विरोधाभास और कार्य-कारण की ज्ञान-परम्परा ही इस तत्त्व को उभार देती है। अतः हमारा दूसरा सूत्र है 'चारुत्व' और 'चमत्कार' इन कविताओं में नयी रंगत लेकर आये हैं।[1]

कान्ता का दूसरा काव्य-संग्रह 'समयातीत' है, जिसमें कवयित्री कोई नयी जमीन नहीं तोड़ती। वे वर्षों तक 'कल्पना' के सम्पादक मण्डल में रही हैं। अतः परिवेश और प्रकाशन की सुविधा के साथ उन्हें आलोचकों की उपेक्षा का सामना भी नहीं करना पड़ा। सीमित भावबोध और अपेक्षाकृत एकरस कथ्य के बावजूद, शिल्प की कुछ एक नयी भंगिमाएँ नये स्रोत को उद्घाटित करती हैं। वैसे भी छोटी कविताओं का सीमित-सफल निर्वाह कवयित्री की विशेषता माना जा सकता है। इतना अवश्य है कि कहीं तो अनुभूति के दबाव में अन्तर्चित केन्द्र में आकर उजागर हो जाता है, तो कहीं थोड़ी कसर के कारण धुँधला रह जाता है :

जरा देर के लगाव-सा/अपने आपसे टूट गया मन/फिर भी और कस गये/बन्धन बड़ा ऽ ऽ, बड़ा अजीब है ढब/समय का।

वस्तुतः कान्ता की हर कविता समय के 'अजीब ढब' को पकड़ने का प्रयास है। समय ही इन रचनाओं पर आदि से अन्त तक छाया हुआ है। पूरा संग्रह जैसे नाटक का एक अंक है और हर कविता उसका एक दृश्य। और दृश्य को फेंकता-समेटता है समय। पात्र है कवि की संवेदना जो उस निरपेक्ष सूत्रधार के हाथों पुतलियों की तरह गतिशील है।

लगभग 'नयी कविता' के समयावधि में ही लिखना शुरू किया था इन्दु जैन और अमृता भारती ने। लेकिन दोनों के दो भिन्न तरह के कविता-संसार हैं। अमृता भारती

---

1. कल्पना, 129, डॉ. रमेश कुन्तल मेघ का लेख

की जितनी चर्चा होनी चाहिए थी, हुई नहीं, वैसे तो, कम-ज्यादा ऐसा सबके साथ ही हुआ है। अब तक अमृता भारती के चार कविता-संग्रह देखने में आये हैं, 'मैं तट पर हूँ' (1971), 'मिट्टी पर साथ-साथ' (1976), 'आज, कल या सौ बरस बाद' (1975) और 'मैंने नहीं लिखी कविता' (1978)। मात्रा की दृष्टि से यह एक अच्छी शुरुआत थी गुणवत्ता में बिना किसी गिरावट के। 'मैं तट पर हूँ' की कविताओं का स्वर अत्यन्त व्यक्तिगत होते हुए भी अपने से परे की किसी और सूक्ष्मतर, सुन्दरतर आत्मरूपता को पाने के लिए अपने आप को तराशता हुआ चलता है, इसीलिए इन कविताओं को हम शुद्ध आध्यात्मिक कविताएँ न कहें तो भी—यह एक रहस्यात्मक धुँधलके की सृष्टि अवश्य करता है : तुम्हारी इच्छा बन गयी है/मेरे जन्म का कारण/तुम्हारी अति चेतना/मेरे जीवन की अभिव्यक्ति/गति और स्थिति से परे/अब मैं केवल एक नैरन्तर्य हूँ।

'आज, कल या सौ बरस बाद' अमृता भारती की एक लम्बी कविता है, जिसमें अनेक छोटी-छोटी आवृत्तियाँ मिलकर एक श्रृंखला का निर्माण करती हैं। जैसा कि वे स्वयं कहती हैं :

'यह एक कविता है। ये बहुत-सी कविताएँ हैं। यह मैं हूँ।' वास्तव में यह कथन कवयित्री के पूरे रचना-संसार को उद्घाटित करता है। कविता आत्मान्वेषण से शुरू होती है और वैयक्तिक सामाजिक दृष्टियों को फैलाती हुई चलती है। विद्रोह और संघर्ष की वैयक्तिक परिकल्पना में पहला तीव्रतम अनुभूत बिन्दु यातना का ही है।

जिन्हें साथ नहीं लिया था/उन्हें तो साथ नहीं ही होना था/पर जो साथ थे/वे भी अब कहाँ हैं/वे वस्तुएँ वे लोग/वैयक्तिक देश का पर्यवसान/अन्ततः मानवीय करुणा में हुआ है। वैयक्तिक मनोवैज्ञानिक स्तर पर 'पत्थर की तरह बँधी हुई करुणा' बहुत बड़ा बोझ है। वे जानती हैं कि यह बोझ 'तब तक मेरे कन्धे तोड़ता रहेगा/जब तक/मिट्टी में धँसे मेरे पैर/पृथ्वी के बहुत बड़े हिस्से के साथ/ऊपर नहीं उठते/' ये पंक्तियाँ सिर्फ आकांक्षा या बड़बोली अभिव्यक्ति नहीं हैं, बल्कि यहाँ अनुभव का तात्कालिक सन्दर्भ सामाजिक सरोकारों से जुड़ गया है :

जलना/और किसी को जलते हुए देखना/इन दोनों की आँच/पता नहीं कब बराबर हो गयी।

संवेदनात्मक स्तरों पर चलनेवाला यह अनुचिन्तन मानवीय आशयों को गहराने वाला है।[1]

'मैंने नहीं लिखी कविता' के सम्बन्ध में अमृता भारती कहती हैं, 'मैंने नहीं लिखी कविता' एक शीर्षक है जो मेरी आज तक की सारी कविताओं का शीर्षक हो सकता है, या मेरी उस कविता का शीर्षक जो अभी तक लिखी नहीं गयी है।...यह एक स्वीकार है जो मुझे मेरी कविता से मुक्त करता है। यह एक स्वीकार है जो मुझे एक बहुत बड़ी कविता से जोड़ता है।[2]

---

1. डॉ. नरेन्द्र मोहन, वैचारिक कविता की भूमिका, पृ. 105; 2. अमृता भारती, मैंने नहीं लिखी कविता, आवरण पृष्ठ पर

कुल मिलाकर अमृता भारती की कविताएँ एक दार्शनिक मिजाज की कविताएँ हैं जिनका अपना अलग व्यक्तित्व है–केवल कवयित्रियों के रचना-संसार में ही नहीं, समकालीन कविता-धारा में भी। खासतौर से एक ऐसे समय में जो अकविता का समय कहा जाता है और अपने उग्र मुहावरे के कारण ही पहचाना जाता है। कविता के इस स्वतन्त्र व्यक्तित्व को गढ़ने में अमृता भारती की रचनात्मक भाषा की बड़ी हिस्सेदारी है। एक नयी कुहेलिकामयी मिथकीय धरातल से उठती हुई भाषा :

सूर्यमाला का एकान्त/खोखला हो गया/आतप की दुपहर/लताकुंज में शिलापट पर व्यतीत करने के बाद/मौलश्री के वृक्ष की आवाज/अब नहीं ठहरती/कहीं आस-पास अब नहीं होती बातचीत/अंजीर के पत्तों में।

इन्दु जैन का रचनाकाल नयी कविता से प्रारम्भ होकर समकालीन कविता तक फैला है। महत्त्वपूर्ण बात यह कि वह निरन्तर गतिशील है। 'चौंसठ कविताएँ' (1964) उनका पहला कविता-संग्रह है। फ्लैप पर उसका परिचय इस प्रकार दिया गया है, 'यह इसलिए नहीं है कि श्रेष्ठ कविता के निकष पर ये खरी उतरती हैं, बल्कि इसलिए कि ये हिन्दी-कविता की अधुनातन दिशा, भावबोध और शिल्प की प्रामाणिक उपलब्धि का संकेत देती हैं। और इसलिए भी कि, सब प्रकारों के उलझावों से मुक्त हैं और अपना अर्थ बड़ी सहजता के साथ स्वयं खोलती हैं। बिल्कुल नया, मोहक।' अपनी रचना-प्रक्रिया के बारे में कवयित्री का कहना है, 'एक चित्र, एक बिम्ब, एक शब्द, एक अस्पष्ट ख्याल–कुरेदकर कविता को जारी करते रहे हैं मेरे अन्दर से। होता रहता है कुछ इकट्ठा, जिस पर रोजमर्रा की परतें चढ़ती रहती हैं। फिर वह रोजमर्रा उसमें घुल-मिलकर एक किसी रासायनिक प्रक्रिया से एक नया पदार्थ खौला देता है, जिसकी परिणति कविता में होती है। उसकी अपनी लय है, शब्दों और अर्थों का पारस्परिक आदान-प्रदान व टकराहट है, जो एक बार मूर्त होने के बाद ही मेरे कब्जे में आ पाती है।'[1]

'आँख से भी छोटी चिड़िया' और अन्य परवर्ती कविताओं में इन्दु जैन का स्वर धीरे-धीरे परिपक्व होता चला गया है। समकालीन आन्दोलनों का प्रभाव उन पर प्रत्यक्ष नहीं है। उनकी सम्पूर्ण कविताओं को यदि एक नाम देने की कोशिश की जाए तो उसके लिए उनकी ही एक कविता का शीर्षक उपयुक्त होगा 'प्यार के कई नाम हैं'। उनकी कविताओं में प्यार को कई नामों में पहचानने और जीने की कोशिश है और उनका दर्द इन नामों के बीच दरारों से फूटता हुआ दर्द है जो स्वयं कवयित्री के अनुसार अब क्रोध में परिणत होता जा रहा है। 'क्रोध–जो सामूहिक चेतना का उत्स है, जो विद्रोह जगाता है, जो संघर्ष की ओर ठेलता है।'

पसीना पोंछती हुई औरतें/दफ्तर जाती हैं/नमक से नमक बहाती हैं।[2]

इन्दु जैन की कविताओं पर टिप्पणी करते हुए डॉ. गंगा प्रसाद विमल ने लिखा

---

1. वागर्थ, फरवरी, 2001, कवि और कविता, इन्दु जैन, पृ. 35; 2. वही

है कि इन्दु जैन ने एक तरह की संवाद शैली अपनी कविता में विकसित की है। 'कितनी अवधि' हो या 'सबूत क्यों चाहिए' संकलनों में उन्होंने अपनी अलग ही कथन शैली विकसित की है। स्त्री की तरह लिखना तो नैसर्गिक कहा जाएगा किन्तु इन्दु जैन ने कुछ कविताओं में पुरुष की तरह भी कहा है। शायद ऐसा वर्गीकरण समालोचना में समीचीन नहीं माना जाता, इस खातिर इस प्रसंग में चर्चा नहीं हुई है। परन्तु मैं इन्दु जैन की शैली का यह बेहद व्यंग्यपरक मारक हथियार समझता हूँ और इसका निष्कर्ष है कि जरा स्त्री के कहे को भी देखो।'[1]

खाने-खाने बँटी हैं
तुम्हारी बातें
—चुप्पी ने कहा—
ज्यादातर उसमें मैं ही हूँ
रही हूँ, रिसती धीरे-धीरे
ओस से सुबह बना दी है
तुम्हारी घास।
दूसरे खाने के स्वर भी मेरे हैं
बोलते और कुछ न कहते
तीसरे में तुम नहीं—
अक्षर बोलते हैं
छपे-छपाये
और दूरदर्शन
—चुप्पी ने मुस्कुराकर सवाल उठाया (एक दोपहर)

सन् 1979 में अज्ञेय ने 'चौथा सप्तक' सम्पादित किया था, जिसमें अवधेश कुमार, राजकुमार कुम्भज, स्वदेश भारती, नन्द किशोर आचार्य, श्रीराम वर्मा, राजेन्द्र किशोर के साथ सुमन राजे की कविताएँ भी संकलित हैं। चौथा सप्तक में अपनी रचना-प्रक्रिया पर टिप्पणी करते हुए सुमन राजे लिखती हैं, जो जीवन हमें जीने के लिए मिला है, उसकी अनिवार्य नियति है—निरन्तर चुभती हुई जूते की कील। हर कदम उस जूते को और जर्जर करता है और जख्म को गहराता जाता है, लेकिन चलना ही तो हमारा अस्तित्व है। पैरों और पैरों में कोई भेद नहीं होता इसीलिए सबके जख्म भी एक होते हैं। उन जख्मों के आस-पास पकती और फूटती रहती है कविता :

इसे क्या कहेंगे आप/मेरे लिए कविताएँ लिखना निहायत जरूरी है/उसी तरह/जिस तरह/हर हालात में जिन्दा रहना/उसी तरह/जिस तरह/पैर को जख्माते पत्थर को हाथ में उठाना/और तौलकर फेंक देना।

1. वागर्थ, फरवरी, 2001, कवि और कविता, इन्दु जैन, पृ. 36

'चौथा सप्तक' के बाद सुमन राजे ने कविता की जमीन पर एक लम्बी यात्रा की है। 'सपना और लाशघर', 'उगे हुए हाथों के जंगल', 'यात्रादंश', 'एरका' और 'इक्कीसवीं सदी का गीत' छः संग्रहों की रचना-प्रक्रिया में लगभग दो दशकों का काल गुँथा हुआ है। किसी भी कवि के लिए यह महत्त्वपूर्ण बात है कि उसने कविता की निरन्तरता को बनाये रखा और अपनी पहचान भी बनायी। यह पहचान सप्तक के कवियों के मध्य भी है और समकालीन कवियों के साथ भी। एक बदले हुए साहित्यिक परिदृश्य में जबकि कविता भी एक 'प्रायोजित' वस्तु बनती जा रही है, यह एक कठिन काम भी है।[1]

सुमन राजे के रचना-संसार की सबसे बड़ी विशेषता यह है कि उन्होंने कहीं भी अपने को दोहराया नहीं है। लगभग प्रत्येक काव्य-संग्रह अपनी जमीन स्वयं तोड़ता है। जहाँ 'सपना और लाशघर' कोमल अनुभूतियों और संवेदनाओं को सहजता के साथ चित्रित करता है, 'उगे हुए हाथों के जंगल में' महानगरीय बोध गहराता है। यात्रादंश में वे इतिहास और संस्कृति की विरूपता और अमानवीय अन्तर्विरोधों को सिलसिलेवार सजाती हैं, अनेक सवाल उठानेवाले अँधेरे को सावधानी से देखती हैं और संवेदना के स्तर पर विकल्प खोजने के प्रयास करती हैं। संग्रह में संकलित नारी-चेतना को केन्द्रित कर लिखी लम्बी कविता 'मनु-पुत्र के नाम एक खुली चिट्ठी' में सुमन राजे एक भिन्न सरोकार को उजागर करती हैं। कविता की खास विशेषता यह है कि यह ऐतिहासिक परिवेश में बिना किसी पात्र या मिथकीय माध्यम का प्रयोग किये हुए सीधे संवाद करती हैं। 'एरका' कवयित्री के महाकाव्यात्मक बोध की रचना है। महाभारतकालीन सन्दर्भों पर लिखी हुई यह प्रलम्ब कविता सर्वथा नये मिथकों का प्रयोग करते हुए अर्थ का अतिक्रमण करती है। चारवाक्, शिखण्डिन, उतंकमेघ और बालखिल्यादि जैसे चरित्र-रूपक वर्तमान के प्रकाश में नये रूपाकार ग्रहण करते हैं।

दो मूल विशेषताएँ सुमन राजे को समकालीन कवयित्रियों से अलग करती हैं। एक तो उनका इतिहास-बोध जो उनकी रचना को जटिल बनाता है और दूसरा लोकबोध जो उनकी भाषा को रचनात्मक बनाता है। इतिहास की ओर प्रस्थान करती हुई कवयित्री की चेतना प्रायः मिथकों का सहारा लेती है, जिनकी जड़ें उनकी जरूरत पर टिकी हुई हैं। कहीं-कहीं मिथक बिम्बों और प्रतीकों की सीमा लाँघते हुए एक पूरा दर्शन बन जाते हैं जैसे 'एरका' वह उपेक्षित घास है जो मानवीय मुट्ठियों का स्पर्श पाते ही अमोघ अस्त्र बन जाती है, तब वह निरकुंश राज्यसत्ता को नष्ट कर डालती है। लोक का रंग केवल देशज शब्दों के प्रयोग तक सीमित नहीं है जैसाकि प्रायः किया जाता है। वह केवल महानगरीय बोध के बरक्स रखा गया ग्रामीण बोध भी नहीं है, बल्कि पूरा मुहावरा ही लोक के अभिप्राय, अवधारणाओं और काव्यभाषा से पैबस्त हो गया है :

---

1. वागर्थ, अप्रैल, 1998, पृ. 31, डॉ. ऋचा दरबारी का लेख

कितनी बार/करुए की टोंटी से/निकली सुर-सुराती/सरदी कितनी बार/शिवरात्रि को/सिउ-सिउ करती/सत्तर हाथ गहरे कुएँ में समा गयी/कितनी बार/खिड़कियों के जबड़े हिले/और दरवाजे की दरदरी/काँपी कितनी बार/छज्जों से फिसली उम्र/मुट्ठियों की पकड़/डगमगा गयी/कितनी बार/बादलों ने पछोरकर/छिटका दिये बूँदों के दाने/सूप में भर-भर उलीचीं/हवा ने फुहारें/कितनी बार/छुई-मुई/उड़ती फिरी/पत्तों पर/छत्तों पर/अकड़ए की बोड़ियों की/रुई-सी धूप/कितनी बार/चरुए पर गोबर और जौ से सजाई गयी मानव-भविष्य की इबारत/कितनी बार/दाने चुग लिये गये भुट्टों से/पड़े रह गये सपनों के छूँछ/कितनी बार।

(एरका)

'इक्कीसवीं सदी का गीत' की कविताएँ एक बार फिर नया मोड़ लेती हैं। वयस्क सोच के 'बच्चे' के माध्यम से अवतरित होता है। रचना में मूर्त 'बच्चे' में पूरे देश का अमूर्त चेहरा रचा-बसा है :

मास्टर ने बताया/सूरज की तरफ मुँह करके खड़े हो जाओ/उधर पूरब होगा/बच्चे ने दोहराया/मैं जिधर मुँह करके खड़ा हो जाऊँगा/उधर सूरज होगा/मास्टर ने बताया/दिशाएँ चार होती हैं/पूरब-पच्छिम-उत्तर-दक्खिन/बिटिया ने दोहराया/दिशाएँ अनन्त होती हैं चारों तरफ/उन्हें खोज निकालना होगा/मास्टर ने समझाया/काल तीन होते हैं/भूत-वर्तमान और भविष्य/बच्चे ने दोहराया/ये देखो मेरी मुट्ठी में बन्द हैं।

(इक्कीसवीं सदी का गीत)

लगभग इसी रचना-काल में कुछ नाम और उल्लेखनीय हैं। स्नेहमयी चौधरी को कविता पारिवारिक विरासत में मिली है—कीर्त्ति चौधरी की तरह। 'पूरा गलत पाठ' उनका पहला कविता-संग्रह है। कामकाजी विवाहित महिला का विभाजित व्यक्तित्व इसमें पूरी सच्चाई के साथ अभिव्यक्त हुआ है। यह इन कविताओं का सामान्य स्तर है, जिसके साथ कचोट, शिकायत, द्वन्द्व और तनाव लिपटे हैं। यहाँ इनका सन्दर्भ बाहरी दुनिया, समाज या कोई व्यवस्था नहीं है, उनका एक अन्तरंग आत्मीय संसार है, जहाँ व्यक्तित्व के विभाजन की प्रक्रिया शुरू हो जाती है। उनका दूसरा कविता संग्रह 'चौतरफा लड़ाई' है जिसमें सम्पूर्ण लड़ाई और मुक्तिकामी उत्कण्ठा की कविताएँ हैं। यहाँ पुरुष के प्रति मात्र गिले-शिकवे नहीं, नारी जाति की तह-दर-तह जमी सदियों पुरानी चीखों की दबी वही महीन ध्वनियाँ हैं, जो कहीं मुखर तो कहीं सीधे ढंग से, तो कहीं संकेतों-व्यंजनाओं में व्यक्त हैं।[1]

घर परिवार के बाहर भी कवयित्री का विद्रोह पनपता है और वे इस नतीजे पर पहुँचती हैं कि वर्तमान संस्कृति ही इस पूरी विवशता के लिए जिम्मेदार है, इसीलिए वे कहती हैं :

'धीरे-धीरे मैं/सारी सभ्यताओं के खिलाफ होती जा रही हूँ/सारी विकास योजनाओं

1. डॉ. बलदेव वंशी, आधी दुनिया का जलता संविधान, वैचारिकी संकलन, मई 1996, पृ. 45

और व्यवस्था के विरुद्ध होती जा रही हूँ/जानती हूँ किस कदर अकेली होती जा रही हूँ।'

सामान्यतः स्नेहमयी चौधरी का शिल्प सपाटबयानी का है और लगभग तनावहीन है।

दूसरा नाम सुनीता जैन का है। जल्दी-जल्दी उनके कई संग्रह प्रकाश में आये हैं, बड़े प्रतिष्ठानों से प्रकाशित हुए हैं और चर्चित भी। कवयित्रियों के समग्र रचना-संसार पर एक प्रबल आरोप जो लगाया जाता है, वह है उनके सीमित परिवेश का। वह गलत है, यह कहना हमारा उद्देश्य नहीं है। हम तो महज यह कहना चाहते हैं कि समीक्षकों की रुचि के अनुसार यथावसर वही उनका सबसे बड़ा गुण भी घोषित हो जाता है। जैसे, 'इन कविताओं की अपनी पहचान है। आज की एकमुखी कविताओं और गीतों की भीड़ में अपनी एक पहचान बना लेना किसी कविता की बहुत बड़ी विशेषता समझा जाता है। इन कविताओं को पढ़ते समय ऐसा अनुभव होता है कि हम कुछ ताजा और विशिष्ट अनुभवों से गुजर रहे हैं। यह सही है कि इन कविताओं की दुनिया बहुत बड़ी नहीं है। इनमें समकालीन यथार्थ के बहुआयामी स्वर नहीं हैं, लेकिन जो दुनिया है वह बहुत आत्मीय है, ताजा है और कवयित्री के प्रामाणिक अनुभवों से बनी है। जाने-पहचाने छोटे-छोटे शब्दों, प्रकृति और परिवार के टटके बिम्बों, हल्की लयात्मकता से निर्मित प्रेम-संवेदना की ये कविताएँ अनेक-अनेक छोटे-छोटे गन्ध रंगवाले फूलों की तरह खिली मालूम पड़ती हैं।'[1]

'छुआ किसने फूल हो गया/धरती का मैला रंग/चटककर लागा किसके अंग/बीन-सा/कुहक उठा रसभरा भीगा मन/उमड़ा तन/अंगार हो गया।'

डॉ. चन्द्रकान्त बान्दवडेकर जी के अनुसार कवयित्री की विशिष्टता में यह भी शामिल है कि वह अंग्रेजी में उच्चशिक्षा प्राप्त है, वह भी अमरीका के विश्वविद्यालय से और इसीलिए उन्होंने आधुनिक रखरखाव में भारतीयता को मेहँदी की तरह रचाया है :

रच दे माँ, हाथों में मेहँदी/मेहँदी ज्यों ताँबे के जैसी/दमके बदली सूरज ऊपर/छाकर कोई शाम/और शाम हो चैतमास की/चुपके-चुपके रंगीली-सी/फूल खिले साँसों में जैसे/महके उनका नाम।

'कौन-सा आकाश' में सुनीता जैन का स्वर आत्मरति और मोहासक्ति से यथार्थ की ओर प्रस्थान करता है, लेकिन उनका यथार्थ भी यही है 'अकुलाकर हर रात/सोते हो/तुम कहीं/विलाप सीता से/मेरा भी/कम नहीं।'

इसी क्रम में 'जाने लड़की पगली' में माँ की पीड़ा को शब्द दिये गये हैं। इस कविता-संग्रह में उठाये गये यक्षप्रश्न दोहरे हैं, स्वयं माँ की भूमिका, कवयित्री का आत्मकथ्य, और माँ के बहाने से अपनी स्मृतियों का संचयन।

एक थी वह/एक मैं/हम दोनों का रिश्ता/फलियों में दाने से/भीगे सूरज-सा/गयी-गयी सरदी के/गरमाते दिन-सा/एक थी वह/एक मैं/वह तो चल दी/रह गयी मैं।

---

1. डॉ. रामदरश मिश्र, हो जाने दो मुक्त की भूमिका

अस्तु, सुनीता जैन की काव्यभाषा का तर्क क्रमशः परिपक्व होता है।

इस पूरी काव्य-धारा के समानान्तर 'किसिम-किसिम की कविता' का दौर चलता रहा है, जिनमें 'अकविता' का नाम भी लिया जाता है। यद्यपि वह स्वयं भी दीर्घजीवी नहीं रहा, लेकिन उसके प्रभाव के दायरे में कवयित्रियों के दो नाम लिये जा सकते हैं, मोना गुलाटी और मणिका मोहिनी। 'महाभिनिष्क्रमण' मोना गुलाटी के काव्य-संग्रह का नाम है। अकविता के मुहावरे की तरह 'यौन' और 'यौनशोषण' उनके विद्रोह का खास अन्दाज है। जैसाकि डॉ. बलदेव वंशी का मानना है, 'यौन और यौन-शोषण मोना की कविताओं की केन्द्रीय धुरी है। कहीं प्राकृत, कहीं अप्राकृत और अधिकांशतः विकृत यौन-क्रियाओं के सन्दर्भों-उल्लेखों को, ऐसे दुःसाहसी नाविकों के जोश की तरह प्रस्तुत किया गया है, जिनका हश्र बाद में गहरे पानियों में जल-समाधि लेने जैसा होता है।[1] मोना गुलाटी स्वयं कहती हैं, 'मुझे अपने परिचितों और परिवेश में कोई रुचि नहीं है। मेरे अहं ने मुझे व्यक्तिवादी समीक्षक बना दिया है और निरपेक्ष और निस्संग स्थिति में पटक दिया है।...निरासक्त व्यक्ति केवल अपनी खिल्ली उड़ाता है...मृत्यु केवल बौद्धिक यन्त्रणा रही है, एक रूढ़ि से टूट जाने की या संस्कार से मुक्त होने की...मैं अपने पूर्वजों से कुछ नहीं प्राप्त करना चाहती, न उनकी जुगुप्साएँ और न ही उनके आदर्श और भोंडी आदतें।...मेरी इच्छा पुरुष-इतिहास को अन्त कर देने की है।...नर शताब्दी में रहते-रहते मेरे पूरे जिस्म पर फफोले हो गये हैं।...'[2]

मणिका मोहिनी की अकविता दौर की कविताएँ सन् 1992-93 में संगृहीत हुईं। अतः वे एक विलुप्त मुहावरे का ऐतिहासिक स्मरण मात्र कराती हैं। उनके काव्य-संग्रह 'प्रेम-प्रहार', 'मेरा मरना' और 'कठघरे में' की कविताएँ लगभग एक वृत्त में चक्कर लगानेवाली कविताएँ हैं। उनकी 'समाधान' शीर्षक कविता की बानगी यह है :

सुबह होने से लेकर दिन डूबने तक/मैं इन्तजार करती हूँ/रात का/जब हम दोनों/एक ही कोने में सिमिट कर/एक-दूसरे को कुत्तों की तरह चाटेंगे/विवाह के बाद जिन्दा रहने के लिए/जानवर बनना बहुत जरूरी है।

उनका सुझाव गौर करने लायक है :

'काश ! सोसायटी गर्ल्ज की तरह/सोसायटी ब्वाएज भी होते'।

निषेध, विध्वंस, उग्र-विद्रोह, मारणेच्छा और बेहद्दी मैदान का खुलापन अकविता मात्र की विशेषताएँ हैं और वे अपनी पूरी शक्ति और सीमाओं के साथ दोनों कवयित्रियों में पायी जाती हैं। इसे एक संयोग ही कहना चाहिए कि इन कवयित्रियों को डॉ. विश्वम्भर नाथ उपाध्याय जैसा आलोचक मिला। 'जिसे जोश कहा जाता है वह रचना के मूल में गूँजता-गुर्राता है और उसकी खींच में ऐसे शब्द और जुमले आते हैं जो पाठक को आकर्षित करते हैं। इस आकर्षण का कारण वही 'विदग्धता' या बात कहने का चमत्कारिक ढंग है जो किसी तेज-तर्रार

1. डॉ. बलदेव वंशी, वैचारिकी संकलन, 1996, पृ. 47; 2. डॉ. विश्वम्भरनाथ उपाध्याय, समकालीन कविता की भूमिका, पृ. 67

शख्सियत में ही उभरता है।...कविता के लिए मन्दता या टिमटिमाहट अधिक खतरनाक चीज है। उग्रता, निषेध, अस्वीकृति, प्रहार और पक्षधरता से न केवल विद्रोही मानसिकता बनती है, बल्कि कविता विद्युतीकृत (इलैक्ट्रीफाइड) हो जाती है। मोना में केवल विद्युतीकरण की ही शक्ति नहीं है, अपितु उनमें काव्य-पंक्ति से वज्रपात की भी शक्ति है।'[1] 'वज्रपात' का एक उदाहरण काफी से अधिक होगा :

'रतिक्रिया करने के लिए आकाश यदि गहरा हो जाए समुद्र की तरह तो भी वह नहीं दे पाएगा अंडा।'

नौवें दशक में कवयित्रियों की एक नयी खेप उतरी है जो दो तरह से ताजगी का अहसास कराती है। इससे पहले की कविताएँ स्त्री के स्वर में लिखी गयी थीं जरूर परन्तु अब वे 'स्त्रीवाद' के तहत अधिक तल्खी और आक्रोश के साथ लिखी जा रही हैं। उनके पीछे 'विचारधारा' का पुख्ता आधार भी है और 'ऐक्शन' भी। इस दृष्टि से कात्यायनी की कविताएँ रखी जा सकती हैं। दूसरी बात यह कि कवयित्रियों में एक सजग शिल्प उभरा है। और यह कहने की जरूरत तो शायद नहीं कि वे पिछली पीढ़ी से अधिक प्रचार-प्रसार के 'नेटवर्क' से जुड़ी हुई हैं।

गगन गिल ने अपनी कविता की शुरुआत 'एक दिन लौटेगी लड़की' के साथ की थी। शहर की मध्यवर्गीय लड़कियाँ उनकी कविता में आवाजाही कर रही थीं। 'अँधेरे में बुद्ध' की कविताएँ व्यक्तिवाद की तरफ लौटती हुई रचनाएँ हैं। 'यह आकांक्षा समय नहीं' में उसी का विस्तार है। इसमें नयापन यही है कि 'नारीवाद' के चलते जहाँ 'प्रेमसम्बन्ध' संघर्ष और ओछेपन की गन्ध देते हैं, वहाँ गगन गिल प्रेम को पूरी संलग्नता और तन्मयता के साथ जी लेना चाहती हैं। इसीलिए ये कविताएँ एक उम्मीद जगाती हैं, क्योंकि 'प्रेम' समकालीन कविता की खिड़की से कूदकर बाहर चला गया था, गगन गिल उसे ससम्मान कविता में वापस लाने की कोशिश कर रही हैं। यह कोशिश आज की कविता से एक गहरी आकांक्षा की पेशकश है।[2]

'पहला एकान्त है यह/टपक रहा है/बूँद-बूँद पारा/पहली हैं ये अस्थियाँ/पहली यह रेत/पहली वह स्त्री/पार कर रही है जो पुल/...यह नहीं/पहला पुल/वह था/आकांक्षा का।'

अनामिका के तीन काव्य-संग्रह प्रकाशित हो चुके हैं, 'बीजाक्षर', 'समय के शहर में' और 'अनुष्टुप'। अपनी कविता—और कविता मात्र के सम्बन्ध में वक्तव्य देती हुई वे कहती हैं, 'इस उत्तर-आधुनिक परिदृश्य में कविता की स्थिति डाक में खोयी उस चिट्ठी की-सी है जो चाहती है कहीं पहुँचना पर पहुँच नहीं पाती। इस कठिन समय में जब समय से स्थान, देह से मन, समष्टि से व्यष्टि विच्छिन्न हो चला है (नाभिकीय नाल की) उनकी आपसी पकड़ छूट गयी है और 'आकाश की धरती से बन्द है

---

1. डॉ. विश्वम्भरनाथ उपाध्याय, समकालीन कविता की भूमिका, पृ. 67; 2. अरविन्द त्रिपाठी, समकालीन कवयित्रियों की दुनिया, वागर्थ, जनवरी, 2000, पृ. 105

बातचीत' कविता चाहती है संवाद—आत्मा का आत्मा से, प्रिय का प्रिय से, कटु का मधु से, कल्पना का यथार्थ से, शिल्प का कथ्य से, इन्द्रियों का इन्द्रियों से, सुख का दुख से, रूप का अरूप से, भाव का रस से, अतीत का वर्तमान से, परम्परा का प्रयोग से, मनुष्य का मनुष्य से।'[1] जिस व्यापक द्वन्द्व और संवाद की वकालत अनामिका कर रही हैं, उसकी पूर्ति उनकी कविताएँ कहाँ तक करती हैं, यह देखने की बात है। संवाद की तरफदारी करती हुई वे विश्वभर की स्त्रियों के संगठन की भी हिमायत करती हैं।

अनामिका की कविता में एक प्रकार की हड़बड़ी-सी दिखाई देती है। हर अनुभव को कविता में उतारने की जल्दबाजी। उनकी ज्यादातर कविताएँ इकहरी और शब्दस्फीति के फेन से भरी हुई हैं :

'मैं सूखा कपड़ा नहीं थी/मुझमें बहुत बूँदें बाकी बची थीं/यह मैंने जाना उसी दिन/उसकी भीगी बाँहें गीले कन्धे देखकर/एक अजब लय-सी थी उसके छूने और छोड़ने में।'

थोड़े समय में अधिक चर्चित होनेवाली कवयित्री 'कात्यायनी' की पृष्ठभूमि राजनीतिक-सामाजिक संघर्ष की है। मार्क्सवाद और पत्रकारिता दोनों मिलकर उनके काव्य-मुहावरे को बड़बोला बना देते हैं। यह समवाय कुछ नया नहीं है, रघुवीर सहाय जैसे कवि इसी मिश्रण से दूर तक मार करनेवाली काव्य-भाषा दे चुके हैं। लेकिन कात्यायनी के विचार और संवेदना के प्रेरक निराला, मुक्तिबोध या रघुवीर सहाय नहीं हैं। उन्होंने अपने काव्य-संग्रह 'इस पौरुषपूर्ण समय में' को ब्रेख्त और लोर्का को समर्पित किया है। 'सच्ची कविता निजी स्वामित्व के खिलाफ है और सच्चा कवि भी इसीलिए कवि को कभी-कभी लड़ना भी होता है, बन्दूक भी उठानी पड़ती है और फौरी तौर पर कविता के खिलाफ लगनेवाले कुछ फैसले भी लेने पड़ते हैं। ऐसे दौर आते रहे हैं और आगे भी आएँगे।' यह सच हो सकता है कि कविता को बन्दूक भी उठानी पड़ सकती है, पर बन्दूक कविता को उठा ले यह अर्ध सत्य ही है।

कात्यायनी की अधिकतर कविताएँ बयानबाजी पर निर्भर हैं, जिसमें कथावाचक का सम्पूर्ण जगत प्रतिपक्ष के रूप में होता है। कात्यायनी जब दूध जले की कविता सुनाती हैं—'सबसे निश्चिन्त / हम तब हो जाते हैं/जब सबसे चौकन्ना होना चाहिए / जैसे कि / नितान्त आत्मीय क्षणों में / सोचते हुए / या प्यार में डूबे हुए / और / जंग का एक अहम मोर्चा / हार जाते हैं। /' तब वे यह भूल जातीं है कि प्रेम करना भी एक युद्ध में उतरना है। जिन्दगी प्रेम का निषेध नहीं है।[2] लेकिन जहाँ कात्यायनी सायास वैचारिक आग्रह से अपने को बचा पाती हैं वहाँ उनकी कविताएँ मार्मिक सत्य की वाहक हो जाती हैं।

सुमति अय्यर एक ऐसा नाम है, जिसे अपनी कविता के साथ यहाँ होना चाहिए था, वह हो सकती थीं, पर होने नहीं दी गयीं। उनकी कविता की जमीन तो भिन्न नहीं

---

1. अनामिका, कविता क्या चाहती है, वागर्थ, मार्च, 1998; 2. वही

है पर उस पर उगनेवाली संवेदना और उसकी अभिव्यक्ति अवश्य विशिष्ट है :

'तुम इतना भर कर दो/इस डगाल और चिड़िया को बता दो/चाँदनी धूप, नमी नहीं बची/तो क्या हुआ/छुट्टियाँ शेष हैं/शेष है यात्रा/पहाड़ों के उस पार।[1]

कुछ कविताओं में, अधूरी यात्रा के साथ साहित्येतिहास में दर्ज है सुमति अय्यर की निर्मम घृणित हत्या। भविष्य की आहट की तरह और भी नाम हैं, जो कविताओं के साथ आगे बढ़ रहे हैं, परन्तु अभी इतिहास में उन्हें अपना होना प्रमाणित करना है।

---

1. वागर्थ, 57, जनवरी, 2000, पृ. 106

15

'इत्यादि' का साहित्येतिहास–गद्य

आचार्य रामचन्द्र शुक्ल ने अपने हिन्दी साहित्येतिहास में आधुनिक युग के लिए एक सर्वथा नया नाम तलाश किया है 'गद्य-काल'। इसका कारण सिर्फ यह नहीं है कि आधुनिक काल में गद्य की प्रधानता है, बल्कि यह भी है, कि इससे पूर्व गद्य अपने मौलिक रूप में लगभग अदृश्य है। जो कुछ, राजस्थानी, ब्रजभाषा और मैथिली भाषाओं का गद्य उपलब्ध भी है, उसे केवल गद्य का प्रारम्भिक रूप ही कह सकते हैं। सभी इतिहासकारों ने गद्य के सामान्य विकास की कहानी विस्तार से कही है। उसे दोहराने का यहाँ कोई अर्थ नहीं है, कारण उसके विकास में महिलाओं का योगदान प्रायः नहीं है।

जहाँ से तरतीबवार विविध विधाओं का इतिहास शुरू होता है, शुक्ल जी ने एक अर्थवान संकेत किया है। कहानी के विकास की बात करते हुए वे अचानक हिन्दी की 'पहली कहानी' की चर्चा छेड़ देते हैं। उनकी सूची में शामिल कहानियाँ हैं–'इन्दुमती' (किशोरी लाल गोस्वामी सं. 1957), 'गुलबहार' (किशोरी लाल गोस्वामी, सं. 1959), 'प्लेग की चुड़ैल' (मास्टर भगवानदास, सं. 1959), 'ग्यारह वर्ष का समय' (रामचन्द्र शुक्ल, सं. 1960), 'पण्डित और पण्डितानी' (गिरिजा दत्त वाजपेयी सं. 1960), 'दुलाईवाली' (बंग महिला सं. 1964)।[1] यहाँ मानकों के रूप में मार्मिकता और भावप्रधानता को स्वीकार करते हुए शुक्ल जी तीन कहानियों का नाम लेते हैं, 'इन्दुमती', 'ग्यारह वर्ष का समय' और 'दुलाईवाली'। अन्त में वे निर्णय कुछ किन्तु-परन्तु के साथ देते हैं, 'यदि 'इन्दुमती' किसी बांग्ला कहानी की छाया नहीं है, तो हिन्दी की यही पहली मौलिक कहानी ठहरती है। इसके उपरान्त 'ग्यारह वर्ष का समय' और फिर 'दुलाईवाली' का नम्बर आता है। 'इन्दुमती' को लेकर स्वयं वे आश्वस्त नहीं हैं, और 'ग्यारह वर्ष का समय' लेखक की एकमात्र कहानी है, वह किसी परम्परा का निर्माण नहीं करती।' बंग महिला के सम्बन्ध में लेखक का कथन है, '...इसके उपरान्त बंग महिला का स्थान है जो मिर्जापुर निवासी प्रतिष्ठित बंगाली सज्जन बाबू राम प्रसन्न घोष की पुत्री और

1. रामचन्द्र शुक्ल, हिन्दी साहित्य का इतिहास, पृ. 503-4

बाबू पूर्णचन्द्र की धर्मपत्नी थीं। उन्होंने बहुत-सी कहानियों का बांग्ला से अनुवाद तो किया ही, हिन्दी में कुछ मौलिक कहानियाँ भी लिखीं, जिनमें से एक थी 'दुलाईवाली।' इतिहासकार 'दुलाईवाली' को मौलिक कहानी मानता है, और यह भी स्वीकार करता है कि इस विधा को बंग महिला ने समृद्ध किया परन्तु उसे प्रथम कहानी का दर्जा नहीं देता। कारण बताने की जरूरत नहीं होनी चाहिए।'

पहली कहानीकार न सही, कहानीकार के रूप में बंगमहिला का जिक्र तो किया गया। परन्तु उसके बाद ? उसके बाद किसी महिला कथाकार का सन्दर्भ नहीं है। ऐसा नहीं है कि शुक्ल जी के समय की शोध-सीमाओं की अनदेखी की जा रही है, लेकिन यह सत्य है कि उन्होंने ज्ञात तथ्यों की भी अनदेखी की है—अनायास या सायास 'बंग महिला' के अतिरिक्त भी महिलाएँ थीं जो रचना कर्म गद्य में—लगी थीं। यह समय वह था, जब सामाजिक परिवर्तन की प्रक्रिया के केन्द्र में स्त्री थी। 'ब्राह्मसमाज' ने स्त्रियों के लिए पृथक् से पत्रिकाएँ निकाली थीं। 'वामा बोधिनी', 'अबलाबान्धव', 'महिला', 'अन्तःपुर', 'भारती', 'भारत महिला' एवं 'सुप्रभात' कुछ प्रमुख नाम हैं। आर्यसमाज, प्रार्थना समाज और दकन एजूकेशन सोसायटी जैसी संस्थाओं ने स्त्री-शिक्षा में सक्रिय भागीदारी निबाही थी। सन् 1849 ई. में सरकार के सहयोग से ईश्वरचन्द्र विद्यासागर ने कलकत्ते में हिन्दू बालिका विद्यालय की स्थापना की, जिसकी छात्रासंख्या शुरू में ग्यारह थी। सन् 1901 में देश में बारह महिला महाविद्यालय चल रहे थे जिनमें शिक्षारत छात्राओं की संख्या कुल 177 थी। उस समय के समाज-सुधारक मूलतः और प्रथमतः स्त्री को जाग्रत करना चाहते थे। बहुविवाह-निषेध, बालविवाह-निषेध, विधवा-विवाह-प्रचार, पर्दा-प्रथा-विरोध ये प्रमुख बिन्दु थे जिनके केन्द्र में स्त्री थी। 'आश्चर्य है कि तब भी साहित्य का सरोकार मात्र पुरुष से था। लेखक पुरुष, पाठक पुरुष और समीक्षक पुरुष।'[1]

इस काल में रचनारत श्रीमती यशोदादेवी ने मुख्यतः ऐतिहासिक और पौराणिक कहानियाँ लिखी हैं। 'पृथ्वीराज की रानी', 'धर्म्म और साहस', 'सती का प्रश्न', 'वीरमती', 'वीरावृत्तान्त', 'अनुमति', 'स्त्री की दया', 'पतिसेवा', 'सोनारानी का सच्चापति-प्रेम', 'कला व मुक्ता', 'विमला', 'भोगवती', 'वीरपुत्री', 'सती सर्वस्व', 'हरिश्चन्द्र तारामती' और 'स्त्री का साहस'। सामाजिक कहानियों में 'पतिव्रत धर्म', 'महिमा', 'चतुरनारी', 'सुशीला', 'भानुमती', 'सत्यवती' आदि का उल्लेख किया जा सकता है। स्पष्ट है, कथानक चाहे ऐतिहासिक हों या पौराणिक अथवा सामाजिक, लेखिका का उद्देश्य स्त्री की छवि को रेखांकित करना है। प्रियवन्दा देवी की कहानियों के दो संकलन हैं, 'धर्मात्मा चाची' और 'अभागा-भतीजा'। कुछ कहानियों के शीर्षक हैं 'पुरुष कौन', 'होली की रात', 'मेरे मन का दृश्य', 'भारत कब सुखी हो सकता है ?' 'इण्ट्रेंस पास बहू', 'माता की आन्तरिक इच्छा', 'अशिक्षिता और शिक्षिता'। इसी काल

---

1. नूपुर, अशोक, वागर्थ, अप्रैल, 1996, पृ. 89

की एक अन्य कहानीकार हैं, श्रीमती शारदा कुमारी। उनकी कुछ कहानियाँ हैं, 'नारी इति', 'विहूला', 'इन्दुमती', 'सरोज', 'सुशीला', 'प्रतिज्ञाभंग', 'विधवा', 'दशहरे की तातील', 'अभागिनी', 'परिवर्तन', 'हतभाग्य'। कथाकारों में कुछ महिला उपन्यासकारों के नाम भी मिलते हैं जैसे, सरस्वती गुप्ता, प्रियवन्दा देवी, हेमन्त कुमारी चौधरी, यशोदा देवी, ब्रह्मकुमारी एवं लीलावती देवी।[1]

यह कहना गलत होगा और यह आशा करना भी व्यर्थ होगा कि ये कहानियाँ और उपन्यास आज के मानकों पर खरे उतरते हैं। यह प्रेमचन्द पूर्व का वह युग है जब हिन्दी के पुरुष कथाकार चुनार के खँडहरों में तिलस्म तोड़ रहे थे। शुक्ल जी के अनुसार 'पहले मौलिक उपन्यास लेखक, जिनके उपन्यासों की सर्वसाधारण में धूम हुई, काशी के बाबू देवकी नन्दन खत्री थे'। दूसरे मौलिक उपन्यासकार, जिन्होंने उपन्यासों का 'ढेर' लगा दिया, पण्डित किशोरी लाल गोस्वामी (सं. 1922-1989) थे जिनके सम्बन्ध में स्वयं शुक्ल जी की टिप्पणी है, 'यह दूसरी बात है कि उनके बहुत-से उपन्यासों का प्रभाव नवयुवकों पर बुरा पड़ सकता है, उनमें उच्च वासनाएँ व्यक्त करनेवाले दृश्यों की अपेक्षा निम्नकोटि की वासनाएँ प्रकाशित करनेवाले दृश्य अधिक भी हैं और चटकीले भी।'[2] इन उपन्यासकारों की तुलना में महिला उपन्यासकारों की रचनाएँ किसी लक्ष्य को लेकर, जीवन से उठाये गये कथानकों पर आधारित हैं। एक आदर्श—चाहे वह नितान्त रोमाण्टिक क्यों न हो—इनमें पाया जाता है। प्रेमचन्द की नींव में ये उपन्यास हैं, कहना दुस्साहस समझा जा सकता है। फिर भी, हिन्दी साहित्येतिहास, चाहे वह पचपन लेखकों द्वारा अठारह भागों में क्यों न लिखा जाए, इन महिला कथाकारों के सम्बन्ध में मौन है।

किसी भी विकासमान भाषा के प्रारम्भिक इतिहास की पहचान जल्दी-जल्दी विकसित होती है और पकड़ में आती है। शुक्ल जी ने इस पहचान को 'उत्थानों' में व्यक्त किया है और लगभग एक यान्त्रिक ढंग से काल-विभाजन किया है। प्रथम उत्थान संवत् 1925-50 (25 वर्ष), द्वितीय उत्थान संवत् 1950-75 (25 वर्ष) एवं तृतीय उत्थान (1975 से...) यदि शुक्ल जी जीवित होते तो अभी तक कम-से-कम दो उत्थान तो और हो ही सकते थे। मानवीय चेतना का विकास इतनी सरलता से न तो होता है और न ही पहचाना जा सकता है। इन 'उत्थानों' को भी 'विधाओं' में बाँट देने से अध्यापन में तो सुविधा हो सकती है, लेकिन व्यक्तित्व की केन्द्रीय उपस्थिति दर्ज नहीं की जा सकती। यही कारण है कि 'प्रथम उत्थान' का जितना आत्मीय संस्पर्श युक्त मूल्यांकन शुक्ल जी ने किया है वह द्वितीय और तृतीय उत्थान में बिखर गया है।

इस विभाजन से जो अन्तर्विरोध उत्पन्न हुआ वह हिन्दी साहित्येतिहास के लिए एक बहुत बड़ी दुर्घटना साबित हुई। किसी लेखक का लेखन सिर्फ पच्चीस वर्ष हो, यह जरूरी तो नहीं। स्वयं शुक्ल जी जिन लेखकों का उल्लेख एक काल में करते हैं, उसका

1. नूपुर, अशोक, वागर्थ, अप्रैल, 1996, पृ. 89; 2. रामचन्द्र शुक्ल, हिन्दी साहित्य का इतिहास, पृ. 500

रचनाकाल दूसरे काल तक फैला है। यदि खुसरो से शब्द उधार लें तो 'बाबा सोएँ जा घर में, टाँग पसारे वा घर में।' लेकिन चूँकि वे 'प्रवर्त्तन' काल के लेखक हैं इसलिए 'प्रसार' काल में अप्रासंगिक हो जाते हैं। महिला-रचनाकारों का सन्दर्भ लें तो स्वयं महादेवी वर्मा का रचनाकाल 60 वर्षों तक फैला है। लेकिन उनपर 'ठप्पा' चूँकि छायावादी-रहस्यवादी कवयित्री का लगा है, अतः छायावाद के बाद वे भी फोकस के बाहर हो गयीं। इस नीति का एक दहला देनेवाला उदाहरण उषा देवी मित्रा का है। सन् 1897 में जन्मी उषा देवी मित्रा की मातृभाषा बांग्ला थी, फिर भी उन्होंने हिन्दी को पाँच उपन्यास और सात कथा-संग्रह प्रदान किये। सन् 1966 में सत्तर वर्ष की आयु में जब उनकी मृत्यु हुई तो उन्होंने वसीयत की 'मेरी सारी पुस्तकें मेरे साथ चिता में जला दी जाएँ।'[1]

अस्तु, जहाँ तक महिला-लेखन का सवाल है उसे छोटे-छोटे खण्डों में विभाजित करना गैरजरूरी है। इसी प्रकार विधाओं—विशेष रूप से समलय रखनेवाली विधाओं—के आधार पर किसी रचनाकार को विखण्डित करना साहित्येतिहास में धुँधलापन पैदा करता है।

सन् 1930 के आस-पास महिला रचनाकारों की एक पूरी पीढ़ी पूरे उत्साह के साथ रचना कर्म में जुटी हुई थी। उनकी रचनाधर्मिता केवल कागज और कलम तक सीमित नहीं थी। उसमें साहित्यिक समारोहों में भाग लेना, पत्रिकाओं का सम्पादन, महिला और राजनीतिक संगठनों से जुड़ना और अपनी तरह से नवजागरण का हिस्सा बनना शामिल था। अपनी क्षमता और संकल्प के अनुसार। इस रचनाधर्मिता की दुर्लभ विशेषता थी कथनी और करनी में एकता। समय के साथ यह फाँक बड़ी होती चली गयी। उदाहरण महादेवी वर्मा का लिया जा सकता है, जिनका विद्रोह उनकी विनम्रता में ढका-ढका है। उन्होंने बचपन से भिक्षुणी बनने की कामना की थी, परन्तु जब सिलोन से आये प्रख्यात महास्थविर ने काष्ठपट आँखों के सामने रखकर उनसे बात की तो उनकी प्रतिक्रिया थी, 'यह सब मुझे विचित्र तो लगा ही, क्रोध भी आया। जो गुरु अपने शिष्य को सीधे देख सकने की भी शक्ति नहीं रखता, उसका शिष्यत्व स्वीकार करना हास्यास्पद ही नहीं, अपमानजनक भी है। मेरा मन विद्रोह कर उठा और मैं तुरन्त उठकर चली आयी।'[2] जहाँ उनकी प्रारम्भिक रचनाएँ उनके देशप्रेम के उद्रेक को व्यंजित करती हैं, वहीं सन् 1942 के आन्दोलन के समय क्रान्तिकारियों की लुके-छिपे मदद करना उनकी आदत बन चुकी थी। जब कोई उन्हें सावधान करता तो उनकी आँखें लाल हो गयीं। संकल्प की दृढ़ता में बोली, 'मैं जानती हूँ, पर विश्वास के साथ आये हुए देशप्रेमी बन्धु का अपमान भी तो नहीं कर सकती। इस समय देश को बहुत बड़े बलिदान की आवश्यकता है, तो क्या मैं इतना भी न करूँ ? जोशी जी, आप निश्चिन्त रहें, जौहर व्रत के उत्तराधिकारियों को जीवित पकड़नेवाली पुलिस अभी नहीं पैदा हुई।'[3] जो अखण्ड आत्मभाव उनकी करुणा को सक्रियता देता है, वही उनके विद्रोह को साहस और बल। उन्होंने सोचा

---

1. उपेन्द्रनाथ 'अश्क', साक्षात्कार, फरवरी, 1994, पृ. 31; 2. गंगा प्रसाद पाण्डेय, महीयसी महादेवी, ज्ञानोदय, अप्रैल, 62, पृ. 257; 3. डॉ. मैनेजर पाण्डेय, तद्भव, पृ. 89

भारतीय नारी पीड़ित है, क्योंकि वह अशिक्षित है, इसलिए महिला-शिक्षा के क्षेत्र में पहलकदमी की, जिसका परिणाम प्रयाग महिला विद्यापीठ है। उसमें ऐसे-ऐसे पाठ्यक्रम रखे गये जो आजतक कहीं नहीं हैं, इसलिए उनके लिए पाठ्यपुस्तकें भी तैयार की गयीं। आज भी साहित्य में 'महिला काव्य' का संकलन कहीं नहीं है परन्तु सन् 1947 में वह विद्यापीठ में पढ़ाया जाता था। आज गृहविज्ञान में शायद ही कुछ ऐसा हो जो सामान्य छात्राओं के लिए उपयोगी हो। पर विद्यापीठ में 'घर का हिसाब' पढ़ाया जाता था, जिसके द्वारा गणित न जाननेवाली छात्राएँ भी घर का हिसाब कर सकती थीं। निस्पृह और वीतरागी थीं, परन्तु उनका परिवार कितना बड़ा था, इसके साक्षी उनके रेखाचित्र हैं। सन् 1934 में उन्होंने 'चाँद' का नारी-आन्दोलन अंक निकाला, 1935 में 'विदुषी अंक' निकाला, जिसके द्वारा उन्होंने एक ओर स्त्रियों को आत्म सजग किया तो दूसरी ओर नयी लेखिकाओं की खोज की, उन्हें प्रकाशित किया, महिला कवि-सम्मेलन कराये, महिला-गल्प सम्मेलन कराये। तीस के दशक में महादेवी ने मीरा जयन्ती मनानी शुरू की।

सुभद्रा कुमारी चौहान, होमवती देवी एवं उषादेवी मित्रा भी इसी धार की रचनाकार हैं। उषा देवी मित्रा ने नागपुर में 'नारी मंगल समिति' की स्थापना की थी। अस्वस्थता के कारण जब वे जबलपुर आ गयीं तो भी कांग्रेस का काम करती रहीं। सुभद्रा कुमारी चौहान के लिए जेल यात्रा भी उतनी ही सहज थी, जितना रचना करना।

आचार्य हजारीप्रसाद द्विवेदी उस युग के सम्भवतः एकमात्र साहित्येतिहासकार हैं, जिन्होंने महिला-कथाकारों की कहानियों पर अलग से विचार किया है। श्रीमती शिवरानी, सुभद्रा कुमारी चौहान, कमला चौधरी और होमवती देवी की कहानियों के सन्दर्भ से उन्होंने कुछ महत्त्वपूर्ण मुद्दे भी उठाये हैं, 'अधिकांश कहानियों का मूल उपादान का मध्यवर्ग के हिन्दू परिवार की अशान्तिकर अवस्था है। सास, जेठानी और पति के अत्याचार, स्त्री की पराधीनता, उसे पढ़ने-लिखने या दूसरों से बात करने में बाधा इत्यादि बातें ही नाना भावों और नाना रूपों में कही गयी हैं। सुभद्रा कुमारी के 'बिखरे मोती' इस विषय में सर्वप्रथम हैं। 'पिकनिक' और 'निसर्ग' में ये बातें कुछ गौण स्थान अधिकार करती हैं। ऐसे प्रसंगों पर सर्वत्र एक दुःखपूर्ण स्वर कहानी का परिणाम होता है जो चरित्र के भीतरी विकास से नहीं बल्कि सामाजिक बाह्य परिस्थितियों के साथ दुःखी व्यक्ति के असामंजस्य के कारण होती हैं।'[1]

सुभद्रा कुमारी चौहान (बिखरे मोती और उन्मादिनी) की अधिकांश कहानियाँ शिक्षित बहुओं की समस्याओं को आधार बनाकर लिखी गयी हैं। वे प्रामाणिक भी हैं और यथार्थ भी, परन्तु 'उनके चरित्र में ऐसी भीतरी शक्ति या विद्रोह-भावना नहीं पायी जाती जो समाज की इस निर्दयतापूर्ण व्यवस्था को अस्वीकार कर सके।' इसके विपरीत शिवरानी की कहानियाँ 'आँसू की दो बूँदें' आदर्श की परिकल्पना करती हैं। द्विवेदीजी का निष्कर्ष

---

1. डॉ. हजारीप्रसाद द्विवेदी, महिलाओं की लिखी कहानियाँ, कल्पलता, पृ. 82

है कि 'सुभद्रा जी उन वस्तुओं की प्रतिनिधि हैं जो उनकी कहानी के उपादान हैं, शिवरानी जी उस आदर्श की प्रतिनिधि हैं जो इस जाति की कहानियों की जान है।'[1] कमला चौधरी और होमवती देवी की कहानियाँ मध्यमार्ग का अनुसरण करती हैं। कमला देवी अपने चरित्रों, उनकी क्रियाओं और उनकी परिणति की ओर जितनी सयत्न हैं, उतनी उन रूढ़ विधियों की ओर नहीं जो इन चरित्रों, क्रियाओं और परिणतियों का नियमन करती हैं। 'निसर्ग' में होमवती देवी इस ओर अधिक झुकी हैं। इसीलिए कमला देवी में जहाँ वैयक्तिक स्वाधीनता के प्रति पक्षाघात का स्वर प्रधान हो उठा है, वहाँ होमवती देवी में रूढ़ियों की प्रधानता का स्वर है। शायद यही कारण है कि कमलादेवी अपने चरित्रों में अनुभव के द्वारा काट-छाँट (विश्लेषण) करती हैं और होमवती देवी कल्पना के द्वारा उन्हें मांसल करने की चेष्टा करती हैं।

उषा देवी मित्रा की कहानियाँ थोड़े अलग मिजाज की हैं। उनका संसार सास और जेठानी तक सीमित नहीं है। उन्होंने कहानी में प्रतीकात्मक शिल्प का भी प्रयोग किया है जो उस युग में समय से आगे की चीज थी। साहित्य में वह आदर्श का युग था और आदर्शवादी कहानियाँ लिखी जा रही थीं—वीर राजपूतों और राजपूतनियों की, गुप्तरूप से काम करनेवाले जवान देशभक्तों की, निश्शंक और निर्भय कुर्बानियाँ देनेवाले क्रान्तिकारियों की। उन दिनों वीर क्रान्तिकारियों की जितनी कहानियाँ लिखी गयीं, उतनी फिर कभी नहीं लिखी गयीं। 'अश्क' जी कहते हैं, 'मेरी पीढ़ी ने जब हिन्दी साहित्य में कदम रखा तो हिन्दी की कोई ऐसी पत्रिका नहीं थी जिसमें उषादेवी मित्रा की कहानियाँ न रहती हों। स्वयं प्रेमचन्द जी ने उनकी कहानियों की प्रशंसा की थी।'[2]

स्वतन्त्रता-प्राप्ति के आसपास महिला कथाकारों की एक और पीढ़ी इन रचनाकारों के साथ आ खड़ी होती है। दिनेश नन्दिनी का रचनाकाल काफी लम्बा रहा है। उनकी कहानियाँ भी नारी-जीवन के विभिन्न पक्षों को लेकर चलती हैं। लेखिका का मानना है कि ये कहानियाँ सत्य घटनाओं पर आधारित हैं। महादेवी की करुणा-दृष्टि का प्रभाव इन पर आसानी से खोजा जा सकता है। बाह्य संघर्षों की अपेक्षा इनमें आन्तरिक संघर्ष की प्रधानता है। सुमित्रा कुमारी सिन्हा ने कविताओं के साथ-साथ कहानियाँ भी लिखी हैं। 'अचल सुहाग' और 'वर्षगाँठ' उनके कहानी संग्रह हैं। कथ्य की दृष्टि से भी पति, संयुक्त परिवार, सामाजिक आचार संहिता आदि के नीचे सदियों से पिसती नारी का क्रन्दन भी है और विद्रोह की क्षुब्ध वाणी भी।'[3] रजनी पनिकर और कंचनलता सब्बरवाल भी पाँचवें और छठे दशक की महत्त्वपूर्ण कथाकार हैं। रजनी पनिकर की रचनाएँ हैं, 'पानी की दीवार', 'मोम के मोती', 'प्यासे बादल', 'काली लड़की', 'जाड़े की धूप', 'एक लड़की दो रूप', 'महानगर की मीता' सभी उपन्यास और 'सिगरेट के

---

1. डॉ. हजारीप्रसाद द्विवेदी, महिलाओं की लिखी कहानियाँ, कल्पलता, पृ. 83; 2. उपेन्द्रनाथ अश्क, साक्षात्कार, फरवरी, 1994, पृ. 30; 3. धीरेन्द्र वर्मा, साहित्य कोश, पृ. 605

टुकड़े' कहानी संग्रह। इनकी रचनाओं में अपनी जमीन से उखड़ी हुई नारी को आधार बनाया है, जिसका प्रेम प्रायः कुण्ठित है। कंचनलता सब्बरवाल की कृतियों में वैविध्य है। 'मूक प्रश्न', 'भोली भूल', 'संकल्प', 'मूक तपस्वी', 'स्वतन्त्रता की ओर', 'त्रिवेणी', 'भटकती आत्मा', 'पुनरुद्धार', 'अनजानी राहें', 'अनचाहा', 'नया मोड़', 'स्नेह के दावेदार' सभी उपन्यास। कहानी संग्रह 'भूख'। नाटकों के क्षेत्र में काम करनेवाली सम्भवतः पहली लेखिका हैं। उन्होंने नाटक लिखे ही नहीं उनका मंचन भी किया। मुख्य नाटक हैं, 'आदित्यसेन गुप्त', 'अमिया', 'भीगी पलकें', 'अनन्ता' और 'रानी लक्ष्मीबाई'। पारिवारिक पृष्ठभूमि के साथ दलित-पीड़ित मानवता का भी संवेदनात्मक चित्रण है। उच्च मध्यम श्रेणी के परिवारों की हृदयहीन दाम्भिक मनोवृत्तियों और निम्न मध्यम श्रेणी के परिवारों में दिन-प्रतिदिन के अभावों, हाहाकारों और अन्तर्द्वन्द्व का बड़ा ही मार्मिक विश्लेषण इनकी कहानियों में मिलता है।[1] हीरादेवी चतुर्वेदी ने भी पर्याप्त लेखन किया है, जो अपने युग की सामाजिक समस्याओं से दो-चार होता है। वे समस्याओं का चित्रण करके ही नहीं रह जातीं वरन् उनका हल खोजने का भी प्रयास करती हैं। 'उलझी लड़ियाँ' उनका कहानी संग्रह है। सौ से अधिक कहानियाँ लिखनेवाली विपुला देवी का जिक्र करना भी आवश्यक है। मनोविश्लेषण के साथ-साथ दार्शनिक पुट उनकी कहानियों की विशेषता है।

छठा दशक साहित्य में विविधता और गहरी मानसिक बेचैनी लेकर आया। यह समय कविता और कहानी दोनों में ही नये-नये आन्दोलनों का युग है। नयी कहानी, अकहानी, समानान्तर कहानी और सचेतन कहानी के आन्दोलन कथा के क्षेत्र में छोटे-छोटे विवर्त उठाते रहे। इन सभी आन्दोलनों में कथा के परम्परागत ढाँचे को नकारने का स्वर प्रमुख था। यह तथ्य उल्लेखनीय है कि महिला कथाकारों ने प्रत्यक्ष रूप से इनमें कोई हिस्सा नहीं लिया। एक पूरी पीढ़ी, पूरी तेजस्विता के साथ कथासाहित्य के इतिहास में प्रवेश कर गयी। शिवानी, कृष्णा सोबती, मन्नू भण्डारी, उषा प्रियंवदा, शशिप्रभा शास्त्री और अन्य अनेक।

अपनी समकालीन लेखिकाओं से शिवानी का रचनात्मक व्यक्तित्व विशिष्ट है और उनकी रचनायात्रा लम्बी है। लोकप्रियता के जो मानक उन्होंने बनाये वे विरल हैं, सम्भवतः यही तथ्य समकालीन आलोचक पचा नहीं सके। इसीलिए प्रारम्भिक स्वीकृति के बाद आलोचना और विशेष रूप से ऐतिहासिक आलोचना उदासीन होती चली गयी। सम्पूर्ण साहित्येतिहास को यदि छोड़ भी दें, तो कथा साहित्य पर केन्द्रित इतिहासों में भी उन्हें वह जगह नहीं दी गयी जिसकी वे हकदार थीं। सन् 1962 में ज्ञानोदय के नवोदित लेखिका-अंक में उनकी विस्तार से चर्चा की गयी थी। जिन दिनों 'कृष्णकली' धर्मयुग में धारावाहिक रूप से प्रकाशित हो रहा था, अगले अंक के लिए पाठकों में एक खास तरह की बेचैनी बनी रहती थी। शिवानी की रचनाएँ हैं, 'मायापुरी',

1. डॉ. रामचरण महेन्द्र, हिन्दी के प्रतिनिधि कहानीकार

'कृष्णकली', 'झरोखा', 'भैरवी', 'विषकन्या', 'श्मशान-चम्पा', 'रथ्या', 'चौदहफेरे' सभी उपन्यास 'स्वयंसिद्धा', 'रतिविलाप', 'पुष्पहार', 'किशुनली की ढाँट', 'मेरी प्रिय कहानियाँ' सभी कहानियाँ। भाषा की काव्यात्मकता से श्लथ अभिव्यंजना की लालित्यपूर्ण कालिदासीय शैली एवं कथानकों के आभिजात्य की आंचलिक गरिमा की व्याख्याता हैं शिवानी।'[1] शिवानी ने अपने आत्मकथ्य में मोपासाँ के हवाले से अपने रचना-लक्ष्य का उद्घाटन इस प्रकार किया है, 'पाठक भी कई प्रकार के होते हैं। हम लेखकों से कोई कहता है, 'मुझे सान्त्वना दो', कोई कहता है, 'मेरा मन बहला दो', दूसरा कहता है, 'मुझे स्वप्न दिखाना'। एक दूसरी पुकार आती है, 'नहीं, मुझे गुदगुदा दो मेरे लेखक।' 'मुझे रुला दो', 'मुझे सोचने की सामग्री दो।' किन्तु बहुत कम ही ऐसे पाठक निकलते हैं जो कहते हैं, 'हमें अपने मनपसन्द की कोई ऊँची वस्तु दो।' लेखक यही देने का प्रयास करता है।[2]

शशिप्रभा शास्त्री ने भी धैर्य के साथ एक लम्बी पारी खेली है। उनके उपन्यास हैं, 'अमलताश', 'क्योंकि', 'ककरेखा', 'परछाँही के पीछे', 'परसों के बाद' तथा 'सीढ़ियाँ'। कहानी संग्रह हैं—'अनुत्तरित', 'दो कहानियों के बीच', 'जोड़-बाकी' आदि। लेखिका का नारी-मनोविज्ञान पर गहन अध्ययन है, जिसका प्रभाव उनके कथा साहित्य पर स्पष्ट देखा जा सकता है। नवीन मूल्यान्वेषण, रूढ़ियों का तिरस्कार एवं परम्पराओं के नवीन सन्दर्भों की पुनः जाँच उनकी कहानियों का मूल स्वर है। 'जब कहानी या उपन्यास को गढ़ते समय सारे पात्र माहौल और घटनाक्रम इस सहजता और सादगी के साथ आ जाएँ कि कहानी कहानी न होकर, हमारे जीवन से जुड़ा हुआ एक जीवन्त अंग हो जाए तो उसे लेखक की एक विशेष भंगिमा माना जाएगा, और यह भंगिमा जिसके पास है वह हैं शशिप्रभा शास्त्री।[3] चन्द्रकिरण सोनेरिक्सा भी काफी लम्बे समय से और निरन्तर लिख रही हैं और यह लेखन एक गतिशील लेखन है। शुरुआत उन्होंने भी मध्यवर्गीय पढ़ी-लिखी स्त्रियों की समस्याओं से की थी, लेकिन वे समस्याएँ समय के साथ बदलती रही हैं। चन्द्रकिरण सोनेरिक्सा इस दौर की महत्त्वपूर्ण लेखिका हैं जिन्होंने स्वाधीनता के बाद अंग्रेजी भाषा और सभ्यता के प्रति ललक रखनेवाले भारतीय उच्च-मध्यवर्ग के अन्तर्विरोधों को बहुत सूक्ष्मता से उद्घाटित किया। उनकी 'बर्थडे', 'कवयित्री', 'आत्महन्ता' और 'छोटे कमीन बड़े कमीन' आदि कहानियाँ जहाँ सामाजिक विरूपताओं के प्रति उनकी गहरी समझ को व्यंग्य के साथ प्रस्तुत करने की दृष्टि से महत्त्वपूर्ण हैं, वहीं उनमें एक संयत कलाबोध भी है जो उस दौर में उन्हें अत्यन्त महत्त्वपूर्ण कहानीकार सिद्ध करता है। 'उनकी कहानियों का 'रेंज' इतना व्यापक है कि कभी महिला कथाकार का कोई ठप्पा उन पर नहीं लगाया जा सकता।'[4]

---

1. दिनेश द्विवेदी, चर्चित महिला कथाकारों की कहानियाँ, भूमिका; 2. ज्ञानोदय, नवोदित लेखिकाएँ विशेषांक-2, पृ. 143; 3. दिनेश द्विवेदी, चर्चित महिला कथाकारों की कहानियाँ, पृ. 8; 4. मधुरेश, सामाजिक सत्य और अनुभव की प्रामाणिकता के बीच, आजकल, स्वर्ण जयन्ती अंक, मई-जून, 1994, पृ. 17

उषा प्रियंवदा के चर्चित उपन्यास 'पचपन खम्भे लाल दीवारें', 'रुकोगी नहीं राधिका', और 'शेषयात्रा' हैं। कहानी संग्रहों में 'एक कोई दूसरा', 'जिन्दगी और गुलाब के फूल' तथा 'कितना बड़ा झूठ' हैं। उषा प्रियंवदा के कथा-लेखन की विशेषता देशी-विदेशी अनुभवों की समानान्तर यात्रा है। उन्होंने मध्यवर्ग के पारिवारिक यथार्थ एवं उसकी समस्याओं को सूक्ष्मता से चित्रित किया है। विविधता, मार्मिकता और सहजता उनके कथा-लेखन की विशेषताएँ हैं। अपने अमेरिका प्रवास और 'विल्सन' हो जाने के बाद उन्होंने अपने नये अनुभवों को कहानियों में उतारा है। वे लिखती हैं, 'उस नगर में चार सौ तेईस भारतीय हैं। संगीत समारोह मुशायरे, भोजन, हिन्दी फिल्में, चाट-पार्टियों में निमन्त्रण मिलते हैं और प्रायः सम्मिलित भी होती हूँ, पर उस सबके बावजूद जैसे उनके जीवन की परिधि पर हूँ, कभी मध्य में नहीं। भारत लौटने पर भी ऐसा लगता है, इसीलिए वह अलगाव शायद मेरे व्यक्तित्व और लेखन का अभिन्न अंग बनता जा रहा है।'[1]

कृष्णा सोबती का नाम महिला कथाकारों में सर्वथा विशिष्ट और महत्त्वपूर्ण है। उन्होंने कथा साहित्य में नयी दिशाओं की खोज की है। 'बादलों के घेरे', 'डार से बिछुड़ी', 'तिन पहाड़', 'यारों के यार', 'मित्रो मरजानी', 'सूरजमुखी अँधेरे के', 'जिन्दगीनामा', 'ए लड़की' और 'दिलोदानिश' में वे पूरी जिन्दादिली से अपनी उपस्थिति दर्ज कराती हैं। उनकी कृतियों की एक पहचान उनका उपन्यास और कहानी की शिल्पविधियों के बीच तैरना है। अपने लेखन के सम्बन्ध में उनका कथन है, 'मेरे निकट लिखना और जीना दो नहीं एक ही है। जिस लिपि, आन्तरिक भाषा में आप स्वयं को जीते हैं, दूसरों को पहचानते हैं, निगाह की बन्दिश में बाँधते हैं, व्याकरण की चौखट में कसते हैं—वही आपके लिखने की शर्त भी बनता है।...फिर एक मुबारक घड़ी में आप अपने पिछवाड़े देखने लगते हैं। अपने आगे और अपने आमने-सामने से एक समय अंकित होने लगता है। एक पंक्ति। एक समय। रचना लेखक के अन्दर है और वह अपने बाहर खड़ा है। ऐसे में दोहरापन नहीं, रचना का एकल अस्तित्व स्वयं इन दो स्थितियों तत्त्वों का अतिक्रमण करता है।'[2] इस तरह समाज की ठोस सच्चाइयों को एक प्रकार का अमूर्तन दे दिया गया है जो अपनी प्रकृति में रूमानी हैं। इसीलिए उनकी रचनाओं पर प्रायः इस प्रकार की टिप्पणी आसानी से की जा सकती है। 'कृष्णा सोबती की सारी कथायात्रा से गुजरते हुए मुझे कभी-कभी ऐसा लगता है जैसे अलग-अलग समय में अलग-अलग रचनाएँ नहीं की हैं, एक ही रचना के विभिन्न अध्याय लिखे हैं। जगह, काल और परिवेश या नाम बदलकर वे एक ही कहानी को आगे बढ़ाती रही हैं, बहुत सादे शिल्प और बेहद जानदार जबान के साथ। और अपनी इस रचना-यात्रा में दो चीजों की उन्होंने कभी चिन्ता नहीं की (इसीलिए उनका कहीं कोई हवाला भी नहीं है) वे हैं नैतिक-अनैतिक रूढ़ियाँ और आर्थिक असुविधाएँ।[3] निःसन्देह कृष्णा सोबती की भाषा

1. उषा प्रियंवदा, मेरी सृजन प्रक्रिया, पृ. 148; 2. कृष्णा सोबती, वागर्थ, फरवरी, 1996, पृ. 14; 3. विद्याधर शुक्ल, हिन्दी आलोचना और आज की कहानी, पृ. 41

उनके लेखन का सबसे सशक्त बिन्दु है जो दोहरी भूमिका निबाहता है। एक चरित्रों के निजी भाषा के स्तर पर, दूसरी तरफ किस्सागोई की भाषा की तरह।

सुधा अरोड़ा ने खामोशी से अपनी कथायात्रा जारी रखी है। शायद इसीलिए उनका नोटिस अपेक्षाकृत कम लिया गया। उनके कहानी-संग्रह हैं, 'बगैर तराशे हुए', 'युद्ध-विराम', 'महानगर की मैथिली' आदि। वे 'स्व' से प्रारम्भ करती हैं और समाज की जटिल समस्याओं और समय के बड़े सवालों से जूझती हैं। ऐसा नहीं है कि पुरुष शासित समाज में उनकी कहानियाँ स्त्रियों की लड़ाई नहीं लड़तीं, पर वे वहीं थम नहीं जातीं। 'दमनचक्र' में नक्सली आन्दोलन के सन्दर्भ में जलता-बलता कलकत्ता महानगर और 'काला शुक्रवार' में साम्प्रदायिक उन्माद में बर्बर हुआ बम्बई नगर चित्रित करना उनके लेखकीय सरोकारों और मुख्य चिन्ताओं को स्पष्ट करता है। सुधा अरोड़ा की कहानियों में चिरपरिचित विषय भी अपनी प्रस्तुति और संवेदना में बिल्कुल नये और ताजा बन जाते हैं। भाषा की सहज तराश, गद्य में सरलीकरण का सौन्दर्य और शक्तिमत्ता तथा इस सबके बीच व्यंग्य की तिक्तता इन कहानियों को एक विशिष्ट कथारस प्रदान करती है।[1] उनमें आक्रोश नहीं एक पैनापन है। परिवर्तन की एक अकुलाहट है, विसंगतियों पर प्रहार करने की बेबसी है। सामाजिक सोद्‌देश्यता सुधा अरोड़ा में सूक्ष्म से सूक्ष्मतर हुई है।

मन्नू भण्डारी का नाम नयी कहानी के साथ जोड़ा जाता है, परन्तु उनका रचनाकार उस तक सीमित नहीं है। उनके उपन्यास 'आपका बण्टी', 'एक इंच मुसकान' और 'महाभोज' तथा कहानी संग्रह, 'एक प्लेट सैलाब', 'यही सच है', 'मेरी प्रिय कहानियाँ', 'मैं हार गयी', 'प्रतिदिन' इत्यादि इस सच को प्रमाणित करते हैं। वे अकेली ऐसी उपन्यासकार हैं जिन्होंने बच्चे को केन्द्र में रखकर एक सफल और सार्थक उपन्यास 'आपका बण्टी' की रचना की। 'एक इंच मुसकान' राजेन्द्र यादव के साथ मिलकर लिखा गया एक प्रयोगधर्मी उपन्यास है। 'महाभोज' एक सर्वथा नये धरातल पर मानवीय त्रासदी की रचना करता है। उन्होंने नारी-हृदय के अनकहे मूक सच को तटस्थता और ईमानदारी से उतारा है। उनकी कहानियाँ आत्मविस्तार के साथ संवेदना का प्रसार भी है। नये-पुराने जीवन-मूल्यों के संघर्ष से पैदा हुई मानसिकता उनकी कहानियों की रचनात्मक पृष्ठभूमि है। प्रेम-त्रिकोण यहाँ भी है परन्तु दृष्टि नयी है। अपने लेखन के प्रारम्भिक दौर में मन्नू भण्डारी ने स्त्री लेखिकाओं की मनोवृत्ति पर प्रकाश डालते हुए स्वीकार किया है, 'ऐसी बात नहीं है कि हमारा हृदय संवेदनशील नहीं या किसी बात की अनुभूति हमें नहीं होती, पर अपनी वास्तविक अनुभूतियों और भावनाओं को कलात्मक सन्तुलन और उन्मुक्त-निर्व्याज भाव के साथ व्यक्त करने की अनुमति भी हमारा परम्परागत-सामाजिक गठन नहीं देता। यहाँ तक कि हम स्वयं भी भूले-भटके ऐसा

---

1. वागर्थ, अगस्त, 1998, पुष्पपाल सिंह, पृ. 23

कुछ लिख डालने पर निरन्तर अपराधी महसूस करती रहती हैं।[1]

ममता अग्रवाल, जो बाद में ममता कालिया हो गयीं, लम्बे समय से रचनारत हैं। निरन्तरता उनके लेखन की विशेषता है। उन्होंने लघु उपन्यास को अपने शिल्प के रूप में चुना है और विस्तार की ओर वे कम ही जाती हैं। अनावश्यक विस्तार की ओर तो बिल्कुल नहीं। उनके उपन्यास हैं, 'बेघर', 'नरक-दर-नरक', 'छुटकारा', 'एक पत्नी के नोट्स' और कथासंग्रह हैं, 'प्रतिदिन', 'सीट नम्बर छः', 'छुटकारा' और 'एक अदद औरत' तथा 'उसका यौवन'। ममता कालिया का कथासाहित्य इस तथ्य को उजागर करता है कि आज के बदलते परिदृश्य में नारी के प्रति अपेक्षाएँ न बदलना असामंजस्य की स्थिति उत्पन्न करता है। 'एक पत्नी के नोट्स' में लेखिका की चिन्ता इस प्रश्न के रूप में उजागर होती है कि साहित्यिक संवेदना से लैस व्यक्ति अपने निजी जीवन में क्रूर और संवेदनहीन क्यों हो जाता है ? 'दौड़' में बाजार के दबाव में अन्धी दौड़ की कहानी है जिसमें मनुष्य तो रहता है परन्तु उसकी मनुष्यता खतरे में पड़ जाती है।

मृदुला गर्ग की प्रारम्भिक चर्चा उनके 'चित्त कोबरा' में अभिव्यक्ति की बेबाकी को लेकर हुई थी। यह उपन्यास स्त्री-पुरुष के सम्बन्धों की एक नये सिरे से पड़ताल करता है और शरीर को मन के समानान्तर एक 'मुँहफट' मुहावरे में खड़ा करता है। उनकी कहानियों में भी पति-पत्नी के बीच पसरे हुए दाम्पत्य के जलते-धुआँते, बनते-बिगड़ते आपसी रिश्ते बेलाग और बेलौस तरीके से व्यक्त हुए हैं। 'अनित्य' मूलतः मूल्यों के विघटन और पुनर्निर्माण की चिन्ता को व्यक्त करता है। एक खास तरह की तेजस्विता उनके बुजुर्ग किरदारों में है। 'कठगुलाब' को घनघोर स्त्रीवादी उपन्यास कहा जा सकता है। इसमें विभिन्न पात्रों के माध्यम से नारीवादी परिप्रेक्ष्य के विभिन्न पहलुओं को बुना गया है, और वह बुनावट साफ-साफ झलकती है। लाल्टू की यह टिप्पणी विचार करने लायक है कि एक अच्छी कृति वैचारिक बहस की शुरुआत करती है, पर स्वयं एक बहस का संग्रह नहीं होती।[2]

मृदुला गर्ग के प्रमुख कहानी संग्रह हैं, 'कितनी कैदें', 'डैफोडिल जल रहे हैं', 'ग्लेशियर से' एवं 'टुकड़ा-टुकड़ा आदमी'। अपना परिवेश, अपनी मिट्टी, अपनी दिनचर्या, अपनी पहचान, अपना तर्क, अपनी स्वायत्तता, औरत के शब्दकोश से जुड़े ऐसे नये शब्द हैं, जो मृदुला गर्ग की केन्द्रीय सत्ता हैं।

मेहरुन्निसा परवेज का कथा जगत् महिला कथाकारों में अकेला और विशिष्ट है। यह विशिष्टता उनके कथ्य में भी है और कथन में भी। स्त्री यहाँ भी केन्द्र में है। वे स्वयं लिखती हैं, 'जिस पुरुष से स्त्री की शादी होती है उसी से वह सारी उम्मीद रखती है। उस पुरुष में वह थोड़ा-सा प्रेमी, थोड़ा-सा पति, थोड़ा-सा दोस्त का रूप देखना चाहती है, परन्तु शादी के बाद पुरुष पति के मालिकाना कवच में चला जाता है। स्त्री-पुरुष का रिश्ता मालिक और गुलाम का हो जाता है, और यहीं से पति-पत्नी का

---

1. ज्ञानोदय, नवोदित लेखिकाएँ विशेषांक-2, पृ. 133; 2. लाल्टू, वागर्थ, फरवरी, 1997

दुराव और दूरी बढ़ने लगती है जिसे सिर्फ औरत भोगती है...इसीलिए संवेदना-स्तर भी स्त्री का होता है।' स्त्री का यही संवेदनात्मक पक्ष मेहरुन्निसा परवेज के कथा-साहित्य का मुख्य प्रतिपाद्य है। लेखिका की विशिष्टता का दूसरा कारण उनके अधिकांश कथानकों का आदिवासी जमीन से उठाया जाना है। हिन्दी में तो यह अकेला प्रयास है। उनकी कथाभाषा, कविता की भाषा और उसके उपकरणों से भरपूर सहायता लेती है और सफल भी होती है। उनकी कहानियों के सम्बन्ध में **लक्ष्मण सहाय** की टिप्पणी सही जान पड़ती है, 'अन्ततः यह कह सकते हैं कि परवेज की कहानियों की भाषा और शिल्प समाज को व्याख्यायित करनेवाले अन्तर्विरोधों से जुड़े जीवन्त संवेदनाओं तथा अनुभवों के अनुषंग हैं, इसीलिए उनकी रचनाधर्मिता, स्वतः ही समाज से जुड़ जाती है।'[1] मेहरुन्निसा परवेज के प्रमुख उपन्यास, 'अकेला पलाश', 'कोरजा', 'आँखों की दहलीज' और कथा-संग्रह 'आदम और हव्वा', 'गलत पुरुष', 'टहनियों पर धूप', 'फाल्गुनी' और 'अन्तिम चढ़ाई' आदि हैं।

मालती जोशी और दीप्ति खण्डेलवाल अधिक मार्मिक लिखकर कम चर्चित होनेवाली कथा लेखिकाएँ हैं। दीप्ति खण्डेलवाल के उपन्यास 'कोहरे', 'प्रतिध्वनियाँ' तथा कहानी-संग्रह 'कड़वे सच', 'धूप के अहसास', 'सलीबपर', 'दो पल की छाँव' तथा 'नारीमन' आदि हैं। नारीमन की तहों तक प्रविष्ट होती संवेदनशील दृष्टि को लेकर कथालेखन के क्षेत्र में उन्होंने अपनी पहचान बनायी है। विविधता न होते हुए भी दाम्पत्य-सम्बन्धों को इतने विविध कोणों और गहराई तक जानेवाली सूक्ष्मता से अंकित किया है कि दोहराव कहीं नहीं लगता। दीप्ति के कथानकों में मानसिक यन्त्रणाओं के इतने गहरे और अन्धे कुएँ हैं, जिनके भीतर पहुँचकर सारे सम्बन्धों, रिश्ते का दम घुटने लगता है।[2] मालती जोशी के उपन्यास हैं, 'चाँद अमावस का', 'पाषाणयुग', 'विश्वासगाथा', और कथा-संग्रह हैं, 'पटाक्षेप', 'मध्यान्तर', 'पराजय', 'एक घर सपनों का'।

चित्रा मुद्गल के लेखकीय सरोकार 'महिला-लेखन' के 'रूपबन्ध' तक सीमित नहीं हैं, इसीलिए नारी-मुक्ति का स्वर प्रधान होते हुए भी वही सबकुछ नहीं है। एक वार्ता में उन्होंने स्वयं स्वीकार किया है, 'नारी-मुक्ति की अवधारणा महिला-लेखन का एक विषय हो सकता है, लेकिन मूलाधार नहीं। सजग महिला लेखिकाओं के सामने, नारीमुक्ति के अलावा देश, समाज की और भी बहुत-सी समस्याएँ तथा अनुभव वैविध्य की गहरी खरोंचें हैं, जिनसे वे दो-चार होने की जागरूकता और आत्मविश्वास अपने में विकसित कर चुकी है...!' उनके उपन्यास 'एक जमीन अपनी' और 'आँवा' हैं। कहानी संग्रह 'जहर ठहरा हुआ', 'लाक्षागृह', 'अपनी वापसी', 'इस हमाम में' 'ग्यारह लम्बी कहानियाँ', 'जगदम्बा बाबू गाँव आ रहे हैं, 'मामला आगे बढ़ेगा अभी', 'जिनावर' और 'भूख' उनके कथन के साक्षी हैं। आँवा उनका महत्त्वाकांक्षी उपन्यास है जो अपनी

---

1. लक्ष्मण सहाय, वागर्थ, मई, 1997, पृ. 37; 2. दिनेश द्विवेदी, चर्चित महिला कथाकारों की कहानियाँ, पृ. 10

वैचारिक संरचना के कारण ही नहीं, कथन की भंगिमा से भी आकर्षित करता है। जिस तरह कृष्णा सोबती की कथाभाषा का एक विशिष्ट रंग है, उसी तरह चित्रा मुद्गल की भाषा का भी, लेकिन दोनों दो छोर की भाषाएँ हैं। चित्रा मुद्गल के कथा-साहित्य में 'बैयर-बानी' का ऐन देसी मुहावरा है।

नासिरा शर्मा के समग्र लेखन में रचनाकार का विचारक व्यक्तित्व दिखाई देता है। साहित्यिक मानदण्डों की गहरी समझ, सामाजिक चिन्ताओं से जुड़ाव, मानवीय मूल्यों की स्थापना के प्रति प्रतिबद्धता उभरकर सामने आती है। इसी प्रतिबद्धता के रहते उनका लेखक मन देश और काल की सीमाओं का अतिक्रमण करता है। स्त्री के स्वतन्त्र अस्तित्व की स्थापना, आहत मानवता का क्रन्दन, मुस्लिम समाज की परिवेशजगत जड़ता एवं संघर्ष, दो नस्लों-दो समाजों के बीच परिचय-अपरिचय के बिन्दुओं की तलाश, विसंगतियों के बीच इन्सानी समानता का रेखांकन और सियासी षड्यन्त्रों का पर्दाफाश उनके चिन्तन एवं लेखन के प्रमुख बिन्दु हैं।' उनकी प्रमुख कृतियाँ हैं—'शाल्मली', 'ठीकरे की मँगनी', उपन्यास एवं 'शामी कागज', 'इब्नेमरियम', 'संगसार', 'पत्थरगली' आदि कहानी-संग्रह।

नाम और भी हैं। राजी सेठ ने लगभग चौदह पुस्तकें लिखी हैं जिनमें उनका उपन्यास 'तत्सम' विशेष चर्चित है। मणिका मोहिनी, जिन्दगी की छोटी-छोटी बातों से कहानियाँ गढ़ने में प्रवीण हैं। प्रतिमा वर्मा के कहानी संग्रह 'एक सुबह और बँधे पाँवों का सफर'। सूर्यबाला के कथा-संग्रह हैं, 'एक इन्द्रधनुष जुबेदा के नाम', 'दिशाहीन मैं'। निरुपमा सोवती की कहानियाँ, 'खामोशी को पीते हुए', 'आतंकबीज', 'कच्चे मकान', 'भीड़ में गुम' में संकलित हैं। राजी सेठ के कहानी संग्रहों के नाम 'अँधेरे मोड़ से आगे', 'तीसरी हथेली'। सिम्मी हर्षिता की कृतियाँ 'कमरे में बन्द आभास', 'धराशायी', मंजुल भगत की कृतियाँ 'कलमनामा', 'बेगाने घर में' और 'अनारो' महत्त्वपूर्ण हैं।

नयी पीढ़ी में अलका सरावगी ने थोड़े समय में अधिक सफलता पायी है, वह अपने उपन्यास 'कलिकथा वाया बाईपास' के कारण। अन्य कारणों के अलावा, इस उपन्यास की सफलता का एक प्रमुख कारण उसका 'महिला-लेखन' के खाँचे में न फिट होना भी है। गीतांजलि श्री के तीन उपन्यास, 'माई', 'हमारा शहर उस बरस' तथा 'तिरोहित' हैं। तेजी ग्रोवर का उपन्यास 'नीला' कविता और कथा के बीच झूलता है। तेजी ग्रोवर और गीतांजलि श्री दोनों ही कवयित्री भी हैं।

II

हिन्दी साहित्येतिहास का आधुनिक काल का नाम 'गद्यकाल' सिर्फ कथासाहित्य के कारण ही नहीं रखा गया था। आचार्य रामचन्द्र शुक्ल ने अपने इतिहास में आश्चर्य व्यक्त करते हुए लिखा है, 'विलक्षण बात यह है कि आधुनिक गद्य-परम्परा का प्रवर्तन नाटकों से

हुआ।' नाटकों के अतिरिक्त गद्य की लोकप्रिय विधाएँ जीवन-चरित और निबन्ध थे। 'जीवन-चरितों और ऐतिहासिक प्रसंगों में इतिवृत्त के साथ भाव-व्यंजना भी गुम्फित पायी जाएगी।' उपन्यासों के क्षेत्र में बांग्ला से अनूदित उपन्यासों को इतिहास में दर्ज किया जा चुका था। परन्तु मौलिक उपन्यास, कहानी तथा समीक्षा का प्रारम्भ शुक्ल जी ने 'द्वितीय उत्थान' (सं. 1950-1975 वि.) से माना है।[1]

जाहिर है, कि नवजागरण के लिए सम्पूर्ण जनसमुदाय से मुखातिब होना जरूरी था, इसके लिए गद्य की प्रत्यक्ष और सामाजिक विधाओं का चुनाव किया गया था। कथा-साहित्य ने काफी समय तक इस जिम्मेदारी को स्वीकार ही नहीं किया था। लेकिन, महिला-लेखन की स्थिति कुछ भिन्न है। एक बार कथा-साहित्य को अपनाने के बाद, महिला रचनाकार, बहुत कम, लगभग न के बराबर अन्य विधाओं की ओर गयीं। इसके ठोस सामाजिक और रचनात्मक कारण जरूर रहे होंगे। एक सूत्र तो निर्विकल्प रूप से स्वीकार किया जा सकता है, और वह यह कि कथेतर गद्य खुले मैदान का गद्य है, इसलिए महिला रचनाकारों ने उस ओर जाने का साहस—हाँ साहस—कम किया है। कविता यदि दर्पण में देखकर पत्थर चलाना था, तो कथा-साहित्य अपने रचे नाम-रूपों को अपने प्रतिनिधि के रूप में उतार देना। लेकिन अन्य विधाएँ बीच की पर्देदारी को पसन्द नहीं करतीं। शायद इसीलिए गद्य के सन्दर्भ में महिला-लेखन का अर्थ कथा-लेखन ही रहा। कुछ अन्य बिन्दु हैं भी तो वे बीज ही रहे, पूर्ण विकसित नहीं हुए।

भारतेन्दु युग में उपलब्ध, 'गोपीचन्द' नाटक को हम एकमात्र ऐसा नाटक मान सकते हैं, जो किसी महिला ने लिखा है। इसकी लेखिका श्रीमती लाली देवी है।[2] डॉ. सुशीला धीर ने इस पर टिप्पणी करते हुए लिखा है, 'श्रीमती लाली जी का 'गोपीचन्द' नाटक खड़ी बोली गद्य के साथ बांग्ला, गुजराती, मराठी गीतों का मिश्रित प्रयोग है। इसमें गीतों की प्रधानता है। लाली जी ने अपनी भूमिका में कहा है कि उनका नाटक इन्दर सभा की शैली पर नहीं रचा गया। हिन्दी में अपनी शैली पर मौलिकता के साथ नाट्य-लेखन के प्रति उनका आग्रह है। नाटक की रचना रास शैली पर हुई है।' प्रकाशित होते हुए भी प्रकाश में न आनेवाले इस नाटक की कई महत्त्वपूर्ण विशेषताएँ हैं। इसकी लेखिका व तत्कालीन नाट्य-परम्पराओं से परिचित होते हुए भी उससे हटकर नये प्रयोग का प्रयास, नाटक में लोकशैली का प्रयोग, नाटक की गीतात्मक विधा और गीतों में हिन्दी के अतिरिक्त भी अन्य भाषाओं का प्रयोग तथा पौराणिक नाटक होते हुए भी स्त्री विमर्श का स्पर्श। गोपीचन्द की दो पत्नियाँ हैं और पति के संन्यास लेने के बाद उनका पारस्परिक सौहार्द इसके चरित्रांकन की विशिष्टता है। इस नाटक के बाद यह क्षेत्र निचाट पड़ा रहा। पाँचवें-छठे दशक में डॉ. कंचनलता सब्बरवाल ने इस क्षेत्र में पहल की। उनके नाटक 'अमिया' और 'भीगी पलकें' काफी चर्चित रहे।

---

1. रामचन्द्र शुक्ल हिन्दी साहित्य का इतिहास, पृ. 455; 2. आरती वर्मा, आजकल, मई 2001, पृ. 41

मन्नू भण्डारी ने 'बिना दीवारों के घर' और 'महाभोज' में नाटक के प्रति अपनी दिलचस्पी दिखायी है, परन्तु ऐसा नहीं लगता कि इस विधा को उन्होंने गम्भीरता से लिया है। लेखन, चिन्तन, मंचन और विवेचन में लगातार काम करनेवाली लेखिका डॉ. गिरीश रस्तोगी ही रही हैं। समग्र महिला-लेखन में ये हिस्सेदारी कम है, बहुत ही कम।

जीवनी-लेखन के क्षेत्र में तो महिला-लेखन ने खाता ही नहीं खोला। विरोधाभास यह है कि जो जीवनियाँ पुरुष लेखकों द्वारा लिखी गयी हैं उनमें मीराबाई, दुर्गादेवी आदि महिलाओं के नाम शामिल हैं, किन्तु लेखिकाओं ने इसमें शिरकत करना जरूरी नहीं समझा। भारतेन्दुयुग की सबसे समृद्ध विधा निबन्ध है। नवजागरण का पूरा उजास उसमें भरा था। क्रमशः उसके कई रूप विकसित हुए, वैचारिक, आलोचनात्मक, सांस्कृतिक और ललित निबन्ध। लेकिन किसी भी स्तर पर लेखिकाओं का न होना एक बहुत बड़ा प्रश्न चिह्न है, जिस पर विचार किया ही नहीं गया है। प्रारम्भिक लेखन में यदि वैचारिक ऊर्जा और गम्भीर चिन्तन की कमी स्वीकार कर भी ली जाए, तो आज, समकालीन लेखन में निबन्ध की अनुपस्थिति किस ओर संकेत करती है ?

आत्मकथा और समीक्षा का क्षेत्र भी लगभग सूना ही पड़ा है। महिलाओं की आत्मकथाओं का हिन्दी में अभाव, अब तो एक मुद्दा बन गया है। राजेन्द्र यादव ने जनवरी 1995 में हंस में लिखा था, 'शुरू में जिज्ञासा का विषय था हिन्दी की साहित्यिक दुनिया में स्त्री की लम्बी—शताब्दियों लम्बी—लगातार अनुपस्थिति, मीरा और महादेवी जैसे गिने-चुने इक्का-दुक्का नाम नियम को प्रमाणित करनेवाले अपवाद भर ही हैं। इसी सिलसिले में यह सवाल भी उठा कि हिन्दी में स्त्री की आत्मकथा क्यों नहीं लिखी गयी ? और इस सवाल के जवाब में कोई अपवाद भी नहीं मिला। ऐसे अपवादहीन नियमों के कारण निश्चित रूप से सामाजिक, सांस्कृतिक परिस्थितियों में ही हुआ करते हैं। पर उनकी पड़ताल करने लायक समय, साधन, योग्यता, सामर्थ्य—कुछ भी हमारे पास नहीं था। इस अभाव को थोड़ा-बहुत भर सकने के लिए हमने अन्य साथी भाषाओं का सहारा खोजा। दिखा कि मराठी में साहित्य के लम्बे इतिहास के दौरान स्त्री लगातार एक मुखर, स्वतन्त्र और जिम्मेदार उपस्थिति रही है। एक लम्बी और अटूट परम्परा के स्वाभाविक विकास के रूप में आधुनिक काल में लिखित महिलाओं की आत्मकथाओं को भी एक बेहद निर्भीक और ईमानदार पहल कहा जा सकता है। उदाहरण पंजाबी और बंगाली में भी मिलते हैं, पर हिन्दी साहित्य की आधी आबादी का अंतरंग अभी तक अदृश्य ही है।'[1]

यहाँ राजेन्द्र यादव ने कई चीजों को एक साथ मिला दिया है, परन्तु मुख्य आक्षेप जो वे लगाना चाहते हैं, वह यह कि हिन्दी भाषा में मराठी, पंजाबी या बंगाली की तरह महिला द्वारा लिखी गयी आत्मकथाएँ नहीं हैं। इस अभाव को कई दृष्टियों से देखा गया है, देखा जा सकता है। एक प्रख्यात उपन्यासकार का विचार है, 'मुझे लगता है, लेखक

1. हंस, औरत : उत्तरकथा-2, जनवरी, 1995, पृ. 83

सबसे ज्यादा सच्चा और ईमानदार तब होता है, जब वह सृजनात्मक लेखन कर रहा होता है, और सबसे कम ईमानदार तब, जब आत्मकथा में सायास 'सच' लिख रहा होता है।' इसीलिए सामाजिक अनुशीलन के लिए भी लेखकों या लेखिकाओं की आत्मकथाओं के मुकाबले उनकी साहित्यिक कृतियाँ ज्यादा महत्त्वपूर्ण होती हैं। एक रचनाकार होने के नाते मृदुला गर्ग का उक्त कथन सच हो भी सकता है, लेकिन स्त्री आत्मकथाओं में किसी 'रोमांच' की खोज करना उसी प्रकार की 'रुचि' है जो 'सत्यकथाओं' के पीछे काम करती है। यदि हिन्दी में आत्मकथाएँ नहीं हैं या कम हैं, तो इसका अर्थ यही है यहाँ लेखिकाओं की वह रचनात्मक जरूरत नहीं बन सकी। यह बात और महत्त्वपूर्ण हो जाती है जब हम देखते हैं कि राष्ट्रीय आन्दोलन में महिलाओं ने सक्रिय भूमिका सबसे पहले हिन्दी प्रदेश में निबाही। उनकी प्राथमिकता उस आन्दोलन में अपने जीवन और रचना दोनों को बलिदान कर देने की थी। एक खास तरह की अहं हीनता हिन्दी के पूरे रचनात्मक मिजाज में रही है। जो कुछ कहना है, रचना में कहना है, रचना के बाहर अपने सम्बन्ध में स्वयं कुछ नहीं कहना है। महिलाओं को ही क्यों लें, आधुनिक काल में प्रसाद, निराला, महादेवी से अधिक संघर्षपूर्ण जीवन किसका था ? व्यक्तिवादी साहित्यकार कहलाये जाने के बाद भी 'हंस' के आत्मकथा 'अंक' के लिए प्रसाद ने यही कहा 'सींवन को उधेड़कर मेरी देखोगे क्यों कन्था की।' अपने रेखाचित्रों में यह स्वीकारते हुए भी कि उनमें कुछ वैयक्तिक जीवन आ गया है, महादेवी वर्मा यही कहती हैं कि उसका महत्त्व अंगार से लिपटी हुई राख से अधिक नहीं है, जो उन्हें सुरक्षित रखती है। वस्तुतः आत्मकथाएँ 'न लिखने' का कारण खोजने की बजाय, उचित और आवश्यक यही है कि हम आत्मकथा लिखने का कारण खोजें।

इस ऊहापोह के बाद भी यह कहना गलत होगा कि हिन्दी में महिला रचनाकारों की आत्मकथाएँ हैं ही नहीं। दिनेश नन्दिनी डालमिया, जो अपने गद्य-गीतों और कहानियों के लिए जानी जाती हैं, ने अपनी आत्मकथा चार भागों में लिखी है जिसमें मारवाड़ी परिवार के अन्तःपुर के बेबाक चित्र हैं। प्रसिद्ध पत्रकार शीला झुनझुनवाला ने अपने सात दशकों की जीवनयात्रा की कथा 'कुछ कही : कुछ अनकही' में लिखी है। एक भारतीय महिला के जीवन का आत्मसंघर्ष, सामाजिक अवरोध, राजनीतिक परिवेश और सांस्कृतिक झलकियाँ पाठकों को कहीं-न-कहीं उन सन्दर्भों से जोड़ती हैं, जो आज की नारी की तलाश है। पूरी पुस्तक कहीं संस्मरण, कहीं रेखाचित्र, कहीं उपन्यास और कहीं लघुकथा का आनन्द देती है। इस्मत चुगताई की आत्मकथा 'कागजी है पैरहन' का उल्लेख भी यहाँ किया जाना चाहिए। 'इस्मत ने अपनी पैनी आँखों से भारतीय समाज को टटोला है, जीते-जागते पात्रों को रचा है, घिसी-पिटी परम्पराओं पर अपनी कठोर कलम से कुठाराघात किया है। समाज का जीवन्त, रोचक और प्रामाणिक जीवन इस आत्मकथा में दौड़ता-भागता अपने मुकाम पर पहुँचता दिखाई देता है।'[1] डोंगरी की

1. समकालीन भारतीय साहित्य, सितम्बर-अक्तूबर, 1999, पृ. 196

प्रसिद्ध कवयित्री पद्मा सचदेव की आत्मकथा 'बूँद-बावड़ी' हिन्दी में ही लिखी गयी है और अपनी अभिव्यक्ति में कविता होने का अहसास दिलाती है। एक छोटी-सी उम्र में विवाहित कवयित्री को लगभग असाध्य रोग से एक लम्बी लड़ाई लड़नी पड़ती है। 'उसे महसूस होता है कि मेरा पति एक ऐसा छाता था, जिसमें सिर्फ लोहे की छड़ियाँ थीं, कपड़ा न था। उसकी दिमागी हालत खुदकुशी करने की हो जाती है। लेकिन उसकी कविता, उसकी संवेदना, अपनी जमीन से उसका गहरा जुड़ाव, पेड़-पौधों, फूलों-फलों की यादें, जम्मू के खाने-पीने का खास स्वाद उसे खुदकुशी के खिलाफ कर देता है। यह लड़की स्वतन्त्र होने की हिम्मत जुटा लेती है।'[1] विनोद भारद्वाज बूँद-बावड़ी की चर्चा करते हुए एक सवाल उठाते हैं, और उसका जवाब भी स्वयं देते हैं, 'पंजाबी में अजीत कौर की आत्मकथा 'खानाबदोश' हो या अब बुनियादी रूप से डोंगरी के माहौल में हिन्दी में लिखी गयी 'बूँदबावड़ी' हो, इन सबमें अपने-अपने ढंग से संवेदनशील और आत्मविश्वासी स्त्रियाँ समाज में लड़ने का सार्थक 'स्पेस' खोजती हुई नजर आती हैं। अभी हिन्दी की 'अपनी' दुनिया और लेखिकाओं के इस तरह के उल्लेखनीय संस्मरण पढ़ने को नहीं मिले हैं। शायद जम्मू के पहाड़ों और पंजाब के मैदानों में औरत अपनी लड़ाई को भाषा में सार्थक ढंग से कैद करने की अधिक ताकत रखती है।'[2] बेहतर होता कि विनोद भारद्वाज अपने सवाल का जवाब पहाड़ों में न खोजकर इस वस्तुस्थिति में खोजते कि अजीत कौर और पद्मा सचदेव अपने प्रदेश से लोकभाषा के माध्यम से जुड़ी हुई हैं और अपना लेखन भी उसी में करती हैं। हिन्दी लेखिकाओं के पास इस प्रकार की विशिष्टता सुरक्षित नहीं है। वे अपनी लोकभाषाओं से रचनात्मक स्तर पर जुड़ी नहीं हैं। उपन्यास की तरह आत्मकथा लिखना, उपन्यास और आत्मकथा दोनों के साथ मजाक करना है। सबसे बड़ी बात तो यह कि जीवन में स्वयं कितनी ऊर्जा है, जो रचना को जीवन्त और विश्वसनीय बना सके।

जब से महिला-आत्मकथाओं को महत्त्वपूर्ण माना जाने लगा, हिन्दी की स्थापित और नवोदित कथाकार इस ओर पलट पड़ी हैं। नये-नये क्षेत्रों की तलाश करनेवाली मैत्रेयी पुष्पा ने अपनी जीवनगाथा को उपन्यास के रूप में लिखना शुरू किया है, जिसके अंश पत्र-पत्रिकाओं में 'कस्तूरी कुण्डल बसे' शीर्षक से प्रकाशित हो रहे हैं। एक सीधे सपाट जीवन को उपन्यासकीय नाटकीयता देते हुए। इसी प्रकार का प्रयास 'होलडॉल के पहिये उर्फ एक औरत का जर्नल' में अनामिका ने किया है। वे कहती हैं, 'ऐसे विषम क्षणों से जूझने का एक कारगर उपाय यह है कि आदमी पहिये वाले होलडॉल में अपना पूरा वजूद लपेटकर लुढ़क जाए कहीं—घूमता रहे, चलता रहे, एक स्थान से दूसरे स्थान तक।' सम्भव है निकट भविष्य में कई आत्मकथाएँ पढ़ने को मिलें।

कुसुम अंसल की आत्मकथा 'जो कहा नहीं गया' के नाम से प्रकाशित हो चुकी है। उनका कहना है, 'स्मृति को देखने का अर्थ है, अतीत के माध्यम से वर्तमान को

---

1. समकालीन भारतीय साहित्य, मई-जून, 2002, पृ. 250; 2. वही. पृ. 197

देखना, वर्तमान के इस पल में, बीते हुए कल का पुनरावलोकन करते समय मुझे लग रहा है जैसे मैं स्मृतियों की एक सुरंग में घुस गयी हूँ और अपने इन स्व-विश्लेषण के पलों को झेलना जैसे बरदाश्त नहीं हो रहा है। 'आत्मकथा' लिखने के इस सफर में ऐसा प्रतीत हो रहा है, जैसे कि मेरी शल्य-चिकित्सा है। तभी यह यात्रा दर्द के स्थान पर दर्द से मुक्ति की यात्रा बन गयी है। मेरी स्मृतियों के कुछ 'इनग्रेड' पलों का टेप चल पड़ा है, तो उसे रोकने की चेष्टा क्यों की जाए ? एक बार पुनः जी लेने में बुराई भी क्या है ? 'लैट मी रिलीव'।[1] अरविन्द जैन 'जो कहा नहीं गया' को किसी महिला रचनाकार की पहली आत्मकथा बताते हैं और एक ऐसी खिड़की बताते हैं जिससे झाँककर समाजशास्त्रीय शोधकर्ता सुविधासम्पन्न वर्ग की भीतरी झलक ले सकता है।[2] कृष्णा अग्निहोत्री की आत्मकथा 'लगता नहीं है दिल मेरा' में रचना-संसार के फूछड़े उधेड़े गये हैं, और बात बार-बार घूमकर 'सेक्स' उत्पीड़न पर आती है।

ये आत्मकथाएँ किसी वैचारिक ऊर्जा या रचनात्मक दबाव के तहत न लिखी जाकर हड़बड़ी में लिखी गयी हैं, शायद यह सिद्ध करने के लिए कि हम यह भी लिख सकते हैं। इन आत्मकथाओं का एक सामान्य सूत्र यह है कि सभी महिलाएँ 'किस्सा गो' हैं और यह बात उनकी आत्मकथाओं में विज्ञापन की तरह छपती है। शायद इसी सूत्र में इस प्रश्न का उत्तर भी छिपा है कि अन्य विधाओं में लिखनेवाली महिलाओं ने आत्मकथाएँ क्यों नहीं लिखीं।

संस्मरण आत्मकथा की मूल भावना से प्रेरित होता हुआ भी उससे भिन्न है। जीवनी और आत्मकथा के साथ इतिहास का सम्बन्ध कुछ इस तरह जुड़ा रहा कि उनका साहित्यिक रूप बहुत बाद में विकसित हुआ, परन्तु संस्मरण आरम्भ से ही सर्जनात्मक गद्य का उपयोग करता दिखाई पड़ता है, और अपनी व्यापक प्रकृति के कारण अब भी स्फुट गद्य रूपों के बीच केन्द्रीय स्थिति में हैं। अपने प्रारम्भिक रूपों में शिवरानी प्रेमचन्द संस्मरणकार के रूप में हमारे सामने आती हैं और उल्लेखनीय बात यह है कि वे एक कथाकार पत्नी के द्वारा कथासम्राट-पति के सम्बन्ध में लिखे गये हैं। काफी लम्बे अन्तराल के बाद पद्मा सचदेव का नाम लिया जा सकता है और प्रख्यात कथाकार कृष्णा सोबती का। पद्मा सचदेव के संस्मरण संवेदना से पृथुल हैं और कृष्णा सोबती के धारदार। हम हश्मत उनके संस्मरणों का संकलन है, कुछ इस अन्दाज में—'क्यों साहिब, यह सम्मेलन किस बैनर तले होगा ?' 'अखिल भारतीय हिन्दी लेखक शोषित संघ।' 'सम्मेलन के लिए आर्थिक सहायता कहाँ से प्राप्त की जाएगी ?' 'अखिल भारतीय हिन्दी लेखक पोषित संघ से।' 'आप इनमें से किससे जुड़े हैं ?' 'दोनों से।' 'हैरानी से क्या देख रहे हैं ? यह प्रकृति और भारतीय चिन्तन प्रवृत्ति का नैसर्गिक नियम है।'

संस्मरण और रेखाचित्रों के बीच की विभाजक रेखा बहुत लोचदार है। रेखाचित्र व्यक्ति के 'स्थिर चित्र' हैं और संस्मरण गत्यात्मक। अपनी प्रकृति में रेखाचित्र

1. हंस, उत्तरकथा-2, पृ. 97; 2. वही, पृ. 112

अनिवार्यतः संस्मरणात्मक होता है, परन्तु आवश्यक नहीं है कि संस्मरण एक रेखाचित्र भी हो। संस्मरण प्रायः विशिष्ट व्यक्तियों के होते हैं, परन्तु रेखाचित्र सामान्य से लेकर पशु-पक्षियों तक के हो सकते हैं। रेखाचित्रों के क्षेत्र में महादेवी वर्मा, महिला-लेखन में ही नहीं, समूचे हिन्दी साहित्येतिहास में अद्वितीय हैं। उनकी सर्जनात्मक भाषा ठोस यथार्थ और करुणा से मिलकर एक अद्भुत संसार रच देती है। प्रायः स्वयं को लेकर एक प्रच्छन्न विनोद की धारा भी अन्दर-ही-अन्दर बहती रहती है। 'अतीत के चलचित्र' (सन् 1941) और 'स्मृति की रेखाएँ' (सन् 1943) में प्रकाशित हुए। 'पथ के साथी' (सन् 1956 ई.) में उनके समकालीन लेखकों के रेखाचित्र हैं।

'यात्रावृत्त' भी संस्मरण के अन्तर्गत रखा जा सकता है। 'जीवनी-आत्मकथा' जैसे एक बिन्दु पर इतिहास का स्पर्श करती है, उसी तरह यात्रा-संस्मरण का एक पक्ष भूगोल के आकर्षण से जुड़ा हुआ है। देश-दर्शन यात्रा-संस्मरण की मूल वृत्ति है, जिसमें एक ओर प्रकृति की पुकार है, दूसरी ओर साहसिक जिज्ञासा। यात्रा मानो विराट मानवीय विकास का ही एक सीमित प्रतीक है। इस दृष्टि से यात्रा-संस्मरण लेखक और पाठक दोनों के लिए एक आदिम प्रतीक या पुराण कथा की भाँति बार-बार अपने को खोलता चलता है।[1] महिला-लेखन के इस कालम में 'क्रास' ही लगा है जो अस्वाभाविक नहीं है। जिस देशकाल में स्त्री को दरवाजे से बाहर तक निकलने की अनुमति न हो उसके लिए यात्रा के लिए यात्रा करना सहज सम्भव नहीं। महादेवी जी के संस्मरणों में कुछ यात्राओं के प्रसंग हैं, लेकिन प्रमुखता वहाँ भी चरित्रों की है। पद्मा सचदेव ने अपनी 'यात्राओं' का विवरण 'मैं कहती हूँ आँखिन देखी' के नाम से प्रकाशित किया है। पद्मा सचदेव की विशेषता यह भी है कि वे अपने यात्रा-संस्मरणों में एक समाज बनाती हैं, जो उनकी पसन्द का समाज होता है और फिर उस समाज में वो जैसे खुद को खो देती हैं।...असल में पद्मा सचदेव मूर्तन और आकार देनेवाली लेखिका हैं जो दर्शन और चिन्तन के आयाम तो नहीं खोलतीं, पर दुनिया की पर्तें अच्छे ढंग से खोल सकती हैं।[2] पत्र और डायरी भी आत्मपरक विधाएँ हैं, जिनके कलात्मक प्रयोग भी हुए हैं। संकट यहाँ भी वही है जो महिला-आत्मकथाओं के सम्बन्ध में है। पहला तो यह कि कुछ कथनीय हो, दूसरा यह कि उसे कहने का साहस हो और कौशल भी।

समीक्षा को लेकर आज पूरे साहित्य में 'शोकान्तकी' लिखी जा रही है। बड़ी-बड़ी पत्रिकाओं ने समीक्षा की गिरावट और विरलता पर चिन्ता व्यक्त की है और घूम-फिरकर अपने पसन्द के दो-चार नामों पर उँगली रखी है। जब आँवा-का-आँवा ही बैठ गया हो तब महिला-समीक्षकों की बात करने का कोई खास मतलब नहीं है। प्राचीन समीक्षा में स्त्रियों की भागीदारी नहीं थी, कहना गलत होगा। परन्तु उनकी कोई स्वतन्त्र

---

1. डॉ. रामस्वरूप चतुर्वेदी, हिन्दी साहित्य, खण्ड-3, पृ. 546; 2. समकालीन भारतीय साहित्य, सितम्बर-अक्तूबर, 1999, पृ. 188

पुस्तक उपलब्ध नहीं होती। राजशेखर ने अपने समीक्षा ग्रन्थ में अवन्तिसुन्दरी के विचारों एवं कथनों को 'मत' के रूप में उद्धृत किया है, जिससे अन्दाजा लगाया जा सकता है कि समीक्षा के क्षेत्र में महिलाओं के भी विशिष्ट मतवाद थे। यह बात दूसरी है कि अवन्ति-सुन्दरी राजशेखर की पत्नी थी।

हिन्दी में समीक्षा के क्षेत्र में महिलाओं ने बहुत कुछ नहीं किया, यह मानने में कोई गुरेज नहीं है, लेकिन जो किया भी उसके प्रति भी उदासीनता बरती गयी, यह आपत्तिजनक है। आधुनिक काल में समीक्षा के मानकों में व्यापक तौर पर रद्दो-बदल हुआ। पहली बार सामान्य समीक्षा के साथ-साथ 'विशिष्ट' समीक्षा का जन्म हुआ। दोनों के ही पीछे पाश्चात्य प्रभाव माना जाता है। अभी तक सिद्धान्तकथन के बाद समीक्षक उदाहरण के रूप में अपनी रचनाएँ प्रस्तुत करता था। कम-से-कम हिन्दी में मध्यकालीन परम्पराएँ तो यही थीं। यह पहली बार हुआ कि अपनी रचनाओं के आस्वादन और मूल्यांकन के लिए रचनाकारों ने स्वयं एक समीक्षा दृष्टि दी। इसकी शुरुआत छायावाद से हुई और बाद में प्रगतिवाद और प्रयोगवाद तक यही परम्परा चलती रही। छायावादी कविताएँ एक नये स्वाद की कविताएँ थीं और बचपन में ही इसे स्थापित समीक्षकों का घोर विरोध झेलना पड़ा था। प्रतिरोध में रचनाकार स्वयं एक नयी समीक्षा-दृष्टि लेकर सामने आये। प्रसाद की 'काव्यकला और अन्य निबन्ध' निराला की भूमिकाएँ एवं लेख, पन्त की 'पल्लव' की ऐतिहासिक भूमिका के साथ महादेवी जी की रचनाओं ने भी इस 'छायावादी समीक्षा' के विकास में अहम भूमिका निबाही थी। 'महादेवी का विवेचनात्मक गद्य' तथा विभिन्न भाषण ही वे सूत्र हैं जिनपर छायावाद की दार्शनिक संरचना टिकी है। महादेवी के समीक्षात्मक निबन्ध साहित्य से जुड़े मौलिक प्रश्नों को उठाते हैं और उनके उत्तर खोजते हैं। परन्तु हिन्दी आलोचना प्रारम्भ से ही पूर्वाग्रहों को पाले रही है। इसीलिए रचनात्मक आलोचना का ढोल पीटने के बाद भी रचनाकारों की आलोचना को वह तवज्जो नहीं दी गयी, जिसकी वह हकदार थी। सो, महादेवी के चिन्तक और आलोचक रूप से आलोचना का इतिहास कतराकर निकल गया।

समकालीन समीक्षा में डॉ. निर्मला जैन का नाम उल्लेखनीय है। यद्यपि 'रससिद्धान्त और सौन्दर्यशास्त्र' उनकी डी. लिट् की थीसिस है, परन्तु तुलनात्मक सैद्धान्तिक समीक्षा की एक दुर्लभ कृति है। आगे चलकर लेखिका ने मुख्य रूप से नयी समीक्षा को अपना कार्यक्षेत्र बनाया। नाट्य-समीक्षा के सन्दर्भ में डॉ. गिरीश रस्तोगी का नाम महत्त्वपूर्ण है। उन्होंने एक सीमित क्षेत्र का चयन करके उस पर जमकर लिखा है। ऐतिहासिक समीक्षा के बीहड़ में सुमन राजे पिछले दो दशकों से कार्यरत हैं। 'साहित्येतिहास : स्वरूप और संरचना', 'साहित्येतिहास : आदिकाल' उल्लेखनीय कृतियाँ हैं। 'काव्य : रूप : संरचना' में उन्होंने काव्यरूपों की ऐतिहासिक और सांस्कृतिक व्याख्या की है। उनकी समीक्षा पद्धति समकालीनता को इतिहास से जोड़कर देखती है। और सबसे बड़ी बात यह कि यह एक ओर प्राचीन भारतीय भाषाओं और दूसरी तरफ लोक-साहित्य की जीवन्तता से जुड़ी है।

यह बात इतिहासकार को चिन्ता में डालनेवाली है कि समकालीन महिला-लेखन केवल कथा-वृत्तों में कैद क्यों है ? आज का लेखिका वर्ग अधिक शिक्षित, वैश्विक, परिप्रेक्ष्यवाला और अधिक साधन-सम्पन्न है, फिर वे रचना को लेकर जोखिम क्यों नहीं उठाना चाहतीं ? पर्याप्त वैचारिक ऊर्जा होते हुए भी वे अपने संघर्ष में रचना के आत्म-संघर्ष को शामिल करना नहीं चाहतीं।

गद्य के इस लेखा-जोखा से हम देखते हैं कि इसका लगभग तीन चौथाई भाग कथा-साहित्य से घिरा हुआ है। निश्चित रूप से इसके अपने कारण रहे होंगे। कविता में आत्मानुभूति होती है, लेकिन वह बहुत कुछ अप्रत्यक्ष और वायवी होती है। घटनाओं, दुर्घटनाओं का उसमें रूपान्तरण हो जाता है। इसलिए आधुनिक युगीन नवजागरण में जब हिन्दी महिला-लेखन उभार पर आया तो उसने अपनी अभिव्यक्ति के लिए कथा को चुना। वे दर्पण पर पत्थर मारना नहीं चाहती थीं, इसीलिए कथा को उन्होंने सीधे प्रहार का माध्यम बनाया। सम्भवतः यही कारण है कि महादेवी के बाद कविताओं का स्तर वह नहीं मिलता। उन दिनों महत्त्वपूर्ण पत्रिकाओं में उपन्यास धारावाहिक रूप में प्रकाशित हुआ करते थे। प्रायः ये उपन्यास महिला-कथाकारों के होते थे। उस समय उनकी लोकप्रियता आज के टी. वी. सीरियलों से कम नहीं थी। इसने लेखन और पाठन, दोनों को उत्तेजित किया। यद्यपि इस समय श्रेष्ठ कथाकार अपनी महत्त्वपूर्ण रचनाएँ दे रहे थे, लेकिन महिला कथाकारों के लेखन में एक नया स्वाद था, जो पाठकों को भा रहा था।

प्रारम्भिक लोकप्रियता के बाद, बहुत जल्दी इस प्रकार के कथालेखन की रूढ़ियाँ बनने लगीं। इसमें सन्देह नहीं कि हमारे पास कुछ बहुत अच्छी कथाकार तथा कुछ बहुत अच्छे उपन्यास और कहानियाँ हैं, परन्तु सब एक ही सप्तक पर बजती हैं। यह एक ऐसा कथा जगत है जहाँ न कोई प्रेमचन्द है न यशपाल, न रेणु न कमलेश्वर। हमारी कथा लेखिकाएँ अधिकांशतः मध्यम-वर्ग से आती हैं, उच्चशिक्षा प्राप्त हैं और भारत के ग्रामीण अंचलों से उनका कोई प्रत्यक्ष संवाद नहीं है, न ही उनकी संवेदनाएँ आंचलिक गर्भनाल से जुड़ी हैं। अतः इक्के-दुक्के प्रयास हुए भी तो उनका मुलम्मा बहुत जल्दी उतर गया। अधिकांश लेखिकाएँ महानगरों से जुड़ी हैं और अब तो एक ही साहित्यिक महानगर रह गया है 'दिल्ली'। अतः जो दिल्ली के केन्द्र में है वही साहित्य के केन्द्र में है। जो 'फोकस' के बाहर है वह अँधेरे में है। और 'अँधेरे में होती तो है हर चीज दिखाई नहीं देती।' वस्तुतः यह समय महिला-लेखन के आत्मपरीक्षण का भी है और नयी यात्राओं के लिए नावें खोलने का भी।

समकालीन साहित्येतिहास लिखना तेजी से बदलते हुए परिदृश्य को दौड़ते हुए पकड़ना है। बीच-बीच में अन्तराल रह जाना स्वाभाविक ही नहीं लाजमी है क्योंकि कल का साहित्येतिहास इन्हीं अन्तरालों पर पाँव रखता आएगा।

16

पुनश्च : स्त्री-विमर्श

बीसवीं सदी के मुक्ति-संघर्षों में स्त्री का मुक्ति-संघर्ष शायद सबसे अधिक मूलगामी और सार्वभौमिक रहा है। सबसे अधिक अहिंसक, रक्तहीन और सत्याग्रही भी। इस संघर्ष की व्यापकता का एक महत्त्वपूर्ण पक्ष यह भी है कि 'यह जितना अधिक बाहरी स्तर पर संघटित और घटित हुआ है, उतना ही आन्तरिक स्तर पर भी। वह एक साथ आत्मसंघर्ष भी रहा है। आत्मबोध, आत्मविश्लेषण और आत्माभिव्यक्ति का संघर्ष भी। दर्शन, मनोविज्ञान, समाजविज्ञान, इतिहास जैसी अनेक विधाएँ इस संघर्ष पर एकाग्र हुई हैं और स्त्री के मुक्ति-संघर्ष का एक समृद्ध शास्त्र विकसित हुआ है, जिसे समग्र रूप से स्त्री-विमर्श कह दिया जाता है।'

अमेरिका में 1901 में नारी-मुक्ति का आन्दोलन शुरू हुआ था। इससे पूर्व 1611 में मैसाच्युसेट्स में महिलाओं को मताधिकार की प्राप्ति हुई थी जो 1780 में वापस लिया गया। 1857 में संयुक्त राज्य अमेरिका में महिलाओं और पुरुषों के समान-वेतन हेतु हड़ताल हुई थी। इसी दिवस को बाद में अन्तर्राष्ट्रीय महिला दिवस के रूप में मनाया गया। 1859 में सोवियत-संघ में सेण्ट पीटर्सबर्ग में महिला-मुक्ति-आन्दोलन का सूत्रपात हुआ। फ्रांस के प्रसिद्ध लेखक विक्टर ह्यूगो के संरक्षण में महिला अधिकार संगठन की स्थापना की गयी। 1908 में ब्रिटेन में 'वीमेन्स फ्रीडम लीग' की स्थापना हुई और 1911 में जापान में महिला-मुक्ति-आन्दोलन का प्रारम्भ हुआ। 1936 में नोबेल पुरस्कार से सम्मानित मैडम क्यूरी सहित तीन महिलाएँ पहली बार फ्रांस में मन्त्री बनीं।

अन्तर्राष्ट्रीय स्तर पर महिला-आन्दोलन की शुरुआत 1951 से मानी जा सकती है जब संयुक्त राष्ट्र संघ की महासभा ने भारी बहुमत से महिलाओं के राजनीतिक अधिकारों का नियम पारित किया। 1975 पूरे विश्व में अन्तर्राष्ट्रीय महिला-वर्ष के रूप में मनाया गया, जिसके परिणामस्वरूप 'कोपेनहेगन' में पहला अन्तर्राष्ट्रीय महिला-सम्मेलन, नैरोबी में दूसरा अन्तर्राष्ट्रीय सम्मेलन (1985) और शंघाई में तीसरा अन्तर्राष्ट्रीय सम्मेलन (1995) सम्पन्न हुआ।

भारत में आधुनिक युगीन नवजागरण आजादी की लड़ाई के साथ स्त्री-जागरण की

लड़ाई भी लड़ रहा था, इसमें महिलाएँ पृथक् नहीं थीं। राजा राममोहन राय ने सन् 1818 में इसी के तहत सतीप्रथा का जमकर विरोध किया था, जिनके प्रयत्नों के फलस्वरूप 1829 में लार्ड विलियम वैण्टिक को सती-प्रथा को गैरकानूनी घोषित करना पड़ा। बहुपत्नी-प्रथा, बालविवाह, विधवा-विवाह-निषेध के विरुद्ध लड़ते हुए राजा राममोहन राय स्त्री के पक्ष में ही खड़े है। स्त्री-उत्तराधिकार की वकालत कर वे स्त्री-स्वतन्त्रता की स्वीकृति समाज से प्राप्त करना चाहते हैं। स्वामी दयानन्द सरस्वती ने स्त्री शिक्षा पर बल देकर उसे प्राचीन भारतीय गौरव से सम्बद्ध करने का प्रयास किया। बाल-विवाह और वृद्ध-विवाह के विरुद्ध आन्दोलन कर 'शारदा ऐक्ट' पास कराया। विवेकानन्द की दृष्टि के समक्ष अमरीकी स्त्रियों का आधुनिक संसार था। वे प्राचीन भारतीय आदर्श और आधुनिक वैज्ञानिक युग के मध्य एक सेतु का निर्माण करना चाहते थे। 'मुझे बड़ी प्रसन्नता होगी, यदि भारतीय स्त्रियों की ऐसी बौद्धिक प्रगति हो जैसी इस देश (अमेरिका) में हुई। परन्तु, वह तभी अभीष्ट है जब उनके पावित्र्य और सतीत्व को अक्षुण्ण बनाये रखते हों।' महत्त्वपूर्ण पहलू तो यह है कि वे स्त्री को अपने निर्णय स्वयं लेने के लिए शिक्षित करने की बात करते हैं, 'इसलिए तुम्हारा यह पुनीत कर्तव्य है कि सर्वप्रथम स्त्री-जाति को सुशिक्षित बनाओ फिर वे स्वयं कहेंगी कि उन्हें किन सुधारों की आवश्यकता है, तुम्हें उनके प्रत्येक कार्य में हस्तक्षेप करने का क्या अधिकार है ?' गाँधीजी के राजनीति में प्रवेश के साथ, एक व्यापक कर्मक्षेत्र स्त्रियों के समक्ष खुल गया। कहते हैं कि सरोजिनी नायडू ने गांधीजी को इस बात के लिए सहमत किया था कि नमक-सत्याग्रह में भागीदारी के लिए स्त्रियाँ पर्याप्त सक्षम हैं, उनका यह सन्देश उनकी कविता—'इफ यू कॉल मी' में निहित है :

अगर तुम मुझे पुकारोगे
ओ मेरे प्रिय
मैं आऊँगी
एक थरथराते जंगली हिरण
या हाँफती हुई फाख़्ता से कहीं अधिक सत्वर
कहीं अधिक सत्वर उस नाग से जो उड़ता है
जादूगर की दासता के लिए...
अगर तुम मुझे पुकारोगे मैं आऊँगी
निर्भय किसी भी होनी से।

नारी-मुक्ति के जिन आन्दोलनों का जिक्र अक्सर किया जाता है, उसमें उसका साहित्य अनुपस्थित है। सम्भवतः सन् 1958 में ताशकन्द में हुआ एशियाई-अफ्रीकी लेखक-कांग्रेस वह प्रथम सन्दर्भ है जिसमें महिला-लेखन के प्रोत्साहन की बात कही गयी है। भारत से यशपाल उस सम्मेलन में गये थे और अपनी टिप्पणी सहित उन्होंने उन सुझावों का उल्लेख इस प्रकार किया है :

तरुणाई अपने समय से आगे रही है और इसका आधार उसकी सुविधा और बदलती रुचियाँ रही हैं। हमें ऐसे बदलाव का स्वागत करना चाहिए। हम रिवाजों के नाम पर सब तकलीफों को झेलते रहे हैं। हम रसोईघरों की कैद भुगत रहे हैं, हमें अपनी माहवारी के वक्त अछूत की तरह देखा जाता है। रिवाजों के नाम पर स्त्री मरती रही है।[1]

भारतीय नवजागरणों की यह विशेषता रही है कि उसमें स्त्री और दलित एक साथ सतह पर उभरे हैं परन्तु विस्मित कर देनेवाली बात यह है कि उनकी संवेदना में कोई अन्तःसम्बन्ध नहीं है। स्त्री को एक वर्ग में, लिंग के आधार पर, बाँटना दुनिया को क्षैतिज रूप से बाँटना है और दलितों को जातीय आधार पर बाँटना उसे समानान्तर बाँटना है। यानी रचनात्मक संसार को हम छोटे-छोटे चौकोर टुकड़ों में विभाजित कर रहे हैं। स्त्रियों के विभिन्न वर्गीय आधार हैं और प्रत्येक दलित-वर्ग में स्त्रियाँ हैं। विचार करनेवाली बात यह भी है कि यह संवादहीनता केवल स्त्रियों और दलितों में ही नहीं है बल्कि उच्चवर्गीय और दलितवर्गीय स्त्रियाँ भी पारस्परिक सूत्ररहित हैं। दोनों वर्गों की समस्याएँ भी एक नहीं हैं। 'वह (स्त्री) स्वयं एक वर्ग है और विभिन्न वर्गों में विभाजित भी रही है। सम्पन्न वर्ग की उसकी सदस्यता की एक शर्त यह है कि वह स्त्री की वर्ग-चेतना से अपने को काट ले। इसीलिए आधुनिक युग के पूर्व शिष्ट-भाषा और शिष्ट-संस्कृति के दायरे में रहनेवाली स्त्रियाँ अपना निजी स्त्री-वृत्तान्त अकसर प्रकट नहीं कर पाती थीं। एक तरह से वे वर्ग-समझौते का शिकार थीं। पर सामान्य वर्गों की स्त्रियों के लिए यह मजबूरी नहीं थी। उन्होंने अपने गीत गाये और अपनी स्थिति को अभिव्यक्त किया। लोकगीतों का एक बड़ा हिस्सा ऐसा ही है।...लेकिन यह गाथा सिर्फ स्त्रीगाथा नहीं है। यह दो वर्गों की गाथा है, स्त्रीत्व और गरीबी की वेदनाएँ घुल-मिल गयी हैं।'[2] तब यह व्यथा सिर्फ स्त्री की व्यथा नहीं रह जाती। भूख और गरीबी स्त्री और पुरुष दोनों के स्वरों में एक तरह से बोलती है। अपने लिंगीय आधार और वर्गगत चरित्र के कारण ही स्त्री-लेखन में कई अन्तर्विरोध पैदा हो जाते हैं, क्योंकि स्त्री का साहित्य उस वर्ग का भी साहित्य है जिसने शोषक की भूमिका निबाही है और कुछ रूपों में अभी भी निबाह रही है। ऐसी स्थिति में उसके साहित्यिक सरोकारों का निर्धारण किस आधार पर होगा ? स्त्री होने के आधार पर ? उसके वर्ग के आधार पर ? या उसकी रचना के आधार पर ? एक उदाहरण हम महादेवी वर्मा का ले सकते हैं। वे स्त्री हैं, सम्भ्रान्त हैं, कविता में छायावादी-रहस्यवादी घोषित किये जाने के बावजूद, गद्य में जिस संवेदनात्मक स्तर पर उन्होंने दलित पात्रों को जीवन्त किया है क्या उसे नकारा जा सकता है ?

इसके विपरीत दूसरा उदाहरण हम मराठी रचनाकार मलिका अमरशेख का ले सकते हैं। मलिका अमरशेख और नामदेव ढसाल, दोनों रचनाकार हैं, दलितवर्ग के हैं,

---

1. कोण्डेपुरी निर्मला, 'आपका जवाब क्या है ?' वही, पृ. 99; 2. राजकिशोर, 'त्वचा में और उसके परे', 'हंस', उत्तरकथा-एक, पृ. 31

राजनीतिक पृष्ठभूमि रखते हैं, स्वेच्छा से परस्पर प्रेम-विवाह करते हैं। मलिका ने अपनी आत्मकथा में लिखा है, 'मैं तो यह मानती हूँ कि मर्द की न तो कोई जाति होती है न संस्कारों से उसका कोई वास्ता। नारी के पास वह होता है—यह दावा तो मैं नहीं करूँगी, पर भारतीय संस्कृति को मैं मृतपशु मानती हूँ। हर आदमी अपनी स्वार्थ-सिद्धि के लिए उसकी खाल नोचकर उसे अपनी तरह से ओढ़ लेता है। लेकिन उस खाल के नीचे उसका जो असली रूप छुपा हुआ है, वह बेहद घिनौना और भोंडा है।...किसी एक नामदेव ढसाल के लिए मेरी समूची जिन्दगी नहीं हो सकती।'[1]

स्त्री से स्त्री तक की सीमा रेखा बनाने के मूल में अनुभव की प्रामाणिकता का तर्क दिया जाता है। नयी कविता के युग में भी यह सिक्का काफी चलता था। प्रामाणिकता का अर्थ आँकती हुई रमणिका गुप्त कहती हैं, 'जब मनुष्य का मूल्य आँका जाने लगा और उसके हक का सवाल उठा तो मनुष्यों की ही एक प्रजाति—स्त्री—के हक का सवाल भी उठा, जिसे पितृ-प्रधान समाज ने दोयम-दर्जे का बना दिया था। उसकी मुक्ति-कामना भी जागी। नारी स्वयं जागी। उसने अपने अनुभवों पर आधारित ऐसा साहित्य रचा जो उसके प्रति बरते गये भेदभाव को दर्शाने के साथ-साथ उसकी अनुभूतियों को दर्शाने लगा, जो प्रेम, घृणा, आपसी व्यवहार, सेक्स के रिश्ते, विवाह के बन्धनों और दुश्मनी तथा दोस्ती में भी एक अलग अहसास की पहचान कराता है। एक औरत होने के नाते ही एक औरत साहित्यकार स्वानुभवों पर आधारित होकर अपने खुद के दृष्टिकोण से अधिक प्रामाणिक, अधिक विश्वसनीय साहित्य रचने लगी। भले कई पुरुषों ने भी संवेदना के बल पर, समानानुभूति के नाते उस पीड़ा को व्यक्त किया है, पर वह औरत की तरह अनुभवजन्य और प्रामाणिक नहीं हो सकता।...अब, जब औरत अपना नाम जान गयी है—अपनी पहचान का अहसास उसे हो गया है और उसके लिए वह संघर्षरत है—शिक्षा पाने के कारण अभिव्यक्ति की ताकत उसमें आ गयी है तो जब वह लिखती है, तो अवश्य ही वह अधिक प्रामाणिक और विश्वसनीय होता है। स्त्री की अपनी दृष्टि अलग है, ठीक उसी प्रकार जैसे दलित या नीग्रो की। इसलिए वह साहित्य भी अपने दृष्टिकोण तथा अपने बिम्बों एवं अपने मिथकों के माध्यम से रचती है।'[2]

प्रामाणिकता का अर्थ यदि साहित्य में वास्तविक जीने से लगाया जाने लगे, तो हम साहित्य को उसकी वास्तविक शक्ति से काट देंगे। यहाँ प्रामाणिकता का अर्थ, दस्तावेजों से नहीं, बल्कि संवेदन और सम्प्रेषण की वास्तविक शक्ति से लगाया जाना चाहिए, अन्यथा लेखन का अर्थ अपने को दोहराना और दोहराते रहना ही हो जाएगा। एक स्त्री के लिए भी स्त्री-जीवन के सभी प्रकार के अनुभव प्राप्त करना सम्भव नहीं। निःसन्तान स्त्री की पीड़ा अंकित करने के लिए स्वयं बाँझ होना कहाँ तक सम्भव है ? कथा-साहित्य

1. मल्लिका अमरशेख, 'मैं खाक में मिल जाना चाहती हूँ' हंस, उत्तरकथा-2; 2. समकालीन भारतीय साहित्य, अंक-77, मई-जून, 1998, पृ. 152

में जटिलताएँ बढ़ेंगी। आखिर सभी उपन्यास राजेन्द्र यादव और मन्नू भण्डारी मिलकर तो नहीं लिख सकते। अतः सवाल अनुभव की प्रामाणिकता का नहीं, अनुभव की विश्वसनीयता और सम्प्रेषणीयता का उठाया जाना चाहिए और उसके रचनात्मक उत्तर खोजे जाने चाहिए। विचारधारा कोई भी हो, दलित साहित्य हो या अश्वेत, स्त्री केन्द्रित साहित्य हो या प्रगतिशील-जनवादी साहित्य, ये सभी सांस्कृतिक प्रवृत्तियाँ पाउलोफेरे के शब्दों में थोड़ा परिवर्तन कर 'उत्पीड़ितों का साहित्य' (लिटरेचर ऑफ द आप्रेस्ड) है, और उन्हीं के शब्दों में, उत्पीड़ितों का यह साहित्य 'मुक्ति के लिए सांस्कृतिक कर्म है।'[1]

क्योंकि स्त्री-विमर्श लिंग-केन्द्रित है, इसलिए स्वाभाविक है कि 'स्त्री-देह' विचार का प्राथमिक मुद्दा बन गया है। 'स्त्री-शोषण' का एक बहुत बड़ा कारण, ऐतिहासिक कारण, 'स्त्री-देह' ही रही है, इसलिए यह अप्रत्याशित नहीं है कि उसकी 'मुक्ति' को भी उसकी देह से जोड़ दिया गया है। शुलामिथ फायरस्टोन ने सन् 1960 के दशक में प्रतिपादित किया था कि स्त्री की असली स्वतन्त्रता तब घटित होगी जब वैज्ञानिक प्रगति उसे गर्भाशयजनित दायित्वों से मुक्त कर देगी। निःसन्देह गर्भाशय के कारण स्त्री को बहुत-सी कठिनाइयों का शिकार होना पड़ा है। यह तो एक ऐसा हास्यास्पद वक्तव्य है, जैसे यह कहना कि मानव-मस्तिष्क पीड़ा का स्रोत है, इसलिए उससे ही छुटकारा पा लेना चाहिए। मुझे नहीं लगता कि इस प्रकार के कथन किसी गम्भीर विचार से प्रेरित हैं। बहुत सम्भव है कि इस प्रकार के भड़काऊ वक्तव्य कोई छद्म 'बिजूका' खड़ा कर आन्दोलन को भ्रमित करने की मंशा से दिया गया हो। स्त्रीवादी रचनाकारों का कहना है कि जब तक स्त्री को उसके शरीर के बारे में और उसकी विभिन्न अवस्थाओं के बारे में सोच-विचार करने के लिए स्पष्ट रूप से समझाया नहीं जाता, तब तक वह इन असमानताओं के घेरे से बाहर नहीं निकल सकती। इसीलिए आज की स्त्रीवादी कवयित्रियों के कण्ठ से पहले-पहल स्त्रियों की शारीरिक प्रकृति से सम्बन्धित कविता ही फूटी। बहिर्युद्ध के बाद ही आभ्यन्तर युद्ध होता है। पहले शरीर की शृंखलाएँ तोड़ने की आवश्यकता होती है।[2] स्त्री-देह को लेकर स्त्रीवादियों में कई तरह की प्रतिक्रियाएँ हैं। एक वर्ग देह को ढँकने को पुरुषवादी सत्ता का प्रतीक मानता है। तेलुगु साहित्यकार वी. वीर लक्ष्मी देवी का मानना है कि पितृ सत्तात्मक समाज की पहचान के रूप में चले आ रहे स्त्री के वक्ष को ढकनेवाले 'पल्लू' को जला डालने का काम सबसे पहले किया जाना चाहिए। इस सम्बन्ध में वे जयप्रभा की कविता 'पल्लू को फूँक दो' का उल्लेख करती हैं। दूसरी दृष्टि यह है कि पुरुष-रचित साहित्य में नारी-अंगों का वर्णन सर्वाधिक किया गया है, जो नारी की दृष्टि नहीं है। इसलिए नारी-अंगों का चित्रण स्वयं स्त्रियों को करना चाहिए। 'हृदय का बहुवचन' कविता का उल्लेख करते हुए वे तर्क देती हैं कि एक स्त्री का समय के साथ अपने अन्दर होते परिवर्तन, विकास और उनके कारण

---

1. चमनलाल, समकालीन भारतीय साहित्य, 77, 1998, पृ. 160; 2. वी. वीरलक्ष्मी देवी, तेलुगु साहित्य में स्त्रीवाद, समकालीन भारतीय साहित्य, जनवरी-फरवरी, 1998, पृ. 127

होती हुई जीवनभर की अनुभूतियों के पटल पर अपने उरोजों के प्रति अपने भावों का साहसपूर्ण चित्रण करनेवाली कविता के रूप में स्त्रीवादी साहित्य में इस कविता का विशिष्ट स्थान है। एक तीसरी दृष्टि है कि जिस प्रकार पुरुष रचनाकार स्त्री-देह का चित्रण करते हैं, उसी प्रकार स्त्री रचनाकारों को पुरुष-देह का अंकन करना चाहिए। तसलीमा नसरीन कहती हैं : 'चित्रकार क्योंकि पुरुष है, इसलिए विपरीतलिंगी स्त्री-देह के प्रति स्वाभाविक रूप से उनमें आकर्षण होता है और इसलिए वे अपनी कला में स्त्री-अंगों को लेकर व्यस्त हो जाते हैं। मैंने बहुतेरी महिला-चित्रकारों का काम भी देखा है। वे भी स्त्री को पुरुष की आँखों से देखती हैं। पुरुषों की सिखायी तूलिका से ही स्त्री को चित्रित करती हैं। मैं ऐसी महिला चित्रकार देखना चाहती हूँ, जो पुरुषों की सुडौल बाँहों, उनके नितम्बों, जाँघों और यौनांगों की तस्वीर बनाये। आखिर पुरुष अंगों के प्रति स्त्री में भी एक स्वाभाविक आकर्षण है ही।'[1] इसलिए वह अपनी देह पर लगाये प्रतिबन्धों को तोड़कर फेंक देना चाहती है :

अब औरत किसी आदमी के नाम से जुड़ी जमीन नहीं,
उसकी जिन्दगी सिर्फ उसकी है—यही उसके जीवन का मूलमन्त्र है
हथियार के बल पर और कब तक होगी सभ्यता की खरीद-बिक्री।
असमानता की जटा उधेड़कर नारी खोज रही है समता का सूत,
अब वह समझ गयी है कि उसका जीवन सिर्फ उसी का है,
उसी के लिए है।

इसी दृष्टि से विस्तृत एक चौथा बिन्दु भी है। जो स्त्री के साथ पुरुष ने किया है, वही वह पुरुष के साथ करना चाहती है :

मेरी बड़ी इच्छा होती है लड़का खरीदने की,
जवान-जवान लड़के, छाती पर उगे घने बाल
उन्हें खरीदकर, पूरी तरह रौंद कर
सिकुड़े अण्डकोश पर जोर से लात मारकर कहूँ भाग स्साले।[2]

इसी प्रकार स्त्रियों द्वारा किये गये लैंगिक अनुभव एवं प्रसवकाल को भी स्त्री लेखन में वाणी दी गयी है। आश्चर्यजनक स्थिति यह है कि पुरुष जब 'स्त्रीदेह' का वर्णन करता है तो उस 'संस्कृति' को नष्ट कर देना चाहिए, वही कार्य जब 'स्त्री' करती है तो वह अनुभव की प्रामाणिकता है। दोनों ही स्थितियों में दाँव पर तो स्त्री ही लगी हुई है। जिस पुरुष-सत्ता का विरोध स्त्रीवादी आन्दोलन करते हैं, उन्हीं की लटकायी हुई आरसी में अपने चेहरे पढ़ रहे हैं।

'स्वतन्त्रता' स्त्री-विमर्श में चर्चा का प्रिय और जरूरी विषय रहा है। यहाँ फिर से यह सवाल उठता है कि 'स्वतन्त्रता' को हम स्त्री के सन्दर्भ में किस प्रकार परिभाषित करेंगे ? 'आवश्यकता स्वतन्त्रता की है। सामाजिक या राजनीतिक स्वतन्त्रता की नहीं,

---

1. तसलीमा नसरीन, नष्ट लड़की : भ्रष्ट गद्य, पृ. 34; 2. तसलीमा नसरीन की कविता, पृ. 67

बल्कि देहिक और मानसिक स्वतन्त्रता की है। स्वतन्त्रता चाहिए उस रूढ़िवादी समाज के बन्धनों से जो स्त्री के भीतर की विद्रोही आवाज सुनने से ही इनकार करता है। स्वतन्त्रता चाहिए सामाजिक सोच की उस मानसिक बनक से ही जो स्त्री के समूचे अस्तित्व को ही फँसाये रखता है। स्त्री का मन विद्रोह कर उठता है और वह सदियों पुराने रिवाजों और परम्पराओं को पीछे छोड़ देती है, लेकिन स्त्री अभी भी, अपने ही खोल से, वफादारी और पारम्परिक स्त्रीत्व की कैद से बाहर नहीं निकल पायी है। उस दिन की हम उत्सुकता से प्रतीक्षा करेंगे जब कविता, स्त्रीत्व और स्वतन्त्रता साथ-साथ चलते रहकर समाज का तीसरा नेत्र खोल देंगे।'[1]

सच तो यह है कि आज तक हम राजनीतिक-सामाजिक स्वतन्त्रता की ही व्याख्या नहीं कर सके हैं और स्त्री स्वतन्त्रता की बात उसी परिप्रेक्ष्य में की जा सकती है। निरपेक्ष स्वतन्त्रता जैसी कोई चीज नहीं हो सकती। स्वतन्त्रता का मूल अभिप्राय है 'निर्णय की स्वतन्त्रता' और स्त्री-स्वतन्त्रता का रूप क्या होगा, यह स्वयं स्त्रियों को ही तय करना है, यह निर्णय कुछ 'विशिष्ट' महिलाओं द्वारा नहीं लिया जा सकता है। वैसे भी कुछ स्वतन्त्रताएँ अभी भी प्राप्त है, जैसे भूखे रहने की स्वतन्त्रता, सड़क पर रहने की स्वतन्त्रता, बेरोजगार रहने की स्वतन्त्रता। हमारी समस्या यह नहीं है कि हम रसोईघर से मुक्त कैसे हों, हमारी समस्या तो यह है कि चूल्हे जलें कैसे। कविता से आजादी मिल सकती है, लेकिन आजादी से कविता मिले यह जरूरी नहीं। स्वतन्त्रता तब तक बेमानी है जब तक उसके साथ कोई बड़ा सपना न जुड़ा हो, एक ऐसा सपना जो सबके लिए हो।

चर्चा का अर्थ यह नहीं लगाया जाना चाहिए कि स्त्री-विमर्श साहित्य में उपेक्षा की वस्तु है। मकसद सिर्फ यह है कि उसकी परिभाषा एक खुला हुआ वृत्त होना चाहिए। कहा जा सकता है कि महिला-लेखन में स्त्री-विमर्श स्त्री की दृष्टि से देखा गया और अभिव्यक्त किया गया। एक सम्पूर्ण गतिमय संसार है जो उसे शेष सृष्टि से जोड़ता है, काटता नहीं। जैसाकि नवनीता देवसेन कहती है, 'कविता, स्वतन्त्रता और स्त्री वह सच्चाई है, जिसके सहारे सोफों से लेकर उन किसान स्त्रियों तक, जो सूर्योदय से पहले से पत्थर तोड़ती हुई अपने गीत गुनगुनाती हैं, सारे युगों के स्त्री-कवि परिभाषित और परस्पर जुड़े हुए हैं। कविता अनिवार्यतः मुद्रित शब्द नहीं है, वह शब्दों की आत्मा में बसी हुई है, वह स्त्रियों की आत्माभिव्यक्ति का सबसे प्राचीन रूप है। जब माँएँ अपने बच्चों को सुलाते हुए गाती हैं, तो उनके गीतों के शब्दों में उनके सारे आन्तरिक तनाव, उनकी उद्विग्नताएँ और उनके सपने मुक्त होते हैं।'[2] उनके द्वारा उद्धृत टेस गेलगेट का कथन सच है कि 'तुम मधुर गा सकती हो और गीत गवा सकती हो। पर तीसरा आयाम हासिल करने के लिए तुम्हें इसे कर्कश गाना होगा, स्वर को हल्की-सी चोट

1. साक्षात्कार, दिसम्बर-जनवरी, 2000-2001, पृ. 220; 2. नवनीता देवसेन, पूर्वग्रह, 104

पहुँचानी होगी...तब कुछ घटित भी होता है। गीत का विस्तार भी होता है।'[1]

लगभग सभी भारतीय भाषाओं में 'स्त्री विमर्श' के तहत साहित्य लिखा जा रहा है। कुछ में अधिक, कुछ में कम। कथा-साहित्य सबसे अधिक और आलोचना सबसे कम। माना जा रहा है कि इस समूचे दौर में स्त्री कवियों का नया वंश विकसित हुआ है। कविता स्त्री के मुक्ति-संघर्ष का मात्र दस्तावेज न होकर इस संघर्ष की अधिक गहरी, अधिक मूलगामी, अधिक प्रभावी विधि बनकर उभरी है।[2] विभिन्न स्तरों से, विभिन्न प्रान्तीय भाषाओं में एक सम्मिलित कविता लिखी जा रही है।

नारी-मुक्ति का प्रारम्भ एक जंग के ऐलान की तरह होता है। ओड़िया कवयित्री सुचेता मिश्रा अपनी हिम्मत शीर्षक कविता में संघर्ष के लिए शक्ति एकत्र करते हुए कहती हैं :

जंग के बाद भी खामोश नहीं बैठूँगी
फिर से लड़ूँगी
सरहद लाँघूँगी
फिर से माटी, पानी, सूर्य, हवा से
कहूँगी लौटा दो
मेरी हिम्मत मेरा सामर्थ्य।
नहीं तो लोग सोचेंगे
मैं हार गयी, खत्म हो गयी।[3]

परम्परागत मान्यताओं को पुत्री पर लादने का कार्य सदियों से माँ ही करती आयी है। अपनी 'प्रतिमूर्ति' बनाने का कार्य उसका ही है। परन्तु आज बेटियाँ भी अस्वीकार की मुद्रा में खड़ी हैं। कन्नड़ कवयित्री एस. ऊषा की कविता में उस लड़की को सुना जा सकता है :

मत रोको माँ, प्लीज मत रोको
मत रोको सूरज की रोशनी को
जीवन की हरीतिमा को विवर्ण करती
आकाश के आर-पार फैली अपनी साड़ी से
गरजने दो धरती के आर-पार
होने दो मुझे तुमसे
बिल्कुल अलग माँ !
जाने दो—रास्ता दो !

'घर' के सम्बन्ध में सदियों पुराना एक सोच है कि वह एक त्याग की जगह है। आज की स्त्री का यह सोच हिल रहा है। 'घर' एक बन्दिश में बदलता जा रहा है। मंजु गुप्ता को वह 'प्रतिभा का मकबरा' लगता है और मणिका मोहिनी को 'दीवारों से निकलकर/सड़क पर

---

1. टेस गेलगेट, अनलेसिंग, पृ. 72 पर उद्धृत 2. पूर्वग्रह 104, भूमिका; 3. समकालीन भारतीय साहित्य, जुलाई-अगस्त, 1996, पृ. 61

आ गया था/...जरा-सी ताजी हवा पाने को/तोड़ दी मैंने दीवारें और छत/बहुत लोग तो/खिड़की और रोशनदान से भी/काम चला लेते हैं/'[1] सिन्धी कवयित्री मोहिनी हिंगोरानी 'घर' को निरन्तर सिकुड़ता हुआ महसूस करती हैं, सारी भौतिक सुविधाओं के बाद भी :

धरती लम्बी चौड़ी है
पर मेरा घर सिकुड़ गया है
मेरे पास सभी कुछ है
एक बड़ा घर
घर में बड़े-बड़े दरवाजे
बड़ी-बड़ी खिड़कियाँ
बड़े-बड़े पलंग
बड़ी-बड़ी अलमारियाँ
अलमारियों में बहुत-सी साड़ियाँ
बड़ा घर
विशाल आसमान
लम्बी-चौड़ी धरती
पर मेरे लिए यह घर क्यों सिकुड़ गया है ?[2]

कवयित्रियाँ 'बेटी' के मुख से स्वतन्त्रता की माँग करती ही हैं, वे स्वयं माँ बनकर बेटी में नयी चेतना भी जगाती हैं। इन्दु जैन की 'लड़की', 'वसीयत', 'हथेली', 'देख तो' आदि अनेक कविताएँ महिलाओं को उनकी स्वतन्त्र, स्वायत्त पहचान की याद दिलाती हुई लगभग ललकारने की मुद्रा अपनाती हैं। 'देख तो' में वे कहती हैं, 'जरा देख तो/गिलहरी किस फुर्ती से पेड़ पर चढ़ी है/यह लड़ाई नहीं बीज का धर्म है/सूरज की गर्मी से/चाँद तारों हवाओं से/किसलिए इस कदर डरी है/कैसे भूल गयी तू कद में/पेड़ से हमेशा बड़ी है।' 'वसीयत' में वे कहती हैं, 'बिजली बनकर टूट/चूर-चूर कर दे/जो आँख उठाये/इधर रोशनी से/अन्धा कर दे/'और 'लड़की' में वे अपनी आश्वस्ति इस प्रकार प्रकट करती हैं : 'ये लड़की/हालात को हादसे में बदलने नहीं देगी/उम्मीद को बंजर जमीन पर नहीं छिटकाया है मैंने/'। इसके ठीक दूसरे छोर पर 'बेटा' के प्रति माँ का जो परम्परागत झुकाव था, उसमें बदलाव आया है, कम-से-कम कविता में तो आया है। शशि सहगल 'बेटा' कविता में कहती है :

और आज जब बाप का जूता पहना है उसने
उद्विग्न-सी घूम रही हूँ मैं
खुशी की जगह

---

1. रमणिका गुप्ता, हिन्दी कवयित्रियों का बहुआयामी रचना-संसार और नारी-चेतना, स्वर्ण जयन्ती स्मारिका, मैसूर हिन्दी प्रचार-परिषद्, बैंगलोर, पृ. 287 2. समकालीन भारतीय साहित्य, मई-जून, 1998

सहम गयी हूँ मैं
बदलाव देखकर

स्त्री-देह के शोषण की कहानी तो एक आदिम कहानी है, और स्त्री-विमर्श का एक प्रमुख मुद्दा है। यह शोषण वैवाहिक सम्बन्धों में भी हो सकता है और उसके बाहर भी। असमिया कवयित्री रीता चौधरी 'जाया' शीर्षक कविता में लिखती हैं :

नंगे शरीर की पीड़ा मैं समझती हूँ
अँधेरे में
साँप की आँखों की निष्प्रेम रोशनी में
जल जाती है माटी की कोमलता
कितना कठिन, कितना कठिन
यह रात का प्रेम
... ...
थोड़ा-थोड़ा शरीर
थोड़ी-थोड़ी आत्मा
अजगर के निर्दय बाहुपाश में
विध्वस्त[1]

स्त्रियाँ तो स्त्रियाँ, बच्चियाँ तक सुरक्षित नहीं हैं 'देह' के शोषण से। मोहिनी हिंगोरानी अपनी सिन्धी कविता 'पाकीजा' में ऐसी ही एक बच्ची की 'कथा' कहती हैं। 'गाँव के आँगन में/सौतेले बाप की नंगी नजरों से बचने के लिए/क्या माँ के दिये हुए चीथड़े काफी नहीं थे/या कि/बेचा गया तुम्हें/छोटे बहनों या भाइयों का/पेट भरने के लिए/हाँ, कुछ महँगी भी बिकीं तुम।'

स्त्री का परिवेश पूरी शिद्दत के साथ उतरा है इन कविताओं में एक नयी काव्य-भाषा का निर्माण करता हुआ। माया प्रसाद की अपनी बेटी को दी गयी सीख इस तल्खी के साथ उभरती है, 'पतीली में सुश्रित चावल-सी/खदबदा लेना/उफनना मुना।सेब नहीं/आटे-सी गुँधी जाना/रोटी सी सिसकती रहना/औरत हो न।'

स्त्री के एकान्त अनुभवों से चटककर यह भाषा नयी व्यंजनाओं का निर्माण करती है। 'खिड़कियाँ खोल दी हैं/कि सूरज आ सके अन्दर/और मेरी कोख से जन्म ले ले एक नया दिन/सूरज आ गया है/मेरे कमरे में/अँधेरा मेरे पलंग के नीचे छिपते-छिपते/पकड़ा गया है/और धक्के लगाकर बाहर कर दिया गया है उसे/धूप से तार-तार हो गया वह।' यही भाषा जब एक दलित स्त्री बोलती है तब उसका तेवर इस प्रकार का होता है :

आप के कपड़े
आप के बच्चों के कपड़े

1. असमिया कविता, समकालीन भारतीय साहित्य, जनवरी-फरवरी, 1998, पृ. 53

आप के बच्चों के टट्टी के कपड़े
धोते समय भी हमने भाई
कभी कहा नहीं न बदबू है ?
अब हम आप को लग रहे हैं बदबूदार।[1]

तेलुगु कवयित्री नन्दिनी सिघा रेड्डी की यह कविता काव्यभाषा का बदलाव है।

बाङ्ला कवयित्री मल्लिका सेनगुप्ता की प्रसिद्ध कविता है 'लड़कियों के लिए वर्णमाला' जो लगभग-लगभग सम्पूर्ण स्त्री-विमर्श को अपने मुहावरे में लपेटे है :

(बहुत हुई मानवता की व्याख्या/संसार फिर भी एक कदम आगे नहीं बढ़ पाया/तो फिर अब की बार मानवी की ही बात हो जाए/इक्कीसवीं सदी में स्वप्न देखनेवाली आँखें)

स्वर वर्ण

अ *अ से अजगर आ रहा है पीछा कर*
छोटी बिटिया के सपनों को घेरकर

आ *आमार तोमार सबकी नजर*
कौन है वह साँप-सा अजगर

इ *इन्दुर छाना मरता है डर से*
पराजित है वह भीषण आँधी से

कविताओं का संक्षिप्त स्वाद मलयालम के प्रसिद्ध कवि के. सच्चिदानन्दन के इस कथन को प्रमाणित करता है, "आज की स्त्री कवियों में स्त्री-मानस को एक भाषा मिली है। इन सबों ने मिलकर लिंग-केन्द्रित (फेलोसेण्ट्रिक) व्यवस्था को ललकारा है, साहित्यिक विधान के प्रतिमानों को पुनःपरिभाषित करने का प्रयत्न किया है, नारी-देह केन्द्रित भाषा की एक समानान्तर सांकेतिकी गढ़ी है। कामना की राजनीति से परे जाकर इन्होंने पुरुष-सत्ता में निहित एकांगी, श्रेणिबद्ध व प्रयोजनधर्मी सोच पर सवाल उठाये हैं और सत्य, सत्ता, ज्ञान, आत्मा भाषा के बाबत सामाजिक विश्वासों को सशंकित नजरों से देखा है।...चुप्पी में अब तक झोंक दिये गये, भारतीय समाज के हाशिये यकबयक एक पुख़्तामिजाज लहजे में फूट-फूट पड़े हैं। दलितों, आदिवासियों और अल्पसंख्यकों की भाँति औरतों का अपने स्वत्व का बोध हमारी लोकशाही के सामने हो जाने से कम की कोई बात नहीं है। हमारी यह एकत्र उपस्थिति, मेरा विश्वास है कि एक नये सौन्दर्यबोध के निखार, एक ताजा नैतिकी और चोखे साम्य, विनिमय तथा स्वातन्त्र्य की एक नयी राजनीति में एक नयी लहर ही लाएगा।"[1]

कविता की संवेदनात्मकता से अधिक व्यापक जगह नारी-विमर्श ने कथा-साहित्य में बनायी है। यद्यपि अपेक्षाकृत महिलाओं ने इस क्षेत्र को बाद में अपनाया, परन्तु जब

---

1. समकालीन भारतीय साहित्य, मार्च-अप्रैल, 1998, पृ. 100; 2. के. सच्चिदानन्दन, समकालीन भारतीय कविता और स्त्री पूर्वग्रह, 104, पृ. 49

अपनाया तो वे छा गयीं। उन्हें बेदखल करना सम्भव नहीं हुआ। आचार्य रामचन्द्र शुक्ल तक ने बंगमहिला (राजेन्द्र बाला घोष) की कहानी 'दुलाईवाली' को हिन्दी की पहली कहानी की सूची में रखा था। प्रारम्भिक लेखिकाओं में उषा देवी मित्रा, शिवरानी देवी, कौशिल्या अश्क, सुमित्राकुमारी सिन्हा, चन्द्रकिरण सोनरिक्सा के नाम लिए जा सकते हैं जिनकी मूल चेतना और चिन्ताएँ स्त्री को लेकर थीं, लेकिन उसका मिजाज वह नहीं था जो आज की महिला लेखकों का है। महादेवी वर्मा का गद्यलेखन स्वतन्त्रता-प्राप्ति के आर-पार फैला हुआ है। करुणा में आवेष्टित विद्रोह और विद्रोह में रची-बसी करुणा उनके गद्य-लेखन की पहचान है। चिन्तन और भावना को कार्यक्षेत्र से जोड़नेवाली पहली रचनाकार हैं महादेवी वर्मा परन्तु उनका कार्यक्षेत्र भी एक वैयक्तिक औदात्य है, सामूहिक उत्तरदायित्व नहीं।

नयी कहानी का दौर वह समय था जब महिलाओं ने अपनी वैचारिक चेतना और अभिव्यक्ति की आकुलता का आधार मुख्य रूप से कहानी को बनाया। कहने के लिए इतना कुछ था कि उसके लिए कविता की चादर छोटी पड़-पड़ जा रही थी। प्राथमिक रूप से उनकी चिन्ताएँ रूमानी हैं, लेकिन उसकी परिणति हमेशा वह नहीं है जिसकी अपेक्षा उनसे पारम्परिक रूप से की जाती रही है। उषा प्रियंवदा की नायिकाएँ अधिकतर स्वावलम्बी, स्वाभिमानी हैं और मध्यवर्गीय परिवार से आती हैं, जो परम्पराओं को तोड़ने का साहस शायद ही जुटा पाती हों। यह बात मन्नू भण्डारी एवं अन्य लेखिकाओं के लिए भी कही जा सकती है।

जब हम कथा-साहित्य की बात करते हैं, तो उपन्यास और कहानी को अलग-अलग देखना जरूरी नहीं है, खासतौर से विचार और स्त्रीविमर्श की दृष्टि से तो नहीं। ऐसा तो हुआ है कि जिन लेखिकाओं ने कहानी लिखी हो पर उपन्यास नहीं, परन्तु ऐसा कभी नहीं हुआ कि जिसने उपन्यास लिखे हों पर कहानी नहीं। विशेष रूप से इसलिए भी कि कहानी छोटे-छोटे दृश्यबन्धों से मुद्दे उठाती चलती है, जबकि उपन्यास के लिए एक व्यापकता और रचनात्मक फैलाव की भी जरूरत होती है। इस दृष्टि से महिला उपन्यासकारों में से अधिकांश ने स्त्री के शोषण को केन्द्र में रखकर अपनी-अपनी कृति द्वारा इस भीषण समस्या से उबरने के उपाय भी बताये हैं। इस दिशा में इनकी महत्त्वपूर्ण भूमिका है। इनके उपन्यास समय के सच्चे दस्तावेज हैं। इन्होंने जीवन के कटु यथार्थ को प्रस्तुत करने का प्रयास किया है। कहीं-कहीं तो नारी जीवन के नाना क्षेत्रों में संघर्ष करती हुई, भीतरी और बाहरी दबावों और तनावों को सहती हुई टूटन के कगार पर पहुँच जाती है। किन्तु उसकी जिजीविषा उसे टूटने से बचा लेती है और संघर्षरत कर देती है। नारी की अस्मिता को पहचानने की वकालत भी की है। इनमें नारी के मानवीय संवेदना के विविध रूपों का दर्शन होता रहता है। सिमोन बोउवा ने नारी-मुक्ति-चेतना एवं स्त्री-संघर्ष के विषय में अपने मत को प्रतिपादित करते हुए कहा है कि स्त्री स्वाधीनता का जो अर्थ हुआ है कि स्त्री पुरुष से जिस पारम्परिक सम्बन्ध को निभा रही है, उससे मुक्त हो। स्त्री और पुरुष के बीच घटनेवाले सम्बन्धों को नकारा नहीं जा सकता है। उसका अपना स्वतन्त्र अस्तित्व होगा और पुरुष की होकर भी जिएगी

क्योंकि स्त्री और पुरुष के बीच कुछ मौलिक अन्तर तो रहेंगे ही। उसकी संवेदनशीलता की दुनिया अलग है। यह तो पुरुष को स्थापित करना है कि दी हुई दुनिया में स्वाधीनता का आधिपत्य रहे। सर्वोच्च विजय के लिए यह आवश्यक हो जाता है कि स्त्री और पुरुष अपने प्राकृतिक विभाजन को बनाये रखते हुए भी आपसी सौहार्द स्थापित कर सकें।[1]

चित्रा मुद्‌गल यद्यपि यह कहती हैं, 'प्रसंगवश स्पष्ट कर दूँ कि नारी-विद्रोह से मेरा अभिप्राय पारिवारिक सत्ता के प्रति अनास्था भाव से नहीं—समतार्जन के लिए आत्मसंघर्ष से है।' फिर भी उनका सम्पूर्ण लेखन स्त्री-प्रश्नों से मुठभेड़ है। उनके सभी नारीपात्र स्वचेतना और संघर्ष की कहानी बयान करते हैं, उनमें वह कश-म-कश भी है जो बदलते हुए समय की देन है। उनके उपन्यास 'एक जमीन अपनी' की नायिका अंकिता कहती है, 'मेरे लिए घर की व्यवस्था का अर्थ है, अब भी है...विश्वास करो, अपनी सामर्थ्य और सहिष्णुता की अन्तिम सीमा तक, मैं घर बचाने के लिए हाथ-पैर मारती रही...कारण न आर्थिक तंगी, न सन्देह, जीने नहीं दे रही थी तो सुघांशु की निरंकुश प्रवृत्ति—उसने सदैव अपने को थोपने की कोशिश की। उसकी निरंकुशता घर के अर्थ को नष्ट करने लगी थी।' इसीलिए वह सुधांशु से कहती है, 'सुधांशु जी, औरत बोनसाइ का पौधा नहीं है—जब जी चाहा उसकी जड़ें काटकर उसे वापस गमले में रोप लिया।' इसी प्रकार नासिरा शर्मा के उपन्यास 'ठीकरे की मँगनी' की नायिका महरुख और शाल्मली की नायिका स्वयं शाल्मली स्त्री की अस्मिता और उसके संघर्ष को रेखांकित करती हैं। उनकी नारी-मुक्ति की परिभाषा है, 'मेरी नजर में सही नारी-मुक्ति और स्वतन्त्रता समाज की सोच और स्त्री की स्थिति को बदलने में है। बाहर निकलो या घर में रहो, हर स्थान पर पुरुष तुमसे टकराएगा।'

स्त्री-विमर्श पुरुष के बरक्स खड़ा किया गया है। लेकिन पुरुष का अर्थ यहाँ पिता, भाई या पुत्र नहीं है। यदि है भी तो बहुत कम। पुरुष की सारी प्रतिद्वन्द्विता सहयोगी और जीवन-साथी—कहना चाहिए—पति के रूप में है। इसलिए 'सेक्स' का कोई-न-कोई रूप, शोषण का कोई-न-कोई प्रकार उसमें जरूर पाया जाता है। वह समय तो लद गया जब विधवा की स्थिति, दहेज की समस्या, अविवाहित लड़की की समस्या आदि स्त्रीं-विमर्श का प्रमुख मुद्दा मानी जाती थी। ऐसा नहीं है कि ये समस्याएँ समाज में रही ही नहीं, या इन्हें सुलझा लिया गया है। परन्तु रचना के केन्द्र में ये नहीं हैं। अब स्त्री सिर्फ स्त्री के रूप में सामने आती है। यह स्त्री भी किसी बड़े वर्ग का प्रतिनिधित्व नहीं करती। अधिकतर वह मध्यवर्गीय या उच्च मध्यवर्गीय स्त्री की भाषा बोलती है। ममता कालिया का 'बेघर', मृदुला गर्ग का 'चित्तकोबरा' और 'कठगुलाब' इसी तर्ज पर आगे बढ़ते हैं। मरियाना कहती है, 'औरत होना विडम्बना को जन्म देता है, नहीं औरत होना

---

1. हेमा देवरानी, नारी चेतना और महिला उपन्यासकार, आजकल, मई 2001, पृ. 30

एक विडम्बना है, नहीं—नहीं औरत खुद एक विडम्बना है। जहाँ औरत होगी वहाँ विडम्बना जन्म लेगी ही।' तब तर्क यह बनता है, 'मुक्त सेक्स यानी मुक्त औरत' इसलिए समकालीन महिला-लेखन में 'सेक्स' चित्रण 'बोल्ड' लेखन का मुहावरा बन गया है। कृष्णा सोबती के 'मित्रो मरजानी', 'सूरजमुखी अँधेरे के' से जो शुरू हुआ था वह मैत्रेयी पुष्पा के 'चाक', 'अल्मा कबूतरी' और चित्रा मुद्‌गल के 'आँवा' तक आ पहुँचा है। 'स्त्री-मुक्ति' के विमर्श में यौन-मुक्ति का विमर्श भी अनिवार्यः जगह पाएगा क्योंकि स्त्री की अन्य गुलामियों में उसकी यौनिक गुलामी भी शामिल है। बल्कि नग्न मर्दवादी सोच में स्त्री योनि ही का पर्याय हो जाती है।...पर क्या यौन-मुक्ति का अर्थ मुक्त यौन है ? या स्वयं अपनी यौनिकता को पिरामिड की सीढ़ियाँ चढ़ने के लिए इस्तेमाल करना यौन-मुक्ति है ? और नारी-मुक्ति भी ? अगर ऐसा है तो बस वही मुक्त हो पाएँगी जो पुरुषवादी सौन्दर्यबोध की कसौटी पर काम्याएँ ठहरती हैं।

इक्कीसवीं सदी की नारी ने उत्तर-आधुनिक विमर्श को स्वीकार करते हुए 'सेक्स नैतिकता' का उल्लघंन ही नहीं किया है, उसका मजाक भी उड़ाया है। पुरुष-सत्ताक समाज में बच्चे पर पिता का अधिकार माना जाता था, परन्तु अब सरकार द्वारा यह कानूनी-सुविधा दिये जाने पर कि बच्चा अकेले माँ के नाम से भी जाना जा सकता है, स्त्री की नैतिक मान्यताएँ साहित्य में बदल रही हैं। अभी प्रतिशत की बात करना बेमानी है। रानु मुखर्जी की कहानी 'तुम कितने दूर हो' में माया अपने प्रेमी को नैतिक बन्धनों का उल्लंघन करने के लिए बाध्य करती है, बस, एक बच्चा दे दो, उसे मैं पालना चाहती हूँ। हमारी शादी होने तक वह समझदार हो जाएगा। जब तुम ठीक समझो उसे अपना नाम दे देना। नहीं तो वह माँ का ही बच्चा बनकर रहेगा।''[1] इसी प्रकार कमल कुमार की कहानी 'दो दूनी चार' उल्लेखनीय है, जिसमें मानसी अपने प्रेमी के बच्चे की बिनब्याही माँ बनती है। वर्षों बाद मिला संजीव अपने बच्चे तपन से मिलकर अपराध बोध का अनुभव करता है और मानसी के समक्ष विवाह का प्रस्ताव रखता है तो मानसी यह कहते हुए अस्वीकार कर देती है, 'नहीं संजीव, तपन को लेकर मुझमें कभी अपराध-बोध नहीं हुआ। यह पूर्ण विश्वास और स्वेच्छा से किये समर्पण के सुख का साक्षात् रूप है। मेरा मनोरथ है। एक दायित्व का भाव जागता था, कि मैं उसे तुमसे मिलवा दूँ। आज वह कार्य सम्पन्न हुआ। अब मैं निश्चिन्त हूँ।'[2] यहाँ विचार करने की बात यह है कि प्रश्न सिर्फ सेक्स नैतिकता का नहीं है, प्रश्न तो एक प्राणी के जन्म का है। वह स्त्री हो या पुरुष, उस पर इस तरह से केवल अपनी अहं की सन्तुष्टि के लिए प्रयोग नहीं कर सकते। वह अपने जन्म के लिए उत्तरदायी नहीं है परन्तु एक ऐसा जीवन जीने के लिए बाध्य जरूर है जो उसकी माँ का एक 'प्रयोग' है। उसके पास अपने निर्णय का विकल्प भी नहीं छोड़ा गया है। अपने गुस्से का इजहार करने

---

1. हंस, मार्च, 2000, पृ. 47; 2. हंस, मई, 2000, पृ. 41

के लिए 'सेक्स' का मुहावरा हम पहले भी अकविता आन्दोलन में देख चुके है और उसका हश्र भी।

इधर मार्क्सवादी स्त्रीवाद भी सिर उठाने लगा है, और आश्चर्य नहीं कि उसके प्रतिपक्षी 'स्त्रीवाद' भी पहचान में आने लगें। किसी भी मौलिक आन्दोलन की खाल उतारने का यह सबसे अच्छा तरीका है कि उसे टुकड़ों-टुकड़ों में बाँट दिया जाये। 'कुल मिलाकर देखा जाये तो यही समझ में आता है कि वर्गभेद लिंगभेद को प्रश्रय जरूर देता है, पर वर्ग विभेद मिटने से लिंग विभेद मिट जाएगा ऐसा तो नहीं कहा जा सकता।"[1]

स्वतः स्फूर्त लेखन एक बात है, किन्तु किसी वाद के चौखटे में पात्रों को रफू करना बिल्कुल अलग बात। इस तरह से हम रचना को ही नुकसान नहीं पहुँचाते बल्कि उस मूल विचार को भी कमजोर करते हैं जिसके तहत रचना की जा रही है। साथ ही, उन सहयोगियों को भी अपना प्रतिपक्ष मान लेते हैं जो सहयोगी बनकर हमारे साथ लड़ाई में हिस्सा ले रहे थे। राजेन्द्र यादव की इस टिप्पणी से चाहे हम सहमत न हों पर उस पर विचार अवश्य करें, 'यह सही है कि नारी-मुक्ति के आन्दोलन अनेक उलझनों और भटकनों के शिकार रहे हैं। सभी दलित आन्दोलन हो जाते हैं। कहीं वे मालिक पुरुषों से होड़ लेकर उन्हीं की तरह हण्टरवाली (हेमन्त) बन जाने के रूप में आये हैं, तो कहीं पुरुष अस्तित्व को ही नकार कर स्वायत्त और स्वसम्पूर्ण हो जाने में। इन दोनों स्थितियों से होता हुआ नारी-मुक्ति आन्दोलन एक नयी अवस्था में आ गया है, जहाँ स्त्री एक सहनागरिक की तरह अपनी पहचान स्थापित करना चाहती है और इसके लिए उसका सारा प्रयास अब तक प्रयुक्त भाषा और मानसिकता के अस्वीकार और स्वतन्त्र व्यक्ति के रूप में स्वीकृति का है। यहाँ उसका संघर्ष दो धरातलों पर है, अपने व्यक्तित्व की स्थापना और उसके विरोध में कदम-कदम पर लगाये गये पुरुष-बैरियर (प्रतिरोधक), जाहिर है कि उस प्रक्रिया में परम्परा और संस्कारों द्वारा लादे गये अपने ही चेहरे (या सिर) को काटकर उसे 'छिन्नमस्ता' बनना पड़ता है, 'फीनिक्स' की तरह अपनी ही आग से उठकर नया जन्म लेना पड़ता है।'[1]

साहित्येतिहास से एक सीख हमें लेनी चाहिए। कोई भी विचारधारा जब वाद के रूप में बदल जाती है और उन मूल सवालों से कट जाती है, जिनसे उसका जन्म हुआ तो वह एक 'कथानक रूढ़ि' बन जाती है। हिन्दी साहित्येतिहास में ऐसे कई आन्दोलन जन्मे, उन्होंने कुछ श्रेष्ठ कृतियाँ दीं भी। परन्तु अन्ततः साहित्य के अन्दर रचनाकार का मुख्य संघर्ष गुणवत्ता को लेकर होता है, जिसके कारण कोई रचनाकार कालजयी बनता है, और कोई पटल पर रखा ही नहीं जाता। अन्ततः साहित्य में उसकी मुठभेड़ जिन मुद्दों से होती है, वह नये हों या पुराने, साहित्यिक औजारों से ही अंजाम दिया जा सकता है। वे अपना सर्वश्रेष्ठ इतिहास को सौंप भविष्य के लिए उर्वरा खाद बन जाते

---

1. अनामिका, आईने से बाहर, राष्ट्रीय सहारा, 16 मार्च, लखनऊ, 2002; 2. हंस, नवम्बर-दिसम्बर, 1994 भूमिका

हैं। अन्त में हम फ्रांक आन्द्रे जेम की कविता 'एक और प्रशान्त आक्रमण' से कुछ पंक्तियाँ उद्धृत करना चाहेंगे :

हमेशा फिर से शुरू करना होता है।
संसार में पहली चीज भिड़न्त थी।
अगर तुम उसे नहीं समझे, कुछ नहीं समझे।
वह बहुत थकानेवाली थी, इसमें शक नहीं,
लेकिन वह ऐसी ही थी।
अधिकतर हाथापाई पर उतर आने की नौबत आ जाती
औरों से या खुद से।
जाने किस इलाके को दाँव पर लगाने ?
कौन जाने ?

□□□